태평관

조선과 중국사신의 외고공간

태평관

조선과 중국사신의 외교공간

초판 1쇄 발행 2025년 10월 20일

지은이 이현진
펴낸이 김길준
펴낸곳 (학)신구학원신구문화사
디자인 은디자인

등 록 1968. 6. 10. 제1-205호
주 소 경기도 성남시 중원구 광명로 377 우촌학사 1층
전 화 031-741-3055~6
팩 스 031-741-3054
이메일 shingupub@naver.com
홈페이지 www.shingubook.com

ISBN 978-89-7668-290-1 93910

* 값은 뒤표지에 있습니다.

태평관

조선과 중국사신의 외교공간

이현진 지음

|학|신구학원 신구문화사

머리말

본서는 조선에 온 중국 사신이 머무는 주요 객관 중 하나인 태평관에 관한 내용을 집대성하고자 편찬된 책이다. 객관은 다른 나라에서 파견되어 온 사신이 머무는 숙소이다.

예나 지금이나 하나의 국가가 독립적으로 존재할 수 없고 필연적으로 다른 국가와 '관계'를 맺는다. 전통시대에는 군주의 명을 받든 사신을 상호간에 파견함으로서 그 관계를 형성, 유지, 발전시켰다. 단, 어떤 나라와 관계를 맺느냐에 따라 차등을 두는 것은 외교 관계에 있어 자연스러운 현상이고 방문한 사신에 대한 예우도 마찬가지였다. 본서는 조선에서 가장 중요하게 생각한 중원의 주인, 책봉과 조공 관계에 놓여 있는 중국에서 파견한 사신이 머무는 태평관을 중심으로 다루었다.

중국에서 사신이 온다는 소식이 들리면 이들을 맞이하고 보낼 때 공식적인 의전(儀典, Protocol)을 갖추고 그들이 머무는 동안 대접할 숙소에 심혈을 기울였다. 그중 숙소인 태평관을 중심으로 그것의 설치부터 국제 정세에 따른 기능과 위상 변화, 지속적인 유지를 위한 수리와 활용, 그곳에서 있었던 다양한 일과 의례 등 전반적으로 살펴보고자 했다.

사실 필자가 태평관에 관심을 갖게 된 계기는 종묘를 주제로 박사학위논문을 작성할 때부터였다. 종묘 연구에 국왕과 왕후의 죽음, 그리고 그 절차에 관한 지식이 요구되었고, 그중 중국에서 조문을 위하여 파견한 사신이 행하는 의례가 있어 주목하게 되었다. 특히 조문 사신이 태평관에서 행하는 의례가 있는데 이 의례가 언제까지 지속되느냐가 오래전부터 궁금했다. 태평관은 명 사신을 위한 객관, 남별궁은 청 사신을 위한 객관이라고 널리 알려져 있는데 병자호란 이후 청 사신으로 바뀐 뒤에도 국가전례서에는 남별궁이 아닌 태평관이라고 규정되어 있어서였다. 이 책의 집필 동기는 여기에서 비롯되었고, 그러다가 점차 태평관 전반으로 눈을 돌리게 되었다.

이 책을 쓰면서 가장 어려운 점을 꼽는다면 단연 자료의 정리였다. 대상 범위가 태조대부터 고종대까지 전 시기였고, 또 조선에 온 많은 중국 사신 및 그들이 도성에 머문 기간을 일일이 파악해야 했다. 다행히 후자는 기존 연구가 있어 상당한 도움을 받을 수 있었다(『조선시대 사행기록화』). 문제는 전자였다. 자료간의 상이한 기록, 건물에 대한 이해, 의례를 행할 때의 복식, 태평관임을 간접적으로 암시하는 많은 기사 등등 여러 부면에서 상당한 어려움을 주었다. 하나하나 검토하는 과정이 힘들었지만 새로운 사실을 알게 되는 순간이 주는 뿌듯함으로 버틸 수 있었다.

아울러 그동안 필자가 작성한 여러 연구 성과에 힘입은 바가 컸다. 박사 논문을 저서로 출간한 『조선후기 종묘 전례 연구』(2008, 일지사), 정조의 국장을 중심으로 조선 국왕의 국장 절차를 다룬 『왕의 죽음, 정조의 국장』(2015, 글항아리), 영조·문효세자·의소세손의 상장 절차를 비교한 『조선 왕실의 상장례』(신구문화사, 2017), 조선에서 대한제국으로 국체가 바뀌면서 수반되는 의례의 변화를 보여주는 『조선과 대한제국 의례의 경계』(2022, 신구문화사) 등이다.

이처럼 그간 필자가 쓴 연구서가 모두 4책이고 이 책까지 합하면 총 5책이다. 그중 3책을 신구문화사와 함께했다. 이제 원고를 넘기면 별다른 언급을 하지 않더라도 필자의 뜻이 편집본에 잘 반영되어 있다. 여러 차례 탈고 약속을 어기고 또 교정할 때 요구 사항이 많아 힘들었을텐데 이쁘게 만들어준 최승복 편집부장님 너무나 고맙고 감사하다. 아울러 신구문화사 식구들에게도 깊이 감사드린다.

마지막으로 본서를 작성하면서 겪었던 어려움을 극복하는 데 많은 도움을 주신 분들이 있다. 태평관이라는 건물의 공간 이해 및 사진까지 제공해주신 이혜원 선생님(㈜이음건축사사무소), 복식에 관해 무엇이든 질문을 드렸음에도 항상 친절하게 답변해주신 박현정 선생님(전주대 패션산업학과) 두 분의 고마움은 잊을 수 없다. 그리고 올해로 만 10년이 되는 긴 기간 동안 원기 부족과 그로 인한 면역력 저하로 힘들어 할 때마다 주치의로서 필자의 건강을 돌봐주신 김동일 원장님(경희강한의원)께도 진심으로 감사드린다.

책이 출간될 무렵이면 특히 부모님이 생각난다. 두 분 모두 돌아가셨지만 먼 곳에서 응원하고 계신 덕분에 이번에도 무사히 출간될 수 있었던 것 같다. 그립고 보고싶다.

2025년 10월

이현진

차례

표 목차

도판 목차

조선의 객관

서론

전통시대 유교문화권에서 봉제사(奉祭祀)와 접빈객(接賓客)은 중요한 유교적 실천 덕목이다. 그중 후자는 손님을 영접(迎接), 연접(延接), 교접(交接), 연접(宴接), 응접(應接) 등으로 풀이할 수 있고, 또 손님은 그 대상이 다양하지만 외국에서 오는 사신도 해당한다. 본고에서는 '접빈객'을 국가간에도 적용하여 다른 나라 군주의 명을 받들고 오는 사신을 대상으로 그들이 묵는 객관(客館)을 다루고자 한다.

외국 사신을 접대하는 곳은 어느 국가든 있게 마련이다. 특히 국가를 건립하면 주변국과의 관계를 새로이 정비하기 위해 더욱 필요한 조치이다. 조선도 예외가 아니었다. 건국 초부터 명 사신을 접대하는 객관이 태평관(太平館)이라는 사실은 널리 알려져 있다. 물론 조선에는 그 외에도 일본이나 유구의 사신을 위한 동평관(東平館), 여진인을 위한 북평관(北平館)도 있었다.[1]

이 중에서 조선 정부가 가장 심혈을 기울인 객관은 명에서 파견한 사신을 접대하는 태평관이었다. 명과 조선이 '천자국-제후국'이라는 계서적 질서가 형성된 까닭이다. 조서나 칙서를 가지고 오는 사신이 오면 황제를 대신한 사람이라 하여 '도감(都監)'을 설치하여 그들을 극진하게 대우했다. 이때 설치한 도감을 영접도감(迎接都監) 혹은 연접도감(延接都監), 영칙도감(迎勅都監)이라 한다.[2] 그런 만큼 이들이 머무는 객관에 정성을 들이는 것은 당연하다.

문제는 조선에 명 사신이 머무는 태평관을 두 곳에 설치했다는 점이다. 바로 개성과 한양이다. 대개 한양에 태평관이 있다고 생각하고 있는데 자료를 정리하던 중 한양만이 아닌 개성에도 있다는 사실을 알게 되었다. 그동안의 연구에서는 한양에 설치한 태평관에 중점을 두고 개성에 설치한 태평관에 대해서는 매우 간략하게 언급해 왔다.

고려 말 원의 대왜(對倭) 정벌을 담당한 정동행성(征東行省)을 태평관으로 개칭했다는 연구,[3] 한성으로 도읍을 옮기기 이전 개성의 궁궐 안에 설치되어 있던 정동행성을 수리하여 태평관이라 부르도록 했다는 연구,[4] 태조 때 개성을 도읍으로 하던 시기 옛 고려의 정동행성을 개축하여 태평관으로 삼고 중국 사신을 맞이했다는 연구,[5] 개성의 태평관이 고려시대 정동행성에서 기원했다는 연구,[6] 고려조의 정동행성의 관아를 수리하여 태평관이라고 이름을 고쳤다는 연구,[7] 한양 천도 이전의 태평관은 고려 행정동성(行征東省)의 관서를 개조했다는 연구,[8] 조선 초 태평관은 1393년 개경의 정동행성 건물을 수리하여 태평관으로 만든 것에서 시작되었다는 연구[9] 등이 그것이다.

개성에 설치한 태평관에 대해서는 이처럼 간략하게 언급하고 본격적인 연구가 이루어져 있지 않아 그것의 운용에 대해서는 알려져 있지 않다. 특히 고려에서도 객관이 있었을 것임에도 이성계가 즉위한 뒤 굳이 정동행성을 태평관으로 삼은 이유가 무엇인지 의문이다. 또 조선후기에 편찬된 지지(地誌)나 지도에 개성에 있는 태평관에 관한 정보가 적어도 19세기까지 확인된다.[10] 이는 개성에 설치한 태평관이 오랫동안 존재해 있었다는 뜻이다. 따라서 제대로 실체가 드러나지 않은 개성의 태평관에 대하여 살펴보는 것은 그 자체로 의미가 있다.

다음은 한양에 설치한 태평관이다. 기존에 조선의 태평관에 관한 연구는 모두 한양에 있는 태평관을 중심으로 이루어졌다. 그것도 그 내용이 대부분 조선 초기에 집중되어 있다. 아울러 조선의 대표적인 객관은 명 사신을 위한 객관은 태평관, 청 사신을 위한 객관은 남별궁(南別宮)이라는 인식이 지배적이었다. 무엇보다 후자의 경우는 태평관이 임진왜란 때 소실되거나 사라졌다는 사실이 전제되어 있다.[11] 그런데 국사편찬위원회에서 제공하는 웹 사이트 중 『조선왕조실록』이나 『승정원일기』에 태평관을 검색한 결과 이러한 사실과 전제에 의문이 들게 한다.

두 관찬 자료만 보더라도 태평관에 관한 기록은 임진왜란 이후에도 상당히 많이 나온다. 심지어 조선후기에 제작된 도성도(都城圖) 및 1902년에 제작된 〈서울地圖〉 등에도 태평관이 표시되어 있다.[12] 역사에서 사라졌다고 하더라도 다른 객관을 기록할 때 전례(前例)로 언급할 수 있다. 하지만 그렇게 치부하고 넘어가기에는 태평관 기록이 적지 않고 그중 석연치 않은 내용들도 발견된다.

하나의 사례를 더 들면, 조선의 국왕 국장에 중국(명·청)에서 온 조문 사신이 가지고 온 고명(誥命)과 제문(祭文), 부물(賻物)을 객관에 안치하는 절차가 있다. 바로 「영사시제급조부의(迎賜諡祭及弔賻儀)」이다. 명 사신이 왔을 때에는 『국조오례의(國朝五禮儀)』(1474, 성종 5)에 '태평관'이라고 명시되어 있지만[13] 문제는 청 사신이 왔을 때이다. 『국조상례보편(國朝喪禮補編)』(1758, 영조 34)에 이 의주가 실려 있는데, 이 책의 편찬된 시기를 보면 명이 아닌 청 사신이 대상이 되는데 그럼에도 남별궁이 아닌 태평관으로 규정되어 있기 때문이다.[14]

이상의 사례만을 보더라도 태평관에 대한 검토가 필요함을 단적으로 보여준다. 결국 태평관에 관해서는 조선 전 시기에 걸친 전반적인 연구가 요구된다고 볼 수 있다. 단, 개성에 설치된 태평관과 한양에 설치된 태평관이 동명이므로 두 태평관을 구별해서 일컬어야 한다면 개성에 있는 태평관은 '개성 태평관', 한양에 있는 태평관은 '한양 태평관'으로 지칭하고자 한다.

따라서 본서에서는 선학들의 연구 성과에 힘입고 필자의 문제의식을 바탕으로 조선시대 태평관의 전반에 관하여 여러 방면으로 조명해보고자 한다. 필자가 밝히고자 하는 구체적인 내용은 다음과 같다.

제1장에서는 조선의 주요 객관을 살피기에 앞서 고려에는 어떤 객관이 있었는지부터 검토하고자 한다. 현재 고려에 존재했던 객관을 직접적으로 다룬

연구가 있지 않다. 따라서 전반적인 양상부터 파악하고 조선의 객관에도 그 영향이 미쳤는지를 알아보고자 한다.

제2장에서는 한양 태평관보다 먼저 설치한 개성 태평관을 살펴보고자 한다. 개성 태평관에 관해서는 본격적인 연구가 이루어져 있지 않다고 했다. 이를 고려하여 이성계가 즉위한 뒤 개성에 태평관을 설치할 때부터 그 기능을 상실할 때까지 역사적 변천 과정을 정리해보고자 한다. 특히 설치할 당시 고려에 있던 객관들과의 연결고리가 있는지, 한양에 태평관을 설치한 뒤에는 그 존재와 기능에 변화가 있는지, 그 변화의 유무에 따른 후속 조치는 어떠했는지 등 역할과 위상에 중점을 두고자 한다.

제3장부터 제6장까지는 한양 태평관을 중심으로 여러 방면으로 나누어서 보여주고자 한다. 먼저 제3장에서는 개성 태평관처럼 한양 태평관의 기능과 위상에 중점을 두었다. 우선 개성에 태평관이 있음에도 한양에 설치한 객관의 명칭을 태평관으로 정한 이유는 무엇인가 및 한양에 태평관을 설치한 뒤에도 개성에 있는 태평관의 명칭을 고치지 않은 이유는 무엇인가를 필두로 임진왜란이 일어나기 전까지 그 기능을 정리하고자 한다.

이어서 임진왜란으로 인한 태평관의 존재를 확인하고자 한다. 임진왜란으로 한양에 있는 태평관이 과연 소실되었는가, 소실되었다면 임진왜란 이후의 문헌에 기록된 태평관의 의미는 무엇인가, 소실되지 않았다면 존재한 동안에는 어떻게 기능했으며 남별궁과의 관계는 어떠했을까 등등의 궁금증을 바탕으로 전개하고자 한다. 이러한 작업을 하는 과정에서 한양 태평관의 위상은 저절로 드러날 것으로 예상된다.

제4장에서는 한양 태평관의 규모이다. 기존 연구가 대부분 태종·세종대 한양 태평관의 수리에 집중되어 있다. 그런데 태평관의 구조에 대한 설명이 결여되어 있어 수리 과정이나 결과가 머릿속에 잘 그려지지 않는다. 문헌 자료를 바탕으로 객관이라는 건물이 갖는 기본적인 구조부터 파악하고 이후 수리 과정과 그 결과까지 도출해보고자 한다.

하나 더 든다면, 태평관의 전반적인 규모이다. 군주의 명을 받들고 공식적으로 온 사신이 일정 기간 머문다면 그들을 대접해야 한다. 따라서 기본적으로는 이들이 묵는 방과 이들을 위하여 설행하는 연회 공간 정도는 쉽사리 예상할 수 있다. 그런데 사신이 올 때 그들만이 아니라 그들을 수행하는 이들도 함께 올 것이므로 이들도 감안해야 한다. 사신과 사신 일행이 쉬는 공간, 이들에게 제공하는 음식을 만드는 공간, 이들과 소통하는 이들이 머무는 공간도 있지 않았을까.

가령, 종묘와 영녕전이라고 하더라도 제사에 필요한 건물, 이곳을 지키는 이들이 머무는 건물, 제사 일을 맡아보는 사람이 대기하는 건물 등 여러 건물이 있다. 명 황제의 명을 받들고 온 사신이 머무는 곳이라면 제사 공간과는 다르다고 하더라도 적어도 부속 건물이 그렇게 적지는 않았을 것이라는 생각이다. 그런 까닭에 태평관 안에 사신 및 수행 인원이 거처하는 방과 연회 공간을 제외한 건물들로 어떠한 것이 있는가를 살펴보고자 한다.

마지막으로 임진왜란 이후의 상황이다. 이는 태평관의 소실 여부를 알아야 진행할 수 있다. 소실되었다면 그 자리에 다른 건물이 들어설 수 있고 빈 터를 활용할 수도 있다. 그렇지 않다면 언제까지 존속했느냐에 따라 그 결과가 달라질 수 있다. 따라서 이 문제는 제3장의 결과를 바탕으로 점검하고자 한다.

제5장에서는 태평관에서 있었던 일을 파악하고자 한다. 태평관이 명 사신을 위한 객관으로 조성되었다는 것은 주지의 사실이다. 그럼에도 단순히 숙소와 연회의 장소로서만 기능하고 다른 일은 벌어지지 않았을까. 사신이 조선 정부에 요구하는 것도 있을 수 있고, 조선 정부에서 사신에게 바라는 것도 있을 수 있기에 사신이 머무는 동안 어떠한 일들이 있었는지를 짚어보고자 한다. 이를 통해 사신의 성향이나 조선 정부의 고민, 조선과 명 양국 사이의 입장도 엿볼 수 있지 않을까 한다.

이를 수행하려면 조선에 온 사신 일행 모두를 대상으로 삼을수록 효과적이다. 따라서 각 국왕대별로 조선에 온 사신을 차근차근 검토하고자 한다. 사신마다 오는 목적이 달라 큰 기대를 하기 어려울 수 있지만 이러한 작업을 통하여 시대적 흐름에 따른 조선–명과의 관계 변화도 기대할 수 있지 않을까 한다. 단, 태평관에 사신이 항상 머문 것은 아니므로 사신이 오지 않아 태평관이 비어 있을 때 어떻게 활용했느냐에 대해서도 기록이 나온다면 포함시키고자 한다. 이 역시 태평관에서 있었던 일에 해당하기 때문이다.

마지막으로 제6장에서는 태평관에서 행했던 의례를 검토하고자 한다. 엄밀하게 말하면 이 또한 태평관에서 있었던 일 중 하나이므로 제5장에 들어가야 한다. 그럼에도 '의례'만을 떼어서 1장으로 만들려는 이유는 '분량' 때문이다.

사실 필자는 '조선의 국왕 국장에 중국(명·청)에서 온 조문 사신이 행하는 의례와 그 의례를 행하는 공간'에 관하여 논문을 작성한 바 있다.[15] 그 의례 중 이들이 가지고 온 고명·제문·부물을 객관에 안치하는 의례인 '영사시제급조부의'에 대해서 알게 되었다. 그때는 논문이기에 분량의 제한으로 이 절차를 제대로 파악하지 못했다. 이 의례를 제대로 알기 위하여 본서를 쓰게 된 이유도 있다.

태평관이 존재한 동안 이 의례를 시행한 것은 이해하지만 임진왜란 이후에는 어떻게 되었을까. 기존 연구처럼 태평관이 소실되었다면 이 의례의 시행이 불가능할 것이라는 사실은 자명한데, 곧 태평관의 소실 여부에 따라 이 의례의 운명도 결정될 것이다. 그런데 명에서 온 조문 사신을 대상으로 한 이 의례가 조선후기에 편찬된 국가전례서에도 여전히 실려 있는 것을 보면서, 그렇다면 태평관은 계속 존재했고 청에서 온 조문 사신도 이 의례를 행한 것인가, 청 사신은 남별궁에 머문다고 했는데 그렇다면 남별궁에서 행례해야 함에도 국가전례서에는 왜 태평관으로 기록되어 있을까라는 의문이 들었다.

이러한 의구심을 해소하려면 태조부터 시작하여 조선의 국왕이 세상을 떠날 때마다 확인하는 방법이 가장 확실하다. 그러기 위해서는 많은 분량을 할애할 수밖에 없다는 판단하에 제5장에서 분리했다. 아울러 이 '영사시제급조부의'를 시작으로 문헌을 정리하는 가운데 태평관에서 행하는 의례가 더 발견된다면 이 또한 제6장에서 언급하고자 한다.

조선시대의 주요 객관은 태평관과 함께 남별궁이 있다. 본 연구가 비록 '태평관'에 국한했지만 기존의 객관 연구의 확대와 심화에 조금이나마 기여할 수 있었으면 한다. 아울러 향후 남별궁 연구를 위한 밑거름이 되었으면 하는 바람도 있다.

본 연구를 위해 많은 문헌 자료의 검토가 필요했다. 고려의 객관을 파악하기 위하여 주된 검토 자료로 『고려사』와 『고려사절요』를 참고했고, 그 이외에 관련 자료를 풍부하게 싣고 있는 『고려도경』과 여러 송도읍지들을 필수적으로 활용했다. 개성 태평관을 보여주는 그림과 사진 자료의 사용은 물론이다. 조선의 객관은 태조부터 고종까지 『조선왕조실록』과 『승정원일기』, 『일성록』 등 관찬 자료를 기본적으로 참고했고, 그 이외에 관찬 자료에서 볼 수 없는 내용을 담고 있는 여러 자료들, 각종 의궤와 국가전례서, 법전류, 문집, 유서류, 지리지 등을 적극 활용했다. 마지막으로 이해의 편의를 위하여 고지도(도성도), 사진, 회화 등의 자료를 사용했다.

제 1 장

고려시대 객관의 양상

제 1 절

영빈관(迎賓館)과 회선관(會仙館)

고려는 초기에는 후당(後唐), 후진(後晋), 후주(後周), 송(宋)과 외교를 맺었고, 이후에는 요(遼), 금(金), 원(元), 명(明)과 관계를 맺었다.[1] 그렇다면 각 나라에서는 사신을 파견했을 터, 그들을 접대하는 처소인 객관도 분명 존재했을 것이다.[2] 고려의 사관(使館)에 대해서는 1123년(인종 1) 송에서 고려에 파견한 사신 중 한 사람인 서긍(徐兢, 1091~1153)이 고려에서 보고 들은 여러 가지를 글과 그림으로 작성한 『선화봉사고려도경(宣和奉使高麗圖經)』(이하 『고려도경』이라 약칭) '관사(館舍)'조가 참고된다.

> 제후의 나라에서 사방의 빈객을 접대하는 방식은 관사를 제공하는 것을 우선하는데 하물며 외이(外夷)와 번복(藩服)이 천자의 명을 받든 사람[왕인(王人)]에 있어서랴. 고려 사람들은 본래 공손하고 조정[송]에서도 체모 있게 위무했다. 그러므로 그들이 건립한 사관(使館)은 제도의 화려함이 왕의 거처를 능가하기도 하여, 신(臣)은 그것을 가상하게 여겨 관사도(館舍圖)를 만든다.[3]

여기에 따르면 외국에서 오는 사신을 위해 고려에서는 객관을 건립했고 그 객관은 매우 화려하다는 내용이다. 적어도 송 사신을 접대한 객관은 서긍이 관사를 그림으로 그릴 정도로 화려했음을 알 수 있다. 그렇다면 이 객관에 송이 아닌 다른 나라 사신도 머물렀을까. 고려가 외교를 맺거나 교류한 나라에서 사신이나 그 밖의 사람들이 왔을 때 그들에 대한 대우는 차이가 없지 않았을 것으로 예상된다. 각 나라의 국력이라든가 혹은 고려 정부와의 '관계'에 따라 객관을 제공했을 것이기 때문이다.

그렇다면 고려에서 마련한 객관은 어떠한 것이 있는지부터 살펴볼 필요가 있다. 기존 연구에서는 983년(성종 2)에 개경에 설치한 6곳의 주점(酒店)인 성례(成禮)·낙빈(樂賓)·연령(延齡)·영액(靈液)·옥장(玉漿)·희빈(喜賓) 중 낙빈과 희빈, 성례의 명칭을 보고 객관 역할을 했을 것으로 추정했다.[4] 『고려사』와 『고려사절요』에는 6곳의 주점이 객관의 역할을 수행한 기록이 나오지 않는다. 그리고 위 기존 연구에서는 현종대에 설치한 영빈관(迎賓館)과 회선관(會仙館), 그리고 여타의 객관에 대해서 간략하게 언급했다.

기존 연구를 바탕으로 현종대에 설치한 영빈관과 회선관부터 검토해보고자 한다. 『고려사』와 『고려사절요』에 본격적으로 사신을 접대한 객관으로 이 2곳이 확인된다. 1011년(현종 2) 4월에 영빈·회선 두 관을 설치하여 여러 나라의 사신을 접대했다는 기록이 그것이다.[5] 그중 회선관은 두 자료를 비롯하여 고려·조선시대에 개성을 다룬 자료에서는 더 이상 기록이 발견되지 않는 반면, 영빈관에 관해서는 제법 많은 기사가 확인된다.[6]

영빈관의 기록을 통해 영빈관에서 사신을 접대한 상황을 살펴볼 필요가 있다. 물론 이는 사신이 올 때의 경우이다. 여기에 더해 사신이 오지 않을 때에는 어떻게 기능했는지를 엿보려는 의도도 내포해 있다. 사신이 끊임없이 오는 것은 아니므로 그럴 경우에는 다른 용도로 활용되었을 수 있어서이다. 이는 결국 영빈관의 기능에 대한 파악이다.

『고려사』와 『고려사절요』에 따르면, 영빈관은 대개 다른 나라에서 파견한 사신을 맞이하거나 전송(餞送)할 때[7] 혹은 고려에서 다른 나라에 사람을 파견하거나 그들이 들어올 때 이곳에서 전송하거나 맞이했다는 기사가 주를 이룬다.[8] 이를 통해 영빈관은 외국 사신 혹은 국내에서 파견한 사신을 맞이하거나 전송하는 공간으로 주로 활용했다고 볼 수 있다.

그렇다고 영빈관에서 접대라든가 연향을 베푸는 등의 기능도 없지 않다. 이곳에서 송(宋) 상인 황증(黃拯) 등 105인에게 음식을 대접한[향(饗)] 기사[9] 및 조칙이 없는 명(明) 사신을 맞이하는 의식에서 찾아진다.[10] 물론 '조서를 맞이한[영조(迎詔)]' 기록도 있다.[11]

영빈관의 주된 업무가 국내 사신이든 다른 나라 사신이든 이들을 맞이하고 전송하면서 연향까지 담당하는 등등이었다. 이는 전형적인 객관으로서의 기능이다. 여기에는 봉명 사신(奉命使臣)만이 아니라 상인들도 유숙했다. 그리고 적어도 1390년(공양왕 2)까지 영빈관 관련 기사가 나오는 것을 통해 상당히 오래도록 존속한 객관이라 할 수 있다. 이상 『고려사』와 『고려사절요』에 나오는 영빈관 관련 기사는 1832년(순조 32) 임효헌(林孝憲)이 편찬한 『송경광고(松京廣攷)』에도 간략하게 정리되어 있다.[12]

제 2 절

순천관(順天館)과 기타 객관들

영빈관과 회선관 이외에도 고려에서 운영한 객관은 없었을까. 여러 나라와 외교 관계를 맺은 만큼 그들을 접대한 객관이 다양했을 것으로 예측된다. 이 역시 『고려도경』 '객관' 조에 정리되어 있어 한 눈에 파악하기에 용이하다. 그 내용은 다음과 같다.

> 객관의 설치는 하나가 아니다. 순천관(順天館)의 뒤에 작은 객관 십 수 칸이 있어서 심부름을 보내거나 소식을 전달하는[견사보신(遣使報信)] 사람을 대접한다. 영은관(迎恩館)은 남대가(南大街) 흥국사(興國寺)의 남쪽에 있다. 인은관(仁恩館)은 영은관과 서로 나란히 있는데 예전에는 '선빈관[선빈(仙賓)]'이라고 했으나 지금은 이 이름으로 바꾸었다. 이들은 모두 이전에 거란의 사신을 접대하던 곳이다. 영선관(迎仙館)은 순천사(順天寺) 북쪽에 있고 영은관(靈隱館)은 장경궁(長慶宮) 서쪽에 있는데, 오랑캐 여진[적인여진(狄人女眞)]을 접대한다. 흥위관(興威館)은 봉선고(奉先庫) 북쪽에 있는데, 예전에 의관(醫官)을 접대한 적이 있던 곳이다. 남문(南門) 밖에서부터 양랑(兩廊)까지는 객관이 모두 4개가 있는데 청주관(淸州館), 충주관(忠州館), 사점관(四店館), 이빈관(利賓館)이라 하며 모두 중국 상인[상려(商旅)]을 접대하는 곳이다. 그러나 비루하고 허술하여 순천관에 비할 바는 아니다.[13]

순천관(順天館)과 그 뒤에 있는 작은 객관, 영은관(迎恩館), 인은관(仁恩館),

영선관(迎仙館), 영은관(靈隱館), 흥위관(興威館), 청주관(淸州館), 충주관(忠州館), 사점관(四店館), 이빈관(利賓館) 등 여러 객관이 있었고, 이 중에서 순천관이 가장 주된 기능을 하고 있음을 알려준다. 그리고 이곳에서 거란 사신, 여진, 의관, 중국 상인 등 여러 나라의 사람들을 접대했음도 알 수 있다.

이때 영빈관은 언급조차 없다. 1530년(중종 25)에 편찬된 『신증동국여지승람(新增東國輿地勝覽)』에 '예전에 영은관(迎恩館)[14]·순천관이 있었는데 아마 영빈관을 때에 따라 이름을 달리한 듯하다.'라고 기록되어 있다.[15] 『고려도경』에 영은관(迎恩館)과 순천관이 별도로 존재한 것으로 되어 있고, 심지어 영빈관과 영은관(迎恩館), 순천관은 그 위치도 각각 다르다. 따라서 『신증동국여지승람』의 기록은 오류라는 판단이다. 영빈관과 영은관(迎恩館), 순천관의 위치를 제시하면 다음과 같다.

* 영빈관 : 오정문(午正門) 밖.[16]
* 영은관(迎恩館) : 남대가(南大街) 興國寺(흥국사)의 남쪽.[17]
* 순천관 : 선의문(宣義門) → 북쪽 3리(里) 쯤 경시사(京市司) → 북쪽 5리 쯤 광화문(廣化門) → 서쪽 2리 → 매우 높은 산등성이 하나를 지나 북쪽으로 1리 → 순천관.[18] 혹은 왕성의 동북 모퉁이.[19]

고려에 여러 객관이 있었음은 『고려도경』에서 대략 드러났다. 여기에 더해 『고려사』에 오빈관(娛賓館)·청하관(淸河館)·조종관(朝宗館)이 추가로 발견된다. 송(宋) 상인 섭덕총(葉德寵) 등 87인은 오빈관에서, 황조(黃助) 등 48인은 청하관에서, 탐라국(耽羅國) 수령(首領) 고한(高漢) 등 158인은 조종관에서 음식을 대접한 기사가 그것이다.[20] 탐라국 사람들의 객관도 따로 마련하여 운영하고 있었음을 볼 수 있다.

이렇듯 여러 객관이 있었지만 그중 단연 눈에 띄는 것은 순천관이다. 유독 『고려도경』에서 두드러지게 드러난다. 위에서 인용한 '(다른 객관들은) 비루하고 허술하여 순천관에 비할 바는 아니다.' 라는 언급만이 아니라 '왕성의 동북 모퉁이에 위치한 순천관은 매우 완전하게 수리되어 있다.'[21]를 포함하여 '관사' 조의 대부분이 순천관에 대한 기록을 담고 있다는 점에서 더욱 그러하다.[22]

순천관은 처음에 문종이 세운 별궁에서 기원했다. 원풍(元豐, 송 신종神宗의 연호, 1078~1085) 연간에 조공(朝貢)을 한 이후도 중조(中朝)의 인사(人使)를 접대할 곳이 없자 별궁을 고쳐서 관사로 삼고 '순천'이라 명명한 것이었다.[23] 중국 측 기록인『송사(宋史)』에는 국왕인 휘(徽, 문종)가 별궁을 객관으로 삼고는 '순천관'이라 표방했는데 중국을 하늘처럼 높이고 따른다는 말이라고 되어 있다.[24]

그러한 순천관은『고려사』와『고려사절요』에 그 역할에 대해 다음과 같이 기록되어 있다. 문종대 송 사신의 객관,[25] 선종대 국학(國學)의 수리를 위해 문선왕의 위판(位版) 봉안,[26] 숙종대 진사(進士)들이 시험을 치르는 곳,[27] 예종대 여진 정벌을 위해 순천관 남문에서 열병(閱兵)과[28] 접빈(接賓),[29] 송 황제 조서의 맞이[영조(迎詔)],[30] 송으로 파견하는 고려 사신을 순천관 낙빈정(樂賓亭)에서 전송(餞送)[31] 등 문선왕의 위판 봉안과 시소(試所), 열병 장소로 기능한 것을 제외하면 적어도 예종대까지는 객관으로 활용되고 있다.

이후 1128년(인종 6) 4월에 인종이 대명궁(大明宮)으로 이어(移御)했다.[32] 이때 대명궁을 순천관이라고 했고, 이를 통해 순천관이 객관이 아닌 왕이 거처하는 궁으로 바뀐 것을 알 수 있다. 그럼에도 명종대 순천관에 행차하여 천황사(天皇祠)·지진사(地眞祠)의 두 사당에서 복을 빌었다거나[33] 고종대 거란을 치기 위해 원수(元帥)들이 순천관에서 병력을 점고[점병(點兵)]했다는[34] 기사를 통해 대명궁이 아닌 순천관이라고 지칭한 것을 볼 수 있다. 하지만 객관으로서의 기능은 더 이상 수행하지는 않은 것으로 보인다.

참고로 1881년(고종 18)에 조경하(趙敬夏, 1844~1897)가 편찬한『중경지(中京誌)』에 실린 순천관에 대한 기록이다.

탄현문(炭峴門) 안에 있다. 지금 성균관이 곧 그 옛 터이다. 고려 문종이 이를 세워 별궁(別宮)으로 삼고 대명(大明)이라 명명했다. 원풍(元豐) 연간에 조공(朝貢)을 한 뒤부터 중조(中朝)의 인사(人使)를 접대할 곳이 없었으므로 관사(館舍)로 개수하고 순천(順天)으로 이름지었다. 뒤에 개칭하여 숭문전(崇文殿)이라 했고, 또 개칭하여 숭문관(崇文館)이라 했다.[35]

『중경지』에는 앞서 서술한 것과 다른 면이 보인다. 문종이 세운 별궁이 대명궁이라는 점, 순천관이 숭문전(崇文殿), 숭문관(崇文館)으로 명호가 바뀌었다는 점이다. 명호가 바뀌었다는 것은 그 역할도 바뀌었을 가능성이 크다. 그런데 『고려사절요』에 '행순천관(幸順天館) 어숭문전(御崇文殿)'이라는 기사가 나오는 것을 통해[36] 순천관, 숭문전, 숭문관에 대해서는 추후의 부연설명이 필요한 것 같다.

고려가 여러 나라와 외교 관계를 맺고 그들과의 교류를 위해 여러 객관을 마련했음을 볼 수 있다. 그중 영빈관과 순천관이 기록면에서 다른 객관들에 비해 두드러지게 많았다. 이는 그것의 활용과 중요도에 비례한다는 증명이기도 하다. 그리고 영빈관과 순천관조차도 객관이 아닌 다른 공간으로 활용되기도 했다. 사신이 항상 머물고 있지 않기 때문에 비어 있을 때 다른 용도로 활용했을 수 있고 혹은 순천관처럼 대명궁으로 성격이 아예 바뀌기도 했다. 순천관은 인종대 이후 객관으로서의 기능이 사라졌으나 영빈관은 조선 초까지 그 기록이 확인되어[37] 상당히 오래 존속한 객관이라 할 수 있다.

『고려도경』에 기록된 순천관(順天館)38

정사(正使)와 부사(副使)가 이미 조서를 받들고 왕성의 선의문(宣義門)에 들어와서 정북(正北) 방향으로 3리쯤 가면 경시사(京市司)에 이른다. 또 북쪽으로 5리쯤 가면 광화문(廣化門)에 이르며, 다시 서쪽으로 2리를 가서 매우 높고 가파른 산등성이를 지나 북쪽으로 1리를 가면 곧 순천관에 도착한다.

외문(外門)에는 방문(榜文)이 있고, 중문(中門)은 푸른색 수놓은 옷을 입은 용호군(龍虎軍)이 지키는데, 상절(上節)·중절(中節)이 말에 오르거나 내리는 곳으로 지었다. 아홉 개의 기둥이 있는 정청(正廳)은 규모가 장대하며 제작기술과 제도[공제(工制)]는 왕의 거처를 능가한다. 외랑(外廊)은 30칸인데 다른 물건은 두지 않고, 순천관에서 모일 때에만 중절(中節)·하절(下節)의 술마시는 자리[음석(飮席)]를 늘어놓는다.

뜰 가운데에는 자그만한 정자가 둘 있다. 그 한가운데에는 막집[막옥(幕屋)] 3칸을 만들었는데 전에는 음악을 연주하는 곳이었으나 지금은 왕우(王俁, 예종)의 상복을 입는 기간이 끝나지 않아 다시 연주를 볼 수 없었다.

정청 뒤에 지나다니는 길[과도(過道)]이 있고 가운데에 낙빈정(樂賓亭)을 세웠는데 좌우 두 자리[양위(兩位)]를 정사와 부사가 거처하는 방으로 삼았다. 내랑(內廊)은 각각 12자리[위(位)]인데 상절이 나누어 거처한다. 서쪽 자리[서위(西位)]의 남쪽이 관반관(館伴官)의 자리이고, 그 북쪽에 조서를 봉안했다. 양쪽 곁채[양서(兩序)]에는 도관(道官)을 머물게 한다. 동쪽 자리[동위(東位)]에 당(堂)이 있는데 도할(都轄)과 제할(提轄)의 자리이고, 또 그 동쪽은 서장관(書狀官)의 자리이다. 또한 매우 넓은 낭옥(廊屋)이 있어 중절(中節)·하절(下節)이 차례에 따라 거처하고 뱃사공[주인(舟人)]도 거기에 거처한다. 북쪽을 상석(上席)으로 하여, 정사·부사 이하에게 각각 심부름꾼[방자(房子)]을 주어 사령(使令)에 대비하게 했다.

동쪽 자리의 남쪽 한가운데에 청풍각(淸風閣)을 지었고 서쪽 자리의 북쪽에는 산세를 따라 향림정(香林亭)을 지었다. 모두 들창[헌(軒)]을 열면 산을 마주하고, 맑은 물이 감돌아 흐르며, 높은 소나무와 빼어난 초목이 울긋불긋 서로 그늘지우고 있다. 시설물[공장(供張)]과 기명(器皿)은 하나라도 갖추어지지 않은 것이 없다. 이보다 앞서 왕휘(王徽, 문종)가 이것을 세워 별궁으로 삼았는데, 원풍(元豐, 1078~1085) 연간에 조공(朝貢)한 이후부터는 중국의 사신을 접대할 곳이 없었기 때문에 관사(館舍)로 고치고 순천(順天)이라 명명했다.

제 2 장

개성 태평관 : 역할과 위상

제 1 절

태조~태종대 개성도읍기 개성 태평관

1. 태조대 개성 태평관의 설치 : 정동행성의 활용과 상징성

1392년 7월 12일 공양왕이 왕위를 물려주고 다음 날에 대비가 교지를 선포하여 이성계를 감록국사(監錄國事)로 삼았다. 4일 뒤 17일에 마침내 이성계가 개성의 수창궁(壽昌宮)에서 즉위했다.[1] 2년 뒤인 1394년(태조 3) 8월에 한양 천도가 결정되고 이해 10월에 한양에 도착하기 전까지[2] 이성계는 개성에서 정무를 보았다. 한양으로 수도를 옮겨서 본격적인 직무를 수행하기 전까지 만약 사신이 온다면 개성에서 맞이해야 한다.

이성계는 1392년 7월에 즉위한 뒤 이듬해인 1393년(태조 2) 1월에 곧바로 객관의 설치를 단행했다. 고려의 행정동성(行征東省)을 수리하여 태평관이라고 명호를 고친 것이 그것이다.[3] 『태조실록』에는 이 정도의 기록만 있을 뿐 어떤 이유로 그와 같은 조치를 취했는가에 대해서는 더 이상의 설명이 없다. 사실 제1장에서 보았듯이 고려에는 객관이 여럿 존재했고, 특히 영빈관의 경우는 이 당시에도 남아 있으면서 본래의 기능을 수행했다. 한양으로 도읍을 옮겨가기 전인 1394년 3월과 6월에 흠차 내사(欽差內史)를 영빈관에서 전송했다는 기사가 그 사례이다.[4]

영빈관이 이렇듯 엄연히 존재하고 있음에도 태조는 이를 활용하는 대신 정동행성의 명호를 바꾼 채 객관으로 삼았다. 그렇다면 태조 이성계가 정동행성을 수리하여 태평관으로 명칭을 바꾸고 객관으로 삼은 이유는 무엇인가. 이것에 대한 실마리로 두 가지를 상정해 볼 수 있다. 사실 정동행성의 기능에 대해 기존 연구에서 간과한 것이 있다는 점에서 시작된다. 이것이 두 가지 중 하나에 해당하는데, 바로 정동행성이 객관의 기능을 하고 있었다는 사실이다.

이는 제1장에서 언급하지 않은 객관에 해당한다. 엄밀하게 말하면 이곳은 객관이라고 일컫지 않은 곳이다. 객관을 위한 목적으로 설립한 곳이 아니기 때문이다. 정동행성은 본래 고려 때 원에 의해 일본 원정을 위해 설치한 관서이다. 정동행중서성(征東行中書省), 정동행상서성(征東行尙書省), 행성(行省)으로도 일컬었다. 그런데 시일이 지나면서 당초의 목적이 사라졌고 그럼에도 고려가 망할 때까지 존재했다. 그 기간에 객관으로서의 역할도 겸한 것이었다. 『고려사』와 『고려사절요』에서 발견되는 정동행성의 객관으로서의 기능을 제시하면 다음과 같다.

* 원 사신이 가지고 온 조서를 정동행성에서 듣다.5
* 원에서 조서를 반포하기 위해 파견한 김천(金蕆)을 국왕이 행성으로 나가 맞이하다.6
* 원에서 사면하는 교서를 반포하기 위해 파견한 이들을 국왕이 행성으로 나가 맞이하다.7
* 원에서 왕을 태위(太尉)로 책봉하기 위해 파견한 사신을 국왕이 행성에서 맞이하고 이어서 사신에게 연향을 베풀다.8
* 원에서 전략을 구하는 조서를 보내온 사신을 국왕이 행성에서 맞이하다.9
* 국왕의 복위 조서를 가지고 온 원 사신이 행성에 이르자 왕이 지(旨)를 듣다.10
* 북원의 봉책사(封冊使)가 이르자 국왕이 행성으로 나가 지(旨)를 듣다.11
* 일본에서 파견한 승려를 행성에서 맞이했으나 객관에서의 대접이 매우 박하다.12
* 북원의 사신을 우왕이 행성으로 나가 맞이하다.13

일본에서 파견한 승려를 제외하고는 대개 (북)원에서 파견한 이들을 정동행성에서 맞이하고 연향을 베푼다는 내용이다. 심지어 정동행성이 위치한 곳도 이러한 기능에 부합한다. 사신을 영전(迎餞)하는 영빈관, 왕성의 정서쪽 문인 선의문(宣義門)[14]을 지나는 도로변에 자리하여 위치적인 조건도 객관으로 삼기에 적합하다.

다만, 이 몇 가지 사례를 통해 정동행성이 한양에서의 모화관(慕華館)처럼 '사신을 맞이'하는 역할만을 한 것으로 볼 수 있다. 문제는 이렇게 보기에도 어려운 점이 있다는 사실이다. 객관인 순천관에서 태자가 송 사신을 인도하여 회경전(會慶殿)으로 가서 문종이 그곳에서 수조(受詔)한 기록,[15] 대방후(帶方侯) 왕보(王俌)가 예종의 명으로 순천관에서 송 황제의 조서를 맞이한 후 회경전으로 이동한 기록 등이 있다.[16] 이는 객관에서도 사신을 맞이했음을 보여준다. 그리고 한양에서의 모화관은 개성의 경우 앞서 보았듯이 영빈관[연빈관(延賓館)][17]이 그러한 역할을 담당했으며,[18] 위치적으로도 한양의 모화관–태평관이 개성의 영빈관–정동행성으로 비견하는 것이 합리적이라는 판단이다.

정동행성이 객관으로 기능했다는 기록은 17세기 이후의 문헌에서 본격적으로 확인된다. 바로 17세기 이후 개성유수가 편찬·간행한 송도읍지들이 그것이다.[19] 그중 『송경광고(松京廣攷)』의 '관역(館驛)'조가 가장 주목된다.

『송경광고』의 '관역'조에는 시작부터 『고려도경』 '관사'조의 '객관' 내용을 그대로 소개하고, 이후 고려에서부터 조선에 이르기까지 있었던 객관들을 열거해 놓았다. 곧, 회동관(會同館), 영빈관, 광인관(廣仁館), 오빈관, 청하관, 조종관, 순천관, 신흥관(新興館), 인은관, 영은관(迎恩館), 선은관(宣恩館), 정동성(征東省), 본조 태평관 등이다.[20]

『송경광고』에 따르면 앞서 제1장에서 언급하지 않은 객관도 보인다. 회동관, 광인관, 신흥관, 선은관, 정동성 등이 해당한다. 다섯 객관은 여기서 처음 보인다는 점에서 눈여겨볼 만함에 틀림없다. 이 중에서도 유독 '정동성'이 눈에 띈다. 정동성에 관한 기존의 연구들이 있지만 그 본연의 성격과 그것의 변천에 관한 내용이 위주이고 객관의 기능에 대해서는 언급되어 있지 않다. 사실『송경광고』에도 정동성을 다른 객관들과 함께 편재하면서도 수록한 내용은 객관에 관한 것이 아닌 정동성의 연혁을 간략하게 다루었다. 하지만 '관역'조에 다른 객관들과 함께 편재한 것만으로도 정동행성이 객관으로서의 역할을 담당했음을 입증한다는 점에서 의미가 있다.

이상의 내용을 보면 태조가 정동행성을 수리하여 객관으로 삼는 것이 당연할 수 있다. 기존의 객관을 수리하여 객관으로 삼은 것이기 때문이다. 그런데 여기서 드는 의문은 고려의 여러 객관들의 명칭과는 다소 다른, 생소하게 여길 수 있는 '태평관'이라는 명칭이다. 왜 객관의 명칭을 태평관이라고 명명했을까. 이는 위에서 상정한 이유 두 가지 중 나머지 하나에 대한 해답이기도 하다. 그리고 그 해답은 고려 말 새로운 국제관계에서 찾아야 할 것 같다.

공민왕대에 원-고려의 관계에 균열이 생기고 명-고려라는 관계가 형성되어 갔다. 원을 상징하는 마지막 관서로서의 정동행성을 객관으로 삼은 것은 이러한 점에서 의미가 있다. '원 사신'을 맞이하고 연향을 베푼 객관으로서의 기능도 했던 이곳을 수리하여 '명 사신'을 위한 객관으로 삼았다는 점 때문이다. 더구나 '태평관'이라는 명칭은 천자국으로 '명'이라는 국가를 상정한 것이다. 결국 원과 고려 두 나라 및 그들 사이의 관계를 모두 부정하고, 명-조선의 관계를 명확하게 적시하는 방편이었다.[21]

태조 이성계는 조선을 건국하고 한양으로 오기 전까지 명 사신의 접대를 위한 공간으로 개성에 태평관을 마련했다. 그 태평관은 원 사신을 위한 객관으로서의 기능을 담당했던 정동행성을 수리하여 명칭을 바꾼 곳으로, 이는 곧 원-고려의 관계를 떨쳐버리고 명-조선의 관계를 천명하는 조치에 해당한다.

2. 태조~태종대 한양 천도 이전 주요 객관

조선 초 국왕이 개성에 있으면서 명 사신을 맞이한 시기가 두 번 있다. 개성을 수도로 한 시기로, 1392년 7월부터 1394년 10월까지 및 1399년(정종 1) 2월부터 1405년(태종 5) 10월까지이다. 먼저 전자이다. 이 시기는 태조가 즉위한 뒤 한양에 천도하기 전까지에 해당하여 개성에서 명 사신을 맞이할 수밖에 없는 불가피한 상황이었다. 이 기간 동안 명 사신이 조선에 온 횟수는 모두 6차례이다.

단, 개성에 6차례 온 사람들은 조칙이나 자문을 가지고 온 이들이 아닌 경우도 포함시켰다. '흠차 내사', '조정 사신'이라고 하지 않더라도 조선 정부의 차원에서 대접한 이들을 대상으로 했다는 뜻이다. 명에서 온 사람들이 머무는 객관을 살피는 것이 목적이기 때문이다. 그렇다고 이들이 명 조정과 무관한 사람들이 아니기에 본고에서는 '명사(明使)'로 통칭했다.

태조대 개성도읍기에 온 '명사'를 시기별로 정리하면 〈표 1〉과 같다.[22] 〈표 1〉을 좀 더 세부적으로 정리하여, 개성에 온 '명사'와 그들이 '머문 기간' 및 날짜별로 그들을 '영접한 곳'과 그곳에서 '접대한 내용' 등은【부표 1】이 참조된다.

【부표 1】을 보면, 사신들을 맞이하고 전송하며, 연향을 설행한 장소는 대

〈표 1〉 태조대 개성도읍기에 온 명 사신

회차	기간	명 사신	회차	기간	명 사신
1	1393년 5월 23일 ~8월 2일	흠차 내사 황영기(黃永奇) · 최연(崔淵) 등	4	1394년 1월 12일 ~3월 19일	흠차 내사 노타내(盧他乃) · 박덕룡(朴德龍) · 정징(鄭澄) 등
2	1393년 6월 6일 ~6월 10일	요동 도지휘사사 천호(千戶) 고활활출(高闊闊出)	5	1394년 4월 4일 ~5월 20일	흠차 내사 최연(崔淵) · 진한룡(陳漢龍) · 김희유(金希裕) · 김화(金禾) 등
3	1393년 12월 8일 ~1394년 2월 19일	조정 사신 내사 김인보(金仁甫) · 장부개(張夫介) 등 4인	6	1394년 4월 25일 ~6월 16일	흠차 내사 황영기 등 3인

개 나타나 있다. 사신들을 맞이하거나 전송할 때의 선의문 영역, 태조와 사신들이 행례하고 태조가 연향을 베푸는 곳은 수창궁이 그나마 자주 활용되고 있다. 전송하는 공간으로 영빈관도 2번이나 나온다. 그런데 정작 사신들이 머문 곳은 기록이 나오지 않는다.

이 중에서 4번째, 5번째, 6번째 사신들의 일정이 주목된다. 4번째에 온 내사(內史)들의 경우 1394년 1월 12일에 입경(入京)한 이후 바로 이어서 나오는 기사가 3월 16일자로 '사신들이 자신들의 고향으로부터 오니 태조가 연향을 베풀어 그들을 위로했다.'는 내용이다.[23] 그리고 이들은 3월 19일에 경사(京師)로 돌아갔다. 5번째에 온 내사들도 일정이 다르지 않다. 4월 4일에 입경한 후 4월 14일에 고향에 돌아가서 부모를 뵈었으며[24] 5월 20일에 중국으로 돌아갔다. 6번째에 온 내사들 역시 마찬가지로 4월 25일 입경, 4월 28일 고향에 가서 부모를 뵙고,[25] 6월 16일에 귀국하는 일정이었다.

이러한 사례를 보면 입경한 뒤 조선의 조정에서 마련한 숙소로 가지 않고 곧바로 고향에 간 것처럼 보인다. 심지어 당시 명 황제가 조선에 파견한 사신들은 모두 조선의 엄인(閹人)들로, 이들은 황제의 명을 전달하는 일이 끝나면 즉시 고향으로 돌아갔다.[26] 그렇다면 개성에서는 전혀 머무르지 않았을까. 그들이 입경부터 귀국까지 고향에 다녀오는 기간을 제외하더라도 비는 날이 있다. 객관에 머무는 동안 고향에 다녀간 것으르 보는 것이 합리적이다.

여기서 한 가지 더 주목할 곳이 있다. 바로 영빈관이다. 고려에서 영빈관은 주요 객관 중의 하나였기 때문이다. 【부표 1】을 보면, 태조가 1394년 3월 19일과 이해 6월 16일에 영빈관에 이르러 사신들을 전송한 곳으로 기록되어 있다. 따라서 이때의 영빈관은 전송하는 공간으로 활용되고 머문 곳으로 보기는 어려운 것 같다.

1393년 1월에 정동행성의 건물을 수리하여 태평관이라 명명했다고 앞서 언급했다. 따라서 태조대 초반 한양으로 천도하기 전에 온 명사들을 위한 객관은 태평관이 된다. 하지만 【부표 1】에서 보듯 태평관은 언급조차 없다. 그럼에도 명 사신들이 개성에서 머무는 동안에는 객관으로 태평관을 활용했을 것으로 예상된다.

다음은 정종대의 1399년 2월부터 태종대의 1405년 10월까지이다.[27] 이 시기는 정종이 개성으로 돌아온 뒤 태종이 한양으로 재천도하기 전까지에 해당하여 역시 명 사신을 개성에서 맞이했다. 이 기간 동안 명사가 조선에 온 횟수는 모두 26차례이다. 정종이 재위에 있는 동안에는 명 사신이 오지 않아 결과적으로 명사가 온 26번은 모두 태종대이다. 참고로 정종대 이 시기 동안 개성 태평관과 관련된 기사는 조선의 신하들에게 연향을 베푼 1건의 기사가 찾아진다.[28]

태종대에도 태조대처럼 26번 온 이들은 조칙이나 자문을 가지고 오지 않더라도 조선 정부의 차원에서 대접한 경우이기에 모두 '명사'에 포함시켰다. 태종대 개성도읍기에 온 명사를 시기별로 정리하면 〈표 2〉와 같다.[29] 〈표 2〉를 좀 더 세부적으로 정리하여, 개성에 온 '명사'와 그들이 '머문 기간' 및 날짜별로 그들을 '영접한 곳'과 그곳에서 '접대한 내용' 등은【부표 2】가 참조된다.

【부표 2】를 보면, 명 사신이 왔을 때 이들을 맞이하고 전송하며, 그들이 개성에 머무는 동안 그들이 머물고 접대한 공간과 접대한 내용이 고스란히 드러나 있다.【부표 1】과 비교해보면, 좀 더 구체적으로 기록을 남기고 있다는 것과 그들이 왔을 때 궐에서 일정한 의례를 행한 뒤 태평관을 숙소로 하고 있다는 점에서 뚜렷한 차이를 보인다. 특히 태평관에서 의례도 행하고, 연향을 베풀기도 하고, 다례(茶禮)를 설행하기도 한다는 점에서 더욱 그러하다. 개성에 설치한 태평관이 객관으로서 역할을 수행하고 있음이 명확해졌다.

이는【부표 1】과 비교했을 때 전반적인 양상이다. 다만, 12번째와 23번째 성친(省親)하러 온 이들은 좀 다르다. 태평관에 머무른 기록이 나오지 않는다.【부표 1】태조대와【부표 2】태종대에 온 명 사신들 중 고향을 방문하고 온 이들의 공통점이다. 이들도 객관인 태평관에 머물렀을 것으로 예상되지만 기록이 나오지 않는다는 점에서 여전히 의문이다. 참고로 영빈관은 이번에도 전별

〈표 2〉 태종대 개성도읍기에 온 명 사신

회차	기간	명 사신	회차	기간	명 사신
1	1401년 2월 6일 ~2월 30일	조정 사신 예부 주사 육옹(陸顒) · 홍려 행인 임사영(林士英)	14	1403년 4월 8일 ~5월 3일(1차), 6월 3일(2차)	도지휘 고득(高得), 통정사 좌통정 조거임(趙居任), 환관 태감 황엄(黃儼) · 조천보(曹天寶), 본조 환자 주윤단(朱允端) · 한첩목아(韓帖木兒) 등
2	1401년 6월 12일 ~6월 16일	통정시 승 장근(章謹) · 문연각 대조 단목예(端木禮)	15	1403년 8월 10일 ~9월 12일	조정 사신 환관 전휴(全休) · 배정(裴整), 급사중 마인(馬麟) 등
3	1401년 9월 1일 ~12월 16일	조정 사신 태복시 소경 축맹헌(祝孟獻) · 예부 주사 육옹(陸顒)	16	1403년 10월 27일 ~11월 15일(1차), 윤11월 8일(2차)	조정 사신 황엄(黃儼) · 박신(朴信), 한림 대조 왕연령(王延齡), 홍려시 행인 최영(崔榮)
4	1401년 9월 15일 ~11월 11일[30]	조정 국자감생 송호(宋鎬) · 상안(相安) · 왕위(王威)/왕함(王咸)[31] · 유경(劉敬) 등 4인	17	1403년 11월 1일 ~윤11월 17일	조정 사신 한첩목아, 환관 주윤단(朱允端)
5	1401년 10월 3일 ~12월 16일	감생 동섬(董暹)	18	1404년 4월 4일 ~5월 19일	요동 천호 왕가인(王可仁)
6	1401년 11월 24일 ~12월 16일	감생 곽선(郭瑄) · 유영(柳榮) 등	19	1404년 4월 18일 ~6월 2일(1차), 6월 22일(2차)	조정 사신 장인사 경 한첩목아, 홍려시 서반 교수(郥修)[32], 행인 이영(李榮) 등
7	1402년 1월 24일 ~5월 20일	조정 사신 병부 주사 단목지(端木智), 감생 율견(栗堅)	20	1404년 6월 10일 ~6월 22일	조정 사신 내사 양진보(楊進保) · 급사중 오유선(敖惟善)
8	1402년 2월 19일 ~3월 23일[33]	축맹헌, 감생 동섬 · 유영	21	1404년 6월 10일 ~6월 15일	요동 천호 · 삼만위 천호 등
9	1402년 2월 26일 ~3월 4일	홍려시 행인 반문규(潘文奎)	22	1404년 11월 6일 ~11월 22일	조정 사신 환관 유경(劉璟), 국자감 승 왕준용(王峻用)
10	1402년 3월 19일 ~5월 1일	감생 율견 · 장집(張緝) · 주규(朱規) 등	23	1404년 11월 6일 ~1405년 1월 17일	성친(省親) 환관 이성(李成) · 김희(金禧) · 박인(朴麟) 등
11	1402년 10월 12일 ~11월 10일	조정 사신 도찰원 첨도어사 유사길(兪士吉), 홍려시 소경 왕태(汪泰), 내사 온전(溫全) · 양영(楊寧)	24	1404년 12월 3일 ~12월 7일	요동 총기 장패라(張孛羅) · 소기 왕나합(王羅哈) 등
12	1402년 10월 12일 ~1403년 1월 22일	성친(省親) 내관 정귀(鄭貴) 등 3인	25	1405년 3월 11일 ~3월 19일	조정 사신 천호 왕교화적(王敎化的) 등 3인
13	1403년 1월 13일 ~3월 13일	요동천호 왕득명(王得名) · 백호 왕미실첩(王迷失帖) 등	26	1405년 4월 6일 ~7월 25일	조정 내사 정승(鄭昇) · 김각(金角) · 김보(金甫) 등

하는 곳으로 활용되었음이 확인된다.

그 밖에 【부표 2】에서 주목되는 점이 있다면 '고태평관(古太平館)'이라는 객관이다. '고태평관'은【부표 2】에서 보는 것처럼『조선왕조실록』에 1404년(태종 4) 5월에 1건, 이해 6월에 2건 등 총 3건이 확인된다.[34] 태평관이라는 세 글자가 1393년 1월에 처음 등장하는데, '고태평관'은 어떤 객관을 가리키는지, 이전부터 있었던 어느 한 객관을 당시의 태평관에 빗대어 '고(古)'자를 덧붙여서 일컬은 것인지, 혹은 앞서【부표 1】에서 사신들이 머문 곳이 나오지 않았는데 이들의 객관을 가리키는지 추정조차 어렵다. 위치는 태종이 태평관에 가려면 '고태평관'을 지나야 한다는 정도가 확인된다.[35]

'고태평관'은 명사가 거듭 왔을 때 태평관과 함께 활용되었다. 18·19번째에 온 사신 및 20·21번째에 온 사신의 경우가 그러하다. 비록 사례가 빈약하지만 두 경우를 통해 '고태평관'의 역할을 어느 정도 짐작할 수 있을 것으로 생각된다.

먼저 전자이다. 18번째에 온 요동 천호 왕가인(王可仁)이 1404년 4월 4일 입경했는데 그날 태평관에서 태종과 그가 행례하고 거기서 태종이 연향까지 베풀었다.[36] 따라서 당시 그는 태평관에 머문 것으로 보는 것이 합리적이다. 그러다가 4월 9일에 그가 여진 지면(女眞地面)으로 떠났다가[37] 5월 5일 동북면에서 돌아왔다.[38] 그 사이에 19번째로 조정 사신 장인사 경 한첩목아(韓帖木兒), 홍려시 서반 교수(郮修), 행인 이영(李榮) 등이 개성에 와서 태평관에 묵고 있었다. 그러한 이유로 왕가인이 태평관이 아닌 '고태평관'에 머물게 된 것으로 보인다.

문제는 왕가인이 자신보다 늦게 개성에 도착한 한첩목아·교수·이영 등과 함께 태평관에 머물 수 없고 고태평관에 머물러야 하는 이유가 드러나 있지 않다는 사실이다. 이는 5월 7일 하윤(河崙, 1347~1416)이 태종에게 하는 말에서 실마리가 풀릴 듯하다.

태종이 고태평관에 가려는데 하윤이 한첩목아를 먼저 본 뒤에 가라고 고했다. 이에 태종은 태평관에 가서 한첩목아 등에게 왕가인에게 가는 이유를 밝히고 이들에게 다례를 행한 뒤 고태평관에 가서 왕가인에게 연향을 베풀었다.[39] 하윤의 조언은 태평관에 있는 이들에게 불필요한 오해를 불식시키려는 의도이며, 이것이 바로 왕가인과 한첩목아·교수·이영 등이 태평관이라는 한 공간에 머물 수 없는 이유였다. 단순히 태평관이라는 공간이 좁아서 함께 있지 못한다는 것이 아니라 태평관과 고태평관에 머무는 사람들의 신분에 따라 대우를 달리한 조처라는 사실이다.

다음은 후자인 20·21번째에 온 사신이다. 1404년 6월 10일 20번째로 조정 사신 내사 양진보(楊進保)·급사중 오유선(敖惟善)이 개성에 도착했고, 21번째로 요동 천호·삼만위 천호 등도 이날 이들을 뒤따라 들어왔다. 양진보·오유선은 태종이 맞이한 뒤 궐에서 행례하고 곧장 태평관으로 갔고, 요동 천호·삼만위 천호 등은 각사(各司) 1원(員)이 맞이한 뒤 '고태평관'에 투숙했다.[40] 또 당일에 양진보·오유선은 태종이 태평관에서 연향을 베푼 반면, 요동 천호·삼만위 천호 등은 관반(館伴)인 이조전서 김한로(金漢老, 1358~?)가 '고태평관'에서 그들을 위해 연향을 베풀었다.

사신을 맞이하는 주체, 객관에서 베푸는 연향의 주체를 통해 각각에 대한 대우가 상당히 다름을 볼 수 있다. 이는 그들이 묵는 객관인 태평관과 고태평관도 마찬가지로 조선의 조정에서 다르게 처우한다는 것을 뜻한다. 따라서 입경한 사신이 겹칠 경우 객관을 태평관 혹은 고태평관 중 어느 곳으로 정하느냐에 따라 사신들간 신분과 그들에 대한 조선 정부의 대우를 짐작할 수 있다. 물론 겹쳐서 오지 않을 때에는 태평관이 우선이었다.

마지막으로 한 가지 언급한다면,【부표 1】과【부표 2】에서 숙소가 명확하지 않은 성친한 사신들의 숙소이다. 이들은 개성에 있는 태평관에서 묵었다는 기록이 드러나지 않았다. 이 사신들이 머문 곳이 '고태평관'일 수 있다. 하지만 태평관을 다시 건립하여 새 태평관과 구별하기 위하여 기존의 태평관 세 글자 앞에 '고'자를 붙였다는 기록이 발견되지 않는다. 이러한 가정은 문헌 기록으로 볼 때 현실적으로 가능성이 희박하다는 판단이다. 분명한 것은 태종대 개성에 도읍한 시기에 명 사신의 객관으로 태평관이 활용되었으며, 명실상부하게 명 사신이 머무는 객관으로 그 역할을 했다는 사실이다.

이상의 과정을 통해 의문이 하나 생긴다. 태평관이라는 명칭이 개성에 있는 것과 한양에 있는 것이 동일하다는 점이다. 1394년 10월에 한양으로 천도하고 그 이듬해인 1395년(태조 4) 9월에 새 궁궐이 준공되었다.[41] 그리고 바로 다음 달인 윤9월에 여러 도(道)의 정부(丁夫) 1천 명을 징발하여 태평관을 영건했다.[42] 한양에 명 사신을 접대할 객관을 건립하면서 그 명칭을 다름 아닌 태평관이라 한 것이었다. 개성에 설치한 객관과 한양에 설치한 객관의 명칭이 일치한다.

천자국으로 '명'이라는 국가를 상정한 조선에서 마침내 도읍으로 정한 한양으로 천도한 뒤 이곳에 명 사신을 위한 객관을 짓고 그에 걸맞는 태평관이라는 관명(館名)을 정하는 것은 당연하다. 따라서 전 왕조의 수도이자 한양으로 천도하기 전 한시적으로 수도였던 개성에 있는 태평관의 관명은 수정할 법하다. 물론 정종대에 개성으로 천도하면서 개성에 있는 태평관이 명 사신의 객관으로 기능하면서 개정할 필요가 사라졌다. 하지만 1405년 10월에 한양으로 재천도한 이후에는 둘 중 하나의 태평관은 명칭을 고칠 수 있었다. 그럼에도 그렇게 하지 않았는데 이는 제3장 '한양 태평관'에서 다루고자 한다.

태조대 한양으로 천도하기 전 조선에 온 명 사신은 개성에 마련된 태평관을 객관으로 삼았을 것으로 추정되지만 『태조실록』에 그 기록이 전하지 않는다. 반면, 태종대 개성에 도읍한 시기에 명에서 파견된 사신들은 주요 객관인 태평관에서 묵었다. 또 '고태평관'이라는 객관이 있었으며, 명 사신 일행이 겹쳐서 올 때 조선 조정에서는 신분이나 지위에 따라 태평관과 구분해서 이곳을 활용했다.

제 2 절

태종대 한양 천도 이후 개성 태평관

1. 임진왜란 이전 개성 태평관의 기능

1404년 9월 1일 태종이 한양으로의 천도를 천명하되 그 시점은 '이듬해 겨울'이라 명시했다.[43] 그에 따라 이듬해인 1405년 10월 8일 개성을 출발하여 10월 11일에 한양에 도착했다.[44] 사실 태종이 한양으로 천도한 이후에도 1406년(태종 6), 1409년(태종 9), 1410년(태종 10)(2권) 등 개성에 행차하여 다시 개성으로 돌아가는 것이 아닌가 사람들이 의심할 만했으나 태종은 그렇게 하지 않았다.[45] 한양이 도읍으로 확정되면서 개성은 국왕이 어떤 일로 행차할 때 이외에는 갈 이유가 없어졌다.

이제 명 사신이 온다면 명실공히 한양에 설치한 태평관을 객관으로 활용하면 되었고, 실제로도 그러했다. 그렇다고 개성에 있는 태평관이 사라지는 것은 결코 아니었다. 그리고 개성에 있는 태평관의 명칭을 바꾸는 것에 대해서도 논의가 없었다. 이는 개성과 한양 어느 곳을 수도로 정하든 개성과 한양에 설치한 각각의 태평관이 명 사신이 머무는 객관이라는 사실이 달라지지 않는다는 것을 의미한다.

태종이 한양으로 천도한 이후 그가 개성에 행차하여 머무는 동안 명 사신이 왔을 때 개성에 있는 태평관을 활용한 것에서 입증된다. 예를 들면, 1410년 9월 태종이 유후사(留後司)로 거둥하여[46] 이듬해인 1411년(태종 11) 2월 신도(新

都)인 한양으로 돌아온[47] 그 기간에 명 사신이 방문했을 때이다. 내사태감(內史太監) 전가화(田嘉禾)와 소감(少監) 해수(海壽)가 칙서를 받들고 오자 경덕궁(敬德宮)에서 기본적인 의례를 행한 후 태평관으로 장소를 옮겨서 연향을 베풀었다.[48] 그들이 돌아갈 때까지 태평관에서 대접하고 전별도 거기서 했다. 두 사신의 개성에서의 일정은 다음의 〈표 3〉과 같다.

〈표 3〉 내사태감 전가화와 소감 해수의 개성에서의 일정[49]

기간	명 사신	영접공간과 접대	시행날짜
1410년 10월 9일 ~10월 28일	내사태감 전가화(田嘉禾) · 소감 해수(海壽)	공간 불분명 : 태종의 맞이	1410년 10월 9일
		경덕궁 : 선칙(宣勅), 태종의 수사(受賜) · 사은(謝恩)	
		태평관 : 태종 주관 설연(設宴), 전가화가 예부의 자문 보임	
		태평관 : 태종 주관 설연	1410년 10월 11일
		태평관 : 세자 주관 향연	1410년 10월 13일
		정원후(鄭元厚) 사저 : 처녀를 구하기 위해 태종과 내사가 처녀를 봄	1410년 10월 17일
		경덕궁 : 태종 주관 연향	1410년 10월 19일
		태평관 : 태종의 내사 전별	1410년 10월 25일
		태평관 : 세자의 내사 전별	1410년 10월 26일
		공간 불분명 : 내사 전가화 · 해수 등 경사(京師)로 돌아감	1410년 10월 28일
		영빈관 : 태종의 전별	
		금교역(金郊驛) : 세자 이제(李禔) · 우의정 조영무(趙英茂) · 지신사 안등(安騰)의 전별	

뿐만 아니라 태종은 개성에 있는 동안 공조판서 박자청(朴子靑, 1357~1423)을 한경(漢京)에 파견하여 남산과 태평관 북쪽에 소나무를 심게 했다.[50] 이는 개성과 한양에 있는 두 태평관의 명칭에 변화를 주지 않은 채 객관으로 활용하고 있음을 보여준다.

태종은 이후에도 1415년(태종 15)과 1418년(태종 18) 2차례에 걸쳐 개성으로 행차했고, 임진왜란 전까지 여러 국왕들이 개성으로 행차했다. 세종대

1418년(세종 즉위)과 1419년(세종 1), 1420년(세종 2), 1438년(세종 20) 등 4차례, 세조대 1456(세조 2)과 1460년(세조 6) 2차례, 성종대 1474년(성종 5) 1차례, 중종대 1535년(중종 30) 1차례 개성으로 갔다.[51]

이 중에서 태평관과 관련되는 시기는 중종대이다. 한 해 전인 1534년(중종 29) 7월에 태조비 신의왕후(神懿王后, 1337~1391)의 능인 제릉(齊陵)에 전알(展謁)하기 위한 목적으로 개성으로 가고자 했다.[52] 그에 따라 7월부터 8월까지 구체적인 일정을 논의하거나 정하고, 마침내 9월 11일 세자가 중종의 행차를 지송(祗送)하기 위해 모화관까지 나갔다. 그런데 이날 영의정 장순손(張順孫, 1453~1534)이 졸하여 행행은 정지되었고 명년 봄에 다시 택일하기로 결정했다.[53]

비록 1534년의 행차는 중지되었으나 그 당시 논의한 안건 가운데 태평관의 용도를 보여주는 기사가 주목된다. 양로연(養老宴) 시행,[54] 화포(火砲)·삼총통(三銃筒) 방화(放火),[55] 숙소[56] 등이 그것이다. 명 사신의 객관으로서의 태평관이 아닌 양로연을 행하고 숙소로 사용하는 등 사신이 오지 않아 객관으로 활용되지 않을 경우에는 이처럼 다른 용도로 사용하려 한 것을 알 수 있다.

사실 이때에는 이미 한양의 태평관이 주된 객관이었고, 개성의 태평관은 의주에서 한양까지 가는 여정에 잠시 머무는 객관으로 기능하고 있었다. 명 사신이 압록강을 건너 한양에 도착하기까지 지나는 객관은 곳곳에 있었다. 명 사신은 압록강을 건너서 의주(義州)에 도착한 후 의주에서 출발하여 정주(定州)→안주(安州)→평양(平壤)→황주(黃州)→개성(開城)→파주(坡州)→모화관을 거쳐 궁궐로 들어왔다.[57] 실제 객관은 이들 지역을 포함해 좀 더 촘촘하게 마련되어 있었고, 명 사신만이 아니라 나중에 청 사신이 올 때에도 이동 경로와 객관은 크게 변화하지 않았다. 여기에 대해서는 다음의 2항에서 한 번 더 다루고자 한다.

한편, 제릉 행행은 이듬해 가을로 물려서 행하기로 결정한 가운데[58] 1535년 9월에 비로소 개성으로 행행했다. 9월 12일에 출발해서 21일에 돌아오는 열흘 간의 일정이었다.

9월 12일에 출발해서 14일에 개성부 태평관에 도착했다.[59] 그리고 다음 날인 15일에 제릉에 도착해서 사례(祀禮)를 행했으며,[60] 그다음 날에는 여러 가지 일을 처리했다. 성균관에서 작헌례(酌獻禮)를 행하고, 명륜당에서 시제(詩題)를 내었으며, 만월대(滿月臺)에서 무과를 시험하고, 문무과의 창방(唱榜)을 행했다. 그리고 중종은 태평관으로 돌아왔다.[61] 17일에도 박연(朴淵)에 갔다가 태평관에 도착했으며,[62] 그다음 날에도 경덕궁(景德宮)에 행행하여 노인과 효자들에게 연향을 베푼 뒤 태평관으로 돌아왔다.[63] 이후 19일에는 개성부를 출발해서 21일에 환궁했다.

중종은 개성부 태평관에 도착한 후 개성에서 어떠한 곳에 가서 어떤 일을 마치고 나면 태평관으로 돌아오는 일정이었다. 적어도 개성에 도착한 날부터 그곳에 머무는 동안 그의 동선의 최종 도착지는 태평관이었다. 태평관이 숙소

개성 제릉에 행행할 때의 동선[64]

* 1535년 9월 12일 : 궁궐 → 모화관(慕華館) → 사령(沙嶺) → 영서역(迎曙驛) → 미륵원천변(彌勒院川邊) → 벽제역(碧蹄驛) 숙소
* 1535년 9월 13일 : 광탄(廣灘) → 이천(梨川) → 통제원(通濟院) 숙소
* 1535년 9월 14일 : 친경천변(親耕川邊) → 판적천(板積川) → 목청전(穆清殿) → 개성부 태평관
* 1535년 9월 15일 : 웅천(熊川) → 송정(松亭) → 제릉(齊陵) → 개성부

개성에서 환궁할 때의 동선[65]

* 1535년 9월 19일 : 개성부 → 통제원 숙소 → 천수정(天壽亭) → 친경천(親耕川) → 통제원 숙소
* 1535년 9월 20일 : 통제원 → 석벽(石壁) → 누선(樓船) → 임진 나루 어구[임진도구(臨津渡口)] → 이천 → 광탄 → 벽제역 숙소
* 1535년 9월 21일 : 벽제역 → 미륵원 천변 → 홍제원(弘濟院) → 교(郊) → 환궁

로 활용되고 있음을 알려준다. 중종이 개성에 행차했을 때 태평관은 사신이 머무는 객관이 아닌 국왕이 머무는 숙소로 사용되었다.

사실 중종의 개성 행차에 앞서 편찬된 『신증동국여지승람』과 개성 행차 이후에 편찬된 공용경(龔用卿)의 『사조선록(使朝鮮錄)』(1537, 중종 32)[66]에 개성의 태평관에 대해 다음과 같이 기록되어 있다.

* 신증동국여지승람 : 태평관은 본사(本司)의 서편에 있다. 고려 때 정동성(征東省)이었다가 지금은 사화(使華)들이 머물러 묵는 곳이 되었다.[67]
* 사조선록 : 성 밖에 있다.[68]

개성에 설치한 태평관은 고려시대에는 정동성이었다가 지금은 명 사신인 사화(使華)의 숙소가 되었으며 그 위치는 성 밖에 있었다(〈도판 4〉). 명 사신이 오면 한양으로 들어오기 전 개성 지역의 주요 객관이었으나 사신이 오지 않아 객관으로 활용되지 않을 경우, 특히 국왕이 개성에 행차했을 때에는 숙소로 사용되기도 했다.

참고로 1488년(성종 19) 홍치제(弘治帝)의 즉위 조서를 반포하기 위해 조선에 온 정사(正使) 동월(董越, 1430~1502)이 지은 『조선부(朝鮮賦)』[69]에 개성의 태평관을 묘사한 장면이 있다. 개성의 태평관이 다른 객관에 비해 유독 높고 넓으며 웅장하다고 표현했다.[70] 개성의 태평관이 행정동성을 수리한 곳, 그리고 개성이 조선 초 도읍지였다는 점을 고려하면 쉽게 예상된다.

뿐만 아니라 그 외양도 상당히 화려하고 아름답게 꾸민 것 같다. 인조대 개성부 유수를 지낸 이덕형(李德泂, 1566~1645)이 편찬한 『송도기이(松都記異)』에 따르면,[71] 중종대에 한림원수찬 공용경이 조사(詔使)가 되어 조선에 올 때 송도 사람 최영수(崔永壽)가 태평관의 수리감관이 되어 단확(丹雘)·포진(鋪陳)을 매우 화미(華美)하게 했다고 한다.[72] 명 사신이 머무는 객관이기에 화려하고 아름답게 한 것으로 이해된다.

앞서 『고려도경』에도 고려에서 건립한 사관(使館)이 매우 화려하여 서긍이 관사를 그림으로 그릴 정도라고 했다. 조선의 개성 태평관도 다를 바 없었을 것으로 예측된다. 특히 명 황제의 책봉을 받는 조선 국왕의 입장에서 황제의 명을 받들고 온 명 사신이 한동안 머무는 곳임을 고려하면 다른 곳에 있는 객관과는 외관의 꾸밈 자체가 달랐을 것임에 틀림없다.

2. 임진왜란 이후 개성 태평관의 위치 변화와 규모, 수리

1592년(선조 25) 4월 왜구가 침범하여 임진왜란이 발발했다.[73] 한참 뒤의 기록이지만 『춘관통고(春官通考)』(1788, 정조 12)에 '임진왜란 발발 직후 거가(車駕)가 서쪽으로 거둥하여 송경에 있을 때 이곳 태평관에 종묘와 영녕전의 신주, 열성들의 어보, 옥책·죽책, 각종 등록 등을 봉안했다.'는 기록이 전한다.[74] 그 이후 개성에 설치한 태평관의 존재 여부 혹은 상황에 대해서는 『조선왕조실록』에서는 찾아지지 않는다.

임진왜란 이후 개성 태평관과 관련한 기록은 17세기 이후 편찬·간행한 송도읍지들에 전한다. 태평관 기록을 중심으로 소개하면 다음과 같다.[75]

* 『송도지(松都誌)』: 김육(金堉) 발문, 1648년(인조 26).
* 『송도지』: 정창순(鄭昌順) 소지(小識), 1782년(정조 6).
* 『송도속지(松都續誌)』: 김문순(金文淳) 서문, 1802년(순조 2).
* 『송경지(松京誌)』: 김이재(金履載) 서문, 1824년(순조 24). 서희순(徐憙淳) 발문, 1830년(순조 30).
* 『송경광고(松京廣攷)』: 임효헌(林孝憲) 서문, 1825년(순조 25). 수록 내용은 1832년(순조 32)까지 확인.
* 『중경지(中京誌)』: 조병기(趙秉夔) 서문, 1855년(철종 6).

* 『중경지』: 조경하(趙敬夏) 속지(續誌) 발문, 1381년(고종 18).
* 『중경지』: 박우현(朴宇鉉) 속지 발문, 1910. 1914년 조선광문회(朝鮮光文會) 발간.

이 중에서 임진왜란으로 태평관 건물 자체의 변화가 기록된 책은 1830년(순조 30) 서희순(徐憙淳, 1793~1857)의 발문이 있는 『송경지(松京誌)』이다. 이 책에 따르면, 태평관은 임진왜란으로 소실되었으나 중건(重建)하지 않고 본사(本司)의 사관(舍館)을 태평관이라 칭했으며, 본사는 개성부 관원이 좌정하는 정청(政廳)이고, 옛 태평관의 자취가 남아 있는 터는 지금 관사의 서쪽 불은동(佛恩洞) 남쪽에 있다는 내용이다.[76]

기존 태평관의 위치, 임진왜란으로 소실, 현 태평관의 위치까지 알려준다. 그런데 이러한 내용은 조신준(曺臣俊, 1573~?)의 잡기(雜記)에 수록된 내용이라고 출처를 밝혔다. 조신준의 『송도잡기(松都雜記)』는 현재 원본이 전하지 않고 1648년(인조 26) 김육(金堉, 1580~1658)이 『송도지(松都誌)』를 편찬할 때 『송도잡기』의 전문(全文)이 아닌 취사선택하면서 일부는 기록이 전하지 않다가 이후에 편찬되는 개성읍지에 첨부되었다.[77] 임진왜란으로 인한 소실과 태평관의 위치 변화 등에 관한 사실이 비로소 세상에 알려지게 되었다.

임진왜란 이후 태평관의 변화된 상황을 알려주는 조신준의 기록은 그 뒤 1855년(철종 6) 조병기(趙秉夔, 1821~1858)의 『중경지(中京誌)』,[78] 1881년(고종 18) 조경하(趙敬夏, 1844~1897)의 『중경지』,[79] 1914년 박우현(朴宇鉉, 1869~1928)의 『중경지』[80] 등에 그대로 수록되어 전한다. 참고로 『송경광고』(1832, 순조 32)에는 정동성을 설명하는 가운데 '조신준의 『송도잡기』'라고 출처를 밝히지는 않았으나 조신준의 『송도잡기』에 언급되어 있는 태평관의 변화된 상황의 대부분을 게재하고 있으며,[81] '본조 태평관(本朝太平館)'을 설명할 때에는 『송도잡기』 서명을 거론하며 위에서 언급한 개성읍지들보다 더 상세하게 관련 내용이 재록되어 있다.[82]

〈도판 1〉 사장원송도동료계회도(四狀元松都同僚契會圖), 국립중앙박물관

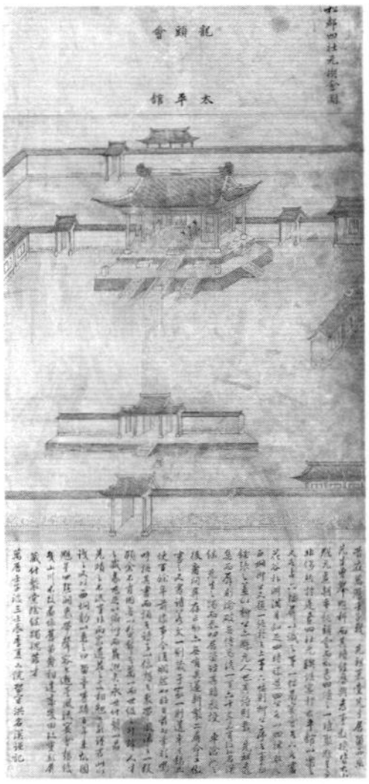

〈도판 2〉 송도사장원계회도육폭병풍(松都四壯元契會圖六幅屛風), 국립중앙박물관

〈도판 3〉 송도용두회도(松都龍頭會圖), 고려대학교 박물관

임진왜란 이후 개성의 태평관은 그 모습이 세 그림으로 남아 전한다. 17세기 이후에 그려져 처음 정동성을 개호(改號)한 것이 아닌 본사의 사관을 가리킨다고 볼 수 있다(〈도판 1〉·〈도판 2〉·〈도판 3〉).[83] 〈도판 1〉의 〈사장원송도동료계회도(四狀元松都同僚契會圖)〉는 1612년(광해군 4) 작으로 추정되며 국립중앙박물관에 소장되어 있다.[84] 〈도판 2〉의 〈송도사장원계회도육폭병풍(松都四壯元契會圖六幅屛風)〉은 1772년(영조 48) 작으로 국립중앙박물관에 소장되어 있다.[85] 〈도판 3〉의 〈송도용두회도(松都龍頭會圖)〉는 1772년 작으로 고려대학교 박물관에 소장되어 있다.[86]

이렇듯 임진왜란으로 개성의 태평관이 소실되었고 그에 따라 위치에 변화가 있었음을 보았다. 그렇다면 그 기능은 어떠한지 살펴볼 차례이다. 본사의 사관을 '태평관'이라 칭했다는 사실은 그 칭호만으로 객관이라는 사실을 알려준다. 위에서 언급한 송도읍지들을 검토하면 다음과 같다.

김육의 『송도지』에는 앞서 『신증동국여지승람』에서 언급한 개성의 태평관에 관한 설명보다 조금 더 구체적으로 기록되어 있다. 서소문(西小門) 밖에 위치하며 고려 때 원 세조가 일본을 정벌할 때 지은 정동성이었는데 지금은 사화(使華)들이 머물러 묵는 곳이 되었으며, 본사를 겸한다고 기록되어 있다.[87] 정창순(鄭昌順, 1727~?)의 『송도지』에도 같은 내용이 들어가 있으나,[88] 김문순(金文淳, 1744~1811)의 『송도속지(松都續誌)』에는 '견원지(見原誌)'라고 하여 객관과 관련한 기록은 생략되었다.[89]

서희순의 『송경지』에는 『송도지』와 동일한 내용이 수록되어 있으나 앞서 언급한 것처럼 조신준의 잡기 내용이 추가되어 있다.[90] 임효헌의 『송경광고』에는 정동성이 태평관으로 개호한 연혁은 있으나 객관의 기능을 말해주는 '사화지숙지소(使華止宿之所)'라는 언급은 없다. 그러나 '본조태평관'이라는 항목에는 '사화지숙지소'라고 기재되어 있다.[91] 『송경광고』에는 또 앞서 언급한 것처럼 조신준의 『송도잡기』의 내용이 실려 있다.

조병기의 『중경지』에는 『송경지』처럼 『송도지』와 같은 내용의 수록 및 조신준의 잡기 내용이 있다.[92] 조경하의 『중경지』에는 조병기의 『중경지』와 동일한 내용으로 기록되어 있고,[93] 박우현의 『중경지』 역시 위의 두 『중경지』와 내용이 다르지 않다.[94]

17세기 이후에 나온 송도읍지들에는 개성의 태평관이 임진왜란으로 인한 위치 변화는 있으나 임진왜란 이전처럼 객관으로서의 기능은 여전히 유지되고 있음을 말해준다. 송도읍지들 이외의 문헌인 홍경모(洪敬謨, 1774~1851)의 『관암전서(冠巖全書)』에도 '태평관은 개성부의 서편에 있다. 고려 때 정동성이었다가 지금은 사화들이 머물러 묵는 곳이 되었다.'라고 기록되어 있어[95] 송도읍지들에 수록된 내용과 다르지 않다.

단, 이 시기는 중원의 주인이 명에서 청으로 바뀐 뒤이다. 그럼에도 개성의 태평관은 명칭이 바뀌지 않은 채 청 사신의 객관으로 활용되고 있었다. 청 사행단으로 바뀌어도 그들의 여정은 이전과 달라지지 않아서였다. 예를 들면, 숙종의 계비(繼妃) 인현왕후(仁顯王后, 1667~1701)의 죽음에 청 조정에서 파견한 조제 칙사(弔祭勅使)의 동선에서 볼 수 있다. 도강(渡江)→양책(良策)→임반(林

畔)→정주(定州)→안주(安州)→숙천(肅川)→평양(平壤)→황주(黃州)→서흥(瑞興)→평산(平山)→개성부(開城府)→파주(坡州)→홍제원(弘濟院)96→모화관(慕華館)을 거쳐서 궁궐로 들어왔다.97

의주에서 한양까지 각 지역에 마련된 객관(客館)

압록강을 건넌 뒤 의주에서 시작하여 한양에 도착하기까지 명 사신이나 청 사신의 노정은 거의 다르지 않다. 그리고 그들의 노정은 족히 열흘은 소요되었다. 앞서 언급한 인현왕후의 조제 칙사를 예로 들면, 1702년(숙종 28) 2월 9일에 도강하여 2월 22일에 모화관에 이르렀다. 그렇다면 중간중간 머물렀을 것이며, 머무른 그곳이 각 지역에 마련한 객관이다. 그들이 머무는 객관은 그들의 동선이기도 하다.

의주에서 한양에 이르기까지 각 지역에 설치한 객관에 대해 검토해 볼 필요가 있다. 여기에 대해서는 예겸(倪謙)의 『조선기사(朝鮮紀事)』·『요해편(遼海編)』,98 동월의 『조선부』(1490, 성종 21),99 공용경의 『사조선록』(1537, 중종 32), 홍대용(洪大容, 1731~1783)의 『담헌서(湛軒書)』,100 한치윤(韓致奫, 1765~1814)의 『해동역사(海東繹史)』 등을 참조했다.101

* 조선기사·요해편 : 의주(義州) 의순관(義順館), 소곶관(所串館), 양책관(良策館), 거련관(車輦館), 임반관(林畔館), 운흥관(雲興館), 신안관(新安館), 가평관(嘉平館), 안흥관(安興館), 숙주관(肅州館)/숙녕관(肅寧館),102 안정관(安定館),103 평양부(平壤府) 대동관(大同館), 생양관(生陽館), 황주(黃州) 치소(治所),104 검수관(劍水館),105 용천관(龍泉館), 성안관(城安館)/안성관(安城館),106 보산관(寶山館), 금암관(金岩館), 흥의관(興義館)/의흥관(義興館),107 금교관(金郊館), 개성부(開城府), 동파관(東坡館), 원평부(原平府), 벽제관(碧蹄館), 접관청(接官廳), 모화관(慕華館).108

* 조선부 : 의주(義州) 의순관(義順館), 선천(宣川), 정주(定州) 신안관(新安館), 박천(博川)[대정강(大定江)], 안주(安州) 안흥관(安興館), 숙천(肅川) 숙녕관(肅寧館), 순안(順安) 안정관(安定館), 평양(平壤), 생양관(生陽館), 검수관(劍水館), 용천관(龍泉館), 평산부(平山府) 보산관(寶山館)·금암관(金巖館), 개성 태평관(太平館), 장단부(長湍府)[임진강(臨津江)], 파주(坡州), 벽제관(碧蹄館), 홍제루(弘濟樓), 왕경(王京), 모화관(慕華館), 숭례문(崇禮門).109

* 사조선록 : 의주(義州) 의순관(義順館), 소곶관(所串館), 용천군(龍泉郡) 양책관(良策館), 철산군(鐵山郡) 거련관(車輦館), 선천군(宣川郡) 임반관(林畔館), 곽산군(郭山郡) 운흥관(雲

興館), 정주목(定州牧) 신안관(新安館), 정주목 납청정(納淸亭), 가산군(嘉山郡) 가평관(嘉平館), 정주목 안흥관(安興館), 안주목(安州牧) 운암원(雲巖院), 숙천부(肅川府) 숙녕관(肅寧館), 순안현(順安縣) 안정관(安定館), 平壤府 대동관(大同館), 중화군(中和郡) 생양관(生陽館), 황주목(黃州牧) 저복원(貯福院), 황주목 경천관(敬天館), 봉산군(鳳山郡) 사리원(沙里院), 봉산군 동선관(同仙館)/동선관(洞仙館),110 봉산군 검수관(劍水館), 서흥부(瑞興府) 용천관(龍泉館), 평산부(平山府) 안성관(安城館), 평산부 보산관(寶山館), 평산부 금암원(金巖院), 우봉현(牛峯縣) 흥의관(興義館), 강음현(江陰縣) 금교관(金郊館), 개성부(開城府) 태평관(太平館), 장단부(長湍府) 초현원(招賢院), 장단부 동파관(東坡館), 파주목(坡州牧), 고양군(高陽郡) 벽제관(碧蹄館), 양주목(楊州牧) 영서관(迎曙館), 왕경(王京, 한성부漢城府) [모화관(慕華館), 태평관(太平館)].111

* 담헌서 : 고양(高陽) 벽제관(碧蹄館), 파주(坡州) 파평관(坡平館), 장단(長湍) 임단관(臨湍館), 송도(松都) 태평관(太平館), 금천(金川) 금릉관(金陵館), 평산(平山) 동양관(東陽館), 총수(葱秀) 보산관(寶山館),112 서흥(瑞興) 용천관(龍泉館), 검수(劍水) 봉양관(鳳陽館), 봉산(鳳山) 동선관(洞仙館), 황주(黃州) 제안관(齊安館), 중화(中和) 생양관(生陽館), 평양(平壤) 대동관(大同館), 순안(順安) 안정관(安定館), 숙천(肅川) 숙녕관(肅寧館), 안주(安州) 안흥관(安興館), 가산(嘉山) 가평관(嘉平館), 납청정(納淸亭), 정주(定州) 신안관(新安館), 곽산(郭山) 운흥관(雲興館), 선천(宣川) 임반관(林畔館), 철산(鐵山) 거련관(車輦館), 용천(龍川) 양책관(良策館), 소곶(所串) 의순관(義順館), 의주(義州) 용만관(龍灣館).113

* 해동역사 : 의주(義州) 의순관(義順館), 소곶관(所串館), 양책관(良策館), 거련관(車輦館), 임반관(林畔館), 운흥관(雲興館), 신안관(新安館), 가평관(嘉平館), 안흥관(安興館), 숙녕관(肅寧館), 안정관(安定館), 서경 평양부 대동관(西京平壤府大同館), 생양관(生陽館), 황주관(黃州館), 봉산관(鳳山館), 검수관(劍水館), 용천관(龍泉館), 안성관(安城館), 보산관(寶山館), 금암관(金巖館), 흥이관(興易館),114 금교관(金郊館), 개성관(開城館),115 원평관(原平館),116 벽제관(碧蹄館), 모화관(慕華館).117

예겸과 동월의 노정을 통해 '15세기' 조선의 각 지역에 설치된 객관을 알 수 있다. 이 중에서 『요해편』은 편찬자가 머물렀던 객관에서 지은 시(詩)를 중심으로 정리했고, 『조선부』는 그 자체의 성격이 '부(賦)'이기에 '노정'을 중심으로 작성한 글이 아니다. 그러므로 객관의 수가 다른 책에 비하면 적을 수밖에 없다. 그러나 두 책과 성격이 다른 『사조선록』을 보면 객관의 수가 다른 책의 그것에 뒤지지 않는다. 특히 『해동역사』에 기록된 객관의 출처는 『조선기사』이다. 따라서 15세기 조선에 온 명 사신이 이동하면서 묵는 곳과 청 사신이 이동하면서 묵는 곳이 별반 다르지 않다는 사실을 알 수 있다.

이들 문헌과 별개로 각 지역마다 존재한 객관을 소개한 2편의 기존 연구가 있다. 하나는 지역과 그곳의 객관을 간단하게 제시했고,[118] 다른 하나는 조선에 온 명 사신들이 조선의 문인들과 수창한 공간을 이동하는 동선에 따라 소개했다.[119] 후자는 각 지역에 대한 소개도 겸하고 있을 뿐더러 객관의 명칭과 변화 과정까지 담고 있다.

마지막으로 위 문헌에서 누락된 객관이 있다. 바로 홍제원이다. 인조대 홍제원에 관사(館舍)를 설치하면서 홍제원도 객관의 기능을 하게 되었다. 그 경위는 다음과 같다. 사신이 벽제에서 지숙(止宿)하여 야행(夜行)의 금지를 범한 채 서울로 들어오는 폐단이 있었다. 그러한 까닭에 사관(使館)을 홍제원에 설치할 것을 누차 중국 조정에 청했고, 마침내 순치(順治) 무자년(1648, 인조 26)에 칙지(勅旨)로 인하여 홍제원에 사관을 건치(建置)하게 되었다.[120]

이후로 홍제원 역시 객관으로 기능했다. 홍제원을 거쳐서 입경한 것이었다. 가령, 숙종비 인경왕후(仁敬王后)의 국상에 조문을 위하여 온 청 사신이 홍제원에 도착,[121] 숙종의 계비 인현왕후(仁顯王后)의 국상에 온 조문 사신 역시 홍제원에 도착한 사실이 포착된다.[122]

한편, 임진왜란과 병자호란을 겪으면서 조선은 내부적으로 매우 힘든 시기를 보냈다. 정비와 재건이 필요한 곳이 곳곳에 내재해 있었고, 무엇보다 무너진 조선의 자존심 회복이 급선무였다. 그러한 사정에서 개성의 행차는 쉽지 않았고 숙종대에 가서야 비로소 이루어졌다. 그조차 1693년(숙종 19)에 단 한 차례 행행했고, 이후에도 1740년(영조 16)과 1872년(고종 9)에 각각 한 번 있었을 뿐이다.[123] 양란 이후에는 이처럼 단 3번의 개성 행차가 있었다. 하지만 태평관과 관련짓는다면 행차와 무관하게 순조와 헌종대를 제외한 숙종대부터 고종대까지 기사들이 발견된다.

숙종대에는 1693년 행차와 관련하여 두 측면에서 태평관이 거론되었다. 하나는 숙종이 머무는 숙소이고, 다른 하나는 유생의 시소(試所)였다. 전자의 경우는 태평관이 숙소로서 거론되기는 했으나 그 위치가 성 밖에 있어서 타당하지 않다는 이유로 결국 유수(留守)가 거처하는 집으로 정했다.[124] 태평관의 위치가 앞서 언급한 것처럼 서소문 밖에 있어서이다(〈도판 4〉).

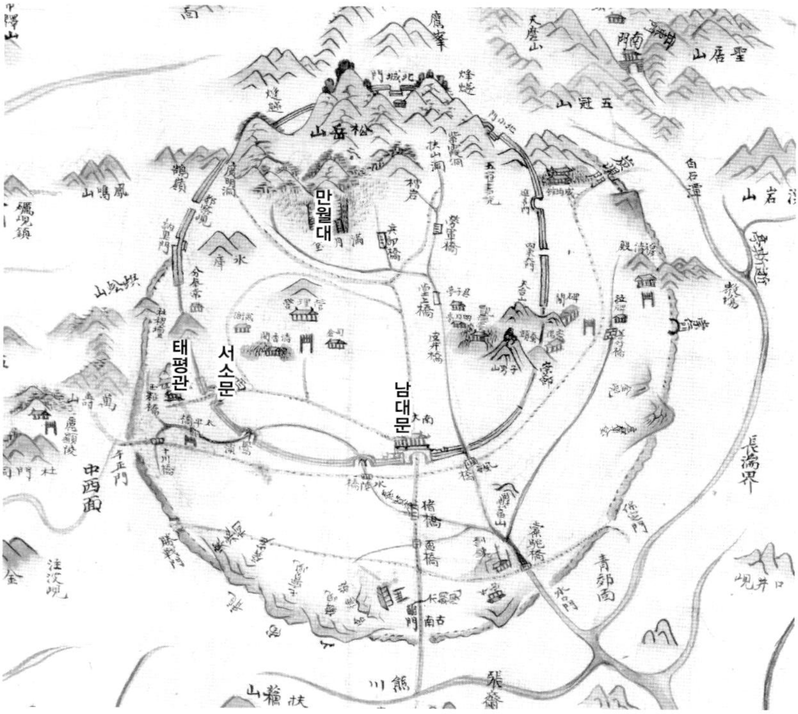

〈도판 4〉 태평관, 서소문, 만월대, 남대문의 위치, 「1872년지방지도」, 규장각한국학연구원

후자의 경우는 유생의 시소로 태평관이 거론되었다.[125] 실제로 『배릉등록(拜陵謄錄)』과 『승정원일기』에는 8월 10일자 기사에 유생의 시소를 태평관으로 정한다고 전교한 것으로 되어 있다.[126] 그러나 『숙종실록』에는 같은 일자의 기사에 태평관으로 정했다가 이후에 문·무과를 만월대 위에서 함께 설행한다고 수정되어 있다.[127]

이렇듯 논의가 결정되었으나 막상 숙종이 개성에 행차해서는 책사(策士)는 만월대에서, 시사(試射)는 남문루(南門樓)에서 실시했다(〈도판 4〉).[128] 결국 숙종대에는 태평관이 국왕이 머무는 숙소라든가 시험을 보는 장소로 거론만 되었을 뿐 실제로 활용되지는 않았다.

다만, 이 당시 주목할 것은 개성에 있는 태평관의 영역이다. 건물 자체의 규모는 제시되어 있지 않아 구체적으로 알 수 없지만 유생이 과거를 보는 장소로 거론될 정도라면 주변 공간이 상당히 넓을 것이라는 추측이 가능하다. 당시 태평관의 뜰은 3,4백명의 유생을 수용할 수 있고, 또 태평관의 서쪽에 식연당(式燕堂)이 있는데 그 앞뒤의 뜰에 1천명에 가까운 유생을 수용할 수 있다고 한다.[129] 태평관 포함 주변에 매우 광활한 공간이 있음을 말해준다.

영조대에는 1737년(영조 13) 태평관에 화재가 발생했다는 개성유수 김용경(金龍慶, 1678~1738)의 장계에 대한 논의가 있었다. 핵심은 태평관의 화재로 인하여 민가(民家) 121호가 일시에 소진되어 이들을 구제하는 방법에 대한 것이었다.[130] 정작 태평관의 상태에 대해서는 아무런 언급이 없으며, 이 기사 이후에 편찬된 송도읍지에도 태평관의 건물의 '수리'와 관련된 언급이 없다. 당시 태평관 건물은 화재에 큰 영향을 받지 않은 것으로 추측된다.

3년 뒤 1740년 영조가 개성에 행차하기 전 숙소를 논의한 가운데 태평관이 또다시 거론되었다. 태평관이 유수의 관사인 삼절헌(三節軒)보다 협착함이 덜하지만 성 밖에 있어서 숙소로는 타당하지 않다는 점이 문제가 되었다. 그 결과 예전처럼 삼절헌을 숙소로 정했다.[131] 위치로 인하여 국왕이 머무는 숙소로서의 태평관은 의미를 상실한 것 같다. 참고로 이때 태평관의 건물 자체의 수리에 대한 언급은 일절 없었다. 3년 전 태평관의 화재가 건물 자체에 문제될 만한 것은 있지 않다는 의미로도 이해된다.

정조대에는 1793년(정조 17) 12월 태평관의 수리와 관련하여 개성유수 이병정(李秉鼎, 1742~1804)의 보고가 있었다. 그는 관사 255칸 중 52칸은 개건해야 하고, 그 나머지는 동서쪽이 퇴비(頹圮)하여 기와는 물이 새고 서까래는 부러졌으며, 담장 700칸은 90여 칸 외에 다 무너져 있다며 태평관의 현황을 아뢰었다.[132] 이 보고는 개성 태평관의 규모를 알려준다는 점에서 눈여겨볼 만하다.

아울러 이병정은 혹시라도 불시에 칙사의 기별이 있을 것을 염려하기도 했다. 개성의 태평관이 여전히 객관으로 기능하고 있음도 상기시켜 준다. 그동안 청 사신단 일행이 개성의 태평관에 머문다는 것을 고려하면 규모가 작지 않을 것이라고 예측할 수 있었으나 구체적으로는 알기가 어려웠는데, 이병정의 보고는 그런 점에서 중요한 의미가 있었다.

이듬해인 1794년(정조 18) 4월 14일, 개성유수 이병정이 태평관의 수리를 감동(監董)한 이들에 대한 논상(論賞) 1건을 담은 장계를 올렸다. 그러면서 그는 '태평관 신건중수(新建重修)'라고 표현했다. 이에 정조의 전교를 보면 '신건중수'는 태평관의 중수(重修)가 마치 신건(新建)한 것 같다는 의미를 내포하고 있다. 정조는 객사(客使)가 주접(住接)하는 곳이 몇 해 동안 무너지고 썩었는데 '아주 새롭게 수리했다[일신수즙(一新修葺)]'고 하며 가상하게 여긴 것에서 볼 수 있다.[133]

한 해 전 12월에 수리해야 할 곳이 많다고 보고한 것에 대해 이듬해 4월 14일자 기사에서는 제대로 공역을 완료했음을 보여준다. 특히 4월 22일 논상에 대해 구체적으로 논의할 때 수리한 범위가 눈에 띈다. 공해(公廨)는 2백여 칸, 그 나머지 담장의 개축과 석교(石橋)·방천(防川) 등의 공역까지 아주 많은 수리를 했다고 한다.[134] 결국 관사 255칸 중 개건할 52칸을 포함하여 '일신(一新)'이라고 일컬을 정도로 태평관을 전반적으로 정비했음을 알 수 있다.

철종대에는 1849년(철종 즉위) 철종의 책봉과 헌종의 죽음에 사제(賜祭)·사시(賜諡)를 하기 위해 청에서 파견한 조제 칙사가 고양에 있는 벽제관(碧蹄館)에서 출발할 때 그동안 묵은 각 객관을 대상으로 지은 시(詩)를 원접사에게 내어 주었다. 상칙(上勅)과 부사(副使)가 지은 시는 다시 각 관소(館所)에 보내어 판에 새겨 내걸도록 했다.[135] 조제 칙사의 상사는 병부좌시랑 서상(瑞常), 부사는 내각학사 화색본(和色本)이다.[136] 그중 송도 태평관 관련 시가 있었다. 상칙과 부칙이 시를 지은 객관은 다음과 같다.

상칙 : 제안관(齊安館), 동선관(洞仙館), 총수관(葱秀館), 태평관(太平館).

부사 : 가평관(嘉平館), 대동관(大同館), 제안관, 동선관, 총수관, 동양관(東陽館).

이를 통해 각 지역에 설치된 객관이 변함없이 제 기능을 하고 있음을 알 수 있다. 그리고 이들 조제 칙사가 돌아갈 때에도 시를 남겼다. 부칙(副勅)이 명설루(明雪樓)와 태평관을 대상으로 시를 지었고, 그중 태평관 관련 시는 원본을 개성유수에게 전해주어 새겨서 태평관의 벽에 걸도록 했다.[137]

이제 마지막 고종대이다. 두 기사가 참조되는 바, 모두 고종의 개성 행차와는 무관하다. 첫 번째는 철종대처럼 청에서 한양으로 오는 도중에 사신이 묵은 각 객관에서 지은 시를 새겨서 걸도록 한다는 기사이다. 1866년(고종 3) '왕비 책봉'을 위해 청에서 파견한 사신 중 상칙이 태평관, 임단관(臨湍館), 파평관(坡平館)에 대한 시를 지었고, 원본을 각 해읍(該邑)에 나누어 보내어 새겨서 걸도록 했다.[138] 이해 3월에 고종이 명성왕후(明成王后, 1851~1895)와 가례(嘉禮)를 올렸고,[139] 명성왕후의 왕비 책봉을 위해 청에서 사신을 파견한 것이었다.[140]

두 번째는 1875년(고종 12) '청 목종(穆宗)의 죽음과 덕종(德宗)의 등극'과 관련하여 청에서 파견한 사신을 맞이하기 전에 논의하는 기사이다.[141] 당시 원접사 조병창(趙秉昌, 1829~1883)이 자신이 들은 말을 아뢰는 내용이 특히 주목된다. '연읍(沿邑)의 관우(館宇) 중에는 완전히 무너진 곳이 있으며 개성은 현재 태평관을 중건하고 있다.'는 부분이다.[142] 각 지방에 설치된 객관의 관리가 제대로 이루어지지 않고 있으며, 특히 개성의 태평관은 중건을 해야 할 정도로 심각한 상황임을 보여준다.

정조대의 '태평관 신건중수', 고종대의 '연읍의 관우 중 완전히 무너진 곳'과 '태평관 중건' 등의 표현은 대대적인 수리를 요한다는 뜻이다. 지방에 마련된 객관은 사신이 오지 않을 때 국왕의 행차로 인한 숙소라든가 혹은 시소 등 어떤 식으로 활용한다면 지속적인 관리와 정비를 통해 쇠락할 가능성이 적다. 하지만 비워둔 채 다른 용도로 활용하지 않는다면 방치되기 쉽다. 정조대와 고종대의 기사는 딱히 자연재해가 원인이 아닌 관리와 정비의 미비로 비롯된 것 같다. 특히 사신이 올 때 머물지 않고 지나치는 객관일수록 더욱 그러할 듯하다.

조선후기 대청 관계의 교섭을 보여주는 대표적 자료인 『동문휘고(同文彙考)』 '조칙록(詔勅錄)'조에 청 사신의 파견은 1881년(광서 7, 고종 18)까지 기록되어 있다.[143] 또 다른 주요 자료인 『통문관지(通文館志)』 '기년속편(紀年續編)'조에는 1888년(고종 25)까지 재록되어 있다.[144] 하지만 그 이후에도 청 사신은 조선에 왔다.

그중 주목되는 것은 1890년(고종 27) 익종비 신정왕후(神貞王后, 1808~1890)의 국상에 조문 온 청 사신의 이동이다. 그들은 기존의 압록강을 건너 각 지역의 객관에 머물면서 한양으로 온 것이 아니었다. 수로(水路)와 육로(陸路)를 이용했으며 조선에 도착한 곳은 인천이었다. 인천에서 서울로 들어왔고 고종은 돈의문(敦義門) 밖에서 칙사의 일행을 맞이했다.[145]

이러한 상황은 육로를 이용할 때 머무는 각 지역의 객관이 더 이상 유용하지 않다는 뜻이기도 하다. 개성에 있는 태평관 역시 마찬가지일 것이다. 이후에도 조선에 올 때 수로를 통해 인천에 도착, 인천에서 어디로 이동했는지는

〈도판 5〉 개성 태평관(開城 太平館), 국립중앙박물관

〈도판 6〉 개성 태평관 내부 가구(開城 太平館 內部 架構), 국립중앙박물관

〈도판 7〉 개성 태평관 내 전궐패(開城 太平館 內 殿闕牌), 국립중앙박물관

확인이 필요하지만 과거의 이동 노선은 점차 역사에서 사라져 갔을 것으로 예측된다.

일제강점기에 개성 태평관은 인삼전매국(人蔘專賣局, 전매국인삼개성출장소)으로 알려져 있다고 한다.[146] 일제강점기에 개성의 태평관을 보여주는 사진이 국립중앙박물관과 『조선고적도보(朝鮮古蹟圖譜)』에 전한다.[147] 국립중앙박물관 소장 유리건판 사진과 『조선고적도보』에 실린 사진은 비교해 본 결과 동일하다(〈도판 5〉·〈도판 6〉·〈도판 7〉).

〈도판 5〉의 '태평관'이라는 현판, 〈도판 7〉의 전패(殿牌)와 궐패(闕牌)는 개성의 태평관이 객관이었음을 입증한다. 따라서 이 사진들은 인삼전매국으로 그 기능이 바뀌기 이전의 모습이라 할 수 있다. 비록 관리가 제대로 이루어지지 않아 쇠락해진 모습이지만 개성의 태평관은 명과 청 사신이 머무는 조선시대 내내 주요 객관 중 하나였다.

제 3 장

한양 태평관 : 기능과 위상

제 1 절

임진왜란 이전 한양 태평관

1. 태조대 한양 태평관의 설치와 관명(館名), 위치

1) 한양에 설치한 객관의 관명

태조 이성계는 1392년 7월에 즉위한 뒤 이듬해인 1393년(태조 2) 1월 고려의 행정동성을 수리하여 태평관이라고 명호를 고쳤다.[1] 이 태평관이 바로 개성 태평관이다. 이후 1395년(태조 4) 윤9월 여러 도(道)의 정부(丁夫) 1천 명을 징발하여 태평관을 영건했다.[2] 1395년에 영건한 태평관에 관한 기록이 『태조실록』에 이 정도 뿐이다. 어디에, 어떤 용도로, 어느 정도의 규모로 영건한 것인지에 대한 정보가 없다.

1395년에 영건한 태평관이 한양에 설치한 태평관으로 추정되며 그 근거는 두 가지이다. 하나는 일단 개성이 아닌 다른 곳에 태평관을 지었다는 점이다. 원문에 '영태평관(營大平館)'[3]의 '영(營)'이라는 글자에 착안했다. '영(營)'은 '영건하다', '짓다'의 뜻이다. 만약 '우영태평관(又營大平館)이라고 했다면 개성이 아닌 다른 곳에 태평관을 설치했음이 명확해진다. 하지만 1395년 윤9월에 영건한 태평관은 '우(又)'라는 한 글자가 없다.

그럼에도 이때 지은 태평관이 개성이 아닌 다른 곳이라는 가설은 개성 태평관이라면 '영' 한 글자를 쓰기 어렵다. 설령 수리의 의미라면 '개(改)'자가 들어간 개영(改營), 개조(改造) 등의 단어를 썼을 것이다. 그러한 까닭에 적어도 개성이 아닌 다른 곳이라고 본다.

다른 하나는 새로 정한 수도이다. 수도를 한양으로 정했으므로 이곳에서 국왕과 사신이 공식적인 의례를 행한 뒤 사신은 자신이 띠고 온 업무를 수행하기 위해 한동안 머물러야 한다. 조선에 들어온 이후 최종 이들이 머무는 곳은 바로 국왕이 있는 수도이다. 따라서 수도에 주요 객관을 두는 것은 당연하다. 한양에 주요 객관을 설치하고 그것의 명칭을 개성처럼 '태평관'이라고 명명한 것이다. 결과적으로 동명의 태평관이 개성과 한양에 각각 존재하게 된 셈이다.

여기서 반드시 짚고 넘어가야 할 사실이 있다. 바로 개성과 한양에 있는 두 객관의 명칭이 같다는 점이다. 개성도읍기에 태평관이라고 한 관명(館名)은 원과 고려 두 나라 및 그들 사이의 관계를 모두 부정하는 상징적인 의미가 있다고 했다. '태평관'이라는 명칭이 천자국으로 '명'이라는 국가를 상정한 관명이기 때문이다.[4] 조선 정부에서는 애초 '명'을 상국(上國)으로 상정했기에 새 수도 한양에 설치한 객관의 명칭을 태평관으로 지칭하는 것은 전혀 이상할 것이 없다.

문제는 한양을 수도로 정한 이후 한양에 있는 주요 객관의 명칭을 태평관이라고 했으므로 이 이후부터 개성 태평관의 명칭은 바꿀 만함에도 그렇게 하지 않았다는 사실이 주목된다. 개성을 도읍으로 한 시기 객관으로서의 상징성을 살려두려는 의미인지 아니면 다른 이유가 있는지 분명하지 않다. 그럼에도 개연성을 운운한다면 전자에 가깝다. 개성은 한때 조선의 수도였다. 비록 짧은 기간이었지만 조선의 도읍이었던 그곳에서 명 사신을 위한 주요 객관이었다는 사실이, 한양으로 수도가 달라졌을 뿐 역시 명 사신을 위한 주요 객관이라는 점에서는 변함이 없기 때문이다.

개성에서 한양으로 장소만 바뀌었을 뿐 둘 다 '수도'와 '수도에 설치한 명 사신을 위한 주요 객관'이라는 공통점이 있다. 조선에는 사신이 머무는 객관이 곳곳에 배치되어 있다. 동평관(東平館)과 북평관(北平館), 왜관(倭館)을 제외한 중국 사신이 머무는 객관이 제2장에서 보았듯이 의주 의순관(義順館)부터 고양 벽제관(碧蹄館)에 이르기까지 여러 곳에 있지만 각각의 명칭은 모두 다르다. 그럼에도 유독 개성과 한양에 있는 객관, 한때 수도였고 현재 수도인 그곳에 있는 두 객관의 명칭만 같다. 이러한 사정이 태평관이라는 동명의 관호를 개성·한양 둘 다 유지하게 된 이유이다.

개성도읍기에 명 사신을 맞이한 시기는 1392년 7월부터 1394년(태조 3) 10월까지 및 1399년(정종 1) 2월부터 1405년(태종 5) 10월까지이다.[5] 태조·태종대 개성도읍기 및 태종의 한양 재천도 이후 개성에 행차하여 머무는 동안 명 사신이 와서 개성 태평관을 객관으로 삼은 사례,[6] 의주에서 한양까지 각 지역에 마련된 객관 중 하나로서 개성 태평관 등등을 제외한 객관으로서의 '태평관'은 대개 한양 태평관을 가리킨다.

2) 태평관의 위치

그렇다면 한양 태평관이 설치된 곳은 어디인가. 앞서 한양 태평관을 건립할 때 그 위치에 대해서는 밝혀져 있지 않다고 했다. 당대에는 그 위치가 드러나 있지 않지만 한참 뒤에 편찬된 지지(地誌)를 비롯한 위치를 명시한 몇몇 문헌이 발견된다. 각 문헌이 편찬된 시기 순으로 제시하면 다음과 같다.

* 『세종실록지리지』(1454, 단종 2) : 태평관은 숭례문(崇禮門) 안 황화방(皇華坊)에 있다.[7]
* 『조선부』(1490, 성종 21) : 태평관은 숭례문 가운데/안에 있다.[8]
* 『신증동국여지승람』(1530, 중종 25) : 태평관은 숭례문 안에 있다.[9]
* 『사조선록』(1537, 중종 32) : 숭례문 서쪽에 있다.[10]

『세종실록지리지』와 『조선부』, 『신증동국여지승람』의 공통점은 태평관이 숭례문(崇禮門) 안에 위치한다는 점이다(〈도판 8〉). 한 가지 더 언급한다면 세 문헌에 모두 '명 사신을 접대하는 곳'이라 하여, 태평관의 기능까지 명시되어 있다. 한양 태평관의 위치와 용도가 이로써 명확하게 드러났다. 다만, 『사조선록』의 기록은 약간 예외처럼 보인다. 숭례문의 서쪽에 위치한다고 하여 마치 성 밖에 있는 것처럼 생각할 수 있다. 모화관을 숭례문의 서북쪽에 있다고 한 것처럼 말이다.[11] 또 태평관의 기능에 대해서는 기록이 없다.

이 중에서 『세종실록지리지』에는 '숭례문 안 황화방(皇華坊)'이라고 하여 위치가 좀 더 구체적으로 기록되어 있다. 다만, 태평관의 위치를 '황화방'에 있다고 한 기록은 『세종실록지리지』 이외에는 찾아지지 않는다. 조선후기에 편찬된 문헌 중 『통문관지』(숙종대)[12]와 『탁지지(度支志)』(1788, 정조 12)에는 서부 '양생방(養生坊)'으로 기록되어 있고,[13] 서울역사박물관에 소장된 「도성대지도(都城大地圖)」에도 '양생방'이라고 표기한 바로 옆에 '태평관'이라고 쓰여 있다(〈도판 9〉). 후술하겠지만 태평관을 옮긴 기록이 없기에 '황화방'보다 '양생방'이 더 적절하다는 판단이다.

숭례문 안에 있다는 것은 객관으로서의 위치적 조건에 적합하다. 개성 태평관이 도성의 정문인 선의문(宣義門)으로부터 진입하는 주 도로변에 입지한 것처럼 한양 태평관 역시 도성의 정문인 숭례문으로부터 진입하는 주 도로변에 입지하고 있어서이다.[14] 숭례문은 조선의 남문(南門)이자[15] 국왕이 조서와 칙서를 맞이하는 정문이다.[16]

〈도판 8〉 태평관, 「도성도(都城圖)」, 규장각한국학연구원

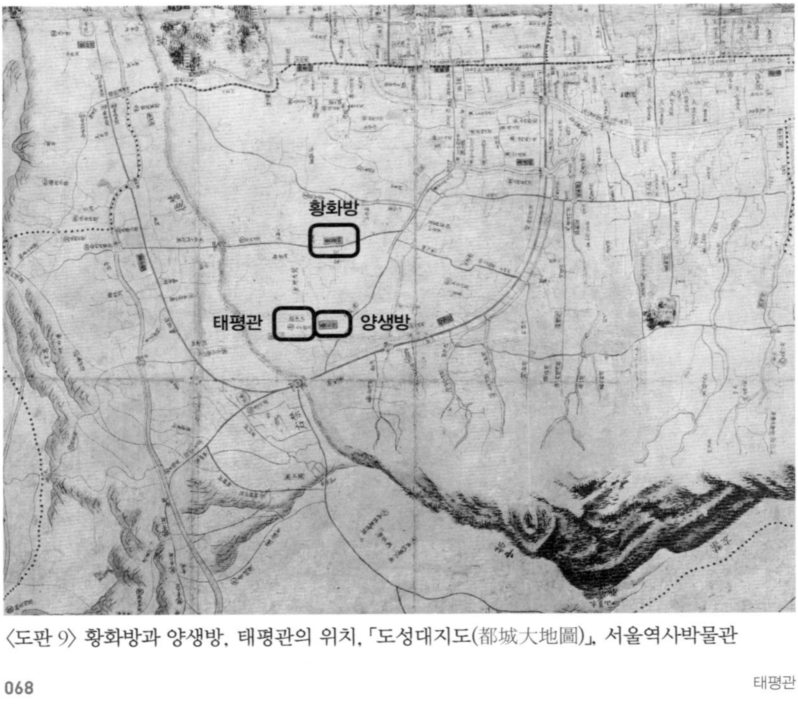

〈도판 9〉 황화방과 양생방, 태평관의 위치, 「도성대지도(都城大地圖)」, 서울역사박물관

2. 주요 기능 : 명 사신의 객관

한양 태평관을 건립할 때 어떤 용도로 사용할 것인가에 대한 정보는 있지 않았다. 개성 태평관과 동일한 관명으로 인해 이 역시 명 사신을 위한 객관일 것이라는 점은 미루어 짐작할 수 있다. 그럼에도 태조대부터 검토하여 명 사신을 위한 주요 객관으로 기능했는지, 혹은 다른 나라의 사신도 묵었는지 등 확인하는 과정은 필요하다.

먼저 태조대이다. 1395년 윤9월 태평관을 영건한 이후『태조실록』에 나오는 첫 번째 한양 태평관 관련 기사는 1396년(태조 5) 7월 14일 '태조가 태평관에 가서 사신을 보았다.'이다.[17] 이때의 명 사신은 6월 11일에 온 상보사 승 우우(牛牛)와 환자 왕예(王禮)·송패라(宋孛羅)·양첩목아(楊帖木兒) 등으로 표문을 지은 정도전(鄭道傳, 1342~1398)·정탁(鄭擢, 1363~1423)을 명으로 보내라는 예부의 자문을 가지고 왔다.[18] 이들은 이날 태조가 반송정(蟠松亭)[19]에서 맞이한 후 경복궁 근정전으로 이동한 기록만 나올 뿐[20] 어디에서 머물렀는지가 기록되어 있지 않다.

이 사신들에게 연향을 베푼 첫 기록도 객관이 아닌 종실 제군(諸君)의 사제(私第)였다. 태조는 6월 26일 종실의 여러 군에게 차례로 조정 사신을 그들의 사제에서 연향을 베풀도록 명한 것이었다.[21] 이후 태조가 태평관에 가서 사신을 보았다는 7월 14일자 기사가 나오고, 11월 21일 이들이 경사(京師)로 돌아가기 전까지[22] 태평관 관련 기사는 이곳에서 연회를 베푼 기사 3건이 나온다. 성절(聖節)을 하례한 후 태평관에 행행하여 사신들에게 연향을 베풀다,[23] 태평관에 행행하여 연향을 베풀면서 비로소 육선(肉膳)을 올리다,[24] 태평관에 행행하여 연향을 설행하다[25] 등이다.

6월 11일부터 11월 21일까지 사신이 머문 기간에 비해 태평관 관련 기사가 상당히 적은 편이다. 그럼에도 도착한 날부터 떠나는 날까지 한 해 전에 지은 태평관에 줄곧 머물지 않았을까 한다. 비록 태평관에 관한 기록은 적지만 한양 태평관이 명 사신을 위한 객관으로서 본격적인 기능이 시작되었음은 부인하기 어렵다.

정종대에는 1399년 7월 태평관 관련 기사가 1건 확인된다. 정종이 여러 공후 및 재집(宰執)에게 우정승 김사형(金士衡, 1341~1407)·판삼사사 설장수(偰長壽, 1341~1399)·정당 하윤(河崙, 1347~1416)을 위한 연향을 태평관에서 베풀도록 명한 내용이다.[26] 여기서의 태평관은 개성에 있는 태평관이고, 연향을 받는 손님은 명 사신이 아닌 모두 조선의 관리들이다. 당시 조선에 온 명 사신이 없어 개성 태평관은 비어 있었고, 비어 있는 이곳을 조선의 관리들을 위한 연향 설행 장소로 사용한 것이었다.

태종대에는 태평관 관련 기사가 많이 발견된다. 그중 1405년 10월까지는 앞서 언급했듯이 개성 태평관에 관한 기사이다. 태종이 한양으로 재천도한 뒤부터 한양 태평관이 비로소 명 사신을 위한 객관으로서 본격적으로 기능했다. 그 시작은 1406년(태종 6) 3월 내관 정승(鄭昇) 등의 방문이었다.[27] 이 이후부터는 역시 앞서 언급했듯이 태종이 개성에 행차했을 때 명 사신이 와서 개성 태평관을 객관으로 활용한 것을 제외하면 대부분 한양 태평관이 주요 객관으로 기능했다.

세종대부터는 그러한 양상이 더욱 분명해졌다. 구체적인 모습은 제5장에서 확인할 수 있을 것이다. 특히 세종은 태평관의 수리에 인적·물적 투입이 많아 쉽사리 추진하기 어려움에도 '조정 사신이 거처하고 그들을 대접하는 공적 영역의 공간'이라는 명분을 내세워 일단락지었다(제4장 제1절 참조). 태평관이 명 사신을 위한 객관임을 강조하며 추진했음을 보여주는 대목이다.

문종대에는 심지어 황제가 '세종 국장 조문'과 '권서국사자(문종)의 책봉'을 위해 파견하는 사신에게 본국에 도착하면 어디에 거처하는지를 물었고, 그들은 태평관에 우거한다고 답했다.[28] 이때 조선에 온 사신은 태감 윤봉(尹鳳)과 봉어 정선(鄭善)이었다.[29] 조선에 오는 명 사신조차 자신들이 머무는 곳이 태평관이라는 사실을 알고 있으며 명 황제에게도 알려줄 정도였다.

한편, 1488년(성종 19) 조선을 다녀간 동월이 지은『조선부』에는 태평관을 다르게 인식하기도 했다. '태평관과 모화관은 오로지 천자의 조서를 봉영(奉迎)하기 위해 설치되었기 때문에 일이 없을 때에는 왕이 가지 않았다.'라고 기록되어 있다.[30] 일이 없을 때 국왕이 가지 않는 것은 동의하지만 '천자의 조서를 봉영하기 위해 설치'되었다고 한 부분은 모화관은 해당될 수 있으나 태평관은 동의하기 어렵다.

태조대부터 문종대까지 간략하게 태평관의 기능에 대해 살펴보면서 태평관의 주요 기능이 객관임을 알 수 있다. 향후 제5장에서 국왕대별로 태평관에서 있었던 여러 일을 좀 더 구체적이고 상세하게 다루고자 하는데 이를 정리한다면 태평관의 기능이 좀 더 뚜렷하게 부각될 것으로 기대된다.

3. 명 사신 외 태평관에 머문 사례

한양이 도읍이던 시기의 한양 태평관은 대부분 조서나 칙서를 가지고 온 명 사신을 위한 객관이었다. 다만, 예외도 없지 않았다. 조서나 칙서를 가진 공식적인 임무를 띤 명 사신은 아니지만 명나라 사람이 우거하기도 했고, 또 명이 아닌 다른 나라에서 온 이들이 머물기도 했다.

먼저 전자이다. 전자는 1423년(세종 5) 왜구에 납치되었던 당인(唐人) 장청(張淸) 등 남녀 12인이 경상도에서 올라 와 우거한 사례이다.[31] 명 사신이 아니고 또 일시적으로 머무르기에 중국인은 태평관에 머물게 한 것 같고,[32] 무엇보다 당시 태평관이 비어 있었기에 이처럼 조치할 수 있었다.

1468년(세조 14) 6월 표류한 당인 쇄경(鎖慶) 등 43인이 오자 세조가 예조에 명하여 북평관(北平館)에 묵게 한 사례가 있다.[33] 당시 태평관에는 한 그룹의 명 사신이 유숙하고 있었다. 두 달여 전 4월 '건주에서 적을 토벌한 공로에 대한 치하 칙서'를 가지고 온 태감 강옥(姜玉)과 김보(金輔)이다.[34] 제4장에서 태평관의 구조에 관하여 언급하겠지만 태평관에는 두 그룹의 명 사신을 수용할 수 있다. 쇄경 등이 황제의 명을 띠고 온 사신이라면 당연히 태평관에 묵게 했겠지만 표류한 사람들이기에 태평관이 아닌 북평관에 머무르게 한 것 같다. 아울러 당시 북평관도 비어 있었을 가능성을 배제할 수 없다.

표류한 중국인의 사례가 더 있다. 1523년(중종 18) 7월 충청도 해도(海島)에 8명이 표류했고[35] 이들의 대우에 대해 조정에서 논의했다. 영의정 남곤(南袞, 1471~1527)은 새로 지어서 누추하지 않은 사역원에서 접대하자는 의견을 개진했고, 좌의정 이유청(李惟淸, 1459~1531)은 전에는 포로가 되었다가 도망쳐 온 당인들은 사역원에 머물게 했으나 이곳이 좁고 누추하니 이번에는 태평관의 두목방(頭目房)을 추천했으며, 우의정 권균(權鈞, 1464~1526)은 이 당인들은 별례(別例)로 대우해야 하므로 그 또한 태평관의 두목방을 거론했다. 중종은 영상의 의견에 동의했다.[36]

해도에 표류한 8명은 사역원에 머물게 되었으나 이 논의를 통해 몇 가지 사실을 알 수 있다. 그동안 조선에서는 포로가 되었다가 도망쳐 온 중국인은 사역원에 머무르게 한 것이 일반적이었으며, 표류한 중국인은 포로가 되었다가 도망쳐 온 중국인과 다르게 대우하고 있으며, 사역원보다 태평관 두목방을 더 우위에 두고 있다는 사실 등등이다.

충청도 해도에 표류한 8명과 비슷한 사례가 1544년(중종 39) 7월에도 있었다. 다만, 이번에는 표류한 당인의 수가 더 많았다. 당인의 수가 적었다면 사역원에 머물러 두도록 하겠으나 이번에는 인원수가 많아서 태평관의 두목이 입접(入接)하는 곳에 머물러 두도록 결정했다.[37] 또 당인이 오면 추열(推閱)하여 공초를 받아야 하는데 그들을 추국할 곳은 예조와 태평관 중에서 태평관으로 결정했다.[38] 두 사례를 통해 사역원과 태평관이 주된 기능 이외에 다른 용도로 활용되고 있음도 보여준다.

한편, 조서나 칙서는 아니지만 외교문서를 가지고 온 사례가 있다. 공식적인 임무를 띠고 오지 않았다고 보기 어려운 경우이다. 1521년(중종 16) 7월 자문(咨文)·공문(公文) 2각(角)을 가지고 요동진무 홍은(洪恩)과 동탁(佟鐸)이 왔을 때이다.[39] 당인이 올 때 조칙을 가지고 오는 자가 아니면 의주에서 교할(交割)하는 것이 조선의 법이었으나 이들은 곧장 왕도(王都)에 도착했다. 왕도에 올 수 있도록 조선 정부에서 허락한 것은 사개(使价, 사신)가 국도에 있어서였다. 그런데 홍은과 동탁이 당시 태평관에 머물고 있던 '정사 태감 김의(金義)와 부사 진호(陳浩)'와 같은 처소에 머무르고 싶어하지 않았다. 이들의 바램과는 달리 조선의 조정에서는 '당인을 접대하는 곳은 태평관 뿐이다.'라고 하여 처소를 따로 마련하는 것에 반대했다.[40]

홍은과 동탁은 '표류한 당인'과 '조칙을 가지고 온 사신'과는 신분이 다르다. 실제로 조선에서는 이들이 명 사신과 처소를 달리하려는 이유가 이들의 처지가 원인이라고 판단했다. '천사에게 압존(壓尊)되는 것이 두렵고 두목과는 동렬이 되는 것을 부끄럽게 여긴다.'고 한 지적이 그것이다.[41] 중종이 태평관이 아닌 장악원(掌樂院)을 대안으로 제시하기도 했으나 '천사·두목과 한 공간에 있고 싶어하지 않는다는 이유가 부당하고 당인의 접대는 태평관 뿐'이라는 의견이 받아들여졌다.[42] 자문과 공문을 가지고 왔고 또 왕도에 온 당인이므로, 이들이 태평관에 머물러야 한다는 것이 조선 정부의 입장이었다.

홍은·동탁과 같은 신분인 요동진무가 조선에 온 사례가 하나 더 있다. 1542년(중종 37) 제주 표류인을 압송하는 임무를 띤 요동진무 이시(李時)·강진(康鎭) 등이다.[43] 이들은 요동 도사(都司)가 차견한 사람들로 도사의 자문을 가지고 오는데 조선의 지계(地界)인 의주에서 교할하고 돌아가야 한다.[44] 그러나 이들은 곧장 왕경(王京)에 도착하여 자문을 올렸다. 이후 조선 조정에서는 이들을 태평관에서 공궤(供饋)하고자 했는데, 문제는 태평관에 있는 '방(房)' 중 어느 방에 묵게 하느냐였다.

이시와 강진 등은 자신들의 하처(下處)로 조사(詔使)가 입접하는 상방(上房)을 원했다. 그러나 조선의 조정에서는 자제두목(子弟頭目)이 들어가는 방, '자제입접방(子弟入接房)'이 적당하다고 판단했다.[45] 설령 도사대인(都司大人)이 오더라도 상방에 거처하는 것은 불가하다는 입장이었다.[46] 이에 그들은 '타각부방(打角夫房)'에 묵게 한 것은 자신들을 천대한 것이라며 노골적으로 불만을 토로했다.[47]

중종은 홍은이 왔을 때 상방을 허락하지 않은 것은 그 당시 천사가 태평관에 있었기 때문인데 지금은 천사가 오지 않았으니 이들에게 상방을 허락하여 이들의 노여움을 풀어주는 것이 무방하지 않겠느냐는 입장을 보이기도 했다. 그러나 위접관 유진동(柳辰仝, 1497~1561)은 천사(天使)가 조서를 가지고 오는 것은 천자가 친림한 것과 같다며[48] 이들 당관(唐官)은 신분이 낮은 두목들이 묵는 방에 거처하는 것이 적당하다고 여겼다. 그럼에도 이들이 당관이기에 태평관이 아닌 곳은 거론조차 되지 않았다.

홍은·동탁과 이시·강진이 만약 조서나 칙서를 가지고 왔다면 태평관의 상방에 입접했을 것임은 의심할 나위가 없다. 예를 들면, 1467년(세조 13) 9월 칙서와 요동도사 자문 1통을 가지고 온 요동백호 백옹(白顒)은 태평관에 머물렀고,[49] 이해 10월 칙서와 표리 및 요동도사의 자문을 가지고 온 광녕백호 임흥(任興)과 요동사인 황철(黃哲) 역시 태평관에 묵었다.[50] 두 사례 모두 '칙서'를 가지고 왔기에 조선 조정에서 태평관의 상방과 두목방을 두고 논란이 일지 않은 것에서 입증된다.

다음은 후자이다. 일본 사객(使客) 및 북방 야인(野人)이 그 대상이다. 1407년(태종 7) 4월 태종이 이들이 끊이지 않고 오더라도 태평관과 승사(僧舍)가 있어 거처할 만하므로 별도의 관사를 세울 필요가 있느냐고 한 기사가 그것이다.[51] 아직 동평관과 북평관이 건립되기 전이므로,[52] 태평관에 이들을 머물게 하려 한 것 같다.

후자의 사례로 두 개가 더 있다. 하나는 북평관이 건립되고 체제가 어느 정도 정비된 1438년(세종 20) 6월 태평관에 온 야인[여진인]을 세종이 태평관에 머무르게 했다. 이때 온 야인은 홀라온(忽剌溫)의 야오시(也吾時) 등 11명과 알타리(斡朶里)의 다모적(多毛赤) 등 2명이다.[53] 이들이 내조(來朝)하여 각각 토물(土

物)을 바치자 세종이 태평관에 유숙하도록 명한 것이었다.[54] 기존 연구에서는 이를 매우 특이한 사례라고 하면서도 이해 3, 4월에 북평관을 정비하고 있었기에 비어 있던 태평관을 이용한 것으로 추론했다.[55]

다른 하나는 1442년(세종 24) 6월 야인을 태평관과 북평관에 나누어서 거처하게 한 경우이다. 내조한 이들을 조사하는 과정에서 실정을 파악하기 위해 태평관과 북평관에 따로 거처하게 했고 이때 태평관을 활용한 것이었다.[56] 1438년과 1442년 두 사례의 공통점은 당시 태평관에 머무르고 있는 명 사신이 없다는 점이다. 비록 태평관이 명 사신을 위한 공간이지만 비어 있을 때에는 필요에 따라 명이 아닌 다른 나라의 사람들도 일시적으로 거처했음을 보여준다.

그 밖에 유구국 사신이 태평관에 머문 적이 있었다. 1461년(세조 7) 12월 유구국의 중산왕(中山王)이 정사 보수고(普須古)와 부사 채경(蔡璟) 등을 보내 토물을 바치고 본국에 표류한 인구(人口)를 거느리고 왔으며 『대장존경(大莊尊經)』을 청했다.[57] 이듬해 1월 세조가 주서 이수남(李壽男, 1439~1471)에게 명하여 태평관에 가서 보수고와 채경 등에게 물품과 책을 하사하게 했다.[58] 이들의 숙소가 태평관임을 말해준다. 유구국 사신은 1461년 12월 2일부터 1462년 1월 16일까지 머물렀다.

1467년(세조 13)에도 유구국 사신이 이곳 태평관에 머물렀다. 8월 주서 경준(慶俊, ?~1489)을 태평관에 보내 유구국 사신 상관인(上官人)과 부관인(副官人)에게 물품과 책을 하사했다.[59] 이번에도 세조가 태평관에 사람을 보내 물품과 책을 하사한 기록을 통해 이들의 숙소가 태평관임을 알 수 있다. 유구국 사신은 8월 19일에 하직했다.[60]

유구국 사신 관련 두 기사에서 이들이 한양에 도착한 당일부터 태평관에 머문 것인지는 드러나지 않지만 그들이 떠나기 전까지 이곳에 머문 것은 분명하다. 좀 더 확인이 필요하지만 유구국에서 온 사신은 모두 태평관에서 머물렀을까. 명 사신이 없어 태평관이 비어 있을 때 와서 이곳에 머물지 않았을까 한다. 1461년에는 조선에 온 명 사신이 아예 없었고, 1467년에는 두 그룹의 명 사신이 왔지만 9월과 10월에 각각 입경하여[61] 이들이 떠날 때까지 조선에 온 명 사신은 없었다.

이외에 동평관이 있음에도 왜인들이 태평관에 머물러 문제가 된 적이 있었다. 1509년(중종 4) 서계(書契)를 받들고 온 도주(島主)의 사신이 문제를 일으킨 가운데 그들 스스로 동평관이 아닌 태평관에 들어가 머물자,[62] 예조정랑 신상(申鏛, 1480~1530)이 태평관은 상국의 사신이 유접(留接)하는 곳이므로 이곳에 유숙해서는 안된다고 한 사례이다.[63] 조선 정부에서 명 사신이 머무는 태평관과 도주가 보낸 사신이 머무는 동평관을 차별한, 태평관을 동평관보다 우위에 둔다는 사실을 직접적으로 보여주는 모습이다.

이러한 몇몇 사례들은 일시적으로 태평관이라는 공간을 사용했던 예시일 뿐 태평관이 명 사신을 위한 한양의 주요 객관이라는 사실에 변화를 줄 정도는 아니었다.

제 2 절

임진왜란 이후 한양 태평관

1. 환도(還都) 전 : 궁궐 소실과 태평관의 존재 여부

1592년(선조 25) 4월 13일 혹은 14일 임진왜란이 발발했다.[64] 보름 쯤 지난 4월 30일 선조는 창덕궁 인정전을 떠나 거빈(去邠) 길에 올랐다. 5월 초 한양이 함락되고 궁궐이 소실되었다.[65] 소실된 궁궐은 1395년(태조 4) 9월에 신궁(新宮, 경복궁)이 조성된[66] 이후 200여 년 동안 유지되어 온 경복궁 및 창덕궁과 창경궁이다.

세 궁궐 중 명 사신이 오면 창덕궁 인정전이 활용되기도 하지만 대부분 법궁인 경복궁 근정전에서 조서나 칙서의 반포를 시작으로 조선 국왕과 명 사신이 행하는 기본적인 의례를 행했다. 그런데 세 궁궐이 모두 소실된 상황에서 피난길에 올랐던 선조와 조정 신료들이 한양으로 돌아왔을 때 명 사신들이 온다면 소실된 궁궐을 대체할 만한 건물이 필요하다. 짧은 기간에 궁궐을 짓기가 쉽지 않기 때문에 임시방편으로 사용할 건물이 있어야 한다.

비슷한 상황이 선조가 의주에 머물고 있을 때 연출되었다.[67] 궁궐이 없는 이곳에서 명 사신을 접대해 본다면 한양으로 돌아왔을 때 궁궐이 없더라도 대처할 수 있지 않을까. 곧, 궁궐이 없지만 그들을 '맞이'하고 그들을 위한 '연향'을 베풀며 그들이 귀국할 때 '전송'하는 일련의 경험이 도움이 될 수 있다는 생각이다. 의주에 있는 동안 명 사신이 온 사례를 하나 들면, 1592년 9월 행인

사행인 설번(薛藩)이 '발병구원(發兵救援)의 칙서'를 가지고 왔을 때이다.

설번이 압록강을 건너기 전 9월 1일, 조선 조정에서는 그를 의주의 어디에서 머물게 할 것인가에 대하여 논의했다. 성 안에 있는 용만관(龍灣館)과 성 밖에 있는 의순관(義順館)이 대상이었다. 논의 내용을 제시하면 다음과 같다.

> 예조가 아뢰었다. "이번 칙사를 용만관에【성중(城中)에 있다.】머물게 할 것인가 혹은 의순관에【성외(城外)에 있다.】머물게 할 것인가를 하문(下問)하셨습니다. 평소에 칙서의 맞이는 근정전에서 행하고 상·하마연은 태평관에서 설행했습니다. 이번에 용만관에서 칙서를 맞이한다면 의순관은 당연히 태평관과 동일하게 됩니다. 칙사는 의순관에 머물고 하마연도 머물고 있는 곳에서 설행하게 됩니다. 그러나 지금 다른 장관(將官)들이 의순관에 가득 차 있어 칙사가 편히 쉴 곳이 없습니다. 그러므로 용만관에서 칙서를 맞이하고 그대로 그 관(館)에 묵게 하며 연향 역시 그곳에서 설행해야 할 것입니다."[68]

의주행재소[69]에 머물고 있는 선조에게 예조에서 칙서를 맞이하는 곳과 칙사가 머무는 곳에 대하여 당시의 상황을 설명하고 있다. 한양이었다면 근정전과 태평관에서 행해졌을 것이지만 부득이하게 의주에 있으므로 용만관과 의순관 두 객관을 활용하는 방안을 내놓았다. 용만관이 근정전을, 의순관이 태평관을 대체해야 하지만 의순관에 장관(將官)들이 가득 차 있어 의순관의 활용이 어려워, 결국 용만관에서 칙서와 설번을 맞이하고, 이곳에 설번이 머물며, 이곳에서 설번을 위한 연향도 설행해야 한다는 내용이다. 용만관에서 근정전과 태평관에서 행해야 하는 일을 모두 처치하자는 것이었다.

후대의 기록이지만 홍대용(洪大容, 1731~1783)의 『담헌서(湛軒書)』에 따르면, 의주 용만관과 소곶(所串) 의순관과의 거리는 '35리(里)'라고 한다.[70] 그렇게 가까운 거리는 아니다. 의주에 있는 객관이 처음에는 의순관이었으나 의순관을 16세기 후반 소곶으로 옮기면서 용만관이 의주의 객관이 되었다.[71] 용만관은

〈도판 10〉 의순관으로 이동하는 명 사신 일행, 「의순관영조도(義順館迎詔圖)」, 규장각한국학연구원

이를 보여주는 그림이 찾아지지 않아 그 모습을 알 수 없지만 의순관은 선조 초의 모습이 그림으로 전한다. 1572년(선조 5) 10월 한세능(韓世能)과 진삼모(陳三謨)가 압록강을 건너 의순관으로 이동하는 모습을 보여주는 「의순관영조도(義順館迎詔圖)」가 그것이다(〈도판 10〉).[72]

예조가 아뢴 다음 날인 9월 2일, 설번이 압록강을 건너오자 선조가 백관을 거느리고 칙서와 칙사를 차례로 맞이한 뒤 관(館)에서 칙서를 받았다. 이어서 칙사를 접견했고 국기(國忌)로 인하여 연례(宴禮, 하마연)의 설행은 다음 날로 미루고 다례만 행했다.[73] 한양이었다면 칙서와 칙사의 맞이는 모화관에서, 칙서를 맞이한 뒤 그것을 받고 칙사와의 접견은 근정전에서 행할 일이다.

9월 2일에 행한 일정에서 『선조실록』에는 '영칙(迎勅)', '수칙서(受勅書)', '견칙사(見勅使)'를 차례로 행한 공간을 '관(館)'이라는 한 글자로 표기했다. 도착한 당일에 설번이 다른 곳에 간 기록이 없는 것으로 보아 '한 곳'에서 세 절차가 이루어진 것을 알 수 있다. '용만관'이라고 적기하지는 않았으나 예조에서 말한 것처럼 '용만관'임에 틀림없다. 설번이 도착한 다음 날에 선조가 용만관으로 행행한 것에서 더욱 분명해진다.[74]

9월 3일 선조가 용만관으로 행행하여 칙사를 위하여 다례와 주례(酒禮)를 설행했다.[75] 이 자리에서 선조는 다음 날에 떠나려는 설번에게 수일(數日)을 더 머물러 줄 것을 청했으나 그는 이튿날에 곧장 떠났다. 선조는 설번이 떠나는 날에 용만관에 행행하여 그를 전송했다.[76] '연례를 설행한 곳'과 '전송한 곳'이 모두 용만관이다. 한양이었다면 칙사가 머무는 태평관과 칙사를 전송하는 모화관에서 행할 일이 의주에서는 용만관에서 모두 이루어졌다.

설번이 한양으로 왔다면 그가 도착해서 떠나는 날까지 모화관 → 근정전 → 태평관 → 모화관으로 움직였을 것이다. 그러나 의주에서는 한양의 네 곳에서 행할 일들이 용만관 한 곳에서 진행되었다. 설번이 왔을 때 그를 접대하는 이러한 상황은 궁궐이 없을 때 명 사신이 올 경우 임시방편으로 대처하는 방법이 될 수 있다.

1593년(선조 26) 4월 경성이 수복되면서 환도 요청이 본격적으로 이어졌다. 이해 6월 선조는 피난을 마치고 구도(舊都)로 돌아가기로 결정했다.[77] 다만, 무턱대고 도성에 들어가지 않고 도성에 들어가는 날에 당장 해야 할 일부터 정했다. 그것은 바로 종묘에서 곡림한다[곡묘(哭廟)]는 계획이었다. 이때가 9월이다. 그러다가 선조는 황은(皇恩)에 먼저 사례(謝禮)하지 않을 수 없다고 판단하여 백관을 거느리고 황은에 먼저 사례한 다음 곡묘의 예를 행하겠다는 뜻을 밝혔다.[78] 선조는 곡묘가 황은에 비하면 사례(私禮)라고 여겼기 때문이다.

이튿날 예조에서 '황은에 먼저 사례한다.'는 안건으로 대신들이 의논한 결과를 선조에게 보고했다. 첫째, '영조문(迎詔門)에 이르러 평시에 영조(迎詔)하는 예(例)에 의거하여 사은례(謝恩禮)를 행하고 이어서 종묘 앞에 나아가 곡묘를 행한다.', 둘째, '거가(車駕)가 경성에 도착하는 시점을 알지 못하니 먼저 곡묘를 행하고 이튿날 아침부터 전일(專日) 태평관에서 사은례를 행한다.', 셋째,

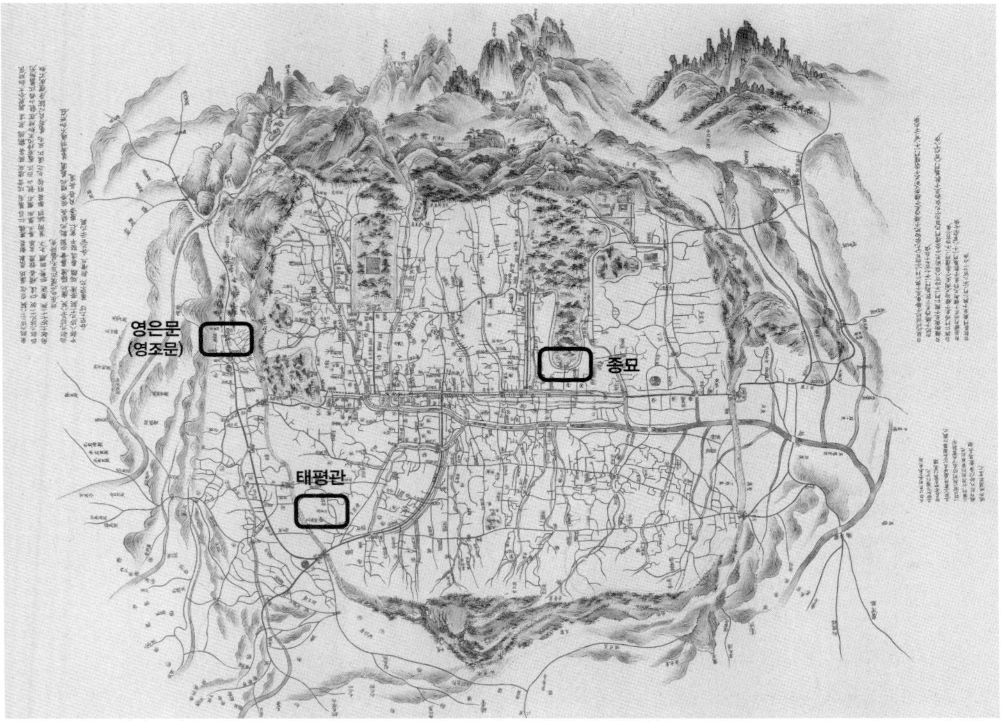

〈도판 11〉 영조문과 태평관, 종묘의 위치, 「도성도(都城圖)」, 규장각한국학연구원

'이미 사신을 보내 사은했으니 지금은 굳이 행할 필요가 없다.' 등이었다. 선조는 '사은'이 '곡림'보다 앞서야 한다며 사은할 처소와 그 절차에 대해 외부에서 살펴보라고 전교했다.[79]

선조가 도성에 들어가서 행례하는 장소로 영조문과 태평관, 종묘가 거론되었다(〈도판 11〉). '영은문(迎恩門)'이라고도 일컫는 영조문은 조서나 칙서를 가지고 오는 명 사신이 도성에 들어오기 전 지나는 문으로 모화관 앞에 있었다.[80] 태평관은 그 사신이 머무는 곳이다. 명과 관련되어 황은에 사례할 수 있는 상징적인 곳으로 두 곳이 언급되었다. 종묘는 역대 국왕과 왕후의 신위(神位)를 봉안하고 있어 국가에 중요한 일이 생기면 항상 고하는 곳이었다. 환도 역시 중요한 일이므로 경성에 들어오면 곧바로 이곳부터 들르고자 한 것이었다.

세 곳은 경성이 왜적에게 함락된 뒤에도 그대로 잔존하고 있을 것이라는 전제하에 논의하는 것처럼 보인다. 서론에서 언급했듯이 태평관은 기존 연구에서 소실되었다고 했다. 그렇다면 본서와 관련되는 태평관에서 선조가 사은례를 행할 수 있을까. 우선 임진왜란 직후 태평관을 비롯하여 다른 두 곳의 잔존 여부에 관한 확인부터 필요하다.

먼저 영조문이다. 『선조실록』과 『선조수정실록』에 전란으로 소실되었다거나 파괴된 기사가 없고 그 때문인지 다시 건립했다는 기사 역시 없다. 그대로 남아 있다고 볼 수 있다.

다음은 태평관이다. 태평관은 『선조실록』과 『선조수정실록』에는 소실되었다는 기사가 없다. 후대에 관련 기록을 담고 있는 몇 가지 문헌이 주목되는데 편찬된 시기 순서로 제시하면 다음과 같다. 먼저 이긍익(李肯翊, 1736~1806)의 『연려실기술(燃藜室記述)』이다. 이 책에는 '태평관이 어느 때에 폐해졌는지가 상세하지 않다. 인조대에 태평관을 철폐하여 홍제원(弘濟院)[81]으로 옮겨 지었는데 임진년 후 별 탈 없다가 이때에 이르러 철폐한 것인가.'라고 추정하고 있다.[82] 인조대 홍제원에 사관(使館)을 짓게 되었고 그때 태평관과 인경궁을 철훼하고 남은 재목을 활용한 것을 가리킨다.[83] 이러한 기록은 『통문관지』 및 『연려실기술』의 다른 곳에도 전한다.[84]

다음은 유본예(柳本藝, 1777~1842)의 『한경지략(漢京識畧)』이다. 여기에는 '금폐(今廢)' 두 글자만 있을 뿐 어느 시기에 어떤 이유로 폐해졌는지에 대한 내용은 기재되어 있지 않다.[85]

다음은 헌종 연간(1834~1849)에 편찬된 것으로 추정되는 『궁궐지(宮闕志)』이다.[86] 태평관의 철훼 관련 기록이 있지 않고 마지막에 출처가 『선원보략(璿源譜略)』임을 밝히면서 '1602년(선조 35)에 인목왕후(仁穆王后, 1584~1632)가 이곳에서 가례(嘉禮)를 행했다.'고 기술되어 한다.[87] 임진왜란 직후에는 태평관이 존재하고 있음을 보여준다.

다음은 철종대에 편찬된 것으로 추정되는 『여도비지(輿圖備志)』이다.[88] 인조대에 태평관을 철훼한 뒤 남별궁(南別宮)을 사화(使華)의 유숙 처소로 삼았다고

되어 있다.[89]

다음은 철종 재위 말엽에 시작하여 고종 초엽까지 작성한 것으로 추정되는 『대동지지(大東地志)』이다.[90] 인조대에 태평관을 철훼한 뒤 남별궁을 화사(華使)의 유숙 처소로 삼았으며, 인조대에 태평관을 철훼하여 홍제원을 지었다고 되어 있다. 아울러 태평관은 '혁폐(革廢)'에 분류되어 있다.[91]

마지막으로 고종대에 편찬된 것으로 추정되는 『동국여지비고(東國輿地備攷)』이다.[92] 태평관을 설명하는 곳에는 '인목왕후의 가례가 태평관에서 행해졌다.'고 되어 있어,[93] 임진왜란 직후에도 태평관이 잔존하고 있음을 알려준다. 그런데 남별궁의 설명에는 '조사(詔使)가 오면 반드시 태평관에 머물렀는데 선조 임진년에 병화(兵火)로 소실되었다. 계사년(1593, 선조 26)에 제독 이여송(李如松)이 경성을 수복하고 이곳에 머물면서 그대로 조사가 머무는 곳이 되었는데 뒤에 남별궁이라 일컬었다.'라 하여,[94] 임진왜란으로 태평관이 불태워진 것으로 서술되어 있다.

『동국여지비고』에서 남별궁을 설명하는 부분이 『통문관지』에 좀 더 상세하게 기재되어 있다. '전에는 조사가 태평관에 머물렀는데 임진년에 병화로 공사(公私)의 건물들이 모조리 불타 없어졌으나 남별궁은 왜장이 거주하여 남게 되었다.'라 하여,[95] 병화를 겪은 공사의 건물에 태평관이 포함된 것이 확실한 것 같다. 『통문관지』의 이 내용은 『탁지지(度支志)』(1788, 정조 12)에도 수록되어 있다.[96]

임진왜란 직후 태평관의 존재 양상에 관하여 기록한 여러 문헌은 세 가지로 정리된다. 첫째, 인조대에 홍제원에 객관을 설치하기 위하여 철훼했다. 둘째, 1602년에 인목왕후의 가례를 행하여 그때까지는 존재했다. 셋째, 임진왜란으로 소실되었다.

여러 문헌이 선조대와는 거리가 먼 한참 후대에 편찬되었으며, 앞서 작성된 기록을 거의 비슷하게 답습하는 경향이 있는 유서류와 지리지가 대부분이다. 문헌들 간에 상이한 기록도 보이고 하나의 책 안에서도 모순된 설명이 발견되기도 한다. 결국 선조대부터 관찬 자료를 통해 차근차근 확인하는 방법이 현재로서는 가장 타당한 것 같다.

다음은 국가를 상징하는 종묘이다. 『선조실록』에는 왜적에 의해 경성이 함락될 때 궁궐은 모두 분소되었으나 종묘는 왜의 대장 평수가(平秀家)가 그곳에 거처하다가 괴이한 일이 발생하여 남별궁으로 옮겨 주둔했다고 되어 있다.[97] 그에 비해 『선조수정실록』에는 궁궐이 소진되고 종묘만 남아 있자 왜의 대장 평수가가 종묘에 거처하던 중 괴이한 일이 많이 생겨 종묘를 불태우고 남방(南坊, 남별궁)으로 옮겨 우거했다고 되어 있다.[98]

종묘 소실의 여부에 관하여 『선조실록』과 『선조수정실록』의 기록이 일치하지 않는다. 그러나 종묘는 영녕전과 함께 임진왜란이 종결된 뒤 중건되므로[99] 소실되었다는 『선조수정실록』의 기사가 맞다. 예조에서 제시한 첫째 안에서 '종묘 앞에 나아가 곡묘를 행한다.'라고 하여, 선조와 신하들은 이미 종묘가 소실된 것을 알고 있었기에 '종묘'가 아닌 '종묘 앞'이라고 한 것 같다. 종묘의 신주는 선조가 거빈할 때 사직의 위판과 함께 피난길에 올랐기에 훼손되지 않고 남을 수 있었다.[100]

선조가 앞서 사은할 처소와 그 절차에 대해 외부에서 살펴보라고 전교했으나 환도하기 전까지 이와 관련한 논의는 『선조실록』과 『선조수정실록』에서 찾아지지 않는다.

2. 환도 후 궁궐 중건 전 : 영조칙(迎詔勅) 공간과 객관 겸용

1593년 9월 비변사에서 환도하는 날이 평소의 행행(行幸)에 비할 수 없기에 길일(吉日)을 가려야 한다고 주장했다. 이에 술관(術官)이 10월 1일에 입경하는 것이 길한 것 같다고 답했다.[101] 마침내 이날 선조가 벽제역(碧蹄驛)에서 출발하여 미륵원(彌勒院)을 거쳐 저녁에 정릉동 행궁(貞陵洞行宮)으로 들어갔다.[102]

정릉동 행궁에 들어가기에 앞서 선조는 '모화관'에 이르렀을 때 황은에 사례하는 사배례(四拜禮)를 행하고, '종묘 앞'에 이르러 옷을 갈아입고 백관을 거느리고 곡림했다.[103] 여기까지는 『선조실록』의 기록이다.

막상 입경한 날에 황은에 사례한 곳은 거론조차 않았던 모화관이었다. 입경할 때 황은에 사례할 만한 장소를 동선에 따라 제시하면 첫 장소는 영조문이고 그다음이 모화관, 그리고 도성 안에 있는 태평관이다. 영조문과 태평관이 아닌 모화관을 택하는 과정이 『선조실록』에서 발견되지 않는다. 다만, 도성에 들어오기 전 선조가 사배례를 행하기에는 영조문보다 모화관이 더 적절하다고 판단하여 이곳으로 정한 것 같다. 이윽고 모화관에서 종묘로 향했고 '종묘 앞'에서의 곡림은 처음에 구상한 그대로 실행했다.

『선조실록』과는 달리 『선조수정실록』에는 선조가 입경한 날에 행한 일정이 여러모로 다르게 기술되어 있다. 10월 4일 경사(京師)로 돌아와서 정릉동에 있는 옛 월산대군(月山大君, 1454~1488)의 집을 행궁으로 삼았다.[104] 또 중외에 교서를 반포하고, 사신을 보내 산천(山川)에 향(香)을 내리며, 택일하여 종묘 터에서 곡했다.[105]

선조가 거처하는 정릉동 행궁을 제외하고는 경사로 돌아온 날짜부터 입경한 날에 행한 일들까지 『선조실록』과 차이를 보인다. 황은에 사례하기 위한 의례 기록도 없고, 종묘에서 곡하기로 한 날도 입경한 날이 아닌 택일해서 했으며 그 장소도 '종묘 앞'이 아닌 '종묘 터'였다. 사은 기록이 없는 것은 예조에서 '황은에 먼저 사례한다.'는 안건으로 대신들이 의논한 결과를 선조에게 보고한 것 중 세 번째인 '이미 사신을 보내 사은했으니 지금은 굳이 행할 필요가 없다.'로 인한 것인지는 분명하지 않다.

한편, 『선조수정실록』의 기록이지만 입경한 날에 중외에 교서를 반포한 것은 환도하기 전 9월 29일에 결정되었고 이는 『선조실록』에 기록되어 있다. 비변사에서 '선조가 구도(舊都)로 돌아가는 날을 사방의 사람들이 제때에 알지 못할 것이므로 교서로 사방에 통유(通諭)하는 것이 온당할 것 같다.'는[106] 제안을 선조가 수용하여 시행한 것이었다. 산천에 사신을 보내 향을 내린다는 기록은 『선조수정실록』에만 보인다. 종묘 터에서 곡한 것은 입경하기 전 행하기로 한 것을 시행한 것으로, '종묘 터'라는 표기는 종묘가 불에 탔음을 방증한다.[107]

입경한 당일 유교 문화의 표상인 문묘(文廟)에는 신하를 보내 곡하게 했다. 『선조실록』에는 선조의 명으로 예조판서 이증(李增, 1525~1600)이 유생 45인을 거느리고 문묘에 나아가 곡한 것으로,[108] 『선조수정실록』에는 예조판서 이증을 보내어 유생들을 거느리고 문묘 터에서 곡하게 한 것으로 기록되어 있다.[109] 『선조수정실록』을 보면 문묘 역시 파손되었음을 알려준다. 1770년(영조 46) 8월에 편찬된 『동국문헌비고(東國文獻備考)』에는 '임진란에 문묘가 병화(兵火)로 훼손되었는데 선조가 용만(龍灣)에서 돌아와 예조판서 이증을 보내어 유생을 거느리고 문묘 터에서 곡하게 했다.'라 하여,[110] 문묘가 임진왜란으로 훼손되었음이 분명해진다.

선조가 피난길에 오르면서 도성이 방치 상태에 놓여 국왕이 거처하고 정무를 보는 궁궐의 소실은 물론, 각 관청과 중요 의례 공간 등 많은 건물들이 파괴되었을 것임은 미루어 짐작된다. '임진년의 병화로 공사(公私)의 건물들이 모조리 불타 없어졌다.'고[111] 한 기록과 명 사신이 목격한 바 '평양은 너무 심하게 조잔(凋殘)하고 왕경은 비참함을 견딜 수 없다.'고[112] 한 표현은 이러한 사정을 대변한다.

도성 안 뿐 아니라 도성 밖의 상황 역시 마찬가지였다. 그중 큰 충격을 안겨다 준 사건을 꼽는다면 선릉(宣陵)·정릉(靖陵)의 훼손이다. 선릉은 성종과 계비 정현왕후(貞顯王后, 1462~1530)의 능호(陵號)이고, 정릉은 중종의 능호이다. 선릉은 광중(壙中)이 비어 있었고, 정릉은 습의(襲衣, 수의壽衣)가 제거되고 옥체는 광중에 가로로 놓여 있었다.[113] 선조가 환도하기 전부터 두 능의 전알(展謁)을 거론했고,[114] 환도한 뒤에는 곡림과 위안제(慰安祭)를 차례로 행했다.[115]

결국 선조와 조정 신료들이 경성에 들어온 직후에는 태평관의 존재에 대한 언급이 없다. 언급할 형편이 되지 못했다는 표현이 정확할 듯하다. 도성 안팎으로 막심하게 피해를 입은 중요 건물이나 장소를 일일이 돌아보기도 힘든 상황 속에 태평관의 상황까지 살피기란 쉽지 않기 때문이다. 소실되어 중건이 필요한지, 아니면 낡거나 부분 파손되어 수리가 필요한 것인지 등등 아무런 언급이 없는 것은 어쩌면 당연하다. 태평관은 명 사신이 머무는 객관으로 기능해 왔기에 환도 이후 명 사신이 온다면 그때서야 거론되거나 실상이 드러날 것으로 예상된다.

선조가 환도한 뒤 처음으로 온 명 사신은 도사 장삼외(張三畏)이다. 1593년 11월 9일 입성하여 11월 17일 도성을 떠났다. 그가 도착한 날에 선조가 모화관에서 그를 맞이했고, 선조와 장삼외는 남별궁으로 이동했다. 남별궁의 전(殿)에서 선조가 꿇어앉자 장삼외가 가지고 온 선유(宣諭) 1첩(帖)을 펼쳤다. 이에 선조가 부복과 고두, 사배례를 차례로 거행하는 등의 기본적인 의례를 행한 뒤 선조와 장삼외는 다례와 주례(酒禮)를 행하면서 왜적에 대하여 이야기를 나누었다.[116] 이후 장삼헌의 접대와 관련한 기사가 없다가 장삼외가 떠나기 하루 전에서야 발견된다. 선조가 남별궁에 나아가 그를 접견하고 상마연을 거행한 것이었다.[117] 그리고 이튿날 선조가 모화관으로 나가서 장삼외를 위하여 주례를 베푼 뒤 그를 전송했다.[118]

장삼외는 모화관에서 남별궁으로 이동했고, 거기서 경복궁 근정전이나 창덕궁 인정전에서 행해야 하는 기본적인 의례를 행했다. 이후 그가 묵는 곳이 나오지 않지만 남별궁에서 상마연을 거행한 것으로 보아 그곳에 머물렀으며, 그가 떠나는 날에 모화관에서 선조가 그를 전별했다. 장삼외의 동선은 모화관 → 남별궁 → 모화관으로 정리된다. 남별궁이 궁궐의 정전(正殿)과 객관의 기능을 겸하고 있음을 보여준다.

남별궁은 소공주(小公主)의 집이었다가 그 뒤 국적(國籍)으로 환속되었다. 계미 연간(1583, 선조 16)에 크게 궁실(宮室)을 영건했고 왕자 의안군(義安君)에게 하사되었으며, 병화를 겪은 뒤 이 궁만이 우뚝하게 홀로 남아 영빈(迎賓)과 회조(會朝)의 장소가 되었다.[119] 임진왜란 이후 남별궁이 영빈과 조회를 하는 공간이라는 사실은 매우 중요하다. 두 일은 임진왜란 이전에는 궁궐의 정전에서 행하는 중요한 행사였기 때문이다.

그렇다면 남별궁이 도성 안에서 유독 병화를 입지 않고 남게 된 이유가 무엇인가. 후대의 기록에는 왜장(倭將)이 이곳에 거주했기 때문이라는 이유를 들었다.[120] 그 왜장은 바로 평수가이다. 앞서 평수가가 종묘에 있다가 남별궁으로 옮겼다고 한 것을 가리킨다. 결정적으로 왜장 평수가가 남별궁에 머물게 되면서 병화를 피하게 된 셈이다.

이렇게 남은 남별궁이 객관으로 기능하게 된 것은 계사년(1593, 선조 26)에 제독 이여송이 경성을 수복하고 이곳에 머문 것을 계기로 조사(詔使)가 유숙하는 곳이 되면서였다.[121] 제독 이여송이 남별궁에 머물게 된 이후 명 황제의 외교문서를 가지고 오는 사신이 이곳에 머물면서 객관으로 기능하게 된 것이었다.

이상의 과정을 본다면 임진왜란 이전에 궁궐에서 하는 일들이 임진왜란 직후에는 궁궐의 소실로 인하여 두 곳으로 나뉘어서 거행되고 있음을 알 수 있다. 한 곳은 정릉동 행궁으로 여기서는 선조가 정무를 보거나[편전] 거처하고, 다른 한 곳은 남별궁으로 명 사신을 맞이하거나 조회를 했다.[122] 남별궁은 그것만이 아니라 장삼외의 사례를 통해 객관의 기능까지 겸했다. 남별궁이 객관의 기능까지 겸하면서 태평관은 정말 병화로 사라진 것으로 추측할 수 있다.

장삼외가 떠난 다음 달인 윤11월, 행인사행인 사헌(司憲)이 '선조의 복국환도(復國還都)를 위유(慰諭)하는 칙서'를 가지고 조선에 왔다. 『선조수정실록』에는 윤11월 1일 입경해서 경성에 7일 머문 것으로 기록되어 있다. 또 '칙서를 선포하고 관(館)으로 나아갔다.'라 하여,[123] 이 문장만 보면 칙서를 선포한 곳과 그가 머문 곳이 분리되어 있다고 볼 수 있다. 두 장소가 어디인지는 명시되어 있지 않지만 마치 임진왜란 이전에 명 사신이 와서 궁궐의 정전에서 칙서를 선포[선칙(宣勅)]하고 태평관으로 이동하는 과정과 다르지 않다.

태평관이 명 사신의 주요 객관으로 활용될 때 '관' 한 글자로 표기한 기록은 많이 있었다(결론 참조). 남별궁의 경우는 '남별궁관(南別宮館)',[124] '남별궁관소(南別宮館所)'[125]라 하여 남별궁에 사신이 머무는 곳을 '관', '관소'라고 표기했다. 후일 청 사신이 왔을 때 칙사가 남별궁으로 간 것을 '관소'에 간 것으로 표기한 기록이 많은 것 역시 이러한 것에 기인한다고 볼 수 있다.

그렇다면 '칙서를 선포하고 관으로 나아갔다.'고 한 것은 장삼외가 남별궁에서 선유 1첩을 펴자 선조가 부복과 고두, 사배례를 차례로 행한 뒤 그곳에서 머문 사실을 사실화 한 모습이다. 곧, 남별궁이라는 한 공간 안에 '칙서를 선포하는 곳'과 '사신이 머무는 곳'이 분리되어 있는 것을 가리킨다. 기존 연구에서 관소는 '남별궁의 내남중문 북쪽 사신의 숙소와 의례용 건물이 있는 영역'을 특정하는 용어라고 한 것과 같다.[126]

이와는 달리 『선조실록』에는 여러모로 다르게 기록되어 있다. 먼저 사헌이 머문 기간부터 다르다. 사헌은 윤11월 12일 입경하여 윤11월 20일 경성을 떠났다. 그 밖에도 사헌이 도착한 날의 일정에서부터 차이를 드러냈다. 사헌이 입경한 날, 선조가 모화관에서 천사와 칙서를 차례로 맞이한 뒤 남별궁으로 이동했고 천사도 칙서를 받들고 잇따라 이르렀다. 남별궁에서 천사가 칙서를 펴고 승지 박동량(朴東亮, 1569~1635)이 칙서를 읽는 기본적인 의례를 행했다. 이후 다례와 주례, 예단(禮單) 증정을 차례로 행하는 것으로 이날의 일정이 마무리되었다.[127] 궁궐 정전에서 행하는 '영빈'이 남별궁에서 진행되었다.

'영빈' 절차가 끝난 뒤 승지 윤승길(尹承吉, 1540~1616)이 사헌에게 문안했다고 한다.[128] 문안한 장소가 드러나 있지 않지만 남별궁에서 다른 곳으로 간 기록이 없어서 남별궁으로 짐작된다. 이후 사헌이 떠나기 전, 선조가 남별궁에 나아가 다례를 행하고 예단을 증정한다든가,[129] 또 다른 날에는 그곳에서 다례와 주례를 행하며,[130] 심지어 그가 떠나기 하루 전에는 그곳에서 전연(餞宴)을 설행했다.[131] 사헌이 남별궁에서 머물렀음을 드러내는 기사들이다. 사헌이 떠나는 날에 선조는 모화관에서 그에게 전연(餞筵)[132]을 설행한 뒤 작별했다.

『선조실록』에 따르면 사헌은 장삼외처럼 움직였다. 모화관에서 남별궁으로 이동했고, 거기서 궁궐의 정전에서 행하는 기본적인 의례가 거행되었다. 이후 그가 떠나기 전까지 신하의 문안 및 선조의 주관하에 다례, 예단 증정, 주례, 전연 등이 남별궁에서 거행되었다. 그가 떠나는 날에는 모화관에서 선조가 그를 전별했다. 사헌의 동선 역시 모화관 → 남별궁 → 모화관으로 정리된다. 남별궁이 궁궐의 정전과 객관의 기능을 겸했다.

임진왜란 이후 남별궁은 이처럼 중요한 기능을 담당한 곳이었다. 현재 남별궁을 소재로 직접적으로 다룬 연구는 논문 두 편이 확인된다. 두 편 모두 건축학에서 연구를 진행하여 남별궁이라는 건물이나 공간에 대한 이해는 많은 도움을 받을 수 있다.[133] 두 연구를 바탕으로 역사학에서 임진왜란 직후 도성의 상황, 남별궁의 기능, 남별궁과 태평관과의 관계, 그곳에서 행한 의례 등 전반적인 점검이 필요한 시점이다. 본서가 완료되는 대로 연구 과제로 삼고자 한다.

장삼외와 사헌의 사례를 보면 태평관이 존재하지 않아서 남별궁이 객관의 기능까지 담당한 것으로 결론지을 수 있다. 그런데 1594년(선조 27) 2월 초 비로소 태평관과 관련한 첫 기사가 등장한다. 척계광(戚繼光, 1528~1588)과 함께 『기효신서(紀效新書)』를 지을 때 동참한 문유(聞愈)가 태평관에 있는데 병조판서 이덕형(李德馨, 1561~1613)을 보고자 한다는 내용이다.[134] 문유가 태평관에 있다는 것은 태평관이 병화로 사라지지 않았으며, 여전히 객관으로 기능하고 있다는 사실을 말해준다.

명 장관(將官)이 머문 곳 : 소관(所館)·소관처(所館處)와 하처(下處)

1594년 이후의 기록이지만 남별궁도 아니고 태평관도 아닌 곳에 명나라 사람들이 머문 곳들이 발견된다. 하나는 '소관(所館)' 혹은 '소관처(所館處)'라고 한 곳이다. 1596년(선조 29) 4월의 기사 중 '선조가 숭례문 밖 천사의 소관으로 행행하여 접견례(接見禮)를 행했다.'는 내용이다.135 또 다른 기사에는 '시유격(柴遊擊)의 소관에 거둥하여 접견했다.'136 혹은 '시유격의 소관처에 거둥하여 접견했다.'라고 하여137 위치를 밝히지 않은 '소관', '소관처'가 나온다. 다만, 소관이 남별궁을 가리키는 경우에는 소관 아래에 '남별궁' 3글자를 써 둔 기록도 있다.138 또 다른 유형으로 '관(館)' 한 글자만 쓴 사례도 발견된다. '유격 팽신고(彭信古)의 관(館)', '경리 만세덕(萬世德)의 관(館)', '낭중 가유약(賈維鑰)의 관(館)' 등이 그것이다.139

다른 하나는 '하처(下處)'이다. 1597년(선조 30) 10월 '선조가 병사 3천 명을 거느린 안유격(安遊擊)의 하처에 행행하여 접견례를 행했다.',140 '선조가 마제독(麻提督)의 하처에 행행하여 접견례를 행했다.',141 '선조가 동지 왕이길(王夷吉)의 하처에 행행하여 접견례를 행했다.'142 등이다. '하처'는 기록이 적잖고, 정유재란이 끝난 뒤의 기록 중에도 명 사신이 머무는 곳을 '하처'라고 표기한 기록이 나온다.143

'소관(처)', '하처'는 '(손님이) 묵는 곳'이라는 의미이다. 이러한 곳이 어떻게 마련되었지는 분명하지 않다. 전쟁 중에 명에서 온 많은 사람들144을 위한 거처를 마련하는 과정에서 여러 곳에 조성된 것으로 추측된다. 그러한 까닭에 '누구의 소관(처)', '누구의 관' 혹은 '누구의 하처'라고 명명한 것 같다. 남별궁과 태평관을 제외하면 임진왜란과 정유재란 중 어떠한 곳에 어떠한 사람들이 머물렀다는 사실을 파악하기가 쉽지 않고, '누구의 소관(처)', '누구의 관' 혹은 '누구의 하처'는 머문 사람만 알 수 있을 뿐이다. 위치나 장소는 파악조차 어렵다.

명에서 온 사람들 중 어떤 직책을 띤 사람이 어느 객관에 머물러야 한다는 기준이 딱히 관찬 자료에서 발견되지 않는다. 가령, '조서나 칙서를 가져오는 사신은 남별궁이나 태평관에 머물게 하고, 그렇지 않은 이들은 소관(처), 하처에 머물게 한다.'는 식의 조선 내부 규정이 별도로 마련되어 있지 않다는 뜻이다.

소관(처)와 하처는 그 사례에서 보듯 천사, 유격, 제독, 동지 등 다양한 직책을 띤 이들이 머문 곳을 가리켰다. 조서나 칙서가 없더라도 선조가 '유격 이상의 명나라 장관(將官)'이 올 때 모화관에 나가서 맞이한 것을 보면145 이들에 대한 대우가 남다르다. 그렇기에 장관들이라고 하더라도 조선 조정에서 그들의 직책에 따라 그들이 머문 곳을 차별한 것 같지는 않다. 물론 당시의 상황을 고려하면 그렇게 할 만한 건물이 있지 않았을 가능성도 크다.

4개월여 뒤 6월 말 태평관의 '수보(修補)' 논의가 있었다. 선조가 태평관을 수보하라고 한 명에, 사헌부에서 지금 국난을 겪은 나머지 재력이 고갈되어 영선의 공역을 할 시기가 아니라고 하며 반대했다. 선조는 태평관의 수리는 유사(有司)가 담당하므로 물어서 조치하라고 답했다.[146] 태평관의 수리가 필요하지만 현실적으로 어려운 상황임을 보여준다.

여기서 주목할 것은 사헌부의 말 중에 '사천사(司天使)가 왔을 때 남별궁의 관(館)에서 대접하지 않았으니 이제 특별히 태평관의 공역을 일으켜 낭비하는 폐단을 끼칠 필요가 없다.'고 한 부분이다. 사헌 관련 기사 중『선조실록』에 선조가 남별궁에서 그를 대접한 것으로 기록되어 있었다. 사헌부의 말을 기록할 때 착오가 있었던 것이 아닌가 한다. '남별궁의 관에서 대접했으니 지금 공역이 어려운 상황에서 태평관을 수리할 필요가 없다.'라고 하는 것이 적절하기 때문이다. 남별궁이 객관의 기능도 수행하고 있으므로 굳이 태평관의 수보가 불필요하다는 뜻이다.

태평관의 수리에 관한 안건은 그 뒤 어떻게 진행되었는지에 대해서는 기록이 찾아지지 않는다. 이후 선조대에 태평관과 관련한 기사는 드문드문 발견된다. 1595년(선조 28) 9월 제주에서 별마(別馬)가 올라오자 친림하여 시재(試才)한 뒤 무사(武士)에게 사급(賜給)하고자 시재처(試才處) 세 군데 중 한 곳으로 거론되었고,[147] 이듬해(1596) 5월 순무차관 장득신(張得臣)과 철만언(鐵萬言)이 태평관에 있었으며,[148] 그 이듬해(1597) 7월 태평관에 거둥하여 소안찰(蕭按察)을 접견한[149] 등등이다.

시재 장소로 활용한다는 것은 그 공간이 넓다는 뜻이다. 태평관이 세종대에 수개 과정을 거친 이후 공간이 넓어진 상태가 여전히 지속되고 있음을 보여준다(제4장 제1절 참조).[150] 또 순무차관이 그곳에 있기도 하고 명에서 온 사람을 접견하기도 한다는 것은 태평관이 객관이라는 본래의 기능에서 벗어나지 않았음을 뜻한다. 하나 더 추가하면, 어가가 모화관으로 행행할 때 태평관을 지난다고 한다.[151] 어가가 태평관을 지나 숭례문을 경유해서 모화관으로 가는 동선을 나타내는 한편, 태평관이 변함없이 숭례문 안에 위치해 있다는 것을 의미하기도 한다.

한편, 태평관은 남별궁이 영빈 장소와 객관을 겸한 것처럼 이러한 기능을 담당하기도 했다. 1597년(선조 30) 10월 차관 방시신(方時新)이 가지고 온 황칙(皇勅)을 맞이할 때이다. 선조가 모화관에 거둥하여 칙서와 차관을 맞이한 뒤 태평관으로 이동했고, 그곳에서 칙서에 사배하고 그것을 읽는 절차를 행했다. 의례를 행한 뒤 차관과 함께 대화를 나누면서 다례와 행주(行酒)를 차례로 행했다. 술자리까지 끝나자 선조는 태평관을 나왔고, 차관인 수비(守備)는 문 밖에서 선조를 전송하고 선조가 여(輿)에 오른 뒤에 들어갔다.[152] 차관은 원임 수비(原任守備)였기에 태평관에서 영칙례를 행한 이후부터는 그를 '수비'라고 지칭했다.

궁궐 정전에서 행하는 '영빈', '영칙례'가 태평관에서 거행되었다. 아울러 수비가 선조를 전송한 뒤 들어갔다는 것은 태평관으로 들어갔음이 분명하다. 그가 이날 다른 곳으로 간 기록이 있지 않기 때문이다. 그렇다면 수비는 선조를 전송한 뒤 태평관으로 들어가서 그곳에 머물렀다는 것도 미루어 짐작할 수 있다. 태평관이 궁궐의 정전과 객관에서 할 일을 겸했음을 알 수 있다. 남별궁과 태평관이 이러한 기능을 담당한 것은 병화로 인하여 도성 안에 남아 있는 건물 중 그만한 큰 일을 행할 공간으로 두 곳이 가장 적합했기 때문으로 여겨진다.

그 뒤 선조대에 태평관에서 행하는 일은 몇 가지로 정리된다. 첫째, 접견 장소이다. 1598년(선조 31) 8월 유격 팽신고(彭信古)와의 접견이다. 선조는 관소에서 팽유격과 전별하고자 했으나 그의 하처에 수적(讎賊)인 요시라(要時羅)가 머물고 있었기 때문에 별처(別處)에서 그를 맞이하게 되었다.[153] '관소'와 '하처'는 팽유격이 머무는 곳이고 '별처'는 태평관을 가리킨다. 관소와 하처가 동일어로 쓰인 것을 볼 수 있고, 태평관은 별처라고 표현하며 접견 처소로 활용되었다. 이외에도 두 안찰이 태평관에 모여 제독 유정(劉綎)을 기다린다는 기사,[154] 경리 만세덕(萬世德)을 접견한 기사[155] 등이 있다.

둘째, 객관이다. 정유재란이 끝난 뒤인 1600년(선조 33) 10월 섭정국(葉靖國)이 태평관에 심거(深居)한 사례이다. 훈련도감에서는 그가 태평관에 틀어박혀서 문금(門禁)을 엄하게 하고 나와서 보는 것조차 달갑게 여기지 않았다고 보고했다.[156] 조선 조정에서는 조선군을 교련시키는 교관(教官)으로 그를 활용하고자 했으나 그는 군사들의 훈련에는 관심을 보이지 않고 명군 도망병들을 불러 모으고 잡술(雜術)을 시연하는 술사였던 것이다.[157]

셋째, 영조칙 공간이다. 궁궐의 정전이나 남별궁처럼 명 황제의 조서나 칙서를 맞이하는 예를 행하는 곳으로의 활용이다. 1601년(선조 34) 4월 재조관 두양신(杜良臣)이 '파주(播州) 양응룡(楊應龍)의 토평에 관한 조서'를 가지고 오자 선조가 모화관에 행행하여 조서를 맞이한 뒤 태평관으로 이동했다. 조서가 태평관에 이르자 선조가 맞이하여 배례를 행하고 조서의 읽기가 끝나자 선조가 배례를 행한 뒤 두양신과 상견례를 행했다. 선조와 두양신이 이야기를 나눈 뒤 사시(巳時)에 선조가 환궁했다.[158]

태평관에서 조서를 맞이하고 조서를 읽으며 조서를 가지고 온 사람과 상견례를 하는 일련의 절차는 임진왜란 전에는 궁궐의 정전에서 행했다. 임진왜란 이후 남별궁에서 행하기도 했으나 이번에는 태평관에서 진행되었다. 상견례를 행할 때 다례를 행한 기록이 있지 않고 선조가 사시에 환궁한 것을 보면 이른 시기에 조서를 맞이한 것을 알 수 있다.

문제는 이후 두양신의 일정이 『선조실록』에서 찾아지지 않는다는 사실이다. 두양신이 묵은 객관이 어디인지가 드러나지 않아 자연스레 하마연의 설행 기록도 없다. 또 두양신이 언제 도성을 떠났는지에 대해서도 『선조실록』에 기재되어 있지 않다. 입경하는 날에 모화관과 태평관에서 조서를 맞이하는 일련의 절차를 거행한 것을 보면 선조가 환궁한 뒤 두양신은 그대로 태평관에 머물지 않았을까 예상할 수 있겠으나 현재로서는 추정에 그칠 뿐이다.[159]

이렇듯 영조칙 공간으로서의 태평관이 활용된 사례는 이후에도 두어 번 더 확인된다. 첫 번째는 2년 뒤 1603년(선조 36) 6월 '인목왕후를 계비로 책봉하는 고명(誥命) 칙서'가 왔을 때이다. 이번에는 명 사신의 방문이 아니라 명 조정에 갔던 조선의 신하가 칙서를 가지고 온 경우였다. 그럼에도 영조칙 공간으로 태평관이 활용된 것은 분명하다.

한 해 전인 1602년 2월 혹은 윤2월 이조좌랑 김제남(金悌男, 1562~1613)의 딸을 계비로 맞기로 결정하고[160] 이해 7월 선조는 김제남의 딸인 인목왕후와 가례(嘉禮)를 치르고 그를 왕비로 맞았다.[161] 그런데 혼례라는 대례(大禮)를 치르기도 전에 조선의 조정에서는 명 황제에게 고명을 주청하는 일로 논의했고 사신까지 차출했다.[162] 대내적으로 조선의 왕비가 되었지만 대외적으로 명 황제가 '조선왕비'로 확정짓는 책봉 절차를 밟아야 했기 때문이다. 가례를 치른 후 고명주청사(誥命奏請使)가 명에 파견되었고[163] 이듬해 6월 모화관에 도착했다.

인목왕후의 고명은 명에서 별도의 사신을 파견하여 보낸 것이 아니라 고명주청사에게 주어서 이들이 가져왔다.[164] 고명주청사가 당도하자 선조가 모화관에서 황칙을 맞이한 뒤 태평관으로 이동, 태평관에서 칙서를 받았다. 중전은 별전에서 고명(誥命)·관복(冠服)·채단(綵段)을 받았다.[165] 비록 명 사신이 온 것은 아니지만 황제가 보낸 칙서와 의물·물품이 왔기에 선조가 모화관으로 나가서 맞이하고 궁궐의 정전이 아직 중건되지 않아 태평관으로 이동하여 그곳에서 칙서를 받는 절차를 거행한 것이었다. 기존에 명 사신이 와서 행하던 절차와 다를 바 없이 진행되었다.

두 번째는 1606년(선조 39) 4월 정사 한림원수찬 주지번(朱之蕃)과 부사 예과좌급사중[166] 양유년(梁有年)이 '황태자 제1자 탄생 조서'[167]와 '황손 탄생 칙서'[168]를 가지고 왔을 때이다. 두 사신은 4월 11일 모화관에 도착하여 4월 20일 모화관을 떠났다.

4월 11일 모화관에서 조칙을 맞이하는 예를 마치자 선조가 먼저 태평관으로 이동했고 두 사신이 뒤따라 들어왔다. 선조가 조칙을 맞이하고 이어서 조서를 선포하는 예를 마친 뒤 선조와 두 사신이 상회례(相會禮)를 행했다. 다례를 행하고 마친 뒤 두 사신이 먼저 남별궁으로 향했고, 선조는 환궁한 뒤 남별궁으로 나아가 하마연을 설행했다.[169] 조서를 선포하는 예를 행하고 상회례를 하기 전에 조서를 남겨줄 것을 청하는 '청류(請留)'와 조서를 남기는 '유조(留詔)' 절차를 행했다.[170]

정리하면, 태평관에서 '영조칙(迎詔勅)', '선조례(宣詔禮)', '청류(請留)', '유조(留詔)', '상회례(相會禮)', 상회례 중 행하는 '다례(茶禮)' 등의 예를 차례로 거행하여 궁궐의 정전으로 기능했고, 남별궁에서 하마연을 설행하여 두 사신이 머무는 객관으로 기능했다.

사실 두 사신이 올 때 순부(順付)한 칙서가 하나 더 있었다. '왜정(倭情)의 탐보(探報)는 조선에서 담당하라는 칙서'이다. 이 칙서의 내용은 『선조수정실록』과 『연려실기술』에서 볼 수 있다.[171] 왜정에 관한 이 칙서는 4월 11일 태평관에서 영조칙을 할 때 제외되어 이튿날 남별궁에서 익일연을 설행하는 자리에서 천사가 '영칙의주(迎勅儀註)'를 써 오라고 하면서 알려졌다. 선조는 익일연을 시작한 뒤 이 칙서가 왔다는 말을 들었기에 우선 연향 자리를 파하고 수칙(受勅)해야 한다고 판단했고, 천사 역시 동의하여 이날 곧바로 영칙례를 행하기로 결정했다.

다만, 영칙과 수칙을 어디에서 할 것인지가 문제였다. 왜정에 관한 칙서는 남별궁에 있었다. 조선의 대신들은 태평관이 마땅하다고 한 반면, 두 사신은 그대로 남별궁에서 행하기를 바라는 입장이었다. 영칙·수칙을 행하는 처소를 두고 입장 차이가 있었으나 선조는 칙서를 받을 때 지영(祗迎)하는 예가 없을 수 없다고 여겼고, 이를 고려하면 남별궁보다 태평관이 더 타당하다고 판단하여 천사에게 이러한 사정을 알렸다. 천사 역시 태평관에서 행례하는 것이 가하다고 하며 선조의 견해에 동의했다. 결국 천사가 남별궁에서 칙서를 받들고 태평관으로 왔고 선조가 영칙례를 행했다. 영칙례를 마치자 선조는 두 천사와 함께 다례를 행했다. 다례를 마치자 두 사신은 태평관을 나갔고, 선조는 환궁했다.[172]

사신이 도성에 들어온 날에 선조가 맞이한 조서와 칙서는 천하가 함께 경사스러워 하는 내용을 담고 있고, 순부한 칙서는 대개 왜정과 방수(防守)에 관한 내용이었다. 하나의 조서와 두 칙서를 맞이하는 예는 모두 태평관에서 거행되었고, 이때의 태평관은 객관이 아닌 궁궐의 정전에서 행해야 할 의례를 행하는 장소였다.

마지막으로 영조칙 공간으로 태평관이 거론된 적은 있지만 시행되지 않은 사례가 있어서 소개하고자 한다. 등황 조서(謄黃詔書)의 맞이이다. 이 사건은 1606년 4월 진하사 민몽룡(閔夢龍, 1550~1618) 등이 요동에 도착하여 성모(聖母)에게 존호를 올리는 등황 조서 1통을 사적으로 얻어 보낸 것에서 비롯되었다.[173] 이후 7월 초에 이르기까지 두양신이 등황 조서를 가지고 올 때 이 조서를 맞이하는 절차를 두고 조정에서 오랫동안 논의했다.

등황 조서는 원래 요동에 반포하고 우리나라에 반포하는 조서가 아니었다.[174] 그런 까닭에 등황 조서를 맞이하는 예는 흠차 조사(欽差詔使)가 가지고 오는 조서를 맞이하는 예와는 달라, 등황 조서를 맞이하는 절목이 『오례의』에 기재되어 있지 않다. 요동진무들이 가지고 오는 등황 조서는 의주에서 교부(交付)하는 것이 원칙이지만 임진왜란이 발발한 뒤 그들은 이것을 가지고 곧장 왕경으로 왔고 이러한 일이 폐습으로 굳어졌다.[175] 국가전례서에 마련되어 있지 않은 등황 조서의 맞이를 둘러싼 논란은 여기에 기인했다.

이러한 논의를 진행하던 중 태평관이 언급되었다. '등황 조서의 봉영(奉迎)이 조사가 직접 반포하는 예와 달라 교외에서 지영하지 말고 태평관에서 자리를 설치하여[설위(設位)] 지영하는 예를 행하자.',[176] 선조가 '교외에서 맞이하지 않고 태평관에서 맞이한다면 일이 구간(苟艱)하게 된다.'[177] 등이다.

등황 조서를 맞이하는 예와 관련해서 어떠한 결론이 나지는 않았다. 『선조실록』에 '등황 조서', '두양신'과 관련된 마지막 기사는 7월 4일이다.[178] 두양신이 조서를 가지고 왕경까지 오지 않아서 중단된 것인지는 분명하지 않다. 선조는 그에 앞서 '훗날 차관(差官)이 나올 때마다 응당 행해야 하는 예를 미리 강정하여 준행하는 규칙을 마련하는 것이 마땅할 것 같다.'고 했으나[179] 그 결과 역시 분명하지 않다.

넷째, 청연(請宴) 공간이다. 청연은 명 사신을 어떤 장소로 청하여 설행하는 연향이다. 어떤 장소는 대신이 청할 때에는 사제(私第)인 사례도 있고, 국왕이 청할 때에는 광연루(廣延樓), 인정전, 경회루 아래, 경회루, 근정전 등등이다. 임진왜란 이후에 태평관에서 청연한 첫 사례는 1602년 3월 '황태자 책립과 복왕(福王) 책봉 조서'를 가지고 온 한림원시강 고천준(顧天峻)과 행인사행인 최정건(崔廷健)이 왔을 때로 확인된다.[180]

고천준과 최정건은 3월 9일 입경하여[181] 3월 20일 모화관에서 선조와 전별했다.[182] 『선조실록』에는 입경한 날에 '선조가 모화관에 거둥하여 조서를 맞이한 뒤 환궁했다가 조사의 소관(詔使所館)으로 행행하여 하마연을 행하고 환궁'한 것으로 기록되어 있다. 이날 『선조실록』의 다른 기사에는 '이미 조서를 받들었다.'라고 하여 조서의 반포가 이루어진 것을 알 수 있고,[183] 『선조수정실록』에도 조서를 반포한 것으로 되어 있다.[184] 다만, 『선조수정실록』에는 조서 반포 이외에 이날에 있었던 선조와 두 사신의 다른 일정은 기록 자체가 없다.

명 사신이 입경한 날에 '조서 반포'와 '하마연 설행'은 오랫동안 시행되어 왔다. 그때마다 두 행사가 거행된 장소는 거의 예외 없이 밝혀져 있다. 그런데 이번 고천준과 최정건의 경우에는 행례 장소가 명기되어 있지 않다. 환도한 뒤 영조칙례는 남별궁이나 태평관에서 행한 사례가 있고 객관 역시 두 곳에서 담당한 적이 있었음에도 이번에 이러한 기록이 없는 것은 의문이다.

이후의 일정을 더 보면, 이튿날인 3월 10일 조사의 소관에 행행하여 연례(宴禮, 다례·주례)를 행하고[익일연],[185] 3월 16일 태평관으로 거둥하여 상사와 부사를 청하여 연례를 행하며[청연],[186] 3월 19일 조사의 소관에 거둥하여 상마연을 행하고,[187] 3월 20일 모화관에 거둥하여 전연을 행한 것으로[188] 두 사신의 일정이 마무리되었다. 이상은 모두 『선조실록』에 수록된 내용이다. 『선조수정실록』에는 도착한 날의 기록 외에는 이들이 떠날 때까지 머문 기간에 있었던 이들의 행적은 기록이 없다.

두 사신이 입경한 날부터 도성을 떠날 때까지 모화관에서 조서를 맞이하고 태평관에서 청연하고 모화관에서 작별한 것을 제외하면 조서를 반포한 곳과 연례를 행한 소관처인 객관이 밝혀져 있지 않다. 고천준·최정건 두 사신의 일정은 1606년 4월 주지번·양유년이 입경하기 전 전례(前例)로 거론할 때 좀 더 구체적으로 드러난다. 영조례를 행한 장소는 알 수 없지만 하마연·익일연·상마연은 남별궁에서, 청연은 태평관에서, 전연은 반송(盤松)에서 각각 행한 것으로 되어 있다.[189]

고천준·최정건의 실제 일정과는 약간의 차이를 보이지만 연례를 행한 조사의 소관처가 남별궁이라는 사실이 밝혀졌다. 반송은 조선 초 명 사신을 맞이하거나 전별한 '반송정(盤松亭)'으로, 모화관 북쪽에 있다.[190] 고천준·최정건의 실제 일정과 주지번·양유년이 오기 전 이들을 사례로 들었을 때의 일정을 비교하면 〈표 4〉와 같다.

〈표 4〉 고천준과 최정건의 일정

『선조수정실록』 1602년 3월		『선조실록』 1602년 3월		『선조실록』 1606년 4월	
3월 9일	반조(頒詔)	3월 9일	영조(迎詔) : 모화관	3월 9일	입경
			하마연 : 조사소관(詔使所館)		하마연 : 남별궁
		3월 10일	연례(宴禮) : 조사소관	3월 10일	익일연 : 남별궁
				3월 15일	청연 : 태평관
		3월 16일	청연 : 태평관		
				3월 17일	한강 유관(遊觀)
		3월 19일	상마연 : 조사소관	3월 19일	상마연 : 남별궁
		3월 20일	전연 : 모화관	3월 20일	전연 : 반송

다른 하나의 사례가 더 확인된다. 이는 임진왜란 이후 선조대에 명 사신을 위하여 태평관에서 청연한 마지막 사례이기도 하다. 1606년 4월 주지번과 양유년이 왔을 때이다. 4월 11일 입경한 이후 그들은 4월 17일에 한양을 떠나고자 했으나 고천준이 왔을 때의 일정을 듣자 정사 주지번은 간절하게 더 머물기를 청하면 19일에 떠나겠다고 했고 부사 양유년은 주야(朱爺, 주지번)와 의논

하여 정했다고 답했다. 이에 선조는 17일에 청연, 18일에 잠두(蠶頭) 유관(遊觀), 19일에 상마연을 행하는 일정으로 사신에게 청하도록 전교했고 두 사신은 19일 이른 아침에 떠나겠다고 응했다.[191]

조선 조정에서는 선조의 전교에 맞춰 4월 17일에 연향을 베풀었다. 선조의 전교에 따른다면 이날에 행한 연향은 청연이 된다. 다만, 연향을 설행한 장소가 어디인지는 밝혀져 있지 않다. 그럼에도 다음과 같은 정황을 통해 유추된다. 먼저 첫 문장에 '천사가 와서 이르니 선조가 중문 밖으로 나가 맞이하여 대청으로 인도하여 들어갔다.'이다. 천사가 다른 곳에서 이곳으로 이르렀다는 것은 이곳이 적어도 그들이 머무는 객관이 아니며, 그로 인하여 이 연향의 성격이 '청연'이라는 사실을 말해준다. 아울러 '중문 밖에서 맞았다.'는 것과 선조가 사신과 함께 연향 장소인 '대청으로 들어갔다.'는 것은 임진왜란 이전에 태평관에서 의례를 행하거나 연향을 베풀 때의 흔한 광경이다.

다른 하나를 더 들면 마지막 문장에 오시에 연향을 파하자 '두 사신은 남별궁을 향하고 선조는 환궁했다.'이다. 두 사신은 위에서 언급했듯이 4월 11일 입경한 날에 태평관에서 영조칙을 비롯한 기본적인 의례를 행한 뒤 두 사신은 남별궁으로 향했고 선조는 환궁했다가 남별궁으로 가서 하마연을 설행, 이튿날인 4월 12일에도 남별궁에서 익일연을 설행하여 남별궁이 객관임이 드러났다. 그런데 이번 4월 17일에 행한 연향은 연향이 끝나자 두 사신이 남별궁을 향했다는 사실에서 객관인 남별궁에서 연향을 설행한 것이 아님이 명백하다. 결국 태평관의 대청에서 연향을 설행하고 연향이 끝나자 객관인 남별궁으로 간 것이었다. 따라서 4월 17일 선조가 주관해서 설행한 연향은 청연이고 그 장소는 태평관으로 귀결된다.[192]

임진왜란 이전에는 경복궁에서 청연을 한 사례가 다른 곳에 비하여 많았다. 그러나 임진왜란 이후에는 두 사례 모두 청연 처소가 태평관이었다.

다섯째, 친영 장소이다. 정축년(1517, 중종 12)에 친영례를 태평관에서 설행했듯이 이번에도 구례(舊例)대로 태평관에서 행하기로 결정했다.[193] 1517년 중종이 계비 문정왕후(文定王后, 1501~1565)를 왕비로 맞아들일 때 친영례를 태평관에서 행했고 그 전례(前例)를 따라 선조도 계비를 맞이할 때 친영례는 그곳에서 설행하기로 한 것이었다. 선조의 첫 번째 배우자는 의인왕후(懿仁王后, 1555~1600)로 1600년(선조 33) 6월 27일 훙했기 때문에 계비를 맞게 되었다.[194] 계비는 인목왕후이다. 태평관에서의 친영례에 관한 전반적인 논의는 제6장 제1절에서 구체적으로 검토하려 한다.

궁궐이 중건되기 전 마지막으로 제시하고 싶은 것은 선조와 명 사신이 왔을 때 가는 중요 지점이다. 조서나 칙서를 가진 명 사신 혹은 명 장관이 온다면 정릉동 행궁에서 모화관으로 가서 그들을 맞이한 뒤 도성 안으로 들어온다. 어

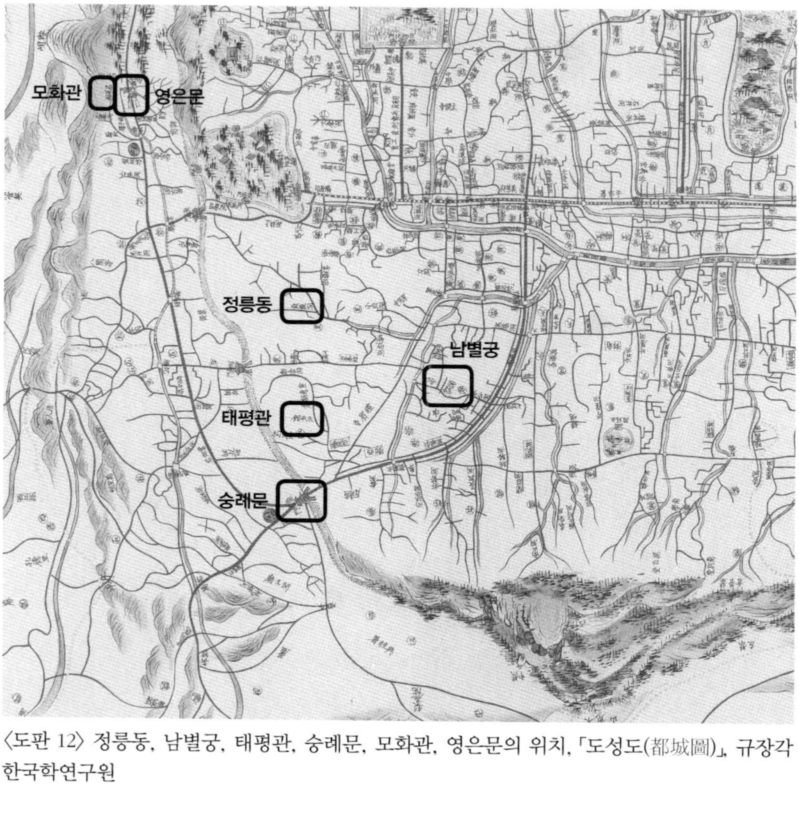

〈도판 12〉 정릉동, 남별궁, 태평관, 숭례문, 모화관, 영은문의 위치, 「도성도(都城圖)」, 규장각한국학연구원

가가 모화관으로 행행할 때 태평관을 지난다는 기사를 포함해서 제시하면, 정릉동 행궁에서 남별궁과 태평관을 지나 숭례문을 경유하여 모화관에 도착하고, 거기서 명 사신 혹은 명 장관을 맞이한 뒤 이들과 함께 모화관을 출발해서 숭례문을 지나 태평관 혹은 남별궁으로 움직였다. 명 사신을 맞이하는 관문인 영은문을 포함하여 중요 지점의 위치를 표시하면 〈도판 12〉와 같다.[195]

3. 궁궐 중건 후 : 남별궁의 보조 객관

임진왜란으로 궁궐이 소실되면서 피난갔다가 돌아온 선조가 영조칙례를 행하거나 사신을 접대하는 공간이 예전과 달라졌다. 모화관에서 사신을 맞이한 뒤 조서·칙서를 반포하는 궁궐의 정전에서 행하는 의례를 남별궁이나 태평관에서 거행하고, 명 사신이 묵는 객관은 태평관이 담당하기도 했으나 남별궁이 대세였다. 이러한 상황은 적어도 선조대까지는 지속되었다. 하지만 선조대 말부터 궁궐의 영건을 시작했고 그중 정전이 건립되면 이러한 상황은 바뀔 가능성이 매우 농후했다.

선조 말부터 궁궐의 중건이 거론되면서 경복궁이 중건 대상이 되었으나 인력과 물자의 투입이 과도하다는 지적과 창덕궁을 영건해야 한다는 풍수가의 주장이 제기되어 경복궁을 포기하고 창덕궁을 중건하는 쪽으로 결론이 났다. 그러나 법궁을 중건하여 이어해 보지 못한 채 선조는 정릉동 행궁에서 승하했다. 궁궐 중건은 광해군이 즉위하면서부터 본격적으로 추진되었고 당시 궁궐 영건이 절실한 과제였기에 신료들도 거의 대부분 궁궐 영건을 찬성하는 분위기였다.[196]

경복궁을 대신하여 법궁으로 인식하던 창덕궁의 영건 중 핵심 건물인 인정전 등과 같은 대단한 전각은 1608년(광해군 즉위) 8월 즈음에 거의 조성되었다.[197] 이듬해 1월 1일자 『광해군일기』(중초본)의 기사에 따르면 '인정전은 선조(先朝)에서부터 건립하기 시작하여 완공을 보지 못하다가 이때에 이르러 낙성되어 이곳에서 망궐례(望闕禮)를 행했다.'라고 한다.[198] 1608년 연말까지는 인정전의 건립이 완료되었음을 알 수 있다. 1593년 10월 환도 후 망궐례는 남별궁, 시어소(時御所), 별전, 정릉동 행궁, 정전(正殿) 등에서 행했으나 인정전이 완공되자 이곳에서 행한 것을 볼 수 있다.

그렇다면 인정전이 건립된 이후 조서나 칙서를 가지고 오는 명 사신의 동선을 본다면 태평관이나 남별궁의 기능에 변화가 있는지, 있다면 어떻게 바뀌는지를 파악할 수 있을 것이다. 광해군이 즉위한 이후에 이를 보여줄 수 있는 첫 사례는 1609년(광해군 1) 4월 선조의 조문을 위해 행인사행인 웅화(熊化)가 왔을 때이다.[199] 웅화는 4월 25일 모화관에 도착하여 5월 6일 모화관을 떠났다.

웅화가 도착하기 이틀 전 해평부원군 윤근수(尹根壽, 1537~1616)가 차자를 올려, 사제 천사(賜祭天使)가 입경하는 날에 천사는 곧바로 그가 머무는 곳에 도착해야 하며 그 머무는 곳은 남별궁이라고 했다. 아울러 그는 지금의 남별궁이 예전의 태평관이라고 덧붙였다.[200] 남별궁이 태평관을 대체한 주요 객관으로 자리잡았음을 말해준다.

이때 윤근수는 전부터 조사(詔使)가 오면 으레 입경하는 날에 경복궁 근정전에서 조서를 선포한 뒤 태평관으로 가서 하마연을 설행한 고례(古例)를 거론하면서 근정전과 일체(一體)인 인정전이 건립되어 있으므로 인정전에서 천사를 맞이하여 행례할 수 있음에도 그렇게 하지 않은 연례(演禮)의 잘못을 지적했다.[201] 연례는 의례의 연습이라는 뜻으로 '습의(習儀)'와 같은 단어이다. 연례에서는 조사가 입경한 날에 모화관에서 남별궁으로 갔기 때문이다.[202]

이튿날 윤근수의 차자를 두고 모화관에서 남별궁으로 바로 갈 것인가, 인정전으로 갈 것인가에 대한 논의가 일었다. 이에 광해군은 『오례의』에 근거하여 모화관에서 태평관으로 가는, 현재의 남별궁으로 가는 의주대로 시행하도록 전교하여 논란은 종결되었다.[203]

사실 웅화가 칙서를 가지고 올 것을 대비하는 모습이 확인된다. 그러나 예조에서는 이 칙서가 그동안 명 사신이 조선에 가지고 온 칙서와는 달리 '천사수신(隨身)'의 칙서여서 용정(龍亭)에 봉안하는 것조차 부당하다고 여겼다.[204] 실제로 웅화가 입경한 날에 칙서를 선포하는 절차는 있지 않았고, 그렇기에 인정전으로 가지 않아도 되었고 또 인정전으로 가는 명분도 약할 수밖에 없었다.

웅화는 4월 25일 입경한 날에 인정전이 아닌 남별궁으로 이동하여, 연례 및 광해군의 전교대로 모화관에서 남별궁으로 움직였다. 비록 태평관은 아니지만 태평관을 대신한 남별궁이 주요 객관으로 기능하고 있어서 이곳으로 갔으며, 이는 곧 「영사시제급조부의(迎賜諡祭及弔賻儀)」대로 행례할 조짐이기도 하다. 「영사시제급조부의」는 제6장 제2절에서 본격적으로 다루겠지만 명 황제가 하사한 시호를 기록 고명(誥命)과 제문(祭文), 부물(賻物)을 맞이하는 의식이다.

웅화는 조문 사신의 자격으로 왔으므로 여느 조문 사신처럼 고명·제문·부물을 가지고 왔을 터, 고명·제문·부물 역시 남별궁으로 갈 것으로 예측된다. 다만, 『광해군일기』의 중초본과 정초본에는 광해군이 남별궁에서 '고명'을 지영한 기록만 있을 뿐이다.[205] 제문·부물에 관한 언급이 드러나 있지 않다.

제문·부물의 행방은 제6장 제2절의 '선조 국장'에서 재확인할 수 있겠지만 5월 3일 사제례를 지낼 즈음 밝혀졌다. 그 해답은 『영접도감사제청의궤(迎接都監賜祭廳儀軌)』에 전한다. 사제례를 거행하기 하루 전인 5월 2일 제문 및 부물을 태평관에서 남별궁으로 옮겼다고 되어 있다.[206] 입경한 당일에 고명은 남별궁으로, 제문과 부물은 태평관으로 간 것이었다. 제문·부물이 고명과 함께 남별궁으로 가지 않고 태평관으로 간 이유는 좀 더 확인이 필요하지만 태평관이 임시 봉안처였음에는 틀림없다.

조문 사신인 웅화가 왔을 때 남별궁은 태평관을 대신한 명실상부한 주요 객관이었다. 그에 비하여 태평관은 제문과 부물의 임시 봉안처였다. 태평관이 남별궁을 보조하는 곳으로 바뀌었을까 의심이 들지만 추이를 좀 더 지켜볼 필요가 있다.

조문 사신인 웅화가 떠나고 한 달 조금 되지 않은 6월 초 '광해군 국왕 책봉 조서'와 '광해군 국왕 책봉과 광해군비 왕비 책봉 칙서'를 가지고 책봉 천사 사례감관문서내관감태감 유용(劉用)이 조선에 왔다. 유용이 책봉의 임무를 띠었으므로 책봉 고명을 가지고 온 것은 물론이다.

유용은 6월 2일 왕경에 도착하여 6월 19일 모화관을 떠났다. 입경한 당일에 광해군과 유용은 연조문(延詔門)[207]에서 창덕궁 인정전으로 이동하여 그곳에서 조서와 칙서, 고명으로 광해군을 조선국왕으로 책봉했다. 이윽고 유용은 남별궁으로 가고, 광해군은 창덕궁 보경당(寶慶堂)으로 환어했다가 남별궁으로 가서 하마연을 설행한 뒤 환궁했다.[208]

이러한 동선의 파악은『광해군일기』의 '중초본'을 참고했다. 다시 정리하면, 광해군은 이날 모화관 → 연조문 → 창덕궁 인정전 → 창덕궁 보경당 → 남별궁 → 환궁[정릉동 행궁]으로 움직였다. 유용은 연조문 → 창덕궁 인정전 → 남별궁으로 이동했다. 그에 비하여 '정초본'에는 유용의 동선은 '중초본'과 같지만 광해군은 모화관 → 연조문 → 창덕궁 인정전 → 남별궁으로 이동한 기록만 확인된다.[209]

다만, '중초본'과 '중초본' 둘 다 이날의 마지막에 진하(陳賀), 진전(進箋), 대사 반교(大赦頒敎)를 행한 것으로 나오는데 행례 장소는 밝혀져 있지 않으나 '중초본'의 마지막에 환궁[정릉동 행궁]한 것에 의거한다면 정릉동 행궁으로 여겨진다. 그렇다면 정초본에 따른 광해군의 동선은 모화관 → 연조문 → 창덕궁 인정전 → 남별궁 → 환궁[정릉동 행궁]으로 볼 수 있다. 이때 광해군이 환궁한 곳을 정릉동 행궁으로 본 것은 당시 광해군이 창덕궁의 완공과 무관하게 정릉동 행궁에 머물고 있었기 때문이다. 광해군이 창덕궁으로 이어한 시기는 1611년(광해군 3) 10월 22일이었다.[210]

유용이 왔을 때 남별궁은 천사가 머무는 곳[천사소관처(天使所館處)]이라고 명시했다.[211] 명 사신의 객관임을 천명한 것이었다. 이는 그가 모화관을 떠날 때까지 변함이 없었다. 그에 비하면 태평관은 유용이 모화관을 떠날 때까지 언급조차 없었다. 유용의 사례처럼 인정전이 건립된 이후 조서나 칙서를 가지고 오는 명 사신은 연조문이나 모화관에서 인정전으로 이동하여 그곳에서 반조(頒詔)·선칙(宣勅)한 뒤 객관인 남별궁으로 가게 되면서 태평관은 더 이상 효용 가치가 없게 된 것처럼 보인다.

유용이 다녀가는 동안 태평관은 이처럼 문헌에 기록조차 남지 않을 정도가 된 것인가. 아니면 남별궁을 보조하는 곳 혹은 남별궁을 보조하는 객관으로 활용되는 것인가. 이는 태평관의 위상 변화와 직결된다. 당장 이러한 모습은 이듬해인 1610년(광해군 2) 7월 '왕세자 책봉 칙서 혹은 조서'[212]를 가지고 온 책봉 천사 태감 염등(冉登)의 사례에서 나타난다. 염등은 7월 7일 입경하여 8월 2일 모화관을 떠났다.

염등은 '중초본'에는 입경한 날에 영조문에서 창덕궁 인정전으로 이동하여 칙서를 선포하는 예를 마친 뒤 남별궁으로 돌아간 것으로 기재되어 있다.[213] 그런데 '정초본'에는 모화관에서 창덕궁으로 가서 조서를 읽는 예를 행한 것으로 기록되어 있어 차이가 있다.[214] 그러나 '중초본'과 '정초본' 둘 다 공통적으로 같은 날에 '천사소관처(天使所館處)'와 '남별궁'을 함께 기록하기도 하고, 세자와 백관의 현관례(見官禮)와 하마연의 설행 장소는 천사가 머문 곳에서 행했을 터이지만 두 자료 모두 기록되어 있지 않다.[215] 이후 염등이 떠나기 하루 전에 상마연을 남별궁에서 행했다.[216] 염등이 머문 곳이 남별궁임이 확실하다.

남별궁과는 달리 태평관에는 천사의 일행들이 머물렀다. 광해군은 천사와 함께 온 당인(唐人) 등을 태평관에 나누어 들어가게 하여 여염(閭閻)에 흩어져 거처하지 말도록 전교했다.[217] 이 내용은 '중초본'에만 수록되어 있다. 결국 염등은 남별궁에서, 염등과 함께 온 일행은 태평관에서 거처하게 하여 남별궁과 태평관의 객관으로서의 서로 다른 위상을 직접적으로 보여준다.

이러한 양상은 이후에도 거의 달라지지 않았다. 차관(差官)의 태평관 입접

(入接),[218] 무원 차관의 배종인(陪從人)인 상공(相公)의 태평관 우거,[219] 당인들의 좌시(坐市) 장소,[220] 명 장수[당장(唐將)]의 접거(接居)[221] 등등의 사례에서 볼 수 있다.

이 중 '차관의 태평관 입접'에서 남별궁과 태평관의 위상을 다시금 확인시켜 주는 언급이 나온다. 1613년(광해군 5) 8월 부(傅)·이(李) 두 차관이 입경하기 전 이들을 접대하기 위한 논의에서 '조사(詔使)는 남별궁에서 머무르고 품계가 낮은 차관은 남별궁에 입접할 수 없다.'고 하며 차관의 관소로 사섬시와 태평관을 거론했다. 사섬시는 상직방(上直房) 외에는 주방(廚房) 및 원역(員役)들이 거처할 곳이 없었고, 태평관은 동·서상방(東西上房), 협방(俠房), 주방, 제방(諸房)을 모두 수리하여 배설한 상황이었다.[222] 머무는 숙소에서 조사는 남별궁, 차관은 사섬시 혹은 태평관을 거론한 사실에서 남별궁과 태평관의 객관으로서의 위상이 잘 드러난다.

이처럼 태평관은 남별궁의 보조 객관으로 기능했다. 여기에 더하여 다른 용도로도 활용되었다. 차관의 접견 습의(接見習儀) 및 접견 처소이다. 먼저 전자이다. 1619년(광해군 11) 7월 인정전과 함께 차관의 접견 습의를 하는 장소로 채택되었다. 차관을 접견하는 습의는 생소한 점이 많아서 광해군이 인정전과 태평관 두 곳에서 각각 한 차례 접견 습의를 하도록 전교하면서[223] 태평관이 들어갔다.

다음은 후자이다. 이해 8월 원(袁)·조(曹)[224] 두 차관이 왔는데 원차관은 원현룡(袁見龍)[225]이고 조차관은 이름이 기록되어 있지 않다. 이들은 8월 5일 입경하여 8월 16일 모화관을 떠났다. 광해군이 행행하여 이들을 접견한 곳이 두 곳이었는데 그중 하나가 태평관이었다.[226] 다른 한 곳은 남별궁이었다.[227]

참고로 원·조 두 차관이 머문 객관이다. 객관의 명칭은 '중초본'이든 '정초본'이든 『광해군일기』에 명시되어 있지 않다. '중초본'에 이들을 위한 하마연을 설행한 기록은 있으나 장소는 기재되어 있지 않고,[228] 상마연은 '중초본'이든 '정초본'이든 아예 기록조차 없다. 왕세자가 '소관(所館)'으로 가서 차관을 만났다는 정도의 기록만 확인된다.[229] 앞서 차관이 태평관에 머문 것을 고려하면 두 차관도 이곳에 머물렀을 가능성이 크다. 다만, 이들이 황제의 칙서와 상으로 내린 은(銀)을 가지고 왔으며,[230] 그로 인하여 광해군이 모화관에서 맞이하고 모화관에서 전별한 것을 감안하면 그 대우가 다른 차관과는 같지 않다. 현재로서는 다른 문헌이 발견되지 않는 한 이들이 머문 객관이 어디인지를 단정짓기가 어렵다.

광해군대에는 창덕궁 인정전이 건립되면서 이곳에서 조서 반포와 칙서 선포가 이루어졌다. 주요 객관은 남별궁이 담당하고 태평관은 그것을 보조하는 정도였다. 태평관이 이전에 비하여 위상에 변화가 있었지만 그렇다고 객관으로서의 기능이 상실된 것은 아니었다. 비록 조서나 칙서를 가지고 오는 천사는 아니지만 여전히 태평관에 당인들이 머물렀기 때문이다. 그렇기에 당관(唐官)이 나올 때에는 으레 수리하는 대상에 들어갔으며,[231] 당인들에게 국가의 비밀을 누설하지 않고자 할 때 남별궁과 함께 각별하게 순검하는 곳이었다.[232]

국가 비밀은 광해군의 모후인 인목왕후의 유폐와 골육인 영창대군의 장해(戕害), 후금과의 밀통 등을 가리킨다. 광해군 정권 말기인 1622년(광해군 14) 4월 감군 양지원(梁之垣)의 입경을 앞두고 중국 조정에 이러한 비밀이 누설될 것을 염려하여 광해군이 남별궁과 태평관 안을 각별히 순검하도록 접대도감과 병조에게 전교한 것이었다.[233] 천사(天使)라고 자처한[234] 양지원은 자(字)가 맹견(孟堅), 호(號)가 단애(丹崖)이며, 등주(登州) 사람으로[235] 그가 조선에 온 목적은 군사와 배의 요청이었다.[236]

태평관의 이러한 위상은 인조대에도 이어졌다. 임도사(任都司)와 응수비(應守備)를 접견하는 곳으로 거론 및 시가달(時可達)과 심세괴(沈世魁) 두 도사(都司)가 머물고 있는 곳,[237] 모도독(毛都督, 모문룡毛文龍)의 차관 수비 정계무(鄭繼武)가 머물고 있는 곳,[238] 모도독의 족손(族孫)이자 그의 차관인 모승록(毛承祿) 접견,[239] 재신 정두원(鄭斗源, 1581~?) 주관의 차사관(差使官)을 위한 하마연 설행,[240] 바다를 표류해 온 당인과 심수비(沈守備)의 거처,[241] 고참장(高參將)의 입접,[242] 진부총(陳副摠) 차관의 입접으로 인하여 진도(珍島)에 표류한 당인의 입접 처소로 거론,[243] 유해(劉海)의 아우로 난을 일으킨 독부도사 유흥치(劉興治)[244]의 차관 육구주(陸九州)의 관접(館接),[245] 가도 차인(椵島差人) 임도사(任都司)의 입접,[246] 바다를 표류해 온 당관(唐官)의 우거,[247] 유격(遊擊)의 소관처(所館處),[248] 심도독(沈都督)이 보낸 호송관(護送官)인 도사(都司) 1원 및 향도 수비(嚮導守備)라고 칭호하는 사람의 입접,[249] 심유격(沈遊擊)의 거처[250] 등등의 사례가 확인된다.

다만, 예외로 보이는 사례가 인조대에 나타난 적이 있다. 바로 영칙례를 거행하는 곳으로의 활용이다. 1626년(인조 4) 4월 사은사(謝恩使)가 칙서를 가지고 입경했을 때이다. 당시 인조의 사친인 계운궁(啓運宮, 1578~1626)의 상중(喪中)이었고 또 졸곡(卒哭) 전이었기에[251] 예조에서는 인조가 교외에 나가서 칙서를 맞이하는 것은 매우 타당하지 않으며, 또 천사가 왔을 때 조서를 맞이하는 일과도 차이가 있다고 여겼다. 이에 예조에서 처음 제안한 방안은 정부가 백관을 거느리고 나가서 맞이하고 인조는 궐문 안에서 지영하며 예는 경덕궁(慶德宮, 후일 경희궁)의 정전인 숭정전에서 행한다는 것이었다. 그런데 이후에 인조가 편찮아서 정부가 백관을 거느리고 교외에서 맞이하고 태평관에서 행례하는 방식으로 수정했다.[252]

이때 태평관에서의 행례는 숭정전에서 인조가 행례하는 것과는 분명 차이가 있다. 인조가 주관하지 못하는 부득이한 상황에서 취한 조치이기 때문이다. 이는 또 임진왜란 이후 궁궐이 중건되기 전 영조칙 공간으로 궁궐의 정전을 대신하여 태평관을 활용한 양상과도 다르다. 따라서 이 하나의 사례를 근거로 태평관의 위상이 달라졌다고 평가한다면 그것은 지나치다.

실제로 1626년 4월 이후의 상황을 본다면, 무엇보다 인조가 직접 의례를 주관할 때의 행례 공간과 주된 객관을 파악한다면 확인된다. 가장 가까운 시기의 사례를 들면, 이해 6월 용비 임씨(容妃任氏)가 낳은 황자의 탄생 조서와 칙서를 가지고 온 한림원편수 강왈광(姜曰廣)과 공과급사중 왕몽윤(王夢尹)이 방문했을 때이다.[253] 강왈광과 왕몽윤은 6월 13일 입경하여 6월 21일 회정(回程)했다.

인조가 직접 모화관으로 행행하여 조칙을 맞이하고 숭정전으로 이동하여 조칙을 받는 절차를 거행했으며,[254] 두 천사는 남별궁에 머물렀다. 남별궁이 주된 객관이라는 근거는 이곳에서 인조가 주관한 하마연과 익일연, 회례연(回禮宴), 상마연을 설행하고, 왕세자가 이곳으로 가서 천사를 만났다는 등등에 있다.[255] 따라서 행례한 곳은 경덕궁의 정전인 숭정전이고 주된 객관은 태평관이 아닌 남별궁이었다.

인조대에도 남별궁은 주된 객관으로 기능했고 태평관은 그 위상이 낮아졌지만 객관으로서의 기능에는 변함이 없었다. 그 이외에 태평관은 다른 용도로도 활용되었다. 물론 다른 용도로의 활용이라고 하더라도 중국에서 온 사신이나 사람들과 관련이 있으며 객관과도 무관한 용도는 아니었다. 제시하면 다음과 같다.

1621년(광해군 13) 4월 입경한 천사 유홍훈(劉鴻訓)·양도인(楊道寅) 및 그 이듬해인 1622년(광해군 14) 4월 입경한 감군 양지원을 접대할 때 사용했던 사기(沙器)의 보관,[256] 1625년(인조 3) 5월 왕민정(王敏政)·호양보(胡良輔)가 입경하기 전 조칙을 맞이하는 의식의 1·2차 습의 및 연향 습의 장소,[257] 태학 제생(諸生)의 조칙을 맞이하는 습의 장소,[258] 두목방(頭目房)에 배설한 것 중 남아 있는 것은 태평관의 대고(臺庫)에 보관,[259] 1634년(인조 12) 5월 사례감태감 노유령(盧維寧)이 입경하기 전 연향 습의 장소,[260] 노유령이 회정한 뒤 편찬한 『영접도감의궤』의 보관,[261] 명에서 온 사람들을 접대하기 위한 잡물 보관[262] 등등이 있었다. 여기까지가 병자호란이 발발하기 전까지의 상황이다.

병자호란이 종결된 뒤에도 태평관의 이러한 상황은 여전했다. 남별궁이 주된 객관으로 기능했기에 태평관은 예전처럼 보조적인 기능을 맡았다. 칙사가 쓰고 남은 잡물 중 영접도감에서 방(房)에 배설한 긴요한 물건을 제외한 상탁

(床卓), 기명(器皿), 차장(遮帳), 포진(鋪陳) 등의 물건을 태평관의 관원이 보관하여 관리,[263] 나례(儺禮)에 쓰이는 헌가(軒架)의 설치,[264] 헌가의 잡상(雜像) 등을 보관했다.[265]

한편, 인조대에 주목할 점은 명에서 조서나 칙서를 가지고 온 사신과 장관(將官), 당인(唐人)들에 그치지 않고 후금과 청에서 온 이들도 있다는 사실이다. 그렇기에 이들이 머문 객관 역시 관심을 가지지 않을 수 없다.

1627년(인조 5) 1월 정묘호란의 발발로 강도로 피난갔다가 4월 경덕궁으로 돌아왔다.[266] 한 달여 즈음 지난 5월 호차(胡差)가 접우(接遇)할 곳에 대한 논의가 있었다. 그 결과는 호차는 화사(華使)가 우거하는 남별궁과 태평관에는 결코 입접할 수 없다는 쪽으로 논의가 모아졌다.[267] 결국 호차가 머무는 곳은 사역원으로 정해졌다. 남별궁과 태평관이 명 사신을 위한 전용 객관임을 공시하는 모습이다.

이러한 모습은 그 뒤에도 달라지지 않았다. 이듬해인 1628년(인조 6) 11월 용호(龍胡)가 예전에 왕경에 도착했 때에는 한성부에 머물렀는데 지금은 날씨가 매우 춥다고 하며 태평관이나 남별궁에 머물게 해주기를 원했다. 이에 조선 조정에서는 그가 화사와 동등한 대우를 바라는 것으로 이해하여, 그의 바람과는 다르게 '거처할 만한 공해(公廨)는 병조만한 곳이 없다.'고 하며 그곳으로 정했다.[268] 여전히 태평관이나 남별궁에 머무는 것을 조선 정부에서는 허용하지 않았다.

이후에도 1633년(인조 11) 10월 태평관은 화인(華人)을 접대하는 곳,[269] 전부터 당차(唐差)가 머무는 곳은 태평관과 남별궁이고 매번 호차가 거처하는 곳은 병조,[270] 태평관은 당차가 입접하는 곳[271] 및 1636년(인조 14) 2월 병조가 여의치 않으면 사역원 청사(廳事)의 활용[272] 등등의 사례에서 조선 사람들의 당차와 호차에 대한 차별이 그들이 머무는 객관에도 그대로 반영되었다. 심지어 병조의 상황이 여의치 않다면 태평관이나 남별궁을 고려해 봄 직함에도 다른 곳으로 눈을 돌렸다는 점에서 화이(華夷)에 대한 조선인들의 확고한 의지를 엿

볼 수 있다.

병자호란 전까지의 이러한 차별은 병자호란 이후부터 달라졌다. 당장 1637년(인조 15) 4월 청의 장수[청장(淸將)]가 나온다는 기별에 그가 머무는 곳에 관하여 '전부터 으레 외병조에 설치했으나 지금은 이전과는 다르므로 남별궁·태평관에 배설할 지의 편부(便否)'를 논의했다.[273] 외병조가 아닌 명 사신이 머무는 객관이었던 남별궁이나 태평관을 거론한 것이었다. 물론 태평관이 한인 관료들[한관(漢官)]을 접대하는 장소라는 인식이 바뀐 것은 아니었고 이후에도 마찬가지였다.[274] 그러나 조선이 청에게 굴복했기에 객관의 선정에서부터 변화를 줄 수밖에 없는 불가피한 조치였다.

인조대에는 후금의 정묘호란, 청의 병자호란을 겪으면서 '명 사신'과 '후금 사신', '청 사신'을 객관에서 어떻게 대우하느냐에 대한 조선 정부의 입장이 분명하게 드러난 시기였다. 그러다가 병자호란 이후부터 '명 사신'에 대한 대우가 '청 사신'으로 바뀌게 되었고 객관에서도 마찬가지였다. 주된 객관은 남별궁이고 태평관은 보조적인 기능을 담당했다.

『조선왕조실록』을 보더라도 1637년 이후부터 효종과 현종, 숙종, 영조대까지 청 황제의 조서나 칙서를 가지고 온 청사(淸使), 칙사(勅使)가 남별궁에 머문 사실이 확인된다.[275] 경종대 1건의 기사가 청사나 칙사가 아닌 제주에 표박(漂泊)한 청인(淸人)들이 남별궁에 접치한 기사이고,[276] 또 경종대 다른 1건의 기사 및 정조대 6건의 기사가 남별궁이 아닌 태평관이라고 한 것을 제외하면 주된 객관이 남별궁임이 명확하다.

태평관이라고 한 경종대 1건과 정조대 6건의 기사는 1637년부터 영조대까지의 기록과는 분명 다른 추세임에 틀림없다. 경종대 1건의 『경종실록』과 정조대 6건의 『정조실록』의 기록을 파악하기 위해서는 다른 자료와의 비교가 반드시 필요하다. 1차 자료이자 관찬 자료인 『승정원일기』와 『일성록』을 그 대상으로 삼았다. 따라서 이 7건은 다음의 4항에서 별도로 다루려 한다.

4. 경종·정조대 주요 객관 : 태평관인가 남별궁인가

1) 『경종실록』에 기록된 태평관

태평관과 관련한 기사가 인조대 이후에는 관찬 자료에 잘 드러나지 않아 그 용도를 확인하기가 쉽지 않다. 설령 기사가 나오더라도 태평관의 빈 터의 활용에 대한 내용이 주를 이룬다. 이는 태평관의 규모와 유관하여 제4장 제2절에서 본격적으로 다루고자 한다. 그런 가운데 경종대 1건과 정조대 6건의 기사에서 태평관이 주요 객관으로 기능했음이 발견된다. 『경종실록』과 『정조실록』에만 나오는 이 기록이 과연 합당한지에 대한 검증이 필요하다고 판단하여 다른 관찬 자료를 통하여 살펴보는 것은 의미가 있다고 본다.

먼저 경종대 1건의 기사이다. 1724년(경종 4) 2월 강희(康熙)를 천지(天地)에 배사(配祀)한 사실을 알리기 위하여[277] 산질대신일등백 흠배(欽拜)가 왔을 때이다.[278] 흠배는 상사로 조선에 파견되었고 처음부터 혼자 조선에 파견된 것은 아니었다. 부사가 있었고 그는 도어사 악(岳)이었다.[279] 당시 부사 악은 병으로 심양에 머무르고 있어 조선에 들어오지 못하여,[280] 결과적으로 이번 칙사 일행은 단사(單使)가 된 셈이었다. 흠배는 2월 11일 입경하여 2월 16일 회정했다.[281]

흠배가 도착한 당일에 그가 머문 곳을 관찬 자료에는 '관(館)' 혹은 '관소(館所)'라고 표기하여 객관의 명칭이 뚜렷하게 기재되어 있지 않다.[282] 그런 가운데 『경종실록』 2월 13일자에 '경종이 태평관에 행행하여 청 사신에게 향연을 설행했다.'고 하여,[283] 태평관이 여전히 중국 사신과 유관한 곳임을 보여준다. 『경종실록』에는 이날 청 사신과 관련하여 더 이상의 기록이 없다.

그렇다면 『승정원일기』의 기사는 어떠한지 검토해 볼 필요가 있다. 『경종실록』에 수록된 내용이 어떻게 기술되어 있는지 확인을 위한 검토이다. 객관과 유효한 기사를 중심으로 볼 때, 먼저 『승정원일기』의 2월 12일자 기사이다. 경종이 '관소'로 거둥할 때의 출궁 길시(吉時)를 '손시(巽時)'로 정하는 기사 및

칙사가 북루(北樓)에 올랐다는 2건의 기사가 있다.[284]

다음은 2월 13일자 기사이다. 하루 전날 관소로 거둥할 때 출궁하기로 정한 시각인 '손시'에 맞춰 어가를 움직였고 관소로 거둥하여 서청(西廳)에서 칙사와 다례를 설행한 기사 및 칙사가 북루에 올라 조망했다는 2건의 기사가 있다.[285] 칙사와 관련하여 경종이 2월 13일에 거둥한 곳은 관소 이외에는 없다.

2월 13일 『경종실록』에는 태평관으로, 『승정원일기』에는 관소로 거둥한 것으로 정리된다. 결국 태평관과 관소가 동일한 곳이 되어 청 칙사는 태평관에 머물고 있다고 할 수 있다. 문제는 여기에서 그칠 수 없는 확인이 요구되는 건물이 있다. 단연코 눈에 띄는 건물인 북루와 서청이다. 두 건물이 과연 태평관에 있는 건물인지의 확인이 필요하다.

태평관에 있는 건물에 대해서는 제4장 제1절에서 본격적으로 다루겠지만 '북루'는 태종대에 건립되고, 동·서청(東西廳)은 예종대에 처음 등장한다. 그렇다면 북루에 오르고 서청에서 다례를 설행했다는 기사는 청 사신이 머문 객관이 태평관이라는 결과에 힘을 실어준다. 그런데 여기서 고민이 필요한 두 가지가 있다. 하나는 예종대의 동·서청은 두목들에게 음식을 먹이는 곳이라는 점, 다른 하나는 북루와 서청이 남별궁과도 무관하지 않다는 점이다.

전자부터 보면, 조선 국왕과 청 사신이 신분이 다른 두목과 관련되는 건물에서 다례를 설행한다는 것은 현실적으로 불가능하다. 후자는 '산우루(山雨樓)'라고 일컬었던 남별궁의 북루는 1735년(영조 11) 명설루(明雪樓)라는 명칭으로 바뀌었다.[286] 또 남별궁의 서청은 연향을 베푸는 공간이었고 주로 '서연청(西宴廳)'으로 일컬어졌다.[287]

임진왜란 이후부터 남별궁이 주요 객관이었고 창덕궁에 인정전이 건립되면서부터는 확고하게 주요 객관으로 자리잡았다. 물론 그 뒤에 경덕궁 숭정전이 정전으로 기능했을 때에도 남별궁의 주요 기능은 달라지지 않았다. 그에 따라 태평관은 남별궁의 보조 객관으로 기능해 왔다. 수리 혹은 소실로 인하여 남별궁에 사신이 거처할 만한 상황이 생기지 않는 한 남별궁을 대신하여 태평관이 주요 객관으로 기능하기는 쉽지 않다. 뿐만 아니라 1648년(인조 26) 홍제원에 사관을 짓게 될 때 태평관의 재와(材瓦)를 사용했는지의 여부가 문헌에 따라 다르지만 당시 태평관의 상황이 전반적으로 좋지는 않았다(제4장 제2절 참조).[288]

따라서 1724년 2월 13일자 『경종실록』과 『승정원일기』를 본다면 흠배의 거처를 태평관으로 볼 수 있다. 다만, 『승정원일기』에 언급된 '북루'와 '서청'이 태평관 속 건물이라고 단정짓기가 쉽지 않고, 오랫동안 남별궁이 주요 객관이었으며, 후술하겠지만 인조대 이후 경종대에 이르기까지 태평관에 청 사신이 머문 기록이 없는 점으로 미루어 본다면[289] 여전히 청 사신이었던 흠배가 머문 객관에 대한 의문을 남기는 지점이다.

2) 『정조실록』에 기록된 태평관

(1) 1776년(정조 즉위) 태평관 기록

경종대 이후 객관으로서의 태평관이 다시 수면 위로 떠오른 시기는 1776년 10월이다. 영조 조문과 정조 책봉을 위하여[290] 산질대신가삼급 각라만복(覺羅萬復)과 경연강관가일급 숭귀(嵩貴)[291]가 왔을 때 태평관이 활용되었다. 두 칙사는 10월 27일 입경하여 11월 2일 회정했다.[292] 두 칙사가 도착한 당일에 경희궁의 정전인 숭정전에서 여러 의례를 행한 뒤 『정조실록』과 『일성록』에는 이들이 객관으로 간 내용 자체가 없는 반면,[293] 『승정원일기』에는 '관소'로 들어간 것으로 기록되어 있다.[294]

그런 가운데 이튿날인 10월 28일 『정조실록』에 '정조가 태평관에 행행하여 다례를 행하고 두 칙사와 수작(酬酢)했다.'고 되어 있다.[295] 태평관이 중국 사신과 유관한 곳이라는 사실에는 변함이 없음을 다시금 확인시켜 줄 뿐 아니라 두 칙사의 객관이라고 볼 여지를 준다. 특히 이날 『정조실록』에는 청 사신과 관련하여 더 이상의 기록이 없고, 『승정원일기』에는 정조의 첫 공식 일정의 시작을 '관소에 거둥했다가 환궁'한 것으로,[296] 『일성록』에는 첫 기사의 강목

(綱目) 중 '강'에 '관소에서 두 칙사를 접견'한 것으로 되어 있기에[297] 태평관이 '관소'라고 하더라도 문제될 것이 없어 보이기에 더욱 그러하다.

문제는 같은 날에 기록된 『승정원일기』와 『일성록』의 다른 기사이다. 태평관을 객관으로 볼 수 있느냐에 의문을 던질 만한 몇 가지가 발견되어서이다. 먼저 『승정원일기』이다. 첫째, 상칙(上勅)이 명설루(明雪樓)에 올랐다는 기사, 둘째, 부칙(副勅)이 상칙과 함께 명설루에 올랐다는 기사, 셋째, 상칙·부칙이 함께 산정(山亭)에 올라 조망한 뒤 서연청으로 갔다는 기사, 넷째, 상칙·부칙이 서연청에서 함께 부칙방(副勅房)으로 가서 술을 마쳤다는 기사, 다섯째, 정조가 관소에 거둥하여 '연청(宴廳)'에서 두 칙사에게 차를 올렸다[진다(進茶)]는 기사 등이다.[298]

상칙과 부칙이 간 명설루와 서연청은 남별궁에 있다. 또 정조가 차를 대접한 '연청'이 태평관이라면 '대청'이 되겠지만 남별궁이라면 '서연청'을 가리킨다. 『승정원일기』의 여러 기사를 보면 태평관이 아닌 남별궁이 객관이라고 보기에 충분하다.

다음은 『일성록』이다. 강목 중 '목'에 '정조가 관소에 가서 상칙·부칙을 접견하고 다례를 올린[진다례(進茶禮)]' 것으로 기재되어 있다.[299]

같은 날에 다례를 거행한 장소가 『정조실록』에는 태평관이라고 명시되어 있고, 『승정원일기』에는 '관소'라고 하면서도 남별궁을 가리키는 단어들이 있으며, 『일성록』에는 관소만 쓰여 있다. 따라서 각라만복과 숭귀가 머문 객관이 『정조실록』과 『승정원일기』, 『일성록』의 기록만으로는 태평관과 남별궁 중 딱히 어디라도 지적하기가 어려운 측면이 있다.

참고로 11월 2일 모화관에서 두 칙사를 전별한 3일 뒤인 11월 5일 '남별궁 관소의 수리'에 관한 조정의 논의가 있었다. 행 호조판서 정홍순(鄭弘淳, 1720~1784)이 이번 남별궁의 수리가 다년간 황폐한 상태에서 비롯되었고, 이를 관검하기 위하여 예빈시의 관원이 입직하는 처소[직소(直所)]를 새로 수리한 남별궁 관내(館內)로 옮겨 정하기를 청했고 정조가 허락한 내용이다.[300]

관찬 자료에는 수리의 시작과 완료 시점을 알려주는 기사가 발견되지 않는다. 그러나 두 칙사가 머무는 동안 그들이 명설루와 서연청을 간 것으로 보아 '남별궁 수리'는 그들이 떠난 이후에 시작된 것으로 보인다. 게다가 수리에 들어간 재력(財力)에 대해 '극기호다(極其浩多)'라고 한 표현을 통해 이 수리의 공역 규모가 작지 않음이 예측되며, 그렇기에 두 칙사가 떠난 뒤 공역을 시작했을 가능성을 배제하기 어렵다. 각라만복과 숭귀가 머문 객관이 태평관인지 남별궁인지가 여전히 불분명하다.

(2) 1777년(정조 1) 태평관 기록

1777년 3월 황태후의 부음을 전하러[301] 산질대신일등포적공 융흥(隆興)과 내각학사겸예부시랑 영신(永信)[302]이 조선에 왔다. 두 칙사는 3월 7일 입경하여 3월 10일 회정했다.[303] 두 칙사가 도착한 당일에 경희궁의 정전인 숭정전에서 수칙(受勅)과 선독(宣讀), 다례를 행한 뒤 『정조실록』과 『일성록』에는 이들이 객관으로 간 내용 자체가 없는 반면,[304] 『승정원일기』에는 '관소'로 간 것으로 기록되어 있다.[305]

이번에도 마찬가지로 관찬 자료에는 객관이 분명하게 드러나지 않는다. 입경한 그다음 날인 3월 8일, 『정조실록』에는 '정조가 태평관에 나아가 다례를 행했다.'라고 기록되어 있는 것과는 달리,[306] 『승정원일기』와 『일성록』에는 '관소에 가서 서연청에서 두 칙사에게 차를 올린[진다(進茶)]' 것으로 기재되어 있어서이다.[307] 이날 세 문헌에는 정조가 태평관 혹은 관소 이외에 다른 곳으로 간 기록이 없고, 청 사신과 접견한 것은 이 뿐이다. 여기에 더하여 『승정원일기』에는 3월 8일이 아닌 다른 날에 상칙이 가정(家丁)을 거느리고 남별궁에 있는 명설루에 오른 기사가 확인된다.[308]

같은 날에 다례를 거행한 장소가 『정조실록』에는 태평관이라고 적기되어 있다. 『승정원일기』에는 '관소'라고 하면서도 남별궁에 있는 서연청과 명설루가, 『일성록』에는 '관소'와 그 안의 '서연청'이 함께 확인된다. 따라서 융흥·영신이 머문 객관이 각라만복·숭귀의 사례처럼 『정조실록』과 『승정원일기』, 『일성록』의 기록만으로는 태평관 혹은 남별궁 중 어느 하나라고 지정하기가 애매하다.

(3) 1784년(정조 8) 태평관 기록

1784년 12월 문효세자(文孝世子, 1782~1786)의 왕세자 책봉을 위하여[309] 내대신공 서명(西明)과 한림원시독학사 아숙(阿肅)이 방문했다.[310] 문효세자는 정조와 의빈 성씨(宜嬪成氏, 1753~1786) 사이에 태어난 정조의 첫째 아들이다. 두 칙사는 12월 3일 입경하여 12월 8일 회정했다.[311] 두 칙사가 도착한 당일에 창덕궁 인정전에서 여러 의례를 차례로 행한 뒤[312] 『정조실록』에는 이들이 객관으로 간 내용 자체가 없는 반면,[313] 『승정원일기』와 『일성록』에는 '관소'로 간 것으로 기록되어 있다.[314]

두 칙사가 도착한 다음 날에 정조가 이들을 접견한 장소가 이번에도 『정조실록』과 『승정원일기』·『일성록』의 기록이 조금씩 다르다. 『정조실록』에는 정조가 태평관에 나아가 칙사에게 연향[향(饗)]을 베풀고 다례를 행한 것으로,[315] 『승정원일기』에는 관소의 서연청에서 영칙(迎勅)한 날에 행한 의식과 같이 다례를 행한 것으로,[316] 『일성록』에는 남별궁의 서연청에서 칙사를 접견한 것으로 각각 기재되어 있다.[317] 이 중에서 『승정원일기』에 '잉행다례(仍行茶禮) 여영칙일의(如迎勅日儀)'는 주처리되어 있고, 『일성록』에는 『승정원일기』와 거의 동일한 내용을 담고 있으나 다례 거행과 관련한 이 내용은 기재되어 있지 않다.

같은 날에 정조와 칙사가 만난 장소는 『정조실록』과 『승정원일기』·『일성록』이 다르고 그곳에서 행한 의례는 세 문헌이 모두 차이를 보인다. 이 중에서 객관이라는 면만 보면, 『정조실록』에는 태평관이라고 볼 수 있으나 『승정원일기』와 『일성록』에는 남별궁이라고 볼 수 있다. 특히 『승정원일기』·『일성록』에서 정조와 두 칙사가 접견한 곳이 '관소의 서연청'과 '남별궁의 서연청'이라고 하여 '서연청'이라는 공통점이 있다. 결국 『승정원일기』의 '관소'가 『일성록』의 '남별궁'과 같다는 뜻이 된다. 그 밖에 두 칙사가 떠나는 12월 8일 모화관에서 칙사를 전송하기 전 가정(家丁)과 짐바리[복태(卜馱)]가 남별궁에 있다고 하는데 이 기록 역시 『승정원일기』·『일성록』에서 찾아진다.[318]

이상을 통해 『정조실록』의 태평관보다 『승정원일기』·『일성록』의 남별궁이 객관으로 보기에 더 유리한 고지를 점한 것으로 보인다. 태평관보다 남별궁으로 볼 수 있는 근거가 하나 더 있다. 서명과 아숙이 조선에 도착하기 두 달 전인 10월 이들이 올 때 설행할 나례에 관한 논의에서 행 호조판서 정일상(鄭一祥, 1721~1792)의 의견이 그 단서이다.

정일상은 '전부터 칙사 일행이 오면 나례는 반드시 태평관에서 설행했는데 태평관이 오랫동안 쇠퇴하여[퇴비(頹圮)] 그들이 입경하는 기한에 맞춰 수리하기가 어렵다.'라고 했다.[319] 태평관에서 나례를 설행하여 왔다는 점, 두 사신이 도착할 때까지 쇠퇴한 태평관의 수리를 완료하기 어렵다는 점이 핵심이다. 실제로 태평관의 수리 기사는 관찬 자료에서 발견되지 않는다. 이러한 정황은 서명과 아숙이 입경했을 때 태평관을 객관으로 삼기에는 적절하지 않음을 방증한다.

의례를 차치하더라도 같은 날에 정조가 두 칙사를 만나기 위하여 태평관으로 갔다는 『정조실록』의 기록이 남별궁에 갔다는 『승정원일기』·『일성록』의 그것과 다르다는 사실은 앞서의 사례와 마찬가지로 궁금증을 자아낸다. 1724년, 1776년, 1777년, 1784년 4번의 사례에서 가졌던 이러한 의문은 2년 뒤 1786년(정조 10)에 이르러서야 새로운 양상이 등장함으로써 해결의 실마리가 드러나지 않을까 조심스레 예측된다.

(4) 1786년(정조 10) 태평관 기록

1786년 9월 문효세자의 죽음에 조문을 위하여[320] 공부시랑 소릉아(蘇凌阿)와 내각학사 서보(瑞寶)/서보(瑞保)가 왔다.[321] 두 칙사는 9월 2일 혹은 9월 3일 입경하여 9월 6일 회정했다.[322] 두 칙사가 도착한 당일에 경희궁 숭정전에 문효세자의 사제문(賜祭文)을 안치하여 정조가 사배례(四拜禮)와 삼궤구고두(三跪九叩頭)를 행하고, 이어서 정조와 칙사가 경희궁의 태령문(泰寧門) 안 정당(正堂)에 마련된 혼궁[323]으로 이동하여 칙사가 유제(諭祭)를 행하고, 마치자 다시 숭정전으로 돌아와 칙사와 다례를 행했다.[324] 숭정전에서의 일정이 끝나자 두 칙사의 행보는 『정조실록』에는 기록이 없지만[325] 『승정원일기』와 『일성록』에는 '관소'로 갔다고 되어 있다.[326]

중요한 것은 다음 날에 정조가 칙사를 접견하기 위해 간 곳이다. 『정조실록』에는 '태평관·남별궁으로 행행하여[행태평관남별궁(幸太平館南別宮)] 칙사를 접견하고 다례를 거행한 뒤 환궁'한 것으로 기재되어 있다.[327] 태평관과 남별궁은 그 위치가 달라서 한꺼번에 행행하기는 현실적으로 불가능하다. 그럼에도 두 가지를 상정해보면, 하나는 두 칙사가 태평관과 남별궁에 나누어 거처하고 있어서 정조가 각각의 장소로 갔을 것이라는 추론이고, 다른 하나는 태평관이나 남별궁 중 하나만 쓰야 할 것을 실수로 병기한 것이 아닌가 하는 짐작이다.

전자의 추론은 서술 방식에서부터 단점이 있다. 칙사가 두 곳에 나누어서 묵었다면 '태평관에 행행한 뒤 남별궁으로 나아갔다.' 혹은 그 반대로 '남별궁에 행행한 뒤 태평관으로 나아갔다.'라는 식으로 서술해야 한다. 그런 까닭에 '행태평관남별궁'처럼 위치가 다른 두 곳을 동시에 행행한다는 이러한 서술은 문헌에서 거의 찾아지지 않는다. 가령, '행남별궁서연청(幸南別宮西宴廳)'으로 쓰는 것은 얼마든지 가능하다. '남별궁의 서연청으로 행행하다.'로 풀이되는 이 사례는 남별궁이라는 큰 공간이 있고 서연청은 그 속에 있는 여러 건물 중 하나이기 때문이다.

여기서 잠깐 1724년, 1776년, 1777년, 1784년의 네 사례에도 전자의 논리를 적용시킨다는 가정이다. 두 칙사가 태평관과 남별궁에 각각 머무른 것으로 볼 수 있느냐의 여부인데 이 역시 부정적이다. 네 사례 모두 국왕이 칙사가 머무는 객관에 하루 동안 한 번 방문했기에 태평관 아니면 남별궁이 되어야 하기 때문이다.

후자는 『승정원일기』와 『일성록』의 기록으로 인하여 예상이 아닌 사실이 된다는 장점이 있다. 앞서 여러 사례에서처럼 이번에도 정조는 하루 동안 한 번 칙사를 접견했고 그때 다례를 설행했기 때문이다. 『승정원일기』에는 정조가 관소의 서연청에 가서 다례를 설행한 것으로,[328] 『일성록』에는 관소의 연향청(宴享廳) 혹은 연청(宴廳)에서 다례를 설행한 것으로 되어 있다.[329] 『승정원일기』와 『일성록』의 기록이 대동소이하므로 연향청 혹은 연청은 서연청이 된다. 따라서 두 문헌을 근거로 정조가 이날 칙사를 접견하기 위하여 간 관소는 바로 남별궁이다.

이번이 앞서의 여러 사례와 동일한 맥락이라면 『정조실록』에는 '태평관'으로 행행하여 칙사를 접견하고 다례를 설행한 것으로 기록되어야 한다. 그럴 경우 실수로 남별궁을 병기한 것으로 볼 수밖에 없다. 아마 태평관을 대신하여 남별궁이 오랫동안 중국 사신의 객관으로 기능해 왔기에 『정조실록』의 편찬자들 역시 이를 염두에 둔 나머지 두 객관을 병기하는 실수를 범하지 않았을까 억측해 본다. 역설적이게도 그다음 날 『정조실록』의 기사는 '대신이 관소에 가서 다례를 설행했다.'고 하여[330] 두 객관 중 어느 하나도 명명하지 않은 채 '관소'라고만 표기했다. 이는 관소라는 곳이 남별궁을 추측하게 한다.

1786년 9월 청 칙사가 머문 객관이 태평관과 남별궁 중 어느 곳이라고 단정짓기는 쉽지 않다. 다만, 『조선왕조실록』은 『승정원일기』나 『일성록』에 근거하여 작성되는 2차 자료이다. 그런 까닭에 '남별궁'이라고 본 『승정원일기』와 『일성록』의 기록이 사실에 더 근접한다고 볼 수 있다. 뿐만 아니라 '행태평관 남별궁'은 성립할 수 없는 문장이기에 현재로서는 『정조실록』의 편찬에 참여한 사람의 실수이며 칙사가 머문 객관은 남별궁으로 보는 것이 합리적이라는 판단이다.

(5) 1799년(정조 23) 태평관 기록

1799년 3월 태상황제의 부음을 전하기 위하여[331] 산질대신 장승훈(張承勳)과 내각학사 항걸(恒傑)이 방문했다.[332] 태상황제는 건륭황제(乾隆皇帝)이자 고종순황제(高宗純皇帝)이다. 두 칙사는 3월 2일 입경하여 3월 6일 회정했다.[333]

두 칙사가 도착한 당일에 경희궁 숭정전에서 선칙(宣勅)과 접견을 행한 뒤[334] 『정조실록』에는 이들이 객관으로 간 내용 자체가 없는 반면, 『승정원일기』와 『일성록』에는 '관소'로 간 것으로 기록되어 있다. 아울러 『승정원일기』와 『일성록』에는 관소가 어디인지를 알려주는 단어가 나오는데 바로 명설루이다. 상칙이 부칙과 함께 명설루에 오를 것이라는 보고가 있었다.[335] 두 문헌만을 본다면 관소는 남별궁을 가리킨다.

문제는 이번에도 마찬가지로 두 칙사가 도착한 다음 날에 정조가 거둥하여 칙사를 접견하고 다례를 거행한 곳이 문헌에 따라 다르다는 사실이다. 태평관이라고 한 『정조실록』과[336] 남별궁이라고 한 『승정원일기』·『일성록』이 그것이다.[337]

(6) 1800년(정조 24) 태평관 기록

정조대에 청 사신이 머문 주요 객관이 태평관과 남별궁 둘 다 기록된 마지막 사례이다. 물론 이 이후에는 이러한 기록 방식이 더 이상 찾아지지 않는다. 1800년 1월 고종순황제의 천단(天壇) 승배(升配) 관련 조서를 반포하기 위하여[338] 산질대신 전국영(田國榮)과 내각학사 영화(英和)가 왔다.[339] 두 칙사는 1월 26일 입경하여 1월 29일 회정했다.[340]

두 칙사가 도착한 당일에 창덕궁 인정전에서 선조(宣詔)와 선칙(宣勅)을 차례로 행한 뒤[341] 『정조실록』에는 이들이 객관으로 간 내용 자체가 없는 반면, 『승정원일기』와 『일성록』에는 '관소'로 간 것으로 기록되어 있다. 아울러 『승정원일기』와 『일성록』에는 관소가 어디인지를 알려주는 단어가 나오는데 바로 명설루이다. 상칙과 부칙이 함께 명설루에 올랐다는 보고가 있었다.[342] 두 문헌만을 본다면 관소는 남별궁을 가리킨다.

이번에도 위 여러 사례와 마찬가지로 두 칙사가 도착한 다음 날에 정조가 거둥하여 칙사를 접견하고 다례를 거행한 곳이 관찬 자료에 다르게 적기되어 있다. 태평관이라고 한 『정조실록』과[343] 관소의 연청이라고 한 『승정원일기』,[344] 남별궁의 정청(正廳)이라고 한 『일성록』이 그것이다.[345] 관소의 연청은 앞서도 나왔듯이 남별궁의 서연청으로 보는 것이 무난하다. 그 밖에 이날에는 부칙이 지은 오언율시(五言律詩) 1수(首)를 (영접)도감에서 모각(模刻)을 담당하여 명설루에 걸도록 전교한 기사가 더 있다.[346]

주목되는 점은 경종대 1건을 제외한 정조대 6건은 모두 정조의 재위 시절에 조선에 온 청 칙사의 횟수와 일치한다. 다시 말하면 정조대에 조선에 온 청 칙사의 횟수는 모두 6번이고 그때마다 이들이 묵는 객관을 '태평관' 혹은 '남별궁'으로 기록한 것이었다. 이후 순조대부터 고종대까지, 곧 1800년 1월에 전국영과 영화가 다녀간 이후부터 고종대까지 관찬 자료에서 한양에 있는 '태평관'을 '주요 객관'으로 삼은 기록은 발견되지 않는다.

이상 경종대 1건과 정조대 6건을 살폈고 그 결과 '기록'이라는 점에서 새로운 양상이 발견되었다. 곧, 같은 날에 있었던 일을 『경종실록』과 『승정원일기』가 다르고, 『정조실록』과 『승정원일기』·『일성록』이 다르다는 사실이다. 『경종실록』에는 태평관으로, 『승정원일기』에는 남별궁으로, 『정조실록』에는 태평관 혹은 태평관남별궁으로, 『승정원일기』·『일성록』에는 남별궁으로 국왕이 거둥한 것으로 기록되어 있기 때문이다. 이러한 현상이 비단 '태평관'과 '남별궁'이라는 객관을 소재로 할 때에만 나타난 것인지에 대해서는 더 많은 사례 검토가 요구된다. 다만, 분명한 것은 흔히 볼 수 있는 기록 방식은 결코 아니라는 점이다.

경종대부터 정조대에 이르기까지 청 사신이 적잖게 조선에 왔다.[347] 그럼에도 경종대 1건과 정조대 6건(1786년 '행태평관남별궁' 포함, 이하 동일)에만 국왕이 거둥한 곳이 같지 않다. 다른 시기에 칙사들이 왔을 때에는 남별궁 혹은 관(館), 관소(館所)라고 기록되어 있다.[348] 그런데 왜 이 7건에만 이러한 식으로 기록했는지에 대한 이유가 적어도 관찬 자료에서는 찾아지지 않는다. 더구나 1786년 『정조실록』의 '행태평관남별궁'에 대하여 『정조실록』의 편찬자가 남별궁이 주요 객관이라는 사실을 염두에 두고 있었기에 범한 실수라고 이해하더라도 굳이 왜 『경종실록』 1건과 『정조실록』 6건에만 태평관이라고 썼을까 하는 궁금증은 여전히 남아 있다. 단순한 실수라고 치부하기에는 사례가 적지 않다.

인조대 이후 태평관은 주요 객관으로서의 기능을 수행하지 못했다. 정조대에 이르기까지 태평관을 대대적으로 수리한 기사가 나오지 않은 상태에서, 심지어 경종과 정조 사이인 영조대에 편찬된 『국조속오례의(國朝續五禮儀)』(1744, 영조 20) 속 '국조오례의고이(國朝五禮儀考異)'에 '태평관은 지금 남별궁이 되었다.'고 한 기록까지 있는 상황에서[349] 『경종실록』 1건과 『정조실록』 6건의 사례에서만 '태평관'이 주요 객관인 것처럼 기술되어 있다. 두 '실록'의 7건의 기사에만 그와 같이 기록한 이유가 명확하지 않은 가운데 현재로서는 7건의 기사를 제시하는 수준에 머물 뿐이다. 다른 문헌에서 그 이유가 나타나거나 현자의 고견을 기다린다.

제 4 장

한양 태평관 : 수리와 활용

제 1 절

임진왜란 이전 수리와 규모 변화

1. 태종대 건물 구성의 변화

1) 건물 구성의 변화 과정

태평관의 건물 구성, 건물 규모와 관련하여 『태조실록』에는 '영건' 이외에는 별다른 기사가 찾아지지 않는다. 그러다가 『태종실록』의 1408년(태종 8) 10월 21일자 기사에서부터 서서히 등장하기 시작한다. 이 기사는 태평관 전체의 건물 구성이나 규모를 보여주지는 않지만 '전반적인 규모 확장'이라는 면에서 짚고 넘어갈 만한 내용이기에 소개하면 다음과 같다.

> 의정부에서 아뢰기를 "각종(各宗)의 사사(寺社)를 당초에 상정(詳定)한 것이 그 액수가 있는데 지금 새로 창건한 개경사(開慶寺)를 조계종(曹溪宗)에 가속(加屬)시켰으니 조계종에 속한 흥천사(興天社)를 화암종(華嚴宗)에 이속(移屬)시키기를 바랍니다. 화암종에 속한 지천사(支天社)는 태평관에 가까워서 승도(僧徒)들이 모여 살기에 마땅하지 않습니다. 전민(田民)을 모두 흥천사에 소속시키고 사신 반인(伴人)의 관사(館舍) 처소에 대비하고, 흥천사의 원속 전민(元屬田民)은 속공(屬公)하소서." 하니, 그대로 따랐다.[1]

새로 창건한 개경사(開慶寺)를 조계종에 소속시키게 되자 사사(寺社)의 수를 맞추기 위해 흥천사(興天社)를 조계종에서 화암종으로 이속시키고, 태평관과 가까운 곳에 있는 화암종(華嚴宗)에 속한 지천사(支天社)를 사신 반인(伴人)의 관사(館舍) 처소로 삼는다는 내용이다. 지천사가 태평관에 가까워서 승도들이 거처하기에 부적합하므로 그 공간을 사신이 올 때 수행하는 반인들이 거처하는 관사가 되면 그 자체로 태평관의 전체 규모가 확장되는 셈이다.

이 인용문에서 하나 더 중요한 사실이 발견된다. 처음 한양 태평관을 건립할 때 규모만이 아니라 그 주변 환경에 대해서도 밝혀져 있지 않았다. 그런데 위 인용문을 보면 태평관 주위에 사찰이 있음을 알려준다. 태평관에 가까이 있다고 한 지천사가 그것이다. 앞서 일본 사객과 북방 야인이 지속적으로 오더라도 이들의 숙소는 태평관과 승사를 활용하면 된다고 했다.[2] 승사가 태평관에서 멀리 떨어져 있지 않다는 뜻으로 이해한다면 이 '승사'가 지천사가 아닌가 한다.

보름쯤 뒤 11월 5일 태평관의 서랑(西廊) 20칸이 불탔다.[3] 이는 태평관에 서랑이 있으며, 그 서랑이 적어도 20칸은 된다는 사실을 말해준다. 또 '서랑'이라고 했으니 상대적으로 '동랑(東廊)'도 있음이 자연스레 짐작된다. 이후 잠잠하다가 이듬해인 1409년(태종 9) 4월 태평관의 건물 구성과 관련하여 제법 큰 변화가 찾아왔다.

태평관 북쪽에 누(樓)를 새로 지었다. 임금이 이귀령(李貴齡)에게 일렀다. "참찬은 태평관 감조 제조(太平館監造提調)이다. 정릉(貞陵)의 정자각(丁字閣)[4]을 헐어서 누(樓) 3칸을 짓고, 관(館)의 구청(舊廳)을 가지고 동헌(東軒)·서헌(西軒)을 창건하면 목석(木石)의 공력이 줄어들고 일도 쉽게 이루어질 것이다. 황엄(黃儼)이 일찍이 말하기를, '정자 터[정기(亭基)]를 높이 쌓고, 가운데에 누(樓)를 짓고, 동서쪽에 헌(軒)을 둔다면 아름다울 것이다.'라고 했다. 지금 이 누를 짓는 것은 황엄의 의견에 따른 것이다. 또 정릉의 돌을 운반하여 쓰고, 그 봉분(封墳)은 평평하게 하여 그 자취를 없애서 사람들이 알아볼 수 없게 하는 것이 좋겠으며, 석인(石人)

은 땅을 파서 묻는 것이 좋겠다."라 했다. 황희(黃喜)가 아뢰기를, "석인으로 주초(柱礎)를 메울 수 있습니다."라 하니, 임금이 이귀령에게 이르기를, "옳지 못하다. 묻는 것이 마땅하다."라 했다.[5]

당시 태종이 태조의 계비 신덕왕후(神德王后, ?~1396)에게 해를 가하고 그의 무덤인 정릉(貞陵)까지 폐(廢)하는 과정에 태평관이 관련됨을 보여주는 기사이다.[6] 정릉의 정자각을 헐어서 북쪽에 누(樓) 3칸을 새로 짓고 아울러 관(館, 태평관)의 구청(舊廳)으로 동헌(東軒)·서헌(西軒)을 창건하기로 하며, 이 공역에 정릉의 돌도 활용한다는 내용이다.

이상의 내용을 토대로 태평관의 건물 구성을 정리하면 다음과 같다. 기존에 청(廳)과 동·서랑, 구청(舊廳)이 각각 있었다. 핵심 건물을 '청'이라고 표기한 것은 '구청'과 구별하기 위해서지만 '구청'의 존재로 인하여 이때의 '청'은 엄밀하게 말하면 '신청(新廳)'인 셈이다. 그러다가 황엄(黃儼)의 의견을 따라 북쪽에 누(樓)를 새로 짓고 구청 건물로 동서에 헌(軒)을 지으면서 구청은 사라졌다.

이로써 태평관은 청, 동·서랑, 동·서헌, 북루, 지천사(반인 관사)로 구성된다. 가운데에 청이 있고, 청의 좌우에 헌(軒)과 낭(廊)이 있으며, 북쪽에 누가 있는 구조이다. 태평관의 건물 구성이 어느 정도 윤곽을 드러내는 과정을 보여준다. 이를 그림으로 대략 구체화하면 〈도판 13〉과 같다.

핵심 건물을 문헌에는 청(廳),[7] 청사(廳事),[8] 대청(大廳), 전(殿), 정청(正廳), 정당(正堂)[9] 등 다양하게 표기되어 있다. '청'보다 '대청'이 더 많이 발견되는 바, 대청은 개성 태평관에서부터 보이며,[10] 그 뒤 한양 태평관에도 쓰였다.[11] 태평관에서의 의례는 '대청'에서 거행되었고 '대청'으로 표기된 문헌이 거의 대부분이다. '전'은 『성종실록』[12]과 『조선부』[13]에서, '정청'은 『성종실록』·『중종실록』[14]과 국가전례서에서 확인된다.[15] 본고에서는 자료의 원문에 따라 표기하되 통상적인 언급이나 설명이 필요한 경우에는 가장 널리 쓰이는 '대청'으

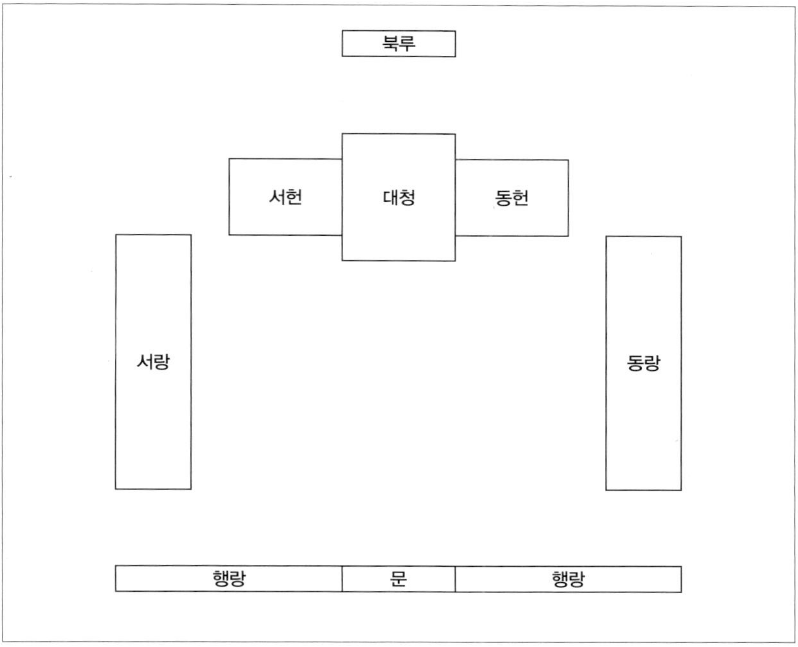

〈도판 13〉 태종대 태평관 건물의 배치도

로 통칭하고자 한다.

이때 동헌과 서헌은 건물의 이방(耳房)을 가리킨다. 이방은 중앙에 대청이 있고 대청보다 한 단 낮은 지붕을 가지고 있는 양 옆의 익실(翼室)이다.[16] 조선 초에 편찬된 국가전례서에 따르면, 조문 사신이 왔을 때 모화관에서 태평관으로 이동하여 그들이 가지고 온 고명(誥命)·제문(祭文)·부물(賻物)을 태평관의 대청에 안치하는 절차를 마치고 대청에서 다례를 행하기 전 사신이 잠시 들어가 있던 곳이 이방이다.[17]

이후 사신은 태평관의 이방에 머물렀고 『조선왕조실록』에는 '이방'을 '방'으로도 표기했다.[18] 명 사신이 2명 올 때에는 정사(正使)와 부사(副使)가 따로 방을 사용했다. 조선의 신하가 '정사방(正使房)에 나아가고 또 부사방(副使房)에 나아간다.'는 표현에서 알 수 있다.[19] 사신이 3명 올 때에도 마찬가지이다.

1495년(연산군 1) 책봉·조문 사신으로 온 세 천사가 각자의 방에 머물렀고 이를 상천사방(上天使房), 부천사방(副天使房), 삼천사방(三天使房)이라고 일컬었다.[20] 중종대에는 명 사신의 방을 천사방(天使房), 상사는 상사방(上使房), 부사는 부사방(副使房) 등으로 표기했다.[21] 참고로 중종대에는 조서를 받든 사신인 조사(詔使)가 입접(入接)하는 곳을 '상방(上房)'이라고도 하여, '동·서이방'처럼 '동·서상방(東西上房)'이라 지칭하기도 했다.[22]

태평관의 이러한 모습은 본서 제2장에서 제시한 〈도판 1〉〈사장원송도동료계회도(四狀元松都同僚契會圖)〉와 다르지 않다. 또 비록 지방이지만 영월의 객사를 보여주는 『월중도(越中圖)』(1791, 정조 15) 속 건물 모습과 현재에도 남아 있는 영월 객사 사진 역시 건물의 구조면에서 참조된다(〈도판 14〉·〈도판 15〉).[23] 내성관(奈城館)이 정청, 망경헌(望京軒)이 서헌, 관풍헌(觀風軒)이 동헌이다.[24] 영월부 객사의 경우 『장릉사보(莊陵史補)』(1796, 정조 20)에는 「관풍헌도(觀風軒圖)」라는 그림 명칭으로 전한다(〈도판 14〉).[25] 완산부에 있는 객사도 마찬가지의 모습이다(〈도판 16〉).[26]

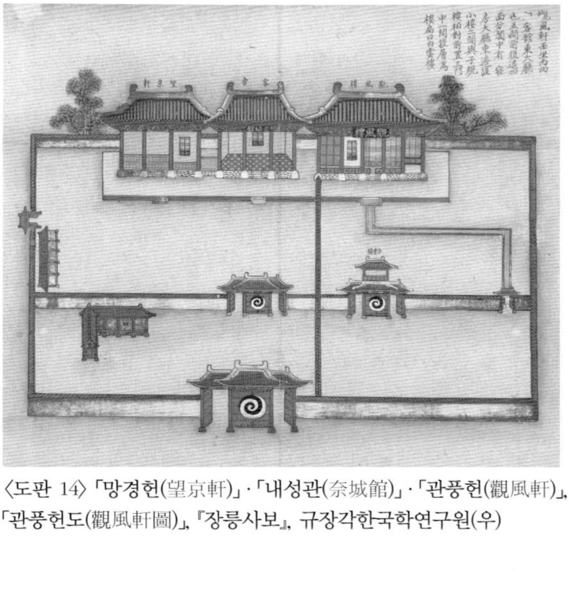
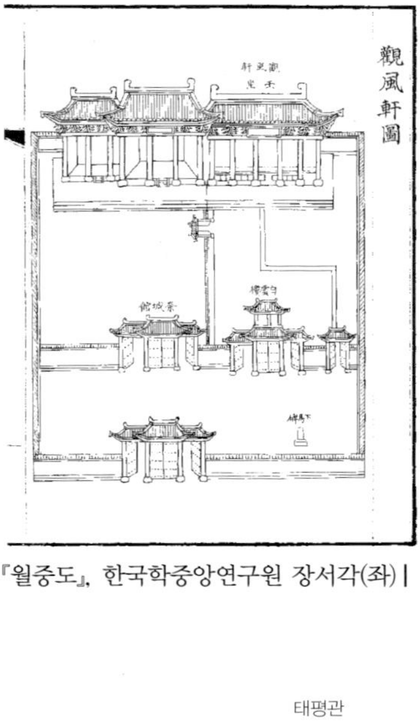

〈도판 14〉「망경헌(望京軒)」·「내성관(奈城館)」·「관풍헌(觀風軒)」, 『월중도』, 한국학중앙연구원 장서각(좌) | 「관풍헌도(觀風軒圖)」, 『장릉사보』, 규장각한국학연구원(우)

〈도판 15〉 영월 객사 ⓒ 이혜원

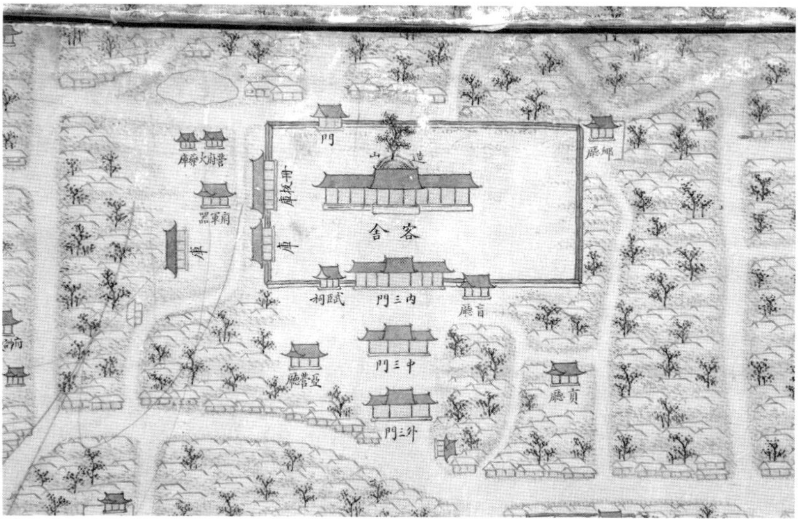

〈도판 16〉 완산부지도 속 객사, 『완산부지도십곡병풍』, 국립전주박물관

결국 한양 밖 지방에 있는 객사 역시 기본적으로 태평관과 같은 구조라는 사실을 알려준다. 이는 『조선고적도보』 '객사(客舍)'조에 수록된 여러 지방의 객사 사진과 평면도에서도 입증된다.

참고로 왜관(倭館)이다. 후대의 기록이지만 『통문관지』(숙종대) '왜관'조와 『춘관지(春官志)』(1745, 영조 21) '왜관'조를 보면 '서쪽에 세 개의 관(館)이 있어 일본의 송사(送使)와 차왜(差倭)가 거처한다. 동관(東館) 대청 20칸, 동헌(東

軒) 35칸, 서헌(西軒) 25칸, 동랑(東廊) 56칸, 서랑(西廊)이 56칸이다.'라고 되어 있다.[27] 그중『통문관지』'왜관'조에는 각 건물의 칸수 아래에 소자(小字)를 사용하여 쌍행으로 길이와 너비 및 왜제(倭制)까지 구체적으로 써 놓았다. 왜관도 태평관이나 지방 객사와 기본 구조가 다르지 않다는 사실을 말해준다.

2) 건물 구성 변화의 원인

1409년에 있었던 태평관의 건물 구성의 변화는 지방 객사도 같은 양상을 띨 정도로 중요했다. 많은 부면에서 중앙은 지방의 본보기가 되는데 객관 역시 예외가 아니었던 것이다. 그렇다면 이때 건물 구성의 변화는 어떻게 가능할 수 있었는지에 대해 살펴볼 필요가 있다. 여기에 대해서는 두 가지를 상정할 수 있다. 하나는 황엄(黃儼)이라는 인물의 영향력이다.

사실 태평관 건물 구성의 변화에 황엄의 의견이 반영되었다는 사실은 간과하기 쉽지 않다. 황엄은 1403년(태종 3)부터 1419년(세종 1)까지 여러 차례 조선에 온 명 사신 중 한 명이다.[28] 조선에 온 명사는 황제의 명을 가지고 오므로 조선의 조정에서는 그들을 각별하게 대우한다. 그렇다고 그들이 묵는 객관의 건물 구성을 두고 한 말을 흘려듣지 않고 실행까지 간다는 것은 쉽지 않을뿐더러 흔하지도 않다.

황엄은 세자와 유대 관계가 있는 인물이었다. 명사가 오면 매일 이른 아침에 재상 1명과 승지 1명을 태평관에 보내어 문안한다.[29] 그런데 1408년 4월 태평관에 머물고 있는 황엄에게 세자가 매일 문안했다. 이는 상당히 특별한 경우이다. 그 이유는 세자가 경사(京師, 명의 수도)에 입조(入朝)했을 때[조경(朝京)] 황엄이 날마다 세자가 머무는 곳에 와서 그에게 특별히 후하게 대접해서였다.[30]

심지어 이해 5월에 발생한 태조의 국상 중임에도 세자가 소복(素服) 차림으로 태평관에 가서 문안한 적도 있었다.[31] 황엄은 4월 16일 도성에 들어와서[32] 11월 12일 경사로 돌아갔기에[33] 태조의 국장 기간에도 태평관에 있었다. 그

사이에 세자가 태평관에 가서 문안한 것이었다. 물론 이후에도 황엄이 왔을 때 세자가 태평관에 가서 문안했다(1417, 태종 17).[34] 황엄에게 문안을 한 세자는 이제(李禔, 양녕대군)이다.

황엄의 세자와의 '관계'가 태평관 건물에 직접적인 영향을 미쳤는지는 정확하지 않다. 그리고 황엄의 건축적인 자질이나 안목이 어느 정도인지도 정확하지 않다. 그럼에도 중요한 것은 그의 의견이 태평관의 건물 구성에 변화를 주었다는 사실이다.

이보다 앞서 1406년(태종 6) 4월 황엄이 동불상(銅佛像)을 구하러 온 조선에 온 적이 있었다.[35] 7월 나주에서 동불상 3좌(座)와 함께 태평관으로 돌아올 때 짐꾼[담부(擔夫)]이 수천여 인이어서 관사(館舍)에 이를 때마다 구 청사(廳事)는 좁고 누추하다며[애루(隘陋)] 신 청사를 관사 왼쪽에 따로 짓게 하되 매우 굉창(宏敞)하게 했다.[36] 결국 태평관으로 많은 물품을 가지고 왔고, 이때의 경험으로 태평관 건물에 대해 조언을 했을 수 있다.

황엄은 태평관의 가운데에 누를 짓고 동서쪽에 헌(軒)을 둔다면 아름다울 것이라고 표현했다. 이에 태종은 누는 황엄의 의견을 따라 지었다고 했다. 누를 지은 지 얼마 지나지 않아 황엄이 조선에 왔고 태종이 북루에서 잔치를 베풀었다.[37] 황엄의 뜻을 따라 누를 지었다는 것을 보여주려는 의도도 있을 법하다.

북루에 비해 동·서헌의 경우는 황엄은 물론 태종도 건물 자체에 대해서는 별다른 언급이 없다. 사실 이방형 건물은 중국과 한국에서 그 역사가 오래되었고, 조선에서는 태조대에 창건한 경복궁에서부터 확인된다.[38] 그렇기에 동·서헌을 짓자는 황엄의 주장은 건물 구조면에서 새로운 구상이 아니며, 그렇기에 태종도 거부감 없이 받아들여진 것으로 생각된다.

다른 하나는 태조의 국상이다. 이는 태조 국상 자체가 태평관의 건물 구성에 변화를 준 것이 아닌 그 단서가 되었다는 의미이다. 1408년 5월 24일 태조가 세상을 떠났다.[39] 태조의 부고 소식을 듣고 명에서 조문 사신을 파견했고,

그들은 9월 24일 도성에 도착하여 모화루(慕華樓)에서 태평관으로 향했다.[40] 조문 사신은 도지감좌소감 기보(祁保)/기보(祈保)와 예부낭중 임관(林觀)이다. 모화루는 1430년(세종 12) 모화관으로 개칭하기 전의 명칭으로 명 사신을 영접하는 곳이다.[41]

기보 일행은 조문 사신의 임무를 띠었기에 조선에 올 때 조문과 관련한 의물(儀物)과 물품을 가져왔다. 칙서를 비롯하여 고명·제문·부물 등이 그것이다. 이들은 우선 태평관에 도착하자 이것들을 안치하는 의례부터 행하고, 이어서 태종과 의례를 행하고 조선의 군신(群臣)과도 사례(私禮)를 행했다. 이러한 과정이 앞서 여러 차례 언급했던 국가전례서에 성문화된 「영사시제급조부의」이다.[42]

「영사시제급조부의」에 '모화관에서 사자(使者)가 고명과 제문은 용정(龍亭)에 안치하고, 부물은 여담자(舁擔者)가 맡아 태평관으로 들어온 뒤 청에 미리 설치해 둔 고명안·제문안·부물안에 사자가 각각 안치한다. 태평관 안에는 이보다 먼저 종친과 문무백관, 군사들도 들어와 있고 황의장(黃儀仗)도 진열한다.'라고 되어 있다.[43] 태조 국장에 가지고 온 부물은 견(絹) 5백 필, 포(布) 5백 필, 양(羊) 1백 공(羫), 술 1백 병(甁)이었다.[44]

사실 『태종실록』에는 고명·제문·부물을 태평관에 안치하는 기록은 없다. '태평관에 이르러 예(禮)가 끝나자 (태종이) 옷을 갈아입은 뒤 사신과 행례하고 군신도 옷을 갈아입고 사신과 사례를 행했다.'라고 기록되어 있을 뿐이다.[45] 여기서 태평관에 이르러 '예가 끝났다'고 했을 때의 '예'가 바로 고명·제문·부물의 안치이다. 실제로 고명·제문·부물을 안치했다는 사실은 조문 사신이 막상 여러 조문 의례를 행하려 할 때 태평관에 안치되어 있는 고명이나 제문, 부물 중에서 각 의례에 해당하는 의물을 받들고 행례할 공간으로 가서 의례를 행하는 모습을 본다면 알 수 있다.

고명·제문·부물을 안치한 후 태종–사신과의 행례, 조선의 뭇 신하–사신과의 사례를 순서대로 행했다. 국왕–사신, 조선의 뭇 신하–사신과의 행례는 다른 업무로 온 사신들과도 행하는 일반적인 의례이다. 다만, 조문 사신인 경우 국왕-사신, 조선의 뭇 신하-사신 사이의 행례가 황제가 보낸 의물의 안치보다 앞서 진행될 수는 없다. 실제로 태조 국장에 조문 온 사신이 모화루에 도착했을 때부터 그들이 행한 조문 의례를 순서대로 제시하면 다음과 같다.

* 사신의 모화루(慕華樓) 도착, 태종의 맞이.
* 국왕과 신하들, 조문 사신이 차례로 태평관으로 이동.
* (태평관에 고명·제문·부물 안치[영사시제급조부례]). 태평관에서 행례. 태종 환궁, 세자 하마연(下馬宴) 주관.46
* 사신이 제문을 받들고 태평관에서 혼전(魂殿)인 문소전(文昭殿)으로 이동, 문소전에서 사제례(賜祭禮) 거행.47
* 사신이 칙서·사부(賜賻)를 받들고 태평관에서 왕궁(경복궁 근정전)으로 이동, 근정전에서 태종이 부물 영수(領收).48
* 사신이 사시고(賜謚誥)를 받들고 왕궁(경복궁 근정전)으로 이동, 근정전에서 태종에게 고문(誥文)을 줌, 태종이 고문을 본 뒤 문소전으로 이동, 문소전에서 유사(有司)가 황지(黃紙)에 고명을 씀, 분황제례(焚黃祭禮) 거행.49

태조 국장은 조선이 건국된 후 처음 맞는 국장이다. 특히 태조는 명 황제에게 책봉을 받지 못했기에 그의 국장에 명 황제가 '강헌(康獻)'이라는 시호를 내린 것은 특별한 의미를 지닌다. 곧, 태조가 명에 의해 승인된 군주임을 공시하는 정치적 의도로 볼 수 있다.50 그렇기에 조문 사신에게 태종이 더욱 정성을 기울였을 것임은 틀림없다. 시호는 죽은 뒤 이름을 대신하여 부르는 명칭이다.

조문 사신은 다른 임무를 띠고 온 사신들과 달리 조문 의례에 쓸 의물의 안치와 의장의 진열, 이를 위한 의례의 거행을 태평관에서 추가로 시행한다. 국왕 국장도 처음, 이러한 절차의 시행도 처음, 이러한 의례를 위한 태평관의 공간 활용도 처음이다. 여기에 더해 조문 사신 이외의 수행 인원이 어느 정도인지 구체적으로 기록되어 있지 않은 가운데 적어도 조선 측 인사는 종친과 문무백관, 군사들까지 적지 않은 인원이 태평관에 포진되었음이 「영사시제급조부의」를 통해 짐작할 수 있다.

뿐만 아니라 태조 국장 당시 황엄 일행도 태평관에 머물고 있었다. 조선에 온 목적은 다르지만 두 그룹의 명 사신들이 태평관에 함께 머물게 되었다.[51] 기보 일행은 9월 24일에 도착해서 10월 17일 떠날 때까지[52] 태평관에 머물렀다.

이러한 상황을 겪은 황엄이 태평관의 공간에 대해 누(樓)를 짓고 동헌과 서헌을 두면 좋겠다는 자신의 의견을 낼 만하다. 그리고 조선의 조정에서도 의례를 행하는 공간이자 한꺼번에 두 그룹의 사신 일행이 머문 경험을 통해 태평관 공간에 대한 조치가 필요했을 터이다. 황엄이 세자와의 유대 관계가 있다고 하더라도 그것보다 현실적인 면에서 공간 확보의 필요성이 건물 추가의 직접적인 계기로 보는 것이 타당하다. 결국 1409년 태평관의 건물 구성의 변화는 한 해 전에 겪은 이러한 경험에 의해 문제 의식이 대두되었고 실행으로 옮겨진 결과였다.[53]

이후 태종대 태평관과 관련한 기사는 1411년(태종 11)에 나타난다. 이해 1월 공조판서 박자청(朴子靑, 1357~1423)에게 많은 인원을 동원하여 남산과 태평관의 북쪽에 소나무를 심게 했고 20일이 걸렸다.[54] 소나무를 심었다는 것은 주변 경관을 고려한 것으로 이해된다. 태평관의 건물 구성 변화와 그 주변에 관한 태종대 기록은 여기까지이다.

2. 세종대 건물 규모 변화와 영역 확장

1) 1419년(세종 1) 수리 논의와 어실(御室) 영건

1418년(태종 18) 8월 태종이 세종에게 양위하여 세종이 즉위했다.[55] 1년이 지난 이듬해 8월 태평관 규모를 둘러싸고 논의가 있었다. 태종대 황엄의 견해를 받아들여 태평관 공간에 변화를 주었으나 세종 즉위처럼 굵직한 일을 치르면서 태평관 공간에 대한 고민이 지속되었던 듯하다. 특히 중국의 번국(藩國)으로서 조선 국왕의 죽음과 새 국왕의 즉위는 조선 조정의 입장에서는 반드시 명에 알려야 하는 사안이고 그에 따라 명 조정에서는 그것의 임무를 띤 사신을 파견, 명에서 온 조문·책봉 사신들이 머무는 태평관은 숙소이자 외교의례의 설행 공간으로서 중요한 곳이기 때문이다.

세종대 태평관의 수리는 당시 상왕(上王) 태종에서부터 비롯되었다. 1419년(세종 1) 8월 5일 태종은 박은(朴訔, 1370~1422)·이원(李原)을 불러 태평관이 좁고 누추하여[착루(窄陋)] 개조(改造)는 의논했으니 어느 곳에 할 것인지 장소의 선정에 관하여 물었다. 태평관의 개조가 기정사실화된 상태에서 어느 곳으로 옮길 것인지에 관해 논의하는 자리였다. 이를 둘러싼 당시 태종과 박은·이원과의 대화 내용을 제시하면 다음과 같다.[56]

> 태종 : 경복궁과 창덕궁 두 궁궐의 중앙 지점을 택하여 개건(改建)하고자 하니 어떠한가?
>
> 박은·이원 : 만약 땅을 (새로) 택하여 옮긴다면 반드시 인가(人家)를 많이 헐어야 하고, 또 대궐 문에 가깝게 할 수도 없습니다. 옛터에 그대로 짓되 다시 넓히는 것이 마땅할까 합니다.
>
> 태종 : 그렇다. 옛터는 곧 태조께서 정하신 곳이니 옮길 수 없다.

태종이 먼저 경복궁과 창덕궁의 가운데 지점으로 옮겨 지을 것을 제안했으나 박은과 이원은 인가를 많이 헐어야 하고 궐 문에 가깝게 해서는 안된다는 두 가지 이유를 들어 반대했다. 동시에 박은과 이원은 그 대안도 제시했다. 옛터에서 조금 확장하자는 안이었다. 태종이 이들의 생각에 동조하면서 태평관을 옮기는 안건은 불발되었다. 그리고 이날 논의의 주요 안건이 장소 선정이었기에 개조·개건 건은 그대로 유지되었다.

다음 날인 8월 6일 태종이 다시 유정현(柳廷顯, 1355~1426)·박은 등을 불러 태평관에 관하여 논의했다. 그때 유정현이 개구(改構) 자체를 반대하며, 관(館)이 비록 좁고 누추하나 그동안 사신을 많이 접대했으니 우선 수보(修補)했다가 '후일 일이 없을 때를 기다리자.'고 했고 그의 의견이 수용되었다. 유정현은 병선(兵船)의 조성과 변방의 성 축조가 시급하고, 또 민력의 곤궁함을 반대 이유로 내세웠다.[57]

태종은 자신도 유정현의 생각과 같은데 뭇 신하들이 '개구'하지 않을 수 없다고 하여 부득이하게 그들의 의견을 따랐다고 했다. 당시 '태평관이 좁고 누추하다'는 것은 군신(君臣)이 인지하고 있었음을 알 수 있고, 향후 다시 거론될 소지가 있을 것임도 예고한다. 다른 곳으로 태평관을 옮겨 짓자는 1419년 8월에 있었던 논의는 중지되었고 '수보'의 선에서 마무리되었다. 유정현이 말한 '수보'의 범위가 어느 정도인지는 분명하지 않지만 건물을 단장하는 정도로 추정된다.

사실 이 시기에 상왕 태종의 주도하에 태평관의 전면 정비가 거론된 데에는 그만한 배경이 있었다. 열흘 쯤 뒤 '태종의 선위'와 '세종의 왕위 승계'를 윤허하는 칙서를 가진 태감 황엄이 오고,[58] 또 며칠 뒤에는 죽은 광록소경 정윤후(鄭允厚)의 사제(賜祭)를 위해 흠차관 왕현(王賢)이 오기 때문이다.[59] 태종대처럼 현실적인 상황에서 태평관의 정비가 비롯된다는 사실을 부인하기 어렵다.

이번 역시 두 그룹의 명 사신들이 태평관에 머물게 되었다. 그중 전자는 사신의 임무로 본다면 조선 정부에서 접대에 심혈을 기울이지 않을 수 없는 상황이다. 그렇기에 태종은 이참에 태평관의 좁고 누추함을 내세워 다른 곳으로 옮겨 건립하여 아예 객관을 새롭게 단장하고자 한 것이었다. 그러나 이건(移建)이 거부되면서 이 두 그룹의 사신도 '수보'한 기존의 건물에 그대로 묵게 되었다.

다만, 태평관에 새로운 건물이 추가되는 변화는 있었다. 두 그룹의 사신들이 9월에 함께 떠난 후[60] 10월 15일 선공 제조 박자청이 군인 2백 명을 동원하여 태평관에 어실(御室)을 비로소 영건한 것이었다.[61] 이 어실이 『세종실록지리지』에 기록된 '곁에 별전(別殿)을 지어서 전하가 쉬는 곳으로 삼았다.'는 별전을 가리킨다.[62] 이외에 어실을 '편전(便殿)'과 '소전(小殿)'이라고 한 기록도 있다.

'편전'은 『세종실록오례』의 '명 사신에게 연향을 설행하는 의주'인 「연조정사의(宴朝廷使儀)」가 참조된다. '태평관에 이르러 편전에 들어갔다가 시간이 되면 중문(中門)을 경유하여 정청으로 들어간다.'는 내용이 있다.[63] 여기서의 '편전'은 어실로 보는 것이 적확하다. 『국조오례의』「연조정사의」에도 '편전'으로 적기되어 있다.[64] '소전'은 『조선부』와 『조선부』의 내용을 수록하고 있는 『신증동국여지승람』에 '잔치를 설행할 때 국왕이 태평관의 문 밖 소전에서 기다렸다가 들어온다.'는 내용에서[65] 소전이 바로 어실을 가리킨다.

참고로 어실로 여겨지는 곳을 '경의실(更衣室)'이라고 한 기록도 있다. '1468년(세조 14) 태감 강옥(姜沃)과 김포(金浦)가 왔을 때 태평관에서 연향을 설행하고 연향이 끝나자 세조가 나와서 경의실로 갔으며 접반사 좌의정 박원형(朴元亨, 1411~1469)이 들어가 일을 아뢰었다.'라고 한 대목이다.[66] 이때의 경의실은 어실로 보는 것이 무난할 듯하다.

그동안 태평관으로 행차하여 안으로 들어가기 전 잠시 준비하거나 태평관에서 사신을 접대하는 중간에 쉴 곳이 필요하여 어실이라는 공간을 만든 것 같다. 예외로 1423년(세종 5) 5월 세종이 태종 국장에 조문 온 사신과 태평관에서 다례를 행한 후 악차(幄次)로 나아갔다가 오말(午末)에 하마연을 설행한 기사가 있다.[67] 이때에는 임시로 설치한 악차가 어실을 대용한 것 같으나 대개는 어실을 사용했다.

문제는 이때 태평관의 공역이 어실 영건에 그치지 않았다는 사실이다. 후일을 기약했던 '개조'를 진행하고 있었던 모양이다. 한 달여 뒤 11월 중순에 태평관 '개조'를 둘러싼 논란이 갑자기 발생한 것처럼 보이지 않아서이다. 그렇다면 앞서 8월의 논의에서 유정현이 '후일 일이 없을 때를 기다리자'고 한 시점이 '이때인가'라고 짐작할 수 있다.

11월 16일 태평관 공역으로 물의가 빚어졌다. 태종의 전지(傳旨)가 원인이었다. 대신이 풍년이 들기를 기다려서 개조 공역을 해야 한다고 했으나 자신은 들보[복(栿)]만을 고치도록 했는데 공역의 담당자들이 망령되이 '선지(宣旨)'라 칭하며 '증광개조(增廣改造)'하여 물론(物論)이 생겼다는 내용이었다. 이에 원숙(元肅, ?~1425) 등도 박자청·송남직(宋南直) 등이 목수 오덕해(吳德海)의 말을 믿고 병조·승정원에 다시 품의하지 않고 망령되이 공역을 일으켰다며 그 죄를 다스려야 한다고 대답했다. 태종은 원숙 등의 말에 찬동하면서 일을 크게 키우지 않기 위해 박자청이 빠진, 그와 함께 공역에 참여한 송남직만 견책하고 그대로 공역을 마치도록 독려하라고 명했다.[68]

8월의 논의에서 태평관을 다른 곳으로 이건(移建)하는 문제는 중지된 것이 확실하다. 또 두 그룹의 사신이 머물기 위해 '수보'한 것도 사실일 것이다. 그런데 거기서 그치지 않고 두 그룹의 사신이 떠난 뒤 어실 영건을 시작으로 '개조'하는 방향으로 수리가 진행되고 있었음을 알 수 있다. 그리고 '개조' 공사의 뒤에는 태종의 은밀한 동조 혹은 암묵적인 지지가 있었을 것이라는 추측이다.

태종의 동조나 지지가 있었다고 추측하는 근거를 몇 가지 들면 다음과 같다. 먼저 11월 16일 논의에서 박자청 등 공역 담당자들이 '선지'라 일컬으며 '증광개조'한 점이다. 처벌 대상에서 박자청이 제외되었는데 이를 보면 박자청이 태종의 신임을 받고 있었다고 보인다. 그렇다손 치더라도 '선지'라 일컬으며 '증광개조'를 할 수 있을까, 이것이 '가능한가' 라는 의심이 든다. 태종의

박자청에 대한 신뢰가 없다면 힘들 것이라는 판단이다.[69]

다음은 원숙 등이 목수 오덕해의 말을 믿고 박자청 등이 망령되이 공역을 일으켰다고 했다. 8월 논의에서 강원도 각 군으로 가서 재목을 마련하여 '개건'을 준비하도록 한 오덕해에게[70] 태종이 다음 날 유정현의 말을 받아들이면서 오덕해가 강원도에 가는 것을 그만두도록 명했다.[71] 그러나 어실 영건을 시작으로 '증광개조'하고 있었던 사실을 통해 재목의 마련이 그대로 진행되었던 것 같다. 이 정도의 공역을 하기 위해 필요한 재목이 어느 정도인지 정확하지 않지만 적어도 '어실 영건'과 '증광개조'를 하려면 적지 않은 재목이 필요했을 터, 윗선의 지시 없이 가능할 수 있을까 하는 의문이다.

하나 더 들자면, 태종이 전지하기 하루 전 11월 15일 부역하는 군인의 술값으로 저화(楮貨) 4백 장을 하사하도록 명했다.[72] 하사한 주체가 태종인지 세종인지 분명하지 않지만 적어도 이러한 조치는 공역을 독려하는 행위이다. 태종이 '증광개조'하고 있는 공역의 진행 상황을 알지 못했다고 하기에는 충분히 의심할 만하다. 8월 논의할 때 태종이 유정현의 주장을 받아들인 것이 적어도 겉으로 한 조치일 뿐 실제는 아닐 것이라는 추정에 무게가 실린다.

여러 정황으로 볼 때 1419년 10월과 11월 태평관 공역에 태종의 개입을 부인하기는 어려울 듯하다. 이 기간 공역 상황을 통해 태평관에 '어실'이 생긴 것은 분명하고, '증광개조'하면서 어실 이외에 건물이 더 생겼는지는 분명하지 않다. 그럼에도 태평관의 규모가 점차 확장되고 있는 것은 사실이다.

이후에도 명사는 계속 왔고, 그중 정종 국장[73]과 태종 국장[74]에 조문 온 사신도 있었으나 태평관의 건물 규모, 구성 혹은 수리에 관한 기사는 나오지 않는다. 그 이외에 비슷한 시기에 사신이 연달아 조선을 방문한 경우도 있다. 1424년(세종 6) 10월 명 황제의 죽음을 알리는 '부고사신(訃告使臣)'이 11일에,[75] 새 황제의 즉위를 알리는 '등극사신(登極使臣)'이 15일에 각각 입국했다.[76] 또 1425년 윤7월 '유조사(遺詔使)'가 19일에,[77] '등극사(登極使)'가 22일에 각각 입경했다.[78]

부고사신과 등극사신은 조선에 온 목적은 다르지만 두 그룹이 태평관에 함께 유숙했다. 유조사와 등극사 역시 마찬가지였다. 두 차례 모두 두 그룹의 명사가 태평관에 머무는 상황에 처했으나 당시 태평관의 증축이나 수리 등에 관한 기록이 『세종실록』에서 발견되지 않는다. 기존 건물을 그대로 유지한 채 사신을 맞이했다는 방증이기도 하다.

2) 1426년(세종 8) 협소 거론과 논의 중단

한참 시간이 흐른 1426년(세종 8) 8월 중순에 이르러 다시 태평관의 협소 문제가 거론되었다. 이보다 앞서 1424년 10월과 1425년 윤7월 각각 두 그룹의 사신이 함께 태평관에 머물렀음에도 공간에 대한 불만이나 문제가 제기된 기록이 발견되지 않은 가운데 이때에 이르러 공간의 협소함이 논의의 대상으로 떠올랐다. 1426년 이해 8월 이전에는 3월에 한 그룹의 사신 일행이 다녀갔을 뿐이다.

이해 3월 12일에 온 사신 일행은 윤봉(尹鳳)과 내사 백언(白彦) 등 사신 2명, 두목 2명, 그 외 22인 정도였다.[79] 윤봉은 5월 29일에 귀국했고,[80] 백언은 6월 26일에 귀국했다.[81] 이들 일행이 조선에 도착한 때부터 귀국할 때까지 『세종실록』을 확인한 결과 전체 인원수는 이 정도의 기록이 전부이다. 이때 온 사신 일행의 인원이 그 이전보다 많았는지는 확인해보지 않았으나 이들이 유숙하는 동안 태평관의 공간 협소로 인한 논의 기록이 발견되지 않는다. 그런데 갑자기 8월 중순에 예조판서가 공간의 협소함을 문제삼은 것이었다.

8월 17일 예조판서 신상(申商, 1372~1435)은 '중국 사신이 만약 수인(數人)이 함께 오면 태평관이 협소하여 연례(宴禮)를 설행하고 악현(樂懸)을 배설하기에 부족하니 넓고 새롭게 지어 탁 틔어 시원하게 하자[창활(敞豁)]'고 제안했다. 세종은 '태평관은 박자청이 지었으며, 태종이 보고도 없이 박자청이 마음대로 경영하여 규모의 협소함을 질책한 적이 있다.'라고 하면서 신상의 말에 동의했다. 그러나 백성들의 힘을 애석하게 여겨 신상의 제안은 마침내 잠잠해

졌다.[82]

신상과 세종의 대화를 통해 태평관의 공간 부족에 대한 인식은 지속되고 있음을 보여준다. 신상이 말한 '수인'은 사전적 의미로는 '두서너 사람'이다. 그런데 '명사'가 올 때 적게는 1명, 많게는 4~5명이 오기도 한다.[83] 1408년 4월에 온 사신 일행은 심지어 5명이었다.[84] 5명이 왔을 때에는 앞서 언급했듯이 이들보다 뒤에 온 태조 국장의 조문 사신 2명과 태평관에 함께 거처했다.

먼저 온 사신의 수가 많거나 다른 그룹의 사신 일행이 추가되면서 그 수가 많아질 수 있다. 신상의 제안은 그와 같은 상황을 대비하기 위한 방안으로 비롯된 것 같다. 그럼에도 전반적인 개조를 하려면 많은 인력을 동원해야 하는데 백성들의 노동력을 아끼려는 세종의 마음이 차마 움직이지 않아 또다시 추진되지 못했다.

뿐만 아니라 그간의 태평관 운영이 임시방편이었더라도 더 이상 버티기 힘든 상황은 아니라는 판단이다. 명사 일행은 1년에 적게는 1번, 많게는 3~4번 오기도 한다.[85] 다만, 유정현의 말처럼 그동안 사신을 많이 접대해 왔으므로 '수보'한 채 그들을 수용하더라도 크게 문제되지 않았기에 그만큼 절실함, 절박함이라는 면에서 덜했다고 볼 수 있다.

여기서 한 가지 짚고 넘어갈 점은 바로 세종의 기억이다. 앞서 1419년 11월 태종은 박자청이 자신의 명령이 없었음에도 '선지'라 일컬으며 기존의 태평관 건물을 '증광개조'한 것을 질책했다. 그런데 세종은 박자청이 지은 태평관을 그가 마음대로 '경영'하여 규모가 협소하게 된 것을 태종이 질책한 적이 있다고 지적했다. 태평관의 공간 협소의 원인 제공자가 태종이라고 지적할 수 없기에 박자청에게 돌린 것으로 이해된다.[86]

1426년 8월 신상은 향후에 올 사신의 수가 많을 수 있음을 염두에 두고 태평관의 공간 협소 문제를 거론했다. 그러나 이 역시 해결되지 못한 채 후일을 기다려야 했고, 태평관의 공간 문제는 한동안 잠잠했다.

3) 1429년(세종 11) 개조 논의와 부분 개영(改營)

다시 한 번 태평관의 '개조(改造)'가 조정의 안건으로 선상에 놓인 시점은 1429년(세종 11) 1월 6일이었다. 예조판서 신상이 '넓고 새롭게 지어 탁 트이어 시원하게 하자'는 제안에 민력을 운운한 세종에 의해 결국 추진하지 못했던 그 일을 이번에는 세종이 먼저 신하들 앞에서 운을 뗐다.

세종은 '태평관의 개조는 어떻게 처리하며, 이미 헐었는데 다 짓지 않았을 때 사신이 온다면 어찌할까'라고 좌우에 있는 신하들에게 물었다.[87] 이 말은 그보다 앞서 논의가 있었던 것 같은 느낌을 준다. 그러나 관련 내용이 문헌에서 찾아지지 않는다. 그렇다고 1426년 8월 신상의 견해가 다시 거론된 기록도 보이지 않는다.

당시 태평관에는 한 그룹의 사신 일행이 숙박하고 있었다. 명 황제가 소경 최득비(崔得霏)[88]에게 하사한 제문(祭文) 및 제물(祭物)을 가지고 온 사신 김만(金滿)의 일행이었다. 김만이 1428년(세종 10) 12월 26일 입경해서[89] 1429년 1월 20일 최득비에게 사제(賜祭),[90] 2월 1일 도성을 떠났다.[91] 김만이 머물고 있는 상태에서 태평관의 개조 논의 및 그 공역이 완성되지 않았을 때 올 사신에 대한 생각까지 하고 있다.

사실 김만 일행의 방문으로 인해 태평관의 수리가 다시 거론된 것은 아닌 듯하다. 그보다 태평관의 공간 협소 문제가 예전부터 군신이 공감하고 있었던 바였고 이번 논의도 그 연장선으로 이해된다. 세종의 의견에 세 가지 안이 나왔고, 모두 태평관의 전반적인 수리가 전제되었다. 우의정 맹사성(孟思誠, 1360~1438), 세종, 혹자(或者) 등이 각각 입장을 밝혔다.

먼저 우의정 맹사성의 입장이다. 그는 지금 태평관의 터가 서쪽은 높고 동쪽은 낮으며 땅이 또 좁으니 흥천사(興天寺)로 옮기자는 의견을 내놓았다. 이에 세종은 흥천사는 태조의 원찰이고 태조가 태종에게 '불전(佛殿)을 헐지 말라'고 한 말을 거론하며 흥천사를 허는 것에 반대했다. 그 대신 세종은 '태종이 사신관(使臣館)은 창덕궁과 경복궁 사이에 두지 않을 수 없다.'고 한 말을 하면서 흥복사(興福寺) 터가 어떠한지 신하들에게 의향을 물었다.

그러자 예조판서 신상이 '흥복사의 터가 광활하고 지세도 평정(平正)하여 그곳에 개조한다면 공력은 덜겠지만 시정(市井) 속에 있다는 점이 한스럽다.'고 답했다. 이에 세종은 흥복사 터에 사신관을 영건하는 것이 마땅하다면 저자를 옮겨도 괜찮다고 하며 적극적으로 논의에 임했다. 흥천사, 흥복사 터 두 곳이 사신관을 영건할 대안처로 논의되는 가운데, 혹자가 세 번째 방안을 내놓았다.

혹자의 입장은 태평관을 옮기지 않고 개조하는 방안으로, 본관(本館) 옛 터에 그대로 개조하되 규모를 높고 크게 하자는 의견이었다. 아울러 수리 기간에 사신이 온다면 임시로 흥천사에서 접대하면 된다는 대안도 제시했다. 그러자 세종은 호조판서 안순(安純, 1371~1440)에게 명하여 정부·육조와 의논하게 했고, 그 결과 옮겨서 짓는 것에 동의하지 않았다. 그들은 모두 옛 터에 그대로 '개창(改倉)'하는 것이 편리하다고 입을 모았다. 결국 세종도 이들의 생각을 따랐다.[92]

문제는 옛 터에 그대로 개창하는 것도 쉽지 않다는 점이다. 2주 뒤 1월 20일, 병조판서 최윤덕(崔閏德)이 잠시 태평관 공역의 정지를 청하는 일이 일어났다. 그는 근래 방패(防牌)를 만드는 60명이 모두 영선(營繕)에 참여하여 휴식할 기한이 없는데 사정전(思政殿)·경회루(慶會樓)·태평관의 역사를 일시에 거행한다면 민력이 매우 곤핍할 것이므로 세 건물 중 태평관의 역사를 잠시 정지하기를 청한 것이었다. 당시 병기(兵器)가 모두 부실한데 금산(金山) 달단(韃靼)이 본거지를 잃고 유리(流離)하고 있다는 상황을 듣고 훗날의 근심을 염려하여 병기의 수치(修治)를 강조하면서 낸 의견이었다.

세종은 그러한 상황을 이미 알고 있다고 하면서도 최윤덕의 말에 동의하지 않았다. 세종은 최윤덕이 나가고 없는 자리에서 대언(代言) 등에게 '근래 농사가 풍년이 들었다고 하지만 백성들이 아직 소복(蘇復)되지 않아 방패 제작에 참여하는 60명은 제하고 오로지 승도(僧徒)만을 모집하여 태평관을 짓는다면 장마 전까지는 힘들더라도 겨울에 이르러 끝낸다면 괜찮다.'고 한 것이었다.[93] 태평관의 공역에는 승도를 투입하면 문제될 것이 없다는 것이 세종의 생각이었다.

주목할 점은 당시 공역 대상에 태평관만이 아니라 사정전과 경회루도 들어가 있다는 사실이다. 세종은 사정전은 협소하고 경회루는 기울어서 위태하기 때문에 부득이 개수하는 것이라고 했다.[94] 한꺼번에 세 건물을 수리하는 것은 결코 작은 일이 아니다. 한 해 전 8월 세종이 '영선이 비록 많지만 그것을 정지하는 것도 많다.'고 하며 집현전(集賢殿)·장서각(藏書閣)의 건립에 대해 신하들에게 생각해 보라고 했다.[95] 이미 한 해 전부터 영선하는 공역이 적지 않고, 또 방패 만드는 이들도 영선 공역에 투입되어 있는 현실을 최윤덕은 못마땅하게 여겼던 것이다.

여기서 한 가지 짚고 넘어간다면, 최윤덕이 세 건물 중에서 굳이 태평관의 역사를 잠시 정지하도록 청한 이유가 무엇인가이다. 다른 한편으로 본다면 세 건물 중 사정전·경회루를 태평관보다 우선 순위에 둔다는 뜻으로도 이해된다. 태평관의 경우 사신이 오지 않을 때 비어 있고, 그런 점에서 두 건물에 비해 활용도 혹은 급박함이 덜하다는 면이 작용하지 않았을까 조심스럽게 예측해 본다.

사실 사정전과 경회루, 태평관은 명 사신과 밀접하게 유관한 건물이라는 공통점이 있다. 태평관은 명 사신을 위한 주요 객관이므로 차치하고, 사정전은 1428년부터 사신을 위한 온짐연(溫斟宴)[96]을 베풀고 있었고,[97] 경회루 역시 마찬가지였다.[98] 특히 경회루는 1412년(태종 12)에 경회루의 이름을 지을 때 태종이 이곳은 상국(上國) 사신에게 잔치하거나 위로하기 위한 곳이지 자신의 유일(遊佚)을 위한 곳이 아니며 모화루와 뜻이 같다는 사실을 강조했다.[99] 경회루를 지은 명분을 분명하게 천명한 모습이다. 세종이 세 건물의 수리 명분을 여기에서 찾지는 않았으나 사신과 관련된다는 점은 부인하기 어렵다.

결국 세종의 의지대로 태평관의 공역은 승도들을 동원하여 추진하려 한 것 같다. 두 달여 뒤 3월 22일, 예조판서 신상과 세종의 대화에서 확인된다. 승도들에게 지급하는 도첩(度牒)은 태평관의 영건을 마친 뒤에 한다는 내용이다.[100] 이때 '영태평관(營太平館)'이라고 한 것은 단순히 수리하는 정도가 아닌 정부·육조에서 '개창'이라 한 것처럼 영건한다는 의미이다.

개창을 위한 태평관의 공역이 언제부터 시작되었는지는 분명하지 않다. 하지만 그렇게 지체되지 않은 채 진행된 것 같다. 이해 8월 8일 세종이 태평관의 개영(改營)을 후회하는 대목에서 짐작된다. 세종이 단기간으로는 힘든 많은 수와 양의 인적·물적 동원과 일의 진행 상황을 언급했는데 그 기간을 헤아려보면 진작부터 공역에 착수한 것으로 유추된다.

세종은 사신을 영접하는 태평관의 청사(廳事)가 좁고 누추하고[애루(隘陋)] 의관(儀觀)이 엄숙하지 못한 것에 대하여, 고쳐서 영조하고자 하여 좌우의 신하들에게 시험삼아 물었다. 한 두 대신이 저지하기도 했으나 제조(提調) 등이 승도를 동원하면 백성들을 번거롭게 하지 않고도 수월(數月)이 못되어서 쉽사리 이룰 수 있다고 답했다. 세종이 제조 등의 견해를 받아들여 도첩이 없는 승려 1천여 인을 모아서 가평(加平)에서 재목을 채취하도록 명했다.

문제는 여기서부터 발생했다. 거의 1천 그루의 나무를 베었는데 하산(下山)한 것은 10분의 1, 2도 안되고, 승도들이 사망하기도 했다. 또 여기에 들어간 쌀이 8백여 석, 부역에 동원한 인부는 1천여 인에 이르렀으나 공효가 거의 없었다. 인적·물적 피해에 세종은 이 일을 도모한 것 자체를 후회했고, 결국 이미 헐은 좌·우행랑(行廊) 및 어실만 개영하고 청사는 고치지 말도록 지시했다.[101]

좌·우행랑과 어실이 개영 대상에 들어간 것은 세종이 후회하기 전에 이미 훼철된 상태였기 때문이다. 좌·우행랑과 어실의 영조(營造)가 완료된 시점은 문헌에서 찾아지지 않지만 적어도 9월 17일까지는 지속되고 있었다. 세종이 태평관을 영조하는 승려 등이 추위에 어는 자가 있을까 염려하여 진심으로 고찰해서 사상(死傷)을 면하도록 지신사 정흠지(鄭欽之, 1378~1439)에게 명한 것에

서 유추된다.[102]

결과적으로 좌·우행랑과 어실만 개영하고, 명 사신을 맞아 의례를 행한다든가 연향을 베푸는 핵심 공간인 청사 및 청사에 딸린 동·서헌은 그대로 두게 되어, 전체가 아닌 부분 개영이 이루어졌다. 이때의 좌·우행랑은 앞서 언급한 동·서랑이다.

여기서 짚고 넘어갈 것은 공사 기간에 온 명 사신이 머문 숙소이다. 태평관 수리 논의에서 세 번째 안을 냈던 혹자의 말대로 본관 옛 터에 그대로 수리 공역을 하고 있는 동안에 온 사신들은 그때 내놓은 대안처럼 임시로 흥천사에서 접대했을까.

마침 공역 기간이라고 추정되는 이해 5월에 온 사신들이 있다. 칙서와 상사(賞賜)를 가지고 온 태감 창성(昌盛)과 윤봉(尹鳳), 행인 이상(李相)이다.[103] 이들 일행은 사신 3명과 두목 3인, 그 외 43인 등 적지 않은 인원이었다.[104] 사신 일행은 5월 2일 도성에 들어와서 모화루 → 경복궁 근정전 → 태평관으로 움직였다.[105]

태평관에서 사신을 위한 하마연(下馬宴), 익일연(翌日宴) 등을 차례로 베풀었다. 세 사신 중 윤봉이 7월 16일에 먼저 떠났고,[106] 창성과 이상은 7월 21일 떠났다.[107] 중간에 창성과 윤봉이 다른 곳에 갔더라도 돌아오는 최종 도착지는 태평관이었고,[108] 창성과 이상 두 사신이 도성을 떠나기 이틀 전 그들을 전별한 곳도 태평관이었다.[109] 모화루에 도착한 날부터 귀국하기 위해 모화루에서 작별한 날까지 세 사신이 머문 곳은 태평관이었다.

사신 일행이 도성에 도착하기 전 태평관의 공간이나 수리 문제로 태평관이 아닌 다른 곳에 이들을 접대하기 위한 논의라든가 여타 기록이 발견되지 않는다. 흥천사는 거론조차 되지 않았다. 그리고 5월 2일부터 7월 21일까지 사신을 제외한 사람들이 반인(伴人)의 관사로 삼은 지천사에 유숙하더라도 세 사신은 줄곧 태평관에 머물렀다. 좌·우행랑과 어실이 언제 헐렸는지는 구체적으로 기록이 발견되지 않지만 훼철하지 않고 남아 있는 청사에서 기본적인 의례를 행하고 동·서헌에 세 사신이 머물렀다고 볼 수 있다.

1429년에 있었던 태평관 수리는 세종의 후회로 대대적인 공역이 이루어지지 못했다. 핵심 공간인 청사와 그에 딸린 동·서헌은 예전 그대로였기에 그동안 논란이 된 태평관의 공간 협소 문제는 결국 해결되지 못한 셈이다. 문제의 소지는 여전히 내재해 있었고, 인적·물적 뒷받침이 있으면 언제든 공역의 문은 열려 있었다.

4) 1431년(세종 13) 두목 수용과 초옥(草屋) 조영(造營)

1431년(세종 13) 태평관과 관련하여 두 가지 일이 있었다. 하나는 태평관 건물 중 건물 자체는 아니지만 어실과 관련한 약간의 공역이었다. 3월 어실 북쪽의 계체(階砌)에 사용하는 재료에 관한 것이었다. 세종은 민력을 줄이기 위해 어실의 북쪽 계체는 숙석(熟石)이 아닌 잡석(雜石)을 쓰도록 전지했다. 예전에 유후사가 궁궐 북쪽 계체를 잡석으로 쌓은 것을 본 사신 황엄이 '이는 민력을 아껴서이다'라고 한 말을 세종이 아름답게 여겨서 어실에도 적용하도록 한 조치였다. 이때 세종은 '태평관의 어실은 자신이 잠시 쉬는 곳'이라고 하며 어실의 용도를 밝혔다.[110] 『세종실록지리지』에 기록된 '별전'이 '어실'임이 명확해졌다.

다른 하나는 태평관 영역의 확장이었다. 그동안 태평관과 관련한 주요 안건 중 하나가 사신이 머무는 공간의 협소였다. 그런데 이번에는 그와는 다르게 사신 일행 중 두목의 수용과 접대를 둘러싼 태평관 공간에 관한 논의였다. 따라서 이전과는 다른 방향으로 논의가 진행되는 것은 필연이었다.

사신이 입경하기 한 달여 전인 7월 15일, 두목의 대접 문제로 논의가 일었다. 조중(朝中) 두목과 요동(遼東) 두목의 대접에 차등을 둘 것인가를 논의할 만큼 매우 많은 인원의 두목이 조선에 와서이다. 세종이 '자기가 아는 바 이번처럼 두목이 많은 적이 있지 않다.', 신상이 '이전에는 이처럼 많은 적이 있지 않다.'고 표현할 정도였다.[111] 이번에 오는 사신 일행은 사신 4명과 두목

150명으로, 두목의 수가 전에 비하여 배나 많았다[배다(倍多)].[112] 이들에게 대접할 닭과 돼지를 계속해서 공급할 수 있을지에 대해서도 세종과 논의할 정도였다.[113]

당연히 태평관의 협착을 운운하며 많은 수의 두목을 어떻게 대접할 것인가가 고민이었다. 신상이 '흥천사를 수즙하여 나누어 거처하는 방안'을 제시했으나 세종은 사신이 나누어서 오지 않는다면 어렵다고 하며 태평관 옆에 초옥(草屋)을 지어서 대접하자는 안을 냈다. 그리고 날씨가 추워질 것을 대비하여 '집을 짓고 진흙을 바르면 된다.'는 대책도 내놓았다.[114]

사신 일행은 8월 19일 도성에 들어왔다. 사신 4명은 내관 창성·윤봉·장동아(張童兒)·장정안(張定安)이었다. 이들이 온 목적은 조선에서 생산되는 해청(海靑)·황응(黃鷹)·백응(白鷹)·토표(土豹)를 채취하여 중국으로 가져가는 것이었다. 칙서에는 관군 150원명을 동원하여 채취하고 적당한 사람을 보내 호송까지 부탁했다.[115] 황제가 요구하는 물량이 적지 않기에 많은 수의 두목을 조선에 파견한 것은 물론 조선에서 관군과 적당한 사람까지 차출해야 하는 상황이었다.

앞서 1408년 지천사를 사신 반인의 관사로 삼았다. 지천사에 관한 언급은 없으나 흥천사의 활용까지 고려한 것을 보면 굳이 언급할 필요가 없지 않았을까 한다. 그런데 두목의 수가 너무 많다보니 그조차도 인원을 수용하기에 부족한 것으로 판단된다. 그리고 두목이 거처한 곳에 대한 하나의 기사가 주목된다. 좌·우행랑, 곧 동·서랑이 두목의 처소라는 것은 짐작한 바이지만 이를 입증하는 기사이다.

사신 윤봉의 두목 윤순(尹恂)이 말한 '피동랑인(彼東廊人)'이라는 문구이다. 윤순은 '저 동랑 사람들이 감히 불의(不義)한 일을 한 까닭으로 연일 죽는다.' 고 말했다.[116] 동랑 사람들은 '사신 창성의 두목들'을 가리킨다. '동랑'에 창성의 두목들이 거처하니, 그렇다면 '서랑'에는 자연스레 창성을 제외한 다른 사신의 두목들이 투숙했을 것임에 틀림없다. 동랑과 서랑에 두목이 거처한다는 사실이 이로써 확실해졌다.

두목의 수가 매우 많은 가운데 인원이 추가되는 일이 벌어졌다. 12월 2일 창성·윤봉·장정안 등이 동맹가첩목아(童猛哥帖木兒)의 아우 범찰(凡察)과 관하(管下)의 야인 11명, 사로잡힌 당인(唐人) 남부(男婦) 82명을 거느리고 함길도에서 돌아온 것이었다.[117] 그 전에 두목이 죽는 기사가 나오기도 하지만[118] 이처럼 추가된 인원도 적지 않다. 초옥에 모두 수용한 것인지 이들의 거처에 대한 기사는 발견되지 않는다.

12월 12일 윤봉이 서흥(瑞興)을 향해 먼저 떠나고,[119] 남은 세 사신 창성과 장동아, 장정안 등은 3일 뒤 도성을 떠났다.[120] 역대로 많은 인원이 8월 19일 입경해서 12월 15일 귀국길에 오르는 상당히 긴 기간 동안 조선에 머물렀다. 이들이 떠나고 난 뒤 두목의 거처를 위해 지은 초옥은 그대로 두었는지, 아니면 허물었는지 등 이것의 처리에 대한 기록은 발견되지 않는다.

한참 후대의 기사이지만 비슷한 사례가 있었다. 1625년 6월 왕민정·호양보가 다녀간 뒤 각처에 조성한 가가(假家)를 두고 어떻게 처리할 것인지 논의한 사례이다. 당시 조성한 가가가 모두 340여 칸이었다. 이 가가를 훼철한다면 비용의 낭비, 몇 년 지나지 않아 천사가 와서 다시 조성한다면 민력의 낭비, 그대로 보존한다면 군사를 정하여 수직(守直)하는 폐해 발생 등등의 문제가 있었다. 이에 영접도감에서 뭇 사람들이 의논한 결과를 보고했고, 그것은 바로 비어 있는 가가에 사람을 들이는 방법이었다.

가가에 사람을 들인다는 소식을 들은 사람 중 가가에 들어가기를 원하는 사람들은 두 부류였고 그 숫자는 적지 않았다. 근래 외방에서 와 벼슬살이하는 사람 및 경중(京中)에 실려(室廬)가 없는 사람들이었다. 이러한 사람들을 모집하여 거주를 허락, 그들로 하여금 간수(看守)하게 하는 방안이었다. 그리고 만약 이러한 절차를 거치지 않고 출입하는 자가 있다면 태평관 별좌(別坐)에게 유무를 점검하게 하여 가가를 훼상하지 않도록 하자는 대안도 제시했다. 인조는 이러한 제안에 윤허했다.[121]

세종대에 지은 초옥의 숫자가 적지 않았을 것임은 쉽사리 예상된다. 그렇다면 인조대의 사례처럼 허물지 않고 누군가 거처하는 방식으로 처리하지 않았을까. 위의 사례는 명 사신이 왔을 때이지만 후금에서 198명이 온 적도 있었다.[122] 사신이나 장수 이외에 이들과 함께 온 많은 인원에 대하여 조선 정부에서는 이처럼 가가의 조성으로 대처했다.[123] 이는 후금에서 대청으로 바뀐 뒤에도 마찬가지였다. 다만, 각청(各廳)에 조성한 가가를 그대로 보존하지 않고 훼철하여 그 자재를 남별궁에 장치(藏置)하기도 했다. 개초(蓋草)와 고목(柧木)을 모두 도둑맞아 하나의 목재도 남지 않는 지경에 이른 경험이 있어서였다.[124]

가가의 조성은 많은 인원이 조선에 올 때 이루어졌다. 특히 임진왜란 이후 남별궁이 주요 객관으로 활용되면서 사신이나 장수를 따라 온 이들은 남별궁의 밖에 가가를 지어서 머물게 한 것이었다. 물론 많은 인원이 오지 않았을 때에는 이들도 남별궁 안에 거처한 것 같다. 1784년(정조 8) 12월 모화관에서 칙사를 전송할 때 가정(家丁)과 짐바리[복태(卜駄)]가 뒤처진 것을 알고 정조가 선전관 박기풍(朴基豊)에게 남별궁으로 달려가서 이들을 일일이 내보낸 뒤 복명하라고 명한 것에서 유추된다.[125] 객관의 용도로 지어진 태평관의 좌·우행랑[동·서랑]에 두목이 거처했듯이, 애초 객관을 목적으로 건립된 것은 아니지만 남별궁에도 그러한 용도의 건물이 있어서 두목이 머무르지 않았을까 예상된다.

갑작스런 두목의 인원 증가로 초옥을 지어서 해결했다. 초옥의 규모나 개수가 어느 정도인지는 구체적으로 알 수 없고, 초옥을 짓기 위해 어떤 곳을 훼철한 기록도 찾아지지 않는다. 그러나 많은 인원의 두목을 수용하려면 상당한 규모의 장소를 할애했을 터, 그로 인하여 태평관 주변 영역의 정비 역시 이루어졌을 것이다. 초옥이 잠시를 위한 임시 건물이든 아니든 결과적으로 태평관의 영역이 넓어진 것은 사실이다.

이번의 사례 역시 인원 증가라는 현실적인 문제가 대두되면서 태평관의 전반적인 규모에 변화를 초래했다. 임시방편으로 초옥을 지어 대처했으나 이러한 경험은 차후 태평관의 수리 혹은 영역에 대한 진지한 고민을 불러일으킬 여지가 다분하다.

5) 1433년(세종 15) 수리 완료와 흥천사 활용

(1) 태평관의 수리 완료

예상했던 것처럼 이듬해인 1432년(세종 14) 11월에 이르러 태평관의 영구(營構)에 관하여 논의했다. 한 해 전 너무 많은 두목이 와서 조선 정부에서 이들의 접대로 곤욕을 치렀다. 그때 온 사신 중 장동아를 제외한 창성과 윤봉, 장정안이 이해 5월에 또 조선에 왔다. 경우(耕牛) 1만 쌍을 요동 시내에 가서 화매(貨賣), 해청·토표를 채포하여 호송, 내관 장동아 등이 백산(白山) 등지에서 공무를 행하는 동안 소용되는 식량 480석을 요동으로 운반 등의 목적으로 온 이들은 5월 29일에 와서[126] 12월 6일에 떠나[127] 저번보다 조선에 더 오래 머물렀다.

이들이 태평관에 유숙하고 있는 동안 태평관의 '영구'건이 나온 것이다. 연이어 비슷한 과정을 겪으면서 태평관 '영구'건이 등장하는 것은 하등 이상할 것이 없다. 뿐만 아니라 태평관 '개조' 안건은 세종 초부터 거론되었으므로 그 동안의 면면을 본다면 이번의 '영구'건은 결코 새롭지 않다.

11월 12일 공조에서 내년 봄 태평관을 영구할 때 경군(京軍)의 수가 적기 때문에 여러 도의 승도들을 쇄환하여 관(官)에서 비용과 식량을 주고 그들을 공역에 투입하기를 청했고 세종이 그 말을 따랐다.[128] 또다시 태평관 공역에 승도가 동원될 형세이다. 그리고 거기에 들어가는 비용은 관에서 담당한다는 내용이다.

공조에서 말한 내용을 보면 이번 태평관의 '영구'건 역시 갑자기 나오지 않은, 이보다 앞서 이 건에 관한 논의가 있었던 것 같다. 영구의 대상이 태평관으로 정해진 점, 공역 시기가 이미 결정된 상태에서 역사를 담당할 사람들과 그들에게 제공하는 비용을 논하는 점 등에서 짐작된다. 사전에 논의가 되었기에 그와 같은 논의가 나올 수 있어서이다.

사실 태평관이 공역의 대상이라고 하지만 이번에는 '청사와 그에 딸린 동·서헌'이 될 공산이 크다. 1429년에 있었던 태평관 수리가 세종의 후회로 이를 제외한 '좌·우행랑과 어실'의 개영에 그쳤기 때문이다. 그렇다면 여기에 투입할 사람과 물량은 '좌·우행랑과 어실'에 투입한 그것보다 적지는 않을 것으로 예상된다. 물론 건물 규모에 따라 달라질 수 있겠지만 '청사와 그에 딸린 동·서헌'이 '좌·우행랑과 어실'보다 핵심 공간이기도 해서이다.

조선은 모든 질서를 '예(禮)'에 따라 차등적으로 구분짓는 유교 국가였다. 신분적 위계가 뚜렷하여 지위나 신분에 따라 의례 절차, 의물, 건물 등 곳곳에서 그 위계를 드러내는 장치가 내재해 있었다. 태평관 역시 예외라고 보지는 않는다. 그렇기에 '두목이 묵는 좌·우행랑'과 '국왕이 잠시 쉬는 어실'보다 '의례를 행하는 청사'와 '사신이 묵는 동·서헌'의 공역에 더 심혈을 기울일 가능성이 크기 때문이다.

공조가 한 말대로 이듬해인 1433년(세종 15) 2월 15일, 여러 도의 승군(僧軍) 1천 명을 징발하여 태평관의 공역에 나아가게 했고, 그들에게 날마다 세 때의 요(料)를 지급했다.[129] 승군 1천 명과 제조(提調) 이외에 이 공역에 직접적으로 참여하는 인원에 대한 기록이 발견되지는 않지만[130] 승군 1천 명의 징발 그 자체만으로도 이번 공역의 규모 역시 작지 않을 것임을 짐작하게 한다.

얼마 뒤 3월 5일, 세종은 전교를 내려 태평관의 공역 진행에 대해 자신의 생각을 드러냈다. 사신이 4월에 오지 않으면 반드시 5월에 올텐데 그때까지 태평관을 미처 개조하지 못할까 염려하며 잠시 예전대로 두는 것이 어떠한지, 그리고 자신이 전에 개작(改作)을 명한 것은 대청이 좁아서 날씨가 더우면 연향을 베풀기 어렵기 때문이라고 했다.[131]

전에 명한 개작은 1429년에 있었던 태평관 공역을 가리킨다. 그럴 경우 그 당시 원래 개작의 대상은 대청이라고 볼 수 있다. 하지만 인적·물적 손실로 인하여 이미 헐은 '좌·우행랑과 어실'만 개영하고 청사의 수리는 그만두게 하여 실행하지 못했다. 그때 수리하지 못한 대청을 이번에 하려 한 것이다. 결국 이번 개작의 목적은 대청의 수리였다.

대청을 수리한다면 그에 딸린 동·서이방이 수리 대상에 포함되는 것은 자연스럽다. 찬성 이맹균(李孟畇, 1371~1440)이 상교(上敎)가 지당하다며, 사신이 만약 5월에 오면 미처 개조하지 못하겠지만 동·서이방은 모름지기 제때에[급시(及時)] 탁 트이어 시원하게 개조할 수 있다는 말에서 알 수 있다.[132] 대청이 완공되지 못하더라도 사신이 머무는 동·서이방의 공역은 완료할 수 있다는 뜻이다. 이로써 동·서이방이 동·서헌이라는 사실도 명확해진다.

주목되는 것은 '동·서이방'을 탁 트이어 시원하게[창활(敞豁)] 개조한다는 점이다. '창활'은 '높고 탁 트이다.'는 뜻이다. 이는 기존의 규모보다 높고 크게 짓는다는 의미이기도 하다. 대청에 딸린 건물의 규모를 이전보다 높고 크게 짓는다면 대청 역시 그에 비례하여 규모가 커질 것임은 미루어 짐작할 수 있다. 그리고 세종도 대청의 좁음이 개작의 이유라고 했다. 전반적으로 이번 공역은 '대청과 동·서이방'을 개조하되 기존의 규모보다 높고 크게 하는 것이 목적이었다.

세종이 염려하던 4, 5월에는 사신의 방문이 없었다. 이해 사신이 처음 방문한 시기는 윤8월이었다.[133] 다행히 그보다 앞서 태평관의 공역이 마무리되었다. 6월 2일 세종이 태평관에 행행하여 개영(改營)의 상황을 구경하고 연향을 베풀어 공역의 담당자인 제조들을 위로한 것에서 알 수 있다.[134] 따라서 동·서이방은 물론 대청까지 공역이 완료되었을 것으로 본다.

북쪽에 있는 누(樓)가 공역의 대상에 들어갔는지는 분명하지 않지만 '좌·우행랑과 어실'에 이어 '동·서이방과 대청'까지 태평관의 주요 건물의 수리가 이로써 일단락되었다. 세종은 '세상이 다스려지고 백성이 편안하면 사치스러운 마음이 생겨서 영선(營繕)하는 일이 일어난다. 그러나 태평관의 영건을 여러 해 계속해서 추진한 것은 태평관이 조정 사신이 거처하고 그들을 대접하는

곳이므로 이곳의 수리는 국가의 공역(公役)이기 때문이다.'라고 강조했다.[135]

세종이 1429년과 1433년 두 번에 걸쳐 많은 승도·승군을 동원하여 태평관 건물 규모의 증축을 추진했다. 유정현의 말처럼 그동안 사신을 많이 접대했으니 이후에도 사신이 올 때마다 수보해서 대접하면 된다. 그러나 세종은 사사로운 감정으로 일으킨 공역이 아닌, 태평관이 중국 사신과 관련된 공적 영역의 공간이라는 명분을 내세워 그것의 수리를 추진했다. 결과적으로 태평관에 있는 건물 규모가 이전보다 커졌고, 주변 영역도 넓어졌다.[136] 태평관의 건물과 그것의 수리, 공간과 주변 영역에 관한 세종대 기록은 여기까지이다.

참고로 모든 공역이 끝난 이후 태평관의 상황을 보여주는 기록이 있다. 1444년(세종 26) 1월 '회시(會試)를 성균관·창덕궁·태평관처럼 광활(廣闊)한 곳에 장소를 나누어서 시험하여 뽑는다면[분소시취(分所試取)] 거자(擧子)의 수가 적어져 시취하기가 조금은 정밀해질 것이다.'라는 기사이다.[137] 이러한 모습은 1533년(중종 28) 시장(試場) 처소는 태평관처럼 광활한 곳으로 택해야 한다는 중종의 전교에서도 볼 수 있다.[138]

두 기사에서 공통적으로 등장하는 '광활'이라는 단어가 주목된다. '광활'은 태평관의 전반적인 영역을 아우르는 표현이다. 세종대 공역의 결과로 건물의 증축은 물론 주변 영역까지 확장되어 오랫동안 고민해 왔던 공간 협소 문제가 해소되었고 그러한 상황이 중종대까지도 변함이 없음을 보여준다.

⑵ 흥천사의 숙소 활용

여기서 짚고 넘어갈 곳이 있다. 바로 태평관 주변의 사찰이다. 앞서 태평관의 가까운 곳에 지천사가 있으며, 지천사는 반인의 관사가 되면서 태평관의 영역에 들어갔다고 했다. 그렇다면 정릉(貞陵)의 원찰로 건립한 흥천사는 어떠한가.[139] 흥천사 역시 태평관과 관련하여 언급된 바 있다. 맹사성이 태평관을 흥천사로 옮기는 방안을 제시할 때 및 혹자가 태평관의 수리 기간에 사신이 온다면 임시로 흥천사를 접대하는 곳으로 활용하는 안을 내놓을 때 등등이다.

먼저 흥천사의 위치이다. 『세종실록지리지』에 따르면, 흥천사는 '황화방'에 자리하고 있고,[140] 태평관 역시 숭례문 안 '황화방'에 있다고 되어 있다.[141] 따라서 지리적으로 태평관의 부근에 있어서 태평관 주위에 있는 사찰 범위에 넣을 수 있다. 이러한 지리적인 가까움으로 인하여 혹자가 흥천사를 사신의 접대 처소로 언급했을 수 있다. 그리고 실제로도 그러한 일이 일어나기도 했다.

태평관의 공역이 마무리된 뒤 5개월 즈음 지난 11월, '사신' 백호 왕흠(王欽)과 사인 왕무(王武)가 왔을 때이다. 이들은 태평관으로 이동하여 자신들보다 먼저 와 태평관에 머물고 있던 창성·이상(李祥)[142]을 만나 본 뒤 흥천사에 유숙했다.[143] 그야말로 혹자가 낸 의견처럼 흥천사에서 접대하게 된 상황이 초래되었다. 그렇다면 이들은 왜 태평관이 아닌 흥천사에 머물게 되었을까. 사신이 머무는 동·서헌의 칸수가 부족해서인가. 태평관의 공역이 마무리된 이후에 왔음에도 흥천사에 머물게 된 것은 의문이 들 만하다.

그 해답의 실마리는 우선 태평관에 머물고 있는 사신의 상황에서 찾아야 할 듯하다. 앞서 명사 일행이 1년에 많게는 3~4번 오기도 한다고 했다. 하나의 그룹이 간 뒤에 다른 그룹이 온다면 세 그룹이 오든 네 그룹이 오든 문제가 없겠지만 그렇지 않고 사신들간에 머무는 기간이 겹칠 수 있다. 왕흠과 왕무 역시 입경하기 전 두 그룹의 사신이 동·서헌에 머물고 있다면 이들이 머물 곳은 없기 때문이다.

확인한 결과 왕흠과 왕무가 입경하기 전 두 그룹의 사신이 태평관에 머물고 있었다. 한 그룹은 이해 윤8월 10일에 온 지휘 맹날가래(孟捏哥來)와 백호 최진(崔眞) 등이고,[144] 다른 한 그룹은 10월 13일에 온 태감 창성과 내관 이상(李祥)·장봉(張奉)이었다.[145] 전자는 이해 12월 12일 도성을 떠났고, 후자는 장봉은 11월 7일, 창성·이상은 11월 16일 회정했다. 따라서 두 그룹의 사신 일행은 11월 10일 입경한 왕흠·왕무 일행과 머무는 기간이 겹친다. 왕흠·왕무 일행은 12월 7일 도성을 떠났다. 왕흠과 왕무 역시 '사신'이므로 두목이 거처하는 '좌·우행랑'에 유숙하게 할 수는 없다. 그러한 까닭에 흥천사를 임시로 이들의 숙소로 활용한 것이었다.

왕흠과 왕무가 도착하기 전 태평관의 공간 협소라든가 칸수 부족은 거론조차 되지 않았다. 사전에 흥천사의 활용이 정해져 있었기 때문으로 여겨진다. 이를 통해 두 그룹의 사신이 오면 동헌과 서헌에 각각 머물고, 한 그룹의 사신 일행이 추가로 오면 다른 곳을 활용한다는 사실을 알 수 있다.

이렇듯 세 번째로 온 명 사신 일행은 흥천사에 머물게 되었다. 이를 두고 흥천사가 태평관의 영역이라고 볼 수 있을까. 태평관에는 두 그룹의 사신 일행만 머물 수 있기에 흥천사는 임시 숙소로 보는 것이 합리적이다. 태평관에 머물고 있던 두 그룹 중 한 그룹이 떠나게 되자 왕흠과 왕무가 곧장 태평관으로 거처를 옮겼기 때문이다.

10월 13일에 온 사신 중 장봉이 11월 7일 먼저 귀국길에 오르고[146] 11월 16일 창성과 이상이 길을 떠났다.[147] 이들이 태평관을 비운 11월 16일 그날 바로 왕흠과 왕무가 흥천사에서 태평관으로 숙소를 옮긴 것이었다.[148] 왕흠과 왕무는 11월 10일에 와서 11월 16일까지 일주일 정도 흥천사에서 머무르다가 11월 16일부터 12월 7일 떠나는 날까지[149] 태평관에 머물렀다. 윤8월 10일에 온 맹날가래와 최진은 12월 12일 북경을 향한 귀국길에 올라서[150] 한동안 왕흠·왕무와 함께 태평관에 거처했다.

사신의 숙소로 흥천사가 임시로 활용되었다. 사신의 숙소로 승사(僧舍)를 활용하는 것이 당시에는 새삼스러운 일이 아니었다. 가령, 태종이 일본 사객이나 북방 야인의 거처를 두고 승사를 거론한 적도 있어서이다.[151] 불교국가 고려에서 유교국가 조선으로 바뀌었지만 모든 것이 일순간에 변화하지는 않는다. 사실상 거의 불가능하다. 따라서 사찰에 명 사신을 머물게 하더라도 이상하다거나 반대하는 시대 분위기가 아니었기에 가능했다.

마지막으로 흥천사의 태평관 영역으로의 편입 여부이다. 태평관과 가까이 있었던 '지천사'는 태평관의 영역으로 들어갔으나 흥천사는 지리적으로 태평관과 가까웠고 임시 숙소로도 활용되었으나 태평관의 영역으로 들어간 것으로 보기는 어려울 듯하다. 그와 같은 기록이 아직 찾아지지 않았을뿐더러 흥천사가 '태조의 원찰', '정릉의 원찰'이라는 이유 때문이 아닌가 한다. 특히 '태조의 원찰'이라는 이유가 가장 크게 작용하지 않았을까 추론된다.

태종대와 세종대에 있었던 태평관 건물의 추가와 수리, 주변 영역의 확장 등은 현실적인 필요에 따른 조치이자 결과였다. 현실적인 필요가 주요 원인이었다.

3. 문종~선조대 임진왜란 이전 태평관의 상황

조선은 명과 조공-책봉 관계에 놓인 번방(藩邦)이다. 명 사신은 황제를 대신하여 그의 명을 받들고 오므로 이들에 대한 대우에 심혈을 기울일 수밖에 없다. 객관의 마련도 그중의 하나에 해당하기에 태평관의 정비에 정성을 쏟았고 세종대에 이르러 일단락되었다. 태평관의 건물은 적어도 문헌에 등장한 것을 중심으로 볼 때 대청, 동·서헌, 동·서랑, 북루, 어실, 지천사 등으로 구성되어, 의례와 연향 설행 공간, 숙소, 조선 국왕의 임시 휴식처 등 객관이 갖춰야 할 핵심 건물은 마련되었다.

이러한 중요 건물 이외에 다른 건물들은 없었을까. 부속 건물이 없지 않았을 것이라는 추측이다. 영접도감에서 명 사신의 접대를 위한 총괄적인 업무를 담당하겠지만 실무를 위해서는 태평관 내에 부속 건물이 있었을 것이다. 이를테면 명 사신의 상황을 보고하거나 그들의 의견을 수렴할 조선 관원의 처소, 음식 대접을 위한 건물 등등이다. 태조대부터 세종대까지는 태평관의 중요 건물의 영건과 수리에 집중되어, 부속 건물의 여부나 그것에 대한 정보는 잘 드러나 있지 않았다. 태평관 속 건물 전반에 관한 파악이 필요하다.

이는 다른 한편으로 본다면 태평관의 전반적인 관리나 정비, 수리와도 연결된다. 여기에는 부속 건물만이 아니라 핵심 건물이 포함되는 것은 물론이다. 또 명 사신은 청이 중원의 주인이 되어 명을 대신할 때까지 꾸준히 조선에 왔고 인조대까지 이어졌다. 그러나 일단은 태평관의 정비가 일단락된 세종대 이후인 문종대부터 임진왜란이 일어나기 전까지 시기를 한정하여 명 사신이 올 때의 수리나 정비 및 그들이 오지 않아 비어 있을 때의 관리 등 태평관의 공간을 중심으로 그 상황을 다루어보고자 한다. 임진왜란 이후부터는 제4장 제2절에서 별도로 검토할 예정이다.

태평관은 그 자체만을 다룬 문헌이 별도로 있지 않다. 따라서 이상의 과제를 파악하기 위해서는 문헌에 나타날 때마다 정리하는 방법이 최선이다. 문종대부터 국왕대별로 정리하면 다음과 같다.

문종대이다. 태평관 안에 창고[고(庫)]가 있다는 내용이다. 문종대에 이 창고를 지은 것이 아니라 사신의 접대를 위해 물품을 넣어두는 곳으로 이전부터 있었던 것 같다. 영접도감 및 분예빈시에서 사신의 접대 비용을 핑계대며 경기 각관(各官)의 물선(物膳)을 많이 수납하여 '창고'에 두었다고 한다. 이 창고는 태평관 안에 있되 사신이 있는 곳과는 서로 떨어져 있었다.[152] 사신 접대를 위한 물품의 보관처였다.

단종대이다. 태평관의 중문(中門)과 대문(大門)이 함께 나온다.[153] 중문이 있다면 대문이 있는 것은 당연할 수도 있지만 문헌에는 국왕이 태평관에 이르렀을 때 '사신이 중문에서 국왕을 맞이하고 전송한다.'는 기사가 대부분이다. 중문만 주로 언급되었기에 '대문'도 있다는 것을 드러낸 바이다.

단종대에는 또 명사 진둔(陳鈍) 등이 지은 태평관이라는 제목의 시(詩)를 판에 써서 누 위에 단 적이 있었다.[154] 이를 두고 본 3항의 내용과는 무관하다고 지적할 수 있으나 건물에 새로이 무엇을 단 것도 약간의 변화라고 판단하여 포함시켰다. 이부낭중 진둔은 1452년(단종 즉위) 황제의 태자 책봉을 알리는 조서를 가지고 온 사신으로, 행인사사정 이관(李寬)과 함께 왔다.[155]

그 밖에 1454년(단종 2) 10월 태평관 동랑(東廊) 및 영접도감 30여 칸이 실화(失火)로 인하여 소실되었다.[156] 이 중에서 동랑은 어느 정도 소실되었는지에 대해서는 나오지 않는다. 또 태평관과 영접도감의 수리에 관한 기사 역시 『단종실록』에서 찾아지지 않는다.

세조대이다. 찬만(饌幔)을 설치한 장소가 등장한다. 구례(舊例)에는 태평관 서정(西庭)에 설치했지만 땅이 협착하여 지금부터는 태평관의 서문(西門) 밖으로 옮겨서 설치한다는 내용이다.[157] 여기서 두 가지 사실을 알려준다. 하나는 서문의 존재이다. 이제까지 중문과 대문이 거론되었는데 비로소 서문의 존재도 드러났다. 또 '서문'이라고 했으니 상대적으로 '동문'의 존재도 자연스레 유추된다.

다른 하나는 찬만이다. 찬만은 장막을 쳐서 음식을 올리기 전 그 음식을 점검하는 곳이다. 아마 사신에게 음식을 올리기 전 그 음식을 점검하는 곳인 것 같다. 찬만이 있다는 것은 그 주변에 음식을 만드는 곳이 있다는 뜻이다. 그리고 두 곳의 거리는 당연히 멀지 않을 것이다. 일반적으로 음식을 만드는 곳과 그 음식을 점검하는 곳이 멀리 떨어져 있지 않기 때문이다. 종묘를 예로 들면, 제수를 장만하는 전사청(典祀廳, 신주神廚)이 있고, 그 남쪽에 전사청에서 만든 제수(祭需)를 진설해 놓고 전사관(典祀官)이 살펴보는 찬막단(饌幕壇)이 있는 것과 같은 구조이다(〈도판 17〉).[158]

태평관에 있는 찬만을 '서정'에서 '서문 밖'으로 옮겼다고 했다. 음식을 만드는 곳을 다른 곳으로 옮긴 기록이 찾아지지 않는 가운데, 찬만의 설치 장소인 '서문 밖'은 음식을 만드는 곳은 물론 기존의 찬만 장소였던 '서정'에서도 멀리 떨어져 있을 가능성은 크지 않다.

이를 통해 태평관에 서문과 동문, 음식을 만드는 곳과 그 음식을 점검하는 찬만이 있음을 알 수 있다. 광해군대의 기사이지만 태평관에서 음식을 만드는 곳을 '주방(廚房)'이라 일컬었다.[159]

그 밖에 세조대에는 주목할 만한 건물이 2개 더 있다. 하나는 '후청(後廳)'이다. 1460년(세조 6) 3월 예과급사중 장영(張寧)과 금의위도지휘 무충(武忠)이 왔을 때이다. 이들은 3월 2일 입경하여 3월 10일 도성을 떠났다. 당시 세조가

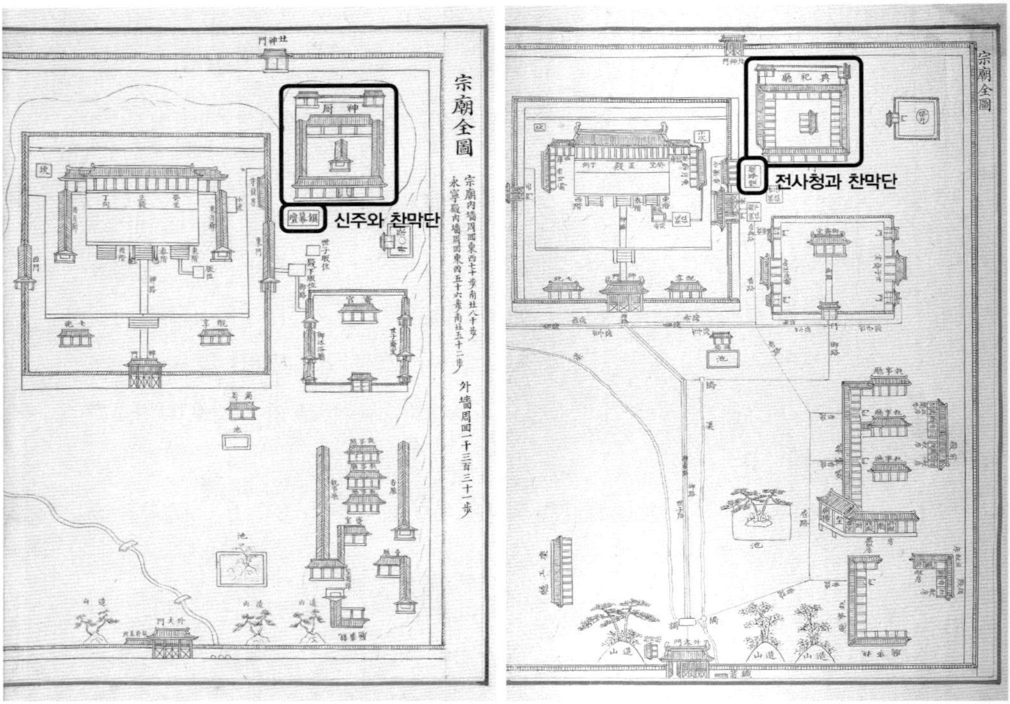

〈도판 17〉「종묘전도」, 『종묘의궤』, 규장각한국학연구원(좌) | 「종묘전도」, 『종묘의궤속록』, 규장각한국학연구원(우)

익일연을 베풀고자 태평관에 거둥했을 때 명사 장영이 한 행동에 등장한다. '장영이 관대(冠帶) 차림으로 후청(後廳)에 나가서 상이 이르기를 기다린다.'는 내용이다.160 후청에 대한 기록은 문종대에 왕세자와 사신이 서로 접견하는 의절에서 사신과 왕세자의 배위(拜位)를 설치하는 곳으로 언급된 적이 있다.161

문종대의 경우, 후청은 왕세자와 사신이 서로 접견하는 곳이므로 '뒤의 청' 혹은 '뒤의 대청'으로 해석하여 대청으로 보는 것이 합리적이다. 이는 세조대의 기사 역시 마찬가지이다. 따라서 후청이 별도의 건물로 존재한 것 같지는 않다.162

다른 하나는 월대(月臺)이다. 1468년(세조 14) 4월 태감 강옥(姜玉)과 김보(金輔)가 왔을 때이다. 이들은 4월 9일 입경하여 7월 13일 도성을 떠났다. 세조가 태평관으로 거둥하여 익일연을 베푸는 가운데 두 사신이 금강산을 보러 가는데 두목들도 모두 같이 가도 좋다는 세조의 말이 있었다. 이에 세조가 사급한 의립(衣笠)을 착용한 두목들이 월대 위에 나아가 사배(四拜)하고 머리를 조아려 사례했다.[163]

월대는 궁궐의 경우 왕실 구성원 중 국왕이나 왕후·세자·세손 등과 관련 있는 건물에 설치된다.[164] 가령, 살아 있을 때 정무를 보거나 거처하는 건물, 죽은 뒤에는 신주를 봉안하는 혼전(魂殿)이나 혼궁(魂宮) 또는 어진(御眞)을 봉안하는 진전(眞殿)으로 사용되는 건물 등이다. 태평관 역시 국왕이나 세자가 행차하는 곳이므로 예외가 되지 않는다는 사실을 입증한다. 그럴 경우 태평관 속 여러 건물 중에는 의례를 행하고 연향을 설행하는 대청에 월대가 마련되었을 것임에 틀림없다.

예종대이다. 예종대에 주목되는 건물은 동·서청(東西廳)이다. 두목들에게 음식을 먹일 곳으로 동·서청이 거론되었다.[165] 중종대에도 '두목에게 술을 대접하는 등의 일은 동청(東廳)에서 하는 것이 무방하다.'라고 나온다.[166] '동·서청'은 그동안 언급된 적이 없다. 현재로서 가능한 추정은 동·서청이 별개로 존재하거나 아니면 두목이 거처하는 동·서랑[좌·우행랑]의 일부라는 정도이다.

이와 관련하여 1539년(중종 34) 4월 10일자 기사가 참고할 만하다. 이날은 한림원시독 화찰(華察)과 공과좌급사중 설정총(薛廷寵)이 입경한 날이다. 이들은 4월 10일 도성에 들어와서 4월 16일 모화관을 떠났다. 중종이 청내(廳內)에서 두목들에게 음식을 대접하기를 청하자, 두 사신이 하인(下人)은 감히 올라올 수 없다고 하면서 관원에게 명하여 별청(別廳)에서 대접하기를 청했다.[167] 두목에 대해 사신이 '하인'이라고 표현하여 그들의 신분을 짐작하게 하며, 그런 까닭에 '청내'의 '청'은 대청을, 별청은 '동·서청' 정도의 위상을 가진 건물일 것으로 추정된다.

성종대이다. 성종대에는 두목과 관련하여 월랑(月廊)이 등장한다. 1470년(성종 1) 예종 국장으로 인하여 조선에 책봉·조문을 겸한 사신 두 명과 두목 30인이 왔다.[168] 두 사신은 태감 김흥(金興)과 행인 강호(姜浩)이다. 이들은 5월

1일 도성에 도착하여, 5월 25일에 강호가 먼저 경사를 향하여 도성을 떠났고, 김흥은 7월 18일에 모화관을 떠났다.

김흥 일행이 태평관에 도착하자 성종이 이들을 위해 하마연을 설행하던 중 천사에게 청하여 두목에게 술을 마시게 했다. 그러자 두목 등이 차례로 월랑에 서서 머리를 조아렸다[고두(叩頭)].[169] 또 김흥이 떠나기 전 태평관에서 설행한 전연(餞宴)에서도 성종이 직접 두목들에게 술을 공궤하고자 하니 김흥이 두목 등에게 월랑에서 고두하고 물러가게 했다.[170]

두목과 관련하여 월랑이 언급되는 사례가 하나 더 있다. '두목 등이 천사의 의물(儀物)을 가지고 월랑 동쪽·서쪽에 나누어 서서'라고 하는 부분이다.[171] 이는 1492년(성종 23) 6월 27일 유자광(柳子光, 1439~1512)이 한 달 전 5월에 온 명 사신이 귀국하는 날의 상황에 대하여 성종에게 말하는 내용 중 일부이다. 5월에 온 명 사신은 병부낭중 애박(艾璞)과 행인사행인 고윤선(高胤先)이다. 이들은 5월 28일 도성에 들어와서 이튿날인 5월 29일 도성을 떠났다.

김흥 일행과 애박 일행의 사례에서 월랑은 새로이 등장한 건물이 아닌 '행랑'을 가리킨다고 보아야 할 듯하다. 좌·우행랑에 두목이 거처하기 때문이다. 그리고 무엇보다 유자광이 월랑의 위치가 '대청 앞'이라고 했기에[172] 행랑임이 명확해진다.

성종대에는 또 '새문(塞門)'이라는 문이 나온다. 국왕이 태평관에 이르면 명 사신이 대개 '중문'에서 맞이하는데 드물게 새문에서 맞이한 기사도 있다.[173] 1476년(성종 7) 2월 조선에 온 호부낭중 기순(祈順)과 행인사좌사부 장근(張瑾)이 왔을 때이다.

한편, 성종대에 수리와 관련하여 눈에 띄는 기사가 등장한다. 1476년 4월 이조에서 궁궐 및 태평관·모화관과 같은 대처(大處)는 전연사(典涓司)에서 담당했는데 전연사의 관원이 수리하는 공역에 있어 더디고 늦어지는 폐단이 있기에 선공감 제조 1원이 전연사의 제조를 겸차(兼差)하도록 청한 기사가 그것이다.[174] 그동안 태평관의 정비나 수리 담당처가 전연사라는 사실을 알려

준다. 전연사는 궁궐을 청소하고 수리하는[연치(涓治)] 임무를 담당한 종4품 아문이다.[175]

그 후 1479년(성종 10) 12월 태평관의 수즙(修葺)에 대한 논의가 있었다. 개축이나 증축이 아닌 이듬해에 명 사신이 온다면 오래 머무를 것이라는 예상에서 비롯되었다. 당시 성종과 신하들은 중국 조정의 구청(求請)이 전년보다 갑절이 되며, 내년에 사신이 온다면 폐해가 많이 생길 수 있고 또 오래 머무를 것이라고 염려했다. 그에 따라 성종이 '모든 일은 미리 도모하며 태평관은 더욱 마땅히 수즙해야 한다.'라고 일렀다.[176] 명 사신이 없어 태평관이 비어 있을 때 미리 태평관을 수리하여 대비하고자 한 모습이다.

성종대에는 또 태평관의 전반적인 모습을 보여주는 문헌이 있어 눈길을 끈다. 동월(董越)이 지은『조선부』가 그것이다. 현재 서점에 유통되고 있는『조선부』중 북경대학 소장 주기초본(朱琦抄本)『조선부』와 사고전서(四庫全書)『조선부』의 원문을 부록으로 수록한 책이 있다.[177] 또 조선의 문헌 중에는『신증동국여지승람』에『조선부』의 내용이 실려 있다. 태평관에 관한 세 문헌의 기록이 약간씩 상이하여 모두 제시하면 다음과 같다.

* 주기초본『조선부』: 태평관은 숭례문 가운데에 있다. 안은 전(殿)이고, 앞은 중문(重門)이며, 뒤에는 누(樓)가 있고, 동쪽과 서쪽에 낭무(廊廡)가 있다. 천사(天使)를 접대하는 곳이다.[178]
* 사고전서『조선부』: 태평관은 숭례문 안에 있다. 가운데는 전(殿)이고, 앞은 중문(重門)이며, 뒤에는 누(樓)가 있고, 동쪽과 서쪽에 낭무(廊廡)가 있다. 천사(天使)를 접대하는 곳이다.[179]
*『신증동국여지승람』: 태평관은 숭례문 안에 있다. 가운데는 전(殿)이고, 앞은 전문(殿門)이며, 뒤에는 누(樓)가 있고, 동쪽과 서쪽에 낭무(廊廡)가 있다. 천사(天使)를 접대하는 곳이다.[180]

태평관이 숭례문의 '중(中)'에 있는지 '내(內)'에 있는지, '전(殿)'이라는 건물이 태평관의 '내(內)'에 있는지 '중(中)'에 있는지, '전' 앞의 문이 '중문(重門)'인지 '전문(殿門)'인지 등의 차이를 보인다. 이렇듯 근소한 차이가 있지만 앞서 '태종대 건물 구성의 변화'와 '세종대 건물 규모 변화와 영역 확장'을 통해 드러난 태평관의 건물 중 핵심 건물 및 그것의 배치 상황을 잘 묘사하고 있다는 점이 공통적이다. 그중 '사고전서 『조선부』'와 『신증동국여지승람』에 실린 『조선부』'의 기록이 실제에 좀 더 가깝다.

연산군대이다. 연산군대에는 태평관의 수리를 진행하고자 한 것 같다. 1502년(연산군 8) 8월 경연에서 대사간 안윤손(安潤孫, 1450~1520)이 추수가 임박하여 백성들이 매우 주리고 곤핍해 있다고 하며 일시에 큰 역사[대역(大役)]를 아울러 거행하는 것은 온당하지 못하다는 뜻을 개진했다. 큰 역사는 '모화관과 태평관의 수리' 및 '휘순공주(徽順公主)의 집 조성', '선정전(宣政殿) 월랑의 개작(改作)'이다. 이 중에서 안윤손은 부득이하게 해야 하는 공역은 '모화관·태평관의 수리'와 '휘순공주의 집 조성'을 꼽았고, '선정전 월랑의 개작'은 불필요하다는 입장이었다.[181]

안윤손의 의견에 연산군은 답하지 않았다. 이후 선정전 월랑은 안윤손의 생각과 달리 개작에 들어갔다. 이듬해인 1503년 8월 '선정전 월랑의 개조로 인하여 경연을 정지한다.'는 홍문관의 말을 통해 공역이 진행되고 있는 정황이 포착된다.[182] 선정전 월랑의 수리를 명한 시점은 1502년 1월이었다.[183] 이후 이해 8월 안윤손의 반대가 있었고 이듬해 8월 개조가 진행되고 있는 것을 보면, 연산군과 이를 반대한 대간의 대립이 상당 기간 지속된 가운데 개조가 진행되었음을 보여준다.

문제는 본서와 관련된 태평관의 수리이다. 연산군대에 처음 온 명 사신은 태감 김보(金輔)·이진(李珍)과 행인 왕헌신(王獻臣)이다.[184] 이들은 1495년(연산군 1) 6월 3일 입경하여 6월 14일 왕헌신이 먼저 떠났고 김보·이진은 8월 18일 경사를 향해 출발했다. 그 이후 안윤손이 자신의 견해를 개진하는 1502년 8월에 이르기까지 명사가 조선을 방문한 기록이 없다. 그동안 모화관은 명 사신이 오는 것과 별개로 간간이 그곳에서 무과(武科),[185] 열무(閱武)와 관사(觀射),[186] 무사(武士) 시험,[187] 열무,[188] 시사(試射),[189] 친열(親閱),[190] 백관들의 정조사(正朝使) 일행 맞이,[191] 관사,[192] 유구국 사신을 위한 연향[193] 등을 위한 공간으로 활용되었다.

그에 비해 명 사신이 와서 머무는 태평관은 오랫동안 비어 있었던 듯하다. 연산군대에 명 사신이 두 번째로 온 시기가 1503년(연산군 9) 4월이며,[194] 처음 온 명 사신이 떠난 1495년 8월부터 두 번째로 명 사신이 온 1503년 4월까지 객관이 아닌 다른 용도로 활용된 기록조차 『연산군일기』에서 찾아지지 않기 때문이다. 그런 까닭에 태평관의 수리는 갑작스런 파손보다 오랫동안 비어 있어 낡아서일 가능성이 크다.

그렇다면 그 이유만 있었을까. 이전처럼 수리를 하게 된 계기가 명 사신의 방문이지 않을까. 안윤손이 태평관의 수리를 거론하는 즈음의 전후 사정을 검토해 볼 필요가 있다.

1502년 1월 의정부의 세 정승이 1년 경비 이외의 잡처 용도(雜處用度)의 수량을 보고한 뒤 내년 봄에 중조(中朝)에서 사신을 보내는데 그들의 접대 비용에 대해 염려했다.[195] 내년 봄에 사신이 온다는 사실을 알려준다. 이보다 일주일 전에는 연산군이 세자를 책봉하는 일로 예관하게 하문했고,[196] 이해 9월에 세자 책봉을 청하기 위하여 사신을 경사에 파견했다.[197] 조선에서 세자 책봉을 주청했을 때 명에서 대부분 허락해주었기에 이듬해 봄에 명 사신이 조선에 오는 것은 좀 더 분명해진다.

실제로 이듬해 봄인 1503년 4월 명 사신이 왔고 그들이 온 목적이 왕세자의 책봉을 알리기 위함이었다.[198] 이것이 연산군대에 명 사신이 방문한 두 번째였다. 안윤손이 언급한 이 당시 태평관의 수리는 결국 그전처럼 향후에 올 명 사신을 위하여 오랫동안 비어 있던 태평관의 정비가 목적이라고 볼 수 있다.

다만, 『연산군일기』에 당시의 수리 상황을 알려주는 기록이 발견되지 않는다. 따라서 당시 태평관의 상태가 어떠하며 어느 정도의 규모로 수리할 것인가에 대해서는 알기 어렵다. 예전부터 명 사신이 온다는 소식이 조정에 알려지면 그때부터 수리 혹은 정비를 해 왔기에 이번에도 그 수준으로 진행하지 않았을까 짐작된다. 그러나 안윤손이 '일시에 대역(大役)을 아울러 거행한다.'고 한 표현에서 이번 태평관의 수리는 단순한 정비 차원에 그치지 않을 것임을 예고한다.

그럼에도 건물의 증축이나 추가 건립 등 기존의 건물에 커다란 변화를 줄 정도는 아니었을 것으로 예측된다. 건물의 증축이나 추가 건립은 일반적으로 대대적인 공역을 수반하기에 그럴 경우에는 기록으로 남겼을 가능성이 있어서이다. 비어 있던 시간이 길었던 만큼 그것에 비례한 정비 차원의 공역 규모가 뒤따랐을 것이고 그것을 '대역'이라고 표현하지 않았을까 한다.

중종대이다. 중종대에는 한 번 더 언급하겠지만 친영(親迎) 공간으로 사용하기 위하여 태평관을 수리했다. 『중종실록』에는 '태평관을 수리하여 관소(館所)로 삼았다.'고 기재되어 있을 뿐,[199] 어느 곳을 어느 정도 '수리'한 것에 대한 내용은 실려 있지 않다. 이 역시 건물의 규모에 변화를 줄 정도는 아니며 정비 차원의 수리라는 뜻으로 이해된다.

이외에 중종대에는 태평관 건물과 관련하여 눈여겨볼 만한 몇 가지가 있다. 첫 번째는 '두목방(頭目房)'이다. 1523년(중종 18) 7월 충청도 해도(海島)에 표류한 8명을[200] 어느 곳에 머물게 할 것인가를 논의하는 중 좌의정 이유청과 우의정 권균이 태평관의 두목방을 추천했다.[201] 1537년(중종 32)에는 송희온(宋禧溫)을 '두목방'의 통사로 삼았다.[202] 두목방은 '두목이 거처하는 방'이라는 뜻이므로, 태평관의 건물 중 좌·우행랑[동·서랑]을 가리킨다.

그 밖에 두목과 관련한 '방'의 다른 이름이 발견된다. 1542년(중종 37) 자제두목(子弟頭目)이 들어가는 '자제입접방(子弟入接房)',[203] 이를 조선에 온 요동진무 이시(李時)·강진(康鎭) 등은 '타각부방(打角夫房)'이라 표현했다.[204] '자제입접방'과 '타각부방' 역시 두목이 거처하는 곳이므로 '두목방'과 동일하다. 따라서 '두목방', '자제입접방', '타각부방' 등은 모두 좌·우행랑[동·서랑]의 다른 명칭이다. 세 방은 제3장 제1절 중 명 사신 이외의 사람들이 태평관에 머문 사례를 다룰 때 거론하여 여기서는 구체적인 정황 설명은 생략하겠다.

두 번째는 관반청(館伴廳)이다. 관반청은 사신이 와서 객관에 머물고 있을 때 이들의 접대를 맡은 관원이 거처하며 집무를 보는 곳이다. 『조선왕조실록』에는 세종대 '관반청사(館伴廳事) 정인지(鄭麟趾, 1396~1478)'라는 기사,[205] 중종대(1522, 중종 17) 의주 성 밖에 있는 의순관에는 관반청이 없다는 기사,[206] 또 중종대(1523, 중종 18) 전라도에 표류하여 사로잡힌 당인(唐人)을 태평관 관반청으로 옮겨 두고 표류되어 온 이유를 밝히려는 기사[207] 등에서 확인된다.

세 기사 중 세 번째 '태평관 관반청'이 콘서와 직접적으로 관련된다. 1523년 8월 전라도에서 잡힌 당인을 태평관 관반청으로 옮겨서 그들이 표류되어 온 이유를 밝힌다는 것은 이들을 추문(推問)한다는 뜻이다. 1523년에는 조선에 온 명 사신이 없어 태평관 전체가 비어 있고, 관반청 역시 비어 있기에 이곳을 추문 장소로 삼은 것 같다. 이로써 태평관에 관반청이 있음이 드러났다.

세 번째는 건물의 구조이다. 태평관이 영내(楹內)와 영외(楹外)의 구별이 있다는 점이다. 1536년(중종 31) 12월 평안도 관찰사가 태자 탄생을 알리는 조서를 가지고 한림원수찬 공용경(龔用卿)과 호과급사중 오희맹(吳希孟) 등이 조선에 온다고 보고하자,[208] 이들이 도착한 뒤 행할 의례를 대비하여 세자가 예를 연습하게 되었다. 중종은 세자가 영내·영외의 구별이 있는 태평관에서 해야 할 예를 익히기 위하여 역시 영내·영외가 있는 경복궁 사정전(思政殿)에서 습의(習儀)하라고 전교했다.[209] '영내·영외의 구별이 있는 태평관'이라고 할 때의 태평관은 태평관의 건물 중 대청을 가리킨다. 명 사신이 올 때 의례를 행하는 건물이 대청이기 때문이다.

네 번째는 앞서 언급한 상방(上房)과 동·서상방(東西上房)이다. 조서를 가지고 오는 천사가 묵는 방으로, '동·서헌', '동·서이방'의 다른 명칭이다.

중종대에 마지막으로 언급하고 싶은 것은 단종대에도 언급한 태평관의 중문과 대문이다. 그동안 태평관에 이르러 국왕이 어실에 머물렀다가 대청으로 들어가는 과정을 구체적으로 보여준 사례가 제대로 없었다. 공용경과 오희맹이 태평관에 머물고 있을 때 이러한 과정을 보여준다. 익일연을 거행하기 위해 중종이 어실에 있다가 태평관 대문 안에 이르러 여(輿)에서 내리자 두 사신이 중문 밖까지 달려 나와 맞이한 뒤 대청으로 들어가 서로 마주보며 각각 읍(揖)했다.[210] 익일연을 마친 뒤에는 두 사신이 중문 밖에서 중종을 전송했고 중종은 교(轎)를 타고 어실로 돌아왔다.

어실에서 대문 안까지 여를 탔으며, 여에서 내리자 두 사신이 그간 조선에 온 명 사신들이 행했던 것처럼 중문 밖에 이르러 국왕을 맞이했다. 이어서 대청으로 들어가서 서로 마주보며 각각 읍한 것이었다.

인종대이다. 인종대에는 '행각(行閣)'이라는 건물명이 눈에 띈다. 명 사신이 중종 국장에 조문을 위해 왔을 때 인종과 명 사신이 영조문에서 만나 태평관으로 이동했고 그 안에서 인종이 예를 행한 곳이 행각이다. 천사가 대청에 조서를 놓자 인종이 청(廳) 앞 행각(行閣)에 올라가 사배례(四拜禮)를 행했다.[211] 행랑은 중심 건물을 둘러싼 긴 건물로 행각과 구분 없이 쓰기도 한다. 따라서 인종이 사배례를 행한 행각은 청 앞에 위치한 행랑으로 보는 것이 무난할 듯하다.

참고로 임진왜란 이후이지만 태평관 속 건물을 제시한다는 점에서 제시하고자 한다. 광해군대의 기사인데, '동·서상방' 이외에 '협방(俠房)', '주방(廚房)', '제방(諸房)'이 있었다는 내용이다. 이는 『광해군일기』 '중초본'의 기록이고,[212] '정초본'에는 이 중에서 '협방'이 없는 차이가 있다.[213]

4. 태평관의 실내

태평관만을 다룬 문헌이 별도로 있지 않다고 했다. 그렇다면 태평관의 실내를 알려주는 문헌은 더더욱 찾기 쉽지 않으며 분량 역시 적을 것이라는 예상이다. 문헌에 나타날 때마다 정리하는 방법을 택하고자 하며, 그럴 경우 체계적인 정리가 어려울 수 있다.

1423년(세종 5) 10월 예조에서 명 사신에게 지응(支應)하는 폐단을 제거하는 조건으로 제시한 몇 가지 중 하나이다. 도벽(塗壁)은 모두 주지(奏紙)를 쓰고 창호(窓戶)는 하품(下品)의 도련지(擣鍊紙)를 사용한다는 내용이다. 이때 도벽과 창호에 사용하는 종이는 태평관 이외에도 명 사신이 지나가는 각관(各官)·각참(各站)의 청당(廳堂)·방사(房舍)에도 동일하게 적용되었다.[214]

세종대에 하나의 기사가 더 있다. 1450년(세종 32) 윤1월에 입경한 사신 예겸(倪謙)과 관련있다. 예겸이 재주가 많고 방광(放曠)하여 도중에 글을 지어 읊은 것이 여러 수십 편인데,[215] 고(藁)를 만들어 태평관의 벽에 내걸었다. 또 윤1월 8일에 예겸이 지은 '등루부(登樓賦)'는 누(樓)에 걸었다.[216] 태평관의 벽과 누에 예겸이 지은 글을 걸었던 것이다. 단, '등루부'를 누에 건 위치가 누의 '안'인지 '밖'인지가 분명하지 않지만 일단은 본서에 포함시켰다.

좀 더 구체적인 묘사는 『조선부』(1490, 성종 21)가 참조된다. '높이 2~3자[척(尺)]의 와탑(臥榻)이 있고, 휘장과 병풍으로 와탑을 둘렀다. 거기에는 산수와 대나무, 돌을 그리거나 초서(草書)가 쓰여 있다. 성긴 주렴은 반을 말아 올려 향 걸쇠로 걸었다.'는 내용이다.[217] 『조선부』의 내용은 명 사신이 머무는 동·서헌[동·서이방, 동·서상방]의 내부를 묘사한 것으로 이해된다.

태조대부터 고종대까지 태평관을 정리하면서 실내의 모습을 보여주는 기사는 필자가 확인한 바로는 이 정도이다.

제 2 절

임진왜란 이후 수리와 영역 활용

1. 선조대 임진왜란 이후~인조대 전반 태평관의 수리

임진왜란이 발생한 뒤에도 태평관이 존재하고 있었으며 1594년(선조 27) 6월 말에는 태평관의 '수보' 논의도 있었다. 수리 결과에 대해서는 기록이 찾아지지 않지만 이후 태평관이 여러 용도로 활용되었음은 제3장 제2절에서 확인했다. 곧, 광해군이 즉위하기 전까지 접견 장소, 객관, 영조칙 공간, 청연 공간, 친영 장소 등으로 사용되었다.

그다음에 태평관의 건물에 관한 기사가 등장한 시기는 전란이 끝난 뒤인 1602년(선조 35) 1월이었다. 2달 뒤 3월에 입경하는 한림원시강 고천준과 행인사행인 최정건을 위한 연향 처소를 논의하는 가운데 언급된 태평관의 어실이 그 대상이었다. 영접도감에서 예전부터 천사를 위하여 연향을 설행하는 처소에 대하여 설명하는 가운데 태평관의 공간과 당시 어실의 활용에 대해 설명하는 내용이 관심을 끈다. 그 부분을 제시하면 다음과 같다.

> 영접 도감에서 아뢰기를, "평소에 천사(天使)를 위한 연향 처소는 근정전 및 태평관의 남쪽 대청이었습니다. 대개 집들이 크고 공간이 널찍하여 비록 찬탁(饌卓)과 크고 작은 찬상(饌床)을 차리더라도 넓은 여지(餘地)가 있었으므로 상께서 천사와 예를 행하실 때 움직임을 주선하는 데에 있어 좌우가 모두 적당했습

니다. 과반(果盤)을 올리거나 각 차비 진지관(差備進止官)·어전 통사(御前通事)·무동(舞童) 등이 드나드는 데에 있어서도 구애되는 바가 없었으므로 빈연(賓筵)의 예모가 볼 만했습니다. 지금은 태평관의 어실(御室) 및 남별궁의 서청(西廳)을 연향을 베푸는 곳으로 삼으려고 하니 근정전 근처에 비하면 공간의 차이가 매우 현격합니다. 신들이 상용하는 상탁(床卓)의 넓이를 가지고 연청(宴廳)의 지형을 자로 재어보았더니 꽉 차게 되어 공간이 너무 적어서 비록 보계(補階)를 설치하더라도 또한 매우 군색하여 모양을 이룰 수 없었습니다."[218]

국가의 주요 행사를 거행하는 경복궁 근정전의 공간이 넓은 것은 물론이고 태평관은 세종대 공역의 결과로 '광활'해졌다. 따라서 두 곳은 명 사신이 오면 연향을 설행하는 주요 공간이었다. 그중 근정전은 임진왜란으로 궁궐이 소실되면서 사라져 현재는 태평관의 어실과 남별궁의 서청(西廳)을 연향 처소로 거론했다. 다만, 두 공간이 근정전과 태평관의 대청과는 달리 협소하다는 점이 문제라는 내용이다.

태평관은 어떠한 연유로 건물 중 '어실'을 연향 처소로 활용하려는지가 분명하지 않다. 그동안 의례와 연향을 거행한 대청 건물에 문제가 생긴 것 이외에는 추정조차 어렵다. 1594년 6월 말에 있었던 태평관의 '수보' 논의도 이러한 이유에 근거한 것인가. 사실 태평관의 곁에 위치한 어실은 국왕이 쉬기 위하여 마련된 곳이다. 쉰다고 했지만 그 실제는 국왕이 태평관에 도착하여 안으로 들어가기 전 잠깐 들어가 있을 때, 또 태평관에서 사신과 함께 있거나 연향을 설행하는 중간에 잠깐 나와서 쉬는 두 용도로 활용되었다. 이러한 공간을 명 사신과의 연향 처소로 삼기에는 부적합하다고 할 만하다.

남별궁의 서청(西廳)은 임진왜란 이후로 사신의 연향 처소로 활용되었다. 남별궁은 애초 객관을 목적으로 조성한 곳이 아니었지만 임진왜란 이후에 객관으로 활용되었고 남별궁 속 건물 중 하나였던 서청은 사신을 위한 연향을 베푸는 공간으로 사용되었다.[219] 그러나 서청이 근정전과 태평관의 대청처럼 넓지는 않았기에 영접도감에서 공간 협소를 문제삼은 것이었다.

태평관 어실과 남별궁 서청의 공간 협소에 대한 문제는 공간 협소를 제기한 영접도감의 다음과 같은 제안으로 일소되었다. 연청의 제도[청제(廳制)]는 갑자기 변경하기가 어렵기 때문에 탁자의 면적[탁면(卓面)]을 줄이자는 방안이었다. 탁자의 규모가 작으면 찬품(饌品)도 자연스레 감하게 되어, 좁은 지형에 맞을뿐더러 지나친 비용까지 줄일 수 있다는 장점을 내세웠다. 찬품의 감소는 화미(華美)하여 볼 만한 것은 그대로 두고 매우 번거롭고 중복되는 약간의 그릇만을 줄이는 것을 뜻했다.[220]

선조가 이 제안을 받아들임으로써 '태평관 어실'과 '남별궁 서청'의 확장을 위한 공역은 일어나지 않았다. 다만, 이 논의를 통해 태평관의 '대청'이 아닌 '어실'을 연향 공간으로 대체하려 한다는 사실을 알 수 있다.

그 뒤 선조대에 태평관을 수소(修掃)한 적이 있다. 1602년 7월 선조가 인목왕후를 새 왕비로 맞아들일 때 태평관에서 친영례를 설행하기 위함이었다. 친영례를 거행하기에 앞서 가례도감에서 수리와 청소는 물론 포진할 제구(諸具)도 미리 준비해야 한다고 했다.[221] 그렇다면 이때의 수소는 건물에 변화를 주기 보다는 친영례를 행하기 위한 정비 차원으로 예상된다. 도로의 정비가 포함되는 것은 물론이다.[222]

선조대에 마지막으로 태평관과 관련하여 언급할 것이 있다. 수치(修治)라든가 건물에 관한 변화는 아니고 주변에 새로 축조한 건물에 관한 것이다. 병조에서 태평관 뒤에 하나의 아문(衙門)을 새로 지었는데, 1604년(선조 37) 윤9월 한성부에서 사간원을 설치할 곳을 선조에게 아뢰던 중 거론된 곳이다. 이 아문의 건립 시점은 드러나지 않지만 비변사에서 점유하고 있다가 당시에는 비어 있었다고 한다.[223]

임진왜란 이후에 남별궁이 주요 객관으로 활용되면서 태평관의 위상이 예전만 못한 것은 사실이다. 조서와 칙서를 가지고 오는 사신이 남별궁에 머물게 되면서 그 이외의 당인들이 머무는 곳으로 변화했다. 그렇다고 조선 조정에서 태평관에 머무는 이들을 소홀하게 대우한 것은 결코 아니었다. 당인이 와서 태평관에 머물게 되면 그때마다 수리를 했기 때문이다.

이때의 수리는 손님을 맞이하기 위한 준비라는 점도 있지만 그들이 왔다가면 곧바로 훼손되었기에 이를 수리한다는 뜻이다. 당차(唐差)가 끊임없이 왕래하여 호조에서 번다한 비용을 문제삼을 정도였다. 가령, 1629년(인조 7) 2월 '바다를 표류해 온 당인 및 심수비(沈守備)가 태평관에 도착하기 전 수리를 마친 상태였는데 그들이 다녀간 뒤에 이들이 철취(撤取)할 리가 없겠지만 내외의 방사(房舍), 창호(窓戶), 장자(障子)에 바른 종이가 한 조각도 없었다.'는 보고에서 대략 상황이 그려진다.[224]

2. 인조대 중반 이후 태평관의 쇠퇴와 영역 활용

태평관은 이후 수리를 하지 않은 채 점차 쇠락해져 갔다. 1633년(인조 11) 10월 평상시 차관(差官)과는 차이가 있는 정 부총(程副摠)이 머물 태평관을 살핀 결과, 미처 수리하지 못하여 상방(上房)이 망가져서 입접할 수 없고 동서의 방실(房室)도 이미 철훼되어, 수리한다면 그 공역이 호대(浩大)할 것이라는 보고가 있었다.[225] 심지어 태평관이 '무너지고 훼손되어 형편이 없다[퇴훼무형(頹毁無形)]',[226] '퇴락하여 형편이 없다[퇴락무형(頹落無形)]',[227] '방치하여 형편이 없다[기폐무형(棄廢無形)]'[228] 등으로 표현되었다.

이렇듯 쇠락해져 가는 태평관의 상황을 더욱 가속화시키는 일이 발생했다. 계기는 1648년(인조 26) 2월 청인(清人)이 홍제원에 참(站)을 설치하게 하면서 비롯되었다.[229]

이해 3월 '칙사 일행의 폐단 제거 정례(定例) 칙서[칙행제폐정례칙(勅行除弊定例勅)]'를 가지고 상사 내한림 액(額)과 부사 하 합(哈), 삼사(三使) 호부주사 곡(谷), 사사(四使) 하 포(布) 등이 입경했다.[230] 이들은 3월 4일 입경하여 3월 12일 회정했다. 칙서의 조례(條例) 중 '이제까지 사신이 벽제(碧蹄)에서 자고 이튿날 왕경으로 갔는데, 이후로는 홍제원에서만 자고 이튿날 새벽에 곧장 왕경으로 가라.'는 내용이 있다.[231]

3월 6일 네 명의 사신 중 제삼사(第三使)가 칙서의 이 조항을 거론했다. 그는 홍제원에 관우(館宇)를 영조(營造)하는 공역은 경기(京畿)가 아닌 조정에서 담당하여 착실하게 거행해야 한다고 강조했다. 그러면서 비워 두고 쓰지 않고 있는[공기무용(空棄無用)] 태평관의 재목과 기와를 관우의 영조에 사용하는 것까지 허락을 받고 왔다고 했다. 태평관이 전부터 한인 관료들을 접대하는 곳이라는 사실이 북경의 문서에 기록되어 있어서 조선에서 마음대로 훼철하지 못할 것이라고 판단해서 취한 조처라고 했다. 물론 그는 조선에서 새 재목으로 조건(造建)한다면 태평관의 옛 목재를 쓰라고 권할 필요가 없다는 말까지 덧붙였다.[232]

여기서 짚고 넘어가야 할 점이 있다. 바로 태평관이 1648년 3월에 이르러서도 방치되어 있다는 점과 그 이유이다. 앞서 태평관의 상황을 '퇴훼무형(頹毁無形)', '퇴락무형(頹落無形)', '기폐무형(棄廢無形)'으로 표현했고 이번에도 '공기무용(空棄無用)'이라고 했다. 전반적인 태평관의 상황을 알려주는 이러한 표현은 태평관이 계속해서 방치되고 있다는 명확한 증거이다. 수리가 필요함에도 수리하지 않은 채 왜 방치했을까. 임진왜란과 병자호란으로 인한 물자의 궁핍을 하나의 원인으로 꼽을 수 있다. 하나 더 들면 남별궁이 주요 객관으로 활용되고 있다는 점이다.

우선 물자의 궁핍이다. '퇴훼무형', '퇴락무형', '기폐무형', '공기무용'이라고 한 표현을 감안하면 공역의 규모를 고려하지 않을 수 없다. 규모 자체가 작지 않을 것이라는 것 쯤은 선뜻 예상할 수 있다. 이는 쉽사리 공역을 일으킬 엄두조차 내지 못하게 했을 것이다. 세종대에 태평관을 수리하는 과정에서 그 공역이 상당히 호대했던 경험이 있었고 임진왜란과 병자호란 이후 물자의 궁핍은 이러한 상황을 가속화시키기에 충분했다. 대대적인 공역에 필요한 물자의 궁핍을 주요 원인으로 꼽는 이유이다.

다른 하나는 남별궁의 존재이다. 임진왜란 이후부터 태평관을 대신하여 남별궁이 주요 객관으로 활용되었다. 굳이 태평관의 수리를 위하여 막대한 공역을 일으킬 필요가 있을까 하는, 수리를 해야 하는 명분의 부족도 한몫했을 터이다. 마지막으로 하나 더 든다면 조선 정부의 입장이다. 제삼사의 말대로 태평관은 조선 초부터 한인 관료들을 접대해 왔던 객관이었기에 대대적인 공역이 어려운 상황에서 훼철조차 쉽지 않아 방치했을 수 있다.

제삼사는 이 중에서 세 번째인 태평관을 두고 어떠한 조치를 취하기 어려워하는 조선 정부의 입장을 고려하여 태평관의 재목과 기와를 홍제원의 관우를 짓는 데 활용해도 좋다고 한 것이었다. 그런데 거기에는 제삼사의 또 다른 의도가 내재해 있지 않았을까 한다. 이제 '조선–명' 관계가 아닌 '조선–청' 관계로 바뀐 상황이다. 한인 관료들을 접대해 온 태평관, 조선–명 관계의 상징적인 공간인 태평관을 훼철하여 그 재목을 청 사신이 머무는 홍제원의 관우 조성에 활용하려는 의도를 말한다. 임진왜란이 발발했을 때 도움을 준 명, 명이라는 국가를 상정하여 설치한 객관의 관명(館名)이 '태평관'이기 때문에 다른 건물도 아닌 '태평관'의 훼철을 거론했을 수도 있어서이다.

이때부터 태평관을 철훼하여 그 재목을 홍제원의 관우를 지을 때 활용할 것인지의 논의가 일었다. 당장 이튿날인 3월 7일, 비변사에서 이미 홍제원에 참을 설치했으므로 관우를 조성하는 것은 당연하다고 하면서 태평관의 재목과 기와의 활용에 긍정적이었다. 그런 까닭에 지금은 쓰지 않는 빈 공해(公廨)인 태평관을 철훼하여 그 재목과 기와를 활용한다면 좋겠지만 태평관이 오래되어 재목과 기와가 썩어 있을까를 염려했다. 그리하여 태평관을 간심(看審)하여 목재와 기와가 쓸 만한지의 여부부터 살펴보기로 결정했다.[233]

이틀 뒤 3월 9일 태평관의 재목과 기와를 간심한 결과, 태평관의 원래 칸수가 61칸인데 그중 23칸은 철거하여 쓸 수 있지만 그 나머지 38칸은 부적합한 것으로 판명났다. 여러 해 동안 빗물이 스며들어 거의 다 썩어서 쓸 만한 것이 상당히 적었던 것이다. 이러한 사실을 제삼사에게 전하자, 그는 이번 흉년에 재목을 새로 마련하려면 민폐가 클 것이기에 태평관의 재목과 기와를 활용할 것을 제안한 것인데 태평관의 상황이 그렇다면 조선에서 궁리하여 잘 처리하라고 답했다.[234]

3월 9일자 기사에서 단연 눈에 띄는 것은 태평관의 건물 규모이다. 조선 초 한양 태평관의 건립에서부터 지금에 이르기까지 태평관의 건물 규모에 관한 구체적인 기록이 관찬 자료에서는 찾아지지 않았다. 수리를 하거나 건물 규모의 증축, 영역의 확대가 있었으나 건물의 칸수에 관한 언급은 있지 않았다.

결국 1648년 3월에 이르러서야 태평관 건물의 칸수가 총 61칸이라는 사실이 드러났다. 세종대 공역을 완료한 이후 건물 규모에 관한 변화를 언급한 기록이 『조선왕조실록』에서 찾아지지 않지만 그 당시의 결과가 이때까지 이어지지 않았을까 조심스레 추정해 본다. 다만, 제대로 수리하지 않은 채 방치한 세월이 오래되어 이 당시에는 쓸 수 있는 칸수보다 그렇지 못한 칸수가 더 많아 태평관의 건물 손상이 상당히 심하다는 사실 또한 알 수 있다.

그 뒤 태평관의 활용 가능한 23칸을 철훼해서 그 재목과 기와를 홍제원의 관우 조성에 사용했는지의 여부는 불분명하다. 관찬 자료에는 분명하게 적기되어 있지 않아서이다. 『인조실록』 3월 10일자 기사에는 인경궁의 재목과 기와를 철거해서 홍제원을 짓도록 명했다고 하여,[235] 태평관은 언급되어 있지 않다. 태평관이라는 건물의 상징성을 고려하여 철훼하지 않고 그냥 두었을 수 있다. 그러나 앞서도 언급했듯이 『통문관지』와 『연려실기술』에 '태평관과 인경궁을 철훼하고 남아 있는 재목을 옮겨서 (홍제원을) 지었다.',[236] 『대동지지』에 '인조조에 철훼하여 홍제원을 지었다.'고 하여,[237] 태평관의 재목이 홍제원의 관우 조성에 투입되었다고 했다.

『인조실록』의 기록대로라면 태평관은 총 61칸 그대로 남아 있을 것이고, 『통문관지』와 『연려실기술』, 『대동지지』의 기록대로라면 '활용 가능한 23칸'을 공역에 사용했을 터이다. 만약 후자의 기록이 사실이라면 '어느 정도 훼철했을까'가 관건이다. 23칸을 모두 훼철했다면 태평관은 아무런 기능을 수행하지 못할 수 있다. 1648년 3월 이후 태평관의 상황을 확인해야 대체라도 가늠할 수 있을 듯하다.

인조대에는 이듬해인 1649년(인조 27) 5월 8일 인조가 세상을 떠날 때까지 태평관과 관련한 유용한 기사가 관찬 자료에 나타나지 않는다. 인조대 태평관의 상황에 대한 파악은 여기까지이다. 이후부터는 문헌에 관련 기사가 나올 때마다 정리하고자 한다. 효종대부터 국왕대별로 정리하면 다음과 같다.

효종대에는 '태평관·동평관·예빈시의 빈 터[공대(空垈)]는 으레 수세(收稅)한 일이 있다.'는 1건의 기사가 확인된다.[238]

현종대에는 '성 안 진장(賑場)을 설치한 세 곳 중 선혜청(宣惠廳)에는 죽을 먹으려는 백성들이 잠시 몸을 의탁하여 거주할[지접(止接)] 곳이 없어 태평관에 머무르게 한다든가',[239] 상평청(常平廳)의 진소(賑所)에서 죽을 먹는 굶주린 백성이 태평관에 유접(留接)한 기사 등이 나온다.[240] 기근으로 진장에 온 백성들이 머문 곳으로 태평관을 이용한 사례이다. 다만, 두 기사 모두 태평관의 어느 건물에 머물렀는지에 대해서는 아직 문헌에서 발견되지 않는다.

전자의 경우 부연설명을 하자면, 성 안에 설치한 진장이 세 곳인데 훈련원과 한성부, 선혜청이었다. 훈련원에는 가가(假家)가 많이 있고 한성부에는 공해(公廨)가 있어서 죽을 먹으려는 백성들이 의탁하여 머물 수 있었으나 선혜청에는 그러한 곳이 없어서 태평관을 활용한다는 내용이다. 두 번째 기사 역시 태평관의 용도는 같다.

참고로 첫 번째 기사에서 '선혜청'이라고 했으나 실제는 태평관 부근에 있는 '선혜신창(宣惠新倉)'이 더 적절하다. 『만기요람』에 선혜청의 '신창고(新倉庫)'가 본래 진휼을 설시(設施)하던 곳이라 한 기록도 있고,[241] 위치적으로도 태평관이 선혜청보다 선혜신창과 훨씬 더 근접해 있어서이다. 선혜신창은 태평관과 매우 근밀한 곳에 위치해 있는 반면, 선혜청은 그보다 동남쪽 아래이자 숭례문에 거의 닿아 있다(〈도판 18〉).[242] 따라서 선혜신창에서 진휼을 설시하고 태평관에서 백성들이 잠시 몸을 의탁한 것으로 이해된다.

현종대의 두 기사는 모두 1671년(현종 12)에 있었던 일의 기록이다. 당시는 '경신대기근'이라 불릴 정도로 심각한 재난이 닥쳐 전국적으로 기근에 허덕여 진휼이 최대 현안인 시기였다.[243] 경신년은 경술년(1670, 현종 11)과 신해년(1671, 현종 12)을 가리킨다.

숙종대에는 태평관의 터 안에 들어가 살고 있는 이선익(李善益)이라는 사람,[244] 남별전(南別殿)을 이건(移建)할 때 태평관 옛 터의 돌이 거론되었다.[245] 두 기사를 보면 '태평관 터', '태평관 옛 터'라고 하여 태평관 건물에 대한 언급이 없다. 마치 건물은 사라진 것처럼 의심된다. 뿐만 아니라 태평관의 터에 사람들이 살고 있다는 점에서 더욱 그러하다.

전자는 더 이상의 설명이 없어 의심에 그칠 수 있지만 후자는 그렇지 않다. 적지 않은 여염집이 많이 들어가 있다는 사실에서 의심을 확신으로 바꾸어줄 만하다. 어진을 봉안한 남별전을 이건할 때 석물(石物)이 많이 투입되는데 부석(浮石)의 공역은 폐단이 많아 태평관 옛 터의 돌을 가져다 쓰는 것이 마땅하지만 이곳에 여가(閭家)가 많이 들어가 있어 이것을 철훼하는 폐단에 대하여 염려하고 있는 것에서 볼 수 있다.[246]

태평관 터에 사람들이 많이 거주하고 있다는 것은 일시적이고 최근의 일로 치부하기가 어렵다. 공공의 터[공기(公基)]를 빌렸더라도 오래도록 들어가 살고 있는 집을 갑자기 철훼한다면 반드시 백성들의 원망이 있을 것이라는 지사 오시수(吳始壽, 1632~1681)의 말에서 추측된다.[247] 여염집만이 아니라 훈국(訓局)의 군병(軍兵)도 태평관의 터에 들어가 살고 있었다.[248]

이 밖에도 숙종대에는 도화(圖畫)에 관한 일을 관장하는 도화서(圖畫署)를 옮겨 설치할 곳으로 태평관 옛 터 300여 칸 획급 결정,[249] 관곽(棺槨)의 제조와 판매 및 예장(禮葬)에 필요한 여러 가지 물건을 공급하는 일을 관장하는 귀후서(歸厚署)의 관리들이 불시(不時)의 요구에 대비할 수 있도록 이들이 지접(止接)할 곳으로 호조에서 관장하고 있는 태평관의 빈 터 100여 칸의 획급 요청,[250]

지난날 태평관 터에 버려둔 돌과 석물을 축단(築壇) 및 유대(壝臺) 등에 사용[251] 등 태평관의 터에 관한 기사가 이어졌다. 숙종대 말미에 계미년의 『선칙등록(先勅謄錄)』을 소장한 기사가 나오지만[252] 어느 건물에 소장한 것인지는 기록되어 있지 않다.

도화서와 귀후서, 축단 및 유대의 부연설명이다. 먼저 도화서와 태평관 터 사이의 전말이다. 도화서는 전쟁으로 인한 화재를 자주 겪어서 옛 터만 남아 있다가 화원들이 스스로 물력을 갖추어 와가(瓦家) 800칸을 겨우 조성하여 생도를 교훈해 왔는데 병진년(1676, 숙종 2)의 전교로 인하여 도화서의 옛 터가 다 명안공주방(明安公主房)으로 들어가 다른 곳으르 옮겨 설치하기로 결정되었다. 그 결과 의정부 남쪽 담장 밖, 분예빈시 통례원 옛 터, 충익부 등에서 여러 차례 절수(折受)했으나 번번이 예조에 빼앗겨 최후에는 태평관 옛 터 300여 칸을 획급하기로 윤허를 받았다는 내용이다. 그런데 화원들이 스스로 재력을 갖추어 옛 터에 도화서를 다시 설치했다가 명안공주방에서 그 터를 절수하여 그들이 의접(依接)할 곳이 없게 된 시기는 무오년(1678, 숙종 4)이다.[253] 병진년(1676, 숙종 2)이라고 한 내용과 어긋난다.

다음은 귀후서이다. 귀후서가 용산강 위에 있는데 전교(傳教)가 불시(不時)에 나와서 귀후서의 관리들이 물러나 외서(外署)에 있을 수 없어 부득이하게 여염집 수칸을 세내었다. 이 관리들이 지접(止接)할 곳으로 호조에서 관장하고 있는 태평관의 빈 터 100여 칸을 획급하여 불시의 요구에 대비할 수 있도록 허락해 주기를 바란다는 내용이다.

마지막으로 축단 및 유대이다. 축단과 유대에 사용할 돌의 수가 호다(浩多)한데 별대영(別隊營)의 주초계체(柱礎階砌)의 돌로는 태반이 부족하여, 지난날 태평관 터에 버려둔 돌이 많이 있다고 들었기에 그 터에 사는 사람들로 하여금 파내게 한 뒤 실어와 가져다 쓴다는 내용이다. 그런데 3일 뒤 돌의 추가 공급에 대한 논의가 있었다. 단유(壇壝)에 필요한 돌이 매우 호다하여 별대영의 주초계체 및 태평관에 버려둔 돌을 합해도 오히려 많이 부족하여 '빈 터의 석물을 가져다 쓴 전례(前例)'가 있기에 일전에 태평관의 석물을 파내어 수송한 예(例)에 의거하여 한성부로 하여금 당부(當府)에 분부하여 거행하자는 제안에 숙종이 윤허했다.[254] 태평관 터에 있는 돌과 석물을 모두 이용하겠다는 기사이다.

인조대 홍제원에 관우의 조성을 위하여 태평관의 재목과 기와를 활용하려는 기사가 있은 이후 효종대부터 숙종대까지는 태평관 속 건물에 관한 기록보다 태평관의 '빈 터' 혹은 '옛 터'의 활용에 관한 기사가 대부분을 차지한다. 그곳에 사람들이 산다든가 관서에 획급해주는 방식이다.

여기서 한 가지 짚고 넘어가야 할 사안이 있다. 태평관의 주변 영역이다. 도화서에 옛 터 300여 칸, 귀후서에 빈 터 100여 칸을 획급한다는 기사는 태평관이 건물을 제외하더라도 전체 영역이 상당하다는 정보를 제공한다. 세종대 건물의 증축과 함께 주변 영역까지 확장되어 시험을 보는 장소[시장(試場)]로 사용할 정도로 '광활'하다고 했다. 도화서·귀후서에 400여 칸을 획급할 정도라면 그 '광활'의 의미가 대략 유추된다.

경종대에는 3건의 기사가 전한다. 첫째, 훈련도감의 군병 중 고향을 떠나 상경한 이들이 공공 기관의 터[공대(公垈)]에 거주하는 여러 곳 중의 하나가 예빈시 소관의 태평관 터이다.[255] 태평관 터에 6명이 들어가 살고 있었다. 태평관 터를 제외한 공대(公垈)는 장원·종부 등의 시(寺) 터, 한성부 터, 한성부 소관 모화관 산 아래 빈 터, 예빈시 왜관(倭館) 터 등이다. 둘째, 신묘년(1711, 숙종 37) 선혜청 및 진청(賑廳)의 곳집[고사(庫舍)]은 태평관의 빈 터에 만들어졌다[조작(造作)].[256]

마지막 셋째, 객관으로서의 태평관이다. 세 번째는 제3장 제2절 4항에서 언급했듯이 『경종실록』에 '경종이 태평관에서 청 사신을 위하여 향연을 설행했다.'는 기사이다. 같은 날의 『승정원일기』에는 태평관이 아닌 '관소'라고 기록되어 있어, 『경종실록』의 태평관 기록에 대하여 의문을 제기한 바 있다.[257]

영조대에는 2건의 기사가 참조된다. 하나는 1729년(영조 5) 7월 예빈시·사축서를 태평관 안으로 옮겨 설치하기로 결정한 기사이다. 태평관의 수직(守直)이 허술하여 잡인들이 들어와 지내거나 무뢰배들이 드나들어도 금지하지 않아 문호(門戶)나 와석(瓦石) 등을 멋대로 훔쳐가는가 하면 흙을 파내어 팔아먹기까지 하는 일이 발생했고, 칙사의 일행이 올 때마다 급박하게 수리하느라 번번이 허다한 물자와 인력을 허비하다가 이들이 돌아가고 나면 이전으로 돌아갔으며, 심지어 각 관사에서 칙사에게 지공(支供)하는 잡물을 보관해 두는 창고 속 물건의 태반이 유실되기까지 했다. 이 중에서 마지막 문제의 해결을 위하여 칙사의 지공을 맡는 예빈시·사축서를 태평관 안으로 옮겨 설치하여 태평관의 별제(別提)와 함께 숙직하여 그 문제를 해결하고자 했다. 그리고 만약 곳간이 부족하면 역적 집의 목재를 가지고 태평관 안의 빈 터에 곳간을 설치한다는 계획이다.[258]

이 기사에서 주목되는 것은 태평관에 대한 관리가 제대로 이루어지고 있지 않다는 점, 칙사 일행이 오면 수리한다는 점, 예빈시·사축서를 태평관 안으로 옮겨 설치 및 빈 터에 곳간을 설치한다는 점 등이다. 인조대 이후 태평관 터에 관한 기사가 대부분이었고 이 기사 역시 예빈시·사축서를 태평관 안으로 옮겨 설치 및 빈 터에 곳간을 설치한다는 점에서 같은 맥락이다. 다만, 그동안 건물에 관한 언급이 거의 없었는데 이 기사를 통해 칙사 일행이 오면 그때마다 수리한다는 사실을 알려준다. 수리하는 건물에 대한 구체적인 내용은 기록되어 있지 않지만 태평관이 중국에서 온 사신과 무관하지 않는 본연의 기능을 여전히 수행하고 있다는 점만은 분명하다.

다른 하나는 태평관의 옛 터로 별고(別庫)를 옮겨 설치하기로 결정한 기사이다.[259] 이 역시 태평관의 터와 관련되어 있다.

이상과 같은 정황은 태평관이 유명무실해진 것처럼 보이게 한다. 앞서 언급한 『국조속오례의』 속 '국조오례의고이'에 '태평관은 지금 남별궁이 되었다.'고 한 기록에서 방증된다.[260] 다만, 태평관과 남별궁은 엄연히 다른 영역이므로 이러한 해석은 글자 그대로 풀이한 것일 뿐, 태평관의 기능을 남별궁이 대신한다는 의미로 해석하는 것이 합리적이다.

정조대에는 청 칙사가 모두 6번 조선에 왔다. 6번 모두 경종대 마지막 1건의 기사와 동일한 양상을 보였다. 『정조실록』에는 태평관 혹은 태평관남별궁으로, 『승정원일기』·『일성록』에는 남별궁으로 국왕이 거둥한 것으로 기록되어, 어느 문헌의 기록이 정확한지에 대하여 의문을 제기한 바 있다.[261]

그 밖에 나례의 설행 여부를 두고 논의하는 가운데 태평관이 언급되었다. 1784년 10월 '전부터 칙사 일행이 오면 나례는 반드시 태평관에서 설행했는데 태평관이 오랫동안 쇠퇴하여[연구퇴비(年久頹圮)] 청 사신이 입경하는 기한에 맞춰 수리하기가 어렵다.'는 보고이다.[262] 오랫동안 태평관에서 나례를 설행해 왔으나 이제 그조차 설행하기 어려울 정도로 태평관의 상태가 좋지 않다는 것을 말해준다. 더구나 태평관이 무너지고 훼손되면서[퇴훼(頹毁)] 그곳에 민가가 많이 들어섰고 이 동절기에 이들을 철거하기도 어려워[263] 나례의 설행을 추진하기에 어려움이 있기도 했다.

당시 태평관의 상태가 좋지 못하게 된 이유를 든다면 바로 태평관의 방치이다. 1777년(정조 1) 3월 산질대신일등포적공 융흥과 내각학사겸예부시랑 영신이 다녀간 뒤 비로소 7년만에 사신이 오게 되었다. 이때 조선에 오는 청 사신은 내대신공 서명과 한림원시독학사 아숙이다. 7년이 훌쩍 지나서야 사신이 방문하게 되었는데, 그동안 관찬 자료에 태평관의 수리 기사가 없으며 '연구퇴비(年久頹圮)'와 '퇴훼(頹毁)'라는 표현을 통하여 태평관이 오랫동안 방치된 것으로 보기에 족하다.

순조대와 헌종대에는 태평관 자체의 기록은 관찬 자료에서 발견되지 않고 '태평관계(太平館契)' 기사가 전부이다. 철종대에는 개성에 있는 태평관 관련 기사가 전부이고, 고종대에는 개성에 있는 태평관 기사와 가례 공간을 논의할 때 한양 태평관이 거론되었다.

마지막 고종대 1건의 기사이다. 1879년(고종 16) 11월 세자의 가례 공간을 두고 조정에서 논의가 있었다. 대혼(大婚)의 별궁으로 효종의 잠저 시절 어거했던 어의궁(於義宮), 별궁의 영건, 국초에 행례한 태평관 등을 거론했다. 이때 고종이 '태평관은 남별궁이 아닌가.'라고 묻자 약방 도제조 이최응(李最應, 1815~1882)이 '태평관은 남문(南門) 안에 있고 남별궁이 아니라고 합니다.'라고 답했다.[264] 고종은 태평관과 남별궁이 같다고 생각한 것 같고, 이최응은 자신의 뜻을 개진한 것이 아닌 다른 사람들의 말을 인용했다.

태평관의 존재에 대해 고종과 이최응 둘 다 제대로 이해하지 못하고 있다. 이는 당시 사람들이 태평관에 대하여 인식조차 못하고 있거나 뇌리에서 사라졌을 정도로 그 기능을 상실했다는 반증이기도 하다. 앞서 고종대 이전 태평관의 실상에 대하여 문헌을 제시한 바 있다. 『연려실기술』의 '태평관이 임진년 후에도 별 탈이 없었는데 인조대에 홍제원에 사관(使館)을 지을 때 철폐된 것인가', 『한경지략』의 '금폐'라고 한 언급이 그것이다. 여기에 더하여 『궁궐지』와 『동국여지비고』의 '중조(中朝)의 사신을 접대하던 태평관이 지금은 칙사가 왔을 때 나례를 비대(備待)하는 곳일 뿐 천사를 접대하는 규정이 없다.'라고 한 언급 역시 마찬가지이다.[265]

태평관의 이러한 실상이 1879년에도 이어진 것으로 이해된다. 다만, 지도에는 이후에도 태평관의 위치가 표시되어 있다. 예를 들면, 1902년(광무 6, 고종 39)에 제작된 〈서울地圖〉에 '태평관' 세 글자가 쓰여진 것에서 입증된다(〈도판 18〉).[266]

마지막으로 태평관의 위치이다. 태평관은 임진왜란 이후에 그 위치에 변화가 있다는 기사가 나오지 않는다. 『동국여지지(東國輿地志)』[267]를 비롯한 『연려실기술』, 『한경지략』, 『궁궐지』, 『대동지지』, 『동국여지비고』 등 조선후기에 편찬된 여러 문헌에도 '숭례문 안'이라고 기록되어 있고,[268] 이최응이 숭례문인 남문 안에 있다고 한 말에서 변화가 없다고 볼 수 있다. 앞서 〈도판 8〉과 〈도판 9〉는 물론 바로 다음에 나오는 〈도판 18〉의 〈서울地圖〉에도 태평관은 숭례문에 가깝게 표시되어 있다.

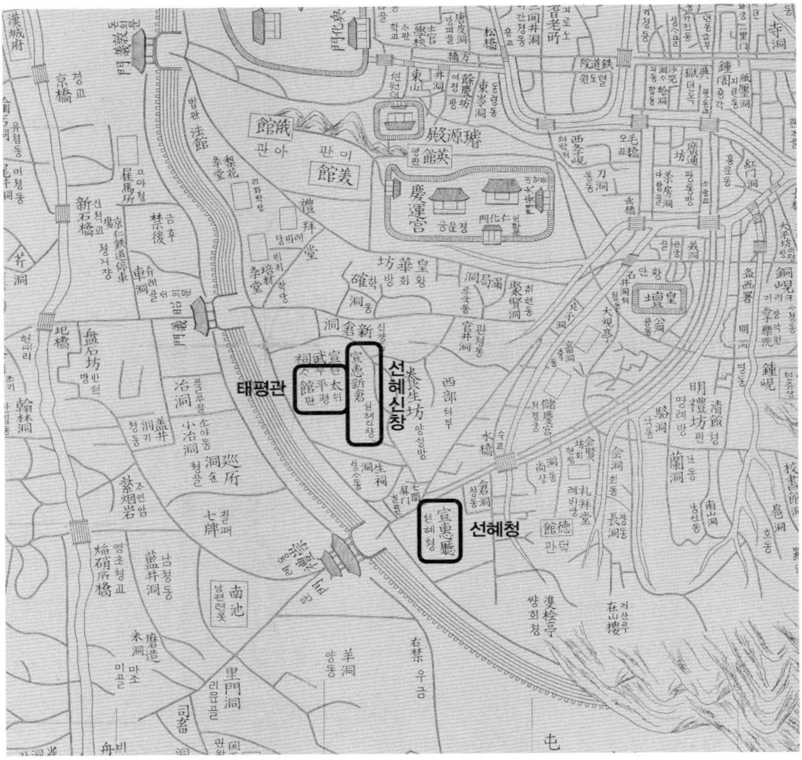

〈도판 18〉 태평관과 선혜신창(宣惠新倉), 선혜청(宣惠廳)의 위치, 〈서울地圖〉, 『서울의 옛 地圖』

제 5 장

한양 태평관 : 제반사(諸般事)

제 1 절

태조~예종대 : 조선-명 관계의 정비

한양에 건립된 태평관은 일시적으로 다른 나라의 사람이 머문 적도 있으나 '관명'에서 보듯 명 사신을 위한 객관임이 명약관화했다. 다만, 객관이라고 하여 단순히 숙소로서만 기능하고 다른 일은 벌어지지 않았을까.

태조대 개성도읍기 때에는【부표 1】에서 보듯 객관은 기록이 나오지 않아 알기 어렵지만 이들이 머무는 동안 이들을 위한 접대는 대부분 연향의 설행이었다. 태종대 개성도읍기 때 역시【부표 2】를 보면 그들이 머무는 동안 객관인 (개성) 태평관에서 그들을 위한 접대는 연향의 설행이 다수였다. 그러나 접대의 차원을 벗어나 간간이 의례를 설행하기도 하고 다례를 행하기도 하며 물품을 주기도 하는 등 그곳에서 일어난 일이 조금 더 다양해졌다.

제5장 제1절과 제2절에서는 개성도읍기를 제외한 한양 태평관에서 있었던 일을 짚어보고자 한다.【부표 1】과【부표 2】에 제시한 것처럼 한양 태평관에서도 이러한 일이 지속적으로 일어났는지, 아니면 좀 더 다양한 일이 벌어졌는지 등에 관하여 알아보려는 의도이다. 특히 사신마다 오는 목적이 다르지만 조선-명과의 관계가 시간이 흐름에 따라 어떻게 바뀌어 가는지를 태평관에서 있었던 일로도 파악할 수 있지 않을까 하여, 이를 짚어보는 것은 그 자체로 의미가 없지 않다는 생각이다.

이를 파악하기 위해서는 결국 각 국왕대별로 조선에 온 사신 일행들을 모두 대상으로 삼는 방법이 가장 유효하다. 조선에 온 사신은【부표 3】이 참조된다. 대상 시기는 태조대부터 태평관이 주된 객관으로 기능한 시기까지이다. 제3장과 제4장에서 보았듯이 임진왜란 이후부터는 남별궁이 주된 객관으로 기능했기에 좀 더 구체적으로 대상 시기를 설정한다면 태조대부터 임진왜란 전까지가 될 것이다. 단, 한양 태평관에서 있었던 일을 위주로 하므로 사신이 태평관을 벗어나 행한 일은 제외하며, 사신이 오지 않아 태평관이 비어 있을 때 태평관을 활용했다면 이는 포함시키고자 한다.

태조대이다. 태조대에는 제3장 제1절 2항에서 보았듯이 태평관에서 '향사신(享使臣)' 2건, '연사신(宴使臣)' 1건 등 연향을 베푼 기사 3건만 확인된다. 사신을 대접하기 위하여 가장 기본적으로 행하는 일이 연향의 설행이다. 한양 태평관 역시 태조대부터 연향을 설행한 것이었다.

태종대이다. 개성에서 한양으로 재천도한 후 처음 방문한 사신이 1406년(태종 6) 3월에 온 내관 정승 등이었다. 정승이 도착한 당일 반송정(盤松亭)에서 창덕궁 인정전으로 가서 일정한 의례와 연향의 설행이 끝나자 태평관으로 이동했다.[1] 태평관에 도착한 그다음 날 '연정승등(宴鄭昇等)'이라고 하여 정승 등에게 역시 연향을 베푼 기사가 처음 나온다.[2]

두 번에 걸친 연향을 '하마연'과 '익일연'이라고 이를 만하다. 곧, 도착한 당일에 인정전에서 설행한 연향을 '하마연', 그다음 날 태평관에서 설행한 연향을 '익일연'이라고 한 것을 뜻한다. 다만, 『태종실록』에 '하마연'이나 '익일연'이라고 연향을 명명한 기록은 나오지 않는다. 대개 하마연은 창덕궁이나 경복궁이 아닌 도성에 도착한 당일에 태평관에서 설행하는 연향이고, 익일연은 그다음 날 태평관에서 설행하는 연향이다.

태조대부터 사신이 오면 잔치를 열어서 그들이 오기까지의 여정에 대해 위로했다. 국왕 본인만이 아니라 국왕의 재위 기간에 태상왕(太上王)이나 상왕(上王)이 살아 있다면 이들도 사신들을 위해 잔치를 설행했다. 이후 종실의 여러 군처럼 다른 신분에 있는 이들도 태평관에 방문하여 연(宴), 향(享) 등을 베풀었다.

태종대에는 연향 이외에도 태평관에서 여러 일이 있었다. 단, 동일한 사안인 경우는 한 번만 제시하겠다. 배절(拜節),[3] 전별[전(餞)], 다례(茶禮), 명 황제가 내려준 제사 악기(祭祀樂器) 수령,[4] 세자 이제(李禔)의 문안,[5] 지신사 황희(黃喜, 1363~1452)의 문위(問慰),[6] 문질(問疾),[7] 물품 수령과 하사 등등이다.

이 중에서 흔하지 않은 드물게 일어난 일 두 가지를 꼽는다면 악기 수령과 문질이다. 특히 전자는 조선이 유교 국가를 천명하며 건국했기에 그 무엇보다 중요한 의미를 지닌다. 1406년 윤7월 태종이 태평관에서 사신이 가지고 온 악기를 직접 받았다. 국가전례는 태종대부터 정비하기 시작했고 그 방향은 길·가·빈·군·흉례의 순서로 된 오례 체제를 갖추는 것이었다. 그중 국가 제사는 오례 중 수위(首位)인 길례로 분류했는데 명 황제가 하사한 제사 악기는 그러한 방향에 맞춰 이루어진 중요한 결과라고 볼 수 있다. 다음은 문질이다. 문질은 사신이 아플 때 발생하기에 종종 발생하는 일이라고 보기는 어렵다.

태조와 태종의 사례를 통해 두 가지를 지적할 수 있겠다. 하나는 태평관에서 일어나는 일의 다양성이다. 태조와 태종대를 한정하면 그렇게 다양한 것 같지 않다. 개성도읍기에 방문한 사신들을 제외하여 더 그러할 수 있다. 그럼에도 이러한 문제는 향후 조선과 명 사이의 관계가 어떠하냐에 따라 얼마든지 달라질 수 있다.

다른 하나는 태평관에서 일어나는 일의 주체이다. 조선 정부일 수도 있고 명 사신일 수도 있다. 전자는 기본적으로 국왕이 그 주체가 된다. 설령 그렇지 않더라도 국왕의 명에 따라 이루어진다는 점이다. 곧 세자를 포함하여 사람을 시켜서 행하는 것을 말한다. 후자는 아직 잘 드러나지 않지만 태평관에 명 사신이 머물기 때문에 명 사신이 주체가 되어 생길 수 있는 일을 뜻한다. 이 역시 얼마든지 있을 수 있다고 본다. 이하 다른 국왕들도 이러한 범주에서 크게 벗어나지 않을 것으로 조심스레 예측해본다.

세종대이다. 북루(北樓) 위에 절(節) 안치,[8] 문안과 물품 선사, 대언들이 윤일(輪日)로 문안, 배절(拜節),[9] 전별, 작별[별(別)],[10] 천추절을 경하하는 전문(箋文)의 봉안,[11] 사신보다 먼저 도착한 두목(頭目)에게 음식 대접[궤(饋)],[12] 물품 수령, 사신에게 식물(食物) 선사[증(贈)], 다례, 물품 선사, 전연(餞宴),[13] 지신사 김익정(金益精, ?~1436)의 문안과 물품 선사,[14] 익일연을 베푼 날부터 윤일(輪日)로 혹은 날마다 사신에게 문안,[15] 조말생(趙末生, 1370~1447)·김익정의 사신 위안(慰安),[16] 전별과 물품 선사, 도성 수축 제조(提調)에게 선온(宣醞)으로 위로, 무역/매매,[17] 행례(行禮)[18]·읍례(揖禮)·다례·하마연·재배례(再拜禮),[19] 고안(誥案, 고명안誥命案) 앞 고두례(叩頭禮) 및 익일연,[20] 우의정 정탁과 이조판서 허조(許稠, 1369~1439) 등의 치사(致謝),[21] 사신과의 상읍(相揖)과 다례, 세자의 재배례와 다례, 사신의 선유성지(宣諭聖旨) 전달,[22] 위연(慰宴),[23] 소경 한확(韓確, 1400~1456)의 오배고두(五拜叩頭)와 세종의 재배·다례·하마연,[24] 지신사 곽존중(郭存中, ?~1428)의 문안과 날마다 대신의 문안 및 성찬(盛饌) 하루 4번 대접,[25] 문질(問疾),[26] 사신이 요청하는 잡물을 사신관(使臣館) 근처에서 감조(監造)하여 증급(贈給), 세종의 내선(內膳) 대접과 물품 하사 및 세자의 물품 하사, 별선(別膳)·내온(內醞)·별찬(別饌)·식물(食物) 대접,[27] 문묘 석전(釋奠)에 올린 번육(膰肉) 대접, 위로[노(勞)], 물품 선사와 답례 물품 증정[회증(回贈)], 세종이 두 신하를 보내 사신을 위로하자 사신이 누(樓)에서 그 두 신하를 위해 술자리 베풀어 대접,[28] 하마연 및 물품 선사[증(贈)]와 하사[사(賜)], 문안, 사신의 물품 진헌과 답례품 하사, 연위(宴慰),[29] 세종의 다례와 세자의 전연, 문안과 물품 선사,[30] 연향 중에 병을 핑계대고 나간 사신의 문질(問疾),[31] 황제에게 진헌할 어선(漁船) 제물(諸物) 봉함,[32] 사신관에서의 사신 무역에서 세포(細布)는 금하지 말고 금물령(禁物令)을 엄히 함,[33] 사신관에서의 금지 물품을 사사로이 무역하는 자와 그 실정을 아는 통사(通事) 논죄,[34] 흥천사 불상을 가져와 재(齋)를 베풂,[35] 중을 모아 염경(念經),[36] 사은사(謝恩使) 신개(申槪, 1374~1446)·홍이(洪理) 등이 출발하기 전 사신에게 하직함[사(辭)],[37] 주봉배(晝奉杯),[38] 백관의 동지망

궐례(冬至望闕禮),[39] 수양대군의 온짐연(溫斟宴) 대행[40] 등등의 일이 있었다.

세종대에는 그 이전의 국왕들에 비하면 태평관에서 있었던 일이 훨씬 다양해졌음을 볼 수 있다. 대부분은 태평관이 객관이기에 일어날 수 있는 일이지만 그렇지 않은 일들도 보인다. 그중 몇 가지만 부연 설명을 하면 다음과 같다.

먼저 태평관에서의 무역이다. 무역 자체가 문제가 있는 것이 아니라 여기서는 금지하는 품목에 대해 주로 논의했다. 그 밖에 불상을 가져와 재를 베푼 사례로, 이는 사신마다 그러한 것은 아니었다. 전별과 전연 등은 모화루/모화관에서 많이 하지만 태평관에서도 적지 않게 행했다. 또 온짐연은 주로 경복궁에서 설행하여 태평관에서의 설행은 드문 사례이다.[41] 마지막으로 사신이나 두목에게 물품을 내리는 기사가 상당히 많이 나온다. 황제의 명을 받들고 온 중요한 손님인 만큼 물품의 하사는 자연스러운 일이고 그러기에 이는 세종대에만 국한한다고 보기는 어렵다.

태평관이 명 사신을 위한 주요 객관이므로 세종대 역시 이들과 관련한 일들이 대부분을 차지한다. 그런데 명 사신이 끊임없이 오는 것은 아니므로 그들이 오지 않을 때에는 비어 있다. 그런 경우 앞서 보았듯이 일본 사객, 북방 야인, 유구국 사신이 머물기도 했다. 이 역시 태평관이 '객관'으로 활용된 사례이다.

문제는 태평관이 비어 있을 때 '객관'이 아닌 다른 용도로 사용되기도 했다는 사실이다. 예를 들면, 도성을 수축한 뒤 제조에게 그 노고를 위로하기 위해 태상왕 태종과 세종이 각각 사람을 보내 선온을 가지고 가서 태평관에서 위로하게 한 일이다.[42] 타국에서 온 사신과 관련되지 않고 또 객관으로서의 용도가 아니지만 태평관에서 있었던 일이다.

따라서 '태평관에서의 제반사'에는 태평관과 관련되는 일이라면 사신 일행과의 관련 혹은 객관으로서의 용도가 아니더라도 모두 포함시키고자 한다. 이하 다른 국왕대에도 마찬가지이다. 이는 태평관이 비어 있을 때 어떻게 활용되는가 혹은 마냥 비워둘 수 없어 일종의 관리 차원의 일환으로 활용하려는가 등을 보려고 해서이다.

문종대이다. 문종은 세종을 이어 즉위한 지 2년 3개월도 채우지 못하고 세상을 떠났다.[43] 재위 기간이 짧은 만큼 조선에 온 명 사신의 횟수도 2번일 정도로 매우 적었다. 한 번은 1450년(문종 즉위) '세종 국장 조문과 문종 국왕 책봉'을 위해 태감 윤봉과 봉어 정선이 왔을 때이고,[44] 다른 한 번은 1452년(문종 2) 여진[여직(女直)] 야인을 있는 수효대로 경계 밖으로 쫓아내라는 명을 전달하기 위해 동녕위 천호 김보(金寶)가 왔을 때이다.[45]

태평관에서는 왕세자가 사신에게 행례,[46] 문종과 백관의 배고명(拜誥命),[47] 하마연, 물품 선사, 찬구(饌具) 선사, 문안, 익일연, 문안례(問安禮),[48] 문질(問疾),[49] 사신과 두목에게 사제(賜祭)할 때 입을 옷 하사, 사신이 인정전에서 사제한 것에 대한 사례 및 사신·두목에게 물품 하사, 문종이 근정전에서 사부(賜賻)를 받은 것에 대한 사례, 문위(問慰),[50] 식물(食物) 선사, 사신 위로[노(勞)]와 다례 및 물품 선사,[51] 위연(慰宴), 물품 선사 및 사신의 물품 진헌, 사신관에서의 무역,[52] 의정부 주관 연향,[53] 연위(宴慰) 및 찬구 선사, 진헌할 물품 사신에게 보냄, 문위 및 물품 선사, 전연(餞宴), 두 사신에게 사제서(賜第書) 하사,[54] 사신관에서의 왕세자 행례,[55] 문안 및 물품 선사, 승지·의정부·육조의 윤일(輪日) 문안,[56] 선수(膳羞) 선사, 연향, 선수 및 오적어(烏賊魚) 선사 등의 일이 있었다.

문종대에는 문종이 신하를 보내 사신에게 물품·찬구·식물·선수 선사 및 문안하게 한 기사가 태평관에서 행한 여러 일 중 가장 많이 등장한다. 대체로 이러한 기록에서는 태평관이라는 장소가 명시되어 있지 않은 경우가 다반사이다. 그러나 사신이 다른 곳으로 가지 않은 상태에서 이루어져 태평관에서 행한 일로 판단했다.

단종대이다. 문종의 뒤를 이어 즉위한 단종 역시 재위 기간이 3년이 조금 넘을 정도로 짧았다. 그런 만큼 그가 재위한 동안 조선에 온 명 사신의 횟수 역시 3번에 그쳤다. 한 번은 1452년(단종 즉위) '황제의 태자 책봉'을 알리는 조서를 가지고 이부낭중 진둔(陳鈍)과 행인사사정 이관(李寬)이 왔을 때,[57] 그다음은 이해 '문종 국장 조문과 단종 국왕 책봉'을 위해 상선감좌감승 김유(金宥)와 우감승 김흥(金興)이 왔을 때,[58] 마지막 세 번째는 1455년(단종 3) 단종비 정순왕후(定順王后, 1440~1521)의 '왕비 책봉 칙서와 고명, 관복(冠服)[명복(命服)], 채폐(綵幣)'를[59] 가지고 소감 고보(高黼)와 내사 정통(鄭通)이 왔을 때이다.[60]

태평관에서는 단종과 사신의 대청에서의 읍례(揖禮),[61] 다례, 세조의 하마연 대행,[62] 물품 선사, 문안,[63] 세조의 익일연 대행, 종친 주관 위연(慰宴), 의정부·육조 주관 위연, 물품 선사와 단종의 대청에서의 읍례, 다례, 사신의 배사(拜辭)와 단종의 답배(答拜), 세조의 상마연(上馬宴) 대행, 사부궤(賜賻櫃)와 향통(香筒)을 가지고 온 대명 사신 두목의 도착,[64] 시고(諡誥)·제문 안치, 시고·부물 배례 및 사례(私禮), 다례, 연향, 문안,[65] 단종 주관 위연, 5일마다 물품 선사,[66] 입조(入朝)한 환관이 진상한 물품 진헌,[67] 김유 등에게 사제(賜祭)할 때 입을 옷 선사, 사제를 지낸 명사에게 치사(致謝) 및 사신과 두목들에게 물품 선사, 사부(賜賻)한 명사에 치사, 사시(賜諡)한 명사에게 다례 설행 및 물품 선사, 문안 및 물품 선사, 문위,[68] 의정부 주관 연향, 육조 주관 연향, 진헌 물품 올리고 진상 답사(進上答賜)로 물품 선사, 진상 회사(進上回賜)로 물품 선사, 전별, 종친 및 문무백관의 돈수재배례(頓首再拜禮)와 하마연 및 사신과 두목에게 물품 선사,[69] 도승지 신숙주(申叔舟, 1417~1475)와 세조의 문안 및 다례,[70] 익일연 및 문안,[71] 물품 선사 및 5일마다 식물(食物) 선사,[72] 사신의 물품 진헌, 종친 주관 연향 등등의 일이 있었다.

단종대 역시 사신에게 문안하거나 사신·두목에게 옷 포함 물품을 선사한 기록이 적지 않다. 이때 태평관이라고 명시하지 않은 기사가 상당하다. 그들이 태평관에서 다른 곳으로 가지 않은 상황에서 이루어진 일이므로 역시 제반사에 포함시켰다.

한편, 단종대에는 그 이전과 다른 면모가 보인다. 바로 '사신'에 대한 표기이다. 태조대부터 문종대까지는 대개 사신들을 지칭할 때 '사신의 이름' 혹은 그냥 '사신(使臣)'이라고 썼다. 단종대에도 '사신의 이름'을 쓰는 경우는 다르지 않고 또 '사신'이라 쓰기도 했다. 그러나 '대명사(大明使)' 혹은 '명사(明使)'라고 쓴 용어가 눈에 띈다. 그동안 명에서 온 사신은 대개 '조정사신(朝廷使臣)'이라 일컬었고 간혹 '흠차관(欽差官)'이라고 표기하여, '대명사' 혹은 '명사'라고는 잘 쓰지 않아서이다.

하나 더 든다면, 찬탈로 인한 국왕의 교체이다. 전왕(前王)이 사망한 경우에 왕위 교체가 일어날 수 있으나 단종대에는 세조에 의해 찬탈이 이루어져 단종이 상왕으로 물러났다. 그 시점은 1455년 윤6월 11일이다.[73] 이후 세조는 1456년(세조 2) 4월 명 황제에 의해 '조선국왕'으로 책봉될 때까지[74] 권서국사자의 신분이었으나 실질적으로 국정을 맡아 다스렸다.

단종이 세조에게 선위하는 시기에 조선에 와 있던 명 사신이 있었다. 바로 단종비의 왕비 책봉의 임무를 띠고 온 고보와 정통이다. 이들은 이해 4월 22일에 입경해서 7월 9일 도성을 떠났다. 그에 따라 윤6월 11일 이후 사신의 응대에 상왕 단종도 함께 참여하지만 실질적인 응대자는 세조였다. 이러한 상황을 반영하여 태평관에서의 제반사는 윤6월 11일 이전까지만 단종대에 포함시키고 그 이후부터는 세조대에 편입시켰다.

세조대이다. 세조가 즉위한 뒤 태평관에서 있었던 일의 시작은 언급한 것처럼 윤6월 11일 이후부터이다. 그리고 당시 태평관에 머물고 있던 사신은 고보와 정통이다. 세조는 즉위한 뒤 태평관으로 행차하지 않고 명사를 청하여 두 번 경회루에서 연향을 베풀고[75] 명사가 떠나기 하루 전에야 비로소 단종과 함께 태평관에 거둥하여 전연(餞宴)을 설행하는 데 그쳤다.[76]

세조는 즉위하자 우선 정국을 수습 정리하고, 대외적으로 명에 '단종의 사위(辭位)와 자신의 승습(承襲)'을 청하고[77] 대내적으로 종묘에 즉위를 고하는 제사를 지내는[78] 등의 일로 분주했다. 세조가 즉위한 뒤 처음으로 모화관에 나아가 사신을 맞이한 시기는 한 해 뒤였다. 단종의 사위를 승인하고 권서국사자였던 자신을 '조선국왕'으로 책봉하기 위하여 온 사신을 맞이한 1456년 4월이었다. 이때 온 사신은 내관 윤봉(尹鳳)과 김흥(金興)이다.[79] 이때부터 사신이 올 때마다 여느 국왕들처럼 자신이 주관하여 사신을 접대했고 태평관에서의 여러 일들도 예전처럼 시행되었다.

하마연 및 단종과 사신의 재배례, 물품 선사, 익일연 및 말[마(馬)] 하사, 문안 및 하정(下程) 잡물 선사,[80] 사신에게 환동(宦童)을 보임,[81] 세자 주관 연향, 선온(宣醞)·어육(魚肉)으로 위로[위(慰)],[82] 문안 및 물품 선사, 무역 규정,[83] 진헌할 물품 사신에게 선사, 사신의 물품 진헌, 진헌할 물수(物羞)를 사신에게 보임, 전별, 동환(童宦)을 바치는 주초(奏草)를 사신에게 보임, 문안 및 하마연,[84] 문안 및 익일연,[85] 물품 선사 및 5일마다 규례대로 식물(食物) 선사,[86] 세자 주관 연향, 성균관 유생들이 지은 시문에 붓으로 과차(科次),[87] 병문안,[88] 세조와 명사 행례 및 다례와 행주(行酒), 그리고 물품 선사,[89] 승지·재상 날마다 문안,[90] 세조의 연위(宴慰), 주초(奏草)를 명사에게 보임, 의정부·육조의 연위, 연전(宴餞), 백관들의 참알례(參謁禮)와 세조 주관 하마연 및 물품 선사,[91] 승지·재추 날마다 문안,[92] [투호(投壺)],[93] 주본초(奏本草)를 명사에게 보임 및 다례, 종친·의정부·육조의 연위, 전연(餞宴), 왕세자·사신의 상회례(相會禮)와 인산군 홍윤성(洪允成, 1425~1475)·도승지 노사신(盧思愼, 1427~1498)의 문안과 세조 주관 하마연 및 물품 선사,[94] 문안 및 익일연과 물품 선사, 왕세자와 종친 및 의정부·육조 주관 연향, 도승지 노사신의 문안 및 세조의 병으로 전연은 세자가 대행한다는 사실 알림, 왕세자 주관 전연 및 물품 선사, 호랑이를 잡은 김질(金礩, 1422~1478)에게 연향·옷·선온 하사, 하마연 및 물품 선사,[95] 도승지 홍응(洪應, 1428~1492)의 문안, 도승지 권맹희(權孟禧, ?~1470)의 문안 및 왕세자 상회례와 백관 분반(分半) 참알과 하마연과 물품 선사,[96] 승지·재추 아침마다 문안과 5일마다 고과(菰果)·어육(魚肉) 보냄 및 신하들이 윤일(輪日)마다 연향 설행,[97] 익일연 및 물품 선사,[98] 사신의 물품 진상과 답례로 물품 선사, 종친·의정부·육조 주관 연향, 중추부동지사 어효첨(魚孝瞻, 1405~1475) 주관 주연(晝宴),[99] 국문(鞫問), 도승지 권감(權瑊, 1423~1487)의 문안 및 하마연과 물품 선사,[100] 승지·재추 아침마다 문안 및 5일마다 식물(食物) 선사와 재추 1인의 날마다 주봉배(晝奉盃) 설행,[101] 익일연과 물품 하사,[102] 도승지 권감의 문안 및 사신이 도승지에게 물품 선사, 사신이 관반(館伴)에게 물품 선사, 사신이 준 물품에 대한 세자의 사례, 무역,[103] 5일에 1번 주연(晝宴) 설행, 사신이 근시(近侍)하는 환관에게 물품 선사, 세자 주관 연향, 사은사의 사신 알현,[104] 두목에게 5일마다 한 차례 주봉배 설행 혹은 식물(食物) 선사,[105] 노문(勞問) 및 물품 선사, 사신의 물품 진상 및 도승지 권감의 사신 문안, 육조 주관 전별, 진상에 대한 회봉(回奉) 물품 선사, 표류한 당인(唐人) 쇄경(鎖慶) 등이 명사 알현,[106] 명사에 대한 예빈시 정 정침(鄭忱, 1424~1485) 등의 치사(致謝),[107] 물품 선사 및 사신의 물품 진상과 그에 대한 회증(回贈), 진헌할 물품을 사신에게 줌, 전위(餞慰)[108] 및 물품 선사 등등의 일이 있었다.

세조대에도 물품 선사와 문안, 진헌할 물수나 주본초를 사신에게 보일 때 '태평관'이라는 공간을 적시하지 않은 기사가 많다. 사신이 태평관에서 다른 곳으로 가지 않은 상황에서 이루어진 일이므로 마찬가지로 제반사에 넣었다.

한편, 세조대에도 단종대처럼 그가 즉위한 뒤 명에서 온 사신을 '명사'라고 썼다. 또 무역에 관한 규정이 주목된다. 세조는 조선에서 생산되는 것은 아니지만 명 사신이 간절하게 찾는 소목(蘇木)에 대해 그들의 뜻을 들어주지 않을 수 없다고 하면서 '무역은 금약(禁約)을 지나치게 하지 말고 또한 과람(過濫)하게 하지도 말라.'고 호조좌랑과 한성판관에게 전지(傳旨)했다. 이때 '무역'을 행하는 장소가 '태평관'인지 명확하게 제시되지 않았지만 앞서 태평관(사신관)에서의 '무역'이나 '매매'가 있었고 여기서도 명 사신이 구하는 물품을 언급하면서 무역에 관한 규정을 내린 것이므로 태평관에서 행하는 명 사신과의 무역에 대한 규정으로 보았다.[109]

그 이외에 세조대에는 중국이나 다른 나라에서 온 사신이 아닌 조선의 신하에게 태평관에서 연향을 하사한 적도 있었다[사연(賜宴)]. 녹양(綠楊)에서 호랑이를 잡은 김질에게 태평관에서 연향과 옷, 그리고 선온(宣醞) 등을 하사하여 그의 공을 치하했다.[110] 또 국문 장소로도 활용되었다. 1467년(세조 13) 11월 이시애(李施愛, ?~1467)의 반당 김척(金陟)의 아들 김한(金漢)이 승려가 되어 서울에 왔는데 함흥 사람 이정효(李貞孝)가 그를 체포했고,[111] 체포된 김한의 국문 장소가 태평관이었다.[112] 두 사례 모두 조선에 온 명 사신이 없어 비어 있는 태평관을 연향을 베푸는 공간 혹은 국문 장소로 사용한 것이었다.

예종대이다. 예종은 1468년(세조 14) 9월 세조가 훙하기 하루 전에 즉위했고[113] 이듬해인 1469년(예종 1) 11월 세상을 떠나, 재위 기간이 1년 2개월이 조금 넘는다. 짧은 재위 기간 동안 명 사신은 한 차례 방문했다. 1469년 '예종 국왕 책봉 조서'와 '세조 국장 조문 및 예종 국왕 책봉과 예종비 왕비 책봉 칙서'를 가지고 온 태감 최안(崔安)·정동(鄭同)·심회(沈澮)/심회(沈繪)가 왔을 때이다.[114] 이들은 1469년 윤2월 4일 도성에 와서 5월 2일 도성을 떠났다.

모화관에서 조칙을 맞이한 후 경복궁에 이르러 일정한 의례를 행하고 그대로 태평관으로 이동했다. 명사가 태평관으로 가자 백관이 분반하여 먼저 가서 행례하고, 이어서 예종이 태평관으로 거둥하여 백관을 거느리고 사제(賜祭)·사부(賜賻)에 배례한 뒤 다례와 하마연을 차례로 설행했다.[115] 이후 이들이 태평관을 떠날 때까지 여느 명 사신들처럼 이곳에서 여러 일들이 시행되었다.

봉원군 정창손(鄭昌孫, 1402~1487)·도승지 권감의 문안 및 승지·재추 날마다 기거(起居) 문안,[116] 익일연과 물품 선사, 물품 선사, 정동의 이질로 도승지 권감과 내의(內醫)의 병문안, 주다례(晝茶禮) 정지,[117] 최안의 병으로 도승지 권감·의원의 병문안, 별하정(別下程) 선사, 제복(祭服) 및 옷 선사, 사신과의 상회(相會) 및 다례와 물품 선사, 선온으로 위로 및 별하정 선사,[118] 예종 주관 위연 및 물품 선사, 좌부승지 한계순(韓繼純, 1431~1486)의 문안,[119] 사신의 물품 진헌, 두목의 자살 시도,[120] 별하정 및 각종 물품 선사, 정창손·한명회(韓明澮, 1415~1487)·권감 주관 위연 및 물품 선사,[121] 술과 별하정 선사, 정동의 질병으로 우부승지 정효상(鄭孝常, 1432~1481)과 의원의 문병, 여러 신하들의 연위, 우부승지 정효상의 문안 및 환관 김결(金潔)의 별하정 선사,[122] 답례로 물품 선사, 금강내산도(金剛內山圖) 선사, 전연 및 궁온(宮醞) 하사와 물품 선사 등등이다.

예종대에도 마찬가지로 조선 정부의 입장에서 명 사신을 위해 일반적으로 행하는 문안이나 물품 선사와 같은 일들에는 '태평관'이라는 공간을 표시하지 않는 경우가 대부분이다. 또 명 사신을 '명사' 혹은 '사신'으로 기록하기도 하지만 예종대에는 사신의 이름을 기록하는 경우가 매우 많았다. 참고로 예종이 태평관에서 '사제·사부에 배례했다[배사제부(拜賜祭賻)].'라고 한 것은 황제가 내린 제문(祭文)과 부물(賻物)에 배례했다는 뜻이다.

제 2 절

성종~선조대 : 조선-명 관계의 안정화

성종대이다. 성종의 재위 기간 25년 여에 비하면 명 사신이 온 횟수가 8번으로, 이전의 국왕들에 비해 적은 편이다. 1470년(성종 1) '예종 국장 조문 및 성종 국왕 책봉과 성종비 왕비 책봉'을 위해 온 사신이 처음이다. 이렇듯 조문·책봉을 위해 온 사신은 태감 김흥(金興)과 행인 강호(姜浩)이다.[123] 이들은 이해 5월 1일 입경하여 강호는 5월 25일, 김흥은 7월 18일 도성을 떠났다.

모화관에서 조칙과 명사를 맞이한 후 경복궁으로 가서 명사가 조서·고명·칙서를 반포하고 그대로 태평관으로 이동했다. 도승지 이극증(李克增, 1431~1494)을 보내 문안하게 하고, 성종도 태평관으로 가서 제문·부물에 배례한 뒤 사신과 상회례를 행하고 이어서 다례와 하마연을 차례로 설행했다. 성종이 환궁한 뒤에는 도승지 이극증을 통하여 사신과 두목에게 물품을 선사했다.[124] 김흥과 강호를 시작으로 성종대 조선에 온 명 사신들이 태평관에 도착해서 태평관을 떠날 때까지 그곳에서 있었던 여러 일들은 다음과 같다.

재상·승지의 매일 문안,[125] 익일연 및 물품 선사, 문안 및 먼저 떠나려는 부사에게 머물기를 청함, 진헌할 물선(物膳)의 견양을 상천사(上天使)에게 보임, 중조(中朝) 무성왕묘(武成王廟)의 제도에 대해 천사에게 문의,[126] 사제(賜祭) 관련 물품 선사,[127] 부사와 통사(通事)가 대구(對句)로 시를 지음,[128] 여러 조문 의례를 행한 것에 대한 사례(謝禮)와 다례 및 물품 선사, 성종 주관 위연 및 물품 선사, 부천사(副天使)를 위한 상마연 및 물품 선사, 전연(餞宴)과 물품 선사,

다례와 연향[하마연] 및 물품 선사,[129] 문방(文房)의 물품 선사, 천사의 천행(遄行)을 듣고 머물기를 청함, 하정(下程) 선사, 종친과 월산대군(月山大君, 1454~1488) 주관 연향, 포구(抛毬), 하정 식물(食物) 선사, 인정(人情) 선사, 성종 주관 전연 및 사신의 한강 유관(遊觀) 사례(謝禮), 다례와 하마연 및 인정물(人情物) 선사,[130] 인정물 선사와 문안, 연향[하마연] 및 인정 선사,[131] 연향[익일연]과 술잔 돌림[행주(行酒)] 및 인정물건(人情物件) 선사, 5일마다 하정 선사, 사은사가 진헌할 물품을 누가 맡아서 진헌할 것인지를 상사(上使)에게 하문, 사은사가 가지고 갈 진헌 물목을 상사에게 보임, 상사·부사의 아비에게 관직 추증한 관교(官敎)를 줌, 부사의 족친에게 관직 제수한 것을 부사에게 알리자 부사가 분향배사(焚香拜謝), 조선의 상판인(商販人)이 자신의 뜻에 따라 출입하고 편의에 따라 매매(賣買), 물품의 매매와 교역, 도승지 김승경(金升卿, 1430~1493)의 문안, 상천사에게 진헌할 잡패(雜佩)를 보임, 떠나려는 날짜보다 더 머물러 줄 것을 청함, 진헌할 물건 봉(封)함, 두목에게 회봉(回奉) 하사, 전별[전(餞)] 및 인정 잡물 선사, 다례·행주(行酒)와 두목 고두(叩頭) 및 인정 선사,[132] 익일연과 다례 및 인정물건 선사, 사은물목(謝恩物目)을 상사에게 보임, 소주(燒酒)와 어육(魚肉) 선사, 좌승지 이길보(李吉甫)의 문안, 노비와 물품 선사, 전연 및 인정 선사, 먼저 도착한 두목들에게 문위(問慰) 및 별하정 잡미(雜味) 하사, 하마연 및 인정 선사, 익일연 및 인정 선사,[133] 우승지 성현(成俔, 1439~1504)·동부승지 이덕숭(李德崇)·도승지 이세좌(李世佐, 1445~1504)·좌승지 김세적(金世勣, ?~1490)의 문안, 상천사에게 물품 선사, 상사가 국휼로 인하여 종친부·의정부·육조 주관 연향 사양, 상천사에게 물품 선사 및 상사의 수전(水田) 30석(碩) 요구,[134] 소폭(小幅)을 제외한 황제에게 진헌할 대폭(大幅)만을 보내기로 결정, 부천사가 성종의 친필(親筆)을 얻고자 함, 명으로 보낼 소환(小宦) 19인 선정과 이들의 태평관 유숙 및 두목의 관(官)에서의 무역 요청, 도승지 이세좌의 문안 및 무역 허락, 중양절로 인하여 두 천사에게 주육(酒肉) 선사, 회봉(回奉)을 위해 물품 선사 및 인정 선사, 진헌 잡물 봉과(封裹), 두목 등에게 회봉 가급(加給), 도승지 이세좌를 통해 두 사신에게 각종 물품 선사, 상사에게 연구(宴具)와 인정물 선사 및 상사의 중외 반사(頒赦) 요구,[135] 우승지 성현의 문안 및 상사의 반사 재차 요구,[136] 좌부승지 권건(權健, 1458~1501)의 상천사 문안과 방사(放赦) 거부 통보,[137] 상사의 문질(問疾) 및 상사의 모화관 전석(餞席) 불참 소식, 전연 및 인정예물(人情禮物) 선사, 하마연 및 인정물 선사 거부,[138] 익일연 및 인정 선사 거부, 조서(詔書) 받음[수조(受詔)], 정청에서의 전연,[139] 추문(推問),[140] 피고인(被告人)을 가두는 곳,[141] 백관을 위한 연향[백관연(百官宴)],[142] 왕세자·사신의 상회례·다례 및 중종·사신의 상회례·수조(受詔)·연향[하마연],[143] 도승지 정경조(鄭敬祖)의 문안 및 머물기를 청하나 떠남 등등이다.

성종대에는 조선에 온 명사 중 조선 출신으로 태감의 직책을 띠고 온 이들은 오래 머물다가 돌아간 반면 명의 관리는 짧게 머무는 경향이었다. 전자는 요구 사항이 많고 성종이 선사하는 물품을 대부분 수령하고 후자는 이와 반대되는 양상을 보였다.

다음은 다른 왕대에 있었던 것과 동일하게 진행된 부분이다. 첫째, 문안이나 인정 선사처럼 명 사신을 위해 일반적으로 행하는 일들에는 '태평관'이라는 공간을 표시하지 않는 경우이다. 그 밖에도 무성왕묘 제도 문의, 부사와 통사가 대구로 시를 짓거나 사은사의 진헌 물품을 진헌할 담당자 하문, 사은사가 가지고 갈 진헌 물목을 상사에게 보이고, 상사·부사의 아비에게 관직 추증한 관교를 주는 등등의 일들이 시행된 장소가 기록되어 있지 않다. 사신이 태평관에서 다른 곳으로 가지 않은 상황에서 이루어진 일이므로 태평관에서 이루어진 일이라고 이해했다.

둘째, 무역이다. 다른 나라에서 조선에 온 사신이나 조선에서 다른 나라에 사신으로 가면 물품의 매매가 이루어진다. 성종대에는 '매매', '교역', '무역'이라는 단어에서 보듯 태평관에서 이와 같은 일들이 있었다.[144]

셋째, 명사가 오지 않아 태평관이 비어 있을 때 태평관의 활용이다. 추문, 피고인을 가두는 곳, 백관을 위한 연향[백관연] 장소로 사용되었다.

다음은 성종대 이전에 온 명 사신들을 접대할 때와 다른 양상을 보인 몇 가지를 짚어보고자 한다. 첫째, 명 사신이 조서와 칙서를 함께 들고 온 경우 이를 맞이하는 방식이다. 1488년(성종 19)과 1492년(성종 23)에 명 사신이 왔을 때이다. 두 경우는 명 사신이 도착하자 성종이 모화관에서 경복궁으로 두 번 행차하여 조서와 칙서를 각각 받들었다는 점이 특징이다.[145]

먼저 모화관에서 조서를 받들고 경복궁으로 와서 반조(頒詔) 혹은 수조(受詔)한 뒤[146] 다시 모화관으로 가서 칙서를 받들고 경복궁으로 와서 수칙(受勅)한 것을 가리킨다.[147] 이처럼 조서와 칙서를 각각 받들고 모화관에서 경복궁으로 오기를 반복한 것은 성종대에 처음 시행되었다. 그 전에는 조서와 칙서가 모화관에 도착하면 각각 용정(龍亭)에 담아 함께 움직였기 때문이다.

둘째, 명 사신이 가지고 온 조서를 성종이 태평관에서 받았다는 사실이다. 이 역시 1488년과 1492년에 명 사신이 왔을 때이다. 전자는 1488년 3월 '정사 우춘방우세자겸한림시강원 동월(董越)'과 '부사 공과우급사중 왕창(王敞)'이 명 효종의 황제 즉위를 알리는 조서를 가지고 왔을 때이다.[148] 이때 받은 조서는 명 사신이 가져가지 않고 조선에 남겼다. 조서를 조선에 남겨두기로 결정하자, 이를 성종이 받는 절차인 「수유조의(受留詔儀)」는 두 사신이 알려주었고, 이들의 말에 따라 '태평관'에서 성종이 조서를 받았다.[149]

그 뒤 1492년 5월 '정사 병부낭중 애박(艾璞)'과 '부사 행인사행인 고윤선(高胤先)'이 '황태자 책립 조서'를 가지고 왔을 때이다. 성종의 청에 따라 이들이 가지고 온 조서 또한 조선에 남게 되었다.[150] 드 사례 역시 그 전에는 볼 수 없는 모습 중 하나이다. 성종대 두 차례에 걸친 '조서를 남겨두는 절차[유조의]'에 대해서는 본서 제6장 제3절 1항에서 본격적으로 다루고자 한다.

셋째, 명 사신을 기록하는 방식이다. 성종대에는 '명사'라고 지칭한 사례는 거의 없고 '천사'라는 기록이 많이 확인된다. 천사 이외에 사신, 상사(上使), 부사(副使), 정사(正使), 부사(副使), 상천사(上天使), 부천사(副天使) 등이 많이 쓰였다. 그 이외에 간혹 상대인(上大人), 부대인(副大人), 강천사(姜天使),[151] 정태감(鄭太監),[152] 상태감(上太監),[153] 강태감(姜太監),[154] 정천사(鄭天使),[155] 김태감(金太監),[156] 정대인(鄭大人),[157] 태감[158] 등으로 쓰기도 했다.

사신의 이름을 일컫는 경우는 조정에서 명 관련 사안 혹은 그들에 대해 논의할 때이기에 드물게 기록되었다. 천사 김흥(天使金興), 정동(鄭同), 강옥(姜玉), 부천사 강옥, 김흥(金興), 상사 정동, 부사 김흥, 부천사 김흥, 천사 정동, 노정(老鄭)[159] 등이 그러한 예이다.

주목할 것은 '천사'의 용례이다. '천자의 사신'이라는 뜻의 천사는 태조대부터 나오고 태종, 세종을 지나면서 점차 사용 빈도가 늘어나다가 성종대에 이르면 그 횟수가 폭발적으로 증가한다. 성종대에 명 사신을 '천사'라고 일컫는 용례가 많이 등장한 것은 명과 조선의 관계를 보여주는 하나의 징표가 되지 않을까 한다.

조선이 건국되고 태종과 세종을 거치면서 정리한 국가전례서가 『세종실록오례』(1451, 문종 1)이다. 그 뒤 고려의 유습이 남아 천자국의 전례가 포함된 『세종실록오례』를 바탕으로 제후국에 걸맞는 예서로 재편하여 1474년(성종 5) 『국조오례의』를 편찬했다.[160] 명 사신을 '천사'라고 기록하는 것 역시 이러한 흐름과 궤를 같이한다고 볼 수 있다. 조선과 명 관계가 비로소 안정화 국면으로 접어든 것을 의미한다. 성종대에 재위 기간에 비해 명 사신이 온 횟수가 준 것 역시 같은 맥락으로 이해된다.

연산군대이다. 11년 8개월 정도 재위한 기간 동안 명 사신이 온 횟수가 총 3번이다. 1495년(연산군 1) 6월, 1503년(연산군 9) 4월, 1506년(연산군 12) 3월이다. 연산군대 역시 성종대처럼 재위 기간에 비해 명 사신이 온 횟수가 상당히 적다.

1495년 명 사신의 첫 방문은 '성종 국장 조문 및 연산군 국왕 책봉과 연산군의 배우자 왕비 책봉'을 위해 왔다. 이때 온 천사는 태감 김보(金輔)·태감 이진(李珍)·행인 왕헌신(王獻臣) 등 3명이다.[161] 이들은 이해 6월 3일 입경하여 왕헌신은 6월 14일, 김보와 이진은 8월 18일 도성을 떠났다.

모화관에서 조칙과 세 천사를 맞이한 후 태평관으로 이동하여 조문을 위한 제문[조제(弔祭)]과 부물을 대청에 봉안하고 경복궁으로 가서 조서·칙서·고명을 반포했다. 이윽고 천사가 태평관으로 가자 도승지 김응기(金應箕, 1455~1519)를 보내 세 천사에게 문안하게 하고, 연산군도 태평관으로 행행하여 하마연을 설행했다. 연산군이 환궁한 뒤에는 도승지가 천사에게 인정물건을 선사했다.[162] 이후 사신이 태평관을 떠날 때까지, 그리고 그 이후에 온 명 사신들까지 태평관에서 있었던 여러 일들을 정리하면 다음과 같다.

익일연, 사제(賜祭) 의주 논의, 왕천사(王天使, 왕헌신)가 일찍 떠나려는 것을 만류, 안양군 이형(李珩)/이항(李恒)[163] 주관 예연(禮宴), 연산군 주관 다례 및 다례 이외의 행례는 왕자군(王子君)·의정(議政)이 대행, 『대명일통지(大明一統誌)』·『강목통감(綱目通鑑)』을 바친 천사에게 사례,[164] 우승지 구치곤(丘致崐)의 문안 및 경회루에서의 청견(請見) 알림,[165] 상마연, 모든 경비(經費)와 공안(貢案)을 일체 상정하여 고침,[166] 연산군의 연위(宴慰),[167] 도승지 김감(金勘, 1466~1509)이 천사의 족친에게 관직을 제수하겠다는 뜻을 전함, 승지 박열(朴說, 1464~1517)의 문안, 상사 김보(金輔)의 죽음, 상사[김보]에게 치제(致祭), 상천사 김보의 널[구(柩)] 떠남, 이진을 위한 상마연, 공자 신위(神位)/위판(位版)[168] 봉안, 성균관 관원 및 유생들의 거처, 연산군 주관 위연,[169] 조회 습례(習禮),[170] 국(局)을 설치하여 김감(金勘)이 지은 글을 옥(玉)에 새김, 문과 전시(文科殿試) 등등이다.

연산군대 역시 앞서 언급한 태평관에서 있었던 여러 일 중 '태평관'이라고 공간을 표기하지 않은 곳이 있다. 사제 의주를 논의한다거나 왕헌신이 일찍 떠나려고 하자 이를 만류할 때, 안양군 이형/이항이 주관한 예연, 승지의 문안 등 이 이외에도 더 있지만 이러한 사례들도 태평관에서 있었던 제반사에 포함시켰다.

연산군대에는 또 성종대와 마찬가지로 명 사신을 천사, 상사, 부사, 상천사, 부천사, 사신, 조사(詔使), 천자지사(天子之使) 등등으로 기록했다. 사신의 성(姓) 혹은 성명이 들어간 경우도 보이는데, 왕헌신을 '왕천사(王天使)', '왕사(王使)', '천사 왕헌신' 등으로 일컫기도 하고, 김보를 '태감 김보', '천사 김보', '김보', '상사 김보', '상천사 김보' 등으로 지칭하기도 했다. 이 중에서 천자의 사신인 '천자지사', 곧 '천사'라고 기록한 사례가 가장 많이 확인된다.

그 밖에 연산군대에 태평관과 관련한 일 중 부연 설명이 필요하거나 짚고 넘어가야 할 몇 가지가 있다. 소개하면 다음과 같다.

첫째, 연산군대에 온 사신 역시 성종대처럼 조선 출신으로 태감의 직책을 띠고 온 이들은 오래 머물다가 돌아간 반면 명의 관리는 짧게 머물렀다. 당장 첫 번째로 온 사신인 태감 김보·태감 이진·행인 왕헌신에서부터 확인된다. 세 사신이 1495년 6월 3일 함께 입경했으나 명의 진사 출신인 왕헌신이 6월 14일 떠나 머문 기간이 짧은 것과 달리 조선 출신의 김보와 이진은 2달을 훌쩍 넘긴 8월 18일까지 머물렀다.

두 번째에 온 사신은 '왕세자 책봉 칙서'를 가지고 온 태감 김보와 이진으로, 이들은 1503년 4월 17일에 입경하여 7월 18일에 죽은 김보의 널이 먼저 떠나고 나흘 뒤 7월 22일에 이진이 경사를 향하여 떠났다. 세 번째에 온 사신은 '황제 등극 조서와 칙서'를 가지고 온 한림원시독 서목(徐穆)과 이과급사중 길시(吉時)로, 이들은 조선 출신이 아닌 명의 관리였다. 1506년 3월 10일에 입경하여 3월 12일에 도성을 떠나 체류 기간이 매우 짧았다. 두 번째로 온 조선 출신의 환관과 세 번째로 온 명 관리의 체류 기간을 비교해보면 극명한 차이를 엿볼 수 있다.

둘째, 연산군대에는 조선에 온 사신과 관련한 기록 자체가 다른 국왕들보다 적다. 첫 번째와 두 번째에 온 사신은 머문 기간이 짧지 않았음에도 마찬가지이다. 특히 성종대에 조선 출신 천사들의 요구가 많았던 것에 비하면 기록 자체가 적어서인지 그러한 모습도 거의 보이지 않는다. 연산군이라는 국왕과 당시의 조선 조정이 이전 국왕들의 재위 때와 달라서가 아닌가 한다.

셋째, 조선의 국왕은 명 황제로부터 '조선국왕'으로 책봉받기 전에도 문헌에 국왕은 '전하(殿下)' 혹은 '상(上)'으로 표기한다. 명 황제가 파견한 책봉 사신이 도착하기 전 조선 내부에서 「사위(嗣位)」라는 절차를 통해 왕세자가 왕위를 계승해서이다. 이 절차는 선왕(先王)이 세상을 떠난 지 6일째 되는 날에 거행한다.[171] 국가전례서에 수록된 「사위」 절차에서 왕세자가 최복(衰服)을 벗고 면복(冕服)을 갖추면 그를 '사왕(嗣王)'이라 칭하고, 좌의정이 사왕에게 대보(大寶)를 주면 이후부터는 '전하'라고 일컫는다고 되어 있다.[172]

그와는 달리 연산군의 즉위 과정을 기록한 『연산군일기』에는 국가전례서의 규정대로 기술되어 있지 않다. 『연산군일기』의 편찬자들은 왕세자가 최복을 벗고 면복을 갖추었음에도 '사왕'이 아닌 '왕세자'라고 표기하고, 좌의정 노사신이 대보를 왕세자에게 준 이후에는 '왕'이라고 썼다.[173] 이후 연산군의 재위 기간 동안 연산군을 가리켜 '왕(王)'으로 기록했다.

『연산군일기』는 연산군을 내친 중종반정 세력들에 의하여 편찬되었다.[174] 그러한 까닭에 이들이 반정의 정당성 확보를 위한 조치를 취하는 것은 당연하다. 연산군이 재위한 동안의 역사를 정리하는 작업 역시 그 일환이며, 『연산군일기』는 그 결과물이다. 다만, 반정 세력이 주축이 되어 편찬하더라도 사초나 시정기의 자의적인 수정은 사실상 거의 불가능하기에 사실에 어긋나지 않으면서 자신들의 의지를 투영하는 방안을 모색했을 것이다. '왕'이라는 표기는 그러한 조치의 사례라 볼 수 있다.

대개 재위 기간에 국왕을 가리킬 때 '전하'나 '상'이라 쓴다고 했다. 연산군 역시 사초나 시정기에는 여느 국왕들처럼 '전하'나 '상'으로 기록했을 것임에 틀림없다. 그러나 연산군을 몰아내고 정권을 잡은 세력들은 그가 국왕으로 군림한 사실을 부인하지 않으면서도 사실을 왜곡하지 않는 선에서 선택한 용어가 '왕'이었을 것이다.

대개 선왕(先王)을 가리킬 때 '○○ 대왕'이나 '○○ 왕'으로 지칭했다. 예를 들면, 일반적으로 많이 쓰는 '태종대왕'이나 '세종대왕'처럼 '묘호(廟號)+대왕

(大王)'으로 쓰는 방식이다. 묘호는 승하한 국왕의 신위(神位)를 종묘에 봉안할 때 일컫는 추존 칭호이다. 묘호는 아니지만 조선의 제2대 국왕처럼 숙종대에 이르러 '정종(定宗)'이라는 묘호를 정하기 전까지 그를 '공정왕(恭靖王)', '공정대왕(恭靖大王)'으로 지칭하는 사례도 있다.[175] '공정' 두 글자는 명 황제가 내려준 시호이다. 그런데 『연산군일기』에는 선왕이 아닌 재위에 있는 현 국왕[연산군]을 '왕'이라 지칭, 사초나 시정기에 '전하'나 '상'이라고 표기된 것을 '왕'으로 고친 것이었다. 그동안 재위에 있는 국왕을 가리킬 때 이렇게 쓴 경우는 처음이다.

『연산군일기』의 편찬에 참여한 이들이 '전하'나 '상'을 '왕'으로 수정한 것처럼 연산군대의 역사를 정리한 책의 서명을 지을 때에도 어떠한 조치를 취했다. 체제나 서술 방식에 있어서는 여느 실록과 진배없게 하면서도 그 서명을 달리하는 방식을 적용했다.

태조부터 성종까지 각 국왕마다 당대의 역사를 정리한 책을 편찬하면서 그 서명을 '태조강헌대왕실록(太祖康獻大王實錄)'처럼 『묘호+사시(賜諡)+대왕+실록』으로 지었다. '사시'는 '공정'처럼 명 황제가 조선의 죽은 국왕에게 내려주는 시호이다. 그런데 연산군 당대의 역사를 정리한 책은 『연산군일기』라고 명명했다.[176] '○○군'은 후궁 소생의 아들을 가리키는 칭호이고, '일기'는 '실록'을 격하한 단어이다. 태조부터 성종까지 선대 국왕들을 대우하는 방식과는 차원이 다르다. 이상과 같은 모습은 『광해군일기』에서 또다시 볼 수 있을 것으로 본다.

넷째, 사신에게 하는 문안은 기록이 많이 나오지는 않지만 모두 '승지'가 담당한 것으로 되어 있다. 재상이 문안한 기록이 없다는 뜻이다. 성종대만 보더라도 태평관에 가서 사신에게 문안한 이는 승지와 함께 재상도 있어서이다.[177]

다섯째, 명 사신의 죽음이다. 이는 연산군대 태평관에서 있었던 일 중 단연코 눈에 띄는 사건이기도 하다. 그동안 조선에 온 명 사신 중 1483년(성종

14) '왕세자 책봉 칙서'를 가지고 온 상사 정동의 병이 위중하여 조선의 조정에서 걱정한 적은 있었지만 이렇게 죽음을 맞이한 경우는 처음있는 일이었다. 1503년 4월 '왕세자의 책봉 칙서'를 가지고 두 번째로 조선에 온 '정사 태감 김보'와 '부사 이진'[178] 중 김보가 그 대상이다.

두 사신 중 '상사 김보'가 조선에 머무는 동안 졸했다[7월 6일].[179] 사역원 판관 김돈(金敦)을 요동에 파견하여 김보의 죽음을 알리고,[180] 호상(護喪)은 우의정 유순(柳洵, 1441~1517)을 보내기로 결정했다.[181] 김보가 졸한 곳이 『연산군일기』에 명시되어 있지 않지만 태평관을 벗어나 다른 곳으로 간 기록이 있지 않아 태평관에서 졸한 것으로 보았다. 물론 좌의정 이극균(李克均, 1437~1504)이 가서 상사에게 치제하고[182] 김보의 널이 숭례문을 경유하여 북경을 향하여 출발하기 전[183] 장소 역시 태평관으로 추정했다. 상사 김보와 부사 이진은 앞서 언급한 것처럼 '함께' 조선에 왔으나 김보가 죽어 그의 널이 먼저 떠나고 며칠 후 이진도 도성을 떠났다.

여섯째, 갑자사화로 널리 알려진 1504년(연산군 10)에 있었던 연산군의 비정(秕政)이 태평관에까지 끼친 파장이다. 바로 성균관의 관원 및 유생이 태평관에 거처하거나 문묘에 봉안되어 있던 공자의 신위(神位)를 태평관에 봉안한 일이다. 당시 궁궐과 너무 가까워 금표에 저촉된다는 이유로 여러 관서들을 다른 곳으로 옮겼고, 성균관과 문묘 역시 각각 원각사(圓覺寺)와 도성 남쪽으로 쫓겨가게 되면서 일어난 사건이다.[184] 다른 국왕이 아닌 '연산군'이 '왕'으로 군림했기에 가능할 수 있는 일이기도 하다.

이 일은 이해 7월 10일 연산군이 성균관을 철거하고자 원각사의 부처를 출거(黜去)하고 그곳에 공자의 신위를 옮겨 봉안하자는 전교에서 비롯되었다. 신하들과 의견을 조율하는 가운데 결국 원각사의 부처는 세조가 만든 것이므로 예조에서 구처(區處)하여 옮겨 두고 성균관을 원각사로 옮겨 설치하기로 결정했다. 그 과정에 공자의 신위는 태평관에 '우선[고(姑)]' 봉안하기로 했다.[185] 이튿날 성균관을 원각사가 아닌 다른 곳으로 옮기기로 하여, 우선 성균관의 관

원 및 유생들부터 태평관으로 옮겨 거처하도록 정했다.[186]

태평관에 '우선' 봉안하기로 한 공자의 위판(位版)은 이듬해(1505) 1월부터 여러 곳으로 옮겨졌다. 1월 25일자 기사에는 문묘를 개구(改構)하지 못하여 처음에는 태평관으로 옮겨졌다가 의정부, 종학(宗學), 장악원(掌樂院), 서학(西學)으로 옮겨진 것으로,[187] 6월 7일자 기사에는 천사가 장차 온다고 하여 태평관에 있던 선성(先聖)·선사(先師)의 위판을 종학으로 옮긴 것으로,[188] 7월 11일자 기사에는 대성전(大成殿)을 곰과 호랑이의 우리로 만들어 선성(宣聖)의 위판을 태평관, 종학, 장악원으로 옮긴 것으로,[189] 9월 13일자 기사에는 그때 선성의 위판을 종학으로 옮겨 봉안했다가 그곳이 좁아 의정부로 위판을 옮겨서 문선왕에게 제사지낸[190] 등등으로 기록되어 있다. 1506년 9월 2일 중종반정이 일어난 날, 사신(史臣)의 논평에서 연산군의 죄상을 열거하는 가운데 이 부분은 '선성·선사의 위판이 처음에는 태평관으로 옮겼다가 얼마 뒤 장악원으로, 또 서학으로 옮겼다.'고 했다.[191]

성균관과 그 안에 문묘가 건립된 이후로 이러한 상황은 처음 겪는다. 주자성리학을 국시로 채택한 조선에서 대성전을 짐승의 우리로 만들고 선성·선사의 위판을 여러 곳으로 전전하게 한 것은 유례를 찾기 힘든 모습이다. 태평관은 두 번째로 조선에 온 김보·이진이 떠난 1503년 7월 이후부터 세 번째로 온 서목·길시가 1506년 3월에 도착할 때까지 비어 있었다. 그런 까닭에 태평관에 성균관의 관원 및 유생이 거처하거나 선성·선사의 위판을 봉안하는 곳으로 활용할 수 있었다.

그 밖에도 서목과 길시가 태평관에서 머물렀을 때[3월 10일~3월 12일] 및 이들이 떠난 뒤[4월] 태평관이 다른 용도로 활용되었다. 먼저 이들이 태평관에 머물 때이다. 두 사신이 태평관에 머물고 있음에도 밤에 조회 습례(習禮)를 행했다. 이를 두고 사람들이 대간의 검속이 없어서 이와 같은 일이 벌어진 것이라며 탄식했다.[192] 조선 출신이 아닌 명의 관리가 사신으로 와서 머물고 있음에도 조회 습례를 행한 것이었다. 다른 국왕들이 재위에 있을 때에는 상상조차 힘든 일이다. 2박 3일이라는 짧은 기간 도성에 체류했지만 그 사이 조선 정부에서 두 사신에게 더 머물기를 청하는 기사가『연산군일기』에서 찾아지지 않는다. 당시의 정황을 고려하면 이해가 가기도 한다.

다음은 두 사신이 떠나 태평관이 비어 있을 때의 용도이다. 먼저 옥에 글을 새기는 공역의 장소였다. 김감이 지은 글에, 나라와 휴척(休戚)을 같이하는 신하들인 삼공과 육경의 이름을 넣고 간흉을 제거했다는 뜻으로 죄인의 성명과 그 죄를 써서, 태평관에 국(局)을 설치하여 그 글을 옥(玉)에 새기는 작업을 했다. 이 일은 실록각(實錄閣)에 보관하여 영세(永世)토록 전하여 보여주려는 목적에서 비롯되었다.[193]

또 다른 용도는 시험 장소였다. 2주 뒤 태평관에서 문과 전시(文科殿試)를 치렀는데, 당시 내정(內庭)에 거둥이 잦아 태평관에서 문과 전시를 실시한 것이었다.[194]

옥에 글을 새기고 문과 전시를 치를 즈음의 태평관은 명 사신이 없어서 비어 있었다. 그로 인하여 이곳을 다른 용도로 이용했을 것이다. 사실 옥에 글을 새기는 공역은 그렇게 문제삼을 만하지 않다. 비어 있는 객관을 다른 용도로 사용한 적이 있어서이다. 그런데 문제는 후자이다. 어떠한 사정으로 인하여 부득이하게 이곳을 활용한다는 것도 아니고, 태평관이 광활하여 그곳을 시장(試場)으로 사용한 적이 있기에 이번에도 그러한 사유로 문과 전시를 실시한다고 하면 문제의 소지가 없다. 하지만 내정의 거둥이 잦다는 이유를 대는 것은 납득하기가 쉽지 않다. 그렇다고 당시에 이를 문제삼는 기사도 보이지 않는다.

거기에 더해『연산군일기』에 기록된 당시의 정황은 검소함을 강조하는 유교 국가의 국왕이 행했을 것이라고는 상상하기 힘든 지경임을 보여준다. 옥에 글을 새기고 문과 전시를 치를 즈음에 있었던 하나의 사례를 들면, 경회루 못 서쪽에 만세산(萬歲山)을 만들고 산 위에 5개의 궁(宮)[195]을 조성하여 휘황찬란하게 꾸며 그 안에서 흥청(興淸)으로 하여금 음악을 연주하게 하고, 수백 명이

앉을 수 있는 황룡주(黃龍舟)를 만들어 연산군이 그것을 타고 만세산 아래를 왕래했다는 기록이다.[196]

『연산군일기』가 1509년(중종 4)에 편찬이 완료되었다.[197] 연산군을 몰아내고 반정으로 즉위한 중종이 재위한 기간에 편찬되어 연산군에 대한 평가가 실제보다 폄하될 수 있다. 이를 감안하더라도 만세산, 다섯 개의 궁, 흥청, 황룡주 등은 그의 사치스러운 행위가 극에 달했다는 예증이다. 이를 고려한다면 태평관의 활용 역시 그보다 앞서 재위한 국왕들과는 사뭇 다를 수 있음이 어느 정도 이해된다.

중종대이다. 연산군의 폐정이 계속되자 1506년 9월 반정이 일어나 진성대군(晉城大君, 중종)이 국왕으로 추대되어 즉위했다.[198] 38년이 넘는 재위 기간 동안 명 사신이 온 횟수가 총 9번으로, 다른 국왕들의 재위 기간과 그때마다 온 명 사신의 방문 횟수에 견주면 상당히 적은 편이다.

중종대 조선에 온 명 사신

중종대 조선에 온 사신의 횟수는 총 9번이다. 이 중에서 네 번은 명 황제가 아닌 탕참과 요동에서 파견한 사신이다. 이들까지 포함하여 간단하게 정리하면 다음과 같다.

* 1508년(중종 3) : 사설감태감 이진(李珍)·어마감태감 진호(陳浩). 4월 12일 입경하여 7월 26일 모화관에서 전별했다.
* 1521년(중종 16) : 태감 김의(金義)·진호(陳浩). 4월 29일 왕도에 와서 8월 4일 모화관에서 전별했다.
* 1521년(중종 16) : 탕참천호 이수(李秀) 등. 5월 19일 도성에 들어왔고 떠난 기사는 찾아지지 않는다.
* 1521년(중종 16) : 요동진무 홍은(洪恩)·동탁(佟鐸). 7월 17일 즈음 왕도에 도착한 것으로 추정되며,[199] 이들이 떠난 시점은 『중종실록』에서 발견되지 않는다.
* 1521년(중종 16) : 한림원수찬 당고(唐皐)·병과급사중 사도(史道). 12월 7일 왕경에 도착하여 12월 10일 도성을 떠났다.
* 1537년(중종 32) : 한림원수찬 공용경(龔用卿)·호과급사중 오희맹(吳希孟). 3월 10일 입

경하여 3월 17일 떠났다.

* 1539년(중종 34) : 한림원시독 화찰(華察)·공과급사중 설정총(薛廷寵). 4월 10일 왕도에 와서 4월 16일 모화관에서 전별했다.
* 1542년(중종 37) : 요동진무 이시(李時)·강진(康鎭) 등. 6월 28일 왕경에 와서 7월 3일 떠났다.
* 1542년(중종 37) : 요동진무 송침(宋琛)·백호 오벽(吳壁) 등. 8월 천추사의 서장(書狀)에 이들이 왕경에 온다고 했고,200 이들 당관(唐官)을 접대하는 예(禮)·사(事)에 대하여 조정에서 논의했다. 결국 중종이 이들을 접견하지 않겠다고 전교했고,201 그 뒤 이들이 왕경에 도착한 이후의 일정은 『중종실록』에 기재되어 있지 않다. 이해 10월 14일자 기사에 '근래 천호 오벽이 왕경에 도착했을 때 중종이 접대하지 않았다.'고 한 것을 통해 왕경에 온 것은 분명한 것 같다.202 단, 10월 14일자 기사에는 '백호'가 아닌 '천호' 오벽이라고 기재되어 있다. 결국 송침·오벽이 왕경에 왔으나 그들에 대한 기록을 발견할 수 없어【부표 3】에는 제외했다.

조선에 온 9번의 사신 중 5번은 입경과 출발 장소가 모화관이지만 나머지 탕참 천호 이수와 요동에서 보낸 홍은·동탁과 이시·강진, 송침·오벽 등 4번의 경우는 그와 같은 기록이 찾아지지 않는다. 모화관은 황제의 조칙을 가지고 온 사신을 맞이하고 전송하는 공간이기에 후자에 해당하는 이들에게는 이 공간을 허용하지 않은 것 같다. 그 자체로 명 황제가 자신을 대신하여 황명을 전달하기 위하여 파견한 사신과의 차별적인 지점이기도 하다.

실제로 조선 조정에서도 '조칙을 가지고 온 사신처럼 접대할 수 없고 그렇다고 상국(上國)의 차관(差官)이므로 짐작만으로 설만하게 접대할 수도 없다.'라고 논의한 것에서 단적으로 드러난다.203 송침·오벽이 왕경에 온 것을 마지막으로 당관들은 더 이상 왕경에 이르지 않고 의주 의순관(義順館)에서 교할하고 돌아가기로 결정되었다.204 그에 따라 이후에 온 당관들은 중종대 조선에 온 사신에 포함시키지 않았으며【부표 3】에 넣지 않았다.

중종은 반정으로 즉위했기에 여느 국왕들과 달리 즉위 초 '조문'을 목적으로 온 명 사신이 없다. 그의 재위 기간에 처음으로 방문한 사신은 그와 그의 배우자를 책봉하는 일을 담당한 사설감태감 이진(李珍)과 어마감태감 진호(陳浩)였다.205 중종은 전왕의 죽음으로 인하여 자연스럽게 왕위에 오른 경우가 아니었기에 대외적으로 명 황제로부터 '조선국왕'으로 책봉을 받기 위한 노력을 기울여야 했고 그 과정이 순탄하지 않았다. 결국 세 번째에 승습을 주청하면서 관철되었고 그 시점이 1507년(중종 2) 12월이었다.[206] 이러한 임무를 수행하기 위해 이듬해 4월에 온 사신이 바로 이진과 진호였다. 아울러 이들은 왕비 책봉의 임무도 띠었다. 이때의 왕비는 장경왕후(章敬王后, 1491~1515)이다.

이진과 진호는 1508년(중종 3) 4월 12일 입경하여 7월 26일 경사를 향해 떠났다. 대개 명 사신이 오면 다음과 같이 실록에 기록되어 있다. '입경한 날 모화관에서 경복궁으로 이동하여 근정전에서 조칙을 선포하고 조칙의 내용 나열, 이후 국왕과 사신이 다례를 행한 뒤 사신이 태평관으로 이동하고 이어서 국왕도 태평관으로 행행하여 하마연을 설행한다.'이다. 그런데 이번에는 약간 달랐다.

이진과 진호가 도착한 날을 기록한 『중종실록』 4월 12일자에 '모화관에서 조칙 맞이, 환궁하여 의식대로 행례, 조서 선포, 본조(本朝) 하례, 반사(頒赦), 태평관 행행, 하마연 설행, 사문(赦文) 내용' 등의 순서로 기술되어 있다.[207] 모화관 → 경복궁 → 태평관으로 이어지는 과정이 간략하게 서술된 반면, 사문의 내용이 길게 소개되어 있고 조서와 칙서의 내용은 수록되어 있지 않다. '중종 국왕 책봉'과 '중종비 왕비 책봉'에 관한 조서와 칙서의 내용은 『중종실록』 2월 18일자에 수록된 '정덕(正德) 2년 12월 16일의 제문(題文), 정덕 3년 1월 5일의 제문, 본년 1월 6일의 성지(聖旨)'에 실려 있다.[208] 중복을 피하기 위하여 4월 12일자 기사에는 별도로 수록하지 않은 것으로 추측된다.

중종대 역시 태평관에서 이진과 진호를 위해 하마연을 설행한 이후부터 이들이 태평관을 떠날 때까지, 그리고 그 이후에 온 명 사신들까지 이곳 태평관에서 머무는 동안 있었던 여러 일들을 나열하면 다음과 같다.

익일연, 두목이 무매(貿賣)하는 물건 외에는 일체 금지, 좌승지 황맹헌(黃孟獻, 1472~?)의 문안 및 상사 이진의 해동청(海東靑) 요구가 있으면 거절하라는 부사 진호의 조언,[209] 천사에게 더 머물도록 청하고[청류(請留)] 병왕(病王, 연산군)을 보고자 하는 천사의 요청 거절, 승지 한세환(韓世桓, 1470~1522)의 문안 및 두 천사가 도청·낭청·감조관의 자급을 전례에 따라 올려줄 것을 청함, 양천사(兩天使)에게 별도의 물건 선사 및 도감의 낭관·감조관·통사 등에게 전례대로 가자(加資)한 사실 알림, 두 천사의 물품 진헌에 승지 한세환을 보내어 치사(致謝), 승지 성윤조(成允祖, 1459~1509)·영의정 유순(柳洵, 1441~1517)의 문안 및 상사의 부사를 위한 별증(別贈) 추가 요청, 부사가 통사 전명순(田命淳)의 가자를 청함, 도승지 홍숙(洪淑)의 문안 및 상사·부사가 자신들과 관련된 이들의 관직 제수 혹은 가자를 청함,[210] 좌승지 황맹헌의 문안 및 양천사가 청연(請宴) 대신 희우정(喜雨亭)에서의 유관(遊觀)을 청함, 인정물건 선사, 전연(餞宴), 대마도 도주(島主)에게 화친을 허락하는 일로 회의, 친영(親迎),[211] [정국공신(靖國功臣) 책정],[212] 도승지 윤희인(尹希仁, 1465~1538)의 문안 및 천사의 반칙(頒勅) 후 27일 안에 연향을 받을 수 없으며 3,4개월 머문다고 함,[213] 천사의 헌물(獻物)에 대한 치사(致謝), 도승지 윤희인의 문안 및 황제 하사품에 대한 사은 예물 논의, 두 사신이 사은 예물 건으로 중종을 알현하려 함, 사은 예물 논의, 사은문서(謝恩文書) 검토와 진헌할 물건을 전례(前例)보다 더 요구, 사은 문서 속 진헌 물건 수 부족 지적, 좌의정 남곤(南袞, 1471~1527)의 문안과 시를 지어 써달라는 요청 받음, 채녀(採女) 논의,[214] 유녀(幼女)·소화자(少火者) 뽑는 일 중지하지 않겠다고 함,[215] 하마연,[216] 익일연,[217] 동부승지 서후(徐厚)를 보내어 부사에게 치사(致謝), 중종 주관 영위연(迎慰宴), 천사의 유녀·화자 취합 점검 및 낭관·통사 등에게 가자(加資) 요청, 채녀(採女)·채환(採宦) 중지, 영의정 김전(金詮, 1458~1523) 등 주관 설작(設酌) 및 천사의 낭관·주관(州官) 등의 가자 요청, 영의정 김전의 문안, 좌의정 남곤의 문안, 도감 낭관·주관 등의 승직 알림, 도승지 윤희인의 문안 및 천사의 의원(醫員) 2인의 은전(恩典) 요청, 상마연, 하마연,[218] 상사[당고(唐皐)]의 예증(例贈) 거부와 익일연, 선사한 붓과 벼루 등의 물품 거부, 상마연, 충청도 해도(海島)에 표류한 당인(唐人)의 두목방(頭目房) 거처,[219] 전라도에 표류한 당인의 관반청(館伴廳)에서의 유문(誘問),[220] 표류한 유구국 사람의 추문(推問), 제술과 강서(講書)에 능한 이의 상사(常仕),[221] 세자의 천사 접대를 위한 습의(習儀), 승지 황헌(黃憲, 1502~1574)을 보내 다례를 행할 때 중종이 북쪽에 앉을 수 없다는 뜻을 천사에게 전달, 어실에서 다례를 행할 때 중종의 좌차(坐次) 논의, 재배례(再拜禮)와 다례와 예연(禮宴)[하마연] 및 취우선(鷲羽扇) 선사와 인정물건 단자 증정, 도승지 박홍린(朴洪鱗)의 문안 및 청연(請宴)에 대해 문답, 공용경·오희맹이 지은 시문(詩文) 단자(單子)에 칭사(稱謝) 및 두목에게 궤주(饋酒),[222] 익일연과 물품 선사 및 종계변무(宗系辨誣)와 취사(取士) 방식에 대해 대화, 유관(遊觀)과 세자의 청연(請宴) 일정 논의, 승지 황헌의 문안과 물품 선사 및 천사의 중종 사급 물품의 회봉(回奉) 알림, 천사의 지시에 의한 두목의 물품 교환, 물품 선사와 경회루에서의 청견(請見) 약속, 경회루에서의 연향 청함, 두목들의 무역 저지, 두목들의 무역을 절반만 허락, 무역 전면 허락, 사은사의 출발을 천사의 회정(回程) 뒤로 미룸 및 평양도형(平壤圖形) 족자 진정(進呈)과 천사의 역서(曆書) 보답, 천사의 액자(額字) 진헌 및 상마연과 종계변무 요청과 회봉(回奉)에 대한 물품 선사, 천사에게 더 머무르기를 청함(3번), 다례와 연례(宴禮)[하마연] 및 우선(羽扇) 증정과 예물단자·물건단자 증정,[223] 도승지 황기(黃琦, 1498~1539)의 문안 및 근정전에서 청연할 뜻을 천사에게 전달, 천사에게 더 머물기를 청하여 하루 더 머물기로 결정, 익일연과 물품 선사, 상마연과 알성(謁聖) 일정 결정, 천사의 물품 진헌에 대해 사례하겠다는 뜻을 알림, 천사에게 청래(請來)의 뜻을 알림, 상마연과 물품 선사,[224] 우부승지 송순(宋純, 1493~1582)의 문안, 형조판서 유관(柳灌, 1484~1545)의 문안 및 명일(明日) 천사가 고사(告辭)한다고 함, 천사가 보낸 사당(沙糖)·대자(大字)에 대한 사례 및 물품 선사와 명일 경회루에서의 상회(相會) 전함, 동부승지 민제인(閔齊仁, 1493~1549)의 윤필(潤筆) 관련 물자 전달, 승지 민제인의 문안, 승지 황기의 문안과 물품 선사 및 종계(宗系)의 오자(誤字)[225]는 고칠 것이 없다는 천사의 답변,[226] 우역(牛疫)으로 제사에 쓸 희생의 사육,[227] 주금(酒禁)한 시기에 사대부들이 모여 음주,[228] 표류해 온 당인(唐人)들의 유치처(留置處) 및 추국처(推鞫處), 사대(査對) 등등이다.

먼저 다른 국왕들에서 언급한 내용 중 공통적인 것부터 제시하면 다음과 같다. 첫째, 여느 국왕들처럼 중종대에도 태평관에서 시행된 여러 일 중 '태평관'이라고 공간을 표기하지 않은 기사가 있다. 승지가 문안했을 때 상사의 해동청 요구를 거절하라거나 도감의 낭관·감조관·통사 등에게 전례대로 가자(加資)한 사실을 알릴 때, 승지 보내서 치사할 때, 남곤의 문안, 채녀 논의, 채녀·채환 중지, 두목들의 무역 저지 및 무역 절반 허락 등이다. 이 밖에도 더 있지만 이러한 사례들 또한 태평관에서 있었던 제반사에 넣었다.

둘째, 명 사신에게 문안하는 대상이다. 좌의정 남곤과 영의정 김전의 문안도 있었지만 중종이 승지를 보내어 문안하는 사례가 다수였다. 국왕의 측근에 있는 승지를 보내어 명 사신에게 문안하는 방식이 중종대에도 그대로 지속되었다.

셋째, 명 사신을 일컫는 다양한 용례이다. 천사, 상천사, 부천사, 상사, 부사, 대인, 상대인, 사신, 정사, 중조사신(中朝使臣), 상국사신(上國使臣), 칙사(勅使), 사개(使价), 조사(詔使), 대사(大使), 화사(華使), 왕인(王人) 등등으로 기록했다. 이 중에서 '천사'라고 한 기록이 대다수이고, '조사'도 많이 기록되었다. 두 사신을 구분할 때에는 '상사'와 '부사' 혹은 '정사'와 '부사'라고 많이 썼다. 두 사신을 한꺼번에 일컬을 때에는 중종대 이전부터 가장 흔히 쓰는 양사(兩使)가 있고, 그 외에도 양천사(兩天使), 양대인(兩大人), 양위대인(兩位大人) 등으로 썼다.

사신의 성명을 쓴 경우도 있고 '성'을 활용한 사례도 있다. 전자는 이진을 이진, 상사 이진, 천사 이진, 상천사 이진 등으로, 진호를 진호, 부사 진호, 천사 진호, 부천사 진호 등으로, 김의를 김의, 상천사 김의 등으로 일컬었다. 후자는 공용경을 공대인(龔大人), 화찰(華察)을 화대인(華大人), 공용경·오희맹을 공·오양대인(龔吳兩大人) 혹은 공·오양선생(龔吳兩先生), 사도(史道)를 사대인(史大人) 등으로 일컫기도 했다.

넷째, 중종대 역시 명의 관리가 조선에 왔을 때 그들이 머문 기간이 짧았다. 체류 기간이 짧을 뿐 아니라 국왕이 주는 물품도 거의 받지 않는 경향이 었다. 다만, 도성에 들어오기 전 영조례(迎詔禮) 관련 절차와 청유조(請留詔), 도성에 들어와서는 연향을 베풀 때의 좌위(坐位) 배치 등 예와 관련하여 조선 정부를 힘들게 한 측면이 있었다.

한편, 중종대에도 태평관 관련 일이거나 태평관에서 있었던 일 중 위에서 간략하게 언급하여 부연 설명이 필요하거나 짚고 넘어가야 할 사안들이 있다. 재위 기간에 비해 명 사신이 온 횟수가 적지만 추가로 설명할 부분은 다른 국왕들의 그것에 못지않다. 제시하면 다음과 같다.

첫째, 1512년(중종 7) 8월 대마도 도주(島主)에게 화친을 허락하는 일로 회의한 건이다. 2년 전인 1510년(중종 5) 4월 삼포왜란의 발발로 조선과 일본의 관계가 크게 악화되었다가 2년에 걸쳐 화친에 대한 논의가 있었고 1512년 임신약조를 통해 두 나라 사이의 관계가 정상화되었다.[229] 임신약조를 체결하기 전, 1512년 윤5월 일본 국왕이 대마도주(對馬島主)를 신칙하여 경오년(1510, 중종 5) 반란 때의 적을 참수하여 붕중(弸中)을 시켜 머리를 담아 와서 바치고 화친을 청하게 했다.[230] 이에 조선 정부에서는 한동안의 논의를 거쳐 8월에 접어들어 이틀 동안 접대 절목(接待節目)을 정했다.[231] 그것이 임신약조를 체결할 때 조선 정부가 내세우려는 입장이었다.

접대 절목을 정한 3일 뒤 도주에게 화친을 허락하는 일을 두고 조정에서 논의했으나 의견이 귀일되지 않았다. 이에 중종이 동반 3품 당상 및 첨지사 등이 모두 모여서 의논하라고 전교했다.[232] 그에 따라 좌의정 유순정(柳順汀, 1459~1512) 등이 중종의 명을 듣고 모여 의논했고 그 의논 장소가 태평관이었다.[233] 태평관으로 회의 장소를 정한 이유가 드러나 있지 않지만 당시 조선에 온 명 사신이 없어 태평관이 비어 있었던 것만은 사실이다. 다시 3일 뒤 붕중 등에게 화친을 허락한다는 뜻을 유시했다.[234]

둘째, 반정 초 정국공신(靖國功臣)의 책정 건이다. 1519년(중종 14) 11월 정국공신 중 '위훈(僞勳)' 문제로 논의가 진행되고 있던 상황에서 중종이 '반정 초에 박영문(朴永文, ?~1513)·유자광(柳子光, 1439~1512) 등이 태평관에 가서 마련했다.'라고 언급한 부분이 나온다.[235] 반정 초 태평관에서 마련한 것이 어떠한 것인지 분명하지 않지만 '위훈'에 관한 논의를 하던 중 나온 발언이므로 '정국공신 책정'이 아닌가 추정된다.

1506년(중종 1) 중종반정에 공을 세운 사람에게 '정국(靖國)'이라는 공신 칭호를 정했다.[236] 그런데 1등에서 4등까지 정국공신에 포함된 사람들의 수가 적지 않아 당시에도 '태조대 개국공신(開國功臣), 세조대 정난공신(靖難功臣), 성종대 좌리공신(佐理功臣)'에 견주며 지나치게 많다고 지적받았다.[237] 이러한 논란의 불씨는 계속 남아 있었고, 마침내 1519년 소위 '위훈삭제' 사건이 발생했다.

반정 초 태평관의 활용은 그 당시 조선에 온 명 사신이 없어 비어 있었기에 가능했던 것 같다. 앞서 언급한 것처럼 중종대에 명 사신이 처음 온 시기가 1508년 4월이었기 때문이다.

셋째, 채녀(採女)·채환(採宦) 건이다. 1521년(중종 16) 4월 '왕세자 책봉 칙서', '물품 하사 칙서', '조선의 어린 화자(火者)와 선사(膳事) 여자 및 유녀(幼女)를 보내라는 칙서' 등을 가지고 '정사 태감 김의(金義)'와 '부사 진호(陳浩)'가 조선에 왔다. 이 중에서 세 번째 칙서로 인해 조선 정부에서 매우 골머리를 앓았다. 세 번째 칙서의 구체적인 내용은 '왕은 본국의 어린 화자와 선사를 잘 다룰 수 있는 여자 및 유녀를 선발하되 자질이 청수(淸秀)하고 부리기 쉬운 사람으로 각각 수십 명구(名口)를 김의 등에게 딸려 보내도록 하라.'였다.[238]

조선 조정에서는 오랫동안 고심을 거듭하면서도 명 황제의 명이므로 채녀·채환을 진행시켜 나갔다. 6월에 이 건이 거의 마무리된 상황에서,[239] 7월에 접어들어 명 조정에서 채녀·채환을 중지시키고자 한다는 사실을 알게 되었다.[240] 그리고 이 안건을 공식적으로 마무리짓게 된 것은 요동진무 홍은(洪恩)·동탁(佟鐸)이 가지고 온 예부의 자문[241] 및 요동의 자문[242]에 근거했다.

당시 명 황제 무종이 죽고 세종이 즉위했다. 명에서 조선에 세종의 즉위를 공식적으로 알린 것은 이해 5월 천호 이수(李秀)가 사문(赦文) 1건과 의지(懿旨)

1건을 가지고 오면서였다.[243] 그 뒤 홍은과 동탁이 7월에 예부의 자문과 요동의 자문을 가지고 왕도에 도착했다.[244] 단, 조선 조정에서는 홍은과 동탁이 왕도에 이르기 전 평안도 관찰사 유담년(柳聃年, ?~1526)이 예부 자문의 등사본과 요동 자문의 등초본을 보내 주어서[245] 두 자문의 내용에 대해서는 알고 있었다.

특히 예부 자문의 등사본에 '지금은 황상이 등극하여 온갖 법도가 일체 새로워져 (무종의 칙서를 가지고 온—필자 추가) 김의 등을 재촉하여 경사로 돌아오게 하고 이들이 조선에서 지체하거나 망령되이 진공(進貢)을 요구하는 것을 허락하지 않게 하여 국가의 체통을 온전하게 해야 한다.'는 내용이 담겨 있었다.[246] 채녀·채환을 실행할 필요가 없음을 직접적으로 가리키는 문구이다. 세종의 즉위로 무종이 보낸 칙서 중 채녀·채환 건이 이로써 무효화되었다.

넷째, 유문(誘問)·추문(推問)·추국(推鞫) 건이다. 1523년(중종 18) 전라도에 표류한 당인을 태평관의 관반청으로 옮겨 두고 그곳에서 유문하거나[247] 1530년(중종 25) 표류한 유구국 사람을 태평관에서 추문했다.[248] 또 1544년(중종 39) 표류해 온 당인들의 수가 너무 많아 태평관의 두목이 입접하는 곳에 머물러 두고[249] 그들을 추국할 곳으로 예조와 태평관 중에서 태평관으로 결정했다.[250] 1523년과 1530년, 1544년은 명에서 온 사신이 없어 태평관이 비어 있었을 시기이다.

다섯째, 세자의 천사 접대를 위한 습의(習儀) 건이다. 습의는 본 행사에 들어가기에 앞서 거행하는 예행연습이다. 1536년(중종 31) 12월 태자 탄생의 조서를 가지고 한림원수찬 공용경(龔用卿)과 호과급사중 오희맹(吳希孟) 등이 조선에 온다는 평안도관찰사 이귀령(李龜齡, 1482~1542)의 서장(書狀)이 있었다.[251] 조선 정부에서는 그들이 도착하기 전에 그들을 맞이하기 위한 준비가 한창이었고, 그중의 하나가 세자의 태평관에서의 습의였다.

옛『등록』에 '다른 사람을 임시로 천사(天使)로 만들어 세자로 하여금 태평관에서 습의를 하게 한다.'는 내용에 근거했다.[252] 정작『등록』에 기록된 것을 시행하기 위한 장소는 태평관이 아닌 경복궁 사정전(思政殿)이었다.[253] 태평관이 영내(楹內)·영외(楹外)의 구별이 있어서 세자가 그것을 알아야만 하는데 사정전 또한 그러한 구조였기 때문이다.[254]

다만, 태평관에서 행하는 '세자습의'가 어떤 것을 습의한다는 것인지 그 내용이 없다. 『등록』의 내용 및 중종의 '세자가 천사를 접대할 때의 예를 익힌다[습례(習禮)],'[255] 중종이 '경회루 아래에서 습의할 때 태평관의 하마연 및 세자의 사연례(私宴禮)를 아울러 행하는 것이 가하다.',[256] 중종이 경회루에 친림하여 '천사가 있을 때의 연향 습의(宴享習儀)를 행했는데 세자도 입시했다.'[257] 등을 통해 공용경과 오희맹이 와서 태평관에 머물 때 세자가 그들을 접대할 때의 예를 익히게 하려고 사전에 습의한다는 사실을 유추할 수 있다.

여섯째, 사대(査對) 건이다. 사대는 중국에 보내는 표문(表文)이나 전문(箋文) 등 외교 문서를 점검하는 일이다. 1544년(중종 39) 9월 6일 공조판서 정사룡(鄭士龍, 1491~1570)과 형조참판 송인수(宋麟壽, 1499~1547)가 동지절(冬至節)을 하례하기 위해 경사를 향해 출발했다.[258] 이들이 경사로 떠나기 전 배표할 때 사대하는 장소에 대해 논의했다. 부득이한 상황이 발생할 때를 위한 대비 차원에서의 논의였다.

『경국대전』에 따르면, 표문과 전문은 예조에서 예문관으로 공문을 보내 제술하게 하고, 배표하는 날에 의정부·육조·승문원 제조·사(使)·부사(副使)가 다시 사대한다고 규정되어 있다.[259] 배표하는 장소는 『국조오례의』「배표의(拜表儀)」에 따르면 경복궁 근정전으로 명시되어 있다. 「배표의」에 '근정전에서 국왕과 왕세자 및 여러 신하들이 예를 행한 뒤 종친과 문무백관만이 모화관에 이르러 경사를 향해 가는 사자(使者)를 전송한다.'는 절차가 설명되어 있다.[260]

다만, 『경국대전』과 『국조오례의』「배표의」에는 사대하는 장소가 제시되어 있지 않다. 『조선왕조실록』에는 조종조(祖宗朝)부터 모화관에서 사대했다고 되어 있고,[261] 중종대에도 1544년 이전에는 모화관에서 사대한다고 기재되어 있다.[262] 그렇다면 1544년 9월 6일 정사룡과 송인수 역시 경사를 향해 출발하기 전 관례대로 모화관에서 사대하면 된다.

문제는 이들이 출발하기 전 모화관에서 사대할 수 없는 상황이 발생했다는 점이다. 바로 모화관에서 시장(試場)이 열려서였다. 모화관에서 무관을 뽑기 위한 무과를 시행한 것이었다. 그동안 배표할 때 비나 눈이 내리거나 혹은 시장을 열면 으레 태평관에서 사대했다. 부득이한 상황이 발생했을 때 태평관을 사대 장소로 활용한 것이었다. 이에 예조에서는 사대를 반드시 교외에서 하는 것은 그 예(禮)를 중하게 여겨서인데 이 시장으로 인하여 태평관에서 사대하는 것은 미안할 듯하다며, 사대하는 사이에 한하여 잠시 시장을 정지할 것을 청했다.[263] 중종이 예조의 요청을 수락했다. 이러한 논의를 한 날이 두 신하가 출발하기 4일 전인 9월 2일이었다.

열흘 뒤 9월 12일 중종은 다시금 태평관에서 사대하는 것이 잘못되었음을 강조했다. 사대(事大)는 구차하고 간략하게[구간(苟簡)] 할 수 없기에 저번에 시장으로 인하여 태평관에서 사대(査對)한 것을 두고 논자(論者)가 비난한 것을 지당하다고 여겼다. 그러면서 정원에 전교할 때 '비가 내리더라도 모화관 안에서 사대(査對)할 수 있다.'는 자신의 뜻을 피력했다.[264]

『경국대전』과 『국조오례의』라는 두 책은 기본적인 규정이나 절차 등 강령을 위주로 성문화되어 있어 예기치 못한 변수나 변례(變禮)까지 모두 담고 있지는 않다. 비록 두 책에 사대하는 장소가 규정되어 있지 않지만 설령 규정되어 있다고 하더라도 예기치 못한 변수나 변례로 인하여 생긴 상황까지 일일이 담기는 어렵다. 중종은 그동안 관례로 굳어진 태평관에서의 사대를 이로써 바로잡았다.

인종대이다. 1544년(중종 39) 11월 15일 중종이 훙하자 6일째 되는 11월 20일 중종의 계비 장경왕후의 아들인 인종이 빈전으로 마련된 창경궁 통명전(通明殿)[265] 앞에서 유교(遺敎)와 보(寶)를 받아 즉위했다.[266] 이후 인종은 이듬해 7월 1일에 훙하여 그의 재위 기간은 7개월이 조금 넘는다. 조선의 국왕 중 재위 기간이 가장 짧았다.

재위 기간이 짧았음에도 인종대에 명 사신이 조선에 방문한 횟수는 두 번이다. 두 번의 방문은 '중종 국장 조문' 및 '인종 국왕 책봉'이 목적이었다. 문종대 '세종 국장'에서부터 연산군대 '성종 국장'에 이르기까지 '전 국왕에 대한 조문'과 '새 국왕의 책봉'을 위해 온 명 사신은 조문과 책봉을 겸하여 처결했다. 그런데 이번에는 중종 국장에 조문을 위하여 온 사신과 인종의 조선국왕 책봉을 위하여 온 사신이 달랐다. '조문 사신'과 '책봉 사신'이 나뉘어서 온 것이었다.[267]

조문 사신은 1545년(인종 1) 4월 '[중종 국장 조문 조서]'[268]를 가지고 온 사례감태감 곽방(郭玫)과 행인사행인 장승헌(張承憲)이고,[269] 책봉 사신은 이해 5월 '인종 국왕 책봉 조서'를 가지고 온 사례감태감 장봉(張奉)과 내관감태감 오유(吳猷)이다.[270] 『인종실록』에 전자는 '조제사(弔祭使)', 후자는 '봉왕사(封王使)'라고 명명되어 있다.[271] 전자는 4월 28일 왕경에 와서 5월 5일에 장승헌이 먼저 도성을 떠나고 곽방은 5일 뒤인 5월 10일에 떠났다. 후자는 5월 11일에 입경하여 6월 2일 모화관에서 경사를 향해 출발했다.

곽방과 장승헌이 중종 국장에 조문하기 위하여 왔다. 이들이 교외에 도착하기 하루 전 4월 27일, 아직 명 황제로부터 책봉을 받지 않은 권서국사자인 인종은 천사를 접대하기 위하여 창덕궁에서 거처하다가 경복궁으로 이어(移御)했다.[272] 다음 날인 4월 28일 인종은 경복궁에서 돈의문(敦義門)을 경유하여 모화관으로 나가 조서를 맞이했다. 영조문에서 조서와 사신을 맞이한 뒤 태평관으로 이동했다.

인종과 조선의 뭇 신하, 그리고 두 사신이 태평관에 도착하자 태평관에서의 일정이 시작되었다. 천사가 대청에 조서를 놓자 인종이 청(廳) 앞 행각(行閣)에 올라가 사배례(四拜禮)를 행한 뒤 사신과의 배례[상회례]와 다례, 하마연, 증급례(贈給禮) 등을 차례로 설행했다.[273] 이후부터 이들이 태평관을 떠날 때까지, 그리고 그다음에 온 책봉 사신까지 이곳 태평관에 머무는 동안 있었던 여러 일들을 열거하면 다음과 같다.

인종의 건강상의 이유로 익일연의 섭행(攝行) 사실을 알림, 좌의정 유관(柳灌, 1484~1545)의 익일연 섭행, 예증물(例贈物)과 서책 증정, 우승지 송기수(宋麒壽, 1507~1581)의 문안, 회정하려는 부천사[장승헌]에게 더 머물기를 청함, 물건 선사와 인종 주관 위연, 상천사 곽방을 위한 상마연, 천사의 증급(贈給) 물품 부족 지적에 추가 조치, 책봉 사신을 위한 하마연, 익일연, 두 사신[장봉·오유]이 진헌한 당물(唐物)에 대해 사례(謝禮), 좌부승지 송세형(宋世珩, ?~1553)의 문안, 동부승지 이문건(李文楗, 1494~1567)의 문안 및 시인(市人)들이 상사 장봉이 요구한 해달피(海獺皮) 조달의 어려움 호소, 상마연, 환무(換貿) 등등이다.

인종대에 온 명 사신은 '조제사'와 '봉왕사'가 전부이고, 태평관의 활용 역시 이들 사신이 머물렀을 때 뿐이다. 이들을 위한 연향과 문안, 물품 선사 등 일반적으로 행하는 일들이 태평관에서 이루어졌다. 다만, 중국으로 돌아가려는 부천사에게 머물기를 청한다거나 천사에게 증급 물품을 추가로 조치하라고 한 일은 '태평관'이라는 공간을 표시하지 않았으나 그곳에서 행한 일들로 판단했다.

명 사신은 '천사'라고 한 기록이 많고 천사를 구별할 때 상사·부사 혹은 상천사·부천사라고 지칭했다. 조사(詔使)와 화사(華使)라는 기록도 제법 많이 찾아진다. 두 사신을 함께 가리킬 때에는 양사(兩使)라고 한 기록이 많다. 성종대 이후부터 이러한 경향이 지속되고 있음을 보여준다.

이외에 사신을 가리켜 곽방, 장승헌, 천사 곽방, 상사 곽방, 곽사(郭使, 곽방), 곽천사(郭天使, 곽방), 곽태감(郭太監, 곽방), 장천사(張天使, 장승헌), 천사 장승헌, 장봉, 오유, 상사 장봉 등 사신의 성명 혹은 성+직책으로 지칭하기도 하고, 곽방을 가리켜 '사례감 근시 노공(司禮監近侍老公), 사례감 태감(司禮監太監), 사례감 노공(司禮監老公) 등 소속·직위로 드러내기도 했다. 그 밖에 대인(大人), 양천사, 사신(使臣), 사(使), 정사(正使), 흠차대인(欽差大人), 상국지사(上國之使) 등등으로 썼다. 사례감은 황상을 가까이 모시지만 어용감(御用監)과는 다른 관서이다.[274]

명종대이다. 명종은 1545년 7월 6일 즉위하여 1567년(명종 22) 6월 28일에 훙하기까지 거의 22년 동안 재위했다. 재위 기간에 비해 명 사신이 온 횟수는 고작 세 번으로 이전의 국왕들에 비해 상당히 적은 편이다. 그 세 번 중 두 번이 1546년(명종 1) 1월과 2월에 있었다. 1월에는 '인종 국장 조문'을 위해 왔고, 2월에는 '명종 국왕 책봉과 명종비 왕비 책봉'을 위해 방문했다. 인종 초 중종 국장에서부터 '조문 사신'과 '책봉 사신'이 나뉘어서 왔듯이 이번에도 그러했다. 마지막 세 번째에는 1558년(명종 13) 2월 '순회세자(順懷世子, 1551~1563) 왕세자 책봉'을 위해 조선에 왔다. 순회세자는 명종과 인순왕후(仁順王后, 1532~1575) 사이에 태어난 외아들이다.

명종대의 태평관 관련 기사는 1546년 1월 인종의 조문을 위해 온 정사 사례감태감 유원(劉遠)과 부사 행인사행인 왕학(王鶴)이 왔을 때 처음 나온다.

1월 21일 명 황제로부터 책봉을 받지 않은 권서국사자인 명종은 돈의문을 경유하여 모화관으로 나갔고 영은문(迎恩門)에서 조칙과 조사(詔使)를 맞이했다. 두 사신은 미륵원(彌勒院) 앞 들, 홍제원, 사현(沙峴)을 거쳐 영은문에 이르러 조칙을 받들어 용정에 안치했다. 명종이 사신 일행보다 먼저 숭례문을 거쳐 태평관에 도착했고, 두 사신은 잡희를 구경하느라 뒤늦게 용정과 함께 태평관에 이르렀다.[275]

인종대처럼 이번에도 조문 사신은 모화관에서 곧바로 태평관으로 이동했다. 이때부터 태평관에서의 일정이 시작되었고, 이후에 오는 두 번째와 세 번째 명 사신들까지 태평관에 머무는 동안 있었던 일들을 정리하면 다음과 같다.

조사가 (대청에서) 조칙 및 부물을 안(案) 위에 안치하자 명종이 서계(西階)로 올라가 오배례(五拜禮)를 행한 뒤 조사와의 재배(再拜)[상회례]와 다례 및 하마연을 차례로 설행,[276] 부사의 증물(贈物)을 두목에게 증여, 익일연, 호피금(狐皮衾) 선사, 명종 주관 위연, 사신이 모피(毛皮)·양마(良馬) 더 청함, 물품 하사, 상마연, 명종 책봉 사신을 위한 하마연·익일연·상마연,[277] 은철(銀鐵) 무역,[278]

적왜(賊倭)로 의심되는 왜인 추국,[279] 세자 책봉 사신을 위한 하마연,[280] 익일연, 좌승지 박충원(朴忠元, 1507~1581)의 문안 및 전일에 받은 말[마(馬)]에 대한 상사의 불만 보고, 좌부승지 정종영(鄭宗榮, 1513~1589)의 문안 및 부사가 조선의 활 모양대로 궁자(弓子)를 만들고자 하는 뜻 전달, 도승지를 보내 상회(相會)할 날을 정하여 알림,[281] 증송(贈送)한 물품의 품질에 대한 상사의 불만, 비로 인하여 근정전에서의 연향 대신 배신(陪臣)이 태평관에서 한 잔 올림, 발행 날짜까지 회례(回禮)할 물건을 장만해주기를 상사가 청함, 상사에게 더 머물러주기를 청하자 부사와 함께 수락, 상마연 등등이다.

명종대에 조선에 온 명 사신은 '천사'와 '조사'가 가장 많이 쓰였고 '화사'와 '칙사'도 제법 발견된다. 그리고 하나의 기사 안에서 동어의 반복을 피하기 위함인지 천사, 칙사, 화사 등을 모두 쓰기도 했다. 또 한림원 출신의 학문적 지식을 가진, 소위 '학사(學士)'라고 일컬을 만한 사신은 '학사천사(學士天使)'라고 지칭했다. 명종대 이전에 온 명 사신은 '공천사(龔天使, 공용경)', '당(唐)·공(龔) 양사(兩使)'[282]라고 기록한 곳도 있지만 대개 이름으로 기록했다. 명종대에 온 명 사신은 '부사 왕학', '조사 유원', '행인 왕학', '유원' 등 이름을 기록한 경우도 있지만 드문 편이다.

두 사신을 한꺼번에 가리킬 때에는 대개 '양사(兩使)'라 쓰고 '양대인(兩大人)'이나 '대인양위(大人兩位)', '양천사(兩天使)'가 간혹 발견된다. 두 사신을 구분할 때에는 주로 '상사'와 '부사'라고 했다. 눈에 띄는 것은 예부터 '천사'를 으레 상대인(上大人)·부대인(副大人)으로 일컬었다는 사실이다.[283] 그런데 상대인·부대인은 상사나 부사에게 직접 말할 때 사용한 칭호인 듯하고, 이외에는 앞서부터 보았듯이 명 사신을 지칭하거나 기록하는 방식은 그렇지 않았다.

한편, 명종대에도 다른 국왕들과 마찬가지로 태평관에서 있었던 여러 일 중 '태평관'이라고 공간을 표기하지 않은 기사가 여럿 있다.

첫째, 명종에게 물품을 받은 사실이다. 명종에게 물품을 받았다고 한 것은 유원과 왕학 두 사신이 승지 김익수(金益壽, 1491~?)에게 말한 것을 김익수가 명종에게 보고한 내용이다.[284] 김익수가 '태평관에 갔다.'는 문구는 없지만 그곳에 갔기에 그들의 말을 명종에게 전달할 수 있었고, 또 두 사신이 다른 곳으로 갔다는 기록이 없어서 태평관에서 있었던 일로 보았다.

둘째, 1546년 2월 24일에 행한 상마연이다.[285] 이 상마연은 명종의 조선국왕 책봉을 위해 온 정사 내궁감태감 섭보(聶寶)와 부사 태감 곽난(郭鑾)을 위해 설행한 연향이다.[286] 이 상마연을 설행한 공간이『명종실록』에 기록되어 있지 않다. 그러나 그동안 상마연은 거의 예외없이 태평관에서 설행되었기에 이때 행한 상마연 역시 태평관에서 행한 것으로 판단했다.

셋째, 두 번의 '승지 문안'이다.[287] 이 역시 승지가 천사에게 문안한 곳이 어디인지가 언급되어 있지 않다. 천사가 태평관에서 다른 곳으로 간 기록이 없고, 또 문안이라고 했으므로 천사가 머물고 있는 태평관이 틀림없다.

넷째, 증송한 물품의 품질에 대한 상사의 불만[288] 및 발행 날짜까지 회례할 물건을 장만해주기를 상사가 청하는[289] 2건 역시 공간에 대한 기록이 없다. 다만, 영접도감에서 명종에게 보고한 내용이므로 태평관에서 있었던 일로 보았다.

명종대에 온 '조문 사신'과 2번의 '책봉 사신'은 태평관에 머문 기간이 그렇게 길지 않고 그들이 머무는 동안 크게 두드러질 만한 일도 태평관에서 일어나지 않았다. 무역이나 추국 장소로의 활용은 앞서부터 있어 온 일이다.

선조대이다. 선조는 1567년(선조 즉위) 7월 3일 즉위하여[290] 1608년(선조 41) 2월 1일 세상을 떠날 때까지 재위 기간이 40년 7개월 정도였다. 재위 기간 동안 임진왜란과 정유재란을 겪었으며, 특히 임진왜란으로 궁궐이 소실되면서 많은 문헌들이 사라졌고 당대 기록 역시 매우 소략해졌다.『선조실록』외에『선조수정실록』의 편찬으로 수정과 보완이 이루어지기도 했으나 다른 왕대에 비해 기록 자체가 턱없이 부실하다는 사실은 부인하기 어렵다. 태평관을 언급한 기록 역시 그러한 점에서 자유롭지 못하다. 두 실록은 물론 다른 자료까지 최대한 활용하는 것 이외에 다른 방법이 없다.

기존 연구에서 임진왜란 때 태평관이 소실되거나 사라졌다고 한 지적에 의문을 제기했었다. 그리고 이는 본서 제3장 제2절과 제4장 제2절에서 충분히 소명되었다. 소실되지도 사라지지도 않은 채 존재하고 있었다. 다만, 주요 객관으로서의 위상을 남별궁에 내어주고 보조 객관으로 활용되다가 점차 존재 자체가 사람들의 인식에서 사라져 갔다. 그렇다면 앞서 언급했듯이 선조대 태평관에서 있었던 일은 자연스레 주요 객관으로 활용된 임진왜란 발발 전까지로 한정할 수밖에 없다.

선조가 즉위하고 처음으로 조선에 온 명 사신은 선조가 즉위한 지 얼마 지나지 않은 1567년 7월 17일 '명 목종의 등극과 개원(改元) 조서'를 가지고 온 한림원검토 허국(許國)과 병과급사중 위시량(魏時亮)이다.[291] 당시 두 사신이 행한 일이나 그들의 일정에 관한 정보는 『조선왕조실록』의 경우 『선조수정실록』 7월 17일자 기사가 유일하다. 정리하면 다음과 같다.

아직 명 황제로부터 책봉을 받지 않아 권지국사(權知國事)인 선조가 세자의 곤면 장복(袞冕章服) 차림으로 모화관에서 조서와 두 사신을 맞이, 다음 날 두 사신이 소복(素服)[292] 차림으로 조상(弔喪) 및 문묘 배알, 일을 마치고 돌아갔다는 내용이다.[293] 전별은 모화관에서 했을 것으로 추정되지만 이와 관련한 기록은 있지 않다.

『선조수정실록』 7월 17일자 기사와 대체는 같으면서 좀 더 구체적인 내용이 이이(李珥, 1536~1584)의 『석담일기(石潭日記)』에 실려 있다. 경오일(17일) 선조가 권지국사로 세자의 곤면 칠장복(袞冕七章服) 차림으로 교외에서 조서 맞이, 도착한 다음 날에 두 사신이 소복 차림으로 조상, 재명일(再明日)에 문묘 배알, 계유일(20일) 조사가 경성에서 출발 등으로 일정이 기록되어 있다.[294] 『연려실기술』에는 『석담일기』에 실린 내용은 물론 여러 문헌을 근거로 좀 더 풍부한 내용이 실려 있다. 특히 '전별한 날짜'는 기록되어 있지 않지만 '모화관에서 두 사신을 전송'한 내용이 더 있다.[295]

『선조수정실록』과 『석담일기』·『연려실기술』에서 드러나는 뚜렷한 차이는 두 가지이다. 하나는 전자는 도착한 다음 날에 조상과 문묘 배알을 한 것으로, 후자는 도착한 다음 날에 조상, 그다음 날에 문묘를 배알한 점이다. 다른 하나는 전별한 날짜와 장소이다. 전자는 그러한 기록이 기재되어 있지 않지만 후자는 7월 20일 모화관이라고 되어 있다.

아쉬운 점은 세 문헌 모두 허국과 위시량이 머문 객관에 관한 기록의 부재이다. 문헌에는 드러나 있지 않지만 그간 조선에 온 명 사신들처럼 태평관에 묵었을 것으로 예상된다.

선조대에 태평관이 언급된 첫 기사는 1568년(선조 1) 2월 명종의 조문을 위해 온 상사 태감 장조(張朝)와 부사 행인사행인 구희직(歐希稷)[296]이 왔을 때이다.

2월 3일 아직 명 황제로부터 책봉을 받지 않은 권지국사인 선조가 모화관으로 거둥, 영조문에서 조칙과 사신을 맞이했다. 조복(朝服) 차림의 백관이 먼저 태평관으로 이동했고, 이어서 선조, 조칙을 담은 용정, 천사가 차례로 태평관에 도착했다.[297] 인종대 중종 국장과 명종대 인종 국장처럼 조문 사신은 모화관에서 곧바로 태평관으로 이동했다. 이때부터 태평관에서의 일정이 시작되었고, 이후 이들이 태평관을 떠날 때까지, 그리고 그다음에 온 명 사신들까지 태평관에 머무는 동안 있었던 여러 일들을 나열하면 다음과 같다.

정당(正堂)에서 선조와 천사의 상견(相見)과 다례 및 조선 뭇 신하들의 재배와 하마연,[298] 익일연 및 부사 구희직의 발행(發行) 늦춤, 천사와의 상견 및 대신의 위연(慰宴) 대행,[299] 상사 장조를 위한 위연,[300] 태감(太監, 장조)에게 은냥(銀兩)과 피물(皮物) 가급(加給), 선조 책봉 사신을 위한 하마연·익일연,[301] 재추(宰樞) 주관 연향, 황태자 책봉을 알리기 위해 온 사신과의 상견례(相見禮)와 하마연 및 상마연,[302] 신종 등극을 알리기 위해 온 사신을 위한 하마연·익일연,[303] 다섯 재상의 주봉배 설행,[304] 연향, 상마연, 가묘(家廟) 친제(親祭)[305]에 수가(隨駕)한 이들에게 연향·일등악(一等樂) 하사, 황태자 탄생을 알리기 위해 온 사신을 위한 하마연,[306] 사은사 일행 및 승문원 도제조·제조 등에게 연향과 1등 주악(酒樂) 하사, 경서의 음석(音釋) 교정(校正)과 언해(諺解) 작업에 참여한 교정청(校正廳) 당상·낭청 등에게 선온과 일등악 하사 등등이다.

여기까지가 선조 재임 기간 중 임진왜란 이전에 태평관에서 있었던 여러 일들이다. 이 중에서 '태평관'이라는 장소가 표기되어 있지 않지만 포함시킨 사례가 있다. '다섯 재상의 주봉배 설행'이 그것이다. 『선조실록』에 설행 장소가 '대청'이라고만 기재되어 있다.[307] 당시 태평관에 머무르고 있던 명 사신이[308] 다른 곳에 간 기록이 있지 않아 태평관의 대청으로 보았다.

이외에 관찬 자료에는 장소에 관한 기록이 없으나 다른 문헌에 태평관이라고 기록된 경우도 있어 이 글에 포함시켰다. 1568년 2월 초에 입경한 명종의 조문 사신 '장조·구희직'을 위해 이튿날 설행한 익일연이다. 『선조실록』에는 선조가 익일연을 설행한 장소가 나오지 않지만[309] 유희춘(柳希春, 1513~1577)의 『미암집(眉巖集)』에 '태평관'에서 익일연을 설행한 것으로 명시되어 있다.[310]

다른 하나의 사례는 장소가 기록되어 있지 않지만 이 글에 포함시킨 경우이다. 이해 2월 말에 입성(入城)한 선조의 책봉 사신 상사 태감 요신(姚臣)/조신(祧臣),[311] 부사 이경(李慶)/이도(李度)[312]를 위해 이튿날에 베푼 익일연이다. 『선조실록』에는 선조의 주관으로 '익일연'을 행한 것은 기록되어 있으나 이를 설행한 장소가 나오지 않고,[313] 관련 기록을 수록한 『미암집』에는 '연천사(宴天使)'라고 하여 연향 명칭과 설행 장소 모두 언급되어 있지 않다.[314] 같은 날 연향을 설행했으므로 『미암집』 속 '연천사'의 '연'은 익일연임을 알 수 있다. 두 문헌에 연향을 베푼 장소가 나와 있지 않지만 두 사신이 다른 곳으로 간 기록이 없을 뿐 아니라 그간 명 사신이 조선에 왔을 때 거의 예외 없이 익일연은 태평관에서 행해졌다. 따라서 이 익일연 역시 태평관에서 시행된 것으로 판단했다.

한편, 선조 즉위부터 임진왜란 이전까지 태평관에서 있었던 여러 일들 중 부연 설명이 필요한 몇 가지가 있다. 첫째, 명 사신에 대한 표기이다. '천사'를 가장 많이 지칭하고 그다음은 조사이다. 이러한 표기는 성종대 이후부터 지속되어 왔다. 다만, 다른 국왕대에 비해 많이 나오는 것은 이름이나 '성' 한 글자를 쓴 사례이다. 허국(許國), 위시량(魏時亮), 허(許, 허국), 위(魏, 위시량), 구(歐, 구희직), 구공(歐公, 구희직), 정사한(正使韓, 한세능), 부사진(副使陳, 진삼모), 천사 한공(韓公, 한세능) 등이다.

두 사신을 가리킬 때에는 이번에도 '양사'가 가장 빈번하게 쓰이고 그다음은 '양천사'이다. 이전과 다른 것은 성+성+천사로 구성된 '허위천사(許魏天使, 허국·위시량 천사)'와 '성왕천사(成王天使, 성헌·왕새 천사)', 성+성+양사로 구성된 성왕양사(成王兩使, 성헌·왕새 양사)', 양위(兩位, 한세능·진삼모) 등으로 표기한 점이다.

둘째, 가묘 친제에 수가한 이들에게 연향·일등악 하사에 관한 건이다. 1577년(선조 10) 4월 선조가 자신의 사친인 덕흥대원군(德興大院君, 1530~1559)의 사당에서 친제를 지냈고, 그때 어가를 수행한 종재(宗宰)와 제장(諸將) 등에게 태평관에서 연향과 일등악을 하사했다.[315] '대원군묘(大院君廟)'를 '가묘'라고 지칭한 것은 잘못이므로 '대원군묘' 혹은 '사친묘(私親廟)'라고 일컬어야 한다는 허봉(許篈, 1551~1588)의 지적도 있었으나 선조는 수용하지 않았다.[316]

선조는 덕흥군(德興君)의 셋째 아들 하성군(河城君) '균(鈞)'으로, 명종의 후사가 되어 명종의 대통을 이어 즉위했다. 선조는 1569년(선조 2) 8월 명종의 신주를 종묘에 부(祔)한 뒤 부묘제를 지내고[317] 이해 11월 사친인 덕흥군을 대원군으로 추숭했다.[318] 덕흥대원군의 어머니인 창빈 안씨(昌嬪安氏)는[319] 1577년 3월 소용(昭容)에서 빈(嬪)으로 추봉하도록 전교했고, 선조는 여기에 그치지 않고 안소용(安昭容)의 신주를 가묘, 즉 '대원군묘'로 옮겨서 제사지내기를 바랐다.[320]

이후 안빈(安嬪)의 신주를 가묘로 옮겼는지가 『선조실록』과 『선조수정실록』에 기록되어 있지 않아 정확하지 않다. 따라서 이해 4월에 가묘에서 친제를 지낼 때 안빈의 신주가 그곳에 있었는지도 불분명하다. 다음 달 5월, 2품 이상이 회의하여 입계한 가운데 '안빈의 봉사(奉祀)는 영양군(永陽君) 부인이 죽은 뒤 대원군묘로 옮기기'를 건의했다.[321] 그렇다면 대원군묘로 안빈의 신주를 옮기지 않은 상황에서 선조가 제사를 지낸 것 같다. 영양군은 안빈의 큰 아들이자 덕흥대원군의 형이다.[322]

선조가 방계에서 대통을 이었기에 선조의 사친에 대한 이상과 같은 논의가 있었다. 선조는 사친에 대한 '정(情)'을 펴고자 '대원군묘'를 '가묘'라 일컬었고 그곳에서 제사를 지냈으며, 그때 자신을 수행했던 이들에게 연향과 일등악을 하사한 것이었다. 그리고 그 장소는 태평관이었다. 1572년(선조 5) 11월 정사 한림원편수 한세능(韓世能)과 부사 이과급사중 진삼모(陳三謨)가[323] 다녀간 이후 1582년(선조 15) 11월 정사 한림원편수 황홍헌(黃洪憲)과 부사 공과급사중 왕경민(王敬民)이[324] 입경할 때까지[325] 조선에 온 명 사신이 있지 않아 태평관이 비어 있었다. 그런 까닭에 연향 장소로 활용할 수 있었다.

셋째, 사은사 일행 및 승문원 도제조·제조 등에게 연향과 1등 주악 하사에 관한 건이다. 사은사로 명의 경사에 다녀온 유홍(兪泓, 1524~1594) 일행 및 승문원 도제조·제조 등에게 태평관에서 연향과 주악을 하사했다.[326]

명나라 문헌에 태조 이성계가 이인임(李仁任, ?~1388)의 후사라고 기록된 사실이 1394년(태조 3)에 조선 조정에 알려졌다. 조선 조정에서는 이성계와 이인임의 관계가 무관함을 명 조정에 알렸으나 받아들여지지 않았다. 이 내용의 원래 출처는 명 홍무제가 후대의 황제들을 위해 남겼다는 「황명조훈(皇明祖訓)」으로, 초기에는 「조훈조장(祖訓條章)」으로 기록되어 있다.[327] 애초 홍무제가 「황명조훈」의 내용을 수정하지 못하게 했기에 조선 정부의 요청이 수용되기에는 현실적으로 불가능했다. 그러나 1404년(태종 4) 명 예부에서 보낸 자문에 '이인임의 후손이 아니라고 한 조선 국왕의 말을 받아들여 개정하라.'는 성지(聖旨)가 실려 있어[328] 이 건은 일단락되었다.[329]

조선 조정에서는 이 문제가 해결된 것으로 여겼겠지만 1518년(중종 13) 4월 이 문제는 다시 불거졌다. 구입해 온 『대명회전(大明會典)』에 '이성계가 이임의 후사'라고 쓰여 있었기 때문이다.[330] 참고로 『대명회전』은 한 해 전인 1517년 10월 북경에 갔던 주청사(奏請使)와 정조사(正朝使)가[331] 이듬해 4월에 돌아올 때 가지고 왔다.[332] 『중종실록』에는 정조사 이지방(李之芳)이 『대명회전』을 새로 사온[신무(新貿)] 것으로,[333] 『연려실기술』에는 주청사 이계맹(李繼孟, 1458~1523)이 얻어 온 것으로 기록되어 있다.[334]

이후로 조선 조정에서는 『대명회전』에 기록된 종계(宗系)에 대한 변무(辨誣)에 많은 노력을 기울였다. 명으로 사신을 파견하기도 하고 그 반대로 조선에 온 명 사신에게 도움을 청하기도 하는 등 활발한 외교 활동을 벌였다. 후자의 경우 예를 들면, 1539년(중종 34) 4월 조선에 온 한림원시독 화찰(華察)과 공과좌급사중 설정총(薛廷寵)에게 도승지 황기가 『대명회전』과 「조훈조장」에 실려 있는 종계의 오자(誤字)를 진력으로 개정해 주기를 청한 것을 들 수 있다.[335]

이때 명 사신은 '그 글자는 고칠 것이 없다.'라고 답하여 향후에도 '종계변무(宗系辨誣)' 건은 난관이 예상되었다. 그러나 희망이 전혀 없지는 않았다. 비록 '황조의 대훈'은 수정이 불가능했지만 『대명회전』은 개정의 여지가 있어서였다. 바로 속찬(續纂)의 기회가 있었던 것이다.[336] 『대명회전』은 정덕본(正德本)과 만력본(萬曆本) 두 종류가 있다. 사실 정덕본은 간행되지는 못했으나 1529년(가정 8, 중종 24)에 수정·보완한 상태였다.[337] 그렇기에 조선 정부에서는 만력본이 편찬될 때 이 안건을 관철시키고자 노력했다.

선조는 여러 차례 명에 가는 사신에게 새로 편찬되는 『대명회전』에 '종계에 관한 잘못된 기록'을 바로잡아 줄 것을 청하게 했고 마침내 결실을 맺었다.[338] 이후에는 만력본 『대명회전』을 얻기 위한 활동을 펼쳤고, 1584년(선조 17) 주청사로 경사에 다녀 온 승지 황정욱(黃廷彧, 1532~1607)을 통해 황제로부터 확답을 받았다. 그가 가져온 칙서에 '책이 완성되어 자신이 본 뒤 반행(頒行)하는 날에 관원을 파견하여 조선에 보내도록 먼저 유시하겠다.'라 명시한 것이었다.[339] 황정욱은 이해 2월 1일 경사를 향해 출발하여 8월 1일 돌아왔다.

1587년(선조 20) 6월 황제가 예부에 『대명회전』을 판각하여 천하에 반포하도록 명했다.[340] 이에 조선에서도 사은사 유홍에게 주청을 겸임시켜 경사에 보내어 『대명회전』의 반시(頒示)를 청했고[341] 유홍은 이듬해에 만력본 『대명회전』을 얻어서 돌아왔다.[342] 「황명조훈」은 개정이 불가능했으나 정덕본『대명회전』에 잘못 기록된 '종계'에 관한 건은 만력본『대명회전』을 편찬하면서 비로소 바로잡게 되었다. '종계변무' 건은 이로써 마무리되었다.[343]

조선의 입장에서는 반드시 해결되어야 할 '종계변무' 건이 오랜 시일이 지나도 해결되지 못하다가 마침내 선조대에 이르러 마침표를 찍었다. 이에 선조는 사은사 유홍 일행과 승문원 담당자들의 노고를 치하하기 위해 태평관에서 연향과 함께 1등 주악을 하사한 것이었다. 이 역시 조선에 온 명 사신이 없어 태평관이 비어 있을 때 태평관을 연향 장소로 활용했음을 알 수 있다.

넷째, 경서의 음석 교정과 언해 작업에 참여한 교정청 당상·낭청 등에게 선온과 일등악 하사에 관한 건이다.

갑신년(1584, 선조 17)에 교정청을 설치하여 문학하는 선비들을 모아 사서·삼경의 음석을 교정하라고 명하고 이어서 언해하도록 했다. 그 작업이 1588년(선조 21) 10월에 이르러 마치자 교정청 당상과 낭청 등에게 차례로 논상했다. 여기에 더해 선조는 술과 1등 음악을 하사했고, 그 장소가 태평관이었다.[344] 이는『선조실록』에 기재된 내용이고, 이대로라면 교정청이 갑신년에 설치되어 음석과 언해 작업을 시작한 것으로 볼 수 있다.

그에 비해『선조수정실록』에는 다르게 기록되어 있다. 이듬해인 을유년(1585, 선조 18) 1월 1일에 교정청을 설치하고 제유(諸儒)를 선발하여 관료로 삼아 경서훈해(經書訓解)를 교정한 것으로 되어 있다.[345]『선조수정실록』에는 작업을 마친 시점이나 논상에 관한 기록은 재록되어 있지 않다.

이번에도 조선에 온 명 사신이 없어 태평관이 비어 있을 때 태평관에서 연향을 베풀었다. 공간도 넓고 건물은 마냥 비어두는 것보다 다른 용도로 활용할 때 관리면에서 더 효율적이므로 연향 장소로 사용한 것 같다.

임진왜란이 발생하기 전 선조대의 태평관은 명 사신들이 왔을 때에는 객관으로 활용되었고, 그렇지 않았을 때에는 연향을 설행하는 장소로 사용되었음을 볼 수 있다.

제 3 절

태평관 소속 관원 규정

'태평관 소속 관원'에 대한 규정이라고 했다. 그렇기에 태평관에 종사하는 사람이 그 대상이 되는 것은 당연하다. 다만, 태평관에 소속되지는 않았지만 태평관 관련한 일을 맡은 사람이 있다면 그 역시 포함시키고자 한다. 하나 더 '태평관에 종사하는 사람'에 대한 기록이 많지 않다면 그들이 '하는 일'도 추가하고자 한다. 법전류를 비롯하여 여러 문헌을 검토하는 과정에 관련 기록이 나오는 대로 정리하려 한다. 시기별로 제시하면 다음과 같다.

* 1413년(태종 13) : 태평관지기[직(直)]를 의정부 장무 전리(掌務典吏)의 녹관(祿官)으로 삼고, 6달이 차면 거관(去官)하도록 한다.[346]
* 1431년(세종 13) : 태평관지기를 연희궁(衍禧宮)지기로 옮겨 차임하며[이차(移次)], 영접도감의 관원으로 하여금 태평관에 나아가 상직(上直)하여 태평관의 모든 사무를 관장하여 살피게 한다.[347]
* 1530년(중종 25) : 분예빈시(分禮賓寺) 관원이 태평관의 별좌(別坐)였다.[348] 당시는 표류한 유구국 사람을 태평관에서 추문할 때이다.[349]
* 『대전후속록(大典後續錄)』(1543, 중종 38) : 태평관은 별좌 2원이 간호(看護)한다.[350] 이 규정은 『전록통고(典錄通考)』(1707, 숙종 33)에도 실려 있다.[351]
* 1544년(중종 39) : 동평관 관원이 모두 갇혀 있을 때 태평관 관원 중에서 차임하기도 했다. 이러한 조치는 항시적이 아닌 일시적이었다. 통사들이 근래 조

정의 공사(公事)를 왜노들에게 누설하고 있어 중종이 동평관의 별좌를 파직시켰고, 동평관의 관원들이 모두 갇혀 있어서 태평관과 북평관 관원 중에서 속히 나누어 차임하여 보내도록 전교한 것에서 비롯되었다.[352] 따라서 중종의 전교는 동평관 관원들이 갇혀 있는 일시적인 상황 속에서 부득이하게 취한 조치였다.

* 1625년(인조 3) : 천사(天使)가 왔을 적에 쓰고 남은 잡물 중에서 별공작의 잡물은 관내(館內)에 보관해야 할 것은 태평관의 별좌가 점고(點考)를 받아 대고(臺庫)에 들이게 하고, 천사가 올 때 조성한 가가(假家)에 출입하는 자가 있을 때에는 태평관 별좌가 점검한다.[353]
* 1634년(인조 12) : 태평관의 별좌가 포진(鋪陳)과 기명(器皿)을 담당한다.[354]
* 1639년(인조 17) : 태평관은 별제(別提)와 별좌에게 맡겼으나 이미 하인은 없고 고지기[고직(庫直)] 2명만 있다. 별좌는 규례대로 직숙(直宿)할 뿐이다.[355]
* 1646년(인조 24) : 태평관에는 고지기가 있을 뿐 아니라 안팎에 거주하면서 지키고 있는 민간인도 많이 있다.[356]
* 『통문관지』(숙종대) : 영접도감의 당상 이하 각무 차비관(各務差備官)이 태평관 안의 물건을 수호하고 각색(各色) 낭청(郎廳)이 유고(有故)하면 대신하여 규찰(糾察)하는 일을 맡는다.[357]
* 1735년(영조 11) : 태평관의 고자(庫子)가 남별궁에 보관한 도청(都廳) 및 각색 의궤를 맡아 지킨다.[358] 칙사가 올 때마다 으레 도청 및 각색 의궤 각각 한 건을 만들어 남별궁에 보관하여 태평관의 고자로 하여금 맡아 지키게 했다.
* 1769년(영조 45) : 예빈시의 관원 5원 중 2원이 전부터 각각 남별궁·태평관을 관장하다.[359]

이상의 문헌 자료를 통해 태평관에 소속된 이는 별좌 2원, 별제, 고지기, 고자 등이다. 『경국대전』에 태평관은 아니지만 관서의 규정 중에 별좌는 대개 정5품 혹은 종5품, 별제는 대개 정6품 혹은 종6품 관직으로 나온다. 다만, 별좌는 사신이 다녀간 이후 잡물 점검이나 그때 사용한 기물 담당, 평상시 직숙하는 일을 맡았고, 고자는 남별궁에 보관된 의궤를 맡아서 지키는 일을 담당했다.

그에 비해 태평관의 모든 사무를 관장하는 일은 영접도감 관원이나 예빈시 관원이었다. 특히 영접도감은 중국에서 사신이 오면 일시적으로 설치하는 아문으로 그들의 접대에 관한 일을 총괄한다. 그러한 까닭에 영접도감의 관리가 태평관의 전반적인 사무에 간여하는 것은 당연하다. 예빈시는 정3품 아문으로 빈객의 연향을 관장하므로[360] 자연스레 태평관의 일에 간여할 수 있었던 것 같다. 사신이 오면 으레 태평관에서 연향을 설행하기 때문이다.

이상 국왕대별로 한양 태평관에 명 사신이 머무는 동안 있었던 일과 태평관 소속의 관원에 관하여 검토했다. 이 중에서 전자의 경우는 임진왜란이 일어나기 전까지 조선에 온 명 사신들은 필자가 확인한 선에서 거의 빠뜨리지 않고 확인했다. 그들이 왕도에 들어온 시기, 직책과 이름, 머문 기간 등에 대해서는 본서【부표 3】이 참조된다. 단,【부표 3】에는 각 사신들이 온 목적은 기입하지 않았는데 기존 연구에 정리되어 있기에 생략했다.[361]

제 6 장

한양 태평관 : 의례

제1절 연향(宴享) · 배절(拜節) ·
견두목절차(見頭目節次) · 친영례(親迎禮)

제2절 영사시제급조부의(迎賜諡祭及弔賻儀)

제3절 유조의(留詔儀)

제 1 절

연향(宴享)·배절(拜節)·
견두목절차(見頭目節次)·친영례(親迎禮)

1. 연향 : 태조~선조대 임진왜란 이전

태평관은 객관이므로 기본적으로 사신의 숙소로 활용된다. 그것이 태평관의 주된 기능이지만 그 밖에도 여러 일이 그곳에서 일어났음을 제5장에서 파악했다. 그중 부연설명이 필요한 것은 그때그때 처리했으나 별도의 검토가 필요하다고 하여 뒤로 미룬 것이 하나 있었다. 바로 태평관에서 행한 의례이다. 제5장을 정리하면서 어떠한 의례가 거행되었는지는 대략 파악했다. 이를 바탕으로 각 의례마다 본격적으로 검토해보고자 한다.

태평관에서 행한 의례 중 우선적으로 꼽을 만한 것은 연향이다. 연향은 사신이 올 때마다 그들을 대접한다는 의미에서 가장 빈번하게 행하는 일이자 의례이다. 연향은 특히 명 황제를 대신하여 그의 명을 받들고 오는 명 사신에게는 한 두 번에 그치지 않고 입경해서부터 왕도를 떠날 때까지 여러 차례 설행했다. 하마연과 익일연, 상마연 등 연향에 명칭을 부여하면서까지 말이다.

제5장에서는 태평관에서 설행하는 연향만을 언급하여 하마연과 익일연, 상마연이 대부분 거론되었다. 2, 3일 정도 짧게 체류하는 경우를 제외하면 세 연향 이외에도 궁궐의 법전이나 경회루 등 다른 곳에서도 연향을 베풀었다. 이러한 연향은 국왕이 주관할 때이고 이외에도 왕세자나 종친, 대신들이 주관할 때도 있어서 실제는 설행 횟수가 더 많았다. 설행 횟수는 대부분 체류 기간

과 비례했다. 본서에서는 국왕이나 왕세자 등 국가에서 공식적으로 주관하는 연향을 중심으로 살펴보려 한다. 따라서 사신이 도착한 당일에 태평관에서 설행하는 '하마연'과 그다음 날에 태평관에서 설행하는 '익일연'을 시작으로 점차 다른 연향까지 파악해보고자 한다.

『조선왕조실록』에서 '하마연'이라 명명하고 사신이 도성에 도착한 당일에 태평관에서 행한 첫 기사는 1406년(태종 6) 윤7월에 확인된다. 명 황제가 하사한 악기(樂器)를 가지고 온 내사 박인(朴麟)과 김희(金禧) 등이 교외에서 태평관으로 이동했고, 태종이 질병이 있다는 소식을 미리 들었기에 이들은 태평관에 악기를 두고 창덕궁으로 나아가 문병한 뒤 물러났다. 그리고 의정부의 주관으로 이들을 위하여 하마연을 설행했다.[1] 비록 하마연의 설행 장소가 태평관이라고 명시되어 있지 않지만 창덕궁에서 문병하고 물러난 후 하마연을 설행했기에 창덕궁에서 태평관으로 돌아와 설행한 것으로 볼 수 있다. 따라서 하마연의 설행 장소는 태평관이 분명하다.

다음은 익일연이다. 『조선왕조실록』에서 '익일연'이라 명명하고 사신이 도성에 도착한 그다음 날에 태평관에서 행한 첫 기사는 1419년(세종 1) 8월에 찾아진다. '태종의 선위'와 '세종의 왕위 승계'를 윤허하는 칙서를 가지고 온 태감 황엄이 도착한 당일에 상왕 태종과 세종이 태평관에서 그를 위하여 하마연을 설행하고[2] 그다음 날에 세종이 태평관에 행행하여 익일연을 설행했다.[3]

이후부터 사신이 조선에 오면 대부분 입경한 당일에 '하마연', 그다음 날에 '익일연'이라고 명명한 연향을 베풀었다. 여기에 더해 사신이 돌아갈 때 전연(餞宴)을 베풀었다. 그런데 전연은 태평관에서 설행하기도 하고 그렇지 않기도 했다. 이로써 명 사신이 왕경에 도착했을 때 하마연과 익일연을, 떠날 때 전연을 설행하여 기본적으로 설행하는 연향이 정비되었다. 그 결과 세 연향은 『경국대전(經國大典)』(1485, 성종 16) '예전(禮典)' 조에 성문화되었다.[4]

『경국대전』에 세 연향이 규정되었으나 1488년(성종 19) 3월 조선에 온 동월이 지은 『조선부』에는 이와는 약간 다르게 설명되어 있다. 태평관에서 설행하기도 하고 그렇지 않기도 한 '전연'이 빠지고 오직 태평관에서만 설행하는 세 연향이 소개되어 있다. 『조선부』에 기재된 태평관에서의 연향은 다음과 같다.

> 태평관에서 여는 연향은 세 번인데, 예(禮)는 모두 같고 문(文)은 감쇄한 것이 없다. 한 번의 연향은 인정전에서 하는데 정성과 노력이 더욱 지극하면서도 수고롭게 한다. 태평관에서의 초연(初燕)은 하마연(下馬燕), 재연(再燕)은 정연(正燕), 삼연(三燕)은 상마연(上馬燕)이다. 인정전에서의 연향은 '사연(私燕)'이라 명명한다.[5]

연(燕)은 연(宴)과 통용되는 글자이다. 동월은 인정전에서 설행하는 한 번의 연향 이외에 태평관에서 세 번 연향을 연다고 했다. 첫 번째는 도착한 당일에 행하는 하마연, 두 번째는 '정연'이라고 했으나 조선에서는 익일연이라고 일컫는다. 세 번째는 사신이 떠나기 하루 전날에 설행하는 상마연(上馬宴)이다.

이 중에서 상마연에 대하여 부연설명을 하자면, 『조선왕조실록』에서 '상마연'을 행한 첫 기사는 1452년(단종 즉위) 8월에 나타난다. 황태자 책봉 조서를 가지고 온 이부낭중 진둔(陳鈍)과 행인사사정 이관(李寬)이[6] 도성을 떠나기 하루 전 이들을 위하여 세조가 상마연을 대행했다는 기사이다.[7] 진둔과 이관은 8월 22일 입경하여 8월 27일 도성을 떠났다.

『조선부』에는 인정전에서 사연(私燕), 태평관에서 초연인 하마연, 재연인 정연[익일연], 삼연인 상마연 등 총 4번의 연향을 설행한다고 했다. 이 중에서 태평관에서는 세 번 연향을 설행한다고 하면서 하마연에 걸맞게 상마연이 들어갔다. 사실 동월이 도성을 떠나기 하루 전날에 성종이 태평관의 정청(正廳)에서 상마연이 아닌 전연을 행했다.[8] 그가 떠나는 날에는 모화관에서 또 전연을 행하여,[9] 동월 및 그와 함께 온 왕창에게는 결과적으로 두 번의 전연을 시행한 셈이다.

두 번의 전연 기록은 모두 『성종실록』에 근거했다. 그런데 동월은 떠나기 하루 전에 태평관에서 베푼 연향을 상마연이라고 생각하여 『조선부』에 기록한 것이 아닌가 한다. 조선에서의 경험을 『조선부』에 썼을 가능성을 배제할 수 없어서이다. 다만, 의문스러운 점은 『조선부』에 '전연'이 언급되어 있지 않다는 사실이다. 조선 조정에서는 '전연'이라고 여긴 연향을 두 번이나 설행했음에도 『조선부』에 언급조차 없다는 점이 그러하다. 동월이 태평관에서 마지막으로 베푼 연향을 상마연이자 전연이라고 생각한 것이 아닌가 조심스레 추정해본다. 조선 조정에서는 전연이라고 베푼 연향이 동월의 입장에서는 상마연이자 전연이라고 여길 수 있어서이다.

『조선부』에 '전연'이 언급되어 있지 않지만 실제로 상마연과 별개로 조선에서는 명 사신을 위하여 전연을 설행하고 있었다. 사신이 떠나기 하루 전날에는 태평관에서 상마연을 설행하고, 떠나는 날에는 모화관에서 전연을 행했다. 이로써 인정전에서의 연향, 태평관에서의 3번의 연향, 모화관에서의 연향 등 총 5번의 연향을 시행하면서 명 사신을 위한 연향이 『경국대전』에서의 규정보다 좀 더 구체화되어 가고 있음을 알 수 있다.

이러한 여러 연향 중에서 언급하지 않은 연향이 있다. 바로 온짐연이다. 관련 기록이 세종과 문종, 단종, 세조대에 확인되고 그 이외에는 관찬 자료에서 발견되지 않는다.[10] 성종대에 온 동월의 『조선부』에 '온짐연'에 관한 언급이 없는 것은 이로써 의문이 풀린다. 결국 온짐연은 조선 초 세조대까지 설행한 연향의 하나로 간주된다.[11] 다만, 온짐연이 세조대 이후에 설행하지 않게 된 이유에 대해서는 확인이 필요하다.

온짐연은 근정전이나 경회루, 사정전 등 경복궁에서 주로 설행되었다.[12] 그렇기에 1450년(세종 32) 태평관에서 수양대군이 온짐연을 대행했다는 기사는 주목할 만하다. 태평관에서의 온짐연 설행은 드문 사례이기 때문이다. 당시 세종과 왕세자가 건강상의 문제로 태평관에서의 하마연과 익일연, 그리고 온짐연을 수양대군이 모두 대행했다.[13] 그 외에도 왕자와 종친이 「연조정사의(宴朝廷使儀)」를 대행하는 의주도 예조에서 정하는 등 부득이한 상황에 대처하면서 그렇게 된 것 같다.[14] 「연조정사의」는 조정 사신, 곧 명 사신을 위하여 태평관의 정청에서 설행하는 연향 절차이다.

한편, 하마연 이하 여러 연향은 그 절차가 마련되어 있는지를 살펴볼 필요가 있다. 기본적으로 행하는 '하마연'과 '익일연'은 국가전례서에 '하마연', '익일연'이라는 연향 명칭이 들어가 있는 의절이 따로 마련되어 있지 않다. 대개 이러한 연향 등은 국왕이 주관하여 거행하므로 국가전례서에 규정된 「연조정사의」대로 시행했을 것으로 추측된다.[15] 국왕 이외에도 왕세자, 의정부, 육조, 종친, 대신들이 이곳 태평관을 방문하여 연향을 베풀었다. 국왕과 이들이 베푼 연향을 제5장에서는 일일이 제시하지 않고 '위연(慰宴)'이나 '연위(宴慰)'라고 표기하고 각주로 처리했다.[16]

이러한 연향 절차는 『세종실록오례』(1451, 문종 1)와 『국조오례의』(1474, 성종 5) 등 국가전례서의 '빈례(賓禮)'조에 성문화되었다. 국왕 주관의 「연조정사의」 및 「왕세자연조정사의(王世子宴朝廷使儀)」·「종친연조정사의(宗親宴朝廷使儀)」 등이 그것이다. 그리고 「종친연조정사의」에 의정부·육조에서 설행하는 연향이 부기되어 있다.[17]

『국조오례의』가 편찬된 이후 국가전례서가 편찬된 시기는 영조대이다. 영조대에 편찬된 국가전례서는 『국조속오례의(國朝續五禮儀)』(1744, 영조 20), 『춘관지(春官志)』(1745, 영조 21), 『국조속오례의보(國朝續五禮儀補)』(1751, 영조 27), 『국조상례보편(國朝喪禮補編)』(1752, 영조 28)·(1758, 영조 34), 『동국문헌비고(東國文獻備考)』(1770, 영조 46) 「예고(禮考)」 등이 있다.[18] 이 중에서 중국 사신의 연향과 관련한 의주가 실린 전례서는 있지 않다.

중국 사신의 연향과 관련한 의주는 정조대에 비로소 등장한다. 1788년(정조 12)에 편찬된 『국조오례통편(國朝五禮通編)』과 『춘관통고(春官通考)』의 '빈례(賓禮)'조이다. 중요한 것은 새로운 의주가 마련되지 않은 채 『국조오례의』에 수록된 「연조정사의」와 「왕세자연조정사의」, 「종친연조정사의」가 아무런 변화가 없이 그대로 두 국가전례서에 수록되었다는 사실이다.[19] 임진왜란 이후 태평관을 대신하여 남별궁이 주요 객관이 되면서 태평관의 기능이나 위상에 변화가 있었음에도 그러한 변화가 반영되어 있지 않다. 여전히 세 의주에는 행례 장소가 '태평관'이라고 쓰여 있다.

국가전례서와는 달리 조선후기에 중국 사신의 연향과 관련한 규정과 그 절차를 실은 문헌이 있다. 바로 『통문관지』와 『동문휘고』이다.

먼저 전자이다. 『통문관지』에는 연향과 관련한 내용이 조선 초보다 더욱 정밀하게 기재되어 있다. 사신이 입경한 날부터 그들이 떠날 때까지 7차례의 연향 규정이 그것이다. 하마연, 익일연, 청연(請宴)[인정전], 회례연(回禮宴), 별연(別宴), 상마연, 전연 등이다.[20] 사실 조선 초에도 명 사신을 위해 '사연[인정전], 하마연·익일연·상마연[태평관], 전연'만 설행한 것은 아니었다. 이 이외에 설행한 연향들도 있었는데 『통문관지』에는 이 모두를 포함하여 명문화한 것으로 볼 수 있다.

의주는 『통문관지』에 「입경연향의(入京宴享儀)」 하나만 재록되어 있다. 7차례의 연향을 포괄한 의주이다. 사신이 입경하기 전 연향의 습의(習儀) 장소는 '서연청'이라 하여 남별궁의 서연청이라고 명시되어 있다. 그런데 정작 7차례의 연향 설행 공간은 '관소연청(館所宴廳)'이라고 기록되어 있을 뿐이다.[21] 임진왜란 이후부터 태평관이라고 한 『경종실록』 1건과 『정조실록』 6건의 기사를 제외하면 중국 사신이 왔을 때 거의 예외 없이 남별궁의 서연청에서 연향을 설행했다. 따라서 7차례의 연향을 설행한 '관소연청' 역시 남별궁의 서연청으로 보는 것이 합리적이다.

다음은 후자이다. 『통문관지』 이외에 참고할 만한 대표적인 문헌이 『동문휘고』이다. 연향과 관련한 의주는 「관소하마연의(館所下馬宴儀)」, 「정전청연의(正殿請宴儀)」, 「재신연의(宰臣宴儀)」, 「교전의(郊餞儀)」 등이 있다.[22] 『통문관지』보다 연향의 수가 줄어든 것은 분명하다. 이 중에서 「관소하마연의」가 객관에서 행하는 의절을 대표한 것으로 이해된다. 『통문관지』대로라면 하마연, 익일연, 회례연, 별연, 상마연 등을 「관소하마연의」대로 행했을 것이라는 의미이다.

그렇다면 『통문관지』보다 연향의 수가 줄었다고 단정짓기 어렵다.

행례 장소는 「관소하마연의」는 관소연청, 「정전청연의」는 인정전, 「재신연의」는 연청(宴廳), 「교전의」는 연향대(宴享臺)라고 되어 있다. '관소연청'과 '연청'은 남별궁의 서연청이라고 판단된다.

참고로 마지막에 설행하는 전연에 대한 부연설명이다. 『통문관지』에는 따로 의주가 마련되어 있지 않을뿐더러 행례 장소는 교외(郊外)라 하여 구체적으로 어디인지는 적시되어 있지 않다. 『동문휘고』는 이와 달리 「교전의」라는 의주가 별도로 마련되어 있고 교외는 '연향대'라고 명시되어 있다. 전연을 태평관에서 설행하기도 하고 그렇지 않기도 했는데 조선후기에는 객관이 아닌 교외에서 설행하는 것으로 굳어졌음을 알 수 있다.

2. 배절 : 태종대(개성)·세종대(한양)

배절은 글자 그대로 풀이하면 '절(節)에 절한다.'이다. '절'은 '나라의 부신(符信)'이라는 뜻이다.[23] 『조선왕조실록』에는 태종과 세종을 책봉할 때 명 사신이 가지고 온 기록이 확인된다.

먼저 태종이다. 태종은 명 황제로부터 두 번의 책봉을 받았다. 첫 번째는 명 혜종(惠宗)으로부터 받은 책봉이다. 1401년(태종 1) 6월 책봉 사신 통정시승 장근(章謹)과 문연각대조 단목예(端木禮)가 '고명(誥命)'과 '절'을 가지고 조선에 왔다. 이들이 가지고 온 고명은 무일전(無逸殿)에서 선포한 뒤 태종에게 주었다.[24] 이후 태종은 사신을 따라 태평관으로 이동했고 '대청(大廳)'에 '절'을 안치했다. 태종은 절에 배례하되 망궐례(望闕禮)를 행하는 것과 같이 했다.[25]

책봉된 이튿날에는 태종이 태평관에 가서 배절하되 '일배고두례(一拜叩頭禮)'로 하여, 책봉한 날과 다르게 행례했다.[26] 그다음 날부터 책봉 사신이 귀국할 때까지 『태종실록』에 '배절'이라고 기록되어 있을 뿐 배절 방식에 대해서는 기록되어 있지 않다.[27] 책봉한 날에 행하는 배절과 평상시에 하는 배절에 차별을 둔 것으로 이해된다. 장근과 단목예는 6월 12일 입경하여 6월 16일 떠났다.

두 번째는 명 성조(成祖)로부터 책봉을 받았다. 1403년(태종 3) 4월 책봉 사신 도지휘 고득(高得)과 통정사좌통정 조거임(趙居任), 환관 태감 황엄(黃儼)·조천보(曹天寶), 조선의 환자 주윤단(朱允端)·한첩목아(韓帖木兒) 등이 고명·인장(印章)·칙서를 가지고 조선에 왔다. 궐에서 태종이 고명과 인장을 받았고, 고명의 내용은『태종실록』에 실려 있다.[28] 이때 '절'에 관한 기록은『태종실록』에서 찾아지지 않는다. 이는 곧 '절'을 가지고 오지 않았을 가능성을 뜻한다. 만약 가지고 왔다면 '절'이라는 의물의 상징성을 고려할 때 반드시 기록으로 남겼을 것이기 때문이다.

참고로 태종이 책봉 사신으로부터 고명을 받은 곳은 두 번 모두 한양이 아닌 개성이다. 첫 번째의 경우 '무일전'이라는 장소명 및 개성도읍기에 책봉 사신이 왔다는 점에서 의심의 여지가 없다. 그렇다면 대청에 '절'을 안치하고 태종이 그 절에 배례했다는 태평관은 개성 태평관이라는 사실도 알 수 있다. 두 번째의 경우는 태종이 책봉 사신으로부터 고명과 인장을 받은 장소가 '궐'이라고 되어 있을 뿐 구체적으로 밝혀져 있지 않다. 그러나 이때 온 책봉 사신 역시 개성도읍기에 왔으므로 자연스레 행례한 곳은 개성임이 분명하다.

다음은 세종이다. 1419년(세종 1) 1월 태감 황엄 및 정사 광록소경 한확(韓確, 1400~1456)과 부사 홍려시승 유천(劉泉) 등이 '절'과 '고(誥)', '칙서'를 가지고 조선에 와서 세종을 조선국왕으로 책봉했다. 책봉 사신은 경복궁 근정전에서 세종에게 고명을 주고, '절'은 태평관으로 가지고 가서 북루 위에 안치했다.[29] 북루는 앞서 거론했듯이 1409년(태종 9) 4월에 지었다.[30] 그보다 앞서 1405년(태종 5) 10월 개성에서 한양으로 재천도를 했기에 이번에 '절'을 안치한 태평관은 한양 태평관이다. 책봉 고명을 가지고 조선에 온 명 사신이 한양 태평관에 머문 것은 이때가 처음이다.[31]

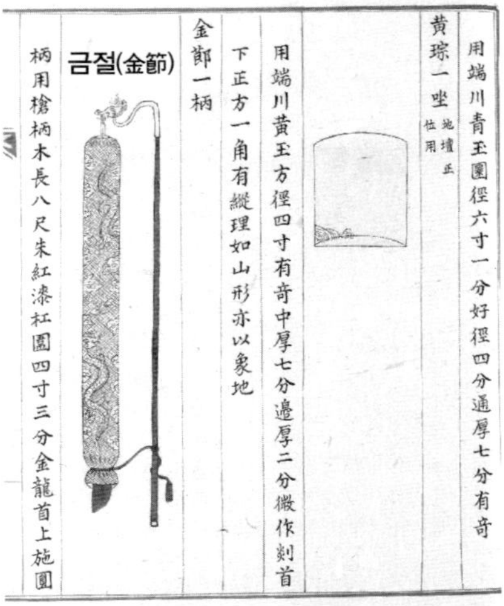

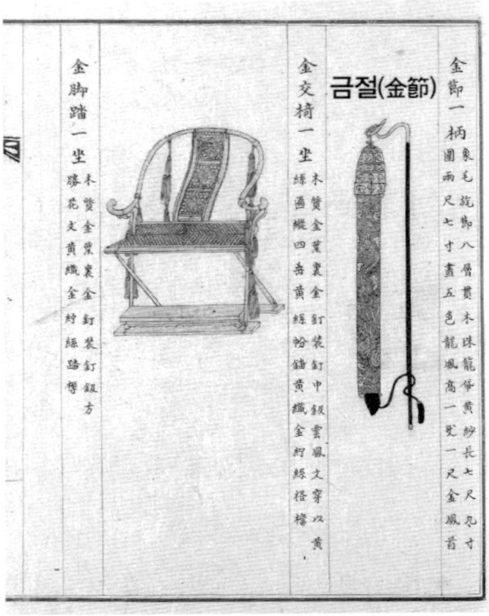

〈도판 19〉「금절(金節)」, 『고종대례의궤』, 규장각한국학연구원(좌) | 「길의장(吉儀仗)」, 『명성황후국장도감의궤』, 규장각한국학연구원(우)
조선 초 태종과 세종의 책봉을 위해 사신들이 가지고 온 '절(節)'의 모습은 현전하는 한국학 문헌에서는 아직 발견하지 못했다. 실제의 모습은 잘 알지 못하겠으나 '금절(金節)'이라는 그림이 현전하는 두 의궤에 전한다. 『고종대례의궤』와 『명성황후국장도감의궤』가 그것이다.[34] 전자는 1897년(고종 34) 10월 12일(음력 9월 17일) 고종이 대한제국의 황제로 즉위하는 과정을 담은 의궤이고, 후자는 이해 11월 22일(음력 10월 28일) 명성황후의 장례를 치른 뒤 국장도감에서 그의 국장 과정을 정리한 의궤이다. 두 의궤에 그려져 있는 금절은 황제의 의장에 사용한 의물 중 하나이다.

세종을 책봉할 때 배절한 기사는 2건이 확인된다. 책봉 사신이 입경한 당일인 1월 19일 상왕 태종이 근정전 뜰[전정(殿庭)]에서 '절'·'고'에 배례한 1건[32] 및 일주일 뒤인 1월 26일 세종이 태평관으로 거둥하여 '절'에 배례한 1건이다.[33] 2건 모두 배절 절차나 방식에 대한 기록은 있지 않다.

태종대 개성 태평관에서는 대청에 절을 봉안했고, 세종대 한양 태평관에서는 북루 위에 안치했다. 그리고 이처럼 『조선왕조실록』에는 태종과 세종의 책봉을 위해 온 사신이 '절'을 가지고 왔으며 그 '절'에 조선의 국왕(태종), 상왕(태종)·국왕(세종)이 배례한 기사가 확인되고 이외에는 찾아지지 않는다.[35] 이후에는 배절 관련 기사가 확인되지 않는 것으로 보아 조선 초 태종과 세종대에만 시행된 의례인 것 같다.

한편, 세 사례 중 세종 책봉을 위해 온 사신에게 상왕 태종이 수강궁에 초대하고자 했을 때 사신이 보인 반응이 주목된다. 사신 중 부사 홍려시승 유천이 이를 거부한 것이다. 그는 황제의 명을 받든 일이 끝나서 '절'을 받들고 다시 갈 수도 없고 또한 '절'을 두고 다른 곳에 갈 수도 없다고 하며 노왕(老王, 태종)이 자신을 보고자 한다면 자신이 머물고 있는 곳[태평관]으로 오라고 답했다. 이에 태종이 태평관으로 행행하여 위연(慰宴)을 베풀었다.[36] 절을 가지고 온 사신들은 이 의물과 함께 움직였음을 알려주는 기사이다.

세종 책봉을 위해 온 사신은 조선에 도착하여 절을 북루에 안치한 날부터[1월 19일] 그들이 떠난 날[2월 4일][37]까지 태평관에서 벗어난 기록이 보이지 않는다. 그러한 까닭에 사신에게 문안하거나 식물(食物)·물품을 선사할 때에는 사람을 태평관으로 보냈고,[38] 연향 역시 태평관에서 베풀었다.[39] 그리고 세종은 '절'이 돌아갈 때에는 경외(京外)의 관원들에게 결채(結綵)하도록 예조에 명했다.[40] '절'이라는 의물의 상징적 의미를 잘 보여준다.

3. 견두목절차 : 중종대

견두목절차는 조선의 국왕이 두목을 만나는 절차이다. 이 절차는 필자가 확인한 바 『조선왕조실록』에 1건의 기사가 보인다. 1537년(중종 32) 3월 대사(大使)인 한림원수찬 공용경과 호과급사중 오희맹이 왔을 때이다.

중종이 어실에서 두 사신이 지은 시문(詩文)을 두목을 시켜 보내려 한다는 소식을 들었다. 그에 따라 두목을 만나는 절차에 관하여 그 자리에 있던 도승지 박홍린(朴洪鱗)과 승지 강현(姜顯, 1486~1553)에게 물었다. 중종이 '두목이 꿇어앉아 절하면[궤배(跪拜)] 답하는 절[답배(答拜)]을 하는 것인가?'라고 묻자 박홍린이 그렇다고 답했다.[41] 그런데 막상 두목이 왔을 때에는 이보다 더 구체적으로 진행되었다.

중종이 어실의 북벽에 마련된 교의(交倚)에 앉아 있고 통사가 2명의 두목을 인도하여 들어왔다. 2명의 두목은 정사 공용경이 보낸 마융(馬隆)과 부사 오희맹이 보낸 천록(天祿)이다. 조선의 국왕이 명에서 온 두목을 보는 절차는 흔하지 않기에 그 절차를 제시하고자 한다.

> 두 두목이 통사 이응성(李應星)의 인도를 받아 섬돌[계(階)] 위로 올라와 공수(拱手)하고 서자, 상 또한 일어나 섰다. 두목들이 재배하고 두 사신이 지은 단자(單子)를 올리자, 상이 단자를 잡고 소매를 들며 치사하는 말[칭사(稱謝)]을 했다. 두목들이 "전하께서는 앉으시기 바랍니다. 저희들은 물러가겠습니다."라고 하자, 상이 술을 대접하라고 명했다. 사옹원 관원이 두 두목의 곁에 과반(果盤)을 나누어 들고 서자, 도제조(都提調)가 옥술잔을 전하에게 올렸다. 전하가 잔을 들어 승지(承旨)에게 주자 승지가 그 잔을 받들어 두목에게 각각 한 잔씩 대접했다. 두목들이 재배하고 나갔다.[42]

대개 명 사신에게 연향을 설행할 때 국왕이 두목들에게도 술이나 음식을 내리곤 한다. 그러나 이처럼 따로 두목을 만나는 일은 매우 드물다. 『중종실록』에 '두목을 만나는 절차[견두목절차(見頭目節次)]'라고 되어 있고 그 절차 또한 간략하게나마 재록되어 있기에 '태평관에서 거행한 의례'에 포함시켰다. 그리고 이 절차를 거행하는 곳이 어실인데, 어실 역시 태평관의 영역에 속해 있기에 본서에 넣었다.

4. 친영례 : 중종~인조대

친영례는 혼례의 육례(六禮) 중 하나로, 신랑이 신부의 집으로 가서 신부를 맞이해 오는 의례이다. 조선 왕실에서 국왕이 왕비를 맞이할 때 친영례를 처음으로 시행한 국왕이 중종이다. 그것도 그가 세 번째 가례를 치르는 문정왕후를 왕비로 맞이할 때이다.

중종은 반정으로 즉위하기 전 대군 시절에 부인 신씨(愼氏)가 있었다. 신씨는 연산군 비의 오라비였던 신수근(愼守勤, 1450~1506)의 딸이었다. 반정이 성공하면서 중종이 즉위했고 그의 부인 또한 왕비가 되었다. 반정한 지 일주일 뒤에 반정 공신들이 신씨가 궁곤(宮壼)이라면 그들에게 위협적인 존재가 될 것이라는 이유를 내세워 중종에게 폐출(廢黜)을 청했고 중종은 그들의 주장을 받아들였다.

신씨를 폐출하자 곧장 왕비의 간택이 시작되었으나 한 해가 지나도록 미루어졌고 결국 1507년(중종 2) 8월 윤여필(尹汝弼, 1466~1555)의 딸을 왕비로 맞아들였다. 그가 장경왕후이다. 장경왕후는 1515년(중종 10) 원자(후일 인종)를 낳은 뒤 세상을 떠났고 중궁의 자리에 폐비 신씨의 복위가 거론되기도 했으나 이루어지지 않으면서 새 왕비를 간택해야 했다.[43]

이때 중종의 비로 간택된 이가 바로 윤지임(尹之任, 1475~1534)의 딸인 문정왕후였다. 1517년(중종 12) 4월 중종이 새 왕비를 맞이들일 때 친영례를 거행하고자 하여 태평관을 수리하여 관소(館所)로 삼도록 전교했다.[44] 3달여 쯤 지난 7월 중종이 면복 차림으로 태평관에서 왕비를 친히 맞이했다[친영].[45]

태평관이 친영 장소로 선정된 것은 당시 명에서 온 사신이 없어 그곳이 비어 있다는 것을 꼽을 수 있다. 또 태평관이라는 공간이 친영례를 행할 수 있는 적지 않은 인원을 수용할 정도는 된다는 점도 작용하지 않았을까 한다.

이후 선조대에도 태평관에서 친영례가 이루어졌다. 태평관이 친영 장소로 선정된 것은 중종이 문정왕후를 맞이할 때 그곳에서 친영례를 행한 적이 있어서 그것을 따르기로 한 것에 연유했다.

선조는 명종의 뒤를 이어 즉위한 뒤 1569년(선조 2) 현령 박응순(朴應順, 1526~1580)의 딸을 왕비로 맞았다.[46] 그가 의인왕후이다. 의인왕후는 임진왜란과 정유재란이 발발하자 피난을 다녔고 정유재란이 끝나고 그렇게 오랜 시간이 흐르지 않은 1600년(선조 33) 6월 27일 세상을 떠났다.[47] 국모의 자리가 비었기에 2년 뒤 1602년(선조 35) 2월 혹은 윤2월 이조좌랑 김제남(金悌男)의 딸을 계비로 맞기로 결정했다.[48]

이해 7월 2일 납채례(納采禮)와 7월 4일 납징례(納徵禮)를 시작으로, 7월 13일 하루 동안 책비(冊妃), 별궁에 왕비 봉영(奉迎), 봉영한 왕비의 관소 도착, 친영, 동뢰연(同牢宴) 등을 차례로 거행했다.[49] 그중 친영례는 태평관에서 거행되었고 그때 선조는 면복 차림이었다.[50] 여기까지는『선조실록』의 기록이고,『선조수정실록』에는 육례 중 7월 3일자에 책비례를 행한 기사를 제외한 다른 절차는 기록이 없다.[51]

임진왜란 이후에 태평관에서는 명에서 온 사람들을 접견한다든가, 명에서 온 사람들이 묵기도 하고, 사신이 가지고 온 조서나 칙서를 맞이하는 예를 시행하기도 하고, 청연을 설행하기도 하는 등 여러 일들이 그곳에서 진행되었다. 여기에 더하여 중종대에 태평관에서 친영례를 행한 전례를 근거로 인목왕후를 왕비로 맞이하는 절차 중 친영례를 태평관에서 거행한 것이었다. 친영례를 행할 당시 이곳에 묵는 명나라 사람이 없었던 것은 물론이다.

광해군대에도 친영 공간으로 태평관이 거론되었다. 이때에는 광해군이 아닌 왕세자의 가례를 위한 논의에서 나왔다. 처음에는 조종조에서 세자빈의 집에서 친영례를 행한 사실을 거론하며 그렇게 하기로 했다. 그런데 1610년(광해군 2) 12월 세자빈을 간택한 뒤 그대로 여염에 있게 하는 것이 미안하다고 여겨 장흥동(長興洞)에 있는 유덕신(柳德新, 1548~1617)의 집을 별궁(別宮)으로 삼았다. 광해군의 명으로 도감에서 이 집을 수리하고자 가서 살폈더니 수선하는 공역이 새로 짓는 것과 다름이 없어서 다른 곳으로 별궁을 정했다. 그곳이 바로 이현본궁(梨峴本宮)이었다.[52]

이현본궁은 동부 연화방(蓮花坊)에 위치해 있다.[53] 광해군이 잠저 때 거처하던 곳이자 공성(恭聖)의 신위를 임시로 안치한 곳이었다.[54] '공성'은 광해군의 사친(私親)인 공빈 김씨(恭嬪金氏)를 왕후로 추존하면서 올린 시호이다.[55] 이후 이현궁은 인조대에는 능원대군(綾原大君)이 거처했고, 효종은 이곳에서 가례를 행했으며, 정조대에는 이곳에 장용영(壯勇營)을 설치했다. 이후 이현궁이 폐해지면서 그곳을 나누어 훈국(訓局)·동별영(東別營)·선혜청(宣惠廳)·동창(東倉)을 만들었다.[56]

이처럼 처음에 세자가 친영하는 곳으로 이현본궁이 정해졌다. 그러다가 얼마 뒤 가례도감에서 예문에 따라 빈씨(嬪氏)의 본가에서 친영례를 행해야 하지만 조종조의 구례(舊例)에는 반드시 태평관에서 행례했다고 하며 실록에서 고출하여 전거를 마련하도록 청했다.[57] 9개월이 지나 세자의 친영 가례가 이루어졌으나 막상 행례한 곳은 기록되어 있지 않다.[58] 중간에 태평관에서 다른 곳으로 바꾼 기록이 있지 않은 것으로 보아 태평관에서 친영례를 행하지 않았을까 한다.

친영 장소로 태평관이 거론된 것은 인조대에도 마찬가지였다. 1627년(인조 5) 7월 소현세자(昭顯世子, 1612~1645)의 친영례를 행하는 곳을 정할 때의 논의이다. 가례도감에서 별궁에 이미 세자빈의 거처가 마련되어 있어 세자의 친영례를 이곳에서 행하는 것이 마땅하지만 태평관에서 친영한 때도 있었다고 하며 인조에게 어떻게 해야 할 것인지에 대해 물었다. 인조는 별궁이 좁을 뿐 아니라 태평관에서의 친영이 전규(前規)이므로 전례(前例)대로 시행하도록 전교했다.[59] 세자빈은 병조참지 강석기(姜碩期, 1580~1643)의 둘째 딸로,[60] 강빈(姜嬪)으로 불리다가 1718년(숙종 44) '민회(愍懷)'라는 시호를 받은 민회빈(愍懷嬪, 1611~1646)이다.[61]

소현세자의 가례 과정은 『소현세자가례도감의궤(昭顯世子嘉禮都監儀軌)』가 참조된다. 이 의궤의 10월 12일자 「왕세자빈친영의(王世子嬪親迎儀)」를 보면, '이번 친영례를 전례에 따라 태평관에서 행례한다면 세자빈이 본궁(本宮)에서 먼저 태평관으로 나아가야 한다.'는 내용이 나온다.[62] 7월 논의 이후 10월에 이르기까지 태평관에서 다른 곳으로 친영 장소의 변경이 없었기에 세자빈의 동선을 이렇게 정할 수 있는 것이다.

2달 보름 후 12월 27일 친영을 행했으나 정작 행례 장소가 나오지 않는다.[63] 10월부터 12월 사이에 관찬 자료나 의궤에 친영 공간의 변경에 관한 기록이 발견되지 않는 것을 보면 이번에도 태평관에서 친영례를 행했을 것으로 짐작된다.

인조대에는 여기에서 그치지 않고 왕실에서 한 번 더 가례가 있었다. 1635년(인조 13) 12월 인조비 인열왕후(仁烈王后, 1594~1635)가 훙함에 따라[64] 계비를 맞이하게 되면서였다. 계비는 영돈녕부사 한원부원군 조창원(趙昌遠, 1583~1646)의 딸 장렬왕후(莊烈王后, 1624~1688)이다.[65]

3년 뒤 1638년(인조 16) 10월 가례도감이 설치되고[66] 별궁이 봉림대군(鳳林大君, 후일 효종)의 집으로 결정되면서[67] 본격적인 가례 준비에 들어갔다. 가례도감에서 친영례를 거행하기 위하여 태평관을 미리 수리하고 청소하기를 청했다. 인조는 이전과 달리 수리하는 것은 폐단이 있으니 별궁에서 거행하라고 답했다.

이에 가례도감에서는 두 가지 이유를 들며 태평관에서 행례해야 하는 당위성에 대하여 피력했다. 하나는 예로부터 반드시 태평관에서 거행한 것은 그 예를 중하게 여긴 뜻에서 나왔다는 것, 다른 하나는 별궁에서 거행하면 소홀하고 간략한[구간(苟簡)] 혐의를 면하지 못할 것이라는 이유를 들었다. 그러자 인조는 폐단을 제거하는 것이 중요하니 소홀하고 간략한 혐의는 얽매일 필요가 없다고 답했다.[68]

인조가 친영례를 거행하는 곳으로 태평관을 부적절하다고 본 것은 태평관의 좋지 못한 상황이 원인이었다. 태평관을 두고 '방치하여 형편이 없다[기폐무형(棄廢無形)].'라고 한 표현이 이를 잘 대변해준다.[69] 가례도감에서 태평관은 잠시 행례하는 곳에 불과하므로 편의에 따라 수개하여 옛날대로 설행할 것을 청하지만 인조는 그렇게 생각하지 않았다. '수리하는 것은 폐단이 있으며 폐단을 제거하는 것이 중요하다.'고 한 답변은 잠시의 친영례 거행을 위하여 수리하는 것보다 향후에도 발생할 왕실에서의 가례를 대비한 조치가 아닌가

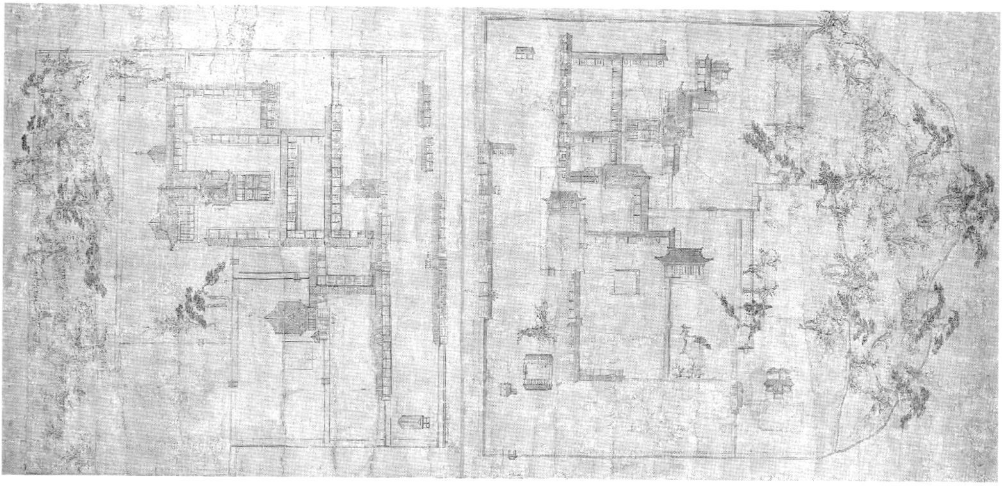

〈도판 20〉「인평대군방전도(麟坪大君坊全圖)」, 규장각한국학연구원
효종의 잠저인 용흥궁(龍興宮) 혹은 하어의궁(下於義宮)의 모습은 「인평대군방전도」가 참조된다. 「인평대군방전도」는 인조의 둘째 아들인 봉림대군의 집과 셋째 아들인 인평대군의 집을 그린 그림이다. 봉림대군의 집에는 조양루(朝陽樓)가 있고 인평대군의 집에는 석양루(夕陽樓)가 있어 각각의 집을 흔히 '조양루'와 '석양루'라고 지칭했다. 그림으로만 보면 두 집이 정대칭으로 마주보고 있는 것 같으나 실제는 중간에 큰 길을 다라 동서로 나뉘어 있으며, 그 또한 정대칭이 아니었다. 정면에서 보았을 때 왼쪽이 조양루가 있는 봉림대군의 집이고, 오른쪽이 석양루가 있는 인평대군의 집이다.[70]

한다.

임진왜란 이후에 명에서 오는 사신을 위한 객관으로 남별궁을 활용하고 있었고 이제 청 사신 역시 이곳에 머물렀다. 태평관의 존재가 예전만 못한 것은 물론 갈수록 더해져 가는 상황이었다. 더구나 친영례를 논하는 이 시점은 병자호란을 겪은 지 얼마 지나지 않아 조선 사회가 여러 면에서 어려운 상황에 놓여 있던 때였다. 이에 인조는 잠시의 친영례를 위한 수리조차 허용하고 싶지 않았던 점도 작용했을 터이다.

장렬왕후와의 친영례는 결국 별궁에서 거행하기로 결정되었다. 이후 납채(納采)·납징(納徵)·고기(告期) 등의 예는 『국조오례의』에 의거하여 '본궁'에서 거행하고 책비례(冊妃禮)는 '별궁'에서 거행하기로 정했다.[71] 결과적으로 별궁에서는 책비례와 친영례 두 의례를 거행하게 되었다. 본궁은 인조가 즉위하기 전에 거주하던 곳[잠저(潛邸)]으로, 어의궁(於義宮) 혹은 상어의궁(上於義宮)이라고 일컬었다.[72] 별궁은 봉림대군의 집이라고 했듯이 효종이 즉위하기 전에 거

주하던 곳으로, 용흥궁(龍興宮) 혹은 하어의궁(下於義宮)이라고 일컬었다(〈도판 20〉).[73]

실제 납채·납징·고기·책비례를 행했을 때 행례 장소가 『인조실록』이나 『승정원일기』에 구체적으로 나오지 않는다.[74] 장소 변경과 관련한 기사가 발견되지 않는 것으로 보아 처음에 정한 그대로 본궁과 별궁에서 각각 거행했을 것으로 유추된다. 친영례는 12월 3일 사시(巳時)에 처음 정한대로 별궁에서 진행되었다.[75]

이후 열조(列朝)의 가례는 태평관이 아닌 별궁인 '하어의궁'에서 거행되었다.[76] 신묘년(1651, 효종 2)과 신해년(1671, 현종 12)에 가례를 행할 때에도 별궁인 어의궁에서 친영례를 거행했다.[77] 전자는 1651년(효종 2) 세자와 세자빈, 곧 후일 현종과 명성왕후(明聖王后, 1642~1683)의 가례를 가리키고,[78] 후자는 세자와 세자빈, 곧 후일 숙종과 인경왕후(仁敬王后, 1661~1680)의 가례를 가리킨다.[79]

다만, 가례가 있을 때마다 예전에는 친영 공간이 태평관이었다는 사실이 거론되곤 했다. 1681년(숙종 7) 3월 숙종과 계비 인현왕후의 가례를 치르기 전 '어의궁'이 친영 처소로 결정되었다.[80] 이는 의궤의 기록이고, 『숙종실록』에는 '어의동(於義洞) 별궁'으로 기록되어 있다.[81] '어의궁'과 '어의동 별궁'은 모두 '하어의궁'을 가리킨다. 숙종의 원비 인경왕후가 1680년(숙종 6) 10월 경덕궁[82] 회상전(會祥殿)에서 세상을 떠남에 따라[83] 인현왕후와의 가례를 논의하면서 친영 처소를 정하게 된 것이었다.[84]

가례도감 도제조 영의정 김수항(金壽恒, 1629~1689)이 친영례는 구례(舊例)에 의거하여 태평관에서 거행되었지만 무인년(1638, 인조 16년)에 수리의 폐단으로 인하여 별궁에서 거행한 이후 신묘년·신해년에도 어의궁에서 행례했는데 이번 인현왕후와의 친영례는 어느 곳으로 할 것인지에 대하여 숙종에게 물었다. 이에 숙종은 '어의궁'에서 행하도록 전교했다.[85] 두 달 뒤 5월 13일 어의궁에서 전안례(奠雁禮)를 거행하여[86] 처음 정한 그대로 어의궁에서 친영례를 거행했다. 전안은 고대에 혼례에서 신랑이 신부의 집에 가서 기러기를 바쳐 예물[지례(贄禮)]로 삼는다는 뜻으로, 전안례가 친영례이다.

인조대 장렬왕후와의 가례 이후부터 친영 공간으로서의 태평관은 왕실에서 가례를 행할 때마다 전례(前例)로 언급될 뿐이었다. 그 대신 '하어의궁'이 친영 공간으로 자리잡았다.

제 2 절

영사시제급조부의(迎賜諡祭及弔賻儀)

1. 태조~태종 국장의 조문 사신 : 영사시제급조부의 이행

우선 '행례(行禮)' 두 글자에 대한 설명이다. 이는 제5장 제1절 중 세종대에 있었던 여러 일 중 '행례'라고 한 것을 가리킨다. 『조선왕조실록』에는 구체적인 절차를 기록하지 않은 채 '행례'라고만 기록되어 있다. 조선에 온 명 사신은 띠고 온 임무에 따라 도성 안에서 이동하는 노선이 달라진다. 그렇기에 여기서의 행례는 세종대에만 국한되지 않는다. 사신이 입경한 뒤 모화루 혹은 모화관에서 두 방향으로 움직인다. 동선에 따라 구분해서 설명하면 다음과 같다.

하나는 사신이 반송정/모화루(후일 모화관) → 경복궁/창덕궁 → 태평관으로 이동하는 노선이다. 경복궁/창덕궁에서 일정하게 행하는 절차, 대표적으로 조칙을 선포한 후 다례를 행하는 등의 절차이다. 이를 마친 뒤 문무 뭇 신하들이 태평관에 나아가 '행례'하고 이어서 국왕이 태평관으로 행행하여 사신을 위해 하마연을 베푸는 순서이다.[87] 혹은 거의 비슷한 방식인데, 뭇 신하들이 분사(分司)하여 사신을 따라 태평관에 나아가 '행례'하고 이어서 국왕이 뭇 신하들을 거느리고 태평관으로 행행하여 하마연을 설행하는 경우이다.[88]

1435년(세종 17) 4월 국왕이 경복궁에서 칙서를 받고 열람한 뒤 다례를 행하고 사신이 태평관으로 돌아갔다. 각사(各司)가 태평관에 나아가 사례(私禮)를 행하고 이어서 국왕이 태평관에 행행하여 하마연을 설행했다.[89] 또 1450년(세종 32) 1월 예조에서 명 사신이 가지고 오는 조칙과 황제가 내린 물품을 대신 맞이하는 절차를 정한 의주에 '사자(使者)가 태평관으로 나아가면 백관이 따라서 관(館)에 이르러 사자와 더불어 돈수재배례(頓首再拜禮)를 행한다.'고 되어 있다.[90] 그 밖에 사신이 태평관으로 돌아가자 백관이 분사하여 '행례'하고 왕세자 및 종친 또한 먼저 태평관에 나아가 '사례(私禮)'를 행한 사례도 있다.[91]

각사가 사신과 행한 '사례', 백관이 사자와 행한 '돈수재배례', 백관의 '행례'와 왕세자·종친의 '사례' 등은 위에서 말한 뭇 신하들의 태평관에서의 '행례'와 같다. 조선의 세자·종친·뭇 신하와 명 사신이 행하는 기본적인 의례라고 볼 수 있다. 태평관에서의 돈수재배례는 '세자와 사신', '종친 및 문무백관과 사신'이 행하는 의례로 국가전례서에 성문화되었다.[92]

나머지 하나는 반송정/모화루(후일 모화관)에서 경복궁이나 창덕궁으로 가지 않고 곧장 태평관으로 이동하는 노선이다. 대개 국장에 온 조문 사신이 이와 같이 움직였다. 『조선왕조실록』에는 '행례'라고만 기록되어 있지만 '행례'에는 조문 사신이 가지고 온 고명(誥命)·제문(祭文)·부물(賻物) 등을 태평관에 안치하는 의례, 국왕과 사신이 행하는 의례, 조선의 뭇 신하와 사신이 행하는 의례 등이 모두 포함되어 있다. 이 행례가 바로 국가전례서 '흉례(凶禮)'조에 규정되어 있는 「영사시제급조부의」이다.[93]

「영사시제급조부의」는 중국 황제가 내린 시호[고명(誥命)]와 제사[제문(祭文)] 및 조부(弔賻)[부물(賻物)]를 맞이하는 의식이다. 좀 더 엄밀하게 정의를 내린다면, 명 황제로부터 조선국왕으로 책봉을 받은 국왕 혹은 아직 책봉을 받지 못한 권서국사자(權署國事者)가 황제가 내린 시호를 기록한 고명[시고(諡誥)]과 제문, 부물을 맞이하는 의례이다.

조문 사신이 와서 행하는 「영사시제급조부의」의 첫 시작은 태조 국장이다. 태조 이후 정종과 태종, 세종 세 국왕의 왕위 계승은 전왕(前王)이 살아 있는 가운데 이루어졌다. 따라서 태조, 정종, 태종의 죽음에 명에서 파견한 조문 사신의 주된 업무는 '조문' 그 자체였다. 조문 관련 의례만 행하면 된다. 이들 조문 사신은 모두 실제로 모화루[94]에서 경복궁이나 창덕궁으로 가지 않고 곧바로 태평관으로 이동했다.

「영사시제급조부의」에 따르면, 고명·제문·부물을 안치할 때 국왕은 면복(冕服), 조선의 뭇 신하들은 조복(朝服) 차림이다. 이때 국왕이 고명을 받지 않은, 아직 명 황제로부터 책봉을 받지 않았다면 국왕은 아청단령포(雅靑團領袍)/아청원령포(鴉靑圓領袍)와 익선관(翼善冠), 청정소옥대(靑鞓素玉帶) 차림을 한다.[95]

태조와 정종은 명 황제로부터 '조선국왕'으로 책봉을 받지 못했다. 태종은 태조·정종이 살아 있을 때 책봉을 받았고 자신의 재위 기간에 태조 국장을 치렀다. 세종은 정종·태종이 살아 있는 가운데 책봉을 받았고 자신의 재위 기간에 정종 국장과 태종 국장을 차례로 치렀다. 따라서 태종과 세종은 책봉 고명을 받은 뒤 전(前) 국왕의 국장을 치렀기에 국가전례서대로 명 황제가 내려 준 '면복' 차림으로 조문 사신을 맞이하고 세 의물을 태평관에 안치했다.[96]

세 의물을 안치하는 의례가 끝나면 국왕-사신과의 행례, 조선의 뭇 신하-사신과의 사례(私禮)를 행한다. 이를 '상회례(相會禮)'라고 한다. 곧 사신이나 손님이 왔을 때 서로 만나서 인사를 나누는 예이다. 상회례를 행할 때 국왕은 백포(白袍), 조선의 뭇 신하들은 백의(白衣)로 갈아입는다. 단, 상회례를 행할 때 사신이 국장 절차 중 졸곡(卒哭) 이전에 왔다면 국왕과 조선의 뭇 신하들은 모두 최복(衰服) 차림을 한다. 상회례를 행할 때 태조 국장에서 태종은 소복(素服) 차림을 했고, 정종 국장에서는 『세종실록』에 기록되어 있지 않으며, 태종 국장에서는 세종이 백의(白衣)·오모(烏帽) 차림을 했다.[97]

졸곡은 산릉에서 장례를 치른 뒤 방황하는 혼(魂)을 편안하게 하기 위해 지내는 우제(虞祭)를 모두 마친 뒤 그동안 무시(無時)로 곡하던 것을 그치고 아침저녁 두 차례 혼전(魂殿)에서 상식할 때만 곡하는 절차이다.[98] 혼전은 국왕이나 왕후가 세상을 떠난 지 5개월 만에 산릉에서 장례를 치른 뒤 신주를 받들고 궁궐로 돌아와 종묘에 부묘(祔廟 : 신주를 사당에 봉안하는 의례)할 때까지 신주를 봉안하는 곳이다.

상회례를 행한 이후에 (대)청에서 다례를 행한다. 다만, 조건이 있다. 사신이 온 시점이 졸곡 이전이라면 '다례는 제(除)한다.'라고 기록되어 있다. 이는 곧 졸곡 이후에 온다면 다례를 시행한다는 뜻이기도 하다.

다례의 시행 여부이다. 태조 국장에서는 상회례가 끝난 뒤 다례 기록은 없고 세자 이제(李禔)가 태평관에 머물면서 사신들을 위해 하마연을 설행했다. 정종 국장에서도 행례 후 다례 기록은 없고 세종이 주관한 하마연을 설행했다. 태종 국장에서는 세종이 사신에게 읍례(揖禮)를 행하고[상회례] 이어서 세종과 사신이 간단한 대화를 주고받은 후 다례를 행했고, 약간의 시간적 여유를 가진 뒤 세종이 하마연을 베풀었다.[99]

태조는 1408년(태종 8) 5월 24일 죽음을 맞이했고 이해 9월 21일 혼전인 문소전(文昭殿)에서 졸곡제(卒哭祭)를 지냈다.[100] 3일 뒤 9월 24일 조문 사신이 도성에 이르러 태평관으로 들어왔다.[101] 졸곡 이후에 왔으므로 국가전례서에서 규정한 것처럼 이날 태평관에서 태종이 조문 사신과 다례를 행하지 않았을까 한다.

정종은 1419년(세종 1) 9월 26일 세상을 떠났고 이듬해 1월 15일에 졸곡제를 혼전인 인덕궁(仁德宮)에서 지냈다.[102] 정종 국장에 온 조문 사신이 이해 4월 8일 도착했다.[103] 졸곡 이후에 왔으므로 세종이 사신과 함께 다례를 행했을 가능성이 크다. 태종은 1422년(세종 4) 5월 10일 세상을 떠났고[104] 이해 9월 18일 혼전인 광효전(廣孝殿)에서 졸곡제를 행했다.[105] 조문 사신은 한참 뒤인 이듬해 4월 6일에 입경하여[106] 졸곡이 지났기에 다례를 행할 수 있었다.

정종은 재위 기간에 국장이 발생하지 않았고, 태종대 태조 국장과 세종대 정종·태종 국장이 있었다. 세 국장에 온 '조문 사신'은 자신들을 맞이한 조선의 현 국왕인 태종·세종이 이미 명 황제로부터 조선국왕으로 책봉을 받은 상황이어서 조문의 임무만 수행하면 되었다. 곧, 경복궁이나 창덕궁으로 가서 현 국왕을 조선국왕으로 책봉할 필요가 없었다. 따라서 세 국장에 온 '조문 사신'은 모화루에서 경복궁이나 창덕궁으로 향하지 않고 바로 태평관으로 이동하여 「영사시제급조부의」를 거행했다. 조문 사신이 도착한 당일에 그들이 행하는 일정은 이로써 끝났다.

참고로 모화루(후일 모화관)에서 태평관으로 이동하여 거행하는 「영사시제급조부의」에서 '부물'의 봉안처가 북루라는 기록이 있다. 1819년(순조 19)에 작성한 『빈례총람(儐禮總覽)』에 따르면, 태평관의 궐정(闕庭)에서 행례한 뒤 누(樓)로 옮겨 두었다고 되어 있다.[107] 이는 태평관에 도착한 뒤 고명·제문·부물 세 의물을 대청에 미리 설치해 둔 세 안(案)에 각각 안치하고 조선의 국왕이 사배(四拜)를 하는 의례가 끝나면, 대청에서 다례를 행하기 위하여 세 의물을 거두어들이는데 그중 부물은 북루로 옮겨서 안치한 것으로 이해된다.[108]

2. 세종~성종 국장의 조문 사신 : 영사시제급조부의 미이행

태조·정종·태종 국장처럼 조문 사신이 반송정/모화루(후일 모화관)에서 태평관으로 이동하는 과정은 세종이 죽은 뒤부터 달라졌다. 세종의 적장자인 문종은 세종의 재위 기간이 아닌 세종이 죽고 난 뒤 즉위했다. 곧, 1450년 2월 17일 세종이 훙하고, 훙한 지 6일째 되는 2월 22일에 즉위례를 거행했다.[109] 그에 따라 문종 초에 온 사신은 '세종 국장 조문'만이 아니라 '문종 국왕 책봉'이라는 임무를 겸했다. 모화관에서 사신을 맞이한 문종은 아직 명 황제로부터 책봉을 받지 않았기에 명의 입장에서 보면 그는 임시로 국사를 서리(署理)하는 '권서국사자'였다.

『세종실록오례』(1451, 문종 1)는 세종의 사후에 편찬되었다. 그렇기에 이 책에 실린 「영사시제급조부의」에는 '명 황제로부터 조선국왕으로 책봉을 받은 국왕'이 '태조·정종·태종 국장을 위하여 온 조문 사신'을 맞이한 내용이 성문화되어 있다. 그렇기에 모화관에서 사신을 맞이하고 태평관으로 이동하여 세 의물을 안치하는 절차까지 국왕은 '면복' 차림으로 한다고 되어 있다.[110] 이 내용은『국조오례의』(1474, 성종 5)의「영사시제급조부의」에도 수록되었다.

다만, 아직 황제로부터 책봉 고명을 받지 못한 '권서국사자'가 조문 사신을 맞이할 때에는 아청단령포/아청원령포, 익선관, 청정소옥대 차림을 한다고 부주(附註)되어 있다.『세종실록오례』의 편찬 시기가 1451년이므로, 명 황제로부터 책봉 고명을 받지 못한 권서국사자(문종)가 조문 사신을 맞이한 상황을 겪은 뒤에 편찬되었으므로 '면복' 두 글자의 아래에 권서국사자의 차림까지 적시한 것이었다.

이러한 정황은 1450년(문종 즉위) 5월 '이미 고명을 받은 세종'과 '고명을 받지 못환 권서국사자(문종)'를 비교하며 '사신영접례(使臣迎接禮)'를 정하는 과정에서 확인된다.[111] 1450년 당시 명 황제의 고명을 받기 전 영명(迎命)할 때의 차림에 대한 논의를 날짜별로 제시하면 다음과 같다.[112]

* 5월 23일 : 고명을 받지 않았기에 면복을 입을 수 없고 무흉배무문아청사단령(無胸背無文鴉靑紗團領), 무화금흑정불삽옥대(無畫金黑鞓不鈒玉帶), 흑화(黑靴) 차림을 하기로 결정.[113]
* 5월 24일 : 졸곡 전이면 최복(衰服) 차림으로 모화관으로 나아가서 익선관, 무문무흉배아청단령(無文無胸背鴉靑團領), 무화금아청정불삽옥대(無畫金鴉靑鞓不鈒玉帶), 흑화(黑靴) 차림으로 바꾸어 입은 뒤 영명하고 이 차림으로 청(廳) 위에서 상회(相會). 졸곡 후라면 소복(素服) 차림으로 모화관으로 나아가서 위와 같은 차림으로 바꾸어 입은 뒤 영명하고 상접(相接)과 연향(宴享)에는 모두 소복 차림. 뭇 신하들은 졸곡 전에는 최복 차림으로 모화관으로 나아가서 조복(朝服) 차림으로 영명하고 소복 차림으로 사례(私禮) 행함.[114]
* 6월 10일 : 청라의흉배(靑羅衣胸背), 홍정옥대(紅鞓玉帶)로 하라는 문종의 결정.[115]

* 6월 27일 : 길복 차림을 하되 사신이 만약 면복을 입지 못하는 이유에 대해 묻는다면 아직 고명을 받지 않아서 감히 마음대로 착용할 수 없어서'라는 내용으로 답하기로 논의.[116]

본격적인 논의에 들어가기에 앞서 주의할 점이 하나 있다. 바로 고명의 성격이다. 세종 국장에 오는 조문 사신은 '조문'에 더하여 '책봉'을 겸한다고 했다. 그렇다면 이때 오는 사신은 2개의 고명을 가지고 온다. 하나는 조문을 위한 고명이고 다른 하나는 책봉을 위한 고명이다. 『조선왕조실록』에는 딱히 두 고명을 구별하지 않고 쓰는 경우가 대부분이고, 국가전례서의 「영사시제급조부의」에도 조문을 위한 고명을 그냥 '고명'이라고 썼다.

사실 책봉을 위한 고명은 '고명'이라고 일컬으면 된다. 그에 비해 조문을 위한 고명은 엄밀하게 말하면 황제가 내린 시호를 기록한 고명을 뜻한다. 황제는 제후왕에게 2글자의 시호를 내리는데 앞에서 정종을 '공정왕', '공정대왕'이라고 지칭할 때의 '공정' 2글자가 그것이다. 간혹 문헌 중에 조문을 위한 고명을 '황제가 내린 시호를 기록한 고명'이라는 뜻을 지닌 '시고(諡誥)', '사시고(賜諡誥)', '사시고명(賜諡誥命)'이라 표현하기도 한다.[117] 다만, 이러한 기록은 흔하지 않다. 따라서 '고명'이라고 했을 때 어떤 성격의 고명인지는 상황에 따라 판단하는 방법이 가장 확실하다.

사신이 가져오는 고명을 맞이할 때 권서국사자(문종)의 의대(衣帶)에 이처럼 신경을 쓰는 이유는 처음으로 세종 국장이라는 '흉(凶)'과 권서국사자 책봉이라는 '길(吉)'을 함께 진행해서이다. '영명의대(迎命衣帶)는 길·흉의 사이를 쓴다.',[118] '사신이 조위(弔慰)와 고명을 겸하여 길·흉이 서로 반반이다.',[119] '사신이 고명·관복(冠服)·시호·사제(賜祭)·치부(致賻) 등을 가지고 와서 길흉이 서로 섞이다.'[120] 등등의 표현이 당시 상황을 잘 대변해준다. 이때 고명은 '책봉 고명'을 가리킨다. 그러나 '조위'를 위한 의례 중 황제가 내린 시호를 기록한 '시고'도 있기에 '영명(迎命)'의 '명(命)'에는 '책봉을 위한 고명[길]과 조문을 위한 고명[흉]'이 모두 포함되어 있다.

이러한 논의는 실제 사신을 맞이하는 날을 본다면 명확해진다. 이해 8월 3일 태감 윤봉(尹鳳)과 봉어 정선(鄭善)이 조칙을 받들고 모화관에 도착했다. 권서국사자(문종)는 소복 차림으로 모화관에 도착해서 그곳에서 청라흉배(靑羅胸背)와 홍정소옥대(紅鞓素玉帶) 차림으로 바꾸어 입고 조복 차림을 한 백관과 함께 조칙과 두 사신을 맞이했다.[121] 6월 24일 졸곡제를 지냈기에[122] 소복 차림으로 모화관에 간 것은 5월 24일의 논의를, 청라흉배와 홍정소옥대 차림으로 사신을 맞이한 것은 6월 10일의 결정을 따랐음을 알 수 있다.

권서국사자이기에 면복 차림을 하지 않은 것은 국가전례서의 규정에 어긋나지 않지만 실제 차림에 있어서는 차이를 보인다. 아마도 권서국사자(문종)의 '청라흉배와 홍정소옥대' 차림이 『세종실록오례』「영사시제급조부의」에 성문화될 때 '아청단령포, 익선관, 청정소옥대 차림'으로 정비된 것 같다. 다만, 8월 3일자 '청라흉배와 홍정소옥대' 차림이 『세종실록오례』「영사시제급조부의」에 '아청단령포, 익선관, 청정소옥대 차림'으로 정비되는 과정은 『문종실록』에서 찾아지지 않는다.

권서국사자가 모화관에서 두 사신을 맞이한 뒤 경복궁 근정전으로 이동하여 그곳에서 권서국사자가 조칙을 받았다. 문종을 조선국왕으로 책봉하는 조칙이다. 그곳에서 다례를 행하고 두 사신은 태평관으로 이동했고, 얼마 뒤 문종도 태평관으로 가서 면복 차림으로 고명에 절하고 하마연을 설행했다.[123] 책봉을 겸한 조문 사신이 모화관에서 근정전으로 가서 책봉 절차를 마친 뒤 태평관으로 이동하여, 모화관에서 태평관으로 이동한 태조·정종·태종 국장 때와는 그 행보가 다르다.

그렇다면 모화관에서 태평관으로 이동하여 조문에 필요한 세 의물을 안치한 뒤 조선의 국왕이 사배를 하고 이어서 사신과 다례를 행하는 「영사시제급조부의」는 문종 초 '세종 국장'이 아닌 '태조·정종·태종 국장'에서 행한 절차를 중심으로 마련했다는 것을 알 수 있다. 이는 권서국사자(문종)와 두 사신이 움직이는 동선에서도 확인된다. 두 사신이 입경하기 전 사전에 '모화관에서 태평관에 이르러 길·흉으로 나뉘어 이동'하도록 논의한 것에서 볼 수 있다.

* 6월 18일 : '두목'이 시호·제찬(祭饌)·부물을 모시고 태평관으로 들어가고 '사신'이 고명·관복(冠服)을 모시고 근정전으로 들어감. 전하가 배례(拜禮)를 행한 후 면복을 입고 하사한 의물에 절함. 상회례는 우선 정지. 사신이 태평관으로 돌아가면 전하가 백관을 거느리고 태평관으로 나아가 면복 차림으로 시호·제찬·부물에 절하고 소복 차림으로 상회례 행함.124
* 6월 27일 : 사시(賜謚)·제문·부물은 태평관으로 들어가 안치. 전하에게 하사한 고명·면복은 경복궁에 이르러 전하가 절하고 받음. 면복을 입고 하사한 의물에 절함. 이후 사신이 태평관에 이르면 전하가 태평관으로 나아가 면복을 입고 사시·제문·부물에 절하고 예가 끝나면 나와서 백포(白袍)를 입고 상회례를 행함.125

조선의 조정에서 논의한 두 내용은 모화관에서 태평관으로 이르러 '세종 국장과 관련된 의물'은 태평관에 안치하고, '권서국사자(문종)의 책봉과 관련된 의물'은 경복궁으로 간다는 내용이다. 실제 사신이 온 8월 3일자 기사에는 다음과 같은 순서로 기록되어 있다.126

- 소복 차림으로 모화관에 거둥. 권서국사자(문종)는 청라흉배와 홍정소옥대 차림, 백관은 조복 차림으로 조칙과 사신을 맞이한 뒤 모화관에서 경복궁 근정전으로 이동.
- 근정전에서 조칙을 받고 악차에서 면복으로 바꾸어 입은 뒤 하사한 의물에 절함[배사(拜賜)]. 하나의 조서와 네 개의 칙서 내용 열거.127 이후 악차에서 면복을 벗고 소복·익선관 차림으로 근정전에서 사신과 다례 설행.
- 사신이 나감.128 문종은 백관을 거느리고 태평관으로 행행. 왕세자 역시 태

평관으로 나아가 백의(白衣)·오사모(烏紗帽)·흑각대(黑角帶) 차림으로 사신에게 행례. 문종은 면복, 백관은 조복 차림으로 고명에 절한[배고명(拜誥命)] 뒤 하마연 설행. 연향이 파하자 환궁. 사람을 시켜 사신과 두목에게 물품 선사.

이러한 과정은 앞서 언급한 모화관 → 경복궁 → 태평관으로 이동하는 노선에 해당한다. 모화관에서 근정전으로 와서 권서국사자가 '조선국왕'으로 책봉되고 이곳 '근정전'에서 '다례'도 설행했다. 이윽고 문종과 백관이 근정전에서 태평관으로 가서 고명[시고(諡誥)]에 절하고 하마연을 설행했다. 태평관에서의 다례 설행 기사는 『문종실록』에 나오지 않는다.

결국 이러한 움직임은 권서국사자의 책봉이 전왕(前王)의 조문보다 앞서 거행된다는 사실을 보여준다. 전왕의 조문과 그러한 조문을 통한 조선-명과의 외교관계도 중요하지만 새로 즉위할 제후왕의 책봉을 통한 '조선-명', '새 조선 국왕-명 황제'와의 관계에 더 중점을 둔다는 뜻이기도 하다.

한편, 세종 국장과 관련된 '시호·제찬·부물' 혹은 '사시·제문·부물'은 경복궁 근정전까지 함께 간 것은 아닌 듯하다. 조선에서 논의한 그대로 모화관에서 경복궁으로 가는 길에 위치한, 숭례문으로부터 진입하는 주 도로변에 입지하고 있는 태평관에 안치한 후 경복궁으로 이동한 것 같다. 단, 태평관에 세 의물을 안치할 때에도 「영사시제급조부의」처럼 권서국사자(문종)와 사신이 태평관으로 들어가서 안치한 것이 아닌 6월 18일 및 6월 27일자 기록처럼 시행한 것으로 이해된다. 권서국사자(문종)와 사신이 태평관으로 들어가서 안치했다면 분명 기록으로 남겼을 것이기 때문이다.

'권서국사자가 영명할 때의 차림', '세종 국장과 관련된 세 의물의 태평관 안치', '권서국사자의 책봉과 관련된 의물 및 권서국사자와 사신의 근정전으로의 이동' 등을 통해 「영사시제급조부의」라는 의주는 태조·정종·태종 국장에서 시행한 절차를 중심으로 마련했음이 더욱 분명해진다. 다만, 권서국사자가 영명할 때의 차림이 태조·정종·태종 국장에서는 없었기에, 당시에는 권서국사자가 아닌 '국왕'으로서 사신을 영명했기에, 이번처럼 권서국사자가 영명할 때의 차림은 「영사시제급조부의」에 부주로 처리한 것이었다.

마지막으로 '책봉례'에 관하여 짚어보고자 한다. 문종 초 처음으로 국장이라는 '흉'과 권서국사자의 책봉이라는 '길'을 함께 진행해야 하는 상황을 맞이했다. 결국 그 순서는 책봉을 먼저하는 것으로 결정되었고 실제로도 그렇게 했다. 이때 '권서국사자의 국왕 책봉 절차', 곧 책봉례를 별도로 마련하지 않은 것에 대하여 의심을 품을 수 있다.

사실 이보다 앞서 정종·태종·세종이 즉위할 때에도 별도의 책봉례를 마련하지 않았다. 전왕이 살아 있는 가운데 책봉례를 거행했기에 책봉례를 마련할 기회는 얼마든지 있었다. 그럼에도 책봉례를 마련하지 않았고, 평상시 '조서와 칙서를 맞는 절차'처럼 '국왕 책봉이라는 조서와 칙서'를 맞이하는 방식을 취했다. 이번에도 마찬가지로 '국왕 책봉이라는 조서와 칙서'를 맞이하는 가운데 책봉례가 이루어졌다. 그러한 까닭에 국상 기간이지만 조문에 앞서 책봉을 먼저하기로 순서를 정한 것 같다. '조서와 칙서를 맞는 절차'는 국가전례서의 '가례(嘉禮)'조에 「영조서의(迎詔書儀)」·「영칙서의(迎勅書儀)」로 성문화되었다.[129]

문종 초에는 처음으로 조문과 책봉을 겸한 사신이 조선에 왔다. 그에 따라 조선 조정에서는 '세종 국장 관련 의물의 태평관 안치', '근정전에서의 권서국사자 국왕 책봉', '태평관에서의 세종 국장 관련 의물에 절하는 절차' 등의 순서로 진행했다. 이는 「영조서의」·「영칙서의」와 「영사시제급조부의」를 적절히 조율하여 시행한 것으로 볼 수 있다. 비로소 조문과 책봉을 겸하는 사신이 왔을 때 행하는 일련의 의례가 마련되었다.

이후 문종이 세상을 떠나면서 단종 초에도 조문과 책봉을 겸한 사신이 와서 문종 초와 같은 양상으로 전개되었다. 아청곤룡포(鴉靑袞龍袍)·익선관·홍정옥대(紅鞓玉帶)·흑화(黑靴) 차림의 단종과 조복 차림의 종친 및 문무백관이 모화관에서 조칙·시고·제문과 사신을 맞이한 뒤 이동하여 시고·제문은 태평관으로 들어가고, 권서국사자[단종]와 조칙·고명, 그리고 사신은 경복궁 근정전으로 들어갔다. 면복과 채폐 역시 모화관에서 근정전으로 옮겨졌다.

조칙을 받은 단종이 하사받은 곤면구장복(衮冕九章服)으로 개복(改服)하면 조서를 읽는 일련의 절차가 진행되고, 마치면 면복을 벗고 백포·오서대·익서관 차림으로 태평관으로 가는 사신을 근정문 안에서 전송했다. 빈전이 사정전(思政殿)에 있었기에 사신과 다례를 행하지 않았다. 얼마 뒤 단종이 백관을 거느리고 태평관으로 가서 면복 차림으로 시고·부물에 절하고, 다시 소복 차림으로 사신과 재배한 뒤 다례와 연향을 차례로 행하고서 환궁했다.[130]

여기서 몇 가지 부연설명을 하면, 먼저 부물은 이보다 4일 앞서 두목 8명이 사부궤(賜賻櫃) 및 향통(香筒)을 가지고 먼저 태평관에 도착해 있었다.[131] 그러기에 단종이 태평관에 가서 시고만이 아니라 부물에도 절할 수 있었다. 다음은 모화관에서 조칙과 사신을 맞이하는 영명할 때의 차림이다. 권서국사자인 문종은 모화관에서 청라흉배와 홍정소옥대 차림으로 영명했고, 권서국사자인 단종은 아청곤룡포·익선관·홍정옥대·흑화 차림으로 영명했다. 두 번 모두 국가전례서에 규정된 '아청단령포/아청원령포, 익선관, 청정소옥대' 차림과는 다른데, 그 이유는 분명하지 않다. 마지막으로 '하마연'이다. 사신이 도착한 당일에 행하는 '하마연'이라는 단어는 없지만 단종이 태평관에서 환궁하기 전에 행한 연향이 하마연으로 판단된다.

이후 문종이나 단종처럼 전왕이 죽은 뒤 즉위한 국왕[권서국사자]이 있을 때 오는 조문 사신은 조문에 국한하지 않고 상주(喪主)인 '권서국사자'를 '조선국왕'으로 책봉하는 일까지 담당했다. 책봉과 조문을 겸한 이들 책봉·조문 사신은 모화관에서 경복궁 근정전으로 가서 권서국사자를 조선국왕으로 책봉한 뒤 태평관으로 이동했다. 이는 적어도 성종대 예종 국장까지 시행되었다. 그럼에도 국가전례서 속 「영사시제급조부의」의 내용을 둘러싼 논란은 일지 않았다.

다만, 모화관 → 경복궁 → 태평관으로 움직이는 이러한 동선에 약간의 변화가 생긴 사례가 있다. 바로 연산군 초 성종 국장 때이다. 책봉과 조문을 겸한 사신이 온 것은 다름이 없으나 이들은 조선의 권서국사자와 함께 모화관에서 태평관에 들렀다가 경복궁으로 향한 점에서 차이를 노정했다. 태평관에서는 천사 등이 제문과 부물을 대청에 봉안한 뒤 연산군과 백관들이 사배했다. 그렇다고 사배 이후에 태평관에서 책봉·조문 사신과 상회례, 다례를 행한 것은 아니고 곧장 경복궁으로 향했다. 경복궁 근정전에서 조서·칙서·고명을 각각 반포하는 일련의 의례를 행한 뒤 태평관으로 가서 하마연을 설행했다.[132] 근정전에서 반포한 고명은 책봉 고명이다.

'연산군과 책봉·조문 사신, 조선의 백관들'이 모화관에서 근정전으로 가기 전 모두 태평관에 들어간 점, 그곳에서 '제문과 부물의 안치'와 '연산군과 조선의 신하들의 사배'를 행한 점 등은 '문종대 세종 국장'에서 '성종대 예종 국장'까지와는 다른 행보임에 틀림없다. '문종대 세종 국장'에서 '성종대 예종 국장'까지 조선 국왕과 책봉·조문 사신이 모화관 → 경복궁 근정전 → 태평관으로 이동한 것과 달리, '연산군대 성종 국장'에서는 모화관 → 태평관 → 경복궁 근정전 → 태평관으로 이동한 차이이다.

정종·태종·세종처럼 전왕이 살아 있는 동안 왕위에 올라 재위 기간에 국장을 맞이했다면 명 사신은 조문의 임무만 수행하여 「영사시제급조부의」대로 거행한다. 그러나 문종대 세종 국장부터 조문 사신이 책봉의 임무까지 겸하면서 「영사시제급조부의」의 준행이 어렵게 되었다. '모화관'과 '태평관' 두 장소에서 행례하다가 법궁의 정전에서 거행하는 책봉례가 더해져 '모화관'과 '경복궁', '태평관' 세 장소에서 행례하면서 이전과 달라졌다. 따라서 문종대 세종 국장에서부터 「영사시제급조부의」의 거행은 현실적으로 불가능했고, 연산군대 성종 국장에서 약간 다른 행보를 보였다고 하더라도 경복궁에서의 책봉례 거행으로 인하여 온전한 「영사시제급조부의」의 이행으로 보기는 어렵다.

세조 국장 :「영사시제급조부의」 미이행

1468년(세조 14) 9월 7일 예종이 즉위한 다음 날인 9월 8일 태상왕 세조가 세상을 떠났다.[133] 이에 조선 정부에서는 고부청시사 이석형(李石亨, 1415~1477)과 청승습사 이파(李坡, 1434~1486)를 명 조정에 파견하여 고부청시청승습을 요청했다.[134] 조선 정부의 요청에 따라 명 조정에서도 이에 부응하여 사신을 파견했다. 1469년(예종 1) 윤2월 조선에 온 태감 최안(崔安)·정동(鄭同)·심회(沈澮) 등이다. 명 사신이 입경하자 권서국사자[예종]가 모화관으로 거둥하여 조칙을 맞이하고 경복궁에 이르러 행례했다.[135]

우선 모화관에 갈 때 권서국사자와 신하들이 어떤 차림을 한 것인지에 대해서는 기록되어 있지 않다. 기록조차 하지 않을 정도로 그 차림이 정착되었기에 그러한 것이 아닌가 한다. 다음은 '경복궁에 이르러 행례', '조서와 칙서의 내용 소개', '태평관으로 이동' 순으로 기술되어 있다. 경복궁에서의 행례는 권서국사자의 조선국왕 책봉이다. '예종 국왕 책봉 조서'와 '세조 국장 조문 및 예종 국왕 책봉과 예종비 왕비 책봉, 의물·물품 하사 칙서' 등에서 입증된다.

경복궁에서 행하는 의례가 끝나자 명 사신이 태평관으로 갔다. 백관들이 반(半)으로 나누어 먼저 가서 행례했다. 이때의 행례는 상회례이다. 이어서 예종이 태평관으로 거둥하여 백관을 거느리고 명 황제가 하사한 제문과 부물에 절했다[배사제부(拜賜祭賻)]. 명사와 다례를 행한 뒤 잠시 어실에 갔다가 다시 들어가 하마연을 설행했다.[136]

'조선의 권서국사자와 백관', '조칙', '명 사신', '권서국사자와 그의 배우자 책봉에 소용되는 의물·물품[고명·면복·관복(冠服)·채폐(彩幣) 등]' 등은 모화관에서 태평관으로 가지 않고 곧바로 경복궁으로 이동했다. 그 과정에서 명 황제가 하사한 제문과 부물은 모화관에서 태평관으로 가서 안치했다. 제문과 부물을 안치할 때 조선의 권서국사자와 백관, 명 사신이 태평관으로 들어간 기록은 없다.

'조문에 사용되는 의물'만 모화관에서 태평관으로 이동했고, 나머지는 모두 모화관에서 경복궁으로 갔다. 그리고 명 사신은 경복궁에서 권서국사자를 조선국왕으로 책봉한 뒤 태평관으로 이동했고, 예종도 태평관으로 가서 제문과 부물에 배례를 행했다. 결과적으로「영사시제급조부의」대로 시행하지 않았다.

예종 국장 :「영사시제급조부의」 미이행

1469년(예종 1) 11월 28일 예종이 경복궁 자미당(紫薇堂)에서 훙(薨)했다. 당시 태비(太妃)인 세조비 정희왕후(貞熹王后, 1418~1483)가[137] 수렴청정을 하기로 한 가운데 교서를 내려 세조의 맏아들인 의경세자(懿敬世子, 후일 덕종 추존)의 차남 자산군(者山君) 이혈(李娎)이 왕위를 잇도록 명했다. 이에 자산군은 면복 차림으로 경복궁 근정문(勤政門)에서 즉위했다. 본격적으로 국장을 준비하기 시작한 가운데 고부청시사와 청승습사도 정했다.138

이상은 모두 1469년(성종 즉위) 11월 28일 당일에 진행된 내용이다. 예종의 죽음, 수렴청정 결정, 새 국왕의 즉위, 고부청시청승습사의 차출 등이 한날에 이루어지는 것은 드물다. 이 중에서 고부청시청승습사의 차출은 처음에 우참찬 홍응(洪應, 1428~1492)을 고부청시사에, 신천군 강곤(康袞, 1411~1484)을 청승습사로 삼았다가139 이튿날 청승습사는 도승지 권감(權瑊), 고부청시사는 송문림(宋文琳, 1411~1476)으로 바꾸었다.140

조선 정부에서는 12월 11일 청승습사 권감과 고부청시사 송문림 등을 명 조정에 파견하여 고부청시청승습을 요청하게 했다.141 조선 정부의 요청에 따라 명 조정에서도 이에 부응하여 사신을 파견했다. 1470년(성종 1) 5월 조선에 온 상사 태감 김흥(金興)과 부사 행인 강호(姜浩)이다.142 권서국사자[성종]가 익선관·아청곤룡포·홍정소옥대 차림으로 모화관으로 행행하여 조칙을 맞이했다. 경복궁에 이르러 사신이 조서·고명·칙서를 반포했다.143 성종의 차림은 문종 국장에 온 조문 사신을 맞이한 단종의 차림과 거의 같다.

다음은 조서와 칙서의 내용 소개, 태평관으로의 이동 순으로 기술되어 있다. 사실 경복궁에서 권서국사자의 조선국왕 책봉례가 『성종실록』에 기재되어 있지 않다. 그러나 이날 반포한 '성종 국왕 책봉 조서'와 '성종 국왕 책봉 고명', '성종비 왕비 책봉 고명', '예종 국장 조문 및 성종 국왕 책봉과 성종비 왕비 책봉, 의물·물품 하사 칙서' 등은 곧 권서국사자의 조선국왕 책봉을 가리킨다. 따라서 책봉례가 경복궁에서 거행되었음은 분명하다.

경복궁에서 조서·고명·칙서를 반포한 뒤 명 사신이 태평관으로 갔다. 성종도 태평관으로 행행하여 면복 차림으로 (명 황제가 하사한) 제물·부물144에 배례하고, 이어서 면복을 벗고 익선관·백포·오서대 차림으로 사신과 더불어 상회례를 행했다. 이어서 명사와 다례를 행한 뒤 잠시 어실에 갔다가 다시 들어가 하마연을 설행했다.145

칙서 중 국왕에게 하사한 의물·물품을 보면, 첫 번째로 적혀 있는 것이 국왕에게 하사한 구장면복(九章冕服) 1부(副)이다. 경복궁에서 성종이 구장면복으로 바꾸어 입고 사신이 조칙을 반포하면서 책봉례가 이루어진다. 면복을 받았기에 그 이후 태평관으로 가서 면복을 갖추어 입고 제물·부물에 배례한 것이었다. 이는 의물·물품과 제물·부물의 동선이 달랐음을 뜻한다. 의물·물품은 모화관에서 경복궁으로, 제물·부물은 모화관에서 태평관으로 이동한 것이었다. 예종 국장에서도 「영사시제급조부의」대로 시행했다고 볼 수 없다.

이상의 과정을 통해 『성종실록』에 '모화관에서 조서와 명 사신을 맞이한 뒤 경복궁으로 이동하여 조서·고명·칙서를 반포했다.'는 짧은 내용에는 다음과 같은 내용이 생략되어 있다. '조선의 권서국사자와 백관, 조칙·고명·칙서, 명 사신, 권서국사자와 그의 배우자 책봉에 필요한 의물[고명·면복·관복(冠服)·채폐(彩幣) 등] 등은 모화관에서 태평관으로 가지 않고 곧바로 경복궁으로 이동했다. 반면, 명 황제가 하사한 제물과 부물은 모화관에서 경복궁으로 가지 않고 태평관으로 가서 안치되었다.'이다.

성종 국장 : 「영사시제급조부의」 미이행

1494년(성종 25) 12월 24일 성종이 창덕궁 대조전(大造殿)에서 홍했다. 이에 조선 정부에서는 지중추부사 이계동(李季仝, 1450~1506)과 형조참판 이육(李陸, 1438~1498)을 차출하여146 명 조정에 파견하여 고부청시청승습을 요청했다.147

이계동과 이육이 들고 가는 표문은 고부표(告訃表)와 청시표(請諡表)이고148 이들의 사행 명칭을 '고부사'149 혹은 '부고사(訃告使)'150라고 한 곳도 있어, 이들이 사자(死者)인 성종의 죽음에 관련한 임무만 띤 것처럼 생각할 수 있다. 그러나 이들의 임무를 '고부청시청승습'이라고 표현하고,151 또 사행 명칭을 '고부사·청시청승습사'152 혹은 '고부청시청승습사'153라고 한 것을 통해 성종의 죽음을 알리는 것 뿐 아니라 명 황제로부터 책봉받을 조선의 권서국사자를 위한 임무도 띠고 있었음을 알 수 있다.

조선 정부의 요청에 따라 명 조정에서도 이에 부응하여 사신을 파견했다. 1495년(연산군 1) 6월 조선에 온 태감 김보(金輔)·태감 이진(李珍)·행인 왕헌신(王獻臣) 등이다.154 세 사신이 입경하자 권서국사자[연산군]가 모화관으로 거둥하여 면복 차림으로 조칙을 맞이했다.155 옷 차림을 제외하면 여기까지는 명 사신이 올 때마다 으레 행하는 모습이다.

문제는 이들이 입경하기 전 문례관(問禮官) 김수동(金壽童, 1457~1512)과 명 사신이 의례와 관련하여 사전에 논의하는 가운데 '모화관 이후부터 이동하는 동선'과 '향후 행할 의례'에 관한 안건은 조선 조정에서도 논의가 일었다는 점이다. 사실 1488년(성종 19)과 1492년(성종 23)에 조서와 칙서를 각각 맞이한 적이 있었다.156 이번에 온 조문 사신은 이와 함께 사왕(嗣王)의 봉배(封拜)와 전왕(前王)의 시제(諡祭, 사제賜祭) 중 어느 것을 먼저 행할 것인지에 대해서도 문제삼았다.

먼저 전자이다. 조선 조정에서는 조서와 칙서를 따로 맞이하는 부당함을 전했고 김천사(金天使, 김보)에 의해 조서와 칙서는 함께 맞이하기로 결정했다. 다음은 후자이다. 사왕의 봉배인 조선국왕 책봉과 전왕 사제의 순서이다. 이 역시 김천사에 의해 조선 조정의 뜻을 받아들여 입경하는 날에 전례(前例)를 따라 봉배를 먼저 하고 사제를 뒤에 하기로 결정했다.157 곧, 권서국사자를 조선국왕으로 책봉한 뒤 성종에 대한 조문[사제]을 행한다는 결정이다.

이로써 '조서·칙서의 맞이'와 '봉배·사제의 순서'에 대한 안건은 처결되었다. 그런데 당시「영사시제급조부의」를 엿볼 수 있는 논의도 있었다. 천사가 김수동에게 '조칙을 맞이할 때 전왕과 관련된 의물인 제문과 부물, 시고(諡誥)는 어디에 두어야 하는지'에 대해 물었다. 이에 김수동이 '전하가 조서·칙서·제문·부물을 모화관에서 맞이하여 조서와 칙서는 곧장 왕궁으로 향하고 제문과 부물은 태평관으로 들어가 안치한다. (왕궁에서의) 개조례(開詔禮)가 끝나면 전하가 태평관에 나아가 제문과 부물을 안치한 곳에 배은(拜恩)하고 이어서 대인(大人)과 더불어 차차로 행례하는 것이 예(例)'라고 답했다. 김수동의 답변은 문종대 세종 국장부터 성종대 예종 국장까지 시행해 온 절차 그대로였다.

이에 책봉·조문을 위해 온 천사는 '조서와 칙서가 왕궁으로 가고158 선왕(先王)의 제문과 부물만 객관에 두는 것이 매우 타당하지 않다.'고 여겼다. 그에 따라 '조서·칙서·제문·부물[조칙제부(詔勅祭賻)]을 함께 맞이하여 모두 태평관으로 들어가서 세자가 상향(上香)과 오배고두례(五拜叩頭禮)를 차례로 행한 뒤 제문과 부물을 안치하고 끝나면 조칙을 받들고 왕궁에 나아가 반포하는 것이 정례(情禮)에 매우 합당하다.'고 주장했다. 그러자 김수동과 천사가 다시 '사배(四拜)'와 '오배(五拜)'를 두고 대립각을 세웠다. 김수동이 오배는 동국에 없는 예(禮)이고 조선에서는 사배례를 행했다고 하자 김천사가 조선의 예를 따르는 것이 무방하다고 하여 이 또한 일단락되었다.159

김수동의 의견대로 한다면「영사시제급조부의」를 시행하지 않게 된다. 그에 비해 천사의 말대로 한다면, 특히 태평관에서 '세자가 상향과 오배고두례'가 아닌 '연산군이 사배례'를 행한다면「영사시제급조부의」를 어느 정도 시행하게 되는 셈이다. 천사가 입경하는 당일인 6월 3일 책봉·조문 사신이 모화관에서 경복궁에 이르기까지의 움직임을 본다면 어떤 결정에 따라 진행되었는지를 알 수 있을 것이다.

당일, 권서국사자인 연산군이 모화관으로 가서 면복 차림으로 조칙을 맞이했다.『연산군일기』에는 모두 '왕(王)'이라고 표기되어 있다. 왕이 연(輦)을 타고 태평관에 도착하여 국궁하고 지영하자 천사 등이 조문을 위한 제문[조제(弔祭)]과 부물을 대청에 봉안했다. 왕은 계간(階間)의 배위(拜位)에서, 백관들은 외정(外庭)에서 모두 사배(四拜)를 행했다. 태평관에서의 의례가 끝나자 왕이 경복궁으로 갔고, 천사도 뒤이어 경복궁에 이르러 조서·칙서·고명을 각각 반포했다.160

우선 '연산군, 조서·칙서·제문·부물, 천사'가 모두 함께 모화관 → 태평관으로 이동하여 제문과 부물을 봉안한 뒤 '연산군, 조서·칙서, 천사'는 태평관 → 경복궁으로 이동했다. 문종대 세종 국장부터 성종대 예종 국장까지 '조문에 사용되는 의물', 여기서는 제문·부물만 모화관 → 태평관으로 이동했고, 나머지는 모두 모화관 → 경복궁으로 간 동선과는 분명히 다르다.

다음은 모화관에서 태평관으로 이동하여 태평관에 제문과 부물을 봉안하고 왕과 백관들이 사배례를 행했다. '세자의 오배'가 아닌 '왕의 사배'를 시행하여 김수동의 말대로 시행되었다. 이후 경복궁으로 이동하여 조서·칙서·고명을 반포, 다시 태평관으로 가서 하마연에 참석하는 것으로 책봉·조문 사신이 온 첫날 행하는 공식적인 일정이 끝났다. 경복궁에서의 책봉례를 마치고 왕이 경복궁에서 태평관으로 와서 '제문과 부물을 안치한 곳에 배례'하는 '문종대 세종 국장'부터 '성종대 예종 국장'까지 행했던 이 의절 역시 시행하지 않았다. 모화관에서 태평관으로 가서 연산군과 백관들이 사배를 했기 때문이다. 그리하여 경복궁에서 행하는 의례가 끝나자 천사와 연산군이 차례로 태평관으로 가서 곧장 하마연을 설행할 수 있었다.161

이를 통하여 연산군대 성종 국장에서는 문종대 세종 국장 이전의 책봉 임무가 없는 조문 사신이 와서 모화관 → 태평관으로 이동하여 '고명·제문·부물의 안치', '국왕 사배', '사신과의 다례'를 행하는 「영사시제급조부의」를 어느 정도 시행했다고 볼 수 있다. 다만, 「영사시제급조부의」를 온전하게 시행한 것으로 보기 어려운 점은 명 사신이 조문에 더하여 책봉의 임무까지 담당한 점 때문이다.

「영사시제급조부의」는 조선의 국왕이 모화관에서 사신 일행을 맞이한 뒤 태평관으로 이동하여 '고명·제문·부물의 태평관 안치', '조선 국왕의 사배', '사신과의 다례', '국왕의 환궁' 등의 내용을 담고 있다. 사신은 자연스레 태평관에 머물면서 도착한 당일의 일정을 마무리한다. 그러나 성종 국장의 경우 명 사신이 조선의 권서국사자를 국왕으로 책봉하는 임무까지 담당하여 '조서·칙서가 태평관으로 갔다가 경복궁으로 이동', '사신이 태평관에서 머물지 않고 경복궁으로 이동', '경복궁에서 조서·칙서·고명의 반포', '경복궁에서 태평관으로 이동' 등의 절차를 더 진행하게 되었다. 이때 고명이 두 번 나오는데 성격이 다르다. 태평관에 봉안한 고명은 명 황제가 조선의 죽은 국왕에게 내린 시호를 기록한 고명이고[시고(諡誥)], 경복궁에서 반포한 고명은 권서국사자의 조선국왕을 책봉하는 고명이다.

모화관 → 경복궁 → 태평관으로의 이동보다 모화관 → 태평관 → 경복궁 → 태평관으로의 이동에서 「영사시제급조부의」의 대체는 실행한 것으로 볼 수도 있다. 그러나 성종 국장에 온 조문 사신 역시 책봉의 임무까지 겸하여 온전히 「영사시제급조부의」대로 거행했다고 보기는 어렵다.

3. 중종~선조 국장의 조문 사신 : 영사시제급조부의 이행

중종이 반정으로 즉위하여 연산군의 장례는 국장으로 치르지 않게 되었다. 그런 까닭에 연산군의 죽음은 명 조정에 알리지 않았다. 이후 중종이 세상을 떠나자 그의 뒤를 이어 즉위한 이는 계비 장경왕후와의 사이에 태어난 인종이었다. 인종 초 중종 국장에서부터 광해군 초 선조 국장까지 조선 국왕의 죽음을 들은 명 조정에서는 사신을 파견하는 방법에 있어서 이전과 달리했다. 조문 사신과 책봉 사신을 각각 파견한 것이었다.

조문 사신은 모화관에서 곧장 태평관으로 움직여 「영사시제급조부의」대로 거행했다. 책봉 사신은 모화관에서 경복궁으로 이동하여 권서국사자를 조선 국왕으로 책봉한 뒤 태평관으로 이동했다. 단, 광해군 초 선조 국장에 온 조문 사신은 「영사시제급조부의」대로 거행하되 모화관에서 태평관이 아닌 남별궁으로 이동한 차이가 있다.[162] 곧 태평관에서 행해야 하는 의례를 남별궁에서 행한 것이었다. 예전의 객관은 태평관이었지만 당시는 주요 객관이 남별궁이었기 때문이다.[163] 행례한 곳이 태평관이 아닌 남별궁이었으나 남별궁이 태평관을 대체한 곳인 만큼 「영사시제급조부의」가 시행되었다고 볼 수 있다.

'인종대 중종 국장부터 광해군대 선조 국장까지' 「영사시제급조부의」를 시행한 것은 맞다. 다만, 이때의 행례가 조선 초 태조·정종·태종 국장 때 행례한 것과 차이가 하나 있다. 그것은 조문 사신을 맞이하는 이의 신분이다. 조선 초 세 국장에서는 조문 사신을 맞이하는 이가 명 황제로부터 책봉을 받은 국왕인 반면, '인종대 중종 국장부터 광해군대 선조 국장까지'는 명 황제로부터 아직 책봉을 받지 않은 권서국사자였다. 조문 사신이 다녀간 뒤 책봉 사신이 입경해서이다.

이후 1623년 인조가 반정으로 즉위하면서 광해군의 죽음은 국장으로 치러지지 않게 되었다. 그런 까닭에 광해군 역시 연산군처럼 그의 죽음을 명 조정에 알리지 않았다. 인조가 죽은 이후 즉위한 이는 첫째 아들이자 왕세자였던 소현세자가 아닌 둘째 아들 봉림대군(鳳林大君), 곧 효종이었다. 효종 초 인조 국장에서 달라진 것은 인조의 죽음을 알린 대상이다. 명 황제가 아닌 청 황제였다. 따라서 이때부터 조선 국왕의 부고가 알려지면 죽은 국왕의 조문과 새로 즉위할 권서국사자의 국왕 책봉을 위해 오는 사신은 청 황제가 파견한 이들이었다. 그리고 이들은 객관으로 남별궁에 머물렀다.

그동안 조선 국왕의 죽음을 명에 알렸을 때 명 조정에서 보낸 사신은 이상의 과정을 통해 세 가지로 분류된다. '조문 사신', '책봉과 조문을 겸한 사신', '조문 사신과 책봉 사신' 등이다. 세 번째의 경우는 조문 사신과 책봉 사신이 '각각' 조선에 온 경우이다. 그에 비해 인조 국장에서는 조문 사신과 책봉 사신이 '함께' 왕경에 도착하여 그 이전의 국장과 또다시 결을 달리했다. 함께 왔지만 조문과 책봉을 담당하는 임무가 구분되어 있었다.

『통문관지』와 『연려실기술』에 따르면, 인조 국장에 조문의 임무를 띤 사신은 호부시랑 보대락고(甫大樂古) 등이고, 권서국사자의 책봉의 임무를 띤 사신은 예부시랑 어허(於許)/오허(烏許) 등이라고 되어 있다. 전자는 제문과 부물, 시호를 가지고 왔고, 후자는 책봉 고명과 칙서, 하사한 채폐(彩幣)를 가지고 왔다.[164]

이들은 입경한 날에 서교(西郊, 모화관)에서 인정전으로 갔다가 관(館)으로 이동했다. 이때의 '관'은 남별궁이다. 책봉은 이들이 도착한 날에 창덕궁 인정전에서 행하고,[165] 조문은 조제(弔祭)를 지내는 행위이므로, 이틀 뒤 인조의 혼전인 영사전(永思殿)에서 행했다.[166] 영사전은 창덕궁 문정전(文政殿)에 마련되어 있었다.[167] 따라서 청 칙사가 도착한 날 인정전에서 권서국사자[효종]를 '조선 국왕'으로 책봉한 뒤 곧장 남별궁으로 이동했기에 모화관에서 남별궁으로 이동하여 행하는 「영사시제급조부의」의 이행은 불가능하다.

인조 국장 이후 각 국왕의 국장에 온 청 사신은 인조 국장에서처럼 조문 사신과 책봉 사신이 함께 오되 임무가 분리된 경우도 있지만 그렇지 않은 경우도 상당하다. 청 조정에서 '조선 국왕의 조문'과 '새 국왕의 책봉'을 위하여 파견한 사신은 필자가 밝힌 바 있다.[168] 그러나 이들이 '조문과 책봉의 임무'가 구분되어 있는지 그렇지 않은지에 대해서는 고려해보지 못했다. 추후에 수정과 보완으로 이를 확인하는 것은 물론 이들의 이동 노선 및 이들이 행한 의례와 의례 공간, 그리고 명에서 파견된 조문·책봉 사신과의 차이에 대해서도 검

토하고자 한다.[169]

아울러 인조 국장 이후 국장에 온 청 사신이 「영사시제급조부의」를 시행했는지의 여부에 대해서도 확인이 필요하다. 객관이 태평관인지 남별궁인지를 차치하고서라도 대부분 조문 사신이 책봉 사신과 함께 왔기에 현실적으로 「영사시제급조부의」의 시행은 어렵지 않았을까 예측할 뿐이기 때문이다.

문제는 조선후기에 편찬된 국가전례서의 기록이다. '흉례'조에 남별궁이 아닌 태평관에서 행하는 「영사시제급조부의」가 재록되어 있기 때문이다. 1752년(영조 28)에 편찬된 『국조상례보편』(이하 '1752년본 『국조상례보편』'),[170] 1758년(영조 34)에 편찬된 『국조상례보편』(이하 '1758년본 『국조상례보편』'),[171] 1788년(정조 12)에 편찬된 『국조오례통편』과 『춘관통고』 등이 그것이다.[172] 여기에 대해서는 추후에 다시 다루어보려 한다.

결국 「영사시제급조부의」를 태평관에서 거행하는 마지막 국장이 선조 초 명종 국장이고, 남별궁에서 거행하는 첫 국장이 광해군 초 선조 국장이다. 그리고 광해군 초 선조 국장은 남별궁에서 「영사시제급조부의」를 거행하는 마지막 국장이 될 공산이 크다.

중종 국장 : 「영사시제급조부의」 이행

1544년(중종 39) 11월 15일 중종이 창경궁 환경전(歡慶殿)에서 홍하고 5일이 지난 11월 20일 인종이 창경궁에서 즉위했다. 이에 조선 정부에서는 민제인(閔齊仁, 1493~1549)과 이준경(李浚慶, 1499~1572)이 경사에 가서 고부청시청승습을 요청했다.[173] 나중에 이들이 자신들의 임무를 마치고 조선으로 돌아온 뒤 이들의 노고를 치하할 때 민제인은 상사, 이준경은 부사였고, 여기에 더해 서장관으로 이택(李澤, 1509~1573)이 더 있었다.[174] 조선 정부의 요청에 따라 명 조정에서도 이에 부응하여 사신을 파견했다. 다만, 이번에는 명 조정에서 조문 사신을 먼저 파견하고 잇따라 책봉 사신을 파견하여, 한 번에 조문과 책봉 두 임무를 겸한 사신을 파견한 것과 달리했다. 중종 국장에 조문 온 사신은 1545년(인종 1) 4월에 온 사례감태감 곽방(郭玻)과 행인사행인 장승헌(張承憲)이다.[175] 참고로 책봉 사신은 이해 5월에 온 사례감태감 장봉(張奉)과 내관감태감 오유(吳猷)이다.
이번에 온 조문 사신의 임무는 조선 정부의 요청 사안인 '청시청승습' 중 '청시'를 수행하면 된다. 조선에 와서는 이에 해당하는 사시례(賜諡禮)만 수행하면 되겠지만 그동안 조문 사신과 조문·책봉을 겸한 사신이 조문과 관련하여 '사시례' 이외에도 사제례(賜祭禮)와 사부례(賜賻禮)까지 모두 거행하여 왔으므로 이번에도 다르지 않을 것이라 예측된다.
4월 28일 권서국사자인 인종이 모화관으로 거둥, 평천관(平天冠)을 갖추고 길복(吉服) 차림으로 영조문(迎詔門)에서 조서와 사신을 맞이한 뒤 태평관으로 이동했다. 천사가 대청에 조서를 놓자 인종이 청(廳) 앞 행각(行閣)에 올라가 사배례(四拜禮)를 행했다. 이후 인종이 익선관·오서대·백포 차림으로 변복하고 천사와 대청에서 마주서서 배례를 행하고 [상회례] 동·서로 나누어 앉아서 다례를 행했다. 잠시 어실로 갔다가 돌아와서 대청에서 하마연을 설행했다.176
여기까지가 천사가 4월 28일 도성에 도착한 당일에 공식적으로 수행한 일정이다. 그렇다면 천사는 조서만 가져오고 그동안 조문을 위해 명 사신이 가져온 의물과 물품인 고명·제문·부물은 가져오지 않은 것인가. 가져왔다면 대청에 미리 설치해 둔 고명안·제문안·부물안에 안치했을텐데 그와 같은 기록은『인종실록』에 재록되어 있지 않다. 이를 제외하면 상회례와 다례, 하마연까지 차례로 시행하여「영사시제급조부의」를 준수했다고 할 수 있다. 정작 중요한 고명·제문·부물은 조서를 대청에 안치할 때 고명안·제문안·부물안에 안치하지 않았을까 한다.
고명·제문·부물의 존재 여부는 조문 사신이 여러 조문 의례를 행하려 할 때 각 의례에 해당하는 의물을 받들고 행례할 공간으로 가서 의례를 행하는 상황을 살핀다면 파악할 수 있을 것이다. 5월 2일 사시례와 사제례를 거행하기 위해 창경궁 경사전(景思殿)에 있던 우주(虞主)를 경복궁의 편전인 사정전(思政殿)으로 옮겨 봉안했다.177 경사전은 중종의 신주를 봉안하는 혼전의 전각 명칭[전호(殿號)]으로178 창경궁 문정전에 마련되어 있었다.179 문정전에서 사정전으로 우주를 옮긴 셈이다.
5월 2일 사정전에서 사시례·사제례를 거행하고, 근정전에서 사부례를 거행했다. 전자는 사자(死者)에게 행하는 의례이고, 후자는 생자(生者)에게 행하는 의례이므로 장소를 달리했다.180 사자는 시호와 제사를 받는 중종이고, 생자는 부물을 받는 인종이다. 세 의례는 사시례, 사제례, 사부례의 순서로 진행되었다. 사시례·사제례를 거행할 때에는 명 세종이 보낸 고문(誥文)이, 사부례를 행할 때에는 부물이 활용되었다.181 고문은 명 황제가 중종에게 내린 시호를 기록한 고명문(誥命文)으로, 고문의 내용은『인종실록』과『열성지장통기(列聖誌狀通紀)』에 전한다.182 이때 고문을 읽은 이는 우부승지 송세형(宋世珩, ?~1553)이었다.183
중종 국장에 명 사신이 가지고 와서 태평관에 안치한 것은 조서, 고문, 부물로 판명되었다. 조서의 내용은 『인종실록』과 『열성지장통기』에 전하지 않지만 명 황제의 중종에 대한 애도로 채워졌을 것으로 예측된다. 인종과 조문 사신이 모화관에서 경복궁으로 가지 않고 곧장 태평관으로 갔기에 경복궁에서 조서를 반포하는 등 그곳에서 행하는 일련의 의례를 행하지 않은 까닭에 조서의 내용이 문헌에 전하지 않는 듯하다. 제문은 별도로 있지 않고 고문으로 대체한 것 같다. 고문에 '시호를 공희(恭僖)라 하고 관원을 보내 유제(諭祭)한다.'는 내용이 있어서이다.

'시호를 ○○이라 하고 관원을 보내 유제한다[玆特諡曰○○遣官諭祭].'는 문구는 고문이나 제문에 들어가 있다. 예를 들면, 성종 국장에서의 사제문(賜祭文),184 중종 국장에서의 고문(誥文),185 인종 국장에서의 제문(祭文)186 등등이다. 이는 「영사시제급조부의」에 고명·제문·부물이 조문 사신이 가져오는 의물과 물품으로 규정되어 있지만 고명과 제문 중 하나만 있더라도 사시례·사제례를 거행할 수 있음을 뜻한다.

참고로 사시·사제·사부례가 모두 끝난 뒤 곽방과 장승헌이 사정전에서 사제(私祭)를 지냈다.187 조선의 조정에서는 이를 저지하고자 했으나 성사시키지 못했다. 사제(私祭)를 지낼 때에도 제문이 있었겠지만 이에 관해서는 별다른 언급이 없다.

인종 초 중종의 국장에 조문 온 사신들, 이들과 함께 의례에 참여한 권서국사자[인종] 및 조선의 뭇 신하들은 비록 제문이 없더라도 조서·고문·부물로 태평관에서 국가전례서에 성문화된 「영사시제급조부의」를 준행했다고 볼 수 있다.

인종 국장 : 「영사시제급조부의」 이행

1545년(인종 1) 7월 1일 인종이 청연루(淸讌樓) 아래 소침(小寢)에서 훙했다. 훙한 지 6일째 되는 7월 6일 명종이 경복궁 근정문(勤政門)에서 즉위했다. 명종의 즉위로 조선 정부에서는 인종의 죽음을 알리고 새 국왕의 책봉을 요청하고자 동지중추부사 송염(宋磏)188과 한숙(韓淑, 1494~1560)을 경사에 파견했다.189 나중에 이들이 자신들의 임무를 마치고 조선으로 돌아온 뒤190 '청시사 송염·한숙·정유인(鄭惟仁, 1499~1553)',191 '청시사 및 서장관 등, 동지 송염·첨정 정유인'192 등의 기록을 통해 서장관으로 정유인이 차출되었음을 알 수 있다.

조선 정부의 요청에 따라 명 조정에서도 이에 부응하여 사신을 파견했다. 중종 국장에서처럼 이번에도 명 조정에서 조문 사신을 먼저 파견하고 잇따라 책봉 사신을 보냈다. 인종 국장에 조문 온 사신은 정사 사례감태감 유원(劉遠)과 부사 행인사행인 왕학(王鶴)이다.193 이들은 1546년(명종 1) 1월 왕경에 도착했다.

이번에 온 조문 사신의 임무 역시 중종 국장에서처럼 조선 정부의 요청 사안인 '청시청승습' 중 '청시'만 수행하면 된다. 이에 해당하는 '사시례'만 실행하면 된다는 뜻이다. 그러나 그동안 조문의 임무만 띠고 온 사신이 왔을 때 혹은 조문과 책봉을 겸한 사신이 왔을 때 '사시례'를 비롯하여 조문과 관련한 '사제례'와 '사부례' 역시 거행하여 왔으므로 이번에도 다르지 않을 것이라 예상된다.

1월 21일 아직 명 황제로부터 책봉을 받지 않은 권서국사자인 명종이 돈의문(敦義門)을 거쳐 모화관으로 거둥, 아청원령포(鴉靑圓領袍)와 익선관 차림으로 영은문(迎恩門)에서 조칙을 맞이하여 오배삼고두례(五拜三叩頭禮)를 행한 뒤 숭례문을 경유하여 태평관으로 이동했다. 조사(詔使)는 잡희(雜戲)를 구경하느라 뒤늦게 태평관에 이르렀다. 조사가 조칙 및 부물을 안(案) 위에 안치한 뒤 서향으로 서고, 자리[위(位)]가 정해지자, 명종이 서계(西階)로 올라가 배위(拜位)에 서서 오배례(五拜禮)를 행했다.

행례한 후 명종은 곤복을 벗고 소포(素袍)를 입었고 조선의 뭇 신하들은 외정(外庭)에서 행례를 마치고 옷을 바꾸어 입었다[역복(易服)]. (대)청어서 명종과 조사가 서로 마주서서 재배(再拜)를 행하고[상회례] 간단하게 담소를 나누었다. 이윽고 앉아서 다례를 행한 뒤 잠시 어실로 갔다가 돌아와서 대청에서 하마연을 설행했다.194 조사가 1월 21일 도성에 도착한 당일에 공식적으로 수행한 일정이다.

여기까지만 보면 조사는 조칙과 부물만 가져오고 그동안 조문을 위해 명 사신이 가져온 고명·제문은 가져오지 않은 것처럼 보인다. 가져왔다면 대청에 미리 설치해 둔 고명안·제문안에 안치했을텐데 그와 같은 기록이 『명종실록』에 재록되어 있지 않아서이다. 이를 제외하면 상회례와 다례, 하마연까지 차례로 시행하여 「영사시제급조부의」를 준수했다고 할 수 있다. 조문 사신이 자신들의 임무 수행을 위해 소용되는 고명·제문의 안치는 조칙과 부물을 안 위에 안치할 때 미리 설치해 둔 고명안·제문안에 안치하지 않았을까 한다.

고명·제문의 존재 여부는 조사가 사시례와 사제례를 거행하기 위해 태평관에서 행례할 공간으로 가서 의례를 행하는 그날의 절차를 살핀다면 확인된다. 두 의례를 거행할 때 고명과 제문이 필요하기 때문이다. 그리고 황제가 내린 시호와 제사를 받는 대상은 인종이므로 인종의 신주가 봉안된 혼전에서 거행되어야 한다. 인종의 신주를 봉안한 혼전의 전각 이름은 영모전(永慕殿)이고195 영모전은 창덕궁 선정전(宣政殿)에 마련되었다.196

1월 24일 두 사신은 창덕궁 선전정이 아닌 경복궁 사정전에서 사제례를 거행했다. 영모전에 있던 우주를 사정전으로 옮겨 봉안한 뒤 사제례를 거행한 것이었다.197 인종의 혼전이 마련된 선정전에서 천사가 사제례를 거행하는 것이 원칙이지만 그에 앞서 예조에서 선정전이 협착하여 사정전에서 행례할 것을 청했고 명종도 허락하여 그와 같이 진행되었다.198 혼전이 마련된 전각이 사제례를 행하기에 좁은 경우 이처럼 행례 장소가 바뀌기도 했기에 이번이 특별한 사례는 아니다. 앞서 중종 국장에서도 문정전에서 사정전으로 우주를 옮긴 뒤 행례했다.

이날 사제례를 거행하기에 앞서 태평관에서 두 사신이 부물과 제문을 받들고 경복궁 근정전으로 갔다. 이후 『명종실록』에는 '부물이 먼저 인도되고 두 사신이 그 뒤를 따라 잠깐 막차로 들어갔다. 상이 먼저 사정전 서계(西階) 위로 들어가 서 있고, 두 사신은 들어가 사제례를 행했다.'라고 되어 있다. 부물이 먼저 인도되었다는 것은 사제례에 앞서 근정전에서 사부례를 행했다는 뜻이다. 따라서 근정전에서 사부례를 행하고 이후 사정전으로 가서 사제례를 행한 것으로 볼 수 있다. 사제례를 지낼 때 제문이 소용되었다. 제문의 내용은 『명종실록』과 『열성지장통기』에 전한다.199 이로써 명 사신이 제문을 가지고 온 것은 분명하다.

사제례가 끝나자 두 사신이 사적으로 사제례(私祭禮)를 행했다. 이 의례를 행할 때에도 제문이 있었고 그 제문의 내용 역시 『명종실록』에 전한다. 물론 이 제문은 명 황제가 내린 제문이 아니다. 이 의례가 끝나면서 두 사신은 홍례문(弘禮門) 밖으로 나갔고 명종은 대내로 들어왔다[입내(入內)]. 분황제(焚黃祭)는 지냈으나 명종의 명에 따라 섭행으로 거행되었다.200 명종을 대신하여 섭행한 이는 확인되지 않는다.

경복궁 근정전과 사정전에서 이날 행한 의례는 이와 같이 진행되었다. 다시 정리하면, 근정전에서 명 황제가 내린 부물을 상주인 권서국사자[명종]가 받는 사부례를 행한 뒤 사정전으로 가서 두 사신이 황제가 내린 제문으로 제사를 지내는 사제례를 행했다. 여기서 그치지 않고 두 사신은 사제례(私祭禮)를 행했고 이 의례가 끝나면서 사신이 행하는 조문 의례는 모두 끝났다.

『명종실록』의 기록대로라면 이날 경복궁에서 사부례와 사제례(賜祭禮), 사제례(私祭禮)를 차례로 행했다. 혼전에서 황제가 내린 시호를 기록한 시고(諡誥)를 선왕(先王, 인종)에게 내리는 사시례는 행하지 않은 것처럼 보인다. 사정전에서 거행해야 하는 이 의례를 행해야 하지만 기록이 있지 않다. 그렇다고 이 의례를 행하지 않았다고 볼 수 없는데 그 근거는 바로 분황제의 시행이다. 분황례는 혼전에서 사시례가 끝나기를 기다려 승문원 관원이 황지(黃紙)에 시호가 기록된 고명의 내용을 전사(傳寫)하고 종헌례(終獻禮)를 마친 뒤 황지를 불에 태우는 의절이다. 따라서 사시례를 거행해야 분황제를 지낼 수 있으므로 사시례 역시 거행되었음을 알 수 있다.

이제 고명, 좀 더 엄밀하게 말하면 시고를 가져왔느냐의 검토가 남았다. 제문에 '시호를 영정(榮靖)이라 하고 관원을 보내 유제한다.'는 내용이 있다. 시고는 별도로 있지 않고 제문으로 대체할 수 있다. 그러나 사시례와 분황례의 거행을 통하여 고명 역시 조문 사신이 가지고 온 것이 분명하다. 『열성지장통기』에도 '시고는 전하지 않는다.'고 한 것을 보면201 가지고 왔기에 전하지 않는다고 할 수 있다. 고문(誥文)의 내용은 『명종실록』에 전하지 않는다.

인종 국장에 명 사신이 가지고 와서 태평관에 둔 의물과 물품은 조칙과 부물 이외에 제문과 고명도 있었던 것으로 판명된다. 조칙의 내용은 『명종실록』과 『열성지장통기』에 전하지 않지만 명 황제의 인종에 대한 애도가 위주였을 것으로 짐작된다. 이번에도 명종과 조문 사신이 모화관에서 경복궁으로 가지 않고 곧장 태평관으로 갔기에 경복궁에서 해야 하는 조칙의 반포가 이루어지지 않았고 그런 까닭에 조칙의 내용이 문헌에 전하지 않게 된 것으로 이해된다.

참고로 사시례의 거행 시점이다. 어느 시점에 거행했는지가 분명하지 않지만 몇 가지를 고려한다면 충분히 추정이 가능하다. 첫째, 두 사신이 사적으로 지내는 사제례(私祭禮)를 지내기 전이어야 한다. 명 황제를 대신하여 조문한다는 공적인 임무의 수행이 사신의 사적인 조문에 선행되어야 한다는 점이다. 둘째, 사정전에서 사제례를 행하기 전이나 그 직후에 거행했을 것이다. 사시례도 사제례처럼 혼전에서 거행해야 하는데 굳이 다른 곳으로 갔다가 다시 올 필요 없이 사정전에서 사제례를 행하기 전이나 그 이후에 하는 것이 타당하기 때문이다. 셋째, 반드시 분황제를 지내기에 앞서 마쳐야 한다. 분황제는 사시례가 끝난 뒤에 지내기 때문이다.

그에 따라 1월 24일 거행한 의례 순서를 추정해보면 두 가지로 정리된다. 하나는 사부례[근정전] → 사시례[사정전] → 사제례[사정전] → 사제례(私祭禮)[사정전] → 분황제[사정전]의 순서이다. 다른 하나는 사부례[근정전] → 사제례[사정전] → 사시례[사정전] → 사제례(私祭禮)[사정전] → 분황제[사정전]의 순서이다.

명종 초 인종의 국장에 조문 온 사신들, 이들과 함께 의례에 참여한 권서국사자[명종] 및 조선의 뭇 신하들은 조칙·부물·제문·고명으로 태평관에서 국가전례서에 성문화된 「영사시제급조부의」대로 행례했다고 볼 수 있다.

명종 국장 : 「영사시제급조부의」 이행

1567년(명종 22) 6월 28일 명종이 경복궁의 소침(小寢)인 양심당(養心堂)에서 훙했다. 명종의 외아들인 순회세자가 1563년(명종 18)에 졸하여**202** 명종비 인순왕후의 전교에 따라 덕흥군(德興君)의 셋째 아들 하성군(河城君) '균(鈞)'이 명종의 후사가 되었다.**203** '균'이 명종의 아들이 되자 신하들의 요청에 의하여 순회세자의 이름인 '부(暊)'를 따라 '일(日)'자가 들어간 '연(昖)'으로 개명했다.**204** 명종이 훙한 지 6일째 되는 7월 3일 경복궁 근정전에서 선조가 즉위했다.**205**

선조의 즉위로 조선 조정에서는 명종의 시호를 상국에 청하고자 청(廳)을 설치하여 행장을 짓게 했다. 이때 대신들은 사고(史庫)를 열어서 실적(實跡)을 고출하기를 청했으나 사관과 양사(兩司)에서 '사화(史禍)'를 징계하는 뜻에서 반대하여 실행하지 못했다.**206** 명종의 행장은 『선조실록』에는 '이황(李滉, 1501~1570) 등'에게 명하여 수찬하게 한 것으

로.[207] 『선조수정실록』에는 '이황'이 찬진한 것으로 기록되어 있다.[208]

여기서 주목되는 것은 행장을 짓기 위하여 청을 설치했다는 사실이다. 그동안 여러 국왕의 국장이 발생했으나 이처럼 청을 설치한 기록은 문헌에서 찾아지지 않았다. 선왕의 시호를 청하는 일이 결코 작은 일이 아님을 말해준다. 물론 새 국왕의 책봉을 요청하는 일도 겸해서 그러할 것이다. 국가전례서 '흉례'조 중 「고부청시청승습(告訃請諡請承襲)」에 '부음을 고하고 시호를 청하는 표문(表文)·전문(箋文) 및 의정부에서 승습을 청하는 신정(申呈)을 찬진한다.'라는 규정에서 알 수 있다.[209]

『선조실록』과 『선조수정실록』에 명종의 죽음과 관련된 정보는 이 정도이다. 임진왜란으로 궁궐이 불타면서 선조대의 기록이 부실한 것에 기인한다. 고부청시청승습사에 누가 차출되어 고부청시 표문·전문과 청승습 신정을 가지고 명 정부에 갔는가에 대한 정보도 알기 어렵다. '천조(天朝)에 배신(陪臣)을 보내어 고부하고 또 승습을 청했다.'는 정도의 기록만 확인된다.[210]

고부청시청승습사의 파견은 그동안의 국장에서처럼 명종이 훙하고 얼마 지나지 않아서 이루어졌을 것으로 추정된다. 조선 정부의 요청에 따라 명 조정에서도 이에 부응하여 사신을 파견했다. 중종·인종 국장에서처럼 이번에도 명 조정에서 조문 사신을 먼저 파견하고 잇따라 책봉 사신을 보냈다. 명종 국장에 조문 온 사신은 태감 장조(張朝)와 행인사행인 구희직(歐希稷)으로, 이들은 1568년(선조 1) 2월 초 도성에 도착했다.

이번에 온 조문 사신의 임무 역시 중종·인종 국장에서처럼 조선 정부의 요청 사안인 '청시청승습' 중 '청시'만 수행하면 된다. 이에 해당하는 '사시례'만 실행하면 되지만 그동안 조문의 임무만 띠고 온 사신이 왔을 때 혹은 조문과 책봉을 겸한 사신이 왔을 때 '사시례'를 비롯하여 '사제례'와 '사부례' 역시 거행하여 왔으므로 이번에도 다르지 않을 것이라 예상된다.

2월 3일 아직 명 황제로부터 책봉을 받지 않은 권지국사(權知國事)인 선조가 모화관으로 거둥, 영조문에서 조칙과 사신을 맞이했다. 조복 차림의 백관이 오배삼고두(五拜三叩頭)를 행한 뒤 먼저 태평관으로 이동했고, 이어서 '선조', '조칙을 담은 용정', '천사'가 차례로 태평관에 도착했다. 정당(正堂)에서 선조와 천사가 상견(相見)하고[상회례], 다례와 하마연을 차례로 설행했다.[211]

여기까지가 조문 사신이 2월 3일 도성에 도착한 당일에 공식적으로 수행한 일정이다. 그리고 이 내용은 『미암집』과 『선조실록』의 기록을 토대로 작성했다. 『미암집』의 기록이 『선조실록』보다 더 자세하다. 그에 비하여 『선조수정실록』에는 2월 1일자 기사에 조문과 관련하여 '황제가 태감 장조와 행인 구희직을 보내어 대행(大行)에게 시호 공헌(恭憲)을 내려주고 치제(致祭)한 뒤 돌아갔다.'는 간략한 정보가 제공되어 있다.[212] 『미암집』·『선조실록』과 비교하면 명 사신이 도착한 날짜가 다를 뿐 아니라 내용도 매우 소략하다.

『선조수정실록』에는 이후 '명종의 조문'과 관련한 기사가 더 이상 실려 있지 않아, 2월 1일자 기사 1건이 전부이다.

문제는 장조와 구희직이 조문 사신으로 왔음에도『미암집』과『선조실록』에 조칙 이외에 고명·제문·부물에 관한 기록이 없다는 점이다. 이들이 조문의 임무를 띠고 왔으므로 그동안 조문을 위해 온 다른 명 사신처럼 고명·제문·부물 역시 가져왔을 터, 그럼에도 태평관에 도착했을 때 조칙과 함께 이를 태평관의 대청에 미리 설치해 둔 고명안·제문안·부물안에 안치하는 기록이 있지 않다. 이를 제외하면 상회례와 다례, 하마연까지 차례로 시행하여「영사시제급조부의」를 준수했다고 할 수 있다. 정작 중요한 고명·제문·부물의 안치는 조칙과 함께 고명안·제문안·부물안에 안치하지 않았을까 한다.

후대의 기록이지만『열성지장통기』와『연려실기술』에 조문 사신이 가져온 것에 관한 기록이 실려 있다. 전자는 '명 목종이 장조와 구희직을 파견하여 시호 공헌을 하사하고 겸하여 제문과 부물[제부(祭賻)]을 하사'한 것으로,213 후자 역시 두 사람이 조선에 와서 제문과 시호[시고] 및 부물을 하사한 것으로 기록되어 있다.214 그렇다면 장조와 구희직이 조칙을 비롯하여 제문과 시고, 부물을 모두 가져온 것이라 할 수 있다. 이는 실제로 조문 사신이 의례를 행할 때를 살핀다면 분명해질 것이다.

2월 6일 사시(巳時), 280개의 제상(祭床)과 조칙을 담은 용정 3대와 향을 담은 용정 1대가 경복궁으로 갔다. 두 조사(詔使)는 수레를 멈추고 잡희를 구경한 뒤 경복궁으로 이동했다. 천사가 이미 들어와 '사제례'를 행하고 '사시(賜諡) 조서'와 '사부(賜賻) 칙서'를 반포한 뒤 이어서 두 천사가 사제(私祭)를 지냈다. 이후 천사는 성균관에 가서 알성하고 곧 태평관으로 돌아갔고 선조는 이들을 상견(相見)하기 위하여 태평관으로 나아갔다.215 여기까지는『선조실록』의 기록이다.

『선조실록』의 기록은『미암집』에도 그대로 실려 있다. 다만,『미암집』에는 추가적인 내용이 더 있다. '천사가 사제(私祭)를 지낸 뒤 동료 3원이 우주(虞主)를 모의전(慕義殿)으로 봉영(奉迎)했고 또 4원은 (모의전으로) 들어가서 배제(陪祭)했다. 선조는 태평관에서 두 사신을 상견한 뒤 환궁하고, 곡읍(哭泣)으로 인하여 그들을 위해 설행하는 위연(慰宴)은 대신에게 대행하도록 했다.'이다.216

두 문헌의 기록을 통해 몇 가지를 짚어보면 다음과 같다. 첫째, 제상과 용정이 태평관에서 경복궁으로 이동한 것은 분명하지만 경복궁의 어느 전각에서 명 사신이 행례했는가에 관한 정보는 정확하지 않다. 사제례와 사시례는 명종의 혼전에서 행해야 하고 사부례는 다른 전각에서 행해야 한다.

둘째, 조칙의 반포이다. 사제례를 행한 뒤 '사시지조(賜諡之詔)'와 '사부지칙(賜賻之勅)'을 반포했다고 했다. '명종에게 내린 시호와 관련한 조서' 및 '상주(喪主)인 선조에게 주는 부물과 관련한 칙서'를 반포한 것인데 반포한 장소는 드러나 있지 않다. 조서와 칙서의 반포는 대개 근정전에서 이루어지므로 이때에도 근정전에서 행했을 것으로 예상된다.

셋째, 명종의 혼전에 대한 파악이다. '우주를 모의전으로 봉영'한 사실을 통해 명종의 혼전 전호(殿號)가 모의전이라는 것을 알 수 있다. 실제 명종의 혼전 전호가 모의전이라고 명시한 문헌은 이황의 『퇴계집(退溪集)』이다.217 『선조수정실록』에는 기록이 전하지 않고, 『선조실록』에는 명종을 종묘에 부묘하기 이틀 전 모의전에서 고동가제(告動駕祭)를 지낸 기록이 있다.218 고동가제는 혼전에서 신주를 받들어 내어 신련(神輦)에 싣고 출발하겠다는 뜻을 고하는 제사이다. 그런 까닭에 태묘로 나아가기 전 혼전에서 지내므로 모의전이 명종의 혼전이라는 사실이 분명하다.

모의전이 마련된 곳에 대한 기록은 관찬 자료에서는 발견되지 않는다. 명종의 신주를 종묘에 부묘하기 하루 전 선조가 돈화문(敦化門)에서 신련을 모시고 종묘에 이르렀다고 한 『선조실록』의 기록을 통해219 창덕궁에 마련되었음은 분명하다. 돈화문이 창덕궁의 정문이기 때문이다. 창덕궁의 어느 전각에 모의전을 마련했는지는 『미암집』에서 분명하게 드러난다. 창덕궁 선정전이라고 명시되어 있다.220 그렇다면 창덕궁 선정전에서 우주를 받들어 내어 경복궁으로 가서 사제례와 사시례를 거행한 뒤 우주를 다시 창덕궁 선정전으로 봉영한 것으로 정리된다.

원칙대로라면 혼전인 모의전이 마련된 창덕궁 선정전에서 사제례와 사시례를 거행해야 한다. 그러나 이번에도 중종·인종 국장에서처럼 창덕궁 선정전에 봉안되어 있던 신주를 경복궁으로 옮겨와서 두 의례를 행한 것을 알 수 있다.

넷째, 고명·제문·부물의 존재 여부이다. 『선조실록』과 『미암집』에 딱히 고명·제문·부물이 명시되어 있지는 않다. 그럼에도 이들의 존재는 어느 정도 확인된다. 우선 사제례를 행했다고 했으므로 제문은 있었을 터, 고명과 부물은 '사시지조'와 '사부지칙'을 통해 조문 사신이 가져왔다고 볼 수 있다. '제문·시호[시고]·부물'을 가지고 왔다고 한 『열성지장통기』와 『연려실기술』의 기록대로이다.

다섯째, 사시례와 사부례의 거행 시점이다. 『선조실록』과 『미암집』에는 '사제례', '사시 조서와 사부 칙서 반포', '사제(私祭)' 순으로 진행되었다고 했다. 사시례는 사제례와 같은 공간에서 행하므로 사제례를 행하기 전후에 행했을 터, 문제는 사부례이다. 국가전례서의 규정이나221 인종 국장에서와 마찬가지라면 사제례에 앞서 사부례를 거행하여, 사부례 → 사제례 → 사시례 → 사제(私祭) 혹은 사부례 → 사시례 → 사제례 → 사제(私祭)의 순서로 진행되었을 것이다. 그러나 사제례 이후 '사시 조서'와 '사부 칙서'를 반포했으므로 사제례 → 사시례 → 사부례 → 사제(私祭)의 순서도 배제하기 어렵다.

이상의 과정을 본다면, 선조 초 명종의 국장에 조문 온 사신들, 이들과 함께 의례에 참여한 권서국사자[선조] 및 조선의 뭇 신하들은 태평관에서 국가전례서에 성문화된 「영사시제급조부의」대로 행례했다고 볼 수 있다.

선조 국장 : 「영사시제급조부의」 이행

1608년(선조 41) 2월 1일 선조가 정릉동 행궁의 정침(正寢) 혹은 정전(正殿)에서 세상을 떠났다.222 그다음 날에 바로 광해군이 정릉동 행궁에서 즉위했다. 광해군의 즉위로 조선 정부에서는 4일 뒤 선조의 죽음을 알리고 새 국왕의 책봉을 요청하고자 고부청시승습사 연릉부원군 이호민(李好閔, 1553~1634), 부사 오억령(吳億齡, 1552~1618), 서장관 이호의(李好義, 1560~1624)를 차출했다.223 보름 뒤 이들은 고부표(告訃表), 고부전(告訃箋), 청시표(請諡表), 시전(諡箋), 청승습주(請承襲奏), 예부신(禮部申) 등의 문서를 가지고 경사로 떠났다.224

조선 정부의 요청에 따라 명 조정에서도 이에 부응하여 사신을 파견했다. 인종 초 중종 국장 이래로 명 조정에서 조문 사신을 먼저 파견하고 잇따라 책봉 사신을 보낸 것처럼 이번에도 마찬가지였다. 다만, 조문 사신이 도착한 시기는 다른 국왕 국장과는 달리 선조의 첫 번째 기일인 연제(練祭)를 지난 뒤였다. 연제는 돌아가신 지 1년이 되는 첫 번째 기일에 지내는 제사로, 소상(小祥)이라고도 한다. 선조 국장에 조문 온 사신은 행인사행인 웅화(熊化)이다. 그는 1609년(광해군 1) 4월 왕경에 도착했다.

선조 국장에 온 조문 사신의 임무는 조선 정부의 요청 사안인 '청시청승습' 중 '청시'만 수행하면 된다. 의례 역시 그에 따른 '사시례'를 실행하면 그만이다. 하지만 그간 조문의 임무만 띠고 온 사신이 왔을 때 혹은 조문과 책봉을 겸한 사신이 왔을 때 '사시례'를 비롯하여 조문 관련 다른 의례인 '사제례'와 '사부례' 또한 거행하여 왔으므로 이번에도 별반 다르지 않을 것이라 예상된다.

아직 명 황제로부터 조선국왕으로 책봉을 받지 않은 권서국사자[광해군]가 모화관으로 거둥, 흑포(黑袍)와 오익선관(烏翼善冠), 흑각대(黑角帶) 차림으로 영조문에서 지영(祗迎)한 뒤 광해군이 먼저 남별궁으로 이동했다(〈도판 21〉). 남별궁에서 고명을 지영한 뒤 사배례를 행하고, 천사와 더불어 상견하며 재배례를 행했다.226 여기까지는 『광해군일기』의 중초본과 정초본이 차이를 거의 보이지 않는다. 그러나 이후 남별궁의 대청에서 광해군과 천사와의 대화 및 다례, 광해군의 환궁 등의 내용이 나오는데227 이는 중초본에만 수록되어 있다. 천사 웅화가 4월 25일 입경한 당일에 공식적으로 수행한 일정이다.

여기까지만 보면 천사는 고명만 가져오고 그동안 조문을 위해 명 사신이 가져온 제문·부물은 가져오지 않은 것처럼 보인다. 『영접도감사제청의궤(迎接都監賜祭廳儀軌)』 '예조의주(禮曹儀註)'에 따르면, '사제의(賜祭儀)' 아래에 '사시(賜諡)한 뒤 길일을 택한다. 사부(賜賻)를 부기한다.'라고 부주되어 있고,228 그에 앞서 영고칙(迎誥勅) 습의(모화관→남별궁), 사부 습의(남별궁→인정전), 사시·사제 습의(남별궁→인정전)를 한다고 했다.229 고명과 제문과 부물이 있다는 전제 하에 사시와 사제, 사부를 시행한다는 사실을 알려준다.

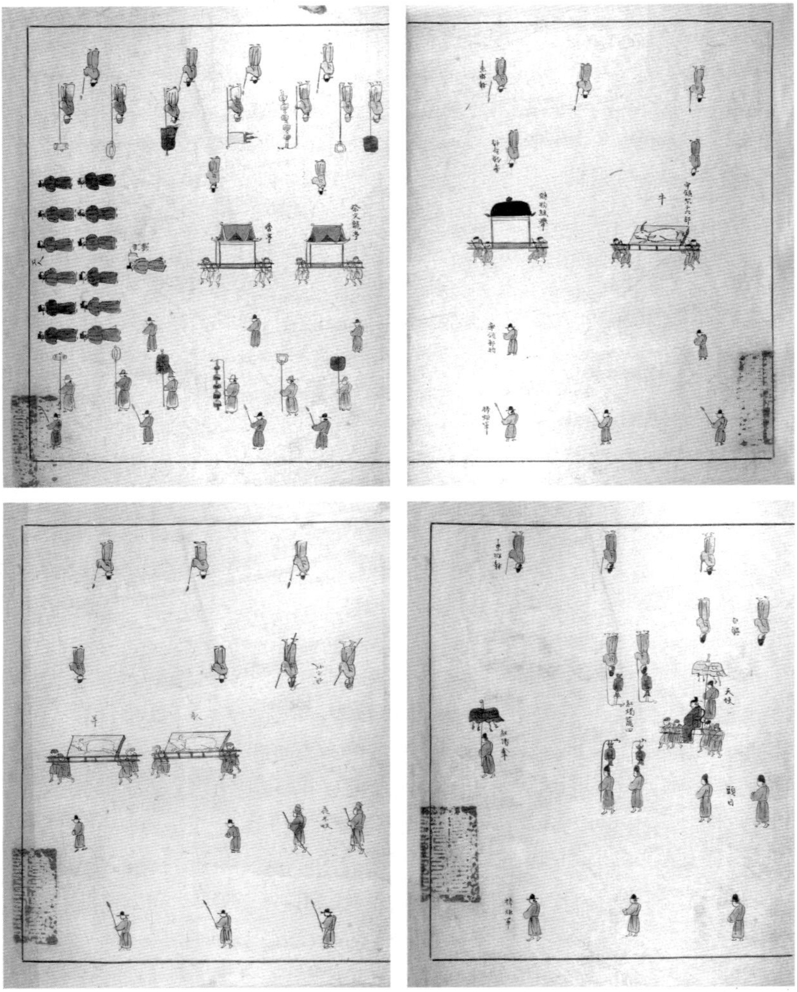

〈도판 21〉「천사반차(天使班次)」, 『영접도감사제청의궤』, 규장각한국학연구원

선조 국장에 조문 온 행인사행인 웅화(熊化) 일행의 행렬을 보여주는 「천사반차도」이다. 총 9면에 걸친 채색 그림으로 위 그림은 그중 일부이다.[225] 주요 그림만 제시하면, 향정(香亭), 제문 용정(祭文龍亭), 부물 채여(賻物綵轝), 소 · 양 · 돼지, 천사 웅화가 차례로 나아가고 있는 모습이다.

뿐만 아니라 『선조실록』의 거의 마지막에 '황제가 웅화를 파견하여 제문과 시호 및 부물을 하사하며 시호는 소경(昭敬)'이라고 한 내용이 나오고,230 『연려실기술』에는 '웅화가 와서 제문 및 부물을 하사'한 것으로 기록되어 있다.231 웅화가 선조의 시호인 '소경'이 기록된 고명과 사제를 지낼 때의 제문, 상주인 광해군에게 하사하는 부물 등 세 의물을 모두 가지고 왔음이 입증된다.

고명과 제문, 부물의 존재 여부는 천사가 사시례, 사제례, 사부례를 거행하는 날의 상황이나 절차를 살핀다면 더욱 확실시된다. 사시례는 4월 28일 선조의 혼전인 영모전(永慕殿)에 봉안되어 있던 신주를 인정전에 봉안한 뒤 천사가 영좌(靈座) 앞에 있는 시함(諡函)에서 사시(賜諡)를 받들어 내어 광해군에게 주면 광해군이 그것을 받아 유공량(柳公亮, 1560~1624)에게 주는 절차로 진행되었다.232 신주는 영모전에서 인정전으로, 천사와 고명은 남별궁에서 인정전으로 이동했다. 사시례를 마치자 그곳에서 곧장 분황제를 행했다.233

선조의 혼전 전호는 『선조실록』과 『선조수정실록』에는 1608년 2월 1일 영모전으로 정한 것으로,234 『광해군일기』의 중초본과 정초본에는 2월 25일에 정한 것으로 기록되어 있다.235 다만, 영모전이 마련된 전각이나 공간에 대한 기록은 네 문헌에서 발견되지 않고 한참 후대에 편찬된 『증보문헌비고(增補文獻備考)』에 이궁(離宮)인 '경운궁(慶運宮)'이라고 밝혀져 있다.236 경운궁은 1611년(광해군 3) 10월 정릉동 행궁의 고친 이름이다.237 선조가 죽음을 맞이할 때까지 창덕궁이 완료되지 못한 사실을 감안하면 후일 경운궁이라 일컫게 된 정릉동 행궁에 혼전이 마련된 것은 어쩌면 당연하다. 국장이 발생하면 혼전의 전호를 정하고 빈전과 함께 혼전 처소를 마련한다. 선조가 1608년 2월 1일 죽음을 맞이했고, 산릉에서 하현궁(下玄宮)을 한 뒤 혼전에서 초우제(初虞祭)를 지낸 날이 이해 6월 12일이다.238 2월 1일 이후부터 혼전 조성 공역을 시작하더라도 6월 12일 이전까지는 그 설치가 마무리되어 있어야 한다.

제3장에서 언급했듯이 창덕궁의 인정전과 같은 큰 전각이 완성되는 시기가 이해 8월이라고 했다.239 중종과 인종, 명종의 혼전이 편전에 마련된 것을 고려하면240 선조의 혼전도 궁궐에 마련한다면 그 처소는 편전이 될 가능성이 없지 않다. 다만, 창덕궁의 편전이 조성되는 시기가 6월 12일 이전까지 가능했을까. 현실적으로 쉽지 않을 것이다. 따라서 정릉동 행궁에 영모전이 마련되었다는 『증보문헌비고』의 기록은 신빙성이 높다. 다만, 6월 12일 초우제를 지낼 때 광해군이 '궁(宮)에서 전(殿)으로 나아갔다.'라고 되어 있는데 '정릉동 행궁에서 (정릉동 행궁 안에 마련된) 혼전으로 나아간' 것으로 해석된다.

사시례와 분황제를 마치고 며칠 지나서 사제례를 거행했다. 사제(賜祭)는 5월 3일 선조의 혼전인 영모전이 아닌 이번에도 인정전에서 지냈다.241 『광해군일기』의 중초본과 정초본에는 사제를 지냈다는 사실만 알 수 있을 뿐 구체적인 기록이 재록되어 있지 않다.

또 국가전례서에 「영사시제급조부의」 다음에 거행하는, 황제가 내린 부물을 상주인 권서국사자[광해군]가 받는 의식인 '사부의(賜賻儀)' 역시 언제 거행되었는지가 기록되어 있지 않다. 그에 앞서 반드시 짚고 넘어가야 할 점은 사제례를 거행하기 하루 전 5월 2일 제문 및 부물을 태평관에서 남별궁으로 옮겼다는 사실이다.242

앞서 웅화가 입경한 4월 25일 남별궁에서 고명을 지영했으며, 3일 뒤 인정전에서 고명으로 사시례를 거행했다고 했다. 또 『선조실록』과 『연려실기술』을 통해 고명 이외에 제문과 부물도 가져왔음이 밝혀졌다. 선조 국장 이전에는 고명·제문·부물을 모두 태평관의 대청에 안치했다가 사시례·사제례·사부례를 거행하면 태평관에서 세 의례를 거행하는 곳으로 각각 옮겨서 행례했다. 그런데 이번 선조 국장에서는 고명은 처음부터 남별궁으로 갔으나 제문과 부물은 태평관으로 가서 그곳에 봉안되어 있다가 행례하기 하루 전 남별궁으로 옮겨졌다. 제문·부물의 봉안처가 그 이전의 국장과 달라진 것은 사실이다.

사제례를 거행하는 당일에 제문·부물을 남별궁에서 인정전으로 옮긴 것은 사시례를 행할 때 고명의 이동과 같다. 그렇다면 '사부례'는 '사제례'와 같은 날 거행된 것이 분명한 것 같고, 그 행례 장소 역시 인정전이라고 볼 수 있다. 국가전례서의 규정대로라면 사제례는 혼전에서, 사부례는 궁궐의 정전에서 행해야 한다.243 그런데 이번 선조 국장에서 사제례를 인정전에서 거행했으므로 사부례 역시 그곳에서 행했을 것이라는 예상은 빗나가기 어려울 듯하다. 다만, 사제례와 사부례의 선후는 정확하지 않아 좀 더 확인이 필요하다.

이상의 과정을 통하여 광해군 초 선조 국장에 조문 온 사신, 그와 함께 의례에 참여한 권서국사자[광해군] 및 조선의 뭇 신하들은 제문·부물의 봉안처가 태평관이라는 사실을 제외하면 남별궁에서 국가전례서에 성문화된 「영사시제급조부의」대로 행례했다고 볼 수 있다. 물론 사제례·사부례를 거행할 때에는 그 전에 제문·부물을 태평관에서 남별궁으로 옮겼기에, 결국 선조 이전의 국장에서는 모화관에서 태평관으로 이동, 선조 국장에서는 모화관에서 남별궁으로 이동한 차이가 있을 뿐이다. 당시에는 남별궁이 예전의 태평관이라고 인식하고 있어서244 태평관에서처럼 남별궁에서 「영사시제급조부의」를 거행한 것이었다.

여기서 반드시 짚고 넘어가고 싶은 한 가지가 있다. 태평관이 아닌 남별궁에서 「영사시제급조부의」를 거행할 때의 공간이다. 태평관 안에서는 대청이 의례를 행하는 공간이었다. 남별궁은 처음부터 객관을 목적으로 조성한 곳이 아니었기에 남별궁 안의 어느 건물에서 행례했는지가 궁금하다. 당시에도 영중추부사 이덕형(李德馨)은 남별궁은 원래부터 공해(公廨)가 아니어서 「영사시제급조부의」를 행하는 불편함이 태평관과는 다름이 있다고 의견을 개진했다.245 그럼에도 남별궁에서 거행했기에 남별궁 안 어느 곳에서 행례했는지를 살펴볼 필요가 있다.

『광해군일기』의 중초본과 정초본에는 둘 다 광해군이 남별궁에서 고명을 지영한 내용만 있을 뿐 그것을 안치하는 과정이 기술되어 있지 않다. 고명은 미리 진설한 고명안에 안치했을 것이다. 문제는 고명안을 어디에 설치했는가이다. 태평관이었다면 당연히 대청이다. 이 의문에 대한 해답의 실마리는 정초본에는 없고 중초본에서 찾아진다. 곧, '대청에서 재배례를 행하고 광해군과 천사가 대화를 나누며 다례를 행한' 기사이다.246 이는 남별궁의 대청에 고명안을 설치했다고 볼 수 있는 대목이다.

「영사시제급조부의」에 '궐정(闕庭)과 고명안·제문안·부물안을 설치한 태평관의 대청에서 사자(使者)가 고명·제문·부물을 안치하면 조선 국왕과 종친 및 문무 백관이 국궁사배흥평신(鞠躬四拜興平身)하여 예를 마친다. 이후 궐정 및 안(案)을 거두고 그곳에서 다례를 행한다.'라고 규정되어 있다.247 그렇다면 남별궁 역시 대청에 고명안을 설치하고 고명안에 고명을 안치하면 광해군과 뭇 신하들이 사배례를 행하고, 이를 마치면 대청에서 광해군과 천사가 재배례를 행하고 이어서 대화를 나누며 다례를 행한 것으로 볼 수 있기 때문이다.

마지막으로 한 가지 더 언급하고자 하는 의례가 있다. 조문 사신의 사제(私祭)이다. 웅화는 조문 사신으로서의 역할을 수행하는 것에 그치지 않고 추가로 사제(私祭)를 지냈다. 사제례(賜祭禮)를 마치고 상(床)을 거두고 다시 제물을 진배하여 사제(私祭)를 지낸 것이었다.248 조문 사신이 사제(私祭)를 행한 기록은 이전의 국장에서도 보이지만 그 절차를 기록한 것은 흔하지 않다. 간략하지만 그 절차를 소개하면 다음과 같다. '웅화가 북향하여 사배하고 상향(上香)·전작(奠爵)을 차례로 한 뒤 자리로 돌아와서 또 사배를 행한다. 웅화의 행례가 끝나면 사왕(嗣王)인 광해군이 서벽(西壁)에서 동향하여 수례(酬禮)를 행한다.'이다.249

참고로 황제가 하사한 제문과 웅화가 사제(私祭)를 지낼 때 사용한 제문의 원본은 모두 웅화가 가져간 것 같다. 황상의 사제문(賜祭文)과 천사의 사제 제문(私祭祭文)을 서사(書寫)할 사람으로 직질의 고하를 막론하고 글씨에 능한 사람으로 차출,250 사제 제문(賜祭祭文)은 황지(黃紙) 1장에 쓰되 승문원에서 담당,251 사제 제문(私祭祭文)의 '본고(本稿)는 웅화가 가지고 가고 백색지(白色紙)에 쓴 등본(謄本)은 제사를 지낸 뒤 태운다.'고 한 등등의 내용에서 유추된다.252

이상은 모두 국왕 국장이 중심이었다. 마지막으로 조선의 왕후 국장에 대해 간략하게 언급하고자 한다. 태조 이성계가 조선을 건국한 뒤 처음으로 맞는 왕후의 국상이 태조의 계비 신덕왕후의 국상이다. 신덕왕후부터 선조비 의

인왕후까지 각 왕후마다 국상을 검토한 결과 조선 정부에서는 공식적으로 명에 고부사를 파견하여 왕후의 죽음을 알리지 않았다.

태종비 원경왕후(元敬王后, 1365~1420)의 국상 때 부고를 알리기 위해 노력했다. 그때 고부사가 아닌 정조사(正朝使)에 의해 예부에 알려서 사시(賜諡)를 청하기도 했으나 명 조정의 승낙을 얻지 못했다. 이후 각 왕후마다 고부와 관련하여 언급할 부분이 없지 않지만 공식적으로 고부사를 명에 파견하지 않았고 명 조정에서도 조문 사신을 파견할 일이 없었다.

그렇다고 조선 전 시기 동안 왕후 국장에 중국에서 조문 사신을 파견하지 않은 것도 아니다. 명 조정이 아니었을 뿐 후금 및 명을 대신하여 중원을 차지한 청 조정에서는 왕후 국장이 발생했을 때마다 조문 사신을 파견했다. 왕후 국장에서는 조문의 임무를 띤 사신만 왔고, 여기까지는 기존 연구에서 밝혀진 바이다.[253] 다만, 그 조문 사신들이 이동하는 동선, 객관이 태평관이 아닌 남별궁이겠지만 「영사시제급조부의」를 시행했는지에 대해서는 아직 연구가 되어 있지 않다. 후일의 과제로 삼고자 한다.

제 3 절

유조의(留詔儀)

1. 성종대 유조의 : 태평관

1) 1488년(성종 19) 「유조의」의 시작 : 동월(董越)·왕창(王敞)

'유조의'는 조선에 명 황제의 조서를 남겨두는 절차이다. 좀 더 구체적으로 말하면 황제의 명을 받들고 조선에 온 명 사신이 자신들이 가지고 온 조서를 국왕이 남겨주기를 청하면 이를 허락한 뒤 그에게 주는 절차이다. 이 절차는 1488년(성종 19)에 처음 마련되어 1474년(성종 5)에 편찬된 『국조오례의』에 성문화되어 있지 않다. 이는 곧 1488년 이전에는 조서를 조선에 남겨두지 않았다는 것을 의미하기도 한다.

명 사신이 조서를 가져와서 그 조서를 어떻게 처리하느냐를 보여주는 단적인 사례가 있다. 1452년(단종 즉위) 8월 이부낭중 진둔(陳鈍)과 행인사사정 이관(李寬)이 '황태자 책봉 조서'를 가져왔을 때이다. 근정전에서 반조례(頒詔禮)를 한 뒤 조서를 어디에 둘 것인지를 두고 명 사신과 도승지 강맹경(姜孟卿, 1410~1461)이 논의한 적이 있었다.

강맹경은 이전에는 반조한 뒤 왕궁에 머물러두고 등사(謄寫)해서 해사(該司)로 하여금 태평관으로 보내기도 하고 혹은 사신이 직접 머무는 관소로 가져가기도 했다고 설명했다. 조선에 온 조서는 조선에 남겨지지 않고 명 사신이 다시 북경으로 가져간 것을 알 수 있다. 이번에는 논의 끝에 강맹경이 제시한 첫 번째 사례대로 시행되었다. 곧, 조서를 등사한 뒤 고취(鼓吹)·의장(儀仗)·향정(香亭)·용정(龍亭)을 갖추고 태평관으로 보내어 대청에서 강맹경이 진둔에게 준 것이었다.[254]

명 사신이 조서를 가지고 가는 것이 관례라는 사실을 알려준다. 그런데 조선의 국왕이 명 사신으로부터 '조서'를 받은 사례가 있다. 이것이 1488년에 시작된 '유조의'와 어떻게 다른가를 보여주기 위하여 사전에 점검 차원에서 짚어보고자 한다. 물론 오해의 소지를 없애기 위한 목적도 있다. 조선 국왕이 조서를 받은 사례를 두 가지 들면 다음과 같다.

하나는 1450년(문종 즉위) 8월 '세종의 죽음에 대한 조문과 문종의 조선국왕 책봉'을 위하여 태감 윤봉(尹鳳)과 봉어 정선(鄭善) 등이 왔을 때이다. 입경한 날에 경복궁 근정전에서 문종이 두 사신으로부터 자신을 조선국왕으로 책봉하는 조서와 칙서를 받았다.[255] 두 사신은 8월 3일 입경하여 11월 2일 경사를 향해 떠났다. 이들이 도착한 날에 문종에게 조서와 칙서를 준 이후부터 떠나는 날까지 조서의 행방이 어떻게 되었는가에 대해서는 『문종실록』에 나오지 않아 분명하지 않다. 칙서는 그것을 받는 대상이 조선 국왕이므로 조선에 남았을 것이다.

다른 하나는 1452년 윤9월 '문종의 죽음에 대한 조문과 단종의 조선국왕 책봉'을 위하여 상선감좌감승 김유(金宥)와 우감승 김흥(金興) 등이 왔을 때이다. 마찬가지로 입경한 날에 경복궁 근정전에서 단종이 두 사신으로부터 자신을 조선국왕으로 책봉하는 조서와 칙서를 받았다.[256] 받은 뒤 근시에게 조칙을 주었고 이후 선조관(宣詔官)이 조서를 읽었다[독조(讀詔)]. 그 뒤 두 사신이 떠나는 날까지 조서의 행방이 어떻게 되었는가에 대해서는 『단종실록』에 나오지 않는다. 두 사신은 윤9월 17일 입경하여 12월 6일 도성을 떠났다.

문종과 단종 둘 다 사신이 도착한 날 경복궁 근정전에서 책봉 조서를 받았다. 문제는 그 이후 조서의 행방에 관한 기록이 『문종실록』과 『단종실록』에 없다는 점이다. 다만, 두 사례가 진둔·이관의 사례와 시간적으로도 가깝고,

또 사신이 떠날 때 조서를 가지고 가는 것이 관례였기에 진둔·이관의 사례처럼 윤봉·정선과 김유·김흥도 조서를 가져갔을 것으로 생각된다.

이러한 가운데 「유조의」가 처음 마련하게 된 계기는 1488년 3월 '명 효종의 황제 즉위 조서'를 가지고 동월과 왕창이 오면서였다. 이들은 3월 13일 모화관에 이르렀고, 5일 뒤 3월 18일 모화관을 떠나 경사를 향했다.

「유조의」가 마련된 배경에는 두 사신이 도성으로 들어오기 3일 전[3월 10일], 원접사 허종(許琮, 1434~1494)에게 자신들이 조서를 남겨둘 수 있게 된 '과정'을 말하면서 시작되었다. 두 사신이 한 말은 허종이 조정에 치계한 내용에서 볼 수 있다. 제시하면 다음과 같다.

> 천사가 신에게 말하기를, "조정에서는 본국이 지성으로 사대(事大)하는 까닭으로 조서(詔書)를 베낌에 용전(龍牋) 10품(十品)을 썼으니, 다른 나라에 내려 주는 것과는 비교가 안됩니다. 우리들이 배사(拜辭)하던 날 제주(題奏)하기를, '가지고 가는 조서는 어떻게 처치(處置)해야 합니까?'라고 하니, 황제께서 '조선의 신민(臣民)들이 만약 남겨두기를 청하면 남겨서 주고[유여(留與)] 오거라.'고 명하니, 진실로 특별한 은혜입니다. 이번 사은 표문(謝恩表文)의 안에 마땅히 이 뜻을 아울러 기재하십시오. 다만, 우리들이 임의(任意)로 남겨 주겠다고 말할 수는 없으니 마땅히 본국에서 남겨두기를 청해서 주었다고 말해야 할 것입니다."라고 했습니다.[257]

두 사신이 가져가는 조서의 처치를 황제에게 물었고 황제가 조선의 신민들이 남겨두기를 청하면 남겨 주라[유여(留與)]고 하여, 비로소 조서가 조선에 남게 될 수 있다는 내용이다. 단, 형식적이라고 하더라도 조선에서 청할 때 그렇게 한다는 전제가 있었다. 이것이 이루어진다면 비로소 조선에 황제의 조서가 남게 된다.

치계의 내용은 다른 한편으로 명의 조선에 대한 대우가 남다르다는 사실도 알려준다. 조선으로 가져오는 조서를 베낄 때 쓰는 용전(龍牋)이 타국에 하사하는 것과 비교가 되지 않는다고 한 점, 조선에서 조서를 남겨두기를 청하면 남겨 주라는 황제의 명이 특별한 은혜라고 한 점 등이다.

여기서 그치지 않고 두 사신은 「유조의」가 시행되는 공간에 관하여 원접사 허종에게 입장을 밝혔다. 행례 장소까지 언급한다는 것은 조선 조정의 입장과 무관하게 처음부터 조서를 남기기로 작정하고 왔다고 볼 수 있다. 경복궁에서 조서를 반포한 뒤 그곳에서 '유여(留與)'하기는 어렵기에 자신들이 조서를 가지고 태평관으로 돌아간 뒤 계하(啓下)하여 사람을 시켜서 청하면 마땅히 줄 것이라고 일렀다.[258] 이는 국왕에게 조서를 주는 장소가 경복궁이 아닌 태평관이 될 수도 있다는 것을 뜻한다.

일반적으로 조서와 관련한 의례는 경복궁 근정전에서 거행되었다. 따라서 사신이 조서를 주고 국왕이 그것을 받는다면 그것을 행하는 장소는 당연하게 경복궁으로 생각하기 쉽다. 앞서의 사례에서도 보았듯이 문종과 단종 둘 다 조칙을 받은 곳이 경복궁 근정전이었다. 기존의 관례대로라면 번거롭겠지만 조서를 가지고 태평관에서 다시 경복궁으로 갈 것이라고 예상할 수 있다. 그동안 태평관에서 이러한 의례를 시행한 적이 없어서 더더욱 그러할 공산이 크다. 다만, 사신이 경복궁에서 조서를 반포한 뒤 그곳에서 '유여'하기가 어렵다고 한 말이 예사롭지 않다. 행례 장소가 경복궁이 아닌 자신들과 조서가 있는 태평관이 될 것임을 시사할 수 있어서이다.

문제는 조서를 남겨두는 것에 대한 성종의 입장이 긍정적이지 않다는 사실이다. 굳이 조서를 남겨두기를 청하면서까지 조서를 남겨야 하는가였다. 이에 관반 허종과 정난종(鄭蘭宗, 1433~1489)이 중조(中朝)의 선비가 두 사신과 작별하며 준 시(詩)를 보고 천사가 말한 '조서를 남겨두기를 청하는 일[조서청류사(詔書請留事)]'이 거짓이 아님을 확인했다. 시의 내용은 '단조(丹詔)를 남겨두어 부상(扶桑)을 진무하게 하네[허류단조진부상(許留丹詔鎭扶桑)]'이다. 이러한 상황에서 관반 두 사람은 조서를 남겨두기를 청하지 않는다면 천사가 중조에 돌아가 반드시 제명(帝命)을 즐겨 받으려고 하지 않았다고 보고할 것을 걱정했다.

그러자 성종은 '이미 반포한 조서를 남겨두기를 청할 필요가 있겠으며 자신은 받지 않는 것이 가하다.'라 하여 청류(請留)와 수조(受詔)를 달가워하지 않았다. 그러한 까닭에 성종은 이 안건에 대해 영돈녕 이상의 신하들에게 의논하라고 전교했다. 신하들은 천사가 '제명'이라고 한 것을 중점적으로 강조하며 성종이 조서를 받지 않을 수 없다는 입장을 표명했다. 결국 성종은 신하들의 의견을 받아들여 조서를 남겨두도록 청하겠다고 전교했다.259

이때 성종이 조서를 받는 의례도 함께 논의되었다. '천사가 고두(叩頭)하고 받는 것이 마땅하다고 말하더라도 부복(俯伏)하고 받아도 무방하다.' 혹은 '우선 권의(權宜)를 따라 절하고 받는 것[배수(拜受)]이 어떠한가.' 등의 의견이 있었다. 조선의 신하들은 '고두'에 부정적이며 그 대안으로 '부복'이나 '배(拜)'를 제안한 것이다. 물론 이는 수조의(受詔儀)가 어떻게 마련되느냐에 따라 결정될 사안이다.

조정의 논의를 거치며 성종이 신하들의 의견을 수용한 날이 두 사신이 떠나기 이틀 전인 3월 16일이었다. 조서를 받을 수 있는 날이 하루 남았다. 마침내 3월 17일 성종이 태평관으로 행행하여 어실에 들어가 도승지 송영(宋瑛, ?~1495)에게 두 천사에게 「수유조의(受留詔儀)」를 묻도록 명했다. '조선에 남겨두기로 한 명 황제의 조서를 조선 국왕이 받는 절차'인 「수유조의」는 국가전례서에 실려 있지 않고, 또 처음으로 시행하는 의례이기에 두 사신에게 그 절차에 대해 묻게 한 것이었다. 두 사신이 알려준 「수유조의」는 다음과 같다.

> (조서를 놓을) 안(案)을 정청(正廳)의 북벽(北壁) 한가운데에 설치하고, 전하의 배위(拜位)를 안(案)의 남쪽에 설치한다. 전하가 서편 섬돌[서편계(西偏階)]을 경유하여 올라와 남쪽 처마 아래에 서면, 천사가 조서를 가지고 나와서 안(案) 위에 놓는다. 전하가 들어가 배위(拜位)에 나아가 고두(叩頭)하면 천사가 조서를 받들어 전하에게 준다. 전하가 받들어 고두하고 승지에게 주고 서편 섬돌을 경유하여 도로 나온다.260

송영이 「수유조의」를 성종에게 보고하자, 전한 이창신(李昌臣, 1449~1506)이 오늘 조서를 받는 행사에 황의장(黃儀仗)을 갖추고 조서는 용정에 실어서 행하되 고취(鼓吹)를 쓸 것을 권했다. 성종은 천사가 말한 것에 의거하여 조서를 받았다. 그렇다면 조서를 받을 때 '부복'이나 '배(拜)'가 아닌 '고두'를 했음에 틀림없다. 그리고 이창신의 견해를 받아들여 성종이 받은 조서를 용정에 안치하여 고취를 갖추어서 보냈다.[261] 이후 어느 곳에 조서를 안치했는지에 대해서는 기록이 찾아지지 않는다.

이를 통해 「유조의」의 마련은 명 사신이 황제에게 조서의 처치에 대해 묻는 것에서 비롯되었다고 볼 수 있다. 그리고 그 결과 조서가 조선에 남게 되어, 그동안 명 사신이 가져온 조서는 도로 가져갔다는 사실도 입증된다.

『국조오례의』에 조서와 관련하여 '가례'조에 조서를 맞이하는 절차를 적은 「영조서의」가 실려 있다고 했다. 「영조서의」에는 경복궁 근정전에서 3품 당상관이 담당하는 선조관(宣詔官)[262]이 조서를 선포할 뿐 조선의 국왕이 사신으로부터 조서를 받는 절차가 없다.[263] 조서를 조선에 남겨둔 경험이 없었기에 그러한 듯하며, 그렇기에 조서를 남겨두기로 결정하고 그 조서를 국왕이 받는 의주의 마련까지는 더더욱 생각조차 못했을 것이다. 『국조오례의』가 편찬된 이후 1488년에 이르러 마침내 명 사신에 의해 「유조의」가 마련되어 이 의례를 시행할 수 있게 되었다.

1488년에 비로소 태평관에서 '청류'와 '수조'를 시행했다. 「유조의」는 여기서 그치지 않고 이후에도 간간이 시행되었다. 성종대에는 1492년(성종 23)에 한 번 더 이 절차를 행했다.

2) 1492년(성종 23) 「유조의」: 애박(艾璞)·고윤선(高胤先)

1492년 5월 '황태자 책립 조서'를 가지고 애박과 고윤선이 조선에 왔다. 5월 28일 모화관에 도착하여 이튿날인 5월 29일 모화관에서 전별했다. 조선에 온 명 사신 중 머문 기간이 가장 짧았다. 모화관에서 경복궁으로 이동한 뒤 경복궁에서 수조(受詔)와 수칙(受勅), 성종과 두 사신간의 다례를 차례로 행한 뒤 두 사신은 태평관으로 갔다. 이때 경복궁에서 행한 '수조'와 '수칙'은 성종이 조서와 칙서를 남겨두기를 청한 뒤 사신에게서 조서와 칙서를 받는 「수유조의」와 「수유칙의(受留勅儀)」의 거행이 아니다. 문종대 윤봉·정선과 단종대 김유·김흥 등과 같은 사례이다.

태평관에서 성종과 두 사신이 상회례를 갖는 자리에서 성종이 먼저 '청류(請留)'에 대해 입을 열었다. 성종은 먼저 무신년(1488 성종 19)에 조서를 남겨두게 된 과정부터 설명했다. 동월이 성지(聖旨)를 선유(宣諭)하며 '국왕이 만약 조서를 남겨두기를 청하면 그 말을 들어준다.'고 했고, 그런 까닭에 자신이 남겨두기를 청했다고 했다. 그러면서 성종은 이번에 두 대인은 어떻게 조처할 것인지를 물었다.

정사 애박은 조서를 남겨두는 것[유조(留詔)]은 으레 행하는 일이 아니고, 동월이 왔을 때에도 성지는 없었으며, 동월은 성종이 매우 간절하게 '청류'하는 것을 보았기에 들어준 것이라고 답했다. 그는 또 '유조'는 동월과 자신이라면 가능하지만 타인은 감히 마음대로 할 수가 없으며, 여러 왕부(王府)와 각로의 포정사(布政司), 안남(安南) 등지에서는 모두 '유조'하지 않고 복명하는 날에 일일이 회주(回奏)하지만 성종이 만약 지성으로 청한다면 조서를 남겨두는 것이 어렵지 않다고 했다.264

조선 정부에서는 애박과 고윤선이 도성에 도착하기 전에는 '청유조(請留詔)'에 관하여 논의하지 않은 듯하다. 관련 기록이 『성종실록』에서 찾아지지 않기 때문이다. 그렇다면 사전에 조선 정부와 두 사신 사이에 논의된 바가 없는 상황에서 성종이 대뜸 그들에게 '청류'와 '수조'에 대해 어떻게 조처할 것인지에 대해 물은 셈이다. 애박의 긴 답변은 예상치 못한 질문에 당황한 것처럼 보인다. 무엇보다 애박이 마지막에 한 말은 조서를 남겨두는 것 자체가 특혜이므로 '청류'를 하지 않은 성종에게 이를 유도하려는 의도로 볼 수밖에 없다.

물론 성종은 애박의 말이 끝나자마자 곧바로 '유조'는 곧 '소방(小邦)의 만

세의 보(寶)인데 어찌 지성으로 청하지 않겠느냐.'고 응수했다. 성종은 여전히 '유조'에 대해 긍정적이지 않은 것처럼 보인다. 그러나 이번 역시 조선의 국왕이 조서를 남겨둘 것을 청하면 명 사신이 들어주는 방식으로 진행되었다.

성종의 말이 끝나자 「수유조의」가 진행되었다. 정사 애박이 추창하여 들어간 뒤 대청(大廳)에서 조서를 받들어 안(案) 위에 놓았고, 성종이 조서를 받들어 영의정 윤필상(尹弼商, 1427~1504) 등에게 주어 승문원(承文院)으로 보냈다.[265]

1488년에 시행한 「수유조의」에 비해 매우 간략하게 그 절차가 기록되어 있다. 당시 '청유조서절목(請留詔書節目)'이 있었던 것 같다. 이튿날 두 사신이 떠나기 전 모화관에서 정사 애박이 돌아가서 조정에 아뢰고자 하여 이 절목을 써 달라고 부탁한 것에서 알 수 있다.[266] 이번에도 「수유조의」를 거행한 곳이 태평관이었다.

1492년에 있었던 「수유조의」는 1488년에 시행한 그것보다 매우 간략하게 서술되어 있다. '진설과 자리 배치', '국왕과 천사의 움직임', '천사가 국왕에게 조서를 주는 절차', '국왕이 조서를 받들어 고두하는 절차' 등등이 기록되어 있지 않다. 생략한 것으로 이해되며 전반적으로는 1488년에 시행한 「수유조의」를 준수했을 것으로 본다.

그 밖에 1488년과 1492년에 있었던 「수유조의」에서 눈에 띄는 차이가 두 가지 발견된다. 하나는 전하가 조서를 주는 대상이고(승지→영의정), 다른 하나는 조서를 어디로 보냈느냐이다(미상→승문원). 전자는 아마도 황제가 보낸 조서라는 점에서 '승지'에서 으뜸 벼슬인 '영의정'으로 바꾼 것 같다. 후자는 1488년에는 성종에게 받은 조서를 승지가 어디로 보냈는가에 대한 기록이 없는 반면, 1492년에는 승문원으로 보냈다. 승문원이 사대교린(事大交隣)에 관한 문서를 관장하기 위해 설치한 관서이기 때문에[267] 이곳 승문원이 조서의 최종 봉안처라고 볼 수 있다.

성종대 두 번의 「수유조의」에서 이러한 차이점 외에 공통점도 발견된다. 조선 출신의 환관이 아닌 명의 관리가 왔을 때 거행되었다는 점, 성종이 '유조'

를 달가워하지 않는다는 점, 행례한 장소가 태평관이라는 점 등이다.

성종대의 두 사례를 보면, 1450년 8월 윤봉·정선과 1452년 윤9월 김유·김흥이 왔을 때 문종과 단종이 각각 조서를 받은 것과는 분명 차이가 있다. 조서를 받는 과정이 아예 달라서이다.

2. 중종대 유조의 : 근정전

1) 1537년(중종 32) 「유조의」의 장소 변경 : 공용경(龔用卿)·오희맹(吳希孟)

조선에 조서를 남겨두는 과정은 '명 황제의 허락', '조선 국왕의 청유조', '명 사신이 조선 국왕에게 조서를 주고 조선의 국왕이 이를 받는 「수유조의」의 거행' 등의 순서로 이루어졌다. 이러한 과정을 좀 더 구체적으로 볼 수 있는 시기가 중종대이다. 중종대에도 「유조의」는 두 번 거행되었다. 1537년(중종 32)과 1539년(중종 34)이다.

먼저 1537년 3월 '태자 탄생 조서'를 가지고 공용경과 오희맹이 왔을 때이다. 공용경과 오희맹은 도성에 도착하기 전 자신들이 가지고 온 등황(謄黃)을 두목을 시켜서 태평관으로 보내겠다고 전했다.[268] 이날이 3월 5일로 입경하기 닷새 전이다. 등황은 황지(黃紙)에 베껴 쓴 황제의 조서로, 두 사신은 칙서가 아닌 황제에게 상주(上奏)하여 준허받은 것이라고 했다. 이를 태평관으로 보내겠다고 한 것은 태평관에서 「수유조의」를 거행하겠다는 의미로 이해할 수 있다. 성종대 두 번 태평관에서 조서를 받은 경험도 있기 때문이다.

닷새 뒤 천사가 도성에 들어오는 3월 10일, 두 사신이 중종을 만나기 전 홍제원(洪濟院)[269]에서 온 예조판서 윤인경(尹仁鏡, 1476~1548)이 모화관에 있던 중종에게 천사가 '청유조'를 하는 장소가 바뀐다고 보고했다. 천사는 자신들이 태평관으로 돌아간 뒤 국왕이 와서 청하는 것이 예(禮)이지만 이번에는 왕부(王府)에서 두고 가는 것을 들어주겠다[청류(聽留)]고 했다.[270] 원문에 '청류(聽

留)'라고 되어 있는데, '왕부에서 조서를 두고 가기를 청하면 들어주겠다[청청유조(聽請留詔)].'를 줄여서 한 말이다. '청류'와 '수조'를 행하는 장소가 태평관이 아닌 왕부로 바뀌는 순간이다.

천사는 이어서 '유조절차(留詔節次)'에 대해 알려주었다. 조서를 반포하는 예가 끝난 뒤 옷을 바꾸어 입고[개복(改服)] (국왕과 사신이) 서로 만날 때 통사를 시켜 가부(可否)를 보아서 하겠다고 했다.[271] '반조(頒詔)'를 마치고 국왕과 사신이 '상회(相會)'할 때 상황을 보아서 하겠다는 뜻이다. 그런데 천사는 이렇게 말하면서도 윤인경에게 사적으로 유조절차에 대하여 구체적으로 말해주었다.

윤인경에게 말한 유조절차는 '우리들이 조서를 가지고 국왕에게 주면 국왕은 꿇어앉아 받아서 펴 보고, 두세 걸음 가량 물러나 삼공에게 주면 삼공이 꿇어앉아 받아서 전(殿) 뒤에 봉안(奉安)한다.'였다. 단, 영상이 늙어서 좌상과 우상 중에서 받드는 것이 합당할 듯하다고 덧붙였다.[272] 천사는 '조서를 주고 받는 절차'와 '조서의 봉안처'는 물론 '국왕이 조서를 주는 이'까지 지정했다.

'조서 반포', '국왕과 사신의 상회', '전 뒤의 봉안처' 등을 통해 천사가 말한 '왕부'는 궁궐의 정전임이 명확하다.

천사가 일러준 유조절차는 태평관이 아닌 왕부에서 거행하게 되었으나 절차 자체가 복잡하지 않고 간단하므로 성종대에 시행한 「수유조의」와 거의 달라지지 않을 것으로 예상한다. 특히 1492년 성종이 조서를 영의정에게 주었듯이 이번에도 영의정에게 주려고 했지만 그가 늙었다는 이유로 좌상이나 우상이 대행할 예정이다. 이를 두고 그 이전과 차이가 있다고 보기는 어렵다. 그렇다고 달라진 것이 없는 것은 아니다. 중종이 조서를 받을 때 고두하는 절차가 없다는 점 및 조서의 봉안처가 1492년에는 승문원이었지만 이번에는 '전 뒤[전후(殿後)]'라는 점이다.

막상 공용경과 오희맹이 영조문(迎詔門) → 숭례문 → 광화문을 경유하여 근정전으로 와서 반조하고, 이러한 절차가 끝나자 중종이 면복을 벗었다. 이윽고 천사가 "상회(相會)를 하기 전 조서를 두고가기를 청하면[청유조] 마땅히 들어주겠다. 조서를 남겨 둔 뒤 상회를 하는 것이 어떠하겠냐?"고 제의했다. 이에 중종은 다음과 같이 천사에게 알렸다. '섬돌[계(階)]에서 사신과 중종이 동쪽과 서쪽에서 서로 양보하며 올라 근정전 안으로 들어간다. 근정전 안 북쪽에 조서가 있고, 중종과 천사가 동쪽과 서쪽으로 서로 향하고 서서, 조서를 남겨두기를 청한 뒤 상회례를 한다.'였다.

중종은 자신이 알려준 방식대로 두 사신과 함께 근정전 안으로 들어갔다. 이어진 『중종실록』의 내용은 '중종이 두 대인이 조정에 주달하여 황제가 특별히 유조를 허락했으니 황은이 망극하다고 말하고, 곧바로 조서를 반포할 때 그 내용을 귀로 듣기만 했기에 눈으로도 보고 싶다.'였다. 중종은 '조서를 남겨주면 내가 그것을 받아서 그 내용을 직접 읽어 보고 싶다.'라 하여, '조서를 남겨두기를 청한다.'를 이와 같이 우회적으로 말했다.

중종이 조서의 내용을 보고 싶다고 하자, 정사(正使, 공용경)는 자신들이 조정에서 주달하여 준허받고 왔으며 지금 현왕(賢王)이 예의를 잘 아는 것을 보니 조서를 남겨두지 않을 수 없다고 답했다. 다만, 자신들이 조서를 받들어 국왕에게 주면 국왕이 꿇어앉아 받아서 후청(後廳)으로 보내는 것이 매우 합당하다고 덧붙였다. 중종은 명한대로 하겠다고 답했다.[273] 이에 「수유조의」는 천사의 지시에 따라 다음과 같이 진행되었다.

> 정사(正使)가 조서를 받들자 상이 꿇어앉아 받아서 펼쳤다. 마치면 상이 고두(叩頭)했다. (상이 조서를) 보는 것을 마치자 또 고두했다. 우의정 윤은보(尹殷輔)가 조서를 받들고 앞에서 가니, 상이 후청(後廳)【곧 경연청(經筵廳)이다.】까지 따라갔다. 용정(龍亭)에 (조서를) 안치하자 상이 재배례(再拜禮)를 행했다.【이는 모두 천사가 지시한 바이다.】[274]

중종이 조서를 받아서 보는 과정에 두 번 고두를 하고, 다 읽은 조서는 우의정 윤은보(尹殷輔, 1468~1544)가 받아서 후청(後廳)인 경연청(經筵廳)에 있는 용정에 안치하면 중종이 거기까지 따라가서 조서에 재배례를 하는 것으로 절차가 마무리되었다. 중종이 고두하는 절차를 제외하면 천사가 예조판서 윤인경에게 일러준 '유조절차'대로 대부분 시행되었음을 볼 수 있다.

이로써 등황은 태평관으로 가지 않고 경복궁 근정전으로 이동하여 '반조(頒詔)', '청유조(請留詔)', '수조의(受詔儀)'를 차례로 진행한 뒤 경연청에 봉안되었다. 경연청이 조서의 최종 봉안처인지는 명확하지 않다. 오히려 그렇지 않을 가능성이 크다. 경연청이 최종 봉안처였다면 그곳에 봉안하면 그만인데 그렇게 하지 않고 경연청에 있는 용정에 안치했기 때문이다. '용정자(龍亭子)'라고도 불리는 용정은 조서를 담아 운반할 때 사용하는 가마이므로 여기에 조서를 안치했다면 다른 곳으로 옮겨갈 여지가 다분하다. 뿐만 아니라 한참 뒤인 19세기에 편찬된 문헌에는 경연청이 관함(官銜)은 있으나 관사가 없다고 되어 있어[275] 이러한 추정에 더욱 무게가 실린다.

이상 『중종실록』의 내용을 정리하면, '반조(頒詔)' → '청유조(請留詔)' → '수조의(受詔儀)' → '상회례(相會禮)'의 순서로 진행되었다. 그리고 천사가 말한 '왕부'는 궁궐의 정전 중 경복궁 근정전이었다.

한편, 공용경이 경사로 돌아간 뒤 편찬한 『사조선록』에는 이 당시의 상황이 다음과 같이 간략하게 기록되어 있다. '근정전에서 사례(私禮)를 행한 뒤 조서를 받고 대신으로 하여금 후전(後殿)에 안치하게 한다.'이다.[276] 이는 『중종실록』에 실린 『사조선록』의 기록이다. 근정전에서 사례를 행한 뒤 조서를 받았다고 되어 있는데 이때에 행한 '사례'가 '상회례'인지가 분명하지 않다.

상회례는 주인과 손님이 서로 만나서 인사를 나누는 예이다. 「영사시제급조부의」에서 세 의물을 태평관에 안치하는 공식적인 의례가 끝나면 국왕–사신과의 행례, 조선의 뭇 신하–사신과의 사례를 행하며 이를 '상회례'라고 언급했다. 세 의물의 안치라는 공식적인 의례 이후 '국왕–사신', '조선의 뭇 신하–사신'이 인사를 하는 예가 상회례이다. 따라서 사례는 상회례에 포함된다. 여기서는 '반조'라는 공식적인 의례 이후 중종과 천사가 만나 인사를 나누는 것이 상회례가 된다.

『중종실록』에는 중종이 경연청에서 다시 근정전 안으로 돌아와 '유조'를 할 수 있게 해 준 사신에게 감사의 표시로 사신과 재배례를 행하고, 또 사례(私禮)를 펼치고자 사신과 재배례를 행했다. 이윽고 중종은 두 사신에게 먼 길에 오느라 수고했다는 인사를 건네는 것을 시작으로 사신과 대화를 주고 받으며 차를 마셨다.[277] 『중종실록』에는 이 부분이 상회례에 해당된다.

그렇다면 『사조선록』의 '사례'는 「유조의」가 거행되기 전 '중종이 두 사신과 함께 근정전 안으로 들어가 황제가 유조를 허락한 것이 두 대인들 덕분이라고 말한 뒤 조서의 내용을 보고 싶다.'고 한 부분을 가리킨다고 볼 수 있다. 『중종실록』의 '상회례'와 『중종실록』에 실린 『사조선록』의 '사례'는 분명 다름을 볼 수 있다.

『중종실록』에 실린 『사조선록』의 '사례(私禮)' → '수조(受詔)' → '조서 봉안'이라는 간략한 서술은 '공용경이 근정전에서 행한 일들의 기억이 이 정도인가.'라고 생각할 수 있다. 그런 까닭에 실제 『사조선록』의 원문을 확인해 볼 필요가 있다. 중종이 조서를 받는 과정을 제시하면 다음과 같다.

> 이날 국왕이 여러 차례 의정 관원들을 보내 조서를 남겨두기를 청했다. 우리는 국왕으로 하여금 스스로 와서 남겨두기를 청한다면 들어주겠다고 했다. 조서 읽기를[개독(開讀)] 마치자 국왕이 간청해서 우리는 이를 허락하되 국왕으로 하여금 꿇어앉아서 받도록 했다. 우리가 서서 조서를 주자 국왕은 조서를 받고 세 번 머리를 조아렸다. (국왕이) 열람을 마친 뒤 또 부복하여 세 번 머리를 조아리며 "후전(後殿)에 보내서 향을 피우고 배례(拜禮)를 행하여 극진한 공경으로 조정과 천지의 은혜에 감사하게 해달라."고 청했다. 나는 이를 기쁘게 여겨서 마침내 남겨두는 것을 허락했다. (국왕이) 우리에게 나아와 각각 이배(二拜)하며 조서를 남겨둔 것에 대하여 사례(謝禮)했다.[278]

이상의 유조 과정은 『사조선록』 속 '개독의(開讀儀)'라는 의주의 말미에 부주(附註)되어 있다. '개독의'는 근정전에서 조서를 선포하는 절차를 기록한 의주이다. 행례 장소가 근정전이라고 명시되어 있다. 유조 과정을 다시 간단하게 정리하면, '의정의 청류(請留) → 개독(開讀) → 중종의 청류(請留) → 수조(受詔) → 후전(後殿) 봉안 → 중종의 사례(謝禮)' 등으로 진행되었다. 『중종실록』에 실린 『사조선록』과 비교해보면, '의정의 청류'가 '사례(私禮)'에 해당하는 것처럼 보인다. 그리고 중종과 사신의 '상회례'는 후전에 조서를 봉안한 뒤 '중종의 사례(謝禮)'부터 시작한다고 볼 수 있다.

여기서 잠깐 '공용경이 작성한 『사조선록』의 청류와 수조 절차'를 짚어보고자 한다. 『중종실록』에 기록된 청류·수조 절차와 크게 차이가 나는 부분이 있어서이다. 두 문헌에서 가장 두드러지게 드러나는 차이는 바로 '청류' 과정이다. 공용경이 작성한 『사조선록』에는 중종이 청류하기에 앞서 누차 의정 관원들을 보내 청류했으며 중종은 간청한 것으로 되어 있다. 그에 비해 『중종실록』에는 중종이 상당히 우회적으로 조서를 남겨주기를 청한 기록만 있을 뿐이고, 천사의 지시에 따른 「수유조의」를 기록한 곳에는 중종이 '청류'하는 내용은 아예 없다.

특히 누차 의정 관원들을 보내 청류했다는 사실은 성종대에도 보지 못했다. 성종대에도 실제는 이와 같이 했지만 『중종실록』처럼 『성종실록』에 기록으로 남기지 않았을 수 있다. 다만, 성종대에는 고려해야 할 점이 있는데 바로 성종의 태도였다. 성종은 처음부터 '청류'와 '수조'를 달가워하지 않았다. 그렇기에 관원을 보내 청류하는 일은 하지 않았을 성싶다.

그렇다면 '청류' 과정이 구체적이냐 아니냐에 따른 『중종실록』(『중종실록』 속 『사조선록』 포함)과 실제 『사조선록』 두 문헌의 기록이 다른 이유는 무엇일까. 각자에게 유리한 방식으로 서술하려는 입장 차이라 할 수 있다. 조선의 입장에서는 '청류' 과정을 가능한 한 간략하게, 공용경의 입장에서는 이를 가능한 한 상세하게 기록하려는 차이를 말한다. 사신이 황제를 대신하여 왔다고 하지만 제후왕이 그에게 청해야 하는 상황이 조선 조정의 입장에서는 괜찮을 리 만무하다. 그에 비하면 명 사신은 일국의 왕이 자신에게 어떤 것을 청하는 자체만으로도 남다른 기억으로 남았을 터이다. 기록의 상세함과 간략함은 여기에서 비롯되었으며, 『중종실록』에 『사조선록』의 내용을 지나칠 정도로 간략하게 인용한 것 역시 이러한 입장 차이의 반영이다.

성종대에는 두 번의 「수유조의」가 태평관에서 진행된 것과는 달리 1537년에는 근정전에서 시행되어 의례 공간이 달라졌다. 아울러 성종대에는 조서의 봉안처가 기록되어 있지 않거나 승문원이었던 것과 달리 이번에는 후청(後廳)/후전(後殿)인[279] 경연청이었다. 그렇다고 이곳이 최종 봉안처라고 단정짓기 어려운 점은 있다. 중종대에 시행된 첫 번째 「수유조의」는 이렇게 매듭지어졌다. 여기서 끝나지 않고 한 번 더 명 관리가 사신으로 오게 되면서 그들이 도성에 도착하기 전 조선 조정에서는 이에 대한 대비를 서둘렀다.

2) 1539년(중종 34) 「유조의」 : 화찰(華察) · 설정총(薛廷寵)

1539년 4월 '태조 · 고황후 · 성조 · 예종의 존호 추상 조서'와 '황태자 책립과 둘째 · 세째 아들 봉왕(封王) 조서'를 가지고 화찰과 설정총이 조선에 왔다.[280] 그보다 앞서 두 사신이 도착하기 전 이들을 맞이하기 위하여 여러 논의가 있었고 그 중 하나가 '유조'에 관한 건이었다.

한 달여 전 3월 정원에서 '유조'의 전례(前例)를 상고한 결과 '혹은 태평관'에서 '혹은 근정전'에서 했으며 장소는 다르지만 절차는 동일했다고 중종에게 보고했다.[281] 태평관에서 한 것은 성종대 두 번, 근정전에서 한 것은 중종대 1537년에 행한 것을 가리킨다. 정원에서의 보고는 여기에 그치지 않고 「수유조의」와 관련하여 1537년에 있었던 절차를 설명하면서 그때 있었던 문제점을 지적했다. 제시하면 다음과 같다.

정사(正使)가 조서를 받들어 전하에게 주면 전하는 부복했다가 일어나기도 하고 고두하기도 했습니다. 다만 공(龔)·오(吳)(공용경·오희맹—필자 주) 때에는 (조서를) 머물러 두기를 청한 뒤에 천사가 '용정(龍亭)을 후전(後殿)【경연청】에 봉안하고 마땅히 재배례(再拜禮)를 행해야 한다.'고 했으므로 그 말을 따라서 재배례를 행했습니다. 신의 생각에는 후전은 바로 출입하는 곳으로 정전(正殿)이 아니며, 조서를 반포할 때 이미 예를 행했는데 후전에서 다시 재배례를 하는 것은 실상 온당치 못합니다. 대신과 다시 의논하여 정하는 것이 어떻겠습니까?"라 하니, 전교하기를 "뒷날 삼공(三公)이 예궐(詣闕)할 때 의논하겠다."282

정원에서는 공용경과 오희맹이 왔을 때 중종이 조서에 두 번 예를 갖춘 것을 문제삼았다. 정전인 근정전에서 조서를 반포할 때 이미 행례했음에도 후전(後殿)에 조서를 안치하고 또 재배례를 한 것이 온당하지 않다는 입장이다. 1537년에는 경연청을 '후청'으로 이번에는 '후전'으로 표기했다.

참고로 정원에서 보고한 내용 중 이전과 다른 면이 발견된다. 앞서 성종대 두 번의 사례 및 1537년에 있었던 사례를 보면, 성종과 중종은 '부복흥(俯伏興)'보다 '고두'한 것으로 되어 있다. 1488년 '천사가 고두하고 받는 것이 마땅하다고 말하더라도 부복하고 받아도 무방하다.'라고 제안한 적은 있지만283 실제로 「수유조의」를 행할 때 '부복흥'을 하지 않았다.

정원에서는 이처럼 중종이 후전에서 재배례를 한 것에 대해 지적했고 중종도 후일에 삼공과 의논하겠다고 전교했다. 그런데 정작 삼공이 모여 의논할 때에는 다른 절차에 대해 논의했다. 당시 삼공은 영의정 윤은보, 좌의정 홍언필(洪彦弼, 1476~1549), 우의정 김극성(金克成, 1474~1540) 등이다.

삼공은 중종이 후전에서 하는 재배례가 아닌 수조 방식을 다르게 하는 방안에 대해 논의했다. 전에는 대신을 파견하여 벽제(碧蹄)에서 '청류'를 했다고 했으나 이번에 오는 천사가 항상 참조하는 『사조선록』에는 벽제에서 미리 청한다는 일이 기록되어 있지 않다고 했다. 그러면서 지금은 별다른 말을 하지 말고 있다가 조서를 반포한 뒤 천사가 막차에 들어가면 모관(某官)을 보내 '사례(私禮)를 행하기 전에 조서를 받아 대신(大臣)에게 주어서 후전에 안치하는 것은 전부터 예(禮)로 되어 있다.'고 한 뒤 그들의 태도를 보자고 제안했다.

삼공이 제안한 '유조' 방식은 1537년에 행했던 대로이다. 다만, '모관'을 천사에게 보내서 이러한 방식을 일러주는 것에 대해 중종은 부정적이었다. 중종은 이들의 제안과 다르게 조서를 반포한 뒤 자신이 직접 천사에게 나아가 조서를 남겨두기를 청하고 천사가 들어주지 않으면 전례(前例)를 원용하여 다시 청하겠다고 전교했다.[284]

1537년 공용경과 오희맹이 왔을 때 '청유조'는 중종이 근정전에서 직접 했다. 갑자기 벽제에서 '청유조'를 한 근거가 분명하지 않다. 삼공 중 천사가 들어올 때에는 영상이 벽제에서 맞이하고, 그들이 돌아갈 때에는 좌상이 벽제에서 전송하는 것이 예법이다.[285] 1537년에 영의정 김근사(金謹思, 1466~1539)가 영위사(迎慰使)로 벽제에 갔을 때[286] 공용경·오희맹에게 '청유조'를 한 것으로 알고 있어서인가. 그보다 '벽제에서의 청유조'가 조정에서 거론되고 있다는 자체가 『사조선록』의 '누차 의정 관원들을 보내 청류했다.'고 한 기록을 사실화하는 것 같다.

이후에는 '청유조'를 중종이 상회(相會)할 때 직접 청하고자 한다,[287] 정유년(1537, 중종 32)의 사례를 들며 청유조 때에는 중종과 천사가 동·서로 마주보다가 '유조'를 허락하면 북면(北面)하여 선다,[288] 전에는 '청유조'를 벽제에서 했으나 이번에는 조서를 반포한 뒤 면대하여 청하고자 한다[면청(面請)][289] 등등의 논의가 있었다. 이를 통하여 '청유조'의 주체는 중종, 그리고 그 장소는 근정전으로 정해질 것으로 유추된다.

중종은 벽제에서 '청유조'를 한다면 관원을 보내서 해야 하고 또 조서를 반포하기 전이므로 이를 '미안(未安)'하게 여겼다. 그런 까닭에 조서를 반포한 뒤 자신이 직접 '청유조'를 하고자 했다.[290] 설령 근정전에서 '청유조'를 하더라도 자신이 아닌 다른 이를 시켜서 한다는 자체를 '미안'하게 여겼다.[291]

천사가 모화관에 도착하기 하루 전 4월 9일, '천사가 국왕이 조서를 남겨두기를 간청하면 마땅히 남겨두겠다.'는 원접사의 서장(書狀)이 조정에 전달되었다.[292] 이에 원접사가 두 사신에게 '조서를 반포하기 전에 청하는 것은 미안하므로 조서를 반포한 뒤 면대하여 청하고자 한다.'는 중종의 뜻을 전달하자, 두 사신은 조서를 남겨두는 일은 자신들이 이미 상주하여 준허받은[주준(奏准)] 것이라고 답했다.[293] 이로써 근정전에서 조서를 반포한 뒤 중종이 '청유조'를 하기로 결정되었다.

마침내 4월 10일 조칙과 조사(詔使)가 연조문(延詔門)에서 광화문을 경유하여 근정전으로 들어왔다. 이곳에서 조칙을 선포한 뒤 천사가 조서를 용정에 안치하여 태평관으로 돌아가려 하자, 중종이 승지를 보내 면대하여 청하고자 한다는 사실을 천사에게 전했다. 그러자 천사는 자신들이 상주하여 준허받고 왔다며 국왕이 직접 청한다면 이곳에 남겨두겠다고 했다.[294]

중종이 익선관·곤룡포 차림으로 전상(殿上)에서 두 사신을 만나 마주보고 선 채 사신과 다음과 같은 말을 주고받았다.

> 중종 : 조서를 남겨두기로 특별히 허락하시니 황은(皇恩)에 감격합니다. 다만, 조서를 반포할 때 과인이 귀로 듣기만 했을 뿐 눈으로 보지 못했습니다. 한 번 보고자 합니다.
>
> 두 사신 : 우리들 역시 동국에 현왕(賢王)이 있어 반드시 조서를 남겨두기를 청할 것임을 알았기에 상주하여 준허받고 왔으니 즉시 명한대로 하겠습니다.[295]

중종이 '유조'를 허락한 것에 감사하고 조서를 눈으로 보기를 원하자 사신이 조선의 국왕이 '청유조' 할 것을 미리 알고 상주하여 준허받고 왔다고 한 문답, '중종의 우회적인 청유조'와 '그것에 대한 사신의 허락'은 1537년에 공용경과 오희맹이 와서 했던 것과 거의 달라지지 않았다. 차이라면 그 이후에 진행된 절차로, 기존에 시행된 「수유조의」와는 다름을 볼 수 있다.

승지 두 사람이 조서를 받들고 꿇어앉아서 펴니, 상이 꿇어앉아서 보는 것을 마치고 고두했다. 또 (황제의) 하사물을 받았다. 상이 조서를 남겨둔 것에 대하여 사례(謝禮)하고 재배례를 행하니 두 사신이 답배(答拜)했다.296

1537년에 거행한 「수유조의」는 중종이 정사(正使)에게서 조서를 받으면 고두하고 조서를 읽고 나면 또 고두한 뒤 삼공 중 한 명이 조서를 받들고 (임시) 봉안처에 가서 안치하면 그곳까지 따라간 중종이 재배례를 하는 순으로 진행되었다. 그런데 이번에는 승지가 조서를 받들어 펴면 중종이 조서를 보고 고두했다는 정도가 기록되어 있다. 마치 중종이 조서를 눈으로 보고자 한 요청만 받아들여진 것처럼 보인다. 뿐만 아니라 중종이 조서를 본 이후 조서의 향방에 관한 기록이 없어서 중종이 (임시) 봉안처까지 따라갔는지, 갔다면 앞서 정원에서 문제삼은 (임시) 봉안처에서 중종이 재배례를 행했는지 등등이 불분명하다.

한편, 1537년에는 중종이 조서를 봉안한 경연청에서 다시 근정전 안으로 돌아와 '유조'를 할 수 있게 해 준 사신에게 감사의 표시로 사신과 재배례를 행하고, 또 사례(私禮)를 펼치고자 사신과 재배례를 행했다고 했다. 이번에는 사물(賜物)을 받은 것 및 중종이 '유조'에 대한 사례(謝禮)와 재배례를 행하자 사신이 답배한 차이가 있다.

중종의 재배례와 사신의 답배가 끝나자, 중종이 두 사신에게 먼 길에 오느라 수고했다는 인사를 건네는 것을 시작으로 사신과 대화를 주고 받으며 다례를 행하는297 이러한 상회례 자리를 가진 것은 이전과 다르지 않다. 참고로 이번에 온 조서는 일반적으로 한림원에서 찬주(撰奏)한 것과 다른 황제가 직접 지은 것이었다.

중종대에 시행된 두 번째 「유조의」 역시 경복궁 근정전에서 거행되었다. 조칙의 선포 이후 천사가 조서를 태평관으로 가지고 갔다면 '청유조'와 「수유조의」가 태평관에서 시행되었겠지만 이번에도 1537년처럼 근정전에서 이루어졌다. '청유조'는 1537년에 행했던 것과 거의 다를 바 없으나 「수유조의」는 차이가 없지 않았다.

성종대와 비교한다면 두드러진 차이는 행례 장소가 태평관이 아닌 경복궁 근정전으로 바뀌었다는 점이고, 공통점이라면 중종대 역시 명의 관리가 왔을 때 「유조의」가 거행되었다는 점이다.

3. 명종대 유칙의(留勅儀) 논의

중종대 이후 '청유조'와 관련한 기사는 명종대부터 인조대까지 확인된다. 명종대부터 차차로 검토하고자 한다.

명종대에는 1558년(명종 13) 2월 왕세자의 책봉을 위해 정사 태감 왕본(王本)과 부사 조분(趙芬)이 왔을 때[298] 조서의 '청류'와 칙서의 '청류'가 거론되었다. 왕세자는 앞서 언급했듯이 명종과 인순왕후와의 사이에 태어난 순회세자이다. 두 사신이 모화관에 도착한 날은 2월 24일이고, 모화관을 떠난 날은 3월 16일이다.

두 사신이 도성에 들어오기 전 2월 12일, 예조에서 전교의 뜻을 삼공·영부사에게 의논하게 한 결과를 보고하는 세 가지 중 마지막 하나가 본서와 관련된다. 바로 '조서는 남겨두도록 청하고 칙서는 남겨두도록 청하지 않는 일'이다. 이 중에서 '청유조(請留詔)'는 성종대와 중종대에 볼 수 있었으나 '청유칙(請留勅)'은 처음 보인다.

예조에서는 '조서는 남겨두도록 청하고 칙서는 남겨두도록 청하지 않는 일'을 전일에 다 아뢰었고, 문례관이 오기를 기다려서 전일에 회계(回啓)한 뜻을 전달하여 의혹을 풀게 하자고 건의했다.[299] 명 사신이 '조서는 남겨두도록 청하고 칙서는 남겨두도록 청하지 않는 일'과 관련하여 의혹을 가진 듯하다. 문맥으로 본다면 '청유칙'에 대해 의문을 품지 않았을까 한다. 조선의 조정에서도 이 일에 관하여 논의했을 터, '전일에 다 아뢰었다.'고 한 말에서 짐작된다. 이보다 앞서 있었을 '청유조'와 '청유칙'을 둘러싼 명 사신의 의혹과 조선 조정에서의 논의는 『명종실록』에서 찾아지지 않는다.

예조에서 건의한 것처럼 이튿날인 2월 13일 문례관 김귀영(金貴榮, 1520~1593)을 인견했다. 김귀영은 이 안건과 관련하여 천사와 주고받은 대화를 명종에게 전달했다.[300] 대화의 내용을 소개하면 다음과 같다.

상사 : 이 의주(儀註) 중에 어찌 칙서를 남겨두는 절차를 기록하지 않았는가?

김귀영 : 칙서를 머물러 두는 것[유치(留置)]은 예(例)이므로 남겨두기를 청하는 일은 기록하지 않았습니다.

천사 : 홍치(弘治)·정덕(正德) 사이의 의주를 본 적이 있는데, 용정(龍亭)에 봉안하여 태평관에 둘 때에는 정부(政府)의 낭청(郎廳)이 남겨두기를 청하고 받아서 갔다고 한다. 이것이 비록 크게 관계되는 예가 아니지만 앞길이 아직 멀었으니 먼저 가서 참고하여 중도에서 회보(回報)하라.

김귀영 : 네[유(唯)].[301]

김귀영과 상사와의 대화를 통해 명 사신의 의혹이 '칙서를 남겨두는 절차'였음이 밝혀졌다. '청유칙'을 거쳐 '유칙(留勅)', 좀 더 분명하게 '유치칙서(留置勅書)'하는 과정이 의주에 들어가 있지 않아 의문을 제기한 것이었다. 김귀영의 보고를 들은 명종은 '유조(留詔)는 있었으나 유칙(留勅)은 듣지 못했다.'고 하며 해조에 물어보고 (명 사신에게) 가서 알리라고 했다.[302]

이때 명종이 '유칙은 듣지 못했다.'고 한 말은 오해의 소지가 있을 수 있어 부연설명이 필요하다. 김귀영이 명 사신과 대화할 때 '칙서를 머물러 두는 것은 예(例)'라고 답했다. 이는 그동안 명 사신이 칙서를 가지고 오면 으레 칙서를 남겨두었다는 증거이다. 김귀영이 그런 이유로 칙서를 남겨두기를 청하는 절차를 의주에 넣지 않았다고 답했다. 그런데 이러한 관례가 명종의 '유칙은 듣지 못했다.'고 한 말과 상치된다. 명종은 분명 그동안 칙서를 남겨둔 사실을 몰랐을 리 없다. 그럼에도 '유칙은 듣지 못했다.'고 말한 것은 '청유칙'한 뒤 '유칙'하는 절차를 듣지 못했다는 뜻으로 이해된다.

여기서 가장 눈여겨 볼 사실은 칙서를 남겨둘 때 '청유칙'을 하지 않더라도 으레 남겨졌다는 점이다. 『조선왕조실록』에 명 사신이 칙서를 가지고 올 때 조선 정부에서 '칙서를 남겨두기를 청하는 일'에 대한 준비 혹은 논의를 한 기사가 발견되지 않는다. 그 이유가 이러한 관례에 기인한 것 같다.

특히 그러한 관례는 국가전례서에서 증명된다. 『국조오례의』 '가례'조에 수록된 「영칙서의」가 그것이다. 칙서를 맞이하는 절차가 기록된 「영칙서의」에 '경복궁 근정전 안에서 사신이 꿇어앉은 국왕에게 서향하여 칙서를 주면 국왕이 칙서를 받아 그 칙서를 다 보고 근시(近侍)에게 준다.'라고 규정되어 있다.[303] '청유칙' 절차는 없다. 그리고 '청유칙'을 하지 않더라도 「영칙서의」 대로 거행하면 국왕이 받은 칙서가 자연스레 조선에 남게 되어, 국왕이 칙서의 내용을 눈으로 보고 싶다고 굳이 요청할 필요가 없다. '칙서를 머물러 두는 것이 관례'이며 그렇기에 '청유칙'이 불필요하다고 답한 김귀영의 말처럼 이러한 일이 오랫동안 지속되어 왔음을 알 수 있다.

'청유칙'을 하지 않아도 칙서가 남게 된 것이 관례라고 했다. 관례라고 했지만 칙서의 성격이 원인이었다. 한참 뒤의 일이지만 1602년(선조 35) 3월 「유조의」를 논의하는 자리에서 '청유칙'을 하지 않고 '유치칙서'하게 된 사정을 알려준다. '유칙'은 칙서가 본국을 대상으로 칙유(勅諭)하는 것이니 본국에 칙서를 머물러 두는 것은 당연하며 '청유칙'할 필요가 없다는 대목이다.[304] 칙서는 황제가 특정 인물을 대상으로 보내는 문서이기 때문에 황제가 조선에 보낸 칙서의 수신자는 '조선국왕'이다. 따라서 청유칙을 하지 않아도 자연스레 칙서가 조선에 남게 된다. 이것이 관례처럼 굳어져 칙서가 올 때마다 남게 되면서 '청유칙' 자체를 염두에 두지 않았던 것이다.

「영조서의」에는 국왕이 사신으로부터 조서를 받는 절차가 없다고 했다. 이로 인하여 국왕이 조서의 내용을 직접 볼 기회가 아예 차단되어 있었다. 중종이 1537년과 1539년에 온 사신에게 두 번 모두 '조서를 반포할 때 조서의 내용을 귀로는 들었으나 눈으로 보지 못했다고 하며 보기를 원한다.'고 한 말이 이로써 이해된다.

그렇다면 성종과 중종대에 '청유조'를 거친 뒤 '조서가 남게 된 것'은 '청유칙' 없이 '칙서가 남게 된 것'과는 분명 같지 않다. 특히 조서는 칙서와는 달리 특정 개인이 아닌 '일정 지역의 모든 사람'을 대상으로 하는 문서이므로[305] 어떤 곳, 어떤 나라에만 남겨두기란 쉽지 않다. 1492년 애박이 '유조는 으레 행하는 일이 아니고, 여러 왕부와 각로의 포정사, 안남 등지에서는 모두 조서를 남겨두지 않고 복명하는 날에 일일이 회주한다.'고 말한 것에서 입증된다.[306] 조선도 조서를 남겨두는 대상이 아니었다가 성종대부터 비로소 달라진 것이었다. 이를 통하여 1488년 이전에 조서가 왔을 때 조선에 남겨두지 않고 명으로 도로 가져갔다는 사실이 더욱 분명해진다.

참고로 천사가 말한 내용 중 짚고 넘어가야 할 두 가지가 있다. 하나는 상사가 보았다고 한 홍치(弘治, 1488~1505)·정덕(正德, 1506~1521) 사이에 마련된 의주이다. '홍치·정덕 사이'에 태평관에 조서를 둔 시기는 조선은 성종대이고 명은 홍치 연간이다. 따라서 성종대에 있었던 두 번의 의주[유조의]가 해당된다. 엄밀하게 말하면 정덕 연간은 해당되지 않는다. 사신이 정확한 시기가 기억나지 않아 홍치·정덕 사이라고 표현한 것 같다. 중종대라고 한다면 유조한 시기는 '가정 연간(1522~1566)'에 들어간다.

다른 하나는 '청류'와 '수거(受去)'의 주체이다. 상사는 정부(政府)의 낭청(郎廳)이라고 보았다. 태평관에 조서를 둔 때를 사례로 들었는데 이 시기 '청류'의 주체는 성종이고, 조서를 '수(受)'하는 주체 역시 성종이었다. 다만, 조서를 '거(去)'하는 주체는 1488년과 1492년으로 나누어서 설명할 필요가 있다. 1488년에는 성종이 조서를 받아서 승지에게 주는 것까지 기록되어 있어서 이후의 과정은 불분명하다. 추측한다면 성종에게서 조서를 건네받은 승지가 아닐까 한다. 1492년에는 '영의정 윤필상 등'에게 주어 승문원으로 보냈다고 했으므로 '영의정 윤필상 등'이 조서를 가지고 갔다고 볼 수 있다. '영의정 윤필상 등'을 '정부의 낭청'으로 이해한 것 같다.

김귀영을 인견하고 일주일 즈음 지난 2월 19일, 김귀영이 천사에게 '유칙'한 전례(前例)가 없다고 알렸다. 상사 왕본이 조선의 전례대로 하라고 하여 '유칙'과 관련한 논의는 더 이상 일지 않았다.[307] 그 대신 조선 조정에서는 명종이 칙사로부터 칙서를 받는 절차에 관한 논의가 이어졌다.

명종대에 마지막으로 살펴볼 것은 「유조의」의 거행 여부이다. 결론부터 말하면 왕본과 조분이 왔을 때 이 의례는 거행되지 않았다. 분명 이들이 조선에 왔을 때 조서의 '청류'와 칙서의 '청류' 둘 다 거론된 것은 사실이지만 조서의 '청류'는 '칙서를 남겨두기[유칙(留勅)]' 위한 논의 중에 언급되었을 뿐이다. 무엇보다 '유칙'과 관련한 논의가 끝난 뒤 '청유조'가 끝내 거론되지 않은 것은 두 사신이 올 때 조서는 없이 '왕세자 책봉 칙서'만 가져왔기 때문이다.[308] 조서가 없으므로 '청유조'와 '유조'는 그 자체로 의미가 없었다.

4. 선조대 유조의 : 근정전 · 태평관

1) 1567년(선조 즉위) 「유조의」 : 허국(許國) · 위시량(魏時亮)

선조대에는 '유조'와 관련한 기사가 여러 건 발견된다. 관련 기사가 나올 때마다 하나하나 짚어보고자 한다. 그 처음은 1567년 7월 허국과 위시량이 '명 목종의 등극과 개원(改元) 조서'를 가지고 왔을 때이다. 이들이 가산(嘉山)에 이르렀을 때 명종의 훙서를 듣고 곧장 노상에서 조서를 남겨두는 일절(一節)[유조일절(留詔一節)]을 초출했고, 명종의 왕위를 계승한 사군(嗣君)이 아직 명 황제로부터 책봉을 받지 않아 대신이 뭇 신하를 거느리고 '청류'하도록 했다.[309] 부득이한 상황이기에 문헌에는 '변례(變禮)'라고 표현했다.

이때 유조 절차와 관련하여 주목되는 단어가 있다. 바로 간유(懇留)이다. 4번의 「유조의」가 시행되었던 성종과 중종대에는 『성종실록』과 『중종실록』에 간청하는 것처럼 서술되어 있지 않았다. 그에 비해 공용경은 『사조선록』에 '국왕간청(國王懇請)'이라고 하여 직접적으로 표현했다. 이번 '간유'라는 두 글자는 관찬 자료가 아닌 개인이 남긴 기록으로 조선인이 작성했다. 따라서 그동안 국왕이 천사 앞에서 조서를 남겨두기를 청할 때 '간청'한 것이 사실화되는 순간이다. 천자가 보낸 조서이므로 일단 이를 조선에 남겨두기 위해서는 이러한 방식을 취하지 않을 수 없었던 것 같다.

이상 허국·위시량이 가져온 조서를 남겨두는 과정은 오음(梧陰) 윤두수(尹斗壽, 1533~1601)의 『오음유고(梧陰遺稿)』를 참조했다. 이 책에서 하나 더 짚고 넘어가야 할 점은 '평상시 조서가 오면 본국에서는 으레 유조절차(留詔節次)가 있어 전하가 친히 천사 앞에서 남겨두기를 간청한다[간유(懇留)].'라는 부분이다.[310] 성종대 2번과 중종대 2번을 제외하면 허국과 위시량이 오기 전까지 명 사신이 조서를 가지고 오더라도 매번 조서를 남겨두기를 청한 것은 아니었고 그런 때에는 당연히 조서가 조선에 남지 않았다. 그렇기에 『오음유고』의 이 부분을 보면 마치 조서가 오면 모두 조선에 남겨진 것처럼 생각할 수 있다.

성종대부터 명종대에 이르기까지 '유조'에 관한 내용은 대부분 『조선왕조실록』을 참고하여 정리했다. 그런데 선조대에는 참고해야 할 관찬 자료인 『선조실록』과 『선조수정실록』의 내용이 매우 부실하여 두 실록에만 의존하기 힘들다. 따라서 선조대에 '청유조', '유조'와 관련한 내용은 두 실록은 물론 『오음유고』와 같은 문집 등 다른 자료를 활용할 수밖에 없다. 이는 곧 '청유조'와 '유조'에 관한 내용 역시 선조대 이전보다 충실하기 어려울 수 있다는 가능성을 뜻하기도 한다. 허국과 위시량이 왔을 때 이들이 초출한 '유조일절(留詔一節)'의 내용이 '청류'한 공간조차 밝히지 않은 '대신이 뭇 신하를 거느리고 청류하게 했다.'라는 짧은 내용이 전부인 것에서 짐작된다.

그동안 '청류'와 '수조'의 담당자는 명 황제로부터 책봉을 받은 국왕이었다. 권서국사자가 이러한 상황을 맞은 경우는 처음이다. 그로 인하여 부득이하게 대신이 청류하게 했다는 것 역시 처음 있는 일이다. 국왕이 '청류'하고 '수조'한 것과는 너무나 다른 상황이기에 『오음유고』 기록의 적합성 여부는 좀 더 두고볼 일이다.

2) 1568년(선조 1) · 1572년(선조 5) 「유조의」 : 성헌(成憲) · 왕새(王璽) 및 한세능(韓世能) · 진삼모(陳三謨)

선조대 두 번째 '유조'는 1568년 7월 한림원검토 성헌과 병과급사중 왕새가 '황태자 책봉 조서'를 가지고 왔을 때이다.[311] 사실 이들이 왔을 때 선조가 조서를 남겨두기를 청한다거나 그 결과 조서가 남게 되었는지의 여부는 아직 문헌에서 찾아지지 않는다. 4년이 훌쩍 지난 1572년 11월 한세능과 진삼모가 '명 신종의 등극 조서'를 가지고 왔을 때[312] 그들이 도성에 도착하기 전 '청류'와 '유조'를 두고 조선 조정에서 논의하던 중 전례(前例)로 거론되면서 수면 위로 떠올랐다.

한세능과 진삼모가 모화관에 도착하기 전 10월 24일, 조선 조정에서는 이들이 가져오는 조서를 '청류'하는 절차를 두고 두 절차 중 어느 것으로 정할 것인지에 대하여 논의했다. 하나는 1567년 7월 허국과 위시량이 왔을 때, 다른 하나는 1568년 7월 성헌과 왕새가 왔을 때이다.

먼저 헌부에서 선조에게 유조례(留詔禮)의 두 절차를 제시하면서 시작되었다. 하나는 전하가 뜰에 서서 청류[입정청류(立庭請留)]하는 의주이다. 이러한 절차는 조종조에서 시행한 적이 없었으나 허국과 위시량이 왔을 때 행했으며, 이러한 의주의 제정은 선조가 아직 황제에게 책봉을 받지 않아 국왕에서 신분을 낮춘, 강쇄(降殺)하여 마련한 것에 기인한 것이라고 했다. 선조 역시 자신이 세자의 칠장복(七章服) 차림을 한 것은 강쇄한 것에 말미암았다고 수긍했다.

다른 하나는 전하가 뜰에 서서 청류하지 않는 의주이다. 헌부에서는 성헌 · 왕새는 허국 · 위시량이 왔을 때 제정한 의주를 준용하지 않았다고 했다. 성헌·왕새가 어떠한 의주대로 행례했는지에 대한 설명은 없지만 적어도 '전하가 뜰에 서서 청류'한 것은 아니라는 사실은 짐작할 수 있다. 성헌·왕새가 왔을 때에는 선조가 이미 황제로부터 책봉을 받은 뒤였기 때문이다. 선조의 책봉은 1568년 2월 27일 '요신/조신'과 '이경/이도'가 선조를 조선국왕으로 책봉하는 조서와 칙서, 고명 등을 가지고 입경하면서 천명되었다.[313]

이에 헌부에서는 선조에게 문례관을 한세능·진삼모에게 다시 보내어 극진하게 품의하여 의주를 마련할 것을 청했다. 선조는 '유조'의 일은 대신들과 벌써 의논했다고 답한 뒤[314] 불쾌한 심경을 감추지 않았다.[315]

10월 24일의 논의를 통해 몇 가지로 정리하면. 첫째, 성헌·왕새가 왔을 때에도 조서를 남겨두기를 청하는 '청류' 절차를 행했다는 점이다. 둘째, 그때에는 허국·위시량이 왔을 때 행한 의주와는 다르게 행례했다는 점이다. 셋째, 이번에 올 한세능과 진삼모는 두 의주 중 어느 것을 따라 '청류'할 것인지를 10월 24일 전부터 논의한 것 같고, 그 논의의 결과를 명 사신에게 이미 통보한 상태인데 헌부에서 그 통보한 의주가 잘못되었다고 지적하며 문례관을 다시 두 사신에게 보내기를 청하자 선조가 불쾌하게 여겼다는 점이다.

마지막 셋째에 대하여 부연설명하면, 10월 24일 이전에 명 사신에게 통보한 의주는 허국·위시량이 왔을 때 행한 의주이다. 이에 헌부에서는 선조가 아직 명 황제로부터 책봉을 받지 않은 상태일 때 행한 의주, 허국·위시량이 왔을 때 제정한 의주를 현재 책봉을 받은 지 한참 지난 선조에게 적용하는 것은 부적합하다고 여겼다. '허국·위시량 때 제정한 의주'를 한세능·진삼모에게 보낸 것은 잘못이므로 문례관을 다시 한세능·진삼모에게 보내서 '성헌·왕새가 왔을 때 마련한 의주'로 바꿀 것을 선조에게 청하자 선조가 이를 좋지 않게 여긴 것으로 정리된다.

여기서 중요하게 짚고 넘어가야 할 사실이 있다. 앞서 허국·위시량이 왔을 때 변례이지만 청류한 과정을 보여준『오음유고』의 기록인 '대신이 뭇 신하를 거느리고 청류하도록 했다.'라고 한 내용의 재검토이다. 이는 헌부에서 선조에게 제시한 '유조례' 두 절차 중 전자에 해당하는 '전하가 뜰에 서서 청류'한 것과 같아야 하는데 그렇지 않다. '대신의 청류'와 '전하가 뜰에 서서 한 청류'는 청류의 주체가 전혀 다르기 때문이다. '선조가 권지국사였기에 칠장복 차림으로 뜰에 서 있고 대신이 뭇 신하를 거느리고 청류한 것인가', 아니면 '선조가 권지국사이지만 칠장복 차림으로 뜰에 서서 청류한 것인가'의 차이이다.

『미암집』에 허국·위시량이 왔을 때 청류한 모습을 보여주는 기록이 있다. 그런데 이 책에는 허국·위시량이 왔을 때 '대신이 뭇 신하를 거느리고 청류하도록 했다.'는 『오음유고』의 기록에 대하여 의심하게 하는 내용이 발견된다. 이는 헌부의 말과 선조의 답변까지는 『미암집』과 『선조실록』에 동일하게 수록되어 있는데 『미암집』에는 '유조지청(留詔之請)'과 관련한 내용이 더 추가되어 있다는 말이다.

추가적인 내용은 '유조의 청은 조종조에서 반드시 영조례(迎詔禮)가 끝난 뒤 다례를 행할 때 말하거나 혹은 태평관에서 하마연을 설행할 때 말하며, 허국·위시량이 왔을 때에는 선조가 아직 책봉을 받지 않아 구장(九章)을 낮춰 칠장복 차림으로 뜰에 서서 청하게 했는데 이는 그때의 변례이므로 지금은 그렇게 행례해서는 안된다.'이다.[316]

정리하면, '청류는 경복궁 근정전에서 반조례(頒詔禮)가 끝난 뒤 다례를 행할 때 말하거나 근정전에서 행하는 의례를 마치고 태평관으로 이동한 뒤 태평관에서 하마연을 설행할 때 말하며, 허국·위시량이 왔을 때에는 선조가 명 황제로부터 책봉을 받기 전이므로 세자의 칠장복 차림으로 근정전 뜰에 서서 청류했으나 이번에 한세능과 진삼모가 오면 허국·위시량이 왔을 때처럼 청류해서는 안된다.'이다.

이처럼 『미암집』에는 '대신'이 청류한 기록이 없다. 허국·위시량이 왔을 때 대신이 청류한 것이 아닌 책봉을 받지 않은 선조가 칠장복 차림으로 근정전 뜰에 서서 '청류'했다는 내용이다. 성종대부터 명종대까지 유조가 거론될 때 그에 앞서 행하는 '청류'의 담당자는 조선의 국왕이었다. 그렇기에 선조가 비록 책봉을 받지 못하여 세자의 칠장복 차림을 했으나 '사군(嗣君)'으로서 그가 청류했다는『미암집』의 내용이 타당하다고 본다.

『미암집』의 '유조지청'은 대사헌 박근원(朴謹元, 1525~1585)의 입장이다. 마지막에 유희춘(柳希春)과 대사간 허엽(許曄, 1517~1580)도 그의 생각에 동의하여 명일에 이 안건으로 계청하여 역쟁(力爭)하겠다고 했다. 그러나 10월 25일자에는 관련 기사가 전하지 않고, 이튿날 10월 26일자『선조실록』에 '유조의(留詔儀)'가 정해지지 않았다고 나온다.[317] 한세능·진삼모가 11월 1일 입경한다는 원접사의 보고가 있었음에도[318] 아직 '유조의'가 정해지지 않았고, 그로 인하여 이들을 맞이하는 삼도습의(三度習儀)까지 늦춰졌다.[319]

그다음 날인 10월 27일, 사간 유도(柳濤, 1520~1573) 역시 지금은 전하가 병인년[320]에 책봉을 받지 않았을 때와 다르므로 허국·위시량이 왔을 때 정한 의주대로 뜰에 서서 유조를 청하는 것[입정청유조(立庭請留詔)]을 인습해서는 안됨을 극론했다. 유희춘 역시 그의 말에 동의했다.[321] 마침내 다음 날인 10월 28일 문례관이 돌아와서 '유조의'에 대한 천사[한세능·진삼모]의 입장을 전했다. 헌부의 요청이 선조에게 받아들여져 문례관을 사신이 있는 곳으로 보냈던 모양이다. 천사는 '성헌·왕새가 정했던「유조의」로 고쳐서 따르겠다.'라고 했다.[322]

헌부가 선조에게 요청하기 전 천사와 조선 조정 사이에 허국·위시량이 왔을 때 정한 의주대로 '청류'하기로 했음이 이로써 분명해진다. 그러다가 헌부가 그것에 반대하고 성헌·왕새가 정한 의주대로 할 것을 요청하자 천사가 이를 받아들여 기존의 '청유조의(請留詔儀)'를 수정한 것이었다. 문례관의 보고로 인하여 10월 28일에는 결국 '청유조의'를 두 번 습의했다. 허국·위시량이 왔을 때 정한 의주대로 모화관과 근정전 뜰에서 습의했다가 문례관의 보고로 인하여 백관들이 다시 근정전 뜰로 들어가 성헌·왕새가 정한 의주대로 행례했다.[323]

이로써 성헌·왕새가 왔을 때 제정한 '청유조의'로 결정난 것 같으나 그렇지 않다. 10월 29일 옥당에서 이러한 결정에 반하는 차자를 올린 것 같다. 『선조실록』에 옥당에서 올린 차자의 내용은 없이 선조가 그 차자에 답한 내용이 전한다. '대관(臺官)의 말대로 성헌·왕새 때의 의주대로 천사에게 청했고 천사가 온관(溫款)하게 개서(改書)해 주었는데 또 이렇게 논변하는 것은 부당하며 사세가 임박하여 함부로 의논할 수 없다.'고 한 답변이다.[324] 선조는 옥당의 차자를 거부했고, 결국 허국·위시량이 아닌 성헌·왕새가 왔을 때 마련한 '청유조의'로 결정되었다.

10월 24일부터 10월 29일까지 있었던 '청유조의' 논의는 『미암집』과 『선조실록』의 기록을 바탕으로 작성했다. 그 이후의 기록은 11월 1일자부터 시작된다. 11월 1일 한세능·진삼모가 조칙을 가지고 모화관에 도착했고 선조는 백관들을 거느리고 영배례(迎拜禮)를 행했다. 영배례는 오배삼고두(五拜三叩頭)이다. 이후 백관들, 선조, 조칙을 받든 천사가 차례로 경복궁 근정전으로 이동했고, 천사가 조칙을 받들고 전(殿)에 오르자 선조가 뭇 신하들을 거느리고 행례했다. 예가 끝나자 선조와 두 사신이 다례를 설행했고, 이후 천사가 태평관으로 돌아갔고 선조도 태평관으로 나아가 하마연을 설행했다.[325]

한세능·진삼모가 11월 1일 도성에 도착한 당일에 공식적으로 수행했던 일정은 이와 같다. 그런데 근정전에서 다례를 행할 때에도, 태평관에서 하마연을 설행할 때에도 '청유조'를 한 기록은 찾아지지 않는다. 이들이 11월 9일 회정하는 날까지 '청유조'를 한 기록은 『미암집』과 『선조실록』에 있지 않다. 다만, 이들이 도착하기 직전인 10월 29일까지 조정에서 '청유조의'에 대해 논의했기에 막상 이들이 도착한 11월 1일에는 생략하고 기록하지 않았을 수 있다. 아마도 '청유조의'와 '유조'가 순차적으로 이루어졌으며 의식 절차는 성헌·왕새가 정한 의주대로 행하지 않았을까 한다.

문제는 또 『오음유고』의 기록이다. 한세능·진삼모가 왔을 때 청류한 내용이 다음과 같이 기술되어 있다.

만력(萬曆) 원년에 한(韓)·왕(王) 천사가 왔을 때 본국에서는 당초 권서(權署)할 때 변례를 쓴 이유를 자세히 살피지 못하고 한결같이 정묘년(1567, 선조 즉위)의 '유조의절(留詔儀節)'로 의주(儀註)를 만들어 보냈고, 한·왕 또한 본말을 알지 못하고 변례를 인습하여 행했으니, 지극히 온당치 못하다. 이 일은 후일 예관(禮官)이 알지 않으면 안 될 것이다. 당릉군(唐陵君) 홍순언(洪純彦)이 생시에 매번 나에게 말했었다.[326]

『오음유고』에 실린 이 내용은 『대동야승(大東野乘)』 속 「오음잡설(梧陰雜說)」에도 있다. 다만, 「오음잡설」에는 '한(韓)·왕(王)'이 아닌 '한(韓)·진(陳)'으로 수정되어 있다.[327] '한·왕' 혹은 '한·진'을 비롯하여 『오음유고』나 「오음잡설」에 실린 내용 중 반드시 짚고 넘어가야 두 가지가 발견된다.

하나는 만력(萬曆) 원년에 온 한·왕 천사이다. 한·왕은 「오음잡설」에서 수정한 것처럼 한·진이 맞다. 조선에 온 명 사신은 '성헌·왕새'가 함께, '한세능·진삼모'가 함께였기에 '한·왕'은 '한·진'의 오기이다. 그리고 한·진이 조선에 온 시기는 1572년 11월이므로 만력 원년(계유년, 1573, 선조 6)이 아닌 한 해 전인 융경(隆慶) 6년(임신년, 1572, 선조 5)이 정확하다.

다른 하나는 한세능·진삼모가 왔을 때 행한 '유조의절(留詔儀節)'이다. 10월 24일부터 10월 29일까지 조정에서 '청유조의'를 논의한 사실을 제대로 파악하지 못한 채 『오음유고』에 기록하여 오류가 생긴 것 같다. 곧, 정묘년(1567, 선조 즉위)에 온 허국·위시량이 정한 의주로 행례하기로 했다가 성헌·왕새가 정한 의주로 바뀌었다는 사실을 알지 못한 채 처음에 정한 정묘년의 의주대로 행례한 것으로 기록하면서 생긴 오류이다.

이상으로 선조가 1567년에 즉위하여 1572년에 이르기까지 '청류'와 '유조'는 세 번 시행된 것으로 정리된다. 1567년 7월 허국·위시량이 왔을 때, 1568년 7월 성헌·왕새가 왔을 때, 1572년 11월 한세능·진삼모가 왔을 때 등이다.

참고로 시간이 꽤 흐른 뒤이지만 1602년(선조 35) 3월 5일자 기사에 성헌·왕새가 왔을 때 '유조의'가 시행되었음을 알려주는 단서가 하나 더 나온다. 성헌이 정한 의주 6건 중 「유조의」 2건이 그것이다. 나머지는 「영조의」 1건, 「하마연의」 1건, 「근정전 반조(頒詔) 후 다례의」 1건, 「알성의」 1건이다. 「유조의」 2건은 「근정전 반조 후 다례의」와 「알성의」 사이에 있다.[328]

성헌이 정한 의주 6건은 문례관 오윤겸(吳允謙, 1559~1636)의 서계 내용 중 일부이다. 4일 뒤 3월 9일 한림원시강 고천준(顧天峻)과 행인사행인 최정건(崔廷健)이 경성에 들어오는데 그에 앞서 이들을 영접하는 절차와 관련하여 서계한 것이었다. 서계한 다음 날인 3월 6일자 기사에는 의주 중 '유조의'를 두고 본격적으로 논의를 진행했는데 허국·위시량과 성헌·왕새가 왔을 때의 절차가 거론되었다.[329] 이로써 성헌·왕새가 왔을 때에도 '유조의'가 시행되었음이 더욱 확실해진다.

한편, 단순한 문제로 치부할 수 있지만 언급하고 싶은 단어가 있다. 바로 '청유조의', '청류'이다. 그동안 '청유조' 혹은 '청류'와 관련하여 국왕이 행하는 절차를 두고 조선 조정에서 논의가 없었던 것은 아니다. 대개 논란은 어떤 것을 처음으로 시행하려 할 때 발생하기 마련인데 '청유조의' 혹은 '청류'와 같은 경우는 처음 시작된 성종대보다 한참 시간이 흐른 선조대에 이르러 집중적으로 생겼다는 점이 색다르다.

성종과 중종대에 있었던 '청유조의', '청류'는 두 국왕이 명 황제에 의해 책봉된 이후에 시행되었다. 그에 비해 선조대의 경우 특히 허국·위시량이 왔을 때, 선조는 조선 내부에서는 즉위하여 군주가 되었으나 대외적으로는 아직 명 황제에 의해 책봉을 받지 않아 국왕의 신분이 아니었다. 처음으로 세자의 신분으로 '청유조의', '청류'를 해야 할 상황에 직면한 것이었다. 전례(前例)가 없던 가운데 당장 선조의 차림부터 구장(九章)이 아닌 칠장(七章)으로 해야 했고, 청류 또한 기존에 하던 방식과는 달리해야 했다. 변례로 '청류'를 하게 되면서 그 일은 지나갔다.

이듬해인 성헌·왕새가 왔을 때에는 선조가 명 황제로부터 책봉을 받은 뒤였다. 허국·위시량이 정한 의주가 아닌 성헌·왕새가 마련한 의주대로 시행했다. 성종과 중종대에 행한 것처럼 행례했다는 것을 의미한다. 여기까지는 문제가 없었으나 한세능·진삼모가 왔을 때 혼선이 빚어졌다. 이들은 선조가 책봉을 받은 지 한참 뒷시기에 왔으므로 조선 정부에서는 당연히 성헌·왕새가 마련한 의주를 보냈어야 했다. 그런데 허국·위시량이 정한 의주를 보냈고, 뒤늦게 그것이 잘못되었음을 알고 다시 성헌·왕새가 마련한 의주로 수정하는 일이 생겼다.

국가적으로 중요한 사안이 있을 때 전례를 상고하는 것은 특별한 일이 아니다. 그런데 한세능·진삼모가 왔을 때 '청유조의'를 그들에게 잘못 알려준 것은 제대로 확인을 하지 못한 조선 정부의 명백한 과실이다. 또 『오음유고』의 잘못된 기록도 당시의 상황을 이해하는데 혼란을 초래할 만하다. 그럼에도 한세능·진삼모가 왔을 때 조선 조정에서 논의한 '청유조의', '청류'는 중요한 의의를 지닌다. 허국·위시량이 왔을 때 선조가 행한 '청유조의', '청류'가 '세자의 칠장복 차림으로 근정전 뜰에 서서'했다는 사실이 밝혀진 점, 그리고 이 의례가 구체적이지는 않지만 이전에 없었던 처음 행하는 의례라는 점이다.

결과적으로 1572년 10월에 있었던 논의를 통해 몇 가지 사실을 알 수 있다. 첫째, 허국·위시량이 왔을 때에는 선조가 명 황제로부터 책봉을 받지 않아 변례로 세자의 칠장복 차림으로 근정전 뜰에 서서 청류했다는 점, 둘째, 성헌·왕새가 왔을 때 행한 '청유조의' 혹은 '청류'는 변례가 아닌 기존에 행하던 의주, 곧 선조가 명 황제로부터 책봉을 받은 뒤 행하는 의주로 시행했다는 점, 셋째, 그로 인하여 성헌·왕새가 왔을 때에도 '유조의'를 시행했다는 점, 넷째, 한세능·진삼모가 왔을 때 '청유조의' 혹은 '청류'는 성헌·왕새가 마련한 의주로 행례했다는 점 등이다.

3) 1602년(선조 35) 「유조의」: 고천준(顧天峻)·최정건(崔廷健)

선조대에 시행된 네 번째 '유조'는 1602년(선조 35) 3월 한림원시강 고천준과 행인사행인 최정건이 '황태자 책립과 복왕(福王) 책봉 조서'를 가지고 왔을 때이다.[330] 이들이 입경하기 전 조선 정부에서 조서를 남겨두는 절차에 대하여 논의했다.[331] 그런데 실제 이들이 도성에 들어온 당일에 '청류', '유조' 절차를 시행했느냐가 문제이다.

제3장 제2절 2항에서도 언급했듯이 『선조실록』과 『선조수정실록』에는 선조가 모화관에서 조서를 맞이한 뒤 어디에서 조서를 반포했는지가 기록되어 있지 않다. 그렇기에 '청류', '유조' 절차가 기록되어 있지 않은 것은 물론이다. 궁궐은 소실되어 정전에서 행례했을 리 만무하고 영조칙례를 거행한 적이 있는 남별궁이나 태평관에서 한 기사도 없다. 그럼에도 입경하기 3~4일 전에 「유조의」를 논한 것을 보면 조선에 조서를 남기지 않았을까 현재로서는 추측에 그친다.

4) 1606년(선조 39) 「유조의」: 주지번(朱之蕃)·양유년(梁有年)

선조대에 시행된 다섯 번째 '유조'는 1606년 4월 한림원수찬 주지번과 예과좌급사중 양유년이 '황태자 제1자 탄생 조서'를 가지고 왔을 때이다.[332] 이들이 도성에 들어오기 전 조정에서는 '유조의'에 관하여 논의했다. '태평관유조의(太平館留詔儀)'가 언급되어[333] 태평관에서 「유조의」가 거행될 가능성이 생겼다.

도승지 윤방(尹昉, 1563~1640)이 선조에게 '「유조의」가 『오례의』에 없어서 지금 이 의주는 『오례의』에 의거하여 마련하되 칙서를 받은 뒤 예필(禮畢)을 창(唱)하고 그 뒤에 유조례(留詔禮)를 행한다.'고 했다. 혹자가 '예필'을 '유조'한 뒤에 해야 한다고 했으나 선조는 조사(詔使)에게 의주를 이미 보냈기에 이제는 고칠 수가 없다며 윤방이 말한 의주대로 하라고 지시했다.[334]

「유조의」가 『오례의』에 실려 있지 않지만 『오례의』의 「영칙서의」를 근거로 의주를 마련하여, 선조가 칙서를 받는 「영칙서의」가 끝나고 나면 유조례를 행한다는 결정이다. 원래는 혹자의 말대로 선조의 수칙(受勅) → 유조례(留詔禮) → 예필(禮畢)의 순서로 진행되어야 하지만 조사에게 수칙 → 예필 → 유조례의 순서로 마련된 의주를 보낸 뒤였기에 고칠 수 없는 상황이었다.

실제로 주지번과 양유년이 입경한 4월 11일의 행적을 보면, 선조와 두 사신이 모화관에서 태평관으로 차례로 이동한 뒤 선조가 조칙을 맞이하고 선조례(宣詔禮)를 행하는 기본적인 절차를 마쳤다. 이후 선조가 조서를 남겨주기를 청하는 절차가 기록되어 있지 않지만 선조가 '대인이 또 유조를 허락하여 매우 감사하다.'는 말을 통해 '청류'한 것을 알 수 있다. 이어서 '유조가 황은이기는 하지만 대인의 덕분에 가능할 수 있다.'고 하여 '유조'도 잇따라 성사된 것도 짐작할 수 있다.[335]

이번 '유조'에 있어서 눈여겨볼 만한 것은 행례 장소가 태평관이라는 점이다. 1488년에 처음으로 「유조의」를 시행할 때 행례한 곳이 태평관이었다. 이때에는 반조(頒詔)와 수칙(受勅)을 경복궁 근정전에서 행한 뒤 두 사신이 조서를 받들고 태평관으로 갔고[336] 며칠 뒤 태평관에서 「유조의」를 행했다.[337] 그런데 이번에는 태평관에서 조서를 선포하는 예를 행하고 그 자리에서 '청류'와 '유조'까지 행했다. 전자가 객관으로서의 태평관이라면 후자는 영조칙 공간으로서의 태평관이다. 태평관의 성격을 구별할 필요가 있다.

임진왜란으로 경복궁 근정전이 소실되기 이전이었다면 근정전에서 '선조(宣詔)', '청류', '유조'를 차례로 행했을 터, 주지번·양유년이 왔을 때에는 궁궐이 모두 소실된 뒤이므로 태평관이 근정전을 대체한 곳으로 활용되었다. 태평관에서 '선조', '청류', '유조'를 마치고 다례를 행한 뒤 주지번과 양유년이 먼저 객관인 남별궁으로 향하고 선조는 정릉동 행궁으로 돌아왔다.[338] 궁궐의 정전에서 행할 '선조', '청류', '유조'를 태평관에서 행하고, 두 사신이 머물고 쉬는 객관은 남별궁이었다. 이 시기 남별궁에 대해서는 좀 더 확인이 필요하지만 남별궁이 명 사신의 주요 객관으로 자리잡은 것으로 이해된다.

선조와 주지번·양유년 사이에 행해진 '청류', '유조' 과정은 비로소 예전처럼 기록되었음을 보여준다. 물론 성종·중종대에 비하면 부실한 것은 말할 것도 없고, 심지어 선조 초 관련 자료에 비해서도 이번에 참고한 자료(『선조실록』

이나『선조수정실록』)가 구체적이지 않다는 것은 사실이다. 그럼에도 임진왜란 이후 처음으로 '청류', '유조' 과정을 시행한 것으로 본 고천준·최정건이 왔을 때보다는 풍부하게 기록되어 있다.

마지막으로 잠깐『선조수정실록』의 기록이 매우 간단하지만 언급할 필요가 있다. 주지번·양유년과 관련한 기사가 4월 1일자 1건이 유일하다. 여기에 따르면, '조사 주지번 등이 입경하니 선조가 교외로 나가서 맞이했으며, 태평관에서 머물렀다. 이날 조서를 반포하고 또 칙서를 선포했다.'라는 짧은 내용을 이어서 '왜정(倭情)의 탐보(探報)는 조선에서 담당하라는 칙서'의 내용이 수록되어 있다.[339]

이 기사만을 본다면 태평관이 객관임이 분명하다. 문제는 '조서 반포'와 '칙서 선포'의 장소가 불분명하며, 이로 인하여 '청류'와 '유조' 절차의 거행 여부는 더욱 알기 어렵다는 점이다. 문장의 흐름으로 본다면 태평관에 머무른 뒤 '조서 반포'와 '칙서 선포'가 진행되었으므로 '조서 반포'와 '칙서 선포'는 태평관에서 행했을 것으로 예측된다. 만약 '청류'와 '유조' 절차까지 이날 거행했다면 행례 장소 역시 태평관이지 않을까 한다.

선조대에 문헌에 드러난 '유조' 관련 기사는 필자가 파악한 바로는 여기까지이다. 총 다섯 번의 '유조' 중 세 번은 근정전에서, 한 번은 태평관에서, 나머지 한 번은 행례 장소가 불분명하다. 이 뒤로는 1609년(광해군 1)과 1625년(인조 3) 두 차례가 확인된다.

5. 광해군·인조대 유조의 : 인정전·숭정전

1) 1609년(광해군 1)「유조의」: 유용(劉用)

1609년 6월 사례감관문서내관감태감 유용이 '광해군 국왕 책봉 조서'를 가지고 조선에 왔다. 연조문에서 창덕궁 인정전으로 이동하여 그곳에서 예조참의 정엽(鄭曄, 1563~1625)이 조서를 읽고, 태감 유용이 준 칙서를 광해군이 보는 절차가 진행되었다. 이를 마친 뒤 좌의정 이항복(李恒福, 1556~1618)을 보내 인정전에 올라가 천사에게 의례대로 조서를 남겨두기를 청했다[청유조].

청유조의 과정은 다음과 같다. 이항복의 요청에 천사 유용은 '황제의 글[신장(宸章)]은 지극히 중하여 감히 전수(轉授)할 수 없다.'고 답했다. 또 이항복에게 의례대로 청하게 하자, 천사가 '예전에도 제본(題本)을 갖추었고 이미 명지(明旨)가 있었으니 마땅히 머물러 두겠다.'며 허락했다. 이에 광해군이 또 이항복에게 천사의 '유조' 허락에 대하여 사례하게 했다. 천사가 '이미 성지가 있었다.'고 말하는 것을 끝으로 마침내 조서가 조선에 남게 되었다.[340]

그동안 있었던 '청유조'의 과정과 확연히 다른 면모가 발견된다. 우선 성종대부터 선조대까지 '청유조'는 권서국사자 혹은 국왕이 담당했다. 그리고 천사가 유조를 허락하면 그 허락에 대한 사례 역시 권서국사자 혹은 국왕이 직접 천사에게 했다. 광해군대에 처음으로 이루어진 '청유조'는 좌의정 이항복이 맡았고 사례 역시 이항복이 했다. 광해군이 조선국왕으로 책봉되자마자 '청유조'를 거행해야 했기에 광해군을 대신하여 이항복이 담당한 것인지는 분명하지 않다.

이러한 모습은 마치 1567년 7월 허국·위시량이 왔을 때 『오음유고』에 기록된 '청류' 과정을 연상하게 한다. 선조가 명 황제로부터 책봉을 받지 않아 '대신이 뭇 신하를 거느리고 청류하도록 했다.'는 대목을 가리킨다. 물론 이 기록이 잘못되었다고 앞서 밝혔다. 그런데 광해군대에 이항복이 청류한 것을 보면 『오음유고』에 기록된 청류 방식이 전혀 근거가 없다고 치부할 수 있을까. 허국·위시량이 입경하기 전 '대신이 뭇 신하를 거느리고 청류'하도록 한 논의가 있었고 이후에 선조가 '세자의 칠장복 차림으로 근정전 뜰에 서서 청류'하는 방식으로 바뀌었음에도 이러한 사실을 모른 채 『오음유고』에는 처음 논의를 기록하여 실상과 달라지게 된 것이 아닌가 하는 생각이 든다.

다음은 그 과정을 상당히 구체적으로 기록했다는 점이다. 유조를 두 번 청하고서야 허락한 점, 유조를 청할 때마다 천사가 답변한 내용 등은 이전에는 찾아지지 않는다. 성종대부터 선조대까지 있었던 청유조 역시 이러한 과정을 거쳤으나 기록으로 남기지 않았을 수 있고, 혹은 청유조의 주체가 권서국사자 혹은 국왕이 아닌 신하라서 그러했을 수 있다. 이 역시 그 이유가 분명하게 드러나지 않는다.

다음은 조서의 성격이다. 그동안 청유조를 할 때의 조서는 명 황실과 관련된 일을 알리기 위한 목적을 지닌 조서였으나 이번에는 조선의 '권서국사자'를 '조선국왕'으로 책봉하는 조서였다. 조선국왕의 책봉 조서를 남겨두도록 청한 사례는 처음 있는 일이다. 여러모로 이번의 청유조 과정은 이전에 비한다면 상당히 파격적이라고 볼 수 있다.

마지막으로 하나 더 들면 행례 장소가 창덕궁 인정전이라는 점이다. 임진왜란 이후 법궁으로 경복궁을 대신하여 창덕궁을 영건하게 되었고 1608년 8월 즈음 인정전이 조성되었다고 했다. 따라서 이번 '청류'를 행한 곳은 인정전이다. '청류'에 이어 곧장 '수조'를 하므로 역시 인정전에서 행례할 것임은 자연스런 수순이다. 향후 특별한 일이 있지 않는 한 「유조의」를 하게 된다면 그 장소는 인정전이 될 공산이 크다.

조서를 남겨두기를 청하는 절차가 끝나자 광해군이 조서를 받는 절차가 이어졌다. 조서를 받는 절차를 제시하면 다음과 같다.

> 상이 전(殿, 인정전)으로 올라가 북쪽을 향해 꿇어앉아 세 번 머리를 조아렸다. 천사가 조서를 받들어 전하에게 주니 좌우승지가 꿇어앉아 펼쳤다. 상이 (조서) 보기를 마치자 승지가 탁자 위에 (조서를) 봉안했다. 상이 세 번 머리 조아리기를 마치고 일어났다. 박진원(朴震元)이 조서를 받들어 전하에게 올리니 전하가 유공량(柳公亮)에게 전해주고, (유)공량이 받들어서 함(函)에 담았다. 승문원 관원이 함을 받들고 나가 용정(龍亭)에 봉안했는데, 고명과 칙서 역시 그렇게 했다. 상이 나와서 서쪽 섬돌[서계(西階)] 위에 있는 막차에 머물렀다.341

이 '수조의'는 성종대부터 시행되어 온 절차와 거의 달라지지 않았다. 그리고 이 절차를 통해 광해군은 자신의 책봉 조서를 직접 볼 수 있었다. 마지막에 승문원 관원이 조서가 든 함(函)을 용정에 봉안한 것은 승문원에 조서를 봉안하기 위함일 터이다.

이번의 '청유조'와 '수조의'에서 중요한 사실은 두 절차에 관한 기록이 『광해군일기』의 '중초본'에만 재록되어 있다는 점이다. '중초본'에만 '청유조'와 '수조의'를 수록한 이유는 무엇일까. '광해군 국왕 책봉 조서'와 관련이 있지 않을까 한다.

『광해군일기』는 1623년 인조반정 이후 편찬에 착수했다. 광해군대에 작성된 사초나 시정기의 내용이 중초본은 물론 정초본에도 들어간다.[342] 다만, 중초본에서 정초본으로 가는 과정에 글자의 교정이나 문장의 부분 혹은 기사 자체를 삭제할 수 있다. 그리고 이러한 모습은 『광해군일기』 중초본과 정초본을 비교해보면 곳곳에서 발견된다. 이때 편찬자의 정치적 입김이 작용할 여지에 대해서는 고려해 봄 직하다.[343]

광해군을 폐위시키고 반정으로 정권을 잡은 세력의 주도로 『광해군일기』를 편찬하더라도 사초나 시정기의 내용을 함부로 건드리기는 어렵다. 그러나 편찬하는 과정에 글자의 교정, 문장이나 기사의 부분 혹은 전체를 지울 수는 있기에 중초본의 내용이 선택적으로 정초본에 남을 수 있다. 광해군의 '국왕 책봉 조서'는 명 황제가 보냈으므로 정초본에 재록될 수 있다. 그러나 '청유조'와 '수조의'를 통해 '책봉 조서'를 남기는 과정까지는 굳이 정초본에 담을 필요가 없다고 판단하여 싣지 않은 것 같다.

참고로 『광해군일기』의 중초본과 정초본이기에 볼 수 있는 사실을 하나 지적하고자 한다. 바로 광해군을 가리키는 용어이다. 중초본을 보면 광해군을 여느 국왕들처럼 '상(上)'이라고 썼다가 나중에 그 위에 주묵(朱墨)으로 선을 그어 '왕(王)'으로 만든 것을 볼 수 있다. '상'으로 썼기에 그 앞에 한 칸이 비워져 있음은 물론이다. '전하(殿下)'라는 두 글자 역시 그 옆에 주묵으로 '왕(王)'이라고 써 놓았다. 정초본에는 중초본에서 수정한 내용이 반영되어 '상' 대신 '왕'으로 쓰고, '왕'자 앞에 한 칸을 띄어 쓰지 않았다. 광해군을 가리켜 중초본에는 '상'과 '전하'로, 정초본에는 '왕'으로 표기한 것은 최종적으로 광해군이 연산군처럼 폐위된 군주임을 드러내는 방편이었다.

광해군의 '국왕 책봉 조서'는 '청유조'와 '수조의'를 거쳐 조선에 남게 되었다. 이처럼 조선의 권서국사자를 '조선국왕'으로 책봉하는 조서가 남게 되는 사례는 한 번 더 확인된다. 바로 인조대이다. 명 황제의 조서가 조선에 남게 되는 마지막 사례이기도 하다.

2) 1625년(인조 3) 「유조의」: 왕민정(王敏政) · 호양보(胡良輔)

1625년 6월 '인조 국왕 책봉 조서'를 가지고 감문서태감 왕민정과 충용군제독태감 호양보가 왕경에 도착했다.[344] 이들은 6월 3일 입경하여 6월 12일 모화관에서 인조와 전별했다.

두 사신이 도착한 6월 3일자 『인조실록』에는 '교외에서 조칙과 두 사신 맞이', '조서 반포', '인조와 두 사신의 다례 거행', '대내에서 중전의 면복 수령' 등 일정이 간략하게 기록되어 있다.[345] 그리고 뒤이어 '조서', '칙서', '봉왕(封王) 고문(誥文)', '봉왕비(封王妃) 고문' 등의 내용이 차례로 열거되어 있다.[346] 『승정원일기』에는 인조가 경덕궁에 있다가 모화관으로 행행하여 조칙을 맞이했다고 하며[347] 『인조실록』보다 더 간략하게 기술되어 있다.

두 관찬 자료의 기록만 본다면 이날 인조와 두 사신의 동선을 파악하기가 어렵다. 특히 인조와 두 사신이 모화관에서 궁궐로 갔을텐데 어느 궁궐로 갔는지가 기록되어 있지 않다. 그로 인하여 궁궐의 정전에서 행해야 하는 '조서 반포'와 '다례 설행' 장소 역시 알 수가 없다.

당시 궁궐은 경운궁, 창덕궁, 창경궁, 인경궁, 경덕궁 등이 있었다.[348] 이 중에서 인조가 살던 창덕궁과 창경궁은 1624년(인조 2) 1월 이괄(李适, 1587~1624) 등의 상변(上變)을 시작으로[349] 그 형세가 커지면서 마침내 2월에 인조가 피난길에 오르면서 난민(亂民)에 의하여 불태워졌다.[350] 임진왜란 때처럼 완전한 소실은 아니었지만 '연기와 불꽃이 온 하늘에 퍼졌다.'는 표현을 통하여 상당히 파괴되었을 것으로 짐작된다. 그런 까닭에 공주까지 피난을 갔던 인조가 보름 만에 숭례문을 거쳐서 임어한 궁궐은 경덕궁이었다.[351] 이후 인조는 1632년(인조 10) 11월 창덕궁으로 이어(移御)하기 전까지 경덕궁에 거처했다.[352]

왕민정과 호양보가 1625년 6월에 입경했으므로 당시 임시로 법궁으로 기능한 궁궐은 인조가 거처하고 있는 경덕궁이 된다. 그렇다면 인조와 두 사신이 모화관에서 경덕궁으로 이동하고 그곳의 정전인 숭정전(崇政殿)에서 조서 반포와 다례 설행이 이루어졌을 것임은 틀림없다. '청류'와 '유조' 절차의 거행도 마찬가지로 숭정전에서 진행되었을 것으로 본다.

사실 두 사신이 도착한 6월 3일에 '청류'와 '유조' 두 절차를 거행했느냐의 여부가 『인조실록』과 『승정원일기』에 기록되어 있지 않다. 그런데 이들이 도착하기 일주일 전 즈음인 5월 25일 인조가 숭정전에서 영조(迎詔)·반조(頒詔)·유조(留詔)·다례(茶禮)·연향(宴享) 등 다섯 의례의 재도 습의(再度習儀)를 행했다.[353] 다섯 의례는 명 사신이 왕경에 도착한 날에 차례로 행하는 의절이므로, 다섯 의례의 습의는 시사하는 바가 크다.

다섯 의례의 습의는 숭정전에서 모두 행했지만 실제는 행례 장소에 따라 설행하는 의례가 다르다. 대개 국왕과 두 사신은 모화관 → 궁궐 정전 → 객관으로 이동하므로, 다섯 의례를 행례 장소의 이동에 따라 배치하면 다음과 같다. 모화관에서 영조, 숭정전에서 반조·유조·다례, 남별궁에서 연향[354]하는 순이다.

일반적으로 명 사신이 온다는 소식이 들리면 그들이 도성에 도착하기 전 여러 의례들의 절차를 적은 의주(儀註)를 명 사신에게 보낸다. 조선 조정에서 보낸 의주를 두고 명 사신과 의견이 달라 서로 조율하는 사례도 있지만 이번에는 그러한 기록이 관찬 자료에서 발견되지 않는다. 따라서 다섯 의례에 대한 재도 습의를 했다는 것은 실제로 행례할 것을 염두에 두었다는 뜻이기도 하다.

'6월 3일자 『인조실록』에 기록된 일정'과 '5월 25일 숭정전에서 습의한 의례'를 배치하면, '교외에서 조칙과 두 사신 맞이'는 '모화관에서의 영조', '조서 반포'는 '숭정전에서의 반조', '인조와 두 사신의 다례 거행'은 '숭정전에서의 다례'와 각각 연결된다. 이때 '유조'는 숭정전에서 습의한 그대로 두 사신이 입경한 당일에 숭정전에서 '조서 반포'와 '인조-두 사신의 다례 설행' 사이에 거행했을 것이다. '유조'를 거행했다면 그것에 앞서 '청류'의 시행은 의심의 여지가 없다.

'광해군의 책봉 조서'와 '인조의 책봉 조서'가 '유조의'라는 절차를 거치며 조선에 남게 되었다. 성종대 명 황제의 조서가 조선에 남게 된 이후로 명 황실과 관련되는 내용을 담은 조서가 아닌 조선의 '권서국사자'를 '조선국왕'으로 책봉하는 조서가 남게 된 것이었다. 이러한 성격의 조서가 조선에 남게 된 배경이나 경위에 대해서는 관찬 자료에 드러나지 않는다. 그럼에도 두 사례에서 하나의 공통점이 발견된다. 바로 명 황제로부터 '조선국왕'으로 책봉을 승인받는 과정이 조선의 여느 국왕들과는 달랐다는 점이다.

광해군은 후궁 소생의 둘째 아들이라는 이유로 명 황제로부터 왕세자 책봉을 승인받지 못했다. 그러한 상황이 선조의 뒤를 이어 즉위한 뒤에도 지속되어 국왕 책봉을 받기가 쉽지 않았다.[355] 인조는 반정으로 즉위하여 책봉을 받는 과정이 다른 국왕들보다 쉽지 않아 2년 가까운 시간이 소요되었다.[356] 이러한 점을 감안하여 명 황제가 책봉 사신을 조선에 파견할 때 '책봉 조서'를 조선에 남겨두라고 했을 수 있다. 그러나 딱히 문헌에 명시되어 있지 않아 현재로서는 단정짓기가 어려운 실정이다.

성종대부터 인조대까지 『조선왕조실록』에 드러난 '유조'는 필자가 확인한 바로는 이처럼 모두 11건이다. 단, 인조대에도 윤봉·정선과 김유·김흥의 사례처럼 '청류'를 하지 않은 채 조서를 받은 사례가 발견된다.[357] 이 역시 본서에서 제외했다.

성종대 2건은 태평관, 중종대 2건은 근정전, 선조대 5건 중 임진왜란 이전 3건은 근정전, 임진왜란 이후 2건 중 1건은 장소 불분명, 나머지 1건은 태평관, 광해군대 1건은 인정전, 인조대 1건은 숭정전에서 각각 거행되었다. 이 중에서 선조대 임진왜란 이후 태평관에서 행한 '유조의' 1건은 궁궐이 소실되어 부득이하게 태평관에서 행례할 수밖에 없는 사정에 기인했다. 당시 객관은 남별궁이어서 궁궐의 정전을 대신한 곳으로서 태평관을 활용할 것일 뿐이다.

명 황제의 조서가 조선에 남게 된 사정, 그리고 그 사례는 여기까지이다. 「유조의」의 실행 횟수가 11건이라는 것은 결코 가벼이 여길 수 있는 숫자가 아니다. 그럼에도 조선후기에 편찬된 국가전례서에는 명문화되지 못했다. 『국조속오례의』(1744, 영조 20), 『춘관지』(1745, 영조 21), 『국조속오례의보』(1751, 영조 27), 『동국문헌비고』(1770, 영조 46) 「예고」, 『국조오례통편』(1788, 정조 12), 『춘관통고』(1788, 정조 12) 등 여러 국가전례서에 재록되어 있지 않다. 그 이유는 분명하지 않지만 국왕이 사신에게 '청류'를 해야 한다는 점, 비록 조서를 받는 그 부분만 없지만 『국조오례의』에 「영조서의」가 있다는 점 등이 작용하지 않았을까 한다.

성종대부터 인조대에 이르기까지 명 사신이 가지고 온 조서가 조선에 남게 된 과정과 그 절차인 「유조의」에 대해 살펴보았다. 여기서 알게 사실은 '남겨진 조서'는 모두 '명 관리가 사신으로 올 때'라는 공통점이 있다. 성종~인조대에 명 사신이 가져온 모든 조서가 조선에 남게 된 것은 아니지만 적어도 조선 출신의 환관이 가지고 온 조서가 아니라는 사실은 분명하다.

하나 더 들면, '명 관리가 사신으로 올 때'라는 공통점이 있지만 이 또한 일반적이지는 않다는 점이다. 대개 조서는 선포한 뒤 사신이 본국으로 도로 가져가기에, 성종과 중종대의 사례를 보면 조선에 오는 사신이 황제로부터 조선에 조서를 남겨도 된다는 허락을 받은 조서가 남게 되었다. 애박의 말처럼 유조는 동월과 자신 정도라야 가능하며 다른 사람은 이렇게 할 수 없다고 한 것을 보면 명의 관리라고 하더라도 누구나 할 수 있는 일이 아님을 말해준다.

이상 11건의 '유조' 사례를 간략하게 정리하면 다음의 〈표 5〉와 같다.

〈표 5〉 성종~인조대 유조 사례

유조 날짜	명 사신	장소	조서 내용	비고
1488년(성종 19) 3월 17일	동월(董越)·왕창(王敞)	태평관	명 효종 황제 즉위 조서	
1492년(성종 23) 5월 28일	애박(艾璞)·고윤선(高胤先)	태평관	황태자 책립 조서	
1537년(중종 32) 3월 10일	공용경(龔用卿)·오희맹(吳希孟)	근정전	태자 탄생 조서	
1539년(중종 34) 4월 10일	화찰(華察)·설정총(薛廷寵)	근정전	태조·고황후·성조·예종의 존호 추상 조서 및 황태자 책립과 둘째·세째 아들 봉왕(封王) 조서	
1567년(선조 즉위) [7월 17일][358]	허국(許國)·위시량(魏時亮)	근정전	명 목종의 등극과 개원(改元) 조서	
1568년(선조 1) [7월 2일][359]	성헌(成憲)·왕새(王璽)	근정전	황태자 책봉 조서	
1572년(선조 5) [11월 1일][360]	한세능(韓世能)·진삼모(陳三謨)	근정전	명 신종의 등극 조서	
1602년(선조 35) [3월 9일]	고천준(顧天峻)·최정건(崔廷健)	불분명	황태자 책립과 복왕(福王) 책봉 조서	'유조' 사실 추정[361]
1606년(선조 39) 4월 11일	주지번(朱之蕃)·양유년(梁有年)	태평관	황태자 제1자 탄생 조서	출처: 『선조실록』[362]
1609년(광해군 1) 6월 2일	유용(劉用)	인정전	광해군 국왕 책봉 조서	
1625년(인조 3) [6월 3일]	왕민정(王敏政)·호양보(胡良輔)	[숭정전]	인조 국왕 책봉 조서	'유조' 사실 추정[363]

6. 조서 이외의 외교문서를 받드는 절차

제6장 제3절에서 '조서'와 관련된 내용에 상당한 분량을 할애했다. 그런데 조선시대에는 중국에서 온 외교문서에 조서만 있는 것이 아니다. 칙서나 자문(咨文)도 있다. 그렇다면 두 문서의 경우에도 조서처럼 국왕이 그것을 받는 절차가 있는지, 그렇지 않다면 어떤 절차를 거행하여 대응했는지에 대해 살펴볼 필요가 있다. 이에 대한 검토는 그 자체로 「유조의」와 비교될 수 있으므로 의미가 없지 않다.

「유조의」만큼 기록이 많이 남아 있지 않지만 자문과 칙서를 받드는 절차가 간략하게 언급된 곳이 있다. 두 절차는 1542년(중종 37) 6월 제주 표류인을 압송하는 요동진무 이시(李時)·강진(康鎭) 등이[364] '칙사'가 아닌 '도사(都司)'의 자문을 가지고[365] 왕경에 도착했을 때 자문과 칙서를 받드는 절차에 관한 논의에서 발견된다.

당관(唐官)인 이들이 생각하는 '자문을 받드는 절차'와 중종이 정원에 전교한 '자문·칙서를 받드는 절차'가 나온다. 각각 소개하면 다음과 같다. 단, 각 절차를 거행한 장소가 태평관이 아닌 것은 분명하고 근정전이 확실시된다.

* 당관이 주장한 자문 받드는 절차 : 동정(東庭)에서 절하는 것은 따르겠으나 동계(東階) 위에 안(案)을 설치하는 것은 따를 수 없다. 한가운데에 안을 설치하는 것이 곧 예에 있어서 당연하다. 지금 만약 국왕이 나와서 전상(殿上)에 앉고 나로 하여금 직접 자문을 올리게 한다면 자리의 오른쪽에 올리겠는가, 마땅히 자리의 앞에 올려야 하는가? 이것으로도 역시 분명하다.[366]

* 중종의 전교 속 자문을 받드는 절차 : 한가운데에 안(案)을 설치하여 (그 위에) 자문을 두고 어로(御路) 위에서 예를 행하는 절차가 있다. 다만, 국왕이 친히 받들지 않고 예조낭관으로 하여금 받들어 승정원에 올린다.[367]

* 중종의 전교 속 칙서를 받드는 절차 : 보통 때의 칙서는 상이 친히 받들어서 본 뒤에 승문원 관원이 받들어 처치(處置)한다.[368]

먼저 당관의 주장이다. 한가운데에 안을 설치하고 중종이 전상(殿上)에 있고 자신이 직접 자문을 올린다는 내용이다. 이에 중종은 '국왕이 친히 자문을 받들 것으로 당관이 여기고 있다.'라고 생각했다. 사실 이보다 앞서 신사년(1521, 중종 16) 7월 요동진무 홍은(洪恩)이 왔을 때 중종은 자신이 직접 자문을 받들지 않았다. 그러한 사실을 이번에 온 당관에게도 상세하게 말해주도록 지시했다.[369] 중종은 자문을 직접 받들지 않겠다는 뜻을 거듭 선언한 셈이다.

이 이후에도 당관을 접대하는 '예(禮)'와 '일'을 둘러싸고 조정에서의 고민이 적잖았다.[370] 예전부터 표류인을 압송하는 임무를 띤 당관은 조선의 지계(地界)에서 교할할 뿐 왕경까지 오지 않아 조선에서는 당관을 접대하는 의주(儀註)가 없었다.[371] 마침내 중종이 이시·강진 등을 접견하지 않기로 결정했고[372] 급기야 이듬해인 1543년(중종 38)에는 상국에 표류한 조선인을 조선으로 돌려보내는 일을 맡은 당관이 자문을 가지고 왕경에 가지 않도록 요동대인(遼東大人)이 약속하기에 이르렀다.[373] 이로써 조선의 국왕이 당관이 가지고 오는 자문을 받드느냐의 문제는 해소되었다.

다음은 중종의 전교 속 자문을 받드는 절차이다. 어로(御路) 위에서 한가운데에 설치한 안(案) 위에 있는 자문에 행례하되 국왕이 친히 자문을 받들지 않고 예조낭관이 받들어 승정원에 올린다는 내용이다. 중종이 자문을 받들지 않겠다는 의지가 분명하게 드러나는 대목이다. 이외에 눈여겨볼 만한 내용은 마지막의 '승정원에 올린다[정우승정원(呈于承政院)]'이다. 승정원에 올린 이후의 내용이 있지 않아 분명하지 않지만 만약 이를 '승정원에 봉안한다.'로 해석하면 자문의 봉안처가 승정원이 될 수 있다. 이는 더 많은 사례의 확인이 필요하다.

마지막으로 중종의 전교 속 칙서를 받드는 절차이다. 조선의 국왕이 칙서를 친히 받들어서 본 뒤 승문원 관원이 처치한다는 내용이다. 자문과 다르게 칙서는 황제가 보낸 문서이므로 국왕이 직접 받들어서 본다는 점에서 자문과 차이를 보인다.

칙서의 봉안처에 대해서는 중종의 전교가 참조된다. 1539년(중종 34) 4월 조서는 후전(後殿)에 봉안하고 칙서는 조서와 달리 '안치할 곳 또한 전례(前例)가 있으며, 소재지처(所在之處)에 그대로 안치할 것인가. 해조(該曹)에 문의하여 그 의식을 정하는 것이 옳다.'라 했다.[374] 기존에 칙서를 안치하는 곳을 구체적으로 적시하지는 않았으나 별도로 있다는 사실을 알려준다. 이 전교에서 또 하나 주목할 것은 '의식의 마련'이다. 이는 '칙서를 봉안하는 의식의 마련'을 의미한다.

먼저 칙서의 봉안처부터 보면, '중종의 전교 속 칙서를 받드는 절차'에서

'승문원 관원이 받들어 처치한다.'고 했다. 이는 곧 칙서의 봉안처가 승문원이 될 소지가 크다. 그렇다면 '소재지처'라고 한 곳 역시 승문원을 가리킨다고 볼 수 있다. 이러한 칙서 봉안처의 추정을 확신으로 만들어주는 근거가 있다. 바로 『신증동국여지승람』의 '승문원은 사대(事大)하기 위해 설치되었으며 흠강조칙(欽降詔勅)을 간직한다.'라 한 기록이다.[375] 이 기록은 칙서의 봉안처가 승문원이라는 사실을 말해주는 결정적인 단서이다.

참고로 『신증동국여지승람』 속 이 기록은 칙서의 봉안처만이 아니라 조서의 봉안처라는 사실도 알려준다는 점에서 주목된다. 앞서 1492년 애박·고윤선이 왔을 때 행한 「수유조의」를 설명하면서 승문원에 조서를 봉안하지 않았을까 추정한 적이 있었다. 그 추정이 이 기록을 통해 조서의 봉안처 역시 승문원이라는 사실로 입증되었다. 결국 승문원에 칙서와 조서 둘 다 봉안한 것으로 정리된다. 그렇다면 자문도 외교문서 중 하나이므로 최종 봉안처가 승정원이 아닌 승문원으로 보는 것이 합리적이다.

다음은 의식 절차의 마련이다. 1539년 4월 이후 그 의식 절차를 어떻게 마련했는지에 대해서는 좀 더 확인이 필요하지만 1539년 4월 이후부터 1542년 6월 이전까지 그 사이에는 명에서 조선에 파견한 사신이 있지 않고 칙서 역시 온 적이 없다. 그럼에도 1542년 6월 '중종의 전교 속 칙서를 받드는 절차'를 통해 1539년 4월과 1542년 6월 사이에 마련했을 것으로 짐작된다.

문제는 조선의 국왕이 칙서를 받고 그것을 읽는 절차가 『국조오례의』 「영칙서의」에 있다는 사실이다. 그렇기에 칙서를 받거나 받드는 절차를 '굳이 마련해야 하는가.'라는 점에서 의문이 든다. 앞서 「영칙서의」에 '경복궁 근정전 안에서 사신이 꿇어앉은 국왕에게 서향하여 칙서를 주면 국왕이 칙서를 받아 그 칙서를 다 보고 근시(近侍)에게 준다.'라고 했다.[376] '중종의 전교 속 칙서를 받드는 절차'와 비교하면 칙서를 주는 대상이 '승문원 관원'과 '근시'라는 차이가 있을 뿐이다.

「영칙서의」에 참여하는 집사관(執事官)은 통례원 관원, 장악원 관원, 사역원 4품 이상 관원, 충찬위 등이다.[377] 집사관이 아니더라도 승문원 관원은 이 절차에 참여하지 않는다. 승문원 관원이 「영칙서의」에 참여한 것을 기록한 문헌은 정조대에 편찬된 『춘관통고』이다. 『춘관통고』에는 「영칙서의」가 2개 수록되어 있는데 앞의 의주는 『국조오례의』 「영칙서의」를 그대로 옮겨두어 해당되지 않는다.[378] 뒤의 의주 끝자락에 승문원 관원이 칙서를 받들어 용정에 담는 역할을 맡은 것으로 기재되어 있다.[379] 『국조오례의』 「영칙서의」 이후 변화된 내용이 『춘관통고』의 두 번째 의주에 반영된 것으로 생각된다.

중종대 이후 칙서와 관련한 절차가 논의된 시기는 명종대이다. 명종대에는 명 사신이 조선을 방문한 횟수가 3번이었고, 그중 마지막 세 번째인 1558년 2월 왕본과 조분이 순회세자의 왕세자 책봉 칙서를 가지고 왔을 때 논의가 일었다. 핵심 안건은 칙사가 조선의 국왕에게 칙서를 줄 때의 방향이었다. 두 사신이 도성으로 들어오기 전 상사 왕본이 문례관 김귀영에게 칙사는 황제의 명을 받고 오기 때문에 칙서를 주는 방향은 남향이어야 하는데 조선에서 서향이라고 한 까닭을 물었다.[380] 『국조오례의』 「영칙서의」에 '사자(使者)가 칙서를 받들어 서향하여 전하에게 준다.'고 되어 있고, 명 사신에게 준 의주에도 이를 따라 서향으로 되어 있었던 것 같다.

김귀영이 황상을 위한 위패(位牌)가 북쪽에 설치되어 있어 칙사가 등지고 설 수 없기 때문에 전부터 서향했다고 답했다. 이에 천사는 '유제(有制)를 칭할 때에는 남향해야 하고, 칙서를 받들어 국왕에게 줄 때에는 북쪽을 향하여 뒷걸음[퇴보(退步)]으로 꿇어앉아 있는 국왕의 앞에 이르러 서향하여 준다.'라고 말을 수정했다.[381] 황상을 위한 위패는 황상의 자리를 상징하는 궐패(闕牌)이다.[382]

왕본이 국왕에게 칙서를 주는 방향을 서향으로 수정하여 이 문제는 더 이상 거론되지 않았다. 다만, 조선의 조정에서는 조선의 의주에 없는 '칭유제(稱有制)할 때 남향하는 일'로 논의했다.[383] 이 안건으로 김귀영이 천사에게 말했으나 천사가 자신의 뜻을 굽히지 않자 명종은 예(禮)에 크게 방해되지 않

는다면 그의 뜻대로 하되 상황에 따라 조처하겠다고 했다.[384]

왕본과 조분이 2월 24일 모화관에 도착하여 명종이 영칙(迎勅)한 뒤 모두 경복궁으로 이동했다. 근정전 안에서 의례를 행할 때의 모습은 『명종실록』에 간략하게 기록되어 있다. '상사가 칙서를 받들어 남향하여 유제를 칭하고 꿇어앉아 있는 명종에게 칙서를 주었다. 좌우에 있던 승지가 칙서를 편 뒤 안(案) 위에 봉안했다.'가 전부이다.[385]

2월 24일자 『명종실록』의 기록과 『국조오례의』 「영칙서의」와의 비교이다. 네 가지 정도로 짚어볼 만하다. 첫째, 사신이 '칭유제'할 때의 방향이다. 조선의 조정에서도 논의했듯이 「영칙서의」에는 '남향' 두 글자가 없다. 그러나 명 사신 중 상사 왕본은 자신의 뜻대로 남향했다. 둘째, 상사가 명종에게 칙서를 주는 방향이다. 「영칙서의」에 '서향'이라고 되어 있고 상사 역시 서향해서 주겠다고 했다. 『명종실록』에 '서향' 두 글자가 없지만 기록할 때 생략 혹은 누락한 것으로 여겨진다.

셋째, 명종이 칙서를 받은 뒤 그것을 보느냐의 유무이다. 「영칙서의」에 사신에게 받은 칙서를 전하가 본다[남(覽)]라고 되어 있는데 『명종실록』에는 이 부분이 없다. 이 역시 기록하면서 생략 혹은 누락한 것으로 추정된다. 마지막 넷째, 명 사신으로부터 받은 칙서를 국왕이 주는 대상이다. 「영칙서의」에는 '근시'라고 되어 있는 반면, 『명종실록』에는 좌우에 있는 승지이다.

2월 24일자 『명종실록』의 기록과 '중종의 전교 속 칙서를 받드는 절차'와의 비교이다. 조선의 국왕이 칙서를 보느냐의 유무 및 칙서를 받은 조선의 국왕이 칙서를 준 대상 등 2가지 면에서 짚어볼 필요가 있다. 먼저 조선의 국왕이 칙서를 보느냐의 유무이다. '중종의 전교 속 칙서를 받드는 절차'에는 중종이 칙서를 보았고, 『명종실록』에는 명종이 칙서를 보았을 것으로 판단되지만 『명종실록』에 그 절차를 생략 혹은 누락한 것으로 추정된다.

다음은 조선의 국왕이 칙서를 준 대상이다. '중종의 전교 속 칙서를 받드는 절차'에는 승문원 관원, 『명종실록』에는 승지이다. 승지는 「영칙서의」 속 근시에 해당하므로 그대로 넘어갈 수 있으나 관건은 '승문원 관원'이다. 『국조오례의』 「영칙서의」 이후 변화된 내용이 『춘관통고』의 두 번째 의주에 반영된 것으로 여긴 것처럼 점차 근시(승지 포함)에서 승문원 관원으로 바뀌어 간 것이 아닌가 한다.

중종대 '1539년 4월과 1542년 6월 사이'에 칙서와 관련된 의식 절차를 마련했을 수 있다. 그런데 명종대 1558년 2월에 있었던 칙서와 관련된 의례 논의를 통해 '중종대 1542년 6월 이후'부터 '명종대 1558년 2월'에 이르기까지 '명 사신이 조선의 국왕에게 칙서를 주고, 조선의 국왕이 칙서를 받아서 그것을 읽고, 그 칙서를 누군가에게 주는 의주'는 따로 마련하지 않고 『국조오례의』 「영칙서의」에 있는 의주를 활용한 것으로 볼 수 있다. 다만, 의주를 둘러싸고 명 사신의 견해와 상이한 지점이 있을 때에는 서로 조율하기도 하고 명 사신의 주장이 완강할 때에는 크게 문제가 되지 않는 선에서 그들의 의견을 수용하는 방식으로 해결했다.

마지막으로 '청류'이다. 조서는 여러 사례를 통해 조서를 남기는 경우에 한하여 '청류' 절차가 있었다. 칙서는 '청유칙(請留勅)'하는 절차가 없음을 앞서 검토했다. 자문은 칙서보다 한 단계 중요도가 낮은 문서인 만큼 그러한 절차를 염두에 둔 적조차 없을 것이다.

조서를 받아서 남기는 절차, 칙서를 받드는 절차, 자문을 받드는 절차 등을 검토했다. 조서와 칙서, 자문에 따라 각 문서를 맞이하기 위한 '조선 조정에서의 논의', '국왕이 직접 받거나 받드느냐의 여부' 등이 달랐다. 각 문서의 위상이 다른 것에 기인했다.

마지막으로 명에서 청으로 중원의 주인이 바뀐 뒤 조서가 남게 된 사례를 제시하면서 마치고자 한다. 1800년(정조 24) 1월 산질대신 전국영(田國榮)과 내각학사 영화(英和)가 가지고 온 '고종순황제(건륭황제) 천단 승배 조서'를 받고 그것을 보관하는 사례이다. 그동안 명 사신이 가지고 온 조서 중 조선에 남는 것은 '청유조' 절차를 거친다고 했다. 그런데 청 사신이 가지고 온 조서는 그러한 과정이 문헌에 드러나지 않는다.

전국영과 영화가 가지고 온 조서는 1월 26일 모화관에서 맞이한 뒤 용정에 담아 창덕궁 인정전으로 이동했다. 이들은 조서만이 아니라 칙서도 가지고 왔다. 이후 『정조실록』에는 인정전에서 조서와 칙서의 선포가 차례로 재록되어 있고,[386] 『승정원일기』에는 정조가 칙서를 받는 절차만 실려 있다.[387]

두 관찬 자료와는 달리 『일성록』에는 칙사가 꿇어앉은 정조에게 서향하여 조서를 주면 정조가 그것을 받아서 본 뒤 근시에게 주며, 이후 조서와 칙서의 선포가 차례로 진행된 것으로 기재되어 있다.[388] 정조가 조서를 받아서 보는 절차가 국가전례서의 「영칙서의」와 다를 바 없다. 이것도 특이하지만 더 눈길을 끄는 것은 정조가 청 칙사에게 조서를 남겨주기를 청하는 절차가 없다는 점이다. 조서와 칙서를 잘못 기록한 것이 아닌가 의심할 정도이다.

칙사가 도착한 당일에 인정전에서 이러한 절차가 끝난 뒤 조서는 용정에 담아 대내로 들였다[입내(入內)].[389] 이 기록은 『일성록』에만 남아 있다. 그리고 이튿날 두 칙사가 가지고 온 배천 조서(配天詔書) 1도(道)와 칙서 1도는 승문원 제조 1원이 배진하여 예조 봉안각(禮曹奉安閣)에 봉안했다.[390] 조서와 칙서의 봉심은 봄에 행한다고 한다. 조서·칙서의 봉안과 그것의 봉심에 관한 기록은 『승정원일기』에만 전한다.

'청유조' 절차를 거치지 않은 채 조서가 남는 과정은 분명 명 사신이 가지고 온 조서가 조선에 남게 되는 과정과 다르다. 그리고 조서·칙서의 봉안처 역시 같지 않다. 이 중에서 봉안처와 봉심에 관해서는 우부승지 서유문(徐有聞, 1762~1822)이 '승문원도제조'를 대신하여 정조에게 전달한 사항이었다. 조서와 칙서를 보관하는 '승문원'처럼 '예조 봉안각'도 외교문서의 보관처로 존재한 것 같다.

마지막에 제시한 이 하나의 사례는 명 사신이 조서를 가지고 왔을 때와는 다르다고 할 만하다. 그렇다고 섣부른 단정은 이르다. 여러 사례를 통한 비교

검토가 이루어질 때 공통점과 차이점이 부각될 것으로 판단되어서이다. 이를 위해 몇 가지 중점을 두고 검토할 지점이 필요하다. 명 황제가 보낸 조서를 조선에서 남기는 과정에 비춰서 정한 것으로, 제시하면 다음과 같다.

첫째, 청유조 절차이다. 사실 관찬 자료에는 '청유조'보다 대부분 '청류'로 기록되어 있다. 조선의 국왕이 청 칙사에게 '청류'를 한 뒤 '유조' 절차를 거행하는지, 혹은 '청류' 절차를 생략한 채 '유조' 절차만을 거행하는지에 대한 파악이다.

여기서 잠깐 '청류'의 뜻에 대하여 언급하고자 한다. 본서에서는 '청유조(請留詔)' 3글자를 줄인 '청류(請留)' 2글자를 '(조서를) 남겨두기를 청한다.'라고 풀이했다. 그리고 앞서 살펴본 것처럼 이러한 뜻을 지닌 '청류'는 그 용례가 간간이 발견되었다. 그런데 『조선왕조실록』이나 인조대부터 그 내용이 전해지고 있는 『승정원일기』 등 관찬 자료를 비롯한 여러 문헌에는 대부분 이와 다른 뜻으로 해석된다. 바로 '(더) 머물러 주기를 청한다.'이다.

명 사신이든 청 사신이든 이들이 임무를 마치고 귀국하려 할 때 항상 이들에게 이러한 뜻을 전달했다. 그 방식은 이들이 회정(回程)하는 날짜를 조선의 조정에 알리면 국왕이 이들이 머물고 있는 곳에 사람을 보내어 좀 더 머물러 주기를 청하거나 연향이 있다면 그 자리에서 국왕이 직접 머물러 줄 것을 청했다. 심지어 이러한 뜻으로 '청류절차(請留節次)'라는 의주까지 마련하여 『통문관지』에 명문화했다.[391] 그런 까닭에 문헌에 '청류' 2글자만 나온다면 앞뒤 문맥을 통해 파악하는 방법이 가장 유효하다.

둘째, 행례 장소이다. 유조 절차를 객관에서 하는지 아니면 궁궐의 정전에서 하는지의 확인이다. 이때의 객관은 임진왜란 이후부터 주요 객관으로 활용된 남별궁을 가리킨다. 궁궐의 정전은 1897년 대한제국의 선포 이전에는 창덕궁 인정전, 창경궁 명정전, 경덕궁(후일 경희궁) 숭정전 등이다.

셋째, 남겨진 조서이다. 조서가 오면 그때마다 유조 절차를 거행하는지 아니면 선별적으로 유조 절차를 거행하는지의 여부부터 살피고, 만약 선별적으로 유조 절차를 거친다면 그때의 조서는 어떠한 성격의 조서인지에 대한 검토이다.

넷째, 봉안처이다. 명 황제가 보낸 조서와 칙서 등 외교문서의 봉안처는 승문원이었다. 이는 조선후기에도 이어졌고 명에서 보낸 조서·칙서와 청에서 보낸 조서·칙서도 모두 승문원에 함께 있었다.[392] 여기에 더하여 서계(書契)도 봉안한 것 같다. 예조가 담당하는 업무 전반을 정리한『춘관지』에 '세견선(歲遣船) 및 차왜(差倭)가 소지하여 오는 서계(書契)에 대한 답서는 모두 승문원에서 지어내므로 왜의 서계가 도착하면 승문원에 내려서 그대로 보관한다.'라는 내용이 있어서이다.[393] 이를 보면 외교 관련 문서는 일단 승문원에 보관한 것을 알 수 있다.

그 뒤 외교문서의 봉안처가 분리되었다. 1769년(영조 45) 12월 경희궁 승문원과 창경궁 승문원에 경봉각(敬奉閣)과 흠봉각(欽奉閣)을 각각 설치하여 명 황제의 조칙을 보관하고, 1774년(영조 50) 7월 경봉각 곁에 '봉안각(奉安閣)'을 설치하여 청국의 칙문(敕文)을 보관했다.[394] 그런데 정조 후반에 등장한 '예조 봉안각'은 이들 봉안처와 어떻게 연결되는지가 의문이다. 따라서 조선후기 외교문서의 봉안처에 대한 전반적인 흐름에 대한 파악이 필요하다.

현재 청 황제가 보낸 조서와 칙서의 실물이 전한다.[395] 이상의 과정을 검토한다면 이들이 남게 된 경위가 좀 더 분명하게 드러나지 않을까 기대한다.

결론

고대에서부터 새롭게 국가를 건립하면 내부 정비와 함께 외부적으로 주변 나라들과의 관계 설정을 서두른다. 국제 정세에 고립된 채 홀로 존재할 수는 없기 때문이다. 조선 또한 마찬가지였다. 조선이 주변 나라들에 취한 외교 관계를 흔히 '사대교린(事大交隣)'이라는 네 글자로 표현한다. 중국과는 조공-책봉을 통한 '사대' 관계를, 일본이나 유구국과는 이웃 나라[인국(隣國)]라 하여 '교린' 관계를 맺었다. 그리고 이후에도 그 관계를 계속 유지했다.

이러한 관계의 설정과 유지는 대개 사신의 파견으로 이루어졌다. 조선에서 다른 나라로 사신을 파견하기도 하고 다른 나라에서 조선에 사신을 보내기도 했다. 그러할 때 중요한 것은 그들에 대한 대우이다. 특히 각국의 군주의 명을 받들고 오는 봉명사신(奉命使臣)이라면 더욱 주의를 기울일 수밖에 없다. 그들에 대한 대우가 곧 그 나라의 군주에 대한 대우라고 여겨서이다. 단, 봉명사신이라고 하더라도 사대 관계인지 교린 관계인지에 따른 구별은 불가피하다.

이러한 사신에 대한 대우는 그들이 머무는 객관에도 적용되었다. 딱히 객관에도 이러한 외교 관계를 적용시킨다는 문헌은 발견되지 않지만 일본이나 유구의 사신을 위한 동평관과 여진인을 위한 북평관을, '천자국-제후국'이라는 계서적 질서가 형성된 명에서 파견한 사신을 위한 태평관과 다르게 인식한 것은 분명하게 나타났다. '영접도감'을 설치하여 이들이 입경한 날부터 회정한 날까지 국왕을 비롯한 조선 조정에서 여타의 국가에서 온 사신과는 다르게 세심하고 각별하게 살핀 것에서 알 수 있다.

사실 조선에서 설치한 객관은 여러 곳에 있었다. 명 사신의 경우 압록강을 건너 의주에 도착한 뒤부터 한양에 도착할 때까지 곳곳에 이들이 머무는 객관이 있었다. 그중 최종 종착지인 조선 국왕이 거주하는 서울에 도착한 뒤 머무는 객관을 본서에서 다루었다. 개성도읍기에는 개성 태평관, 한양도읍기에는 한양 태평관이었다.

본격적으로 두 태평관에 들어가기에 앞서 고려에는 어떤 객관이 존재했는지부터 검토했다. 영빈관과 회선관, 순천관, 영은관(迎恩館), 인은관, 영선관, 영은관(靈隱館), 흥위관, 청주관, 충주관, 사점관, 이빈관 등 여러 객관이 있었고, 거란 사신과 여진, 의관, 중국 상인 등이 묵는 객관이 달랐다. 이 중에서 주된 기능을 한 객관은 영빈관과 순천관이었고, 영빈관은 조선 초까지 남아 있었다.

영빈관의 경우 조선 초까지 남아 있었지만 개성에 도읍한 시기에 사신을 맞이하고 전별한 곳일 뿐 주요 객관은 아니었다. 조선이 건국되자 고려의 정동행성을 수리하여 태평관이라 명호를 고치면서 개성의 주요 객관으로 활용했기 때문이다. 정동행성은 고려 말에 객관의 기능을 하고 있었으며, 이를 태평관이라 명명한 것은 고려–원의 관계를 부정하고 조선–명의 관계를 천명하는 상징적인 의미가 있었다.

한양으로 천도하기 이전에는 개성의 태평관이 주요 객관으로 활용되었고, 천도한 이후에는 한양에 설치한 태평관이 그 기능을 대신했다. 이후 개성에 있는 태평관은 그 명칭을 바꾸지 않은 채 명 사신이 한양으로 오기 전 각 지역에 설치한 여러 객관들 중 하나로 기능했다. 개성 태평관은 임진왜란으로 건물이 소실되어 다른 건물을 활용함으로써 위치가 바뀌기는 했으나 기능에는 변화가 없었다. 청 사신이 한양으로 올 때에도 명 사신과 같은 동선으로 이동해서였다.

임진왜란 이후 개성 태평관의 건물은 관사는 255칸이고 담장은 700칸이었다. 태평관의 영역은 뜰의 경우 3,4백명의 유생을 수용할 수 있었고, 태평관의 서쪽에 1천명에 가까운 유생을 수용할 수 있을 정도로 상당히 광활했다.

이처럼 개성 태평관은 조선시대 내내 명과 청 사신이 머무는 객관 중 하나였다. 그러다가 19세기 말 청 사신이 수로를 이용하여 인천으로 들어오면서 개성의 태평관은 지역의 객관으로서 더 이상 유용하지 않게 되었다. 그리고 일제강점기에 개성 태평관은 인삼전매국으로 알려졌다.

한편, 한양 태평관은 재천도 이후부터 주요 객관이 되었다. 주목되는 것은 한양에 객관을 설치하더라도 그 관명을 또다시 태평관이라고 일컬었다는 사실이다. 개성과 한양 둘 중 어느 하나의 관명을 바꿀 만함에도 그렇게 하지 않았다. '수도에 설치한 명 사신을 위한 주요 객관'이라는 면에서 같은 관명을 갖게 된 것이었다. 개성이 수도였던 기간이 짧았을 뿐 수도로 기능한 것은 사실이기 때문이다. 위치는 숭례문 안이다.

한양 태평관의 주요 기능은 조서나 칙서를 가지고 온 명 사신이 머무는 객관이었다. 물론 예외도 없지 않았다. 왜구에 납치되었던 당인이나 표류한 당인, 요동진무 등이 태평관에 머물렀다. 이들은 조칙을 가지고 온 명 사신과 신분이 달라서 천사가 묵는 상방이 아닌 두목이 거처하는 두목방에 머물거나 그곳이 거론되었다. 단, 요동진무와 같은 당관이 '칙서'를 가지고 온다면 상방에 입접할 수 있었다. 이외에 태평관에는 명이 아닌 다른 나라에서 온 이들이 머물기도 했다. 일본 사객 및 북방 야인, 유구국 사신 등이다. 이들은 명에서 온 사신이 없어 태평관이 비어 있을 때 일시적으로 거처했다. 태평관이 명 사신을 위한 한양의 주요 객관이라는 사실에 변화를 줄 정도는 아니었다.

그러다가 임진왜란이 발발하여 선조가 거빈 길에 오른 뒤 한양이 함락되고 궁궐이 모두 소실되었다. 선조가 의주에 머물고 있는 동안 명 사신이 왔고 그때의 대처는 향후 선조와 조정 신료들이 한양으로 돌아왔을 때 궁궐이 없는 부득이한 상황에서 사신을 맞이하는 방편이 될 수 있었다. 압록강을 건너 온 사신을 맞이한 뒤 의주에 있는 용만관이라는 객관에서 선조가 칙서를 맞이하고 칙서를 받고 칙사를 접견하며, 또 그곳에서 그를 위한 연향을 설행하고 그를 전송했다. 모화관, 근정전, 태평관, 모화관에서 차례로 행할 일을 한 곳에서 실행한 것이었다.

전쟁이 끝나지는 않았지만 경성이 수복되면서 선조와 조정 신료들은 환도하기로 결정했다. 입경하기 전 황은에 사례하는 곳과 종묘에 곡림하는 것에 대해 논의했고, 전자의 경우는 영조문과 태평관이 거론되었다. 이 중에서 태평관은 관찬 자료 및 유서류와 지리지 등을 검토한 결과, 인조대에 홍제원에 객관을 설치하기 위하여 철훼되었다, 1602년에 인목왕후의 가례를 행하여 그 때까지는 존재했다, 임진왜란으로 소실되었다 등 일치하지 않았다.

1593년 10월 입경할 때 영조문과 태평관이 아닌 모화관에서 황은에 사례하고 정릉동에 있는 옛 월산대군의 집을 행궁으로 삼아 거처했다. 선조가 피난길에 오르면서 도성이 방치 상태에 놓여 국왕이 거처하는 곳, 정무를 보는 곳, 각 관청, 중요 의례 공간 등을 비롯한 많은 건물들이 파괴되어 경성에 들어온 직후에는 태평관의 존재에 대한 언급조차 없었다. 그럴 만한 형편이 되지 못했던 것이다.

이러한 상황에서 명 사신이 오자 남별궁에서 궁궐의 정전과 객관에서 행하는 일을 대신하게 되었다. 남별궁은 임진왜란 직후에는 왜장이 거주했고 경성을 수복한 뒤에는 이여송이 머물면서 병화를 입지 않고 남을 수 있었다. 결국 환도 직후에는 정릉동 행궁에서 정무를 보거나 거처하고 남별궁이 궁궐의 정전과 객관의 기능을 겸하고 있었다.

임진왜란 이후 태평관 관련 첫 기사가 나온 시기는 1594년 2월 초였다. 문유라는 사람이 이곳에 있다는 내용이었다. 태평관이 병화로 사라지지 않았으며, 명나라 사람이 머물고 있어 여전히 객관으로 기능하고 있다는 사실을 알 수 있었다. 이로써 태평관이 임진왜란으로 사라지지 않았음이 확인되었다.

이후 태평관의 '수보' 논의도 나오고, 시재처로 거론되거나 차관이 머문다거나 안찰을 접견한 기록들이 이어졌다. 이외에 남별궁처럼 태평관이 영빈과 객관의 기능을 겸하기도 했다. 그 뒤에는 궁궐을 중건하기 전까지 접견 장소, 객관, 영조칙 공간, 청연 공간, 친영 장소 등 다양하게 활용되었다. 이 중에서 객관의 경우 조서나 칙서를 가지고 온 사신이 아닌 술사인 섭정국같은 사람이 유숙하고 있었다. 조서나 칙서를 가지고 온 사신은 남별궁에 머물렀다.

한편, 선조 말부터 궁궐의 중건이 거론되면서 경복궁이 중건 대상이 되었으나 창덕궁을 중건하는 쪽으로 결론이 났다. 창덕궁의 정전인 인정전은 광해군이 즉위한 해인 1608년 8월 즈음에 거의 조성되었다. 선조의 죽음에 조문을 온 사신이 모화관에서 남별궁으로 가서 「영사시제급조부의」를 행한 것 이외에 조서나 칙서를 가지고 오는 사신은 모화관에서 창덕궁 인정전으로 이동하여 그곳에서 조서나 칙서를 선포하고 이후 남별궁으로 이동하여 그곳에 머물렀다. 남별궁과는 달리 태평관에는 천사의 일행들이 머물거나 차관, 장수, 당인 등이 머물렀다.

남별궁의 기능에 대해서는 좀 더 확인이 필요하지만 임진왜란 이후부터는 조칙을 가지고 오는 사신은 남별궁에 머물렀고 이는 광해군대에도 달라지지 않았다. 그리고 태평관은 그것을 보조하는 정도였다. 두 객관의 이러한 위상은 인조대에도 이어졌다. 물론 경덕궁이 조성되어 그곳에 국왕이 거처하면 정전인 숭정전이 인정전을 대신했고, 남별궁과 태평관의 기능은 그대로 유지되었다.

한편, 인조대에는 명에서 조서나 칙서를 가지고 온 사신과 장관, 당인들만이 아니라 후금과 청에서 온 이들도 있었다. 병자호란 이전에는 당차는 태평관과 남별궁, 호차는 병조 혹은 사역원을 사용했다. 그러나 병자호란 이후부터는 '명 사신'에 대한 대우가 '청 사신'으로 바뀌게 되었고 객관에서도 마찬가지였다. 비로소 청 사신이 남별궁과 태평관에 유숙할 수 있게 되었지만 이때에도 주된 객관은 남별궁이고 태평관은 보조적인 기능을 담당했다.

인조대 병자호란 이후부터 고종대까지 청 황제의 조서나 칙서를 가지고 온 청사, 칙사는 남별궁에 머물렀다. 단, 경종대 1건의 『경종실록』과 정조대 6건의 『정조실록』에는 태평관이 주요 객관인 것처럼 기록되어 있다. 이를 다른 관찬 자료와 대조해 본 결과, 『경종실록』에는 태평관으로, 『승정원일기』에는 남별궁으로, 『정조실록』에는 태평관 혹은 태평관남별궁으로, 『승정원일기』·『일성록』에는 남별궁으로 국왕이 거둥한 것으로 되어 있었다. 이러한 기록 방식이 단순한 실수라고 치부하기에는 사례가 적지 않고, 또 '태평관'과 '남별궁'이라는 객관을 소재로 할 때에만 나타난 현상인지에 대해서는 더 많은 사례 검토가 요구된다.

여기까지가 제1~3장의 내용이다. 제4장에서는 한양 태평관의 규모에 관하여 정리했다. 태조대에는 한양 태평관의 '영건' 이외에는 별다른 기사가 없다가 태종대에 비로소 건물 구성과 그에 관한 변화를 알려주는 기사가 등장했다. 기존의 '대청과 동·서랑, 구청'에서 태종대에 지천사가 사신 반인의 관사로 편입되고 북루가 건립되며 구청으로 동·서헌을 지은 변화가 있었다.

태종대 태평관의 건물 구성 변화의 주된 원인은 공간 협소였다. 북루와 동·서헌이 있기 전 두 그룹의 명 사신이 태평관에 함께 머물게 되었고, 그중 한 그룹이 태조 국장에 조문 온 사신이어서 그곳에서 「영사시제급조부의」를 행했다. 두 그룹의 사신이 머물기 위하여 동·서헌이 필요했다. 또 의례는 동·서헌의 사이에 있는 대청에서 하면 되지만 처음으로 행하는 「영사시제급조부의」에는 국왕과 사신을 포함한 많은 사람들이 들어가야 했다. 지천사가 사신 반인의 관사로 편입된 것 역시 우연이 아니었다. 따라서 현실적인 상황에 맞닥뜨려 공간 확보의 필요성이 대두되었고 그것이 태종대 태평관의 건물 구성에 변화를 준 원인이었다.

가운데에 대청이 있고 대청의 좌우로 사신이 머무는 동·서헌, 두목이 머무는 동·서랑이 있는 구조였다. 이러한 구조는 비단 태평관에만 국한되지 않았다. 한양 밖 지방에 있는 객사 역시 기본적으로 태평관과 같은 구조였다. 사신이 거처하는 동·서헌은 동·서이방, 동·서상방이라 칭하기도 했고, 두목이 거처하는 동·서랑은 좌·우행랑으로 일컫기도 했다.

세종대에는 태평관의 협소로 인하여 다른 곳으로 옮기려는 논의가 두 번이나 있었으나 단행하지 못했다. 1419년과 1429년이다. 대신에 기존의 건물 형태를 유지한 상태에서 수리하여 건물 규모를 크게 확대하는 것에 초점을 두었다. 1419년에 어실이 새로 생겼고, 1429년에는 태평관의 건물 전반을 개조하고자 했으나 인적·물적 피해로 인하여 공역을 중단하기 전에 훼철한 좌·우행랑과 어실만 개영했다. 1431년에는 두목이 많이 와서 주변에 초옥을 조영하여 대처했고 그 결과 태평관의 영역이 확장되었다. 1433년에 마침내 대청과 동·서이방을 높고 탁 트이도록 기존의 규모보다 크게 개조했다.

세종대에 이르러 마침내 건물 규모는 장대해졌고 전반적인 영역은 확장되었다. 회시를 실시할 정도로 광활한 곳으로 변모했다. 그런데 공역이 완료되었음에도 문제가 하나 생겼다. 세 그룹의 사신이 와서 머문 기간이 겹쳐 동·서헌만으로는 부족한 상황이 초래될 때였다. 해결의 실마리는 흥천사였다. 흥천사를 임시 숙소로 활용하는 방법이었다. 먼저 온 두 그룹의 사신이 동헌과 서헌에 각각 머물고, 세 번째에 온 그룹은 흥천사에 머물다가 태평관에 머물고 있던 두 그룹 중 한 그룹이 떠나게 되면 흥천사에 있던 사신 일행이 태평관으로 거처를 옮기는 방식으로 해결했다. 태평관과 주변 사찰을 활용하는 사례 중 하나이다.

이상은 태종과 세종대에 정비된 핵심 건물을 위주로 다루었다. 그런데 태평관에는 이러한 핵심 건물 이외에도 건물들이 있었다. 문종대부터 선조대 임진왜란이 발발하기 이전까지 검토한 결과, 물품의 보관처로서의 창고, 사신이 국왕을 맞이하고 전송하는 중문, 대문, 서문, 장막을 쳐서 음식을 올리기 전 그 음식을 점검하는 찬만, 의례를 행하고 연향을 설행하는 대청에 설치되어 있을 월대, 사신이 국왕을 맞이한 새문, 사신의 접대를 맡은 관원이 거처하며 집무를 보는 관반청 등이 확인되었다. 광해군대의 기사이지만 '동·서상방' 이외에 협방, 주방, 제방이 있었다고 한다.

태평관의 실내이다. 태평관만을 다룬 문헌이 별도로 있지 않은 가운데 태평관의 내부를 알려주는 문헌은 더욱 찾기가 쉽지 않다. 『조선부』에 태평관의 내부를 알려주는 약간의 내용이 전하는데, 와탑이 있고 휘장과 병풍으로 와탑을 둘렀으며 거기에는 산수와 대나무, 돌을 그리거나 초서가 쓰여 있다고 한 정도이다. 이는 명 사신이 머무는 동·서헌[동·서이방, 동·서상방]의 내부를 묘사한 것으로 이해했다.

임진왜란이 일어나기 전에는 태평관이 주요 객관이었기에 공간이나 건물에 관한 기사가 그렇게 적지는 않았다. 그러나 임진왜란이 끝난 뒤에는 상황이 달려져, 태평관의 어실을 연향 처소로 활용하려는 논의가 나왔다가 취소된다거나 선조가 태평관에서 친영례를 행하고자 수리와 청소를 했다든가, 또 남별궁의 보조 객관으로 기능했지만 당인이 와서 태평관에 머물게 되면 그때마다 수리를 했다는 정도가 확인되어 그전에 비해 기사가 대폭 줄었다.

그러다가 인조대 중반 이후부터는 수리를 하지 않은 채 방치되어 점차 쇠락해져 갔다. 특히 1648년 이러한 상황을 가속화시키는 일이 발생했는데 바로 홍제원에 관우를 영조하는 건이었다. 여기에 태평관의 재목과 기와의 사용 여부를 두고 논의가 있었고, 『인조실록』에는 인경궁의 재목과 기와를 활용하라는 인조의 명이 있었지만 『통문관지』와 유서류, 지리지에는 태평관의 재목을 투입한 것으로 기록되어 있다. 태평관의 원래 칸수는 총 61칸이었고 그중 쓸 수 있는 것은 23칸, 나머지 38칸은 부적합한 것으로 판명났다.

1648년 이후 태평관의 상황은 왕대별로 확인했고 그 결과, 태평관의 재목이 홍제원의 관우 조성에 투입되었는지에 대해서는 분명하게 드러나지 않았다. 그보다 태평관의 터에 사람들이 살고 있고 관서를 설치하기 위한 터의 획급, 나례 설행 등의 기사가 거의 대부분이었다. 관리가 허술하다 못해 거의 방치되어 있는 수준이었다. 위치는 임진왜란 이후에도 변화가 없었다.

제5장에서는 태평관에서 있었던 일에 관하여 살펴보았다. 개성 태평관에서는 연향의 설행이 대부분이었고 간간이 의례의 설행과 물품 증여도 있었다.

한양 태평관에서도 접대라는 면에서 연향을 베푼 것은 달라지지 않았고, 문안과 음식 제공, 물품 하사 등은 공통적으로 시행되었다.

태종대에는 배절, 황제가 하사한 제사 악기 수령 등이 눈에 띄었다. 세종대에는 상당히 많은 일이 있었는데 그중 북루에 절 안치, 천추절을 경하하는 전문의 봉안, 무역/매매, 사신의 선유성지 전달 등이 주목되었다. 세종대에는 도성 수축 제조에게 선온으로 위로한 기사도 있는데 이는 태평관이 비어 있을 때 활용한 사례이다. 문종대부터 예종대까지는 고명에 절한 의례, 무역, 집 하사, 시고·제문 안치, 시고·부물 배례, 사신에게 환동 및 주초를 보이고, 투호를 하기도 하고, 금강내산도 선사 등등의 일이 눈길을 끌었다. 태평관이 비어 있을 때에는 조선의 신하에게 연향을 하사하거나 호랑이를 잡은 이에게 연향 하사, 국문 장소로도 사용했다.

성종대부터 선조대까지는 중국 무성왕묘의 제도 문의, 부사와 통사가 시를 지음, 포구, 사신의 아비에게 관직 추증한 관교를 주거나 족친에게 관직 제수의 사실을 알림, 매매와 교역, 성종의 친필을 얻고자 함, 명으로 보낼 소환 선정, 두목의 무역 요청, 회정하려는 날짜가 정해지면 더 머물러주기를 요청, 조서 받음, 『대명일통지』·『강목통감』을 바친 천사에게 사례, 죽은 상사 김보에게 치제, 공자 신위/위판 봉안, 성균관 관원 및 유생들의 거처, 조회 습례, 문과 전시, 두목이 무매하는 물건 외에는 일체 금지, 상사의 해동청 요구가 있으면 거절하라는 부사의 조언, 친영, 정국공신 책정, 채녀 논의, 채녀·채환 중지, 종계변무와 취사 방식에 대해 대화, 두목들의 무역 저지, 두목들의 무역을 절반만 허락, 무역 전면 허락, 평양도형 족자 진정과 천사의 역서 보답, 종계변무 요청, 표류해 온 당인들의 유치처 및 추국처, 사대(查對), 해달피 조달의 어려움 호소, 환무, 은철 무역 등등이 눈에 띄었다.

태평관이 비어 있을 때에는 추문, 피고인을 가두는 곳, 백관을 위한 연향 장소, 옥에 글을 새기는 공역의 장소, 표류한 당인의 두목방 거처, 표류한 당인의 관반청에서의 유문(誘問), 표류한 유구국 사람의 추문, 세자의 천사 접대를 위한 습의, 제사에 쓸 희생의 사육, 주금(酒禁)한 시기에 사대부들이 모여 음주, 왜인 추국, 가묘 친제에 수가한 이들과 사은사 일행 및 승문원 도제조·제조 및 경서의 음석 교정과 언해 작업에 참여한 교정청 당상·낭청 등에게 연향과 음악 하사 등등의 일이 있었다.

선조대 임진왜란이라는 전시 상황에 명에서 온 이들이 많은 경우를 제외하면 명 사신이 조선에 가장 많이 온 시기는 태종대와 세종대이다. 이는 개성도읍기에 온 사신들까지 포함해서 볼 때이다. 조선이라는 나라를 건국하고 어느 정도 안정기에 접어들기까지 명 사신의 방문 횟수가 많고 방문 목적도 황실과 관련한 의례적인 부분도 있으나 명의 인적·물적 징발도 적지 않았다. 고려-명에서 조선-명으로 두 나라 사이의 관계를 정비해가는 과정으로 보았다.

그러다가 이러한 양상은 점차 바뀌어갔고 성종대부터 본격화되었다. 명 사신의 방문 횟수가 줄고, 명 사신을 '천사'라고 지칭한 사례가 증가하며, 방문 목적도 인적·물적 징발은 거의 사라지고 명 황제의 즉위나 죽음, 황태자 책봉 등 황실과 관련된 일 및 조선 국왕의 조문과 책봉, 왕세자 책봉 등 조선 왕실과 관련된 일, 곧 양국의 의례적인 일이 위주였다. 심지어 명 황제가 보낸 조서를 조선에 남기기까지 하는 등 그 이전과는 눈에 띄게 달라졌다. 조선-명 관계가 안정화 국면으로 접어든 것으로 이해했다.[1]

마지막으로 태평관 소속 관원이다. 관찬 자료와 법전류를 검토한 결과, 별좌 2원, 별제, 고지기, 고자 등이 소속되었다. 그러나 태평관의 모든 사무를 관장하는 일은 영접도감 관원이나 예빈시 관원이었다.

제6장에서는 태평관에서 있었던 일 중 의례에 관하여 정리했다. 첫째는 연향이다. 연향은 사신이 올 때마다 그들을 대접한다는 의미에서 가장 빈번하게 행하는 일이자 의례였다. 하마연과 익일연, 상마연, 전연, 온짐연 등 국왕 주관 연향과 왕세자, 의정부, 육조, 종친, 대신들이 주관한 '위연'이나 '연위' 등이 있었다. 이러한 연향 절차는 국가전례서에 명문화되어 있다.

둘째, 배절이다. 절에 배례한다는 이 의례는 태종대에는 개성 태평관에서 세종대에는 한양 태평관에서 행해졌다. 셋째, 견두목절차이다. 조선의 국왕이 두목을 만나는 이 절차는 1537년에 단 한차례 확인되었다. 넷째, 친영례이다. 가례에서 국왕이나 왕세자가 왕비나 세자빈을 맞이하는 이 의례는 중종대, 선조대, 광해군대, 인조대에 태평관에서 시행되었다. 그러다가 인조가 장렬왕후를 맞이할 때부터 별궁인 하어의궁에서 친영례를 행했고, 이후 왕실에서 가례가 있을 때마다 친영 공간으로 태평관이 전례로 거론될 뿐 친영례는 별궁에서 진행되었다.

다섯째, '영사시제급조부의'이다. 명 황제로부터 조선국왕으로 책봉을 받은 국왕 혹은 책봉을 받지 못한 권서국사자가 황제가 내린 시호를 기록한 고명과 제문, 부물을 맞이하는 의례이다. 태조와 정종, 태종 국장에서 시행된 이 의례는 모화관에서 태평관으로 이동하여 태평관에서 거행되었다. 그러다가 세종이 죽은 뒤부터 조문 사신이 권서국사자의 책봉이라는 임무까지 겸하면서 모화관에서 궁궐의 정전으로 이동하여 권서국사자를 조선국왕으로 책봉한 뒤 태평관으로 이동하게 되었다. 그로 인하여 이 의례는 제대로 이행되지 못했고, 이러한 상황은 성종 국장까지 지속되었다.

이후 인종 초 중종 국장부터 광해군 초 선조 국장까지 조선 국왕의 죽음을 들은 명 조정에서 사신을 파견하는 방법을 이전과 다르게 했다. 책봉과 조문의 임무를 겸한 사신이 아닌 조문 사신과 책봉 사신을 각각 파견한 것이었다. 이때 조문 사신은 모화관에서 곧장 태평관으로 움직여「영사시제급조부의」대로 거행했다. 단, 선조 국장에 온 조문 사신은「영사시제급조부의」대로 거행하되 모화관에서 태평관이 아닌 남별궁으로 이동한 차이가 있었다. 주요 객관이 태평관에서 남별궁으로 바뀌었기 때문이다.

여섯째, '유조의'이다. 조선에 명 황제의 조서를 남겨두는 절차이다. 단, 조선 국왕이 명 사신에게 조서를 남겨두기를 청하면 명 사신이 허락하고 이어서 조선 국왕이 명 사신에게서 조서를 받는 절차대로 진행되어야 했다. 궁궐의 정전에서 조서를 받는 기사가 보이기도 하지만 조서를 남겨두기를 청하는 '청류' 절차의 유무를 확인해야 하고, '청류' 절차가 없는 경우에는 실제로 조서가 남게 된 것 같지 않아 주의가 필요하다. 확인한 바 '유조'는 모두 11건이었다.

성종대 2건은 태평관, 중종대 2건은 근정전, 선조대 5건 중 임진왜란 이전 3건은 근정전, 임진왜란 이후 2건 중 1건은 장소 불분명, 나머지 1건은 태평관, 광해군대 1건은 인정전, 인조대 1건은 숭정전에서 각각 거행되었다. 이 중에서 선조대 임진왜란 이후 태평관에서 행한 1건은 궁궐이 소실되어 부득이하게 태평관에서 행례할 수밖에 없는 사정에 기인했다. 당시 객관은 남별궁이어서 궁궐의 정전을 대신한 곳으로서 태평관을 활용할 것일 뿐이었다.

조선에 남게 된 조서는 대개 명 황실과 관련되는 내용을 담은 조서였으나 광해군과 인조대에는 이들의 책봉 조서가 남았다. 광해군과 인조대에 이러한 성격의 조서가 조선에 남게 된 배경이나 경위에 대해서는 관찬 자료에 드러나지 않지만 명 황제로부터 '조선국왕'으로 책봉을 승인받는 과정이 조선의 여느 국왕들과는 달랐다는 공통점이 있었다. 그러한 까닭에 명 황제가 책봉 사신을 조선에 파견할 때 '책봉 조서'를 조선에 남겨두라고 하지 않았을까 추정했다.

'유조의' 11건에서 발견되는 공통점은 조선 출신의 환관이 아닌 '명 관리가 사신으로 올 때'이지만 이 또한 일반적이지는 않았다. 대개 조서는 선포한 뒤 사신이 본국으로 도로 가져갔는데 조선에 오는 명 출신의 관리가 황제로부터 조선에 조서를 남겨도 된다는 허락을 받은 조서가 남게 되었다.

마지막으로 태평관과 직접적으로 관련되지 않지만 조서 이외의 외교문서인 칙서와 자문을 받드는 절차 및 외교문서의 봉안처(승문원), 청 황제의 조서가 남게 되는 경우 그때 검토할 사항의 제시 등등을 소개했다.

제1장에서 제6장까지 간략하게 요약했지만 실제 본문에는 상당히 많은 내용을 담고 있다. 고려 객관을 시작으로 조선의 태조부터 고종까지 태평관 관련 자료가 방대했고 문헌마다 기록이 약간씩 상이하여 가능한 한 많이 담고

자 하는 의도에 기인했다. 그 과정에서 태평관을 달리 칭하는 용어도 알 수 있었다. 정리하면 다음과 같다.

'객관'으로 지칭하기도 하고,[2] '사신관(使臣館)'이라고도 일컬었으며,[3] '공관(公館)'으로 표현하기도 했다.[4] 또 관사(館舍),[5] 사관(舍館),[6] 사관(使館),[7] '관(館)'[8] 혹은 '관소(館所)',[9] 소관(所館)[10] 혹은 소관처(所館處),[11] 하처(下處),[12] '천사지소(天使之所)',[13] 별처(別處)[14] 등 다양했다. 이 중에서 '관' 한 글자로 표기한 사례가 가장 많았다. '관' 한 글자를 쓰는 경우는 대개 '태평관'이 나온 뒤 중복을 피하기 위하여 쓸 때였다.

고려에서 조선으로 왕조가 바뀌면서 조선 정부에서는 주변 나라들과의 관계 설정을 준비하는 가운데 조선 내부에 동평관, 북평관, 태평관을 두어 대비했다. 이 중에서 동평관과 북평관은 태평관에 비하면 일찍 그 기능을 상실한 반면, 태평관은 임진왜란 이후 남별궁이 주요 객관으로 자리잡기 전까지 주된 객관으로 기능했다.

이러한 전통시대 객관은 근대로 접어들면서 태평관이든 남별궁이든 더 이상 유용하지 않게 되면서 그 기능을 상실했다. 한마디로 불필요해졌다. 제2장에서 언급한 것처럼 의주에서 한양에 이르기까지 각 지역에 설치된 객관은 육로가 아닌 수로를 이용하면서 기능이 상실되었지만 한양에 있던 객관은 그와는 다른 이유가 있었다. 바로 공사관(公使館)의 설치였다.

각국과 수교를 맺으면서 각국의 공사(公使)가 조선에 파견되어 공사관에 상주하는 체제로 전환되었다. 특사의 파견이 아닌 이상 사신을 보내 교류하는 방식이 사라지게 된 것이었다. 명성황후의 국장에 각국에서 별도로 조문 사신을 보내지 않고 조선에 상주하고 있는 각국의 공사와 영사(領事)가 진참(進參)한 사례에서 볼 수 있다.[15]

부록

주

참고문헌

찾아보기

부록

【부표 1】 태조대 개성도읍기에 온 명 사신과 영접공간, 접대[1]

회차	기간	명 사신	영접공간과 접대	시행날짜
1	1393년(태조 2) 5월 23일~8월 2일	흠차 내사 황영기(黃永奇) · 최연(崔淵) 등	선의문 밖 : 태조의 맞이	1393년 5월 23일
			수창궁 : 태조의 청조(聽詔) · 행례(行禮), 태조 주관 연향	
			청심정(淸心亭) : 태조 주관 연향	1393년 5월 24일
			공간 불분명 : 도평의사사 주관 연향	1393년 5월 25일
			화원(花園) : 태조 주관 연향	1393년 7월 19일
			서교(西郊) : 태조의 전송	1393년 8월 2일
2	1393년 6월 6일 ~6월 10일	요동 도지휘사사 천호(千戶) 고활활출(高闊闊出)	공간 및 접대 관련 기록 없음[2]	
3	1393년 12월 8일 ~1394년 2월 19일	조정 사신 내사 김인보(金仁甫) · 장부개(張夫介) 등 4인	교(郊) : 태조의 맞이	1393년 12월 8일
			수창궁 : 태조 주관 연향	1393년 12월 10일
			수창궁 : 태조 주관 연향, 물품 보냄	1394년 2월 18일
			선의문 : 태조의 전송	1394년 2월 19일
4	1394년(태조 3) 1월 12일~3월 19일	흠차 내사 노타내(盧他乃) · 박덕룡(朴德龍) · 정징(鄭澄) 등	선의문 : 태조의 맞이	1394년 1월 12일
			공간 불분명 : 태조 주관 설연위(設宴慰)	1394년 3월 16일
			영빈관 : 태조의 전송	1394년 3월 19일
5	1394년 4월 4일 ~5월 20일	흠차 내사 최연(崔淵) · 진한룡(陳漢龍) · 김희유(金希裕) · 김화(金禾) 등	선의문 밖 : 태조의 맞이	1394년 4월 4일
			궐(闕) : 사신의 전선유(傳宣諭), 태조와 사신 행례, 태조 주관 설연(設宴)	
			선의문 밖 : 태조의 전송	1394년 5월 20일
			서보통루(西普通樓) : 도평의사사의 전별	
6	1394년 4월 25일 ~6월 16일	흠차 내사 황영기 등 3인	선의문 밖 : 태조의 맞이	1394년 4월 25일
			수창궁 : 사신과 들어옴	
			영빈관 : 태조의 전송	1394년 6월 16일

【부표 2】 태종대 개성도읍기에 온 명 사신과 영접공간, 접대[3]

회차	기간	명 사신	영접공간과 접대	시행날짜
1	1401년(태종 1) 2월 6일~2월 30일	조정 사신 예부 주사 육옹(陸顒) · 홍려 행인 임사영(林士英)	교(郊) : 태종의 맞이	1401년 2월 6일
			의정부[4] : 선조(宣詔), 태종의 수사(受賜), 태종 주관 설연위(設宴慰)	
			태평관 : 태종의 위안(慰安)	
			태평관 : 태상왕[태조]이 사신을 보고 돌아옴	1401년 2월 7일
			의정부 : 태종 주관 연향	
			덕수궁 : 태상왕 주관 설연(設宴)	1401년 2월 9일
			태평관 : 태상왕 주관 설연	1401년 2월 10일
			태평관 : 조준(趙浚) · 이거이(李居易) 등 주관 향연	1401년 2월 11일
			태평관 : 태종과 사신 다례(茶禮)	1401년 2월 14일
			후원(後園) 임정(林亭) : 태종 주관 연향	1401년 2월 15일
			덕수궁 : 태상왕 주관 연향	1401년 2월 27일
			화원(花園) : 태종 주관 연향	1401년 2월 29일
			영빈관 : 태종의 전별	1401년 2월 30일
			공간 불분명 : 오사충(吳思忠) 전별[5]	
2	1401년 6월 12일 ~6월 16일	통정시 승 장근(章謹) · 문연각 대조 단목예(端木禮)	선의문 밖 : 태종의 맞이	1401년 6월 12일
			무일전(無逸殿) : 선고명(宣誥命), 태종의 수명(受命) · 사은례(謝恩禮)	
			태평관 : 태종의 배절(拜節) · 행사례(行私禮), 종친 · 대신 · 백관~생도의 행례(行禮), 태종 주관 설위연(設慰宴)	
			태평관 : 태종의 배절, 태종 주관 설연	1401년 6월 13일
			태평관 : 태종의 배절	1401년 6월 14일
			태평관 : 의정부 주관 연향	
			태평관 : 태종의 배절, 태종 주관 설연	1401년 6월 15일
			태평관 : 태종의 배절	1401년 6월 16일
			서보통(西普通) : 태종의 배절	
			(서보통) 악차(幄次) : 태종 주관 설전연(設餞宴)	
3	1401년 9월 1일 ~12월 16일	조정 사신 태복시 소경 축맹헌(祝孟獻) · 예부 주사 육옹(陸顒)	서교(西郊) : 태종의 맞이	1401년 9월 1일
			의정부 : 선칙(宣勅), 태종 주관 연향	
			태평관 : 태종의 위접(慰接)	
			태평관 : 태종 주관 설연	1401년 9월 2일
			청화정(淸和亭) : 태종 주관 설연	
			덕수궁 : 태상왕 주관 연향	1401년 9월 5일
			태상전(太上殿) : 불분명[6]	
			태평관 : 태상왕 사례(謝禮)	
			태평관 : 태종 주관 연향	1401년 9월 12일

회차	기간	명 사신	영접공간과 접대	시행날짜
3	1401년 9월 1일 ~12월 16일	조정 사신 태복시 소경 축맹헌(祝孟獻) · 예부 주사 육옹(陸顒)	태평관 : 국자감생 4인 위한 태종 주관 위연(慰宴)[사신 포함]. 태종 주관 사신 연향(수일 후)	1401년 9월 15일
			청화정 : [태종] 주관 연향[7]	1401년 9월 24일
			태평관 : 태종 주관 연향. 대언 이응(李膺) 문안(10월 4일)	1401년 10월 3일
			문묘(文廟) : 축맹헌 등 배알(拜謁)	1401년 10월 22일
			운암사(雲巖寺) : 사신 유관(遊觀)(10월 23일)	
			태평관 : 태종 주관 연향[감생 송호(宋鎬) 전연(餞宴)]	1401년 10월 25일
			전정(殿庭) : 태종과 사신들 요하성절(遙賀聖節)	1401년 11월 5일
			무일전 : 태종 주관 연향	
			전정 : 태종과 사신들 지일(至日) 행하례(行賀禮). 태종 주관 연향	1401년 11월 9일
			태평관 : 태종 주관 연향	1401년 11월 26일
			무일전 : [태종] 주관 연향[8]	1401년 11월 28일
			태평관 : 태종 주관 연향[감생 유영(柳榮) 전연]	1401년 12월 9일
			태평관 : 태종 주관 연향	1401년 12월 12일
			경덕궁(敬德宮) : 태종 주관 설연위	1401년 12월 14일
			서교 : 태종의 전별	1401년 12월 16일
4	1401년 9월 15일 ~11월 11일[9]	조정 국자감생 송호(宋鎬) · 상안(相安) · 왕위(王威)/왕함(王咸)[10] · 유경(劉敬) 등 4인	태평관 : 태종 주관 위연(慰宴)	1401년 9월 15일
			태평관 : 의정부 주관 연향	1401년 9월 21일
			태평관 : 태종 주관 왕위/왕함 전별	1401년 10월 5일
			공간 불분명 : 태종 주관 유경 전연	1401년 10월 16일
			태평관 : 태종 주관 송호 전연	1401년 10월 25일
			무일전 : 태종 주관 연향	1401년 11월 5일
			[전정(殿庭) : 태종 주관 연향(겸 상안 전연)][11]	1401년 11월 9일
5	1401년 10월 3일 ~12월 16일	감생 동섬(董暹)	문 밖[12] : 의정부의 맞이	1401년 10월 3일
			태평관 : 태종 주관 연향	
			태평관 : 태종 주관 연향	1401년 11월 26일
			무일전 : [태종] 주관 연향[13]	1401년 11월 28일
			서교 : 태종의 전별	1401년 12월 16일
6	1401년 11월 24일 ~12월 16일	감생 곽선(郭瑄) · 유영(柳榮) 등	태평관 : 태종 주관 설위연	1401년 11월 24일
			태평관 : 태종 주관 연향	1401년 11월 26일
			무일전 : [태종] 주관 연향[14]	1401년 11월 28일
			태평관 : 태종 주관 유영 전연	1401년 12월 9일
			서교 : 태종의 전별	1401년 12월 16일

회차	기간	명 사신	영접공간과 접대	시행날짜
7	1402년(태종 2) 1월 24일~5월 20일	조정 사신 병부 주사 단목지(端木智), 감생 율견(栗堅)	서교 : 태종의 행읍례(行揖禮)	1402년 1월 24일
			태평관 : 태종 주관 설연	
			무일전 : 태종 주관 연향	1402년 1월 25일
			태평관 : 태종 주관 연향	1402년 2월 12일
			태평관 : 태종 주관 위연(慰宴)	1402년 2월 19일
			공간 불분명 : 단목지 위한 의정부 주관 연향	
			태평관 : 태종 주관 연향	1402년 2월 27일
			경덕궁 : 태종 주관 연향	1402년 2월 28일
			태평관 : 태종 주관 연향[홍려시 행인 반문규(潘文奎) 전연]	1402년 3월 3일
			태평관 : 태종 주관 연향	1402년 3월 15일
			태평관 : 태종 주관 연향	1402년 3월 28일
			태평관 : 의정부 주관 연향	1402년 4월 11일
			태평관 : 태종 주관 연향	1402년 4월 21일
			태평관 : 태종 주관 연향[전연]	1402년 5월 17일
			서교 : 태종의 전별	1402년 5월 20일
8	1402년 2월 19일~3월 23일[15]	축맹헌, 감생 동섬 · 유영	교(郊) : 태종의 맞이	1402년 2월 19일
			태평관 : 태종 주관 위연(慰宴)	
			태평관 : 태종 주관 연향	1402년 2월 27일
			경덕궁 : 태종 주관 연향	1402년 2월 28일
			태평관 : 태종 주관 연향[홍려시 행인 반문규 전연]	1402년 3월 3일
			태평관 : 태종 주관 연향	1402년 3월 15일
9	1402년 2월 26일 ~3월 4일	홍려시 행인 반문규(潘文奎)	교(郊) : 태종의 맞이	1402년 2월 26일
			궐(闕) : 태종의 수칙서 · 면복(受勅書冕服), 행례	
			태평관 : 태종 주관 연향	1402년 2월 27일
			경덕궁 : 태종 주관 연향	1402년 2월 28일
			민무질(閔無疾) 사저(私邸) : 반문규 위한 여성군 민무질 주관 연향	1402년 3월 2일
			태평관 : 태종 주관 반문규 전연	1402년 3월 3일
			영빈관 : 태종의 전별	1402년 3월 4일
10	1402년 3월 19일 ~5월 1일	감생 율견 · 장집(張緝) · 주규(朱規) 등	태평관 : 태종 주관 연향	1402년 3월 28일
			태평관 : 태종의 전별	1402년 4월 27일
11	1402년 10월 12일 ~11월 10일	조정 사신 도찰원 첨도어사 유사길(兪士吉), 홍려시 소경 왕태(汪泰), 내사 온전(溫全) · 양영(楊寧)	서교 : 태종의 맞이	1402년 10월 12일
			궐 : 선조(宣詔)	
			궐 → 태평관 : 사신 이동	
			무일전 : 태종 주관 설연	1402년 10월 12일
			태평관 : 태종 주관 연향	1402년 10월 13일
			문묘 : 유사길 · 왕태 배알	1402년 10월 15일

회차	기간	명 사신	영접공간과 접대	시행날짜
11	1402년 10월 12일 ~11월 10일	조정 사신 도찰원 첨도어사 유사길(兪士吉), 홍려시 소경 왕태(汪泰), 내사 온전(溫全)·양영(楊寧)	상왕전(上王殿) : 온전·양영 위한 상왕 주관 다례	1402년 10월 16일
			이화(李和) 사저 : 온전·양영 위한 대군 이화 주관 다례	
			이방의(李芳毅) 사저 : 온전·양영 위한 대군 이방의 주관 다례	
			민제(閔霽) 사저 : 온전·양영 위한 부원군 민제 주관 다례	
			회암사(檜巖寺) : 온전·양영 태상왕 알현	1402년 10월 19일
			금강산 : 온전 유람(遊覽)	
			태평관 : 태종의 양영 체류 요청	1402년 10월 23일
			무일전 : 양영 위한 태종 주관 연향	1402년 10월 24일
			서문(西門) 밖 : 유사길 등 관렵(觀獵). 대언 주관 설작(設酌). 의정부 주관 설연. 참찬 권근(權近) 작시(作詩)하여 사신에게 줌. 사신 갱운(賡韻)	1402년 10월 26일
			징파도(澄波渡) : 온전 위한 태상왕 주관 연향	1402년 10월 27일
			숭인문(崇仁門) 밖 : 온전 위한 태종 주관 연향[영위(迎慰)]. 유사길·왕태 참여	1402년 11월 1일
			태평관 : 사헌부 주관 연향	1402년 11월 3일
			무일전 : 태종 주관 연향	1402년 11월 4일
			태평관 : 태종 주관 연향	1402년 11월 6일
			태평관 : 태종 주관 연향	1402년 11월 7일
			영빈관 : 태종의 전별	1402년 11월 10일
12	1402년 10월 12일 ~1403년(태종 3) 1월 22일	성친(省親) 내관 정귀(鄭貴) 등 3인	무일전 : 좌부대언 김한로(金漢老)가 음식 대접	1402년 10월 12일
			궐 : 태종 주관 설연위, 물품 하사	1403년 1월 21일
			상왕전 : 정귀 등 고사(告辭). 상왕 주관 음식 대접	1403년 1월 22일
			태상전 : 정귀 등 고사. 시위 재신(宰臣) 및 내관 만세영(萬歲榮)이 음식 대접. 물품 하사.	
			서교 : 태종이 사람을 시켜 전별, 상왕도 사람을 보내 전별	
13	1403년 1월 13일 ~3월 13일	요동천호 왕득명(王得名)·백호 왕미실첩(王迷失帖) 등	서교 : 태종의 맞이	1403년 1월 13일
			궐 : 개독(開讀). 태종의 행사배 불고두(行四拜不叩頭), 행사례(行私禮). 태종 주관 설연위	
			태평관 : 태종 주관 연향	1403년 1월 14일
			궐 : 왕득명 등 태종의 위연(慰宴)에 대해 사례(謝禮). 태종 주관 다례	1403년 1월 15일

회차	기간	명 사신	영접공간과 접대	시행날짜
13	1403년 1월 13일 ~3월 13일	요동천호 왕득명(王得名) · 백호 왕미실첩(王迷失帖) 등	연복사(演福寺) 불전(佛前) : 왕득명 등 분향(焚香)	1403년 1월 15일
			태평관 : 내관 만세영(萬歲榮) 주관 연향	1403년 1월 18일
			궐 : 태종 주관 다례	1403년 1월 21일
			궐 : 왕득명 고사(告辭). 평양 가는 왕득명 위해 태종 주관 설연이위(設宴以慰)	1403년 1월 25일
			영빈관 : 의정부의 왕득명 전별	1403년 1월 26일
			영통사(靈通寺) : 왕미실첩 유관(遊觀)	1403년 2월 3일
			불은사(佛恩寺) : 왕미실첩의 사후(射侯)로 인해 참찬의정부사 최유경(崔有慶) 주관 향연	1403년 2월 5일
			궐 : 태종의 궁시(弓矢) 하사에 대해 왕미실첩이 사례(謝禮). 태종 주관 개연(開宴)	1403년 2월 9일
			무일전 : 왕미실첩 위한 태종 주관 연향	1403년 2월 26일
			태평관 : 평양에서 돌아온 왕득명 위한 태종 주관 연위(宴慰)	1403년 3월 8일
			[태평관] : [태종] 사신 · 반인(伴人)에게 옷감 하사[16]	1403년 3월 10일
			태평관 : 삼부(三府)의 전별	
			궐 : 사신들 고사(告辭)	1403년 3월 13일
			태상전 : 태상왕 주관 다례	
			영빈관 : 태종의 전별	
			서보통 : 의정부의 전별	
14	1403년 4월 8일 ~5월 3일(1차), 6월 3일(2차)	도지휘 고득(高得), 통정사 좌통정 조거임(趙居任), 환관 태감 황엄(黃儼) · 조천보(曹天寶), 본조 환자 주윤단(朱允端) · 한첩목아(韓帖木兒) 등	서교 : 태종의 맞이	1403년 4월 8일
			궐 : 태종의 행례, 수고명 · 인장(受誥命印章)	
			궐 → 태평관 : 사신 이동	
			태평관 : 태종 주관 설연	
			문묘 : 조거임 배알	1403년 4월 10일
			태평관 : 태종 주관 연향	
			궐 : 주윤단 · 한첩목아 등 행사례(行私禮). 태종 예접(禮接), 태종 주관 다례(4월 11일)	
			남교(南郊) : 황엄 · 조천보 · 고득 등 관렵(觀獵)	1403년 4월 12일
			남대문 밖 : 의정부 주관 연위	
			무일전 태종 주관 다례, 설연. 진포구락(進抛毬樂)	1403년 4월 13일
			궐 : 사신들 성절일(聖節日) 행하례(行賀禮). 태종 행하례. 태종 주관 설연	1403년 4월 17일
			[태평관] → 금강산 : 황엄 · 조천보 · 고득 등 유람 위해 출발하려 함	

회차	기간	명 사신	영접공간과 접대	시행날짜
14	1403년 4월 8일 ~5월 3일(1차), 6월 3일(2차)	도지휘 고득(高得), 통정사 좌통정 조거임(趙居任), 환관 태감 황엄(黃儼)·조천보(曹天寶), 본조 환자 주윤단(朱允端)·한첩목아(韓帖木兒) 등	문 밖 : 고향에 가는 주윤단·한첩목아를 대언(代言)과 의정부가 전별	1403년 4월 17일
			운암사 : 조거임 유관(遊觀)(4월 22일)	1403년 4월 21일
			태평관 : 조거임 위한 태종 주관 연향(4월 22일)	
			금강산 → [태평관] : 황엄 등 이동	1403년 4월 25일
			궐 : 황엄·고득 등 금강산 유람에 대해 사례(謝禮). 태종 주관 다례	1403년 4월 26일
			태평관 : 태종 주관 설연, 말 및 물품 증여	
			하윤(河崙) 사저 : 좌정승 하윤 주관 설연	1403년 4월 27일
			이첨(李詹) 사저 : 지의정부사 이첨 주관 연향	
			민제 사저 : 여흥부원군 민제 주관 연향	1403년 4월 28일
			태평관 : 5월 1일 발정(發程)하고자 하는 황엄 등 위한 태종 주관 설연	1403년 4월 29일
			청화정 : 태종 주관 연향	1403년 5월 1일
			태상전 : 태상왕 주관 향연	1403년 5월 2일
			영빈관 : 조거임·고득·황엄·조천보 등을 위한 태종의 전별, 물품 증여	1403년 5월 3일
			숭인문 밖 : 고향에서 돌아온 주윤단·한첩목아 위한 태종의 영위(迎慰)	1403년 5월 23일
			청화정 : 주윤단·한첩목아 등을 위한 태종 주관 연향	1403년 5월 28일
			태평관 : 태종 주관 연향, 물품 증여	1403년 6월 1일
			영빈관 : 주윤단·한첩목아 등을 위한 태종의 전별	1403년 6월 3일
15	1403년 8월 10일 ~9월 12일	조정 사신 환관 전휴(全休)·배정(裵整), 급사중 마인(馬麟) 등	태평관 : 태종 주관 설연	1403년 8월 10일
			태평관 : 태종 주관 연향	1403년 8월 11일
			태상전 : 태상왕 주관 다례	1403년 8월 15일
			상왕전 : 상왕 주관 다례	
			청화정 : 태종 주관 설연. 사신들이 물품 바침	
			동교(東郊) : 고향에 가는 전휴·배정을 의정부가 전별	1403년 8월 16일
			공간 불분명 : 마인 위한 사평부 주관 연향	1403년 8월 19일
			궐 → 사신 고향 : 환향(還鄕) 사신에게 궁온(宮醞) 보냄	1403년 8월 28일
			문묘 : 마인 배알	1403년 9월 2일
			무일전 : 마인 위한 태종 주관 연향	1403년 9월 3일
			동교 : 고향에서 돌아온 전휴 위한 삼부의 연향	1403년 9월 4일

회차	기간	명 사신	영접공간과 접대	시행날짜
15	1403년 8월 10일 ~9월 12일	조정 사신 환관 전휴(全休)·배정(裴整), 급사중 마인(馬麟) 등	동교 : 고향에서 돌아온 배정 위한 삼부의 연향	1403년 9월 7일
			태평관 : 태종 주관 다례	1403년 9월 8일
			덕수궁 : 태상왕 주관 설연	
			궐 : 사신 중궁 알현, 태종 주관 다례	1403년 9월 10일
			궐 : 사신에게 태종이 재배(再拜)하고 전송	1403년 9월 11일
			태평관 : 태종 주관 설연	
			영빈관 : 태종의 전별	1403년 9월 12일
			서보통 : 삼부의 전별	
			금교(金郊) : 하윤·권근 전별(9월 13일)	
16	1403년 10월 27일 ~11월 15일(1차), 윤11월 8일(2차)	조정 사신 황엄(黃儼)·박신(朴信), 한림 대조 왕연령(王延齡), 홍려시 행인 최영(崔榮)	서교 : 태종의 맞이	1403년 10월 27일
			경덕궁 : 태종의 수사(受賜)	
			내전(內殿) : 사신이 정비(靜妃)에게 관복(冠服) 전달	
			경덕궁 : 태종의 행례	
			태평관 : 태종 주관 설연	
			태평관 : 태상왕 수사(受賜)	1403년 10월 28일
			태평관 : 태종 주관 연향	
			태평관 : 원자(元子) 행례	1403년 10월 29일
			경연청(經筵廳) : 태종 주관 향연[정비(靜妃)의 설연], 황엄이 태종에게 야표(椰瓢) 바침	
			태평관 : 태종 주관 연향	1403년 11월 2일
			궐 : 왕연령이 전일(前日) 연향에 대해 사례(謝禮)	1403년 11월 3일
			[태평관] : 황엄·박신·왕연령·최영 등에게 [태종의] 물품 증여	1403년 11월 5일
			덕수궁 : 태상왕 주관 향연	
			동교 : 황엄 등 사냥	1403년 11월 6일
			숭인문 밖 : 삼부의 영위(迎慰)	1403년 11월 6일
			민제 사저 : 여흥부원군 민제 주관 연향	1403년 11월 7일
			성석린(成石璘) 사저 : 우정승 성석린 주관 연향	1403년 11월 12일
			정전(正殿) : 왕연령·최영 고환(告還), 태종 주관 다례	1403년 11월 14일
			선의문 밖 : 왕연령·최영을 위한 태종의 전별	1403년 11월 15일
			서보통 : 왕연령·최영을 위한 삼부의 전별	
			회암사 : 황엄 유관(遊觀)	1403년 11월 17일
			동교 : 삼부 및 지신사 박석명(朴錫命)의 황엄 전별	

회차	기간	명 사신	영접공간과 접대	시행날짜
16	1403년 10월 27일 ~11월 15일(1차), 윤11월 8일(2차)	조정 사신 황엄(黃儼)·박신(朴信), 한림 대조 왕연령(王延齡), 홍려시 행인 최영(崔榮)	동교 : 회암사에서 돌아온 황엄 위해 태종 주관 연향, 안마(鞍馬) 증여	1403년 11월 24일
			궐 : 황엄 동지(冬至) 행하례(行賀禮). 태종 행례	1403년 11월 29일
			궐 : 황엄 등 비자(妃子) 뵘	1403년 윤11월 3일
			별전(別殿) : 태종 주관 연향. 원자 헌작(獻爵)	
			박석명 사저 : 박석명 주관 설연	1403년 윤11월 4일
			태평관 : 태종 주관 연향	1403년 윤11월 6일
			태상전 : 황엄 고환(告還). 황엄 위한 태상왕 주관 연향	1403년 윤11월 7일
			서교 : 황엄 등을 위한 태종의 전별	1403년 윤11월 8일
17	1403년 11월 1일 ~윤11월 17일	조정 사신 한첩목아, 환관 주윤단(朱允端)	교(郊) : 태종의 맞이	1403년 11월 1일
			궐 : 태종 주관 설연	
			공간 불분명 : [태종] 주윤단에게 집·노비 하사, 월봉 지급	
			태평관 : 태종 주관 연향	1403년 11월 2일
			덕수궁 : 태상왕 주관 향연	1403년 11월 5일
			[동교 : 황엄 등 사냥]	1403년 11월 6일[17]
			[숭인문 밖 : 삼부의 영위(迎慰)]	
			민제 사저 : 여흥부원군 민제 주관 연향	1403년 11월 7일
			성석린(成石璘) 사저 : 우정승 성석린 주관 연향	1403년 11월 12일
			[궐 : 황엄 등 비자(妃子) 뵘]	1403년 윤11월 3일[18]
			[별전(別殿) : 태종 주관 연향. 원자 헌작(獻爵)]	
			박석명 사저 : 박석명 주관 설연	1403년 윤11월 4일
			태평관 : 태종 주관 연향	1403년 윤11월 6일
			태평관 : 한첩목아 위한 태종 주관 연향	1403년 윤11월 14일
			궐 : 한첩목아 고환(告還). 태종 주관 다례	1403년 윤11월 15일
			서교 : 한첩목아(화자火者 35인 포함)를 위한 태종의 전별	1403년 윤11월 17일
18	1404년(태종 4) 4월 4일~5월 19일	요동 천호 왕가인(王可仁)	서교 : 태종의 맞이	1404년 4월 4일
			태평관 : 태종의 배칙서 고두(拜勅書叩頭). 태종과 사신 행사례(行私禮). 태종 주관 설연	
			궐 : 왕가인 행사례(行私禮). 태상전과 상왕전에 차례로 나아감	1404년 4월 5일
			청화정 : 태종 주관 연향	1404년 4월 6일
			개성 → 여진 지면(女眞地面) : 왕가인 이동	1404년 4월 9일
			동교 : 의정부의 전별. 김승주(金承霔)를 접반사로 차송(差送)	

회차	기간	명 사신	영접공간과 접대	시행날짜
18	1404년(태종 4) 4월 4일~5월 19일	요동 천호 왕가인(王可仁)	공간 불분명 : 전 판사 김관도(金觀道)를 통해 왕가인에게 궁온 보냄	1404년 4월 21일
			공간 불분명 : 왕가인 동북면에서 돌아옴	1404년 5월 5일
			청화정 : 태종의 왕가인 접견(接見)	1404년 5월 7일
			고태평관(古太平館) : 왕가인의 발행(發行)을 위로하고자 태종 주관 설연	
			청화정 : 태종 주관 연향	1404년 5월 18일
			공간 불분명 : [태종] 왕가인의 처자에게 물품 하사	
			서교 : 태종의 전별	1404년 5월 19일
19	1404년 4월 18일 ~6월 2일(1차), 6월 22일(2차)	조정 사신 장인사 경 한첩목아, 홍려시 서반 교수(鄗修)19, 행인 이영(李榮) 등	서교 : 태종의 맞이	1404년 4월 18일
			궐 : 태종 꿇어앉음. 교수 매우자문(買牛咨文)을 읽. 태종 행례	
			태평관 : 태종 주관 연향	1404년 4월 19일
			[태평관] → 태상전 : 한첩목아 등 이동	1404년 4월 20일
			공간 불븐명 : (주체 불분명) 한첩목아 등에게 물픔 증여	
			청화정 : 한첩목아 · 교수 · 이영 등 위한 태종 주관 연향	1404년 4월 27일
			화원 : 한첩목아 석전희(石戰戲) 관람	1404년 4월 29일
			궐 : 태종이 재계(齋戒)로 인해 한첩목아를 보지 않음	1404년 4월 30일
			궐 : 한첩목아 등 3인 위한 태종 주관 다례	1404년 5월 7일
			태평관 : 태종 주관 다례	
			궐 : 한첩목아 고환(告還)	1404년 5월 26일
			태평관 : 좌정승 하윤 · 우정승 성석린 · 지신사 박석명 등 주관 연향	1404년 5월 26일
			태평관 : 태종이 사신을 보고 돌아옴	
			서보통 : 한첩목아(화자 20명 포함)를 위한 하윤 등의 전별	1404년 6월 2일
			태평관 : 태종 주관 연향	1404년 6월 11일
			청화정 : 양진보 · 이영 위한 태종 주관 연향	1404년 6월 15일
			태평관 : 태종 주관 연향	1404년 6월 20일
			궐 : 사신 4인 고귀(告歸)	1404년 6월 21일
			영빈관 : 양진보 · 오유선 · 교수 · 이영을 위한 태종의 전별	1404년 6월 22일
20	1404년 6월 10일 ~6월 22일	조정 사신 내사 양진보(楊進保) · 급사중 오유선(敎惟善)	공간 불분명 : [태종] 영조(迎詔)	1404년 6월 10일
			전계상(殿階上) : 교수 · 이영 배조(拜詔) · 개독(開讀)	
			태평관 : 태종 주관 설연(교수 · 이영 등 참여)	
			태평관 : 태종 주관 연향(교수 · 이영 참여)	1404년 6월 11일

회차	기간	명 사신	영접공간과 접대	시행날짜
20	1404년 6월 10일 ~6월 22일	조정 사신 내사 양진보(楊進保) · 급사중 오유선(敖惟善)	청화정 : 양진보 · 이영 위한 태종 주관 연향	1404년 6월 15일
			태평관 : 태종 주관 연향	1404년 6월 20일
			궐 : 사신 4인 고귀(告歸)	1404년 6월 21일
			영빈관 : 양진보 · 오유선 · 교수 · 이영을 위한 태종의 전별	1404년 6월 22일
21	1404년 6월 10일 ~6월 15일	요동 천호 · 삼만위 천호 등	교(郊) : 각사(各司) 1원(員)의 맞이	1404년 6월 10일
			고태평관 : 관반(館伴) 이조전서 김한로(金漢老) 주관 설연	
			고태평관 : 태종 배칙서(拜勅書)	1404년 6월 11일
			무일전 : 태종 주관 연향	1404년 6월 12일
			궐 : 건주위(建州衛)로 향하는 요동천호 등 고사(告辭)	1404년 6월 15일
22	1404년 11월 6일 ~11월 22일	조정 사신 환관 유경(劉璟), 국자감승 왕준용(王峻用)	선의문 밖 : 태종의 맞이	1404년 11월 6일
			무일전 : 태종의 수사(受賜). [선칙(宣勅)] 행례. 태종 주관 설연	
			태평관 : 태종 주관 연향	1404년 11월 7일
			문묘 : 유경 · 왕준용 등 배알	1404년 11월 10일
			궐 : 사신과 태종이 차례로 지일(至日) 행하례. 태종의 사신 응대	1404년 11월 11일
			태평관 : 태종 주관 연향	1404년 11월 19일
			궐 : 유경 · 왕준용 고환(告還)	1404년 11월 21일
			선의문 밖 : 유경 등을 위한 태종의 전별	1404년 11월 22일
23	1404년 11월 6일 ~1405년 1월 17일	성친(省親) 환관 이성(李成) · 김희(金禧) · 박인(朴麟) 등	개성 : 유경 · 왕준용과 함께 도착	1404년 11월 6일
			동교 : 고향에 가는 이성 · 박인 · 김희 등을 의정부가 전별. 유경 · 왕준용도 전별	1404년 11월 13일
			고향 → 개성 : 김희 · 박인 · 이성 등 고향에서 돌아옴	1405년 1월 8일
			경연청 : [태종] 이성 · 박인 · 김인에게 연향	1405년 1월 16일
			공간 불분명 : 이성 등 3인 돌아감. 물품 하사	1405년 1월 17일
			서교 : 의정부 전별	1405년 1월 17일
24	1404년 12월 3일 ~12월 7일	요동 총기 장패라(張孛羅) · 소기 왕나합(王羅哈) 등	태평관 : 태종이 만나봄	1404년 12월 3일
			궐 : 장패라 등 하직[사(辭)]. 참의 이현(李玄) 및 환관이 음식 대접	1404년 12월 7일
25	1405년 3월 11일 ~3월 19일	조정 사신 천호 왕교화적(王敎化的) 등 3인	서교 : 태종의 맞이	1405년 3월 11일
			무일전 : 태종의 수칙(受勅)	
			태평관 : 태종 주관 연향	1405년 3월 12일
			개성 → 건주위 : 왕교화적 떠남	1405년 3월 19일
			태평관 : 태종 주관 다례	
			숭인문 밖 : 의정부 전별	

회차	기간	명 사신	영접공간과 접대	시행날짜
26	1405년(태종 5) 4월 6일~7월 25일	조정 내사 정승(鄭昇) · 김각(金角) · 김보(金甫) 등	서교 : 태종의 맞이	1405년 4월 6일
			태평관 : 태종 주관 연향	1405년 4월 7일
			태평관 → 궐 : 정승 등 이동	1405년 4월 8일
			개성 → 각자 고향 : 정승 등 이동	1405년 4월 11일
			정승 · 김각 고향 : 판종부시사 김관도 · 감정 김상려(金尙旅)가 선온(宣醞)으로 위문	1405년 6월 23일
			숭인문 밖 : 고향에서 돌아오는 정승을 의정부가 맞이	1405년 7월 7일
			청화정 : 정승을 위한 [태종의] 연향	1405년 7월 13일
			궐 : 정승의 사례(謝禮)(7월 14일)	
			숭인문 밖 : 고향에서 돌아오는 김각을 위해 우부대언 윤사수(尹思修) 및 의정부가 설연이영(設宴以迎)	1405년 7월 20일
			청화정 : 정승 · 김각을 위한 [태종의] 연향	1405년 7월 21일
			공간 불분명 : 정승 · 김각에게 물품 증여	1405년 7월 24일
			공간 불분명 : 정승 · 김각 돌아감. 물품 하사	1405년 7월 25일
			궐 : 정승 등 고사(告辭)	
			서교 : 정승 · 김각을 위한 태종의 전별.[20] 정승 등 행사배(行四拜), 태종이 남면(南面)하여 사배를 받음	

【부표 3】 태조대 한양도읍기 및 태종대 한양천도 이후에 온 명·청 사신과 그들이 머문 기간[21]

입경시기		사신	머문 기간	비고
1396년(태조 5)	6월	상보사승 우우(牛牛)·환자 왕례(王禮)·송패라(宋孛羅)·양첩목아(楊帖木兒)	6월 11일~11월 21일	
1406년(태종 6)	3월	내관 정승(鄭昇) 등	3월 19일~5월 8일	
	4월	내사 황엄(黃儼)·양영(楊寧)·한첩목아(韓帖木兒)·상보사상보 기원(奇原) 등	4월 19일~7월 22일	
	윤7월	내사 박인(朴麟)·김희(金禧) 등	윤7월 9일~9월 10일	
	12월	내사 한첩목아(韓帖木兒)·양영(楊寧)	12월 22일~1407년 1월 4일	
1407년(태종 7)	1월	동녕위천호 진경(陳敬)	1월 26일~7월 2일	
	5월	내사 정승(鄭昇)·행인 풍근(馮謹)	5월 1일~5월 9일 : 풍근	
			5월 1일~7월 1일 : 정승	
	5월	사례감태감 황엄(黃儼)·상보사상보 기원(奇原)	5월 18일~6월 6일	
	6월	내사 김득(金得)·김수(金壽)	6월 15일~8월 16일	
	8월	내사 한첩목아(韓帖木兒)·윤봉(尹鳳)·이달(李達)·김득남(金得南) 등	8월 6일~10월 7일	
1408년(태종 8)	2월	천호 진경(陳敬)·백호 이빈(李賓) 등	2월 7일~4월 7일	
	4월	내사 황엄(黃儼)·전가화(田嘉禾)·해수(海壽)·한첩목아(韓帖木兒)·상보사상보 기원(奇原) 등	4월 16일~11월 12일	
	9월	도지감좌소감 기보(祁保)/기보(祈保)·예부낭중 임관(林觀)	9월 24일~10월 17일	
1409년(태종 9)	5월	태감 황엄(黃儼)·감승 해수(海壽)·봉어 윤봉(尹鳳)	5월 3일~5월 6일 : 윤봉	
			5월 3일~5월 25일 : 황엄·해수	
	10월	내사 황엄(黃儼)	10월 21일~11월 13일	
	11월	내사 기보(祁保)	11월 6일~11월 13일	
1410년(태종 10)	10월	내사태감 전가화(田嘉禾)·소감 해수(海壽)	10월 9일~10월 28일	영칙 : 경덕궁(敬德宮) 객관 : 개성 태평관
1411년(태종 11)	8월	태감 황엄(黃儼)	8월 15일~9월 4일	
1417년(태종 17)	7월	태감 황엄(黃儼)·소감 해수(海壽) 등	7월 13일~8월 6일	
	12월	내사봉어 육선재(陸善財)	12월 29일~1418년 1월 7일	
1418년(세종 즉위)	9월	환관 육선재(陸善財)	9월 4일~9월 13일	
1419년(세종 1)	1월	태감 황엄(黃儼)·광록소경 한확(韓確)·홍려시승 유천(劉泉)	1월 19일~2월 4일 : 황엄·유천	한확은 성지(聖旨)에 따라 조선에 머무름
	8월	태감 황엄(黃儼)	8월 17일~9월 18일	
	8월	왕현(王賢)[22]	8월 21일~9월 18일	
1420년(세종 2)	4월	예부원외랑 조양(趙亮)·행인 역절(易節) 등	4월 8일~4월 21일	
1421년(세종 3)	9월	소감 해수(海壽)	9월 21일~10월 6일	

입경시기		사신	머문 기간	비고
1423년(세종 5)	4월	내관 유경(劉景) · 예부낭중 양선(楊善)	4월 6일~4월 24일	
	8월	소감 해수(海壽) · 예부낭중 진경(陳敬)	8월 18일~9월 6일	
1424년(세종 6)	6월	내사 왕현(王賢)	6월 26일~7월 21일	
	10월	내관 유경(劉敬)/유경(劉景) · 행인 진선(陳善)	10월 11일~10월 20일	
	10월	예부낭중 이의(李猗)/이기(李琦) · 통정사참의 팽경(彭璟)	10월 15일~10월 20일	
1425년(세종 7)	2월	내관 윤봉(尹鳳) · 박실(朴實)	2월 11일~3월 4일	
	5월	상보감우소감 김만(金滿)	5월 15일~6월 12일	
	윤7월	내관 제현(齊賢) · 행인 유호(劉浩)	윤7월 19일~8월 2일	
	윤7월	예부낭중 초순(焦循) · 홍려소경 노진(盧進)	윤7월 22일~8월 2일	
1426년(세종 8)	3월	윤봉(尹鳳) · 내사 백언(白彦) 등	3월 12일~5월 29일 : 윤봉	
			3월 12일~6월 26일 : 백언	
1427년(세종 9)	4월	창성(昌盛) · 윤봉(尹鳳) · 백언(白彦)	4월 21일~7월 20일	
	10월	요동지휘 범영(范榮)/범형(范滎)[23] · 천호 유정(劉禎)	10월 25일~11월 3일	
1428년(세종 10)	4월	홍려시소경 조천(趙泉) · 병부원외랑 이약(李約)	4월 8일~4월 18일	
	7월	태감 창성(昌盛) · 윤봉(尹鳳) · 내사 이상(李相)	7월 19일~10월 4일	창성은 8월 16일 요동을 향하여 출발, 9월 17일 요동에서 돌아옴
	12월	김만(金滿)	12월 26일~1429년 2월 1일	
1429년(세종 11)	5월	태감 창성(昌盛) · 윤봉(尹鳳) · 행인 이상(李相)	5월 2일~7월 16일 : 윤봉	
			5월 2일~7월 21일 : 창성 · 이상	
	11월	김만(金滿)	11월 2일~1430년 1월 11일	
1430년(세종 12)	7월	중관 창성(昌盛) · 윤봉(尹鳳)	7월 17일~11월 24일 : 윤봉	
			7월 17일~12월 15일 : 창성	
1431년(세종 13)	8월	내관 창성(昌盛) · 윤봉(尹鳳) · 장동아(張童兒) · 장정안(張定安)	8월 19일~12월 12일 : 윤봉	
			8월 19일~12월 15일 : 창성 · 장동아 · 장정안	
1432년(세종 14)	5월	태감 창성(昌盛) · 윤봉(尹鳳) · 감승 장정안(張定安)	5월 29일~12월 2일 : 윤봉	
			5월 29일~12월 6일 : 창성 · 장정안	
1433년(세종 15)	윤8월	지휘 맹날가래(孟捏哥來) · 백호 최진(崔眞) 등	윤8월 10일~12월 12일	
	10월	태감 창성 · 내관 이상(李祥) · 장봉(張奉)	10월 13일~11월 7일 : 장봉	
			10월 13일~11월 16일 : 창성 · 이상	
	11월	백호 왕흠(王欽) · 사인 왕무(王武)	11월 10일~12월 7일	
1434년(세종 16)	10월	지휘 맹날가래(孟捏哥來) · 백호 왕흠(王欽) · 사인 왕무(王武)	10월 12일~11월 13일	
1435년(세종 17)	3월	예부낭중 이약(李約) · 호부원외랑 이의(李儀)	3월 18일~4월 3일	
	4월	환자 이충(李忠) · 김각(金角) · 김복(金復) 등	4월 26일~6월 17일 : 김복	
			4월 26일~7월 25일 : 이충 · 김각	

입경시기		사신	머문 기간	비고
1436년(세종 18)	1월	사인 위형(魏亨)	1월 17일~1월 24일[24]	맞이[영(迎)] : 근정전 객관 : 미상 하직 : 궐(경복궁)[25]
1441년(세종 23)	12월	금의위지휘첨사 오양(吳良) · 요동백호 왕흠(王欽) 등	12월 26일~1442년 2월 26일	
1449년(세종 31)	9월	요동지휘 왕무(王武)	9월 9일~9월 19일	
1450년(세종 32)	윤1월	한림시강 예겸(倪謙) · 형과급사중 사마순(司馬恂)	윤1월 1일~윤1월 20일	
1450년(문종 즉위)	8월	태감 윤봉(尹鳳) · 봉어 정선(鄭善) 등	8월 3일~11월 2일	
1452년(문종 2)	3월	동녕위천호 김보(金寶)	3월 25일~4월 19일	
1452년(단종 즉위)	8월	이부낭중 진둔(陳鈍) · 행인사사정 이관(李寬)	8월 22일~8월 27일	
	윤9월	상선감좌감승 김유(金宥) · 우감승 김흥(金興) 등	윤9월 17일~12월 6일	
1455년(단종 3)	4월	소감 고보(高黼) · 내사 정통(鄭通)	4월 22일~ 1455년(세조 1)7월 9일	윤6월 11일 단종이 세조에게 선위
1456년(세조 2)	4월	태감 윤봉(尹鳳) · 우감승 김흥(金興)	4월 20일~8월 16일	
1457년(세조 3)	6월	한림원수찬 진감(陳鑑) · 태상시박사 고윤(高閏)	6월 3일~6월 15일	
1459년(세조 5)	4월	형과급사중 진가유(陳嘉猷) · 서반 왕월(王軏)	4월 8일~4월 15일	
1460년(세조 6)	3월	예과급사중 장영(張寧) · 금의위도지휘 무충(武忠)	3월 2일~3월 10일	
1464년(세조 10)	5월	태복시승 김식(金湜) · 중서사인 장성(張珹)	5월 18일~6월 3일	
1467년(세조 13)	9월	요동백호 백옹(白顒)	9월 14일~9월 15일	
	10월	광녕백호 임흥(任興) · 요동사인 황철(黃哲)	10월 2일~10월 11일	
1468년(세조 14)	4월	태감 강옥(姜玉) · 김보(金輔)	4월 9일~7월 13일	
1469년(예종 1)	윤2월	태감 최안(崔安) · 정동(鄭同) · 심회(沈澮)/심회(沈繪) 등	윤2월 4일~5월 2일	
1470년(성종 1)	5월	태감 김흥(金興) · 행인 강호(姜浩)	5월 1일~5월 25일 : 강호	
			5월 1일~7월 18일 : 김흥	
1476년(성종 7)	2월	호부낭중 기순(祈順) · 행인사좌사부 장근(張瑾)	2월 20일~2월 28일	
1479년(성종 10)	윤10월	요동지휘 고청(高清)	윤10월 11일~윤10월 12일	
1480년(성종 11)	5월	태감 정동(鄭同) · 강옥(姜玉)	5월 1일~8월 6일	
1481년(성종 12)	5월	정동(鄭同) · 김흥(金興)	5월 16일~8월 11일	
1483년(성종 14)	7월	태감 정동(鄭同) · 김흥(金興)	7월 2일~10월 2일	
1488년(성종 19)	3월	우춘방우세자겸한림원시강 동월(董越) · 공과우급사중 왕창(王敞)[26]	3월 13일~3월 18일	
1492년(성종 23)	5월	병부낭중 애박(艾璞) · 행인사행인 고윤선(高胤先)	5월 28일~5월 29일	

입경시기		사신	머문 기간	비고
1495년(연산군 1)	6월	태감 김보(金輔) · 태감 이진(李珍) · 행인 왕헌신(王獻臣)	6월 3일~6월 4일 : 왕헌신	
			6월 3일~8월 18일 : 김보 · 이진	
1503년(연산군 9)	4월	태감 김보(金輔) · 이진(李珍)	4월 17일~7월 18일 : 김보	7월 6일 상사 김보가 졸하여[27] 7월 18일은 그의 시신을 넣은 널[구(柩)]이 북경을 향하여 출발한 날임[28]
			4월 17일~7월 22일 : 이진	
1506년(연산군 12)	3월	한림원시독 서목(徐穆) · 이과급사중 길시(吉時)	3월 10일~3월 12일	
1508년(중종 3)	4월	사설감태감 이진(李珍) · 어마감태감 진호(陳浩)	4월 12일~7월 26일	
1521년(중종 16)	4월	태감 김의(金義) · 진호(陳浩)	4월 29일~8월 4일	
	5월	탕참천호 이수(李秀) 등	5월 19일~미상	
	7월	요동진무 홍은(洪恩) · 동탁(佟鐸)	7월 17일 즈음~미상	
	12월	한림원수찬 당고(唐皐) · 병과급사중 사도(史道)	12월 7일~12월 10일	
1537년(중종 32)	3월	한림원수찬 공용경(龔用卿) · 호과급사중 오희맹(吳希孟) 등	3월 10일~3월 17일	
1539년(중종 34)	4월	한림원시독 화찰(華察) · 공과좌급사중 설정총(薛廷寵)	4월 10일~4월 16일	
1542년(중종 37)	6월	요동진무 이시(李時) · 강진(康鎭) 등	6월 28일~7월 3일	
1545년(인종 1)	4월	사례감태감 곽방(郭玟) · 행인사행인 장승헌(張承憲)	4월 28일~5월 5일 : 장승헌	
			4월 28일~5월 10일 : 곽방	
	5월	사례감태감 장봉(張奉) · 내관감태감 오유(吳猷)	5월 11일~6월 2일	
1546년(명종 1)	1월	사례감태감 유원(劉遠) · 행인사행인 왕학(王鶴)	1월 21일~1월 29일 : 왕학	
			1월 21일~2월 2일 : 유원	
	2월	내궁감태감 섭보(聶寶) · 태감 곽난(郭鑾)	2월 6일~2월 25일	
1558년(명종 13)	2월	태감 왕본(王本) · 조분(趙芬)/조분(趙賁)/조분(趙蕡)	2월 24일~3월 16일	
1567년(선조 즉위)	7월	한림원검토 허국(許國) · 병과급사중 위시량(魏時亮)	7월 17일~7월 20일	
1568년(선조 1)	2월	태감 장조(張朝) · 행인사행인 구희직(歐希稷)/구희직(甌希稷)	2월 3일~2월 7일 : 구희직	
			2월 3일~2월 10일 : 장조	
	2월	태감 요신(姚臣)/조신(祧臣) · 이경(李慶)/이도(李度)	2월 27일~미상[선조실록] · [미암집]	
			4월 1일~미상[선조수정실록]	
	7월	한림원검토 성헌(成憲) · 병과급사중/예과급사중 왕새(王璽)	7월 1일~미상[선조수정실록]	
			7월 2일~7월 6일[선조실록]	
1572년(선조 5)	11월	한림원편수 한세능(韓世能) · 이과급사중 진삼모(陳三謨)	11월 1일~11월 9일	
1582년(선조 15)	11월	한림원편수 황홍헌(黃洪憲) · 공과급사중 왕경민(王敬民)	11월 1일~미상[선조수정실록][29]	객관 : 미상
			11월 7일~11월 16일[선조실록]	객관 : 태평관

입경시기		사신	머문 기간	비고
1592년(선조 25)	9월	행인사행인 설번(薛藩)	9월 2일~9월 4일	영칙 · 객관 · 전송 : 의주 용만관(龍灣館)[30]
1593년(선조 26)	11월	도사 장삼외(張三畏)	11월 9일~11월 17일	행례[31] · 객관 : 남별궁(南別宮)
	윤11월	행인사행인 사헌(司憲)	윤11월 1일~윤11월 8일 [선조수정실록][32]	선칙(宣勅) · 객관 : 미상[33]
			윤11월 12일~윤11월 20일 [선조실록]	객관 : 남별궁[34]
1597년(선조 30)	7월	안찰 소응궁(蕭應宮)	7월 12일~9월 21일	접견 : 태평관[35] · 남별궁[36] 연례 : 남별궁[37]
	10월	차관 방시신(方時新)	10월 24일~?[38]	영칙 : 태평관 객관 : 태평관
1601년(선조 34)	4월	재조관 두양신(杜良臣)	4월 25일~?	영조 : 태평관 [객관 : 태평관][39]
1602년(선조 35)	3월	한림원시강 고천준(顧天峻) · 행인사행인 최정건(崔廷健)	3월 9일~?[선조수정실록][40]	영조 : 미상 객관 : 미상
			3월 9일~3월 20일[선조실록]	객관 : 남별궁[41] 청연(請宴) : 태평관
1606년(선조 39)	4월	한림원수찬 주지번(朱之蕃) · 예과좌급사중 양유년(梁有年)	4월 1일~?[선조수정실록][42]	객관 : 태평관 반조(頒詔) · 선칙(宣勅) : [태평관][43]
			4월 11일~4월 20일[선조실록]	영조칙 · 상회례 : 태평관[44] 객관 : 남별궁 청연 : 태평관
1609년(광해군 1)	4월	행인사행인 웅화(熊化)	4월 25일~5월 6일	객관 : 남별궁 고명 봉안처 : 남별궁 제문 · 부물 봉안처 : 태평관
	6월	사례감관문서내관감태감 유용(劉用)	6월 2일~6월 19일	반조 · 선칙 : 인정전 객관 : 남별궁
1610년(광해군 2)	7월	태감 염등(冉登)	7월 7일~8월 2일	선칙 혹은 독조(讀詔)[45] : 인정전 객관 : 남별궁
1619년(광해군 11)	8월	차관 원현룡(袁見龍)[46]	8월 5일~8월 16일	접견 : 태평관 · 남별궁 객관 : 미상
1621년(광해군 13)	4월	한림원편수 유홍훈(劉鴻訓) · 예과급사중 양도인(楊道寅)	4월 12일~5월 1일	반조 · 선칙[47] : 인정전 객관 : 남별궁
1622년(광해군 14)	4월	감군 양지원(梁之垣)	4월 18일~6월 10일	객관 : 남별궁
1625년(인조 3)	6월	감문서태감 왕민정(王敏政) · 충용군제독태감 호양보(胡良輔)	6월 3일~6월 12일	반조 · 유조(留詔) · 다례 : 숭정전[48] 객관 : 남별궁[49]
1626년(인조 4)	6월	한림원편수 강왈광(姜曰廣) · 공과급사중 왕몽윤(王夢尹)	6월 13일~6월 21일	수조칙(受詔勅) : 숭정전 객관 : 남별궁
1634년(인조 12)	6월	사례감태감 노유령(盧維寧)	6월 20일~7월 6일	영칙 : [명정전][50] 객관 : 남별궁

입경시기		사신	머문 기간	비고
1648년(인조 26)	3월	내한림 액(額) · 하 합(哈)[51]	3월 4일~3월 12일	접견 : 희정당[52] 선칙 : [인정전][53] 객관 : [남별궁][54]
1724년(경종 4)	2월	산질대신 일등백 흠배(欽拜)	2월 11일~2월 16일	수칙(受勅) · 선칙 : 인정전 객관 : 태평관 · 남별궁 불분명[55]
	3월	부도통 액이덕(額而德) · 두등시위 액인신(額麟臣)	3월 17일~3월 25일	선조(宣詔) · 선칙(宣勅)[56] : 인정전 객관 : 관(館) 혹은 관소(館所)[57]
1776년(정조 즉위)	10월	산질대신 한군부도통 각라만복(覺羅萬復) · 내각학사 숭귀(嵩貴)	10월 27일~11월 2일	독칙(讀勅) · 독조(讀詔) · 독고명(讀誥命) · 책봉 : 숭정전 객관 : 태평관 · 남별궁 불분명
1777년(정조 1)	3월	산질대신일등포적공 융흥(隆興) · 내각학사겸예부시랑 영신(永信)	3월 7일~3월 10일	수칙 · 선독(宣讀) : 숭정전 객관 : 태평관 · 남별궁 불분명
1784년(정조 8)	12월	내대신공 서명(西明) · 한림원시독학사 아숙(阿肅)	12월 3일~12월 8일	수조칙고명(受詔勅誥命) · 칙서선독[58] : 인정전 객관 : 태평관 · 남별궁 불분명
1786년(정조 10)	9월	공부시랑 소릉아(蘇凌阿) · 내각학사 서보(瑞寶)/서보(瑞保)	9월 2일~9월 6일 : [동문휘고][59] 9월 3일~9월 6일 : [정조실록 · 승정원일기 · 일성록]	접견 다례 : 숭정전 객관 : 태평관 · 남별궁 불분명
1799년(정조 23)	3월	산질대신 장승훈(張承勳) · 내각학사 항걸(恒傑)	3월 2일~3월 6일	선칙 · 접견 : 숭정전 객관 : 태평관 · 남별궁 불분명
1800년(정조 24)	1월	산질대신 전국영(田國榮) · 내각학사 영화(英和)	1월 26일~1월 29일	선조 · 선칙 : 인정전 객관 : 태평관 · 남별궁 불분명

주

서론

1 15세기 한성에 외국 사절을 위한 객관의 형성에 대해서는 장지연, 2020「15세기 漢城의 使臣 客館 형성과 그 의미」『서울과 역사』104 참조.

2 명·청에서 오는 사신들을 접대하기 위하여 임시로 설치하는 衙門을 '迎接都監'이라 한다. 하지만『조선왕조실록』,『승정원일기』,『일성록』등의 관찬 자료를 비롯하여 의궤, 등록, 문집, 일기 등 여러 문헌에 '영접도감'과 같은 뜻으로 '延接都監'으로 기록된 곳이 발견된다. 의궤의 경우 서명은 적어도 서울대학교 규장각한국학연구원에 소장된 의궤에 한정해서 보면 모두 '영접도감'으로 쓰여 있으나 본문에 '연접도감'을 언급하기도 했다. 조선시대 사신접대와 영접도감의 전반에 대해서는 김경록, 2004「朝鮮時代 使臣接待와 迎接都監」『韓國學報』117 참조. 그런데 영접도감과 연접도감에 더하여 '迎勅都監'이라고 한 기록도『승정원일기』와『조선왕조실록』에 나온다(『승정원일기』에는 총 74건이 검색되며,『조선왕조실록』에는『정조실록』에 1건이 나온다).

3 李鉉淙, 1961「明使接待考」『鄕土서울』12, 114~115쪽.

4 이상배, 2004「조선전기 外國使臣 접대와 明使의 遊觀 연구」『國史館論叢』104, 3쪽.

5 서동천·한동수, 2007「조선시대 太平館과 東平館의 특징 –文獻史料의 분석을 중심으로–」『대한건축학회 학술발표대회 논문집』제27권 제1호(통권 제51집), 594쪽.

6 김경록, 2008「조선시대 서울의 외교활동 공간」『서울학연구』31, 23쪽.

7 朴善肅, 2016「조선초기 明使 迎接과 宴享」慶尙大學校 史學科 석사학위논문, 14쪽.

8 김버들·조정식, 2016「실록에 나타나는 15세기 태평관·모화관 건축과 관련 인

물연구」『건축역사연구』 제25권 4호 통권107호, 20쪽.

9 장지연, 2020「15세기 漢城의 使臣 客館 형성과 그 의미」『서울과 역사』 104, 11쪽.

10 『中京誌』(서울대학교 규장각한국학연구원 소장, 古4790-3. 이하 '古4790-3'으로 표기) 卷4, 官廨「太平館」.

11 명 사신이 머무는 객관은 태평관, 청 사신이 머무는 객관은 남별궁, 태평관이 임진왜란으로 소실되거나 사라졌다는 등의 일반적인 담론은 기존의 태평관 연구에 잘 반영되어 있다. 그중 본서와 관련하여 태평관을 다룬 기존 연구 성과를 제시하면 다음과 같다(연도순).

李鉉淙, 1961「明使接待考」『鄕土서울』 12, 114~119쪽 ; 이상배, 2004「조선전기 外國使臣 접대와 明使의 遊觀 연구」『國史館論叢』 104, 3~7쪽 ; 서동천·한동수, 2007「조선시대 太平館과 東平館의 특징 -文獻史料의 분석을 중심으로-」『대한건축학회 학술발표대회 논문집』 제27권 제1호(통권 제51집) ; 김경록, 2008「조선시대 서울의 외교활동 공간」『서울학연구』 31, 23~25쪽 ; 朴善肅, 2016「조선초기 明使 迎接과 宴享」 慶尙大學校 史學科 석사학위논문, 13~15쪽 ; 김버들·조정식, 2016「실록에 나타나는 15세기 태평관·모화관 건축과 관련 인물연구」『건축역사연구』 제25권 4호 통권107호, 20~22쪽 및 27~28쪽 ; 장지연, 2020「15세기 漢城의 使臣 客館 형성과 그 의미」『서울과 역사』 104.

12 조선후기에 제작된 도성도 및 〈서울地圖〉는 李燦·楊普景, 1995『서울의 옛 地圖』 서울시립대학교 부설 서울학연구소 참조.

13 『國朝五禮儀』 卷8, 凶禮「迎賜諡祭及弔賻儀」.

14 『國朝喪禮補編』(奎 3940) 卷3, 「迎賜諡祭及弔賻儀」.

15 이현진, 2018「조선전기 국왕 국장(國葬)에서 명(明) 사신의 의례설행과 그 공간」『朝鮮時代史學報』 85 ; 李賢珍, 2023「조선후기 국왕 국장에 弔問 온 청 사신의 설행 의례와 의례 공간」『震檀學報』 140.

제 1 장

1 고려가 여러 나라와 맺은 외교에 대한 개관은 김문식, 2017『조선왕실의 외교의례』 세창출판사, 제1장 3절 참조.

2 고려 전기 거란을 맞이하는 의식을 다루면서 객관에 대해 간략하게 다룬 연구가 있다(한정수, 2015「고려 전기 '迎契丹使臣儀'의 내용과 의미」『사학연구』 118, 171~172쪽). 본 연구에서는 이를 바탕으로 고려시대 객관의 전반적 양상에 대해 정리하여 차별화하고자 한다.

3 『宣和奉使高麗圖經』 卷27, 館舍 "… 然則諸侯之國 所以待四方賓客者 尙以授館爲先 況外夷蕃服之於王人乎 惟麗人恭順有素 而朝廷綏撫有體 故其建立使館 制度華侈 有逾王居 臣嘉之 作館舍圖". 『선화봉사고려도경』의 원문은 국사편찬위원회에서 제공하는 웹 사이트 중 한국사데이터베이스를 참고했으며, 이하 동일하다.

4 한정수, 2015 「고려 전기 '迎契丹使臣儀'의 내용과 의미」 『사학연구』 118, 171쪽. 6곳의 주점에 대한 『고려사』의 기록은 다음과 같다. 『高麗史』(奎貴 3539) 卷3, 世家3 成宗 「二年冬十月己亥」 "冬十月己亥 置酒店六所 曰成禮 曰樂賓 曰延齡 曰靈液 曰玉漿 曰喜賓".

5 『高麗史』(奎貴 3539) 卷4, 世家4 顯宗1 「二年夏四月丁卯」 "置迎賓會仙二館 以待諸國使" ; 『高麗史節要』(古貴4240-3) 卷3, 顯宗元文大王 「辛亥二年夏四月」 "置迎賓會仙二館 以待諸國使".

6 회선관과 영빈관에 대한 기록의 확인은 이 또한 국사편찬위원회에서 제공하는 웹 사이트 중 한국사데이터베이스를 참고했다.

7 * 『高麗史』(奎貴 3539) 卷27, 世家27 元宗3 「十四年九月辛巳」.
* 『高麗史』(奎貴 3539) 卷35, 世家35 忠肅王2 「後四年冬十月[辛未]」 ; 『高麗史節要』(古貴4240-3) 卷25, 忠肅王 「乙亥後四年冬十月[辛未]」. 두 책의 원문에 영빈관과 관련한 날짜가 '庚午 翌日'이라고 되어 있어서 그에 해당하는 날짜인 '辛未'를 넣고 원문에는 없고 필자가 임의로 넣었다는 사실을 [ ]으로 표시했다.
* 『高麗史』(奎貴 3539) 卷36, 世家36 忠惠王 「後三年三月辛巳」.
* 『高麗史』(奎貴 3539) 卷37, 世家37 忠穆王 「卽位年六月壬申」.
* 『高麗史』(奎貴 3539) 卷37, 世家37 忠定王 「元年閏月己卯」. 윤월은 윤7월을 가리킨다.
* 『高麗史』(奎貴 3539) 卷37, 世家37 忠定王 「二年五月丙辰」.
* 『高麗史』(奎貴 3539) 卷38, 世家38 恭愍王1 「二年秋七月乙亥」.
* 『高麗史』(奎貴 3539) 卷38, 世家38 恭愍王1 「二年秋七月丙戌」.
* 『高麗史』(奎貴 3539) 卷43, 世家43 恭愍王6 「二十一年五月癸亥」.

8 * 『高麗史』(奎貴 3539) 卷32, 世家32 忠烈王5 「三十年十一月」.
* 『高麗史』(奎貴 3539) 卷37, 世家37 忠穆王 「卽位年十二月戊午」.
* 『高麗史』(奎貴 3539) 卷38, 世家38 恭愍王1 「三年秋七月癸亥」 ; 『高麗史節要』(古貴4240-3) 卷26, 恭愍王1 「甲午三年秋七月」.
* 『高麗史』(奎貴 3539) 卷61, 志15 禮3 諸陵 「恭讓王二年正月」. 공양왕의 아버지 王鈞이 使命을 받들다가 길에서 죽어 무덤이 없어서 영빈관에 帳殿을

설치하여 神을 맞이하여 들였다는 내용인데, 이 역시 고려에서 파견한 사신을 영빈관에서 맞이한 것으로 보았다.

* 『高麗史』(奎貴 3539) 卷67, 志21 禮9 嘉禮「進大明表箋儀」.
* 『高麗史』(奎貴 3539) 卷109, 列傳22「崔瀣」.
* 『高麗史』(奎貴 3539) 卷122, 列傳35 宦者「申小鳳」; 『高麗史節要』(奎 15658) 卷28, 恭愍王3「丁未十六年二月」.

9 『高麗史』(奎貴 3539) 卷7, 世家7 文宗1「九年春二月戊申」"戊申 寒食 … 黃拯等一百五人於迎賓館".

10 『高麗史』(奎貴 3539) 卷65, 志19 禮7 賓禮「迎大明無詔勅使儀」.

11 『高麗史』(奎貴 3539) 卷35, 世家35 忠肅王2「後四年冬十月[辛未]」; 『高麗史節要』(古貴4240-3) 卷25, 忠肅王「乙亥後四年冬十月[辛未]」.

12 『松京廣攷』(古4790-14) 館驛「迎賓館」.

13 『宣和奉使高麗圖經』 卷27, 館舍「客館」"客館之設 不一 順天之後 有小館十數間 以待遣使報信之人 迎恩館 在南大街興國寺之南 仁恩館 與迎恩相並 昔曰仙賓 今易此名 皆前此所以待契丹使也 迎仙館 在順天寺北 靈隱館 在長慶宮之西 以待狄人女眞 興威館 在奉先庫之北 昔嘗以待醫官之所 自南門之外及兩廊 有館凡四 曰淸州 曰忠州 曰四店 曰利賓 皆所以待中國之商旅 然而卑陋草創 非比順天也".

14 '迎恩館'과 '靈隱館'은 발음이 같아 두 객관을 함께가 아닌 각각 제시하게 되더라도 반드시 한자를 병기하여 구별하고자 한다.

15 『新增東國輿地勝覽』 卷4, 開城府上 宮室「迎賓館」"迎賓館【(註) 在午正門外 今爲迎詔及使華送迎之所 舊有迎恩館順天館 疑卽此館而隨時異名耳】". 『신증동국여지승람』의 원문은 한국고전번역원에서 운영하는 웹 서비스인 한국고전종합DB 사이트를 참조했고, 이하 동일하다.

16 영빈관의 위치에 관한 기록은 고려가 아닌 조선시대에 편찬된 자료에서 확인된다. 『新增東國輿地勝覽』 卷4, 開城府上 宮室「迎賓館」"迎賓館【(註) 在午正門外"】; 『松都誌』(一簑古915.12-So58j) 開城府 公廨「迎賓館」"迎賓館 在午正門外"; 『東國輿地志』 卷1, 開城府 宮室「迎賓館」"迎賓館【(註) 在午正門外】"; 『中京誌』(奎 4462)·(古4790-3) 卷4, 官廨「迎賓館」"迎賓館【(註) 在五正門外】". 『동국여지지』의 원문은 한국고전종합DB를 참조했고, 이하 동일하다. 『중경지』에서 '五'正門은 '午'正門의 오기이다.

17 『宣和奉使高麗圖經』 卷27, 館舍「客館」.

18 『宣和奉使高麗圖經』 卷27, 館舍「順天館」.

19 『宣和奉使高麗圖經』 卷3, 城邑「國城」"其東北隅 卽順天館 極加完葺".

20 『高麗史』(奎貴 3539) 卷7, 世家7 文宗1「九年春二月戊申」"戊申 寒食 饗宋商 葉德寵等八十七人於娛賓館 黃拯等一百五人於迎賓館 黃助等四十八人於淸河館 耽羅國首領高漢等一百五十八人於朝宗館".

21 본서 제1장 각주 19 참조.

22 『宣和奉使高麗圖經』 卷27, 館舍「順天館」·「館廳」·「詔位」·「淸風閣」·「香林亭」·「使副位」·「都轄提轄位」·「書狀官位」.

23 『宣和奉使高麗圖經』 卷27, 館舍「順天館」"先是 王徽建此 以爲別宮 自元豐朝貢之後 無以待中朝人使 故改爲館 而以順天名之".

24 『宋史』 卷487, 列傳246 外國3「高麗」"徽具袍笏玉帶 拜受詔 與𤤽睦尤禮 館之別宮 標曰順天館 言尊順中國如天云".

25 『高麗史』(奎貴 3539) 卷9, 世家9 文宗3「三十二年六月甲寅」; 『高麗史』(奎貴 3539) 卷9, 世家9 文宗3「三十二年六月丁卯」.

26 『高麗史』(奎貴 3539) 卷10, 世家10 宣宗「六年秋八月癸丑」; 『高麗史節要』 卷6, 宣宗思孝大王「己巳六年秋八月」. 이때 『고려사절요』의 원문은 한국고전종합DB 사이트를 참조했다.

27 『高麗史』(奎貴 3539) 卷11, 世家11 肅宗1「七年三月丁丑」.

28 『高麗史』(奎貴 3539) 卷12, 世家12 睿宗1「二年閏十月壬寅」; 『高麗史節要』(奎 15658) 卷7, 睿宗文孝大王1「丁亥二年冬十月壬寅」. 『고려사절요』의 경우 1107년(예종 2) '10월'에는 '壬寅'일이 없고, 또 『고려사』에 '윤10월' '임인'일로 되어 있기에 『고려사절요』의 기록에서 '임인'이라고 한 것은 오기이다.

29 『高麗史』(奎貴 3539) 卷13, 世家13 睿宗2「五年夏四月甲午」; 『高麗史』(奎貴 3539) 卷14, 世家14 睿宗3「十七年三月壬午」.

30 『高麗史』(奎貴 3539) 卷65, 志19 禮7 賓禮「迎大明無詔勅使儀」. 순천관에서 조서를 맞이한 시점은 1110년(예종 5) 6월 계미일이다. 고려 국왕이 송 황제의 조서를 맞이하는 절차는 『宣和奉使高麗圖經』 卷25, 受詔「迎詔」 참조. 고려 전기 거란 사신에 한정하지만 이들을 맞이하는 과정은 한정수, 2015「고려 전기 '迎契丹使臣儀'의 내용과 의미」『사학연구』 118 참조.

31 『高麗史』(奎貴 3539) 卷14, 世家14 睿宗3「十年夏四月甲寅」.

32 『高麗史』(奎貴 3539) 卷15, 世家15 仁宗1「六年夏四月甲子」"甲子 移御大明宮 卽順天館".

33 『高麗史』(奎貴 3539) 卷19, 世家19 明宗1「五年八月己未」; 『高麗史節要』(奎 15658) 卷12, 明宗光孝大王1「乙未五年八月」.

34 『高麗史節要』(奎 15658) 卷14, 高宗安孝大王「丙子三年十一月」; 『高麗史』(奎貴 3539) 卷103, 列傳16「趙冲」.

35 『中京誌』(古4790-3) 卷4, 官廨「順天館」“順天館【(註) 在炭峴門內 今成均館 卽其舊基】高麗文宗 建此以爲別宮 名曰大明 自元豐朝貢之後 無以待中朝人使 故改爲館 而以順天名之 後改爲崇文殿 又改爲崇文館”. 동일한 내용이 이보다 앞서 편찬된『중경지』(1855, 철종 6)에도 실려 있다[『中京誌』(奎 4462) 卷4, 官廨「順天館」].

36 『高麗史節要』(奎 15658) 卷14, 高宗安孝大王「丙子三年十二月」“幸順天館 御崇文殿 鄭叔瞻趙冲 以戎服率諸摠管 入庭行禮”.

37 조선 초 영빈관에 대한 확인은『조선왕조실록』을 참조했다.『조선왕조실록』은 국사편찬위원회에서 제공하는 웹 사이트를 참조했으며, 원문 역시 이를 참고했다. 이하 동일하다.

38 『宣和奉使高麗圖經』卷27, 館舍「順天館」“使副旣奉詔 入城之宣義門 直北行三里許 至京市司 又轉北行五里許 至廣化門 復轉西行二里 過一崗甚峻稍 向北行一里 卽至順天館也 外門有榜 中門 青繡衣龍虎軍守之 惟作上中節上下馬之處 正廳九楹 規模壯偉 工制過於王居 外廊三十間 不置他物 唯館會 則列中下節飮席焉 庭中 有二小亭 當其中 作幕屋三間 昔爲作樂之地 今以王俁衣制未除 不復見 廳之後 有過道 中建樂賓亭 左右翼兩位 以爲使副居室 內廊各十二位 上節分處之 西位之南 爲館伴宫位 其北以奉詔書 兩序 以居道官 東位有堂 爲都轄提轄位 又東爲書狀官位 亦有廊屋甚廣 中下節以次 舟人居之 以北爲上 使副而下 各給房子 以備使令 東位之南 當其中爲清風閣 西位之北 依山勢爲香林亭 皆開軒對山 淸流環遶 喬松名卉 丹碧交陰 供張器皿無一不備 先是 王徽建此 以爲別宮 自元豐朝貢之後 無以待中朝人使 故改爲館 而以順天名之”.

제 2 장

1 공양왕의 遜位부터 이성계의 수창궁에서의 즉위까지는『太祖實錄』卷1, 太祖 1年 7月 丙申(17) 참조.

2 장지연, 2018『경복궁, 시대를 세우다 -새 권력은 왜 새 수도를 요구하였나-』너머북스, 123쪽.

3 『太祖實錄』卷3, 太祖 2年 1月 乙亥(29).

4 『太祖實錄』卷5, 太祖 3年 3月 戊午(19) ;『太祖實錄』卷6, 太祖 3年 6月 甲申(16) ; 본서【부표 1】. 영빈관은 이후『조선왕조실록』에 1443년(세종 25)까지 그 기록이 확인된다. ‘개성부의 영빈관은 바로 舊都의 사신을 맞이하고 전송하는 곳으로 다른 院·館과는 비교가 안된다.’는 내용이다[『世宗實錄』卷100, 世宗

25年 4月 戊戌(13)]. 『세종실록』의 원문에는 이 내용이 '開城府迎賓館 乃是舊都迎餞使臣之非處他院館之比'라고 되어 있는데 '開城府迎賓館 乃是舊都迎餞使臣之處 非他院館之比'를 잘못 기록한 것 같다.

5 『高麗史』(奎貴 3539) 卷35, 世家35 忠肅王2「後四年冬十月[辛未]」; 『高麗史』(奎貴 3539) 卷36, 世家36 忠惠王「後四年十一月甲申」; 『高麗史』(奎貴 3539) 卷122, 列傳35 宦者「高龍普」.

6 『高麗史』(奎貴 3539) 卷37, 世家37 忠穆王「二年閏十月戊戌」.

7 『高麗史』(奎貴 3539) 卷38, 世家38 恭愍王1「元年二月戊戌」.

8 『高麗史』(奎貴 3539) 卷41, 世家41 恭愍王4「十四年三月己巳」.

9 『高麗史』(奎貴 3539) 卷41, 世家41 恭愍王4「十七年十一月丙辰」.

10 『高麗史』(奎貴 3539) 卷65, 志19 禮7 賓禮「迎大明無詔勅使儀」; 『高麗史節要』(奎 15658) 卷28, 恭愍王3「甲辰 十三年冬十月」.

11 『高麗史』(奎貴 3539) 卷65, 志19 禮7 賓禮「迎大明無詔勅使儀」.

12 『高麗史』(奎貴 3539) 卷132, 列傳45 叛逆6「辛旽」.

13 『高麗史』(奎貴 3539) 卷133, 列傳46 辛禑1「四年七月丁丑」.

14 『宣和奉使高麗圖經』 卷4, 門闕「宣義門」"宣義門 卽王城之正西門也".

15 『高麗史』(奎貴 3539) 卷9, 世家9 文宗3「三十二年六月丁卯」.

16 『高麗史』(奎貴 3539) 卷65, 志19 禮7 賓禮「迎大明無詔勅使儀」.

17 『태종실록』에는 '松都延賓館'으로 기록되어 있다[『太宗實錄』 卷14, 太宗 7年 8月 癸卯(22)].

18 1398년 8월 개성 延賓館의 제도를 모방하여 모화루를 세웠고 모화관으로 관명을 고쳤다[정은주, 2022「임진전쟁기 명사(明使)에 대한 외교의례 전개 양상」『한국학』 45-3(통권 168호), 137쪽].

19 17세기 이후 편찬·간행한 송도읍지들은 노경희, 2020「17세기 송도 기록에 나타난 개성 이미지의 형성 -고려의 수도에서 조선의 경기로-」『韓國漢文學研究』 77, 〈송도읍지 간행 목록〉(155~156쪽) 참조.

20 『松京廣攷』(古4790-14) 館驛.

21 정동행성의 상징적 의미 부여를 다룬 이 단락은 장지연, 2020「15세기 漢城의 使臣 客館 형성과 그 의미」『서울과 역사』 104, 2장에서 힌트를 얻었다. 이 논문에서는 '조선 초 정동행성에서 태평관으로의 전환은 공민왕대 명과의 첫 교섭 때부터 천자국과 제후국(번국)의 구성을 만들며 그 거리감을 회복하기 위한 노력의 결실'로 보았다.

22 〈표 1〉은【부표 1】을 재정리한 것이다.

23 『太祖實錄』 卷5, 太祖 3年 3月 乙卯(16).

24 『太祖實錄』 卷5, 太祖 3年 4月 癸未(14).

25 『太祖實錄』 卷5, 太祖 3年 4月 丁酉(28).

26 『太祖實錄』 卷5, 太祖 3年 5月 戊午(20).

27 1399년 2월부터 1405년 10월까지로 기간을 설정한 것은 명 사신을 맞이하는 주체가 국왕이므로 여타 왕실 직계 가족들의 이동은 배제한 채 현 국왕의 이동을 기준으로 삼았다. 정종이 1399년 2월 1일 한양에서 개성의 留後司로 갔고 2월 15일에 유후사에 도착, 거기서 2월 26일에 개성으로의 移都/還都를 결정했다[『定宗實錄』 卷1, 定宗 1年 2月 壬寅(1) ; 『定宗實錄』 卷1, 定宗 1年 2月 丙辰(15) ; 『定宗實錄』 卷1, 定宗 1年 2月 丁卯(26)]. 결국 정종이 유후사로 간 시점부터 헤아리면 2월 1일부터 한양에 없었다. 이후 태종이 1404년(태종 4) 9월 1일에 한양으로의 천도를 천명하고(장지연, 2018 『경복궁, 시대를 세우다 -새 권력은 왜 새 수도를 요구하였나-』 너머북스, 191~192쪽), 이듬해인 1405년 10월 8일 개성을 출발하여 10월 11일에 한양에 도착했다[『太宗實錄』 卷10, 太宗 5年 10月 庚午(8) ; 『太宗實錄』 卷10, 太宗 5年 10月 癸酉(11)]. 태종이 개성을 떠난 시점은 정확하게 10월 8일이고 이때부터 개성에 없었다. 이러한 설명을 통해 기간을 구체적으로 제시한 것은 기존 연구와의 사이에 생길 수 있는 오해의 소지를 방지하기 위함이다. 본서에는 현 국왕의 이동을 중심으로 기간을 설정한 반면, 기존 연구에는 다른 왕실 구성원을 프함한 전체의 이동을 중심으로 기간을 설정하여 범위가 달라져서이다. 기존 연구는 김문식, 2010 「1740년 국왕 영조의 개성 행차」 『朝鮮時代史學報』 52, 128~129쪽 ; 朴善肅, 2016 「조선초기 明使 迎接과 宴享」 慶尙大學校 史學科 석사학의논문, 4쪽 참조.

28 『定宗實錄』 卷2, 定宗 1年 7月 丁亥(19).

29 〈표 2〉는 【부표 2】를 재정리한 것이다.

30 국자감생 宋鎬, 相安, 王威/王咸, 劉敬 등 4인이 개성에 들어온 날은 9월 15일 한 날이지만 귀국한 날은 각자 다르다. 왕위/왕함은 10월 5일, 유경은 10월 16일, 송호는 10월 28일, 상안은 11월 11일이다. 개성에 입경한 날부터 귀국길에 오른 날까지 그들이 머문 기간은 상안에 맞춰 '1401년 9월 15일~11월 11일'로 했다.

31 * 王威 : 『太宗實錄』 卷2, 太宗 1年 9月 辛壬(15).
* 王咸 : 『太宗實錄』 卷2, 太宗 1年 10月 庚申(5).

32 『태종실록』의 원문에 모두 '鄔修'라고 쓰여 있는데 '鄥修'의 오기가 아닌가 한다. 〈표 2〉에는 원문에 따라 '교수'라고 표기했다. 참고로 국사편찬위원회에서 제공하는 웹 서비스 중 명실록·청실록에는 鄔修와 鄥修 둘 다 검색되지 않는다.

33 축맹헌과 감생 동섬·유영이 개성에 들어온 날은 2월 19일 한 날이지만 개성을 떠난 날은 각자 다르다. 유영은 2월 29일에, 축맹헌은 3월 20일에, 동섬은 3월 23일에 각각 돌아갔다. 개성에 입경한 날부터 귀국길에 오른 날까지 그들이 머문 기간은 동섬에 맞춰 '1402년 2월 19일~3월 23일'로 했다. 참고로 축맹헌이 길이 막혀 요동에 이르지 못하고 4월 10일에 되돌아 왔는데 이날부터 그가 京師로 돌아간 5월 20일까지 행한 그의 영접에 대해서는【부표 2】에서 제외했다.

34 『太宗實錄』 卷7, 太宗 4年 5月 丁未(7) ; 『太宗實錄』 卷7, 太宗 4年 6月 己卯(10) ; 『太宗實錄』 卷7, 太宗 4年 6月 庚辰(11). 국사편찬위원회에서 제공하는 웹 서비스(조선왕조실록과 승정원일기, 한국사데이터베이스 중 고려시대)와 한국고전종합DB 사이트를 확인했다. 필자가 최종 확인한 날짜는 2022년 11월 9일이다.

35 『太宗實錄』 卷7, 太宗 4年 6月 庚辰(11).

36 『太宗實錄』 卷7, 太宗 4年 4月 甲戌(4).

37 『太宗實錄』 卷7, 太宗 4年 4月 己卯(9).

38 『太宗實錄』 卷7, 太宗 4年 5月 乙巳(5).

39 『太宗實錄』 卷7, 太宗 4年 5月 丁未(7).

40 『太宗實錄』 卷7, 太宗 4年 6月 己卯(10).

41 『太祖實錄』 卷8, 太祖 4年 9月 庚申(29).

42 『太祖實錄』 卷8, 太祖 4年 閏9月 庚辰(19).

43 태종이 한양으로 천도하는 과정은 장지연, 2018 『경복궁, 시대를 세우다 -새 권력은 왜 새 수도를 요구하였나-』 너머북스, 187~199쪽 참조.

44 『太宗實錄』 卷10, 太宗 5年 10月 庚午(8) ; 『太宗實錄』 卷10, 太宗 5年 10月 癸酉(11).

45 장지연, 2018 『경복궁, 시대를 세우다 -새 권력은 왜 새 수도를 요구하였나-』 너머북스, 206~207쪽.

46 『太宗實錄』 卷20, 太宗 10年 9月 壬午(18) ; 『太宗實錄』 卷20, 太宗 10年 9月 乙酉(21).

47 『太宗實錄』 卷21, 太宗 11年 2月 丁未(16).

48 『太宗實錄』 卷20, 太宗 10年 10月 壬寅(9).

49 〈표 3〉의 작성을 위하여 참고한 자료는 『태종실록』이다.

50 『太宗實錄』 卷21, 太宗 11年 1月 戊辰(7).

51 태종대부터 중종대까지 개성 행차의 시기를 제시한 이 단락은 김문식, 2010 「1740년 국왕 영조의 개성 행차」 『朝鮮時代史學報』 52, 129~132쪽 및 〈표 1〉(134~135쪽) 참조.

52 『中宗實錄』卷77, 中宗 29年 7月 甲戌(9).

53 『中宗實錄』卷78, 中宗 29年 9月 甲戌(11).

54 『中宗實錄』卷77, 中宗 29年 7月 甲申(19).

55 『中宗實錄』卷77, 中宗 29年 8月 甲寅(20).

56 『中宗實錄』卷77, 中宗 29年 8月 甲寅(20).

57 명 사신이 의주에서 한양까지 들어오는 경로는 정은주, 2012『조선시대 사행기록화』 사회평론, 38쪽 ; 具都暎, 2013「조선 전기 對明 陸路使行의 형태와 실상」『震檀學報』117, 3장 1절 참조.

58 『中宗實錄』卷78, 中宗 29年 12月 甲午(2).

59 『中宗實錄』卷80, 中宗 30年 9月 庚午(12) ;『中宗實錄』卷80, 中宗 30年 9月 壬申(14).

60 『中宗實錄』卷80, 中宗 30年 9月 癸酉(15).

61 『中宗實錄』卷80, 中宗 30年 9月 甲戌(16).

62 『中宗實錄』卷80, 中宗 30年 9月 乙亥(17).

63 『中宗實錄』卷80, 中宗 30年 9月 丙子(18). 원문에 경덕궁은 '景德宮'으로, 태평관은 '大平館'으로 기록되어 있다. 먼저 경덕궁이다. 景德宮은 '敬德宮'의 오기로 보는 것이 적확하다. '慶德宮'으로 쓴 곳도 나오는데[『中宗實錄』卷77, 中宗 29年 8月 甲寅(20)] 이 또한 '敬德宮'의 오기로 보아야 할 것이다. 특히 '慶德宮'은 1617년(광해군 9)부터 1620년(광해군 12)까지 한양에 건립한 慶熙宮의 원래 이름이다[張志連, 1997「光海君代 宮闕營建 −仁慶宮과 慶德宮(慶熙宮)의 창건을 중심으로− 」『韓國學報』86, 2장 ; 장지연, 2002「17세기 慶德宮(慶熙宮)의 수리와 그 정치적 의미 −『慶德宮修理所儀軌』 분석을 바탕으로」『韓國學報』107, 29~30쪽]. 다음 태평관이다. 태평관은 '太'자를 대신하여 '大'자로 쓴 경우가 문헌에서 종종 발견된다. 이에 대해 『세종실록』에 '太'는 '泰'와 통용되고, '大'의 音은 '泰'이고 古字에는 점이 없었으나 後人이 점을 찍어서 구별했다라고 하면서 本朝의 廟號太祖, 謚號王大后 및 사대문서 안 太子 등 '大'자에 모두 점이 없었으나 모두 점을 찍기로 한 내용이 수록되어 있다[『世宗實錄』卷9, 世宗 2年 8月 乙丑(29)]. 태평관 역시 이러한 사례에 해당된다고 생각하지만 본 기사처럼 세종대 이후에도 문헌에는 太平館 혹은 大平館을 혼용한 경우가 적지 않다.

64 '개성 제릉에 행행할 때의 동선'의 작성을 위하여 참고한 자료는 『중종실록』이다.

65 '개성에서 환궁할 때의 동선'의 작성을 위하여 참고한 자료는 『중종실록』이다.

66 공용경이 1537년(중종 32)에 조선을 다녀간 뒤 곧바로 『사조선록』을 편찬한 것

같다. 그가 이해 3월 17일 모화관을 떠났고, 이후 이 책의 서문에 따르면 이해 4월 15일에 이 책을 쓴 것으로 되어 있어서이다[『使朝鮮錄』(국립중앙도서관 소장, 古159-51. 이하 '古159-51'로 표기) 使朝鮮錄序 "嘉靖丁酉夏四月望日 … 欽差朝鮮正使龔用卿識"].

67 『新增東國輿地勝覽』 卷4, 開城府上 宮室 「太平館」 "太平館【(註) 在本司西 高麗時爲征東省 今爲使華止宿之所】".

68 『使朝鮮錄』(古159-51) 三曰使職之務 一山川之限 開城府 「開城太平館」 "開城太平館【(註) 在城外】". 성 밖은 〈도판 4〉에 표시된 성 밖에 있는 태평관 자리이다.

69 『조선부』는 1488년(성종 19) 弘治帝의 즉위 조서를 전하고자 조선에 사신으로 온 동월이 조선의 자연, 풍속, 인정, 의식주, 제도 등을 기술한 책으로, 운문의 한 형식인 賦로 쓰였다(후마 스스무 지음·신로사 외 옮김, 2019 『조선연행사와 조선통신사』 성균관대학교 출판부, 721쪽). 『조선부』는 1490년(성종 21) 중국에서 처음 간행되었고, 2년 만에 조선으로 유입, 임진왜란 전까지 조선에서 최소 3회 이상 간행되었다(김소희, 2015 「『朝鮮賦』의 한중일 간행과 유통」 『藏書閣』 33, 121쪽).

70 『朝鮮賦』 "開城戾止 留都在焉 … 官署亦限堂屬之尊卑 廟學亦嚴像設於聖賢【(註) … 其候館卽王氏時太平館 所以視他館爲獨軒敞雄偉". 본서에서 참고한 동월의 『조선부』는 북경대학 소장 '朱琦抄本' 『조선부』와 四庫全書 『조선부』의 원문을 부록으로 수록하고 『國朝典故』(북경대학출판사 영인본, 1993)와 대조한 책을 참조했다(동월 지음·김영국 옮김, 2013 『(국역) 조선부』 심미안).

71 이덕형이 1629년(인조 7)에 개성부 유수가 되었고 2년 뒤 『松都記異』를 썼다. 『大東野乘』 松都記異 참조.

72 『大東野乘』 松都記異 "崔永壽者 松都人也 業文少有才名 屢參鄕解 不利於會院 龔用卿詔使時 爲太平館脩理監官 丹雘鋪陳 極其華美".

73 『宣祖實錄』 卷26, 宣祖 25年 4月 壬寅(13).

74 『春官通考』 卷10, 吉禮 宗廟 「變禮」 "宣祖二十五年 壬辰倭亂猝起 車駕西幸 宗廟令權憘 率守僕 奉宗廟十室及永寧殿神主列聖御寶五十餘顆玉竹冊各樣謄錄 追到松京 上命奉安于太平館".

75 본서에서 참고한 송도읍지 및 그 안의 내용은 노경희, 2020 「17세기 송도 기록에 나타난 개성 이미지의 형성 -고려의 수도에서 조선의 경기로-」 『韓國漢文學研究』 77, 〈송도읍지 간행 목록〉(155~156쪽)을 참조하되 서울대학교 규장각한국학연구원과 한국학중앙연구원 장서각에 소장된 원본을 일일이 대조했음을 밝혀둔다.

76 『松京誌』(藏 K2-4249) 卷5, 官舍「太平館」“太平館【(註) 在西小門外】高麗時爲征東省 元世祖征日本時所作 今爲使華止宿之所【(註) 原 ○曹臣俊雜記 太平館焚于壬亂 不能重建 華使及我國使臣 皆就本司舍館 故移稱太平館 本司乃府官坐政廳 ○舊館遺址 在今館西佛恩洞南 ○增】”.

77 노경희, 2020「17세기 송도 기록에 나타난 개성 이미지의 형성 -고려의 수도에서 조선의 경기로-」『韓國漢文學硏究』77, 152~153쪽.

78 『中京誌』(奎 4462) 卷4, 官廨「太平館」.

79 『中京誌』(古4790-3) 卷4, 官廨「太平館」.

80 『中京誌』(想白古915.17-G42j) 卷4, 官廨「太平館」.

81 『松京廣攷』(古4790-14) 館驛「征東省」“征東省【(註) 按 舊址在佛恩洞南 本朝改號太平館 壬辰亂後 不能重建 移就府官坐政廳 卽今館也】”.

82 『松京廣攷』(古4790-14) 館驛「本朝太平館」“本朝太平館【(註) 勝覽及原志 在西小門外 高麗時爲征東省 元世祖征日本時所作 今爲使華止宿之所 ○松都雜記 太平館焚于壬亂 不能重建 華使及我國使臣 皆就本司舍館 故移稱太平館 本司乃府官坐政廳 東隣西小門 北有國子洞 據此勝覽所云 乃指舊館 其基則在今館之西佛恩洞南】”.

83 〈도판 1〉·〈도판 2〉·〈도판 3〉에 대한 정보는 홍영의, 2011「조선후기 회화와 지도에 기록된 개성의 유적과 경관」『역사와 현실』79, 141~152쪽 참조.

84 〈四狀元松都同僚契會圖〉의 이칭은 ‘四狀元松都同僚契會畵’이다. 소장품번호는 〈본관 4996〉이다.

85 〈松都四壯元契會圖六幅屛風〉의 이칭은 ‘松都四壯元契會圖屛’이다. 소장품번호는 〈남산 1841〉이다.

86 〈松都龍頭會圖〉는 〈松都四壯元契會圖六幅屛風〉을 중수한 이후에 다시 화첩으로 移摹한 것으로 보고 있다(홍영의, 2011「조선후기 회화와 지도에 기록된 개성의 유적과 경관」『역사와 현실』79, 151쪽).

87 『松都誌』(一簑古915.12-So58j) 開城府 公廨「太平館」“太平館在西小門外 高麗時爲征東省 元世祖征日本時所作 今爲使華止宿之所 兼爲本司”.

88 『松都誌』(奎 4983) 卷3, 官舍「太平館」.

89 『松都續誌』(古4790-15) 卷3, 官舍「太平館」“太平館【(註) 見原誌】”.

90 『松京誌』(藏 K2-4249) 卷5, 官舍「太平館」; 본서 제2장 각주 76 참조.

91 『松京廣攷』(古4790-14) 館驛「征東省」; 『松京廣攷』(古4790-14) 館驛「本朝太平館」.

92 『中京誌』(奎 4462) 卷4, 官廨「太平館」.

93 『中京誌』(古4790-3) 卷4, 官廨「太平館」.

94 『中京誌』(想白古915.17-G42j) 卷4, 官廨「太平館」.

95 『冠巖全書』 記 西征記 "過太平館 館在府西 高麗時爲征東省 今爲使華止宿之所 轉出午正門".

96 홍제원은 문헌에 '弘濟院' 혹은 '洪濟院'으로 기록되어 있어, 본서에 한자를 병기할 경우에는 참고하는 문헌의 원문을 따라 쓰고자 한다. 이하 동일하다.

97 『承政院日記』 肅宗 28年 2月 13日(乙丑)~『承政院日記』 肅宗 28年 2月 21日(癸酉) ; 『肅宗實錄』 卷36, 肅宗 28年 2月 甲戌(22) ; 『承政院日記』 肅宗 28年 2月 22日(甲戌). 각 지역에 마련된 객관의 명칭은 『湛軒書』(外集) 卷10, 燕記「路程」 ; 『海東繹史』 卷29, 宮室志 城闕(附官府亭舘) 「[路程]」 ; 이종묵, 2022 「황화수창의 공간」 『藏書閣』 47 참조.

98 예겸은 司馬恂과 함께 명 경제의 등극을 알리기 위하여 1450년(세종 32)에 조선을 다녀갔다. 압록강을 건너 입경하기까지의 과정이 『조선기사』와 『요해편』에 잘 정리되어 있다. 예겸의 『조선기사』와 『요해편』은 예겸·장영 지음/은몽하·우호 엮음/김한규 옮김, 2012 『사조선록 역주 2 : 明使의 朝鮮 使行錄 1』 소명출판에 실린 것을 참조했다.

99 동월 지음·김영국 옮김, 2013 『(국역) 조선부』 심미안.

100 현재 전하는 『湛軒書』는 원래의 필사본 15책은 전하지 않고 1939년 후손 洪榮善이 新朝鮮社에서 7책으로 발간한 것이다. 『담헌서』의 원문은 한국고전종합DB 사이트를 참조했다.

101 현재 전하는 『海東繹史』는 한치윤이 편찬한 본편 70권과 그의 조카 한진서가 地理考를 보충한 속편 15권으로 이루어져 있다. 『해동역사』의 원문 역시 한국고전종합DB 사이트를 참조했다.

102 『조선기사』에는 肅州館, 『요해편』에는 肅寧館으로 되어 있다.

103 安定館은 『조선기사』에는 나오지만 『요해편』에는 나오지 않는다.

104 『요해편』에는 黃州 濟安樓에 오른 내용이 있을 뿐이다.

105 劍水館은 『조선기사』에는 나오지만 『요해편』에는 나오지 않는다. 다만, 『요해편』에는 용천관에 이르기 전 관사에 머물 때 鳳山樓에 오른 내용이 있다. 관사의 명칭은 나오지 않지만 '鳳山館'으로 추정된다. 『해동역사』의 출처가 『조선기사』인데 『해동역사』에는 '봉산관'이 나와서이다.

106 『조선기사』에는 城安館, 『요해편』에는 安城館으로 되어 있다.

107 『조선기사』에는 興義館, 『요해편』에는 義興館으로 되어 있다.

108 밑줄 그은 東坡館, 原平府, 碧蹄館, 接官廳, 慕華館 등은 『요해편』에는 나오지 않는다. 본서에서 『요해편』은 사신이 지은 詩에 나온 객관을 정리한 것이므로, 머물렀던 객관에서 시를 짓지 않으면 객관의 명칭은 기대하기 어렵다.

109 밑줄 그은 부분은 부록으로 첨부한 '주기초본'『조선부』에는 없어서『국조전고』를 참고했다고 한다[동월 지음·김영국 옮김, 2013『(국역) 조선부』 심미안, 38쪽 각주 86) 참조]. 필자가 부록을 확인한 바 '주기초본'『조선부』만이 아니라 사고전서『조선부』에도 밑줄 그은 부분은 기록되어 있지 않다.

110 국립중앙도서관 소장본『사조선록』(古159-51)의 56면에는 '同'仙館으로, 57면에는 '洞'仙館으로, 68면에는 '洞'仙館으로 기록되어 있다.

111『使朝鮮錄』(古159-51) 三曰使職之務 一道里之距. 공용경의『사조선록』에 기록된 의주 의순관부터 왕경에 이르기까지 각 지역에 설치된 객관의 명칭은『사조선록』을 번역한 동월·공용경 지음/은몽하·우호 엮음/김한규 옮김, 2012『사조선록 역주 3 : 明使의 朝鮮 使行錄 2』 소명출판, 136~137쪽 및 이를 도표로 정리한 김문식, 2015「明使 龔用卿이 경험한 외교의례」『朝鮮時代史學報』 73, 〈표 2〉(200~201쪽)에도 있다.

112 葱秀 寶山館은 '葱秀館'이라고도 했다.『承政院日記』 哲宗 卽位年 12月 12日(乙亥) 참조.

113『湛軒書』(外集) 卷10, 燕記「路程」.

114 興易館은 興義館의 오기라고 원문에 주처리가 되어 있다.

115 개성관은 朝鮮賦注에 '王氏 때의 태평관으로, 다른 館에 비해 유독 높고 넓으며 웅위하다.'고 되어 있다.

116 원평은 坡州의 옛 호칭이다.

117『海東繹史』卷29, 宮室志 城闕(附官府亭舘)「[路程]」. 노정이라는 항목명이 제시되어 있지 않지만 의주 의순관에서부터 한양 모화관에 이르기까지 각 지역과 그곳의 객관을 나열하고 있기에 항목명을 쓰는 자리에 노정이라고 쓰고 추정의 의미로 [ ]을 표시했다. '노정'은 본서 제2장 각주 113의『담헌서』에 기록된 항목명을 따랐다.『해동역사』의 노정 내용의 출처는 '朝鮮紀事'이다.

118 李鉉淙, 1961「明使接待考」『鄕土서울』 12, 112쪽. 여기서 소개한 각 지역 객관의 원래 출처는 金聖七, 1960「燕行小攷 -朝中交涉史의 一齣-」『歷史學報』 12, 21쪽 각주 (40)이다. 후자에 따라 제시하면 다음과 같다. 高陽 碧蹄館, 坡州 坡平館, 長湍 臨湍館, 松京 太平館, 金川 金陵館, 平山 東陽館, 葱秀 寶山館, 瑞興 龍泉館, 劒水 鳳陽館, 鳳山 洞仙館, 黃州 齊安館, 中和 生陽館, 平壤 大同館, <u>順安 館定館</u>, <u>肅川 肅審館</u>, 安州 安興館, <u>嘉山 嘉山館</u>, 定州 新安館, 郭山 雲興館, 宣川 林畔館, 鐵山 車輦館, 龍川 良策館, 所串 義順館, 義州 龍灣館. 밑줄은 다른 문헌이나 기존 연구와 비교해보면 객관의 명칭을 잘못 기재한 것 같다. 순안의 '館定館'은 '安定館', 숙천의 '肅審館'은 '肅寧館', 가산의 '嘉山館'은 '嘉平館'이 되어야 한다.

119 이종묵, 2022「황화수창의 공간」『藏書閣』47.

120『通文館志』卷4, 事大(下)「郊迎儀」(宣勅儀附) "奏時官進告政院 與請來官 馳進弘濟院【(註) 使以止宿碧蹄 犯夜入京有弊 故累請設館于弘濟院 順治戊子因有勅旨建置】". 홍제원에 객관을 설치하게 된 구체적인 과정은 김경록, 2018「조선시대 벽제관의 군사, 외교적 의미」『軍史』106, 307쪽 참조.

121『承政院日記』肅宗 7年 3月 30日(癸未).

122『承政院日記』肅宗 28年 2月 21日(癸酉).

123 김문식, 2010「1740년 국왕 영조의 개성 행차」『朝鮮時代史學報』52, 132~133쪽 및 〈표 1〉(135쪽).

124『承政院日記』肅宗 19年 8月 3日(甲戌).

125『承政院日記』肅宗 19年 8月 6日(丁丑).

126『拜陵謄錄』(奎 12868) 癸酉八月初十日 ;『承政院日記』肅宗 19年 8月 10日(辛巳).

127『肅宗實錄』卷25, 肅宗 19年 8月 辛巳(10).

128『肅宗實錄』卷25, 肅宗 19年 9月 壬寅(1).

129『拜陵謄錄』(奎 12868) 癸酉八月初十日 "儒生試所 則太平館之庭 庭足以容三四百之儒生 且館之西 又有式燕堂 其前後庭 可容近千儒生" ;『承政院日記』肅宗 19年 8月 10日(辛巳).

130『承政院日記』英祖 13年 4月 16日(甲戌) ;『英祖實錄』卷43, 英祖 13年 4月 甲戌(16).

131『承政院日記』英祖 16年 8月 1日(己亥).

132『承政院日記』正祖 17年 12月 28日(丁亥).

133『承政院日記』正祖 18年 4月 14日(庚午).

134『承政院日記』正祖 18年 4月 22日(戊寅).

135『承政院日記』哲宗 卽位年 12月 12日(乙亥).

136『同文彙考』(補編)(藏 K2-3474) 卷9, 詔勅錄「道光二十九年」.

137『承政院日記』哲宗 卽位年 12月 19日(壬午).

138『承政院日記』高宗 3年 9月 23日(己卯).

139 고종과 명성왕후의 嘉禮 과정은 이현진, 2022『조선과 대한제국 의례의 경계』신구문화사, 22~23쪽 참조.

140 명성왕후의 왕비 책봉을 위해 조선에 온 청 사신 중 상사는 시랑 魁齡, 부사는 산질대신 希元이다. 이들은 冊封王妃誥 1道와 誥命彩幣勅 1道를 가지고 왔다[『同文彙考』(補編)(國史編纂委員會 영인본, 1978) 卷9, 詔勅錄「同治五年」].

141 同治遺詔와 光緖登極詔를 가지고 조선에 오는 청 사신 중 상사는 형부시랑 銘安, 부사는 산질대신 立瑞이다[『同文彙考』(補編)(國史編纂委員會 영인본, 1978) 卷9, 詔勅錄「同治十三年」·「光緖元年」].

142 『承政院日記』 高宗 12年 2月 3日(辛未).

143 『同文彙考』(補編)(國史編纂委員會 영인본, 1978) 卷9, 詔勅錄.

144 『通文館志』 卷12, 紀年續編「今上二十五年戊子」.

145 『承政院日記』 高宗 27年 9月 26日(癸巳) ; 『高宗實錄』 卷27, 高宗 27年 9月 癸巳(26). 조선에 온 청 사신의 상칙은 續昌, 부칙은 崇禮이다[『高宗實錄』 卷27, 高宗 27年 9月 癸巳(26) ; 『德宗景皇帝實錄』 卷289, 光緖16年 9月 2日]. 『덕종경황제실록』은 국사편찬위원회에서 제공하는 웹 서비스 중 '청실록'을 참조했다.

146 홍영의, 2011 「조선후기 회화와 지도에 기록된 개성의 유적과 경관」 『역사와 현실』 79, 143쪽 각주 18).

147 * 〈도판 5〉 : 국립중앙박물관 소장 조선총독부박물관 유리건판, 소장품번호 〈건판 70〉.
* 〈도판 6〉 : 국립중앙박물관 소장 조선총독부박물관 유리건판, 소장품번호 〈건판 71〉.
* 〈도판 7〉 : 국립중앙박물관 소장 조선총독부박물관 유리건판, 소장품번호 〈건판 72〉.
* 『朝鮮古蹟圖譜』(11) 客舍「開城客舍太平館」·「開城客舍太平館內部天井」·「開城客舍太平館殿牌及闕牌」, 1580쪽.

제 3 장

1 『太祖實錄』 卷3, 太祖 2年 1月 乙亥(29).

2 『太祖實錄』 卷8, 太祖 4年 閏9月 庚辰(19).

3 국사편찬위원회에서 제공하는 웹 사이트 중 『조선왕조실록』의 원문에 '營大平館'으로 기록되어 있다. '大'의 音이 '泰'였다가 '대'는 '大', '태'는 '太'로 표기하기로 결정한 시점이 세종 초이다[『世宗實錄』 卷9, 世宗 2年 8月 乙丑(29) ; 본서 제2장 각주 63 참조].

4 개성 태평관 관명의 상징성은 본서 제2장 제1절 1항 '태조대 개성 태평관의 설치 : 정동행성의 활용과 상징성' 참조.

5 개성도읍기에 명 사신을 맞이한 시기와 그때 온 명 사신은 본서 제2장 〈표 1〉·〈표 2〉 및 부록【부표 1】·【부표 2】 참조.

6 '태종의 한양 재천도 이후 개성에 행차하여 머무는 동안 명 사신이 와서 개성 태평관을 객관으로 삼은 사례'는 본서 제2장 〈표 3〉 참조. 1410년(태종 10) 10월 내사태감 田嘉禾와 소감 海壽가 와서 개성 태평관에 머물렀다.

7 『世宗實錄地理志』 卷148, 京都漢城府 「太平館」 "太平館【(註) 在崇禮門內皇華坊 以館待朝廷使臣】".

8 『조선부』 중 태평관에 대한 기록이 북경대학 소장 '朱琦抄本' 『조선부』와 四庫全書 『조선부』의 내용이 조금 다르다. 朱琦抄本 『조선부』와 四庫全書 『조선부』 두 기록을 모두 제시하면 다음과 같다.

* 朱琦抄本 『조선부』 : 『朝鮮賦』 "太平有館【(註) 在崇禮門中 … 所以待天使者】".
* 四庫全書 『조선부』 : 『朝鮮賦』 "太平有館【(註) 在崇禮門內 … 所以待天使者】".

9 『신증동국여지승람』에 태평관의 위치를 알려주는 곳이 두 군데 있다. 둘 다 제시하면 다음과 같다.

* 『新增東國輿地勝覽』 卷1, 京都上 新增 國都 "太平有館【(註) 在崇禮門內 … 所以待天使者】". 이는 『신증동국여지승람』에 실린 『조선부』의 내용이다.
* 『新增東國輿地勝覽』 卷3, 漢城府 宮室 「太平館」 "太平館【(註) 在崇禮門內待中朝使臣】". 원문에는 '大平舘'으로 쓰여 있다.

10 『使朝鮮錄』(古159-51) 三曰使職之務 一山川之限 漢城府 「太平館」 "太平館【(註) 在崇禮門西】".

11 『使朝鮮錄』(古159-51) 三曰使職之務 一山川之限 漢城府 「慕華館」 "慕華館【(註) 在崇禮門西北】".

12 『통문관지』는 숙종대 역관 金指南과 그의 아들 金慶門이 중심이 되어 편찬한 관서지로, 사역원의 연혁과 대외관계에 있어서 事大交隣 관련 내용을 수록하고 있다. 이후에도 내용이 점차 증보되어 1888년(고종 25)까지의 기사가 확인된다.

13 『通文館志』 卷4, 事大(下) 「仁政殿接見儀」(茶禮儀附) "使就南別宮【(註) 在南部會賢坊 … 在前詔使館于太平館 館在西部養生坊 … 】"; 『度支志』(外篇)(奎貴 811) 卷16, 經費司 五禮部4 賓禮(上) 式例 「南別宮」 "南別宮【(註) 在南部會賢坊】 … 在前詔使館于太平館 館在西部養生坊 … ".

14 장지연, 2020 「15세기 漢城의 使臣 客館 형성과 그 의미」 『서울과 역사』 104, 19쪽.

15 『朝鮮賦』 "慕華館設於坤麓 崇禮門正乎離位【(註) 慕華館去城八里 中爲殿 前爲門 凡詔至 王則出迎道左 崇禮 其國南門也】".

16 『光海君日記』(정초본) 卷47, 光海君 3年 11月 甲寅(19) "兵曹啓曰 崇禮門 自上迎詔勅正門也".

17 『太祖實錄』卷10, 太祖 5年 7月 己巳(14).

18 『太祖實錄』卷9, 太祖 5年 6月 丁酉(11).

19 『태조실록』의 원문에 '蟠松亭'으로 기록되어 있다. '蟠松亭'은 『조선왕조실록』에 이 기사 1건만 검색되고 그 이외에는 모두 '盤松亭'으로 되어 있다.

20 『太祖實錄』卷9, 太祖 5年 6月 丁酉(11).

21 『太祖實錄』卷9, 太祖 5年 6月 壬子(26).

22 『太祖實錄』卷10, 太祖 5年 11月 乙亥(21).

23 『太祖實錄』卷10, 太祖 5年 9月 癸酉(18).

24 『太祖實錄』卷10, 太祖 5年 11月 壬戌(8).

25 『太祖實錄』卷10, 太祖 5年 11月 癸酉(19).

26 『定宗實錄』卷2, 定宗 1年 7月 丁亥(19).

27 『太宗實錄』卷11, 太宗 6年 3月 己酉(19). 정승은 조선의 火者 출신이다.

28 『文宗實錄』卷4, 文宗 卽位年 10月 壬申(2).

29 『文宗實錄』卷3, 文宗 卽位年 8月 甲戌(3). 윤봉과 정선의 구체적인 임무는 '장헌대왕[세종]에게 賜祭·賜諡誥命' 및 '권서국사자인 문종을 承襲하는 勅命·賞賜'를 가지고 와서 조문과 책봉에 해당하는 각각의 의례를 행하는 것이었다[『文宗實錄』卷4, 文宗 卽位年 11月 辛丑(1)].

30 『朝鮮賦』"蓋三燕太平也 禮皆同而文不殺 一燕仁政也 誠益至而力益勞【(註) … 初疑此禮似未當 欲與議更張 及至 乃知太平慕華二館 其制皆殿 專爲奉迎天詔而設 無事時 王則不造 及觀其每來設燕 必先於館門外小殿 俟候乃入 乃知不必更張】".

31 『世宗實錄』卷22, 世宗 5年 12月 壬申(25).

32 필자는 「조선 초 한양 太平館의 건립과 운영」(『東洋古典硏究』94, 2024)이라는 논문에서 장청의 사례를 통해 '명 사신이 아니더라도 중국인은 태평관에 머물게 한 것 같다.'고 추정했다(262쪽). 그러나 본서의 본문 중 1468년 6월 '표류한 당인 쇄경 등'의 사례를 통해 반드시 그렇지 않다는 내용으로 수정한다.

33 『世祖實錄』卷46, 世祖 14年 6月 丙辰(28).

34 『世祖實錄』卷46, 世祖 14年 4月 戊戌(9). 강옥과 김보는 3달 뒤인 7월 13일 태평관을 떠났다.

35 『中宗實錄』卷48, 中宗 18年 7月 戊子(20).

36 『中宗實錄』卷48, 中宗 18年 7月 癸巳(25).

37 『中宗實錄』卷104, 中宗 39年 7月 丁巳(20).

38 『中宗實錄』 卷104, 中宗 39年 7月 丁巳(20) ; 『中宗實錄』 卷104, 中宗 39年 7月 己未(22).

39 『中宗實錄』 卷42, 中宗 16年 7月 戊午(9) ; 『中宗實錄』 卷42, 中宗 16年 7月 辛酉(12). 7월 9일자 기사에는 '요동진무 홍은 등이 예부자문 및 요동자문'을 가지고 온 것으로 기록되어 있다. 그에 비해 7월 12일자 기사에는 좀 더 구체적으로 요동진무가 아닌 '遼東通事 홍은·동탁 혹은 委官通事 홍은·동탁이 咨文·公文 2角'을 가지고 온 것으로 기재되어 있다. 2각 중 1각은 禮部公文, 다른 1각은 本司公文이었다. 예부공문은 예부자문[『中宗實錄』 卷42, 中宗 16年 7月 甲子(15)], 본사공문은 요동자문이다[『中宗實錄』 卷42, 中宗 16年 7月 乙丑(16)].

40 『中宗實錄』 卷42, 中宗 16年 7月 丁卯(18). 참고로 김의와 진호는 '왕세자 책봉'의 임무를 띠고 온 명 사신으로 1521년 4월 29일 국도에 들어와 8월 4일 도성을 떠났다.

41 『中宗實錄』 卷42, 中宗 16年 7月 丁卯(18).

42 『中宗實錄』 卷42, 中宗 16年 7月 丁卯(18).

43 『中宗實錄』 卷98, 中宗 37年 6月 壬辰(13) ; 『中宗實錄』 卷98, 中宗 37年 6月 癸巳(14).

44 『中宗實錄』 卷98, 中宗 37年 6月 丁酉(18).

45 『中宗實錄』 卷98, 中宗 37年 6月 丁未(28) ; 『中宗實錄』 卷98, 中宗 37年 6月 戊申(29).

46 『中宗實錄』 卷98, 中宗 37年 6月 戊申(29).

47 『中宗實錄』 卷98, 中宗 37年 6月 丁未(28).

48 『中宗實錄』 卷98, 中宗 37年 6月 丁未(28).

49 『世祖實錄』 卷43, 世祖 13年 9月 丙子(14).

50 『世祖實錄』 卷44, 世祖 13年 10月 甲午(2).

51 『太宗實錄』 卷13, 太宗 7年 4月 壬辰(8).

52 동평관과 북평관이 건립되는 과정은 박정민, 2023 「조선전기 북평관의 설치와 기능」 『서울과 역사』 115, 2~3장 참조.

53 忽剌溫와 斡朶里는 종족이고 也吾時와 多毛赤은 성명이라고 한다(박정민, 2015 『조선시대 여진인 내조 연구』 景仁文化社, 303쪽). 본문에 '홀라온(忽剌溫)', '야오시(也吾時)', '알타리(斡朶里)', '다모적(多毛赤)' 등의 표기는 『세종실록』의 원문 및 번역본을 따랐다(이하 동일).

54 『世宗實錄』 卷81, 世宗 20年 6月 庚辰(28).

55 박정민, 2023 「조선전기 북평관의 설치와 기능」 『서울과 역사』 115, 66~67쪽.

56 『世宗實錄』 卷96, 世宗 24年 6月 乙未(6). 야인들의 조사 과정의 전말은 박정

민, 2023「조선전기 북평관의 설치와 기능」『서울과 역사』115, 67쪽 참조.

57 『世祖實錄』卷26, 世祖 7年 12月 戊辰(2) ; 『世祖實錄』卷26, 世祖 7年 12月 戊寅(12).

58 『世祖實錄』卷27, 世祖 8年 1月 乙巳(10).

59 『世祖實錄』卷43, 世祖 13年 8月 丁未(14).

60 『世祖實錄』卷43, 世祖 13年 8月 壬子(19).

61 9월에 입경한 명 사신은 요동백호 白顒이고[『世祖實錄』卷43, 世祖 13年 9月 丙子(14)], 10월에 도성에 들어온 명 사신은 광녕백호 任興과 요동사인 黃哲이다[『世祖實錄』卷44, 世祖 13年 10月 甲午(2)].

62 『中宗實錄』卷7, 中宗 4年 2月 己巳(7).

63 『中宗實錄』卷7, 中宗 4年 2月 庚午(8).

64 『선조실록』에는 4월 13일, 『선조수정실록』에는 4월 14일에 왜적이 침입한 것으로 기록되어 있다.

65 洪順敏, 1996『朝鮮王朝 宮闕 經營과 "兩闕體制"의 변천』서울대학교 국사학과 박사학위논문, 85~91쪽.

66 『太祖實錄』卷8, 太祖 4年 9月 庚申(29).

67 『宣祖實錄』卷30, 宣祖 25年 9月 戊午(1). 선조는 6월 22일 龍川을 출발하여 의주에 머물게 되었는데[『宣祖實錄』卷27, 宣祖 25年 6月 庚戌(22)], 의주에 온 목적은 오로지 요동으로 가기[赴遼] 위함이었다[『宣祖實錄』卷27, 宣祖 25年 6月 甲寅(26)]. 그런데 6월 26일 '명 조정에서 本國을 寬奠堡의 空廨에 거처하게 하려 한다.'는 소식을 듣고 의주에 오래 머물 계획을 하여, 9월 1일에도 선조는 여전히 의주에 있었다. 당시 왕세자는 成川에 있었다.

68 『宣祖實錄』卷30, 宣祖 25年 9月 戊午(1) "禮曹啓曰 今次勅使 留龍灣館【在城中】或義順館【在城外】事 下問矣 平時迎勅 則行於勤政殿 上下馬宴 則行於太平館 今者迎勅於龍灣館 則義順館當視同太平館 勅使館於義順 下馬宴行於所館之處 而今者他將官 遍滿義順 勅使更無安歇之處 故迎勅於龍灣館 仍留其館 而宴享亦行於其處矣". 태평관은 원문에 모두 '大平館'으로 쓰여 있다.

69 의주행재소는 구체적으로 용만관 聚勝堂이다(정은주, 2022「임진전쟁기 명사(明使)에 대한 외교의례 전개 양상」『한국학』제45권 제3호 통권 168호, 135~136쪽).

70 『湛軒書』(外集) 卷10, 燕記「路程」.

71 의순관과 용만관의 연혁에 대해서는 이종묵, 2022「황화수창의 공간」『藏書閣』47, 38~40쪽 참조.

72 「義順館迎詔圖」(서울대학교 규장각한국학연구원 소장, 〈古貴4250-108〉). 「의

순관영조도」에 대한 설명은 정은주, 2012 『조선시대 사행기록화』 사회평론, 53~58쪽 참조.

73 『宣祖實錄』 卷30, 宣祖 25年 9月 己未(2).

74 『宣祖實錄』 卷30, 宣祖 25年 9月 庚申(3).

75 『宣祖實錄』 卷30, 宣祖 25年 9月 庚申(3).

76 『宣祖實錄』 卷30, 宣祖 25年 9月 辛酉(4).

77 경성 수복과 환도 결정은 金龍國, 1964 「壬辰倭亂 中 서울收復戰과 防衛計劃(下)」 『鄕土서울』(현 『서울과 역사』) 23, 75~77쪽 참조.

78 『宣祖實錄』 卷42, 宣祖 26年 9月 壬申(21).

79 『宣祖實錄』 卷42, 宣祖 26年 9月 癸酉(22).

80 영조문의 위치와 연혁은 『漢京識畧』(서울대학교 규장각한국학연구원 소장, 가람古 915.11 Y9h. 이하 '가람古 915.11 Y9h'로 표기) 卷1, 宮室 「慕華館」 참조.

81 본서 제2장 각주 96에 따라 '홍제원(弘濟院)'으로 썼다.

82 『燃藜室記述』(別集) 卷5, 事大典故 「詔使」(本國使臣回賚付詔勅幷附○朝野記聞不載內官) "太平館 未詳廢於何時 而仁祖朝撤太平館 移搆弘濟院 壬辰後無恙 而至是始撤歟".

83 홍제원에 객관을 설치하게 된 과정 및 객관을 지을 때 태평관과 인경궁을 철거하고 남은 재목을 옮겨서 지었다는 내용은 김경록, 2018 「조선시대 벽제관의 군사, 외교적 의미」 『軍史』 106, 307쪽 참조.

84 『通文館志』 卷9, 紀年 「仁祖大王二十六年戊子」 "○先是 使价宿碧蹄 直入王京 至是 額使以所設弘濟院館宇圖形 付儐使 使卽營造 撤太平館及仁慶宮餘存材木移搆"; 『燃藜室記述』(別集) 卷5, 事大典故 「詔使」(本國使臣回賚付詔勅幷附○朝野記聞不載內官) "仁祖朝 使价宿碧蹄 直入王京 戊子 勅諭 今後止在弘濟院住宿 次日淸晨 進王京 使臣額哈 以所設弘濟院館圖形 付賓使 使卽營造 於是 撤太平館及仁慶宮餘存材木移搆".

85 『漢京識畧』(가람古 915.11 Y9h) 卷1, 宮室 「太平館」.

86 현전하는 『궁궐지』와 그것의 편찬 과정은 홍순민, 2011 「조선후기 동궐 궐내각사 배치 체제의 변동 -『어제 궁궐지』 및 『궁궐지』의 분석을 중심으로-」 『서울학연구』 44, 2장 참조.

87 『宮闕志』(奎 3950) 京城 「太平館」 "宣祖三十五年壬寅 仁穆王后金氏 行嘉禮于此【(註) 以上璿源譜略】".

88 『여도비지』는 '1853년(철종 4) 이후~1856년(철종 7) 이전'에 편찬된 것으로 추정하면서도 1857년 8월 이후에도 수정 증보가 이루어진 것으로 보고 있다(한국고전종합DB 사이트 『여도비지』 해제). 본서에서 참고한 『여도비지』는 한국고전종

합DB 사이트에서 제공하는 국립중앙도서관 소장본이다(〈古貴0233-3〉·〈古貴2770-1〉).

89 『輿圖備志』 卷1, 京都 都城 宮室 「南別宮」 "南別宮【(註) 在南部會賢坊 … 仁祖朝太平館撤後 以是宮爲使華留宿之所】". 원문에 '大平館'으로 쓰여 있다.

90 본서에서 참고한 『대동지지』는 규장각한국학연구원 소장본(古4790-37)과 한국고전종합DB 사이트에서 제공하는 국립중앙도서관 소장본이다. 각각의 해제에 따르면, 전자는 1932년 5월에 필사한 것으로, 후자는 철종 재위 말엽에 시작하여 『輿圖備志』와 「大東輿地圖」가 완성된 이후 본격적으로 착수하여 고종 초엽까지 지속적으로 추진한 것으로 보았다.

91 『大東地志』 卷1, 京都 漢城府 宮室 "南別宮【(註) 在會賢坊 … 仁祖朝太平館撤後 以是宮爲華使留館】… 革弊 … 太平館【(註) 在崇禮門內 … 仁祖朝撤之搆弘濟院】". 원문에 '大平館'으로 쓰여 있다. 규장각한국학연구원 소장본과 한국고전종합DB 사이트에서 제공하는 국립중앙도서관 소장본의 내용이 다르지 않다.

92 본서에서 참고한 『동국여지비고』는 규장각한국학연구원에 소장된 〈古 4790-10〉본과 〈가람古 915.1-D717〉본이다. 두 책의 필사 시기는 〈古 4790-10〉본은 1890년 이전이고, 〈가람古 915.1-D717〉본은 1890년 이후에서 1899년 이전 사이이다. 두 책의 필사 시기에 대한 이러한 결론의 도출은 李賢珍, 2018 「조선시대 장생전(長生殿)의 설치와 운영」 『震檀學報』 131, 121쪽 각주 16) 참조.

93 『東國輿地備攷』(古 4790-10)·(가람古 915.1-D717) 卷2, 漢城府 宮室 「太平館」 "太平館【(註) 在崇禮門內養生坊 … ○按 文定王后仁穆王后嘉禮 皆行于此館】".

94 『東國輿地備攷』(古 4790-10)·(가람古 915.1-D717) 卷2, 漢城府 宮室 「南別宮」 "南別宮【(註) 在南部會賢坊 … ○按 詔使來 必館于太平館 宣祖壬辰 兵燹見燬 癸巳 李提督如松 復京城 館于此 仍爲詔使所止 後稱南別宮】".

95 『通文館志』 卷4, 事大(下) 「仁政殿接見儀」(茶禮儀附) "使就南別宮【(註) 在南部會賢坊 … 在前詔使館于太平館 館在西部養生坊 壬辰兵燹 公私廬舍 蕩然灰燼 而此宅以倭將所居見遺 … 】".

96 『度支志』(外篇)(奎貴 811) 卷16, 經費司 五禮部4 賓禮(上) 式例 「南別宮」 "南別宮【(註) 在南部會賢坊】… 在前詔使館于太平館 館在西部養生坊 壬辰兵燹 公私廬舍 蕩然灰燼 而此第以倭將所居見遺 …".

97 『宣祖實錄』 卷26, 宣祖 25年 5月 壬戌(3).

98 『宣祖修正實錄』 卷26, 宣祖 25年 5月 庚申(1).

99 임진왜란 후 종묘와 영녕전의 중건에 대해서는 이현진, 2008 『조선후기 종묘 전

례 연구』 일지사, 1장 3절 ; 강문식·이현진, 2011『종묘와 사직 −조선을 떠받친 두 기둥−』 책과함께, 4장 임진왜란과 종묘의 중건 참조.

100 강문식·이현진, 2011『종묘와 사직 −조선을 떠받친 두 기둥−』 책과함께, 188~190쪽.

101 『宣祖實錄』 卷42, 宣祖 26年 9月 甲戌(23).

102 『宣祖實錄』 卷43, 宣祖 26年 10月 辛巳(1).

103 『宣祖實錄』 卷43, 宣祖 26年 10月 辛巳(1).

104 『宣祖修正實錄』 卷27, 宣祖 26年 10月 辛巳(1). 10월 1일자 기사 속에 '10월 4일에 경사로 돌아왔다.'고 되어 있다. 참고로 경사는 수도를 뜻하는 여러 단어 중 하나로 대부분 명의 수도 북경을 가리킬 때 쓰지만 여기서는 한양을 대신하여 썼다.

105 『宣祖修正實錄』 卷27, 宣祖 26年 10月 辛巳(1).

106 『宣祖實錄』 卷42, 宣祖 26年 9月 庚辰(29).

107 『선조수정실록』에는 이외에도 선조가 환도하기 전인 1593년 4월 체찰사 柳成龍 등이 '종묘 터'에서 곡했다는 기사가 전한다[『宣祖修正實錄』 卷27, 宣祖 26年 4月 乙酉(1)]. 『선조실록』의 '종묘 앞'보다 『선조수정실록』의 '종묘 터'가 종묘의 소실을 좀 더 현실적으로 말해준다.

108 『宣祖實錄』 卷43, 宣祖 26年 10月 辛巳(1).

109 『宣祖修正實錄』 卷27, 宣祖 26年 10月 辛巳(1).

110 『東國文獻備考』(藏 K2−2075) 卷84, 學校考2「大學」"宣祖二十六年 設壇祭文宣王 壬辰之亂 文廟毁於兵燹 至是 上還自龍灣 先遣禮曹判書李增 率儒生哭文廟墟 …". 총목차에는 항목명이 '太學下'로 기재되어 있으나 여기서는 본문을 따라 '大學'으로 표기했다. 단, '大學'의 발음은 '태학'이다.

111 『通文館志』 卷4, 事大(下)「仁政殿接見儀」(茶禮儀附) "使就南別宮【(註) 在南部會賢坊 本小公主宅 在前詔使館于太平館 館在西部養生坊 壬辰兵燹 公私廬舍 蕩然灰燼 而此宅以倭將所居見遺 故癸巳四月 李提督如送 復京城 館于此 仍爲詔使所止 後稱南別宮】" ; 『燃藜室記述』(別集) 卷5, 事大典故「詔使」(本國使臣回賫付詔勅幷附○朝野記聞不載內官) "時 公私廬舍 蕩然灰爐 而此宅以倭將所居見遺 李如松館于此 仍爲詔使所止 後稱南別宮".

112 『宣祖實錄』 卷44, 宣祖 26年 11月 己未(9).

113 『宣祖實錄』 卷37, 宣祖 26年 4月 戊申(24). 선릉과 정릉의 변고에 대한 대체는 『燃藜室記述』 卷16, 宣祖朝故事本末「二陵之變」 참조.

114 『宣祖實錄』 卷42, 宣祖 26年 9月 庚辰(29).

115 『宣祖實錄』 卷43, 宣祖 26年 10月 乙未(15). 경성에 들어간 이튿날에 선릉과 정

릉에 전알하기로 했으나[『宣祖實錄』 卷42, 宣祖 26年 9月 庚辰(29)] 종묘와 사직의 神位 봉안과 그곳에서의 慰安禮를 거행하게 되면서 두 능에서의 전알이 미루어졌다[『宣祖實錄』 卷43, 宣祖 26年 10月 壬午(2)].

116 『宣祖實錄』 卷44, 宣祖 26年 11月 己未(9).

117 『宣祖實錄』 卷44, 宣祖 26年 11月 丙寅(16).

118 『宣祖實錄』 卷44, 宣祖 26年 11月 丁卯(17).

119 『宣祖實錄』 卷60, 宣祖 28年 2月 甲寅(11).

120 『通文館志』 卷4, 事大(下) 「仁政殿接見儀」(茶禮儀附) ; 『燃藜室記述』(別集) 卷5, 事大典故 「詔使」(本國使臣回賫付詔勅幷附○朝野記聞不載內官) ; 『度支志』(外篇)(奎貴 811) 卷16, 經費司 五禮部4 賓禮(上) 式例 「南別宮」. 본서 제3장 각주 95·96·111 참조.

121 본서 제3장 각주 111 참조.

122 정릉동 행궁의 규모는 정확하게 알려져 있지 않다. 옛 月山大君의 집과 그 주위의 민가 몇을 개조하여 임시 거처로 삼은 행궁이라는 연구가 있다[洪順敏, 1996 『朝鮮王朝 宮闕 經營과 "兩闕體制"의 변천』 서울대학교 국사학과 박사학위논문, 91쪽 ; 홍순민, 1999 『우리 궁궐 이야기』 청년사(2002년 초판8쇄 발행본), 73쪽]. 그런데 환도 직후의 기록에 '정원에서 행궁이 넓은 것 같으니 홍문관을 궐내에 설치하고 서책을 갖추어 금후로는 전처럼 입번하게 하자'는 내용이 나오며[『宣祖實錄』 卷43, 宣祖 26年 10月 壬午(2)], 궐내 액정서는 주변 왕실의 제택과 민가들에 입주하게 하여 그 주변 지역을 궐내로 들이는 방안을 모색했다고 한다(정정남, 2009 「壬辰倭亂 이후 南別宮의 公廨的 역할과 그 공간 활용 -장서각 소장 『소공동홍고양가도형』·『사대부가배치도형』의 분석을 통하여-」 『건축역사연구』 제18권 4호 통권65호, 49쪽). 또 환도 이후 오래지 않아 '便殿' 기사도 등장한다[『宣祖實錄』 卷43, 宣祖 26年 10月 壬寅(22)]. 이상은 환도 이후 점차 정릉동 행궁을 정비해 나가고 있음을 보여주는 모습이다. 따라서 그 규모는 건물이 나올 때마다 정리하여 파악하는 방법이 가장 효율적이다. 다만, 명 사신을 맞이하거나 조회를 하는 등 큰 규모의 행사는 궁궐이 중건되기 전까지는 남별궁에서 하고 정무를 본다거나 거처는 행궁에 마련한 것으로 보아야 할 것 같다.

123 『宣祖修正實錄』 卷27, 宣祖 26年 閏11月 辛巳(1). 『선조수정실록』에는 윤11월의 기사가 단 2건만 수록되어 있는데 2건 모두 날짜가 '윤11일 1일'이다. '사헌'과 관련한 기사가 그중 1건이다.

124 『宣祖實錄』 卷52, 宣祖 27年 6月 丙子(29) ; 『宣祖實錄』 卷147, 宣祖 35年 閏2月 甲寅(21) ; 『正祖實錄』 卷2, 正祖 卽位年 11月 癸酉(5).

125 『承政院日記』仁祖 27年 1月 30日(己丑).

126 이종서, 2020「조선시대 남별궁(南別宮)의 평면 구조와 변화」『건축역사연구』 第29권 1호 통권128호, 55쪽. 1608년 이전 남별궁의 주요 건물 분포는 이 논문 62쪽 그림 2 참조. 그림 2에서 사신의 숙소는 正使房·副使房이고 의례용 건물은 西宴廳을 가리킨다.

127 『宣祖實錄』卷45, 宣祖 26年 閏11月 壬辰(12).

128 『宣祖實錄』卷45, 宣祖 26年 閏11月 壬辰(12). 선조는 승지가 문안할 때에는 응당 物膳을 보내야 하며, 승지는 으레 문안해야 하지만 宰臣은 번갈아 가며 따라가서 문안해야 한다고 전교했다.

129 『宣祖實錄』卷45, 宣祖 26年 閏11月 甲午(14).

130 『宣祖實錄』卷45, 宣祖 26年 閏11月 戊戌(18).

131 『宣祖實錄』卷45, 宣祖 26年 閏11月 己亥(19).

132 餞筵은 원문에도 '餞筵'으로 쓰여 있다. 餞宴과 같은 뜻이다.

133 정정남, 2009「壬辰倭亂 이후 南別宮의 公廨的 역할과 그 공간 활용 -장서각 소장『소공동홍고양가도형』·『사대부가배치도형』의 분석을 통하여-」『건축역사연구』 제18권 4호 통권65호 ; 이종서, 2020「조선시대 남별궁(南別宮)의 평면 구조와 변화」『건축역사연구』 제29권 1호 통권128호.

134 『宣祖實錄』卷48, 宣祖 27年 2月 癸丑(4). 원문에 태평관은 '大平館'으로, 척계광은 '戚啓光'으로 쓰여 있다.

135 『宣祖實錄』卷74, 宣祖 29年 4月 丙辰(20).

136 『宣祖實錄』卷92, 宣祖 30年 9月 己酉(22). '시유격'의 이름은 柴登科이다.

137 『宣祖實錄』卷99, 宣祖 31年 4月 丁丑(23).

138 『宣祖實錄』卷114, 宣祖 32年 6月 戊寅(1).

139 『宣祖實錄』卷110, 宣祖 32年 3月 丙戌(7) ;『宣祖實錄』卷117, 宣祖 32年 9月 乙亥(29) ;『宣祖實錄』卷119, 宣祖 32年 11月 戊午(13) ;『宣祖實錄』卷121, 宣祖 33年 1月 戊申(3). 참고로 '賈維鑰'을 '賈惟約'으로 쓴 곳도 있고[『宣祖實錄』卷112, 宣祖 32年 閏4月 丁亥(9) ;『宣祖實錄』卷112, 宣祖 32年 閏4月 己丑(11)], '賈幼鑰'으로 쓴 곳도 있다[『宣祖實錄』卷116, 宣祖 32年 8月 庚寅(14)].

140 『宣祖實錄』卷93, 宣祖 30年 10月 己卯(22). 안유격의 이름은 安本立이다.

141 『宣祖實錄』卷93, 宣祖 30年 10月 丙戌(29). 마제독의 이름은 麻貴이다.

142 『宣祖實錄』卷93, 宣祖 30年 10月 丁亥(30).

143 『宣祖實錄』卷147, 宣祖 35年 閏2月 甲寅(21).

144 요동도사, 경략, 차관수, 참장, 파총, 감찰어사 등 여러 직책을 띤 명나라 사람들이 조선에 왔다. 선조대 임진왜란이 일어난 이후로 조선에 온 이들은『선조실

록』과 『선조수정실록』에도 곳곳에 보이며, 기존 연구로는 정은주, 2012 『조선시대 사행기록화』 사회평론, 587~588쪽 ; 정은주, 2022 「임진전쟁기 明 將官에 대한 接待都監 운영 양상」 『明淸史硏究』 57, Ⅰ·Ⅱ장 참조.

145 정은주, 2022 「임진전쟁기 明 將官에 대한 接待都監 운영 양상」 『明淸史硏究』 57, 204쪽.

146 『宣祖實錄』 卷52, 宣祖 27年 6月 丙子(29).

147 『宣祖實錄』 卷67, 宣祖 28年 9月 丁亥(18). 試才處 3곳은 남별궁 동문 밖, 태평관, 훈련원이다. 태평관은 원문에 '大平館'으로 쓰여 있다.

148 『宣祖實錄』 卷75, 宣祖 29年 5月 戊寅(12). 원문에 '大平館'으로 쓰여 있다.

149 『宣祖實錄』 卷90, 宣祖 30年 7月 辛丑(12). 원문에 '大平館'으로 쓰여 있다. 소안찰의 이름은 蕭應宮이다.

150 세종대 태평관의 수개에 대해서는 본서 제4장 제1절 2항 '세종대 건물 규모 변화와 영역 확장' 참조.

151 『宣祖實錄』 卷89, 宣祖 30年 6月 丁丑(18). 원문에 '大平館'으로 쓰여 있다.

152 『宣祖實錄』 卷93, 宣祖 30年 10月 辛巳(24).

153 『宣祖實錄』 卷103, 宣祖 31年 8月 癸亥(10).

154 『宣祖實錄』 卷103, 宣祖 31年 8月 丁卯(14)

155 『宣祖實錄』 卷110, 宣祖 32年 3月 壬午(3).

156 『宣祖實錄』 卷130, 宣祖 33年 10月 戊子(18).

157 섭정국에 대해서는 한명기, 2017 「임진왜란 시기 明軍 逃亡兵 문제에 대한 一考」 『한국학연구』 44, 471~473쪽 참조.

158 『宣祖實錄』 卷136, 宣祖 34年 4月 壬辰(25).

159 두양신이 재조관으로 2년 전(1599, 선조 32)에 조선에 온 적이 있었다. 두양신이 요동진무로서 조서를 가지고 왔을 때 선조가 모화관에서 맞이했다[『宣祖實錄』 卷116, 宣祖 32年 8月 乙酉(9)]. 문제는 모화관에서 남별궁이나 태평관으로 이동하여 그곳에서 조서를 맞이하는 일련의 절차가 『선조실록』에 실려 있지 않고 두양신에 대한 이후의 기록도 보이지 않는다는 점이다. 조서의 내용은 '多方의 나라에 추가로 배정한 錢糧을 면제한다.'였다. 조서가 왔음에도 모화관에서 맞이한 기사만 있고 이후의 절차나 재조관에 대한 대우가 『선조실록』에 전하지 않는 이유에 대하여 현재로서는 알기 어렵다.

160 『宣祖實錄』 卷146, 宣祖 35年 2月 丙寅(3) ; 『宣祖修正實錄』 卷36, 宣祖 35年 閏2月 丁巳(24).

161 『宣祖實錄』 卷152, 宣祖 35年 7月 壬申(13).

162 『宣祖實錄』 卷149, 宣祖 35年 4月 癸丑(22).

163 1602년 4월 차출한 고명주청사는 상사 李光庭과 부사 張晩이었다[『宣祖實錄』 卷149, 宣祖 35年 4月 癸丑(22)]. 그런데 8월 22일자 『선조실록』에 '왕세자의 책봉을 청하는 사신인 주청사 李光庭 등의 출발이 임박했다.'고 한 것으로 보아 [『宣祖實錄』 卷153, 宣祖 35年 8月 辛亥(22)] 7월에 가례를 치른 이후에 명으로 떠난 것을 알 수 있다. 이광정이 중궁의 고명주청이라는 임무만이 아니라 왕세자의 책봉을 청하는 임무까지 겸한 듯하다. 그런데 막상 임무를 마치고 돌아올 때의 기사를 보면 고명주청사 행첨지중추부사 이광정, 부사 상호군 權憘, 서장관 朴震元으로 되어 있다[『宣祖實錄』 卷161, 宣祖 36年 4月 癸丑(27) ; 『宣祖實錄』 卷162, 宣祖 36年 5月 壬申(17) ; 『宣祖實錄』 卷163, 宣祖 36年 6月 乙巳(20)]. 고명주청사 중 부사는 중간에 교체되었음을 알 수 있다. 한편, 이듬해 5월 왕세자의 책봉주청사가 예부의 자문을 가지고 돌아왔을 때 책봉주청사는 金信元이고 부사는 張晩이었다[『宣祖實錄』 卷162, 宣祖 36年 5月 辛未(16)]. 책봉주청사 역시 중간에 임무와 담당자의 교체가 있었던 것 같다. 광해군의 세자 책봉요청의 전반에 관해서는 한명기, 1999 『임진왜란과 한중관계』 역사비평사 (2018년 초판 3쇄 인쇄본), 187~193쪽 ; 정상호, 2021 「광해군의 세자책봉요청을 둘러싼 조선과 명의 외교 교섭 -『事大文軌』 속 외교문서를 중심으로 -」 『史叢』 104 참조.

164 『宣祖實錄』 卷161, 宣祖 36年 4月 癸丑(27) ; 『宣祖實錄』 卷163, 宣祖 36年 6月 甲辰(19).

165 『宣祖實錄』 卷163, 宣祖 36年 6月 甲辰(19).

166 『연려실기술』에는 '刑科都給事中'으로 되어 있다[『燃藜室記述』(別集) 卷5, 事大典故 「詔使」(本國使臣回賚付詔勅幷附○朝野記聞不載內官).

167 『宣祖實錄』 卷194, 宣祖 38年 12月 戊辰(28). 여기에는 '황태자 제1자의 탄생'을 알리기 위한 조서라는 정보만 알려줄 뿐 조서의 내용은 『宣祖實錄』 卷198, 宣祖 39年 4月 己酉(11)에 전한다.

168 『宣祖實錄』 卷198, 宣祖 39年 4月 己酉(11). '황태자 제1嗣 탄생 조서'와 '황손 탄생과 綵幣·文錦 하사 칙서'의 내용이 각각 실려 있다.

169 『宣祖實錄』 卷198, 宣祖 39年 4月 己酉(11). 이날 일정의 대체는 이틀 전인 4월 9일에 정해 놓았다[『宣祖實錄』 卷198, 宣祖 39年 4月 丁未(9)].

170 선조와 주지번·양유년의 태평관에서의 '청류'와 '유조' 절차는 본서 제6장 제3절 4항 '선조대 유조의 : 근정전·태평관' 참조.

171 『宣祖修正實錄』 卷40, 宣祖 39年 4月 己亥(1) ; 『燃藜室記述』(別集) 卷5, 事大典故 「詔使」(本國使臣回賚付詔勅幷附○朝野記聞不載內官).

172 남별궁에서 익일연을 설행하다가 중간에 그만두고 태평관으로 장소를 옮겨 왜

정에 관한 칙서를 받는 절차를 거행한 두 단락의 내용은 『宣祖實錄』 卷198, 宣祖 39年 4月 庚戌(12) 참조.

173 『宣祖實錄』 卷198, 宣祖 39年 4月 丁巳(19).

174 『宣祖實錄』 卷200, 宣祖 39年 6月 癸亥(26).

175 『宣祖實錄』 卷200, 宣祖 39年 6月 壬戌(25).

176 『宣祖實錄』 卷200, 宣祖 39年 6月 甲子(27) ; 『宣祖實錄』 卷200, 宣祖 39年 6月 丁卯(30).

177 『宣祖實錄』 卷201, 宣祖 39年 7月 戊辰(1).

178 『宣祖實錄』 卷201, 宣祖 39年 7月 辛未(4).

179 『宣祖實錄』 卷201, 宣祖 39年 7月 戊辰(1).

180 1602년 3월에 오는 명 사신이 한림원시강 顧天峻과 행인사행인 崔廷健이라는 정보는 『宣祖修正實錄』 卷35, 宣祖 34年 10月 乙丑(1) ; 『宣祖修正實錄』 卷36, 宣祖 35年 3月 辛未(9) 참조.

181 『宣祖修正實錄』 卷36, 宣祖 35年 3月 辛未(9) ; 『宣祖實錄』 卷148, 宣祖 35年 3月 辛未(9).

182 『宣祖實錄』 卷148, 宣祖 35年 3月 壬午(20). 『선조수정실록』에는 전별과 관련한 기사가 실려 있지 않다.

183 『宣祖實錄』 卷148, 宣祖 35年 3月 辛未(9).

184 『宣祖修正實錄』 卷36, 宣祖 35年 3月 辛未(9).

185 『宣祖實錄』 卷148, 宣祖 35年 3月 壬申(10). 3월 10일이 입경한 다음 날이므로 이날에 행한 연례는 익일연에 해당한다.

186 『宣祖實錄』 卷148, 宣祖 35年 3月 戊寅(16). 두 사신을 청하여 연례를 행했으므로 이날의 연례는 '청연'이다.

187 『宣祖實錄』 卷148, 宣祖 35年 3月 辛巳(19).

188 『宣祖實錄』 卷148, 宣祖 35年 3月 壬午(20).

189 『宣祖實錄』 卷198, 宣祖 39年 4月 甲辰(6).

190 반송정의 위치와 연혁은 『漢京識略』(가람古 915.11 Y9h) 卷1, 宮室 「盤松亭」 참조.

191 『宣祖實錄』 卷198, 宣祖 39年 4月 癸丑(15). 4월 19일 이른 아침에 떠나겠다고 했으나 막상 하루 전날인 4월 18일 남별궁에서 상마연을 설행할 때 선조가 하루 더 머물러 줄 것을 청하자 이를 수락하여[宣祖實錄』 卷198, 宣祖 39년 4월 18일(丙辰)], 4월 19일에 蠶豆를 유관하고 4월 20일에 도성을 떠났다.

192 4월 17일에 있었던 청연의 설행 장소가 태평관이라는 사실을 입증하는 두 단락은 『宣祖實錄』 卷198, 宣祖 39年 4月 乙卯(17) 참조.

193 『宣祖實錄』 卷149, 宣祖 35年 4月 庚申(29) ; 『春官志』(奎貴 963) 卷1, 婚禮 "宣祖三十六年壬寅二月 命定大婚于吏曹佐郎金悌男家【(註) 仁穆王后】… 依中宗丁丑例 以太平館爲館所". 『춘관지』에서 '선조 36년'을 '壬寅'이라고 한 것은 오기이다. 선조 35년이 임인년이다. 그리고 실제로 선조가 친영례를 행한 시기는 선조 35년(임인년, 1602)이었다[『宣祖實錄』 卷152, 宣祖 35年 7月 壬申(13)].

194 의인왕후는 『선조실록』과 『선조수정실록』 둘 다 6월 27일에 홍한 것으로 기록되어 있다[『宣祖實錄』 卷126, 宣祖 33年 6月 戊戌(27) ; 『宣祖修正實錄』 卷34, 宣祖 33年 6月 戊戌(27)].

195 「都城圖」(서울대학교 규장각한국학연구원 소장, 〈古軸4709-3〉). 모화관 바로 옆에 迎恩門(迎詔門, 延詔門)이 있다.

196 선조대 경복궁 대신 창덕궁을 중건하게 된 과정과 광해군대 본격적으로 궁궐의 영건 추진을 다룬 이 단락은 홍순민, 1999 『우리 궁궐 이야기』 청년사(2002년 초판8쇄 발행본), 73~74쪽 참조.

197 『光海君日記』(중초본) 卷7, 光海君 卽位年 8月 辛未(17) ; 『光海君日記』(정초본) 卷7, 光海君 卽位年 8月 辛未(17) ; 洪順敏, 1996 『朝鮮王朝 宮闕 經營과 "兩闕體制"의 변천』 서울대학교 국사학과 박사학위논문, 99쪽. 『광해군일기』에서 '如仁政殿等處' 다음에 '중초본'에는 '大改殿閣'으로, 정초본에는 '大段殿閣'으로 기록되어 있다. 소실된 상태에서 중건을 하는 상황이므로 '크게 고쳐야 하는 전각'보다 '대단한 전각'으로 보는 것이 더 타당하다고 보아 본문에는 '대단한 전각'으로 썼다. 또 『광해군일기』의 중초본과 정초본 둘 다 광해군을 '上'으로 표기하면서도 '上'字 앞에 한 칸이 띄어져 있지 않다. 『광해군일기』에는 연산군처럼 광해군을 '상'으로 표기하지 않고 대개 '왕'으로 표기했으나 이처럼 '상'으로 쓴 경우에도 그 앞에 한 칸이 띄어져 있지 않은 것은 광해군을 조선의 다른 국왕들과 다르게 평가한 일면이다.

198 『光海君日記』(중초본) 卷12, 光海君 1年 1月 甲申(1). 『광해군일기』의 중초본에만 있는 내용이고 또 광해군을 '上'으로 표기했다. 다만, '上이라는 한 글자'와 '인정전에 대한 부가적인 설명'에는 朱墨으로 칠하여 있어 향후 수정을 예고했다. 실제로 정초본에는 광해군을 '王'이라 표기하고 '인정전에 대한 부가적인 설명'은 누락되어 있다[『光海君日記』(정초본) 卷12, 光海君 1年 1月 甲申(1)].

199 선조 국장에 온 조문 사신이 熊化라는 정보는 『迎接都監賜祭廳儀軌』(奎 14556) [卷首] "天使行人司行人熊化【(註) 己酉四月初八日 越江 同月二十五日 入京 五月初六日 回程】" ; 『宣祖修正實錄』 卷42, 宣祖 41年 2月 戊午(1) ; 『宣祖實錄』 卷221, 宣祖 41年 2月 戊午(1) ; 『燃藜室記述』(別集) 卷5, 事大典故 「詔使」(本國使臣回賫付詔勅幷附○朝野記聞不載內官) 참조. 이 중에서 『선조실록』

의 경우 국사편찬위원회에서 제공하는 웹 사이트 중 『조선왕조실록』에는 '선조 41년 2월 1일'이 아닌 '부록'으로 분류되어 있다.

200 『光海君日記』(중초본) 卷15, 光海君 1年 4月 甲戌(23).

201 『光海君日記』(중초본) 卷15, 光海君 1年 4月 甲戌(23) ; 『光海君日記』(정초본) 卷15, 光海君 1年 4月 甲戌(23).

202 『迎接都監賜祭廳儀軌』(奎 14556) 「己酉四月二十七日」 "同日 到付 一 禮曹呈內 觀象監牒呈內 … 向前賜祭天使時各項習儀 依牒呈施行 迎誥勅習儀 各日早朝 百官以烏紗帽黑團領角帶 自慕華館至南別宮行禮". 광해군의 '迎誥勅習儀'는 4월 20일 視事廳에서 진행되었으며, 다례와 하마연 습의까지 행했다[『光海君日記』(중초본) 卷15, 光海君 1年 4月 辛未(20) ; 『光海君日記』(정초본) 卷15, 光海君 1年 4月 辛未(20)].

203 『光海君日記』(중초본) 卷15, 光海君 1年 4月 乙亥(24) ; 『光海君日記』(정초본) 卷15, 光海君 1年 4月 乙亥(24).

204 『光海君日記』(중초본) 卷15, 光海君 1年 4月 丙子(25) ; 『光海君日記』(정초본) 卷15, 光海君 1年 4月 丙子(25).

205 『光海君日記』(중초본) 卷15, 光海君 1年 4月 丙子(25) ; 『光海君日記』(정초본) 卷15, 光海君 1年 4月 丙子(25).

206 『迎接都監賜祭廳儀軌』(奎 14556) 「己酉五月初二日」 "同月初二日 賜祭廳甘結 當日午時量 祭文及賻物 自太平館至南別宮時 朱紅高足床二函二黃袱四及賻物祭物 差備譯官等 太平館以急急待候事【(註) 尙衣院濟用監司饔院司譯院】". 태평관은 원문에 모두 '大平館'으로 쓰여 있다.

207 연조문은 곧 迎詔門으로, 迎接都監과 延接都監을 통용하는 것과 같은 맥락이다. 연조문은 영조문 이외에 '迎恩門'이라고도 불린다.

208 『光海君日記』(중초본) 卷17, 光海君 1年 6月 辛亥(2).

209 『光海君日記』(정초본) 卷17, 光海君 1年 6月 辛亥(2).

210 『光海君日記』(중초본) 卷46, 光海君 3年 10月 戊子(22) ; 『光海君日記』(정초본) 卷46, 光海君 3年 10月 戊子(22). 이후 광해군은 두 달 즈음 지난 뒤에 다시 '경운궁'으로 돌아왔다[『光海君日記』(중초본) 卷48, 光海君 3年 12月 乙酉(20) ; 『光海君日記』(정초본) 卷48, 光海君 3年 12月 乙酉(20)]. 이때 '정릉동 행궁'이 아닌 '경운궁'이라 한 것은 이해 10월 정릉동 행궁을 경운궁으로 개명했기 때문이다[『光海君日記』(중초본) 卷46, 光海君 3年 10月 丁丑(11) ; 光海君日記』(정초본) 卷46, 光海君 3年 10月 丁丑(11)]. 이후부터는 경운궁으로 일컬었다.

211 『光海君日記』(중초본) 卷17, 光海君 1年 6月 辛亥(2) ; 『光海君日記』(정초본) 卷17, 光海君 1年 6月 辛亥(2).

212 책봉 천사 태감 염등이 왕세자의 책봉 '칙서'를 가지고 온 기록도 있고 '조서'를 가지고 온 기록도 있다. 그에 따라 창덕궁 인정전에서 '宣勅' 혹은 창덕궁에서 '讀詔'한 것처럼 다르게 기재되어 있다.

* 칙서 :『光海君日記』(중초본) 卷31, 光海君 2年 7月 庚戌(7) ;『燃藜室記述』卷19, 廢主光海君故事本末「奏請明朝」(附嚴萬二査使之來) ;『燃藜室記述』(別集) 卷5, 事大典故「詔使」(本國使臣回賫付詔勅幷附○朝野記聞不載內官).
* 조서 :『光海君日記』(정초본) 卷31, 光海君 2年 7月 庚戌(7).

213『光海君日記』(중초본) 卷31, 光海君 2年 7月 庚戌(7).

214『光海君日記』(정초본) 卷31, 光海君 2年 7月 庚戌(7).

215『光海君日記』(중초본) 卷31, 光海君 2年 7月 庚戌(7) ;『光海君日記』(정초본) 卷31, 光海君 2年 7月 庚戌(7).

216『光海君日記』(중초본) 卷32, 光海君 2年 8月 癸酉(1) ;『光海君日記』(정초본) 卷32, 光海君 2年 8月 癸酉(1).

217『光海君日記』(중초본) 卷31, 光海君 2年 7月 庚戌(7).

218『光海君日記』(중초본) 卷32, 光海君 2年 8月 庚子(28) ;『光海君日記』(중초본) 卷32, 光海君 2年 8月 辛丑(29). 두 기사는 '정초본'에는 실려 있지 않다.

219 무원 차관 黃應陽의 陪從人인 賈相公이 입경한 뒤 우거할 관소가 태평관이었다[『光海君日記』(중초본) 卷56, 光海君 4年 8月 甲子(3) ;『光海君日記』(중초본) 卷56, 光海君 4年 8月 乙丑(4) ;『光海君日記』(정초본) 卷56, 光海君 4年 8月 乙丑(4) ;『光海君日記』(중초본) 卷19, 光海君 4年 8月 丙寅(5)]. 참고로 황응양은 '黃應暘', '黃應楊'으로도 기재된 곳이 있다.

220『光海君日記』(중초본) 卷57, 光海君 4年 9月 乙巳(14) ;『光海君日記』(정초본) 卷57, 光海君 4年 9月 乙巳(14). 단, 이때의 좌시 장소는 태평관 門口이다.

221『光海君日記』(중초본) 卷176, 光海君 14年 4月 辛巳(16) ;『光海君日記』(정초본) 卷176, 光海君 14年 4月 辛巳(16). 唐將들이 각 가정으로 나뉘어 지내는 동안 엄밀하게 기찰하되 '태평관'과 '沈惀의 집'은 대장이 당일 안에 급급하게 서계하고 기찰하라고 전교한 내용에서 당장이 태평관에 접거하고 있음을 알 수 있다.

222『光海君日記』(중초본) 卷69, 光海君 5年 8月 甲寅(29) ;『光海君日記』(정초본) 卷69, 光海君 5年 8月 甲寅(29). 중초본과 정초본의 내용이 대부분 일치하지만 한 곳에서 차이를 노정했다. 태평관의 여러 房 중 '중초본'에는 '俠房'이 있지만 '정초본'에는 없다는 점이다.

223『光海君日記』(중초본) 卷142, 光海君 11年 7月 丙戌(5). '중초본'과 '정초본' 둘

다 광해군의 전교가 수록되어 있으나 '인정전과 태평관에서 각각 한 차례 접견 습의를 하라.'는 이 부분은 '중초본'에만 있다.

224 조차관의 '조'가 '중초본'에는 '曹'字로, '정초본'에는 '靑'字로 기록되어 있다[『光海君日記』(중초본) 卷143, 光海君 11年 8月 庚申(10) ; 『光海君日記』(정초본) 卷143, 光海君 11年 8月 庚申(10)].

225 '袁見龍'은 『광해군일기』(중초본)·(정초본)의 번역본에 '원현룡'이라고 한 곳도 있고 '원견룡'이라고 한 곳도 있다. '원현룡'이라고 한 곳이 많아 본문에는 이를 따랐다.

226 『光海君日記』(중초본) 卷143, 光海君 11年 8月 丁巳(7) ; 『光海君日記』(정초본) 卷143, 光海君 11年 8月 丁巳(7).

227 『光海君日記』(중초본) 卷143, 光海君 11年 8月 己未(9) ; 『光海君日記』(정초본) 卷143, 光海君 11年 8月 己未(9) ; 『光海君日記』(중초본) 卷143, 光海君 11年 8月 庚申(10) ; 『光海君日記』(정초본) 卷143, 光海君 11年 8月 庚申(10).

228 『光海君日記』(중초본) 卷143, 光海君 11年 8月 丁巳(7).

229 『光海君日記』(중초본) 卷143, 光海君 11年 8月 辛酉(11) ; 『光海君日記』(정초본) 卷143, 光海君 11年 8月 辛酉(11).

230 『光海君日記』(중초본) 卷143, 光海君 11年 8月 乙卯(5) ; 『光海君日記』(정초본) 卷143, 光海君 11年 8月 乙卯(5).

231 『光海君日記』(중초본) 卷79, 光海君 6年 6月 癸巳(12). 당관이 나올 때 으레 반드시 수리하는 곳은 남별궁, 태평관, 關王廟, 宣武祠, 楊御史碑閣 등이다.

232 『光海君日記』(중초본) 卷176, 光海君 14年 4月 庚辰(15) ; 『光海君日記』(정초본) 卷176, 光海君 14年 4月 庚辰(15).

233 『光海君日記』(중초본) 卷176, 光海君 14年 4月 庚辰(15) ; 『光海君日記』(정초본) 卷176, 光海君 14年 4月 庚辰(15). '중국 조정에 이러한 비밀이 누설될 것을 염려하여'에서 중초본에는 '중국 조정의 사람들'이라고 하여 '天朝人'으로 쓰여 있지만 '人'字에 주묵을 칠하여 교정할 글자임을 표시했고, 정초본에는 이러한 사정이 반영되어 '人'이 없는 '天朝'로 쓰여 있다. 본문에는 정초본을 따라 '중국 조정[天朝]'이라고 썼다.

234 『光海君日記』(중초본) 卷176, 光海君 14年 4月 辛巳(16) ; 『光海君日記』(정초본) 卷176, 光海君 14年 4月 辛巳(16).

235 『光海君日記』(중초본) 卷176, 光海君 14年 4月 癸未(18) ; 『光海君日記』(정초본) 卷176, 光海君 14年 4月 癸未(18). 현재 국사편찬위원회에서 제공하는 웹사이트 중 『조선왕조실록』에는 '정초본'의 이 기사에 대하여 '이 기사는 정초본에 4월 17일 11번째 기사로 편집되어 있으나 중초본에 따라 4월 18일 기사로 바

로 잡았다.'라고 되어 있다.

236 『光海君日記』(중초본) 卷176, 光海君 14年 4月 丁亥(22) ; 『光海君日記』(정초본) 卷176, 光海君 14年 4月 丁亥(22). 양지원이 조선에 온 목적과 그 배경에 대해서는 한명기, 1999 『임진왜란과 한중관계』 역사비평사(2018년 초판 3쇄 인쇄본), 270~272쪽 참조.

237 『承政院日記』 仁祖 1年 4月 15日(甲戌).

238 『仁祖實錄』 卷5, 仁祖 2年 4月 丁亥(4).

239 『仁祖實錄』 卷6, 仁祖 2年 5月 乙卯(2). 모승록이 모문룡의 족손이자 그의 차관이라는 내용은 『仁祖實錄』 卷5, 仁祖 2年 4月 辛亥(28) ; 『仁祖實錄』 卷6, 仁祖 2年 5月 甲寅(1) 참조.

240 『承政院日記』 仁祖 3年 7月 20日(丙寅). 차사관은 2명으로 督府에서 差遣했다.

241 『承政院日記』 仁祖 7年 2月 21日(丁未).

242 『承政院日記』 仁祖 7年 3月 21日(丁丑). 고참장이 당시 태평관에 입접하고 있어서 守備 등은 사섬시에 입접하게 되었다. 이는 곧 고참장이 태평관에 머물고 있지 않았다면 수비 등이 태평관에 입접했을 것이라는 의미이다.

243 『承政院日記』 仁祖 7年 12月 18日(戊辰). 진도에 표류한 당인의 입접 처소는 태평관이 마땅할 듯하나 당시 陳副摠의 차관과 일시에 서로 만난다면 곤란해지는 일이 생길 것을 염려하여 사역원에 接置하도록 결정했다. 정리하면, 진부총의 차관이 태평관에 거처하고 있어서 진도에 표류한 당인은 사역원에 거처하게 했다는 내용이다. 그런데 3일 뒤 진도에 표류한 당인이 軍門의 차관인 것을 알고서 입접 처소로 사역원은 부적절하고 태평관이 되어야 하는데 부총의 차관이 현재 거처하고 있어서 … 몇 행 원문 빠짐 … 이들의 입접 처소를 두고 논의가 있었다[『承政院日記』 仁祖 7年 12月 21日(辛未)].

244 유흥치에 관한 정보는 『仁祖實錄』 卷21, 仁祖 7年 9月 丁酉(16) ; 『仁祖實錄』 卷22, 仁祖 8年 3月 甲午(14) ; 『仁祖實錄』 卷22, 仁祖 8年 4月 戊辰(19) 참조. 유흥치와 조선과의 관계에 대해서는 스즈키 카이, 2015 「劉興治와 朝鮮과의 관계에 대하여」 『만주연구』 19 참조.

245 『仁祖實錄』 卷22, 仁祖 8年 4月 戊寅(29).

246 『仁祖實錄』 卷25, 仁祖 9年 10月 己巳(29). 임도사가 '가도 차인'이라는 정보는 『仁祖實錄』 卷25, 仁祖 9年 10月 甲子(24) 참조. 사실 임도사가 태평관에 들어가는 과정은 조금 복잡하다. 이를 날짜별로 정리하면 다음과 같다.

* 인조가 가도 차인 임도사를 숭정전에서 접견 [『仁祖實錄』 卷25, 仁祖 9年 10月 甲子(24)].
* 호차 仲男이 도성에 들어온다고 하여 임도사가 江郊로 몸을 피함 [『仁祖實

錄』卷25, 仁祖 9年 10月 乙丑(25)].

* 호차 중남의 입경 [『仁祖實錄』卷25, 仁祖 9年 10月 丙寅(26)].
* 호차 중남이 떠나고 임도사가 江上에서 태평관으로 들어옴 [『仁祖實錄』卷25, 仁祖 9年 10月 己巳(29)].

이상의 내용을 토대로 추정해보면, 호차 중남이 도성에 들어오기 전에는 임도사가 태평관에 머물렀을 가능성이 크다. 따라서 임도사는 태평관에 머물고 있다가 호차 중남이 도성에 와서 머무는 동안 잠시 江上으로 피했다가 호차 중남이 떠나면서 다시 태평관으로 들어온 것으로 정리된다.

247 『仁祖實錄』卷26, 仁祖 10年 1月 乙丑(27).

248 『承政院日記』仁祖 13年 3月 15日(乙丑). 완천군 崔來吉이 유격이 머물고 있는 태평관에서 그를 위하여 상마연 설행했다.

249 『承政院日記』仁祖 14年 7月 18日(庚申).

250 『承政院日記』仁祖 14年 9月 17日(戊午). '심유격이 태평관으로부터 이르자 인조가 인정전에서 그를 접견했다.'라고 되어 있어서 심유격이 태평관에 머무르고 있다고 보았다.

251 계운궁은 1626년(인조 4) 1월 14일 졸서했고[『仁祖實錄』卷11, 仁祖 4年 1月 戊午(14)], 졸곡제를 지낸 날은 이해 5월 27일이었다[『仁祖實錄』卷12, 仁祖 4年 5月 戊辰(27)]. 계운궁은 1632년(인조 10) 仁獻王后로 추숭되었다[『仁祖實錄』卷26, 仁祖 10年 5月 己亥(2)].

252 『仁祖實錄』卷12, 仁祖 4年 4月 辛卯(19) ; 『承政院日記』仁祖 4年 4月 26日(戊戌).

253 『仁祖實錄』卷11, 仁祖 4年 2月 丙申(23) ; 『仁祖實錄』卷13, 仁祖 4年 6月 甲申(13) ; 『燃藜室記述』(別集) 卷5, 事大典故 「詔使」(本國使臣回賫付詔勅幷附○朝野記聞不載內官). 이 중에서 『인조실록』 2월 23일자와 『연려실기술』에는 '황자 탄생 조서'가 온 것으로, 『인조실록』 6월 13일자에는 '황자 탄생 조서'에 더하여 '황자 탄생 칙서'도 온 것으로 기록되어 있어 차이를 보인다.

254 『仁祖實錄』卷13, 仁祖 4年 6月 甲申(13).

255 강왈광과 왕몽윤이 도착한 당일부터 떠날 때까지 남별궁이 객관이었음을 보여주는 근거를 남별궁에서 있었던 일을 중심으로 날짜별로 제시하면 다음과 같다.

* 두 사신이 도착한 당일 인조 주관 하마연 설행 [『仁祖實錄』卷13, 仁祖 4年 6月 甲申(13)].
* 도착한 다음 날 인조 주관 익일연 설행 [『仁祖實錄』卷13, 仁祖 4年 6月 乙酉(14)].

* 인조 주관 回禮宴 설행 [『仁祖實錄』 卷13, 仁祖 4年 6月 戊子(17)].
* 왕세자가 천사 만남 [『仁祖實錄』 卷13, 仁祖 4年 6月 戊子(17)].
* 두 사신이 떠나기 하루 전 인조 주관 상마연 설행 [『仁祖實錄』 卷13, 仁祖 4年 6月 辛卯(20)].

256 『承政院日記』 仁祖 3年 2月 14日(癸巳) ; 『承政院日記』 仁祖 3年 6月 17日(癸巳). 유홍훈·양도인은 1621년 4월 12일 입경하여 5월 1일 모화관을 떠났으며, 양지원은 1622년 4월 18일 입경하여 6월 10일 모화관을 떠났다.

257 『承政院日記』 仁祖 3年 5月 14日(辛酉). 왕민정·호양보는 1625년 6월 3일 모화관에 도착하여 6월 12일 모화관을 떠났다.

258 『承政院日記』 仁祖 3年 6月 18日(甲午).

259 『承政院日記』 仁祖 3年 6月 23日(己亥).

260 『承政院日記』 仁祖 12年 5月 5日(庚寅). 태평관은 천사가 오면 연향 습의를 하는 각처 중 한 곳이라고 한다. 으레 태평관에서 연향 습의를 했음을 알려준다. 이 당시에는 태평관이 한창 수리 중이어서 실행하지는 못했다. 노유령은 소현세자의 왕세자 책봉을 위해 온 詔使이다.

261 『承政院日記』 仁祖 12年 10月 8日(辛卯). 이때 편찬한 『영접도감의궤』는 어람용까지 포함하면 57건이며, 태평관에는 8책을 보관했다. 노유령은 6월 20일 입경하여 7월 6일 회정했다.

262 『承政院日記』 仁祖 14年 8月 6日(丁丑) ; 『承政院日記』 仁祖 14年 8月 16日(丁亥).

263 『承政院日記』 仁祖 15年 12月 14日(戊申).

264 『承政院日記』 仁祖 25年 9月 21日(戊午).

265 『承政院日記』 仁祖 25年 10月 3日(庚午). 헌가의 잡상 등은 예전에는 인경궁의 衛將所 書員이나 방지기[房直]에게 넘겨 주었는데 1647년(인조 25) 10월에는 태평관에 옮겨 두었다.

266 1627년 1월 26일 파천하여 4월 12일 경덕궁으로 돌아왔다.

267 『承政院日記』 仁祖 5年 5月 21日(丙戌).

268 『仁祖實錄』 卷19, 仁祖 6年 11月 甲申(27).

269 『承政院日記』 仁祖 11年 10月 12日(辛未).

270 『承政院日記』 仁祖 11年 10月 14日(癸酉).

271 『承政院日記』 仁祖 11年 10月 24日(癸未).

272 『承政院日記』 仁祖 14年 2月 20日(乙未).

273 『承政院日記』 仁祖 15年 4月 2日(辛未).

274 『承政院日記』 仁祖 26年 3月 6日(辛丑).

275 국사편찬위원회에서 제공하는 웹 사이트 중 『조선왕조실록』에서 '남별궁'을 검색한 결과이다.

276 『景宗實錄』 卷3, 景宗 1年 5月 己卯(19).

277 흠배가 조선에 온 목적을 드러내는 내용을 문헌에 따라 제시하면 다음과 같다.

* 上帝·皇地祇에 제사지내고 聖祖皇帝를 배향한 조서와 칙서 [『通文館志』 卷10, 紀年續編 「景宗大王四年甲辰」].
* 상제·황지기에 제사지내고 聖祖를 배향한 조서와 칙서 [『燃藜室記述』(別集) 卷5, 事大典故 「詔使」(本國使臣回賫付詔勅幷附○朝野記聞不載內官)].
* 康熙의 天地 配祀를 반포하는 조서와 채단을 하사하는 칙서 [『同文彙考』(補編)(藏 K2-3474) 卷9, 詔勅錄 「雍正元年」].

278 흠배에 대한 정보는 『同文彙考』(補編)(藏 K2-3474) 卷9, 詔勅錄 「雍正元年」 참조. 그 밖에 『통문관지』와 『연려실기술』에는 '일등백산질대신 흠배'로[『通文館志』 卷10, 紀年續編 「景宗大王四年甲辰」; 『燃藜室記述』(別集) 卷5, 事大典故 「詔使」(本國使臣回賫付詔勅幷附○朝野記聞不載內官)], 『경종실록』과 『경종수정실록』에는 '일등백 흠배'로 소개되어 있다[『景宗實錄』 卷14, 景宗 4年 2月 乙卯(11); 『景宗修正實錄』 卷5, 景宗 4年 2月 乙卯(11)].

279 부사 악에 대한 정보는 『同文彙考』(補編)(藏 K2-3474) 卷9, 詔勅錄 「雍正元年」 참조. 이외에 『통문관지』와 『연려실기술』에는 '도찰원좌부도어사 악'이라 하여 관직이 좀 더 구체적으로 표기되어 있다[『通文館志』 卷10, 紀年續編 「景宗大王四年甲辰」; 『燃藜室記述』(別集) 卷5, 事大典故 「詔使」(本國使臣回賫付詔勅幷附○朝野記聞不載內官)].

280 『同文彙考』(補編)(藏 K2-3474) 卷9, 詔勅錄 「雍正元年」. 부사 岳이 병으로 심양에 머물고 있다는 내용은 『통문관지』와 『연려실기술』, 『승정원일기』 등에도 전한다[『通文館志』 卷10, 紀年續編 「景宗大王四年甲辰」; 『燃藜室記述』(別集) 卷5, 事大典故 「詔使」(本國使臣回賫付詔勅幷附○朝野記聞不載內官); 『承政院日記』 景宗 4年 2月 11日(乙卯)].

281 흠배의 일정은 『同文彙考』(補編)(藏 K2-3474) 卷9, 詔勅錄 「雍正元年」 참조.

282 『景宗實錄』 卷14, 景宗 4年 2月 乙卯(11); 『承政院日記』 景宗 4年 2月 11日(乙卯).

283 『景宗實錄』 卷14, 景宗 4年 2月 丁巳(13).

284 『承政院日記』 景宗 4年 2月 12日(丙辰).

285 『承政院日記』 景宗 4年 2月 13日(丁巳).

286 이종서, 2020 「조선시대 남별궁(南別宮)의 평면 구조와 변화」 『건축역사연구』 제

29권 1호 통권128호, 56쪽.

287 이종서, 2023「조선 전기 서울 지역 지배층 저택의 규범적 건물 유형과 배치」『건축역사연구』 제32권 5호 통권150호, 73쪽 참조.

288 본서 제4장 제2절 2항 '인조대 중반 이후 태평관의 쇠퇴와 영역 활용' 참조.

289 인조대 이후 경종대에 이르기까지 태평관의 상황에 대해서는 본서 제4장 제2절 참조.

290 각라만복과 숭귀는 영조의 죽음에 대한 조문과 권서국사자인 정조의 조선국왕 책봉을 위한 외교문서는 물론 그 이외의 여러 문서도 아울러 가지고 왔다. 문헌에 따라 약간 다르게 기술되어 있어 제시하면 다음과 같다.

* 冊封誥命, 勅賜綵幣, 諭祭祭文, 祭幣, 眞宗大王追封爵謚, 孝純王妃趙氏誥命, 頒平定金川詔及新篆金印 [『通文館志』 卷10, 紀年續編「英宗大王五十二年丙申」].
* 冊封誥命, 勅賜綵幣, 諭祭祭文, 祭幣, 謚號, 眞宗追封爵謚, 孝純王妃趙氏誥命, 頒平定金川詔及新篆金印 [『燃藜室記述』(別集) 卷5, 事大典故「詔使」(本國使臣回賫付詔勅幷附○朝野記聞不載內官)].
* 冊封國王誥 1道, 追崇眞宗大王誥 1도, 追崇王妃誥 1도, 賜國王詔 1도, 賜王妃詔 1도, 誥命勅 1도, 賜禮物勅 1도, 賜祭英宗大王文 1도, 祭幣 1도, 討平金川及尊號皇太后詔 1도 [『同文彙考』(補編)(藏 K2-3474) 卷9, 詔勅錄「乾隆四十一年」].
* 弔慰와 封典 칙서, 兩金川 토평 頒赦 조서, 정조 국왕 책봉 조서, 정조 국왕 책봉과 정조비 왕비 책봉에 대한 예물 하사 고명, 정조 국왕 책봉 고명, 정조비 왕비 책봉 고명, 진종 추증 국왕 책봉 고명, 진종비 추증 왕비 책봉 고명, 영조 賜祭文, 恩詔 [『正祖實錄』 卷2, 正祖 卽位年 10月 乙丑(27)].

291 각라만복과 숭귀에 대한 정보는 『同文彙考』(補編)(藏 K2-3474) 卷9, 詔勅錄「乾隆四十一年」 참조. 이외에도 문헌마다 약간 다르게 기재되어 있어 제시하면 다음과 같다.

* 散秩大臣漢軍副都統 覺羅萬復 內閣學士 嵩貴 等 [『通文館志』 卷10, 紀年續編「英宗大王五十二年丙申」; 『燃藜室記述』(別集) 卷5, 事大典故「詔使」(本國使臣回賫付詔勅幷附○朝野記聞不載內官)]. 각라만복은 두 문헌에 모두 '漢軍'이라고 되어 있다.
* 정사는 '散秩大臣兼鑲白旗漢軍副都統世襲雲騎尉世襲佐領加三級 覺羅萬復', 부사는 '經筵講官武英殿總裁內閣學士兼禮部侍郎署鑲藍旗蒙古副都統加一級 崇貴'라 하여 관직명이 좀 더 구체적으로 적기되어 있다[『正祖實錄』 卷2, 正祖 卽位年 10月 乙丑(27)]. 아울러 『정조실록』에 '覺羅萬復'의

'復'은 본래 '福'字이며, 만복은 '漢軍', 숭귀는 '蒙人'이라고 부기되어 있다.

* 上勅은 皇上의 一家이고, 副勅은 몽고인이며 그의 관직은 禮部侍郎이라고 되어 있다[『承政院日記』 正祖 卽位年 10月 28日(丙寅)].

292 각라만복과 숭귀의 일정은 『同文彙考』(補編)(藏 K2-3474) 卷9, 詔勅錄 「乾隆四十一年」 참조.

293 『正祖實錄』 卷2, 正祖 卽位年 10月 乙丑(27) ; 『日省錄』 正祖 卽位年 10月 27日(乙丑).

294 『承政院日記』 正祖 卽位年 10月 27日(乙丑).

295 『正祖實錄』 卷2, 正祖 卽位年 10月 丙寅(28).

296 『承政院日記』 正祖 卽位年 10月 28日(丙寅).

297 『日省錄』 正祖 卽位年 10月 28日(丙寅).

298 『承政院日記』 正祖 卽位年 10月 28日(丙寅).

299 『日省錄』 正祖 卽位年 10月 28日(丙寅).

300 『承政院日記』 正祖 卽位年 11月 5日(癸酉) ; 『正祖實錄』 卷2, 正祖 卽位年 11月 癸酉(5). 『정조실록』에는 '호조판서' 정홍순으로 되어 있다.

301 융흥과 영신이 『통문관지』와 『연려실기술』에는 '황태후 부음 칙서와 遺誥'를 가지고 온 것으로[『通文館志』 卷10, 紀年續編 「正宗大王元年丁酉」 ; 『燃藜室記述』(別集) 卷5, 事大典故 「詔使」(本國使臣回賫付詔勅幷附○朝野記聞不載內官)], 『동문휘고』에는 '황태후 崩逝 조서'를 가지고 온 것으로[『同文彙考』(補編)(藏 K2-3474) 卷9, 詔勅錄 「乾隆四十二年」], 『정조실록』에는 '황태후 부음 칙서'를 가지고 온 것으로[『正祖實錄』 卷3, 正祖 1年 3月 癸酉(7)] 문헌마다 약간씩 다르게 기재되어 있다.

참고로 『통문관지』에 '正宗大王元年丁酉'라 하여 '正祖'가 아닌 '正宗'으로 쓰여 있다. 正宗을 正祖로 존호를 올린 때는 1899년(고종 36) 11월 5일(양력 12월 7일)이다(이현진, 2012 「대한제국의 선포와 종묘 제도의 변화 -七廟의 구성과 황제 추존, 신주 改題를 중심으로-」 『韓國思想史學』 40, 519~520쪽). 따라서 이보다 이전에는 처음 정한 '정종'으로 썼다.

302 융흥과 영신에 대한 소개는 문헌에 따라 다음과 같이 조금의 차이가 있다.

* 『통문관지』·『연려실기술』 : 散秩大臣一等褒績公 隆興等 [『通文館志』 卷10, 紀年續編 「正宗大王元年丁酉」 ; 『燃藜室記述』(別集) 卷5, 事大典故 「詔使」(本國使臣回賫付詔勅幷附○朝野記聞不載內官)].
* 『동문휘고』 : 上使 散秩大臣一等褒績公 隆興, 副使 內閣學士兼禮部侍郎 永 [『同文彙考』(補編)(藏 K2-3474) 卷9, 詔勅錄 「乾隆四十二年」].
* 『승정원일기』·『일성록』 : 上勅 世世勳籍一品官, 副勅 內閣學士兼禮部侍

郎鴻臚侍中 [『承政院日記』 正祖 1年 3月 8日(甲戌) ; 『日省錄』 正祖 1年 3月 8日(甲戌)].

* 『정조실록』 : 正使 散秩大臣一等褒績公兼世管佐領 隆興, 副使 內閣學士兼禮部侍郎鴻臚寺正卿公中佐領 永信 [『正祖實錄』 卷3, 正祖 1年 3月 癸酉(7)].

303 융흥과 영신의 일정은 『同文彙考』(補編)(藏 K2-3474) 卷9, 詔勅錄 「乾隆四十二年」 ; 『正祖實錄』 卷3, 正祖 1年 3月 癸酉(7) 참조. 단, 還渡江의 날짜가 『동문휘고』에는 3월 20일, 『정조실록』에는 3월 21일이라는 차이가 있다.

304 『正祖實錄』 卷3, 正祖 1年 3月 癸酉(7) ; 『日省錄』 正祖 1年 3月 7日(癸酉).

305 『承政院日記』 正祖 1年 3月 7日(癸酉).

306 『正祖實錄』 卷3, 正祖 1年 3月 甲戌(8).

307 『承政院日記』 正祖 1年 3月 8日(甲戌) ; 『日省錄』 正祖 1年 3月 8日(甲戌).

308 『承政院日記』 正祖 1年 3月 7日(癸酉) ; 『承政院日記』 正祖 1年 3月 9日(乙亥).

309 서명과 아숙이 『통문관지』에는 '왕세자 책봉 칙서·고명·彩幣'를 가지고 온 것으로[『通文館志』 卷10, 紀年續編 「正宗大王八年甲辰」], 『동문휘고』에는 '세자 책봉 고명과 칙서'를 가지고 온 것으로[『同文彙考』(補編)(藏 K2-3474) 卷9, 詔勅錄 「乾隆四十九年」 "乾隆四十九年十月初二日 冊封世子誥一道 誥命彩幣勅一道"], 『승정원일기』·『일성록』에는 '왕세자 책봉 조서·칙서·고명'을 가지고 온 것으로[『承政院日記』 正祖 8年 12月 3日(甲申) ; 『日省錄』 正祖 8年 12月 3日(甲申)], 『정조실록』에는 '세자 책봉 조서와 칙서'를 가지고 온 것으로[『正祖實錄』 卷18, 正祖 8年 10月 庚寅(8) ; 『正祖實錄』 卷18, 正祖 8年 12月 甲申(3)] 문헌마다 조금씩 다르게 기재되어 있다. 여기서 주의할 것은 『승정원일기』와 『일성록』에 나오는 조서·칙서·고명 세 단어이다. 『승정원일기』에는 정조가 칙사로부터 '조칙'과 '고명'을 받아 그것을 보는 절차까지 상세하게 쓰여 있어 문제가 없다. 그런데 『일성록』에는 두 문서의 내용만 수록되어 있고, 그 첫머리에 하나는 '皇帝勅諭朝鮮國王姓諱'로 시작하고, 다른 하나는 '奉天承運皇帝制曰'로 시작한다. 전자는 책봉 칙서의 시작이고, 후자는 책봉 고명의 시작이다. 이 중에서 '奉天承運皇帝制曰'로 시작하는 문서를 『일성록』에는 '조서'라고 썼는데 실상은 조서가 아닌 고명이다. 결과적으로 『일성록』에 수록된 문서는 '조서·칙서·고명'이 아닌 '칙서와 고명'이며, 이는 『동문휘고』의 기록과 같다. 칙서·고명·조서의 차이는 丘凡眞, 2019 「崇德年間 淸朝의 朝鮮 王室 冊封과 冊封文書」 『明淸史硏究』 52, 79~81쪽 참조.

310 서명과 아숙에 대한 정보는 『通文館志』 卷10, 紀年續編 「正宗大王八年甲辰」 ; 『同文彙考』(補編)(藏 K2-3474) 卷9, 詔勅錄 「乾隆四十九年」 ; 『正祖實錄』 卷

18, 正祖 8年 10月 庚寅(8) 참조. 『정조실록』의 다른 기사에는 '상칙은 나이는 60세이고 1품관으로 侍衛를 담당하고 있으며, 부칙은 나이는 57세이고 14皇子의 師傅이자 翰苑·內閣에 출입한다.'고 되어 있고[『正祖實錄』 卷18, 正祖 8年 12月 乙酉(4)], 『일성록』과 『승정원일기』에는 '상칙의 나이는 60세이고 관직은 1품관으로 侍衛軍兵을 맡고 있으며, 부칙은 나이는 57세, 관직은 문관 2품으로 翰院·內閣에 출입하며 황상의 제17자 황자의 사부'라고 되어 있다[『承政院日記』 正祖 8年 12月 4日(乙酉) ; 『日省錄』 正祖 8年 12月 4日(乙酉)].

311 서명과 아숙의 일정은 『同文彙考』(補編)(藏 K2-3474) 卷9, 詔勅錄 「乾隆四十九年」 참조.

312 인정전에서 정조와 두 칙사가 행한 의례가 관찬 자료에 미묘하게 차이를 보이고 있어 모두 제시하면 다음과 같다.

* 『일성록』: 受勅·宣勅, 受詔·宣詔, 접견·다례·연례 [『日省錄』 正祖 8年 12月 3日(甲申)].
* 『승정원일기』: 受詔勅誥命禮, 宣勅, 접견, 다례, 宴禮 [『承政院日記』 正祖 8年 12月 3日(甲申)].
* 『정조실록』: 受詔勅禮, 접견, 다례, 연례 [『正祖實錄』 卷18, 正祖 8年 12月 甲申(3)].

313 『正祖實錄』 卷18, 正祖 8年 12月 甲申(3).

314 『承政院日記』 正祖 8年 12月 3日(甲申) ; 『日省錄』 正祖 8年 12月 3日(甲申).

315 『正祖實錄』 卷18, 正祖 8年 12月 乙酉(4).

316 『承政院日記』 正祖 8年 12月 4日(乙酉).

317 『日省錄』 正祖 8年 12月 4日(乙酉).

318 『承政院日記』 正祖 8年 12月 8日(己丑) ; 『日省錄』 正祖 8年 12月 8日(己丑).

319 『承政院日記』 正祖 8年 10月 6日(戊子). 『일성록』에도 같은 내용이 大同小異하게 실려 있다[『日省錄』 正祖 8年 10月 6日(戊子)]. 그 '小異'에 해당하는 부분이 '전부터 칙사의 행차 때 나례는 반드시 태평관에서 설행했는데 태평관이 오랫동안 쇠퇴하여 그들이 입경하는 기한에 맞춰 修葺하기에 어려움이 있다.'는 내용인데, 이 부분이 결여되어 있다.

320 소릉아와 서보는 賜祭文孝世子文 1道와 祭幣 1도를 가지고 왔다[『同文彙考』(補編)(藏 K2-3474) 卷9, 詔勅錄 「乾隆五十一年」].

321 소릉아와 서보에 대한 정보는 『同文彙考』(補編)(藏 K2-3474) 卷9, 詔勅錄 「乾隆五十一年」 ; 『正祖實錄』 卷22, 正祖 10年 閏7月 己丑(18) 참조. 단, 『동문휘고』에는 부사의 이름이 '瑞寶'라고 되어 있고, 『정조실록』에는 '瑞保'라고 하여 다르게 기록되어 있다. 『승정원일기』와 『일성록』에는 두 문헌보다 더 구체적으

로 이들이 소개되어 있다. 『승정원일기』에는 '상칙은 나이는 70세이고 관직은 공부시랑겸이부시랑부도통이며, 부칙은 나이는 32세이고 관직은 내각학사겸예부시랑'으로 되어 있고[『承政院日記』 正祖 10年 9月 4日(甲戌)], 『일성록』에는 '상칙은 나이는 72세이고 관직은 공부시랑겸이부시랑'이며, 부칙은 『승정원일기』의 내용과 동일하다[『日省錄』 正祖 10年 9月 4日(甲戌)].

322 소릉아와 서보가 입경한 날짜가 관찬 자료와 『동문휘고』가 차이를 보인다. 『정조실록』과 『승정원일기』, 『일성록』에는 '9월 3일', 『동문휘고』에는 '9월 2일' 입경한 것으로 되어 있다[『同文彙考』(補編)(藏 K2-3474) 卷9, 詔勅錄 「乾隆五十一年」]. 소릉아와 서보의 왕복 일정은 『동문휘고』의 '詔勅錄'이 참조되며, 回還路程記는 『日省錄』 正祖 10年 9月 4日(甲戌) 참조.

323 문효세자의 혼궁이 마련된 곳이 경희궁의 泰寧門 안 正堂이라는 사실은 이현진, 2017 『조선 왕실의 상장례』 신구문화사, 161쪽 참조. '泰寧門 안 正堂'은 '泰寧殿'으로, 태령전은 숭정전의 서쪽에 위치한다.

324 두 칙사가 도착한 당일에 정조와 칙사가 이동한 공간과 그곳에서 행한 의례는 『承政院日記』 正祖 10年 9月 3日(癸酉) ; 『日省錄』 正祖 10年 9月 3日(癸酉) ; 『正祖實錄』 卷22, 正祖 10年 9月 癸酉(3) 참조. 『정조실록』의 기록은 어떤 장소에서 어떤 의례를 행했는지의 결과만 제시하여 『승정원일기』나 『일성록』에 비하면 분량이 매우 소략하다.

325 『正祖實錄』 卷22, 正祖 10年 9月 癸酉(3).

326 『承政院日記』 正祖 10年 9月 3日(癸酉) ; 『日省錄』 正祖 10年 9月 3日(癸酉).

327 『正祖實錄』 卷22, 正祖 10年 9月 甲戌(4).

328 『承政院日記』 正祖 10年 9月 4日(甲戌).

329 『日省錄』 正祖 10年 9月 4日(甲戌).

330 『正祖實錄』 卷22, 正祖 10年 9月 乙亥(5). 이날 『승정원일기』에는 이러한 내용의 기사가 없지만 『일성록』에는 좌의정 李福源이 정조의 명으로 관소에 가서 御帖을 바치고 다례의 설행을 청하지만 칙사가 몸이 고달프다고 하여 다례는 행하지 못하고 床排를 들여보내는 것으로 대신한 채 물러나 돌아간 것으로 되어 있다[『日省錄』 正祖 10年 9月 5日(乙亥)]. 따라서 '대신이 관소에 가서 다례를 설행했다.'는 『정조실록』의 내용 중 대신은 이복원으로 볼 수 있어 문제가 없지만 '다례의 설행'은 『일성록』의 기록과 다르다.

331 '태상황제의 부음을 전하기 위한 목적'이 문헌에 따라 약간 다르게 기재되어 있어 소개하면 다음과 같다.

* 고종순황제 부음 칙서와 遺詔 [『通文館志』 卷10, 紀年續編 「正宗大王 二十三年己未」].

* 태상황제의 遺詔 반포 [『同文彙考』(補編)(藏 K2-3474) 卷9, 詔勅錄「嘉慶四年」].
* 태상황제의 부음 전달 [『正祖實錄』 卷51, 正祖 23年 1月 辛巳(22)].
* 건륭황제의 부음 전달 [『正祖實錄』 卷51, 正祖 23年 2月 己丑(1)].
* 고종순황제의 遺誥 반포 [『正祖實錄』 卷52, 正祖 23年 12月 丁未(24)].

332 장승훈과 항걸에 대한 정보는 『同文彙考』(補編)(藏 K2-3474) 卷9, 詔勅錄「嘉慶四年」 참조. 그 밖의 문헌에는 약간씩 다르게 기재되어 있어 제시하면 다음과 같다.

* 산질대신후 장승훈 등 [『通文館志』 卷10, 紀年續編「正宗大王二十三年己未」].
* 산질대신후 장승훈과 내각학사 항걸 [『正祖實錄』 卷51, 正祖 23年 1月 辛巳(22) ; 『正祖實錄』 卷51, 正祖 23年 2月 己丑(1)].
* 부도통 장승훈과 예부우시랑 항걸 [『正祖實錄』 卷52, 正祖 23年 12月 丁未(24)].

참고로 상칙인 정사 장승훈은 漢軍, 부칙인 부사 항걸은 滿人이라고 한다[『正祖實錄』 卷51, 正祖 23年 1月 辛巳(22)].

333 장승훈과 항걸의 일정은 『同文彙考』(補編)(藏 K2-3474) 卷9, 詔勅錄「嘉慶四年」 참조.

334 『承政院日記』 正祖 23年 3月 2日(庚申) ; 『日省錄』 正祖 23年 3月 2日(庚申) ; 『正祖實錄』 卷51, 正祖 23年 3月 庚申(2).

335 『承政院日記』 正祖 23年 3月 2日(庚申) ; 『日省錄』 正祖 23年 3月 2日(庚申).

336 『正祖實錄』 卷51, 正祖 23年 3月 辛酉(3).

337 『承政院日記』 正祖 23年 3月 3日(辛酉) ; 『日省錄』 正祖 23年 3月 3日(辛酉).

338 전국영과 영화가 가지고 온 '고종순황제의 天壇 升配 관련 외교문서(조서 혹은 조칙)'를 문헌에 따라 조금씩 다르게 기재했기에 제시하면 다음과 같다.

* 고종순황제 天壇 升配 조서와 칙서 [『通文館志』 卷10, 紀年續編「正宗大王二十四年庚申」].
* 건륭의 天地 配祀 조서와 賜物 勅諭 [『同文彙考』(補編)(藏 K2-3474) 卷9, 詔勅錄「嘉慶四年」].
* 고종순황제의 天壇 升配에 관한 조서 반포 [『正祖實錄』 卷52, 正祖 23年 12月 丁未(24)].
* 고종순황제 천단 승배 칙서 [『承政院日記』 正祖 24年 1月 26日(己卯)].
* 고종순황제의 天地 配享 조서와 고종순황제의 천지 승배 칙서 [『日省錄』 正祖 24年 1月 26日(己卯)]. 『正祖實錄』 卷53, 正祖 24年 1月 己卯(26) 3번째

기사'와 내용이 거의 동일하다. 여기서는 '배향'과 '승배'의 대상이 모두 '고종순황제'라고 표기되어 있다.

* 건륭황제의 配天에 관한 조칙 반포 [『正祖實錄』 卷53, 正祖 24年 1月 己卯(26) 1번째기사].
* 고종순황제의 天地 配享 조서와 고종순황제의 천지 승배 칙서 [『正祖實錄』 卷53, 正祖 24年 1月 己卯(26) 3번째기사]. 조서의 내용 중 '圜丘에서 上帝에게 제사지내고 高祖純皇帝를 배향하고, 方澤에서 皇地祇에게 제사지내고 高宗純皇帝를 배향'한 것으로 기록되어 있다. 이때 '고조순황제'는 '고종순황제'의 오기이다.
* 配天 조서와 칙서 [『承政院日記』 正祖 24年 1月 27日(庚辰)].

339 전국영과 영화에 대한 정보는 『同文彙考』(補編)(藏 K2-3474) 卷9, 詔勅錄 「嘉慶四年」 참조. 그 밖의 문헌에는 약간씩 다르게 기재되어 있어 제시하면 다음과 같다.

* 산질대신후 전국영 등 [『通文館志』 卷10, 紀年續編 「正宗大王二十四年庚申」]
* 위서산질대신후 전국영과 내각학사겸예부시랑 영화 [『正祖實錄』 卷52, 正祖 23年 12月 丁未(24)].
* 산질대신세습후 전국영과 예부상서 德保의 아들 영화 [『正祖實錄』 卷53, 正祖 24年 1月 壬申(19)].
* 부칙인 영화가 덕보의 아들 [『承政院日記』 正祖 24年 1月 26日(己卯)].
* 산질대신부도통일등순의후 전국영과 내각학사겸예부시랑 영화 [『日省錄』 正祖 24年 1月 26日(己卯) ; 『正祖實錄』 卷53, 正祖 24年 1月 己卯(26)].
* 상칙은 63세, 부칙은 30세, 부칙의 관직은 문연각직각내각학사예부시랑 [『承政院日記』 正祖 24年 1月 27日(庚辰)].

340 전국영과 영화의 일정은 『同文彙考』(補編)(藏 K2-3474) 卷9, 詔勅錄 「嘉慶四年」 참조.

341 정조와 두 칙사가 입경한 당일에 인정전, 좀 더 정확하게 말하면 '인정전 뜰'과 '인정전 안'에서 행한 의례가 관찬 자료마다 조금씩 다르게 기재되어 있다. 모두 제시하면 다음과 같다.

* 『정조실록』 : 宣詔, 宣勅. 두 절차는 '인정전 뜰'에서 행례했다[『正祖實錄』 卷53, 正祖 24年 1月 己卯(26)].
* 『승정원일기』 : 受勅, 茶禮. 수칙은 '인정전 뜰'에서, 다례는 '인정전 안'에서 행례했다[『承政院日記』 正祖 24年 1月 26日(己卯)].
* 『일성록』 : 受詔, 宣詔, 宣勅, 接見, 茶禮. 수조·선조·선칙은 '인정전 뜰'에

서, 접견·다례는 '인정전 안'에서 행례했다[『日省錄』 正祖 24年 1月 26日(己卯)].

342 『承政院日記』 正祖 24年 1月 26日(己卯) ; 『日省錄』 正祖 24年 1月 26日(己卯).

343 『正祖實錄』 卷53, 正祖 24年 1月 庚辰(27).

344 『承政院日記』 正祖 24年 1月 27日(庚辰).

345 『日省錄』 正祖 24年 1月 27日(庚辰).

346 『承政院日記』 正祖 24年 1月 27日(庚辰). 이 기사는 관찬 자료 중 『승정원일기』에만 전한다. 오언율시를 모사하여 번각했기에 원본은 승정원으로 보냈다[『承政院日記』 正祖 24年 1月 27日(庚辰) ; 『日省錄』 正祖 24年 1月 27日(庚辰)].

347 조선에 온 淸使는 정은주, 2012 『조선시대 사행기록화』 사회평론, 부록 4 淸使朝鮮出來表(609～616쪽) 참조. 그중 경종대부터 정조대까지는 이 책의 612～614쪽 참조.

348 館 혹은 館所라고 한 사례를 들면, 1724년(경종 4) 3월 조선에 온 부도통 額而德과 두등시위 額麟臣이 머문 곳을 『경종실록』에 '館'[『景宗實錄』 卷14, 景宗 4年 3月 辛卯(17)] 혹은 '館所'라고 적혀 있다[『景宗實錄』 卷14, 景宗 4年 3月 乙未(21)]. 『승정원일기』 역시 '관' 혹은 '관소'라고 기록되어 있다.

349 『國朝續五禮儀』(奎 1479) 國朝五禮儀考異 卷1, 嘉禮考異 「迎詔書儀」 "○太平館 今爲南別宮【(註) 後倣此】".

제 4 장

1 『太宗實錄』 卷16, 太宗 8年 10月 乙未(21) "議政府啓 各宗寺社 當初詳定 自有其額 今以新創開慶寺 加屬曹溪宗 乞將曹溪宗屬興天社 移屬華巖宗 其華巖宗 屬支天社 近於太平館 不宜僧徒聚居 乞以田民 幷屬於興天社, 以備使臣伴人館舍之所 興天社元屬田民屬公 從之". 원문에 '開慶寺', '興天社', '華巖宗', '支天社'로 기재되어 있다. '開慶寺'를 제외한 나머지는 '興天寺', '華嚴宗', '支天寺'가 아니기에 오기인지를 확인하기 위하여 간단하게 살펴보면, 興天社는 『조선왕조실록』에 5건이 확인되며 나머지 210건은 모두 興天寺로 기재되어 있다. 華巖宗은 『조선왕조실록』에 2건, 華嚴宗은 5건이 확인된다. 支天社는 『조선왕조실록』에 태종 8년 10월 21일자 기사에만 나오고, 그 이외에는 支天寺로 기록되어 있고 모두 9건이 검색된다. 支天社는 1건만 확인되어 支天寺의 오기로 볼 수도 있겠지만 興天社와 華巖宗은 그렇게 보기에는 무리일 수 있어 본문에는 모두 원문을 따라 썼다. 향후 『조선왕조실록』을 비롯한 다른 문헌에 '興天社', '華巖宗', '支天社'가 나온다면 모두 원문을 따라 쓰고자 한다. 『조선

왕조실록』은 국사편찬위원회에서 제공하는 웹 사이트를 참조했으며, 원문 역시 이를 참고했다.

2 『太宗實錄』 卷13, 太宗 7年 4月 壬辰(8). 제3장 제1절 3항 '명 사신 외 태평관에 머문 사례' 참조.

3 『太宗實錄』 卷16, 太宗 8年 11月 己酉(5).

4 丁字閣은 원문에 '亭字閣'으로 쓰여 있다.

5 『太宗實錄』 卷17, 太宗 9年 4月 乙酉(13) "新作太平館北樓 上謂李貴齡曰 參贊是太平館監造提調也 破貞陵亭字閣 作樓三間 以館之舊廳 創東西軒 則木石功省 事亦易成矣 黃儼嘗曰 高築亭基 構樓于中 東西置軒 則美矣 今作此樓 從儼意也 且輸貞陵石用之 夷其墳滅其迹 以絶人觀視可也 石人則可掘地而埋之 黃喜啓曰 可以石人塡塞柱礎 上謂貴齡曰 不可 當埋之".

6 신덕왕후를 폄훼하고 정릉을 폐하는 과정에 대해서는 이현진, 2008『조선후기 종묘 전례 연구』 일지사, 2장 2절 1)항 (1)목 참조.

7 『世宗實錄』 卷127, 世宗 32年 閏1月 丙午(1) ; 『世宗實錄五禮』 卷135, 凶禮儀式 「迎賜諡祭及弔賻儀」 ; 『端宗實錄』 卷2, 端宗 卽位年 8月 丙戌(26) ; 『國朝五禮儀』 卷8, 凶禮 「迎賜諡祭及弔賻儀」 ; 『中宗實錄』 卷84, 中宗 32年 3月 己丑(10) ; 『中宗實錄』 卷84, 中宗 32年 3月 乙未(16) ; 『仁宗實錄』 卷2, 仁宗 1年 4月 庚申(28) ; 『明宗實錄』 卷3, 明宗 1年 1月 己卯(21). 『세종실록오례』와 『국조오례의』에 수록된 두 의주에는 '청'의 한가운데에 闕庭을 설치하고 誥命案·祭文案·賻物案을 궐정의 앞에 각각 설치했다가 의례가 끝나면 궐정과 3개의 案을 거둔 후 국왕과 사신이 그곳에서 다례를 행했다고 되어 있다.

8 『世宗實錄』 卷45, 世宗 11年 8月 壬午(8) ; 『成宗實錄』 卷156, 成宗 14年 7月 壬辰(2).

9 『眉巖集』 卷5, 日記 戊辰(皇明隆慶二年 我宣廟二年) 「二月初三日」 ; 『眉巖集』 卷5, 日記 戊辰(皇明隆慶二年 我宣廟二年) 「二月初七日」. 2월 7일자에는 '館堂'으로 기록되어 있으나 '태평관의 정당'이 분명하다. 참고로 두 『미암집』에 '皇明隆慶二年 我宣廟二年'이라고 기록되어 있는데 융경 2년은 선조 1년이므로 '我宣廟二年'은 오기이다. 이하 마찬가지이다.

10 『太宗實錄』 卷1, 太宗 1年 6月 己巳(12).

11 『世宗實錄』 卷20, 世宗 5年 4月 丁巳(7) ; 『世宗實錄』 卷24, 世宗 6年 6月 己未(16) ; 『世宗實錄』 卷42, 世宗 10年 12月 辛丑(24) ; 『世宗實錄』 卷59, 世宗 15年 3月 戊午(5) ; 『端宗實錄』 卷2, 端宗 卽位年 8月 壬午(22) ; 『成宗實錄』 卷110, 成宗 10年 閏10月 甲子(12) ; 『成宗實錄』 卷117, 成宗 11年 5月 庚辰(1) ; 『成宗實錄』 卷129, 成宗 12年 5月 庚寅(16) ; 『成宗實錄』 卷129, 成宗 12年 5月 辛

卯(17) ; 『成宗實錄』 卷159, 成宗 14年 10月 庚申(1) ; 『成宗實錄』 卷265, 成宗 23年 5月 丁酉(28) ; 『成宗實錄』 卷266, 成宗 23年 6月 丙寅(27) ; 『燕山君日記』 卷6, 燕山君 1年 6月 甲寅(3) ; 『中宗實錄』 卷7, 中宗 4年 2月 庚午(8) ; 『中宗實錄』 卷42, 中宗 16年 5月 庚午(19) ; 『中宗實錄』 卷42, 中宗 16年 6月 乙巳(25) ; 『中宗實錄』 卷84, 中宗 32年 3月 己丑(10) ; 『中宗實錄』 卷84, 中宗 32年 3月 庚寅(11) ; 『中宗實錄』 卷84, 中宗 32年 3月 癸巳(14) ; 『中宗實錄』 卷90, 中宗 34年 4月 丁未(10) ; 『仁宗實錄』 卷2, 仁宗 1年 4月 庚申(28) ; 『仁宗實錄』 卷2, 仁宗 1年 5月 癸酉(12) ; 『宣祖實錄』 卷6, 宣祖 5年 11月 戊子(6) ; 『宣祖實錄』 卷145, 宣祖 35年 1月 甲寅(21) ; 『宣祖實錄』 卷198, 宣祖 39年 4月 乙卯(17). 『선조실록』 중 5년 11월 6일자 기사에는 '대청' 두 글자만 나와 어느 건물의 대청인지가 분명하지 않지만 당시 태평관에 머물렀던 명 사신이 태평관이 아닌 다른 곳에 간 기록이 있지 않아 태평관의 대청으로 보았다. 또 『선조실록』의 39년 4월 17일자 기사에도 '대청' 두 글자만 나와 어느 건물의 대청인지가 분명하지 않지만 연향[請宴]에 참석하기 위하여 명 사신[朱之蕃·梁有年]이 도착하자 선조가 이들을 중문 밖에서 맞이한 점, 대청에서 연향을 설행한 점, 연향을 마친 뒤 두 사신이 남별궁을 향했다고 한 점 등을 통해 태평관의 대청으로 보기에 충분하다.

12 『成宗實錄』 卷5, 成宗 1年 5月 戊寅(1).

13 * 朱琦抄本 『조선부』 : 『朝鮮賦』 "太平有館【(註) 在崇禮門中 內爲殿 …】".
* 四庫全書 『조선부』 : 『朝鮮賦』 "太平有館【(註) 在崇禮門內 中爲殿 … 】".
* 『新增東國輿地勝覽』 卷1, 京都上 [新增] 國都 "太平有館【(註) 在崇禮門內 中爲殿 … 】".

14 『成宗實錄』 卷110, 成宗 10年 閏10月 癸亥(11) ; 『成宗實錄』 卷214, 成宗 19年 3月 戊寅(14) ; 『成宗實錄』 卷214, 成宗 19年 3月 辛巳(17) ; 『中宗實錄』 卷42, 中宗 16年 5月 丙子(25).

15 『世宗實錄五禮』 卷133, 賓禮儀式 「宴朝廷使儀」·「王世子宴朝廷使儀」·「宗親宴朝廷使儀」(議政府六曹宴附) ; 『國朝五禮儀』 卷5, 賓禮 「宴朝廷使儀」·「王世子宴朝廷使儀」·「宗親宴朝廷使儀」(議政府六曹宴同 唯執事者 以錄事爲之). 국가전례서가 편찬되기 전 작성된 2개의 의주인 「王子代行宴朝廷使儀」와 「宗親宴朝廷使儀」에도 '정청'으로 되어 있다[『世宗實錄』 卷127, 世宗 32年 閏1月 丁未(2)].

16 이방형 건물의 정의는 정유진, 2012 「창건 경복궁의 耳房형 건물과 行廊의 평면구성에 관한 연구」 경기대학교 건축공학과 석사학위논문, 3장 1절(18~21쪽) 참조. 이방형 건물에 대한 정보는 ㈜이음건축사사무소 이혜원 선생님의 도움을

받았다.

17 『世宗實錄五禮』 卷135, 凶禮儀式 「迎賜謚祭及弔賻儀」 "判通禮啓禮畢【(註) 通贊亦唱】 判通禮導殿下 就幄次 釋衰服 具白袍【(註) 卒哭前衰服】 引禮引使者 出就耳房 … 殿下與使者 鞠躬再拜興平身 就座【(註) 徹褥席】 行茶禮畢【(註) 卒哭前則以衰服 行相會禮 除茶禮】" ; 『國朝五禮儀』 卷8, 凶禮 「迎賜謚祭及弔賻儀」 "左通禮啓禮畢【(註) 贊儀亦唱】 左通禮導殿下 就幄次 釋衰服 具白袍【(註) 卒哭前則衰服】 引禮引使者 出就耳房 … 殿下與使者 鞠躬再拜興平身 就座【(註) 徹褥席】 行茶禮畢【(註) 卒哭前則以衰服 行相會禮 除茶禮】".

18 명 사신이 '방'에 머문 사례를 제시하면 다음과 같다. 태감 崔安이 병을 핑계하며 '방'에 있다[『睿宗實錄』 卷5, 睿宗 1年 4月 丙子(23)], 좌승지 李瓊仝이 태평관에 가니 사신이 '방' 안에서 서로 만나보는 것을 허락했다[『成宗實錄』 卷110, 成宗 10年 閏10月 甲子(12)], 성종이 餞宴을 행하고자 태평관으로 거둥했을 때 上使 鄭同의 병세가 매우 좋지 않아 정동은 성종이 모화관으로 나와서 전별하지 말기를 청하고 '방'으로 들어갔다[『成宗實錄』 卷159, 成宗 14年 10月 庚申(1)], 1521년(중종 16) '왕세자 책봉 칙서'를 가지고 온 두 사신[金義·陳浩] 중 부사가 '우리들이 술 한 주발을 마시고 방으로 들어가면'이라고 말했다[『中宗實錄』 卷42, 中宗 16年 5月 丙子(25)] 등등이다.

19 『成宗實錄』 卷64, 成宗 7年 2月 乙未(21). '부사방'만 기록된 곳도 있는 것으로 보아[『中宗實錄』 卷84, 中宗 32年 3月 辛卯(12)] 정사는 '정사방'이라고 했음이 유추된다.

20 『燕山君日記』 卷6, 燕山君 1年 6月 甲寅(3). 인종대에는 두 명의 사신이 왔으나 상사의 방을 '상천사방'이라고 표기했다[『仁宗實錄』 卷2, 仁宗 1年 4月 辛酉(29)].

21 『中宗實錄』 卷84, 中宗 32年 3月 癸巳(14). 천사가 묵는 '천사방'은 이 이후에도 보인다[『中宗實錄』 卷84, 中宗 32年 3月 甲午(15)].

22 『中宗實錄』 卷98, 中宗 37年 6月 丁未(28) ; 『中宗實錄』 卷98, 中宗 37年 6月 戊申(29). 사신이 입접하는 곳을 '동·서상방'이라고 한 표현은 태평관만이 아니라 의주의 용만관에서도 발견된다. 1606년(선조 39) 한림원수찬 朱之蕃과 예과좌급사중 梁有年이 용만관의 동·서상방에 각각 나아갔다고 한 기록이 그것이다[『宣祖實錄』 卷197, 宣祖 39年 3月 乙未(27)].

23 영월부 객사영역의 건물 현황은 2020년 영월군에 제출한 '영월부 관아' 관련 보고서인 『사적 제534호 영월부 관아 종합정비계획』 70~80쪽 참조. 사진 제공은 ㈜이음건축사사무소 이혜원 선생님의 도움을 받았다.

24 내성관과 망경헌, 관풍헌이 그려져 있는 그림의 출처는 『越中圖』(藏 K2-4458)

이다.

25 『莊陵史補』(奎貴 3684) 卷首, 圖「觀風軒圖」.

26 『完山府地圖十曲屛風』(국립전주박물관 소장, 소장품번호 〈전주 71〉).

27 『通文館志』 卷5, 交隣(上)「倭館」; 『春官志』(奎貴 963) 卷3, 倭館 "西有三館 以處其送使及差倭 其曰東館大廳二十間 東軒三十五間 西軒二十五間 東廊 五十六間 西廊五十六間".

28 황엄이 조선에 온 구체적인 시기와 그가 온 목적은 정은주, 2012『조선시대 사행 기록화』사회평론, 582~583쪽 참조.

29 『朝鮮賦』"太平有館 … 雞鳴則候問安之使【(註) 每日早 王遣其國一宰相一承旨問安】".

30 『太宗實錄』卷15, 太宗 8年 4月 乙未(17).

31 『太宗實錄』卷15, 太宗 8年 6月 己亥(22).

32 『太宗實錄』卷15, 太宗 8年 4月 甲午(16).

33 『太宗實錄』卷16, 太宗 8年 11月 丙辰(12).

34 『太宗實錄』卷34, 太宗 17年 7月 丙寅(13).

35 『太宗實錄』卷11, 太宗 6年 4月 己卯(19). 이때 온 명 사신은 내사 黃儼·楊寧·韓帖木兒·상보사상보 奇原 등이다.

36 『太宗實錄』卷12, 太宗 6年 7月 癸卯(16).

37 『太宗實錄』卷17, 太宗 9年 5月 甲戌(3).

38 정유진, 2012「창건 경복궁의 耳房형 건물과 行廊의 평면구성에 관한 연구」경기대학교 건축공학과 석사학위논문, 3장 1~2절 참조. 이 논문 3장 2절에 이방형 건물의 사례가 나오는데 한국은 삼국시대부터, 중국은 그보다 더 고대부터 등장했다고 한다.

39 『太宗實錄』卷15, 太宗 8年 5月 壬申(24).

40 『太宗實錄』卷16, 太宗 8年 9月 己巳(24).

41 『世宗實錄地理志』卷148, 京都漢城府「慕華館」"慕華館【(註) 在敦義門外西北 本名慕華樓 以爲朝廷使臣迎接之所 今上十二年庚戌 改創爲館 南有方池 築垣種柳】". '금상 12년(1430)'에 모화루에서 모화관으로 개칭했다고 하는데 구체적으로 이해 어느 시점인지가 분명하지 않다. 1429년(세종 11) 11월에도 모화'관'으로 쓴 기사가 나오고[『世宗實錄』卷46, 世宗 11年 11月 甲辰(2)], 1431년(세종 13) 3월에도 모화'루'로 쓴 기사가 나와서이다[『世宗實錄』卷51, 世宗 13年 3月 癸酉(9)]. 1431년 3월자 기사가 모화'루'로 쓴 마지막 기사이다. 1430년 모화'루'에서 모화'관'으로 개칭하는 전후로 이를 기록할 때 혼란이 있었던 것 같다. 참고로 '모화루', '모화관'은 '모화'라는 두 글자만으로도 중국 사신과 관

련되는 건물임을 알 수 있다.

42 『世宗實錄五禮』 卷135, 凶禮儀式「迎賜諡祭及弔賻儀」;『國朝五禮儀』 卷8, 凶禮「迎賜諡祭及弔賻儀」. 필자가 예전에 쓴 「조선전기 국왕 국장(國葬)에서 명(明) 사신의 의례설행과 그 공간」(『朝鮮時代史學報』 85, 2018)이라는 논문에서 분량의 제한으로 「영사시제급조부의」가 성립되는 과정을 제시하지 못했다. 아울러 의주 내용대로 시행되는 시점과 의주 내용과 다르게 시행되는 시점, 국가전례서 규정과 실제 행례 사이의 차이 및 그 이유에 대해서도 자연스레 언급할 기회가 없었다. 조선에서 발생한 국장에 중국(명·후금·청)에서 파견한 조문 사신 혹은 조문·책봉 사신이 조선에 와서 행하는 의례와 그 의례를 설행하는 공간에 대해 저서를 작성 중인데 그때 수정과 보완을 함께 할 예정이다.

43 『世宗實錄五禮』 卷135, 凶禮儀式「迎賜諡祭及弔賻儀」;『國朝五禮儀』 卷8, 凶禮「迎賜諡祭及弔賻儀」.

44 『太宗實錄』 卷16, 太宗 8年 9月 癸酉(28).

45 『太宗實錄』 卷16, 太宗 8年 9月 己巳(24). 태종은 素服 차림으로 모화루에 가서 冕服으로 갈아입고, 뭇 신하들은 朝服을 입었다. 태평관에 이르러 禮가 끝나자, 태종은 면복에서 소복으로 바꾸어 입은 뒤 사신을 보고 행례하고, 뭇 신하들도 조복에서 소복으로 갈아입은 뒤 私禮를 행했다.

46 조문 사신의 모화루 도착부터 하마연까지는 『太宗實錄』 卷16, 太宗 8年 9月 己巳(24) 참조.

47 『太宗實錄』 卷16, 太宗 8年 9月 壬申(27).

48 『太宗實錄』 卷16, 太宗 8年 9月 癸酉(28).

49 『太宗實錄』 卷16, 太宗 8年 9月 甲戌(29).

50 이현진, 2008 『조선후기 종묘 전례 연구』 일지사, 184쪽 각주 248) 참조.

51 * 황엄 일행은 내사 黃儼·田嘉禾·海壽·韓帖木兒와 상보사상보 奇原 등이고, 그들이 조선에 온 목적은 잘 생긴 여자[好的女子]를 구하는 것이었다[『太宗實錄』 卷15, 太宗 8年 4月 甲午(16);『太宗實錄』 卷16, 太宗 8年 11月 丙辰(12)].

* 기보 일행은 도지감좌소감 祁保와 예부낭중 林觀 등이고, 태조의 죽음에 황제를 대신하여 조문하기 위해 조선에 왔다[『太宗實錄』 卷16, 太宗 8年 9月 己巳(24)]. 원문에는 '祈保'라고 되어 있으나 『태종실록』의 다른 기사들에는 대부분 '祁保'라고 기록되어 있다.

52 『太宗實錄』 卷16, 太宗 8年 10月 辛卯(17).

53 기존 연구에서는 1409년에 태평관의 구조를 바꾼 것이 예제적인 측면보다 미학적인 목적, 누각 형식의 건축을 좋아한 태종의 개인적인 취향 및 공간적으로 태

조의 흔적을 지우고 태종 자신의 공을 현창했던 일련의 건축 사업과 맥락을 같이 한 것으로 보았다(장지연, 2020「15세기 漢城의 使臣 客館 형성과 그 의미」『서울과 역사』104, 19~20쪽).

54 『太宗實錄』卷21, 太宗 11年 1月 戊辰(7).

55 『太宗實錄』卷36, 太宗 18年 8月 乙酉(8 ;『太宗實錄』卷36, 太宗 18年 8月 丁亥(10).

56 『世宗實錄』卷5, 世宗 1年 8月 丁丑(5).

57 『世宗實錄』卷5, 世宗 1年 8月 戊寅(6).

58 『世宗實錄』卷5, 世宗 1年 8月 己丑(17).

59 『世宗實錄』卷5, 世宗 1年 8月 癸巳(21).

60 『世宗實錄』卷5, 世宗 1年 9月 庚申(18).

61 『世宗實錄』卷5, 世宗 1年 10月 丙戌(15).

62 『世宗實錄地理志』卷148, 京都漢城府「太平館」"太平館【(註) … 旁作別殿 以爲殿下歇次】".

63 『世宗實錄五禮』卷133, 賓禮儀式「宴朝廷使儀」.

64 『國朝五禮儀』卷5, 賓禮「宴朝廷使儀」.

65 『朝鮮賦』"蓋三燕太平也 禮皆同而文不殺 一燕仁政也 誠益至而力益勞【(註) 太平館初燕爲下馬燕 … 及觀其每來設燕 必先於館門外小殿 俟候乃入 乃知不必更張】";『新增東國輿地勝覽』卷1, 京都上 [新增] 國都 "宮室之制 … 蓋三燕太平也 禮皆同而文不殺 一燕仁政也 誠益至而力益勞【(註) 太平館初燕爲下馬燕 … 及觀其每來設燕 必先於館門外小殿 俟候乃入 乃知不必更張】".

66 『中宗實錄』卷83, 中宗 31年 12月 己亥(18). 이 당시 대사간 成倫 등이 박원형의 행장 속 내용을 중종에게 말하는 것 중 일부이다. 단, 이 기사에서 오기가 발견된다. 1468년에 조선을 방문한 명 사신은 姜玉과 金輔이다.『세조실록』에는 모두 '姜玉·金輔'라고 기록되어 있는 반면,『중종실록』의 이 기사에는 원문에 '姜沃·金浦'라고 되어 있다.

67 『世宗實錄』卷20, 世宗 5年 4月 丙辰(6).

68 『世宗實錄』卷6, 世宗 1年 11月 丙辰(16). 태종이 태평관 공역을 서둘러 마무리하라고 명한 배경이 포천과 풍양에 이궁을 건설하기 위함이라는 연구가 참조된다(장지연, 2020「15세기 漢城의 使臣 客館 형성과 그 의미」『서울과 역사』104, 21~22쪽).

69 태종의 박자청에 대한 신임은 김버들·조정식, 2016「실록에 나타나는 15세기 태평관·모화관 건축과 관련 인물연구」『건축역사연구』제25권 4호 통권107호, 25쪽 참조.

70 『世宗實錄』 卷5, 世宗 1年 8月 丁丑(5).

71 『世宗實錄』 卷5, 世宗 1年 8月 戊寅(6).

72 『世宗實錄』 卷6, 世宗 1年 11月 乙卯(15).

73 정종은 1419년(세종 1) 9월 26일 세상을 떠났고, 그의 죽음에 명 황제가 파견한 조문 사신은 1420년(세종 2) 4월 8일에 도성으로 들어왔다. 조문 사신은 趙亮과 易節이다.

74 태종은 1422년(세종 4) 5월 10일 세상을 떠났고, 그의 죽음에 명 황제가 파견한 조문 사신은 1423년(세종 5) 4월 6일에 도성으로 들어왔다. 조문 사신은 劉景과 楊善이다.

75 『世宗實錄』 卷26, 世宗 6年 10月 壬子(11). 부고사신은 내관 劉景과 행인 陳善이다.

76 『世宗實錄』 卷26, 世宗 6年 10月 丙辰(15). 등극사신은 예부낭중 李琦와 통정사 참의 彭璟이다.

77 『世宗實錄』 卷29, 世宗 7年 閏7月 丙辰(19). 유조사는 내관 齊賢과 행인 劉浩이다.

78 『世宗實錄』 卷29, 世宗 7年 閏7月 己未(22). 등극사는 예부낭중 焦循과 홍려소경 盧進이다.

79 『世宗實錄』 卷31, 世宗 8年 3月 丙午(12). 사신 일행이 입경하기 전 황해도감사가 치보한 내용에는 '사신 2명이 두목 2인 등 18인을 거느리고 온다.'고 되어 있다[『世宗實錄』 卷31, 世宗 8年 2月 己卯(15)]. 입경한 날을 기록한 3월 12일 기사에는 황해도감사가 치보한 2월 15일자 기사보다 인원이 많음을 알 수 있다.

80 『世宗實錄』 卷32, 世宗 8年 5月 壬戌(29).

81 『世宗實錄』 卷32, 世宗 8年 6月 戊子(26).

82 『世宗實錄』 卷33, 世宗 8年 8月 戊寅(17).

83 조선에 온 명사는 정은주, 2012 『조선시대 사행기록화』 사회평론, 부록 2 明使朝鮮出來表(582~589쪽) ; 본서 【부표 1】·【부표 2】·【부표 3】 참조.

84 『太宗實錄』 卷15, 太宗 8年 4月 甲午(16). 내사 黃儼·田嘉禾·海壽·韓帖木兒·상보사상보 奇原 등이다.

85 조선에 온 명사의 횟수 역시 정은주, 2012 『조선시대 사행기록화』 사회평론, 부록 2 明使 朝鮮出來表(582~589쪽) ; 본서 【부표 1】·【부표 2】·【부표 3】 참조.

86 조선시대에는 후대의 국왕이나 신하가 先王의 잘못을 바로잡아야 할 때 선왕을 지적할 수 없기에 선왕의 치세 시기의 신하에게 그 잘못을 돌렸다. 이현진, 2008 『조선후기 종묘 전례 연구』 일지사, 2장 2절과 3장 2절, 4장 2절, 5장 2절 참조.

87 『世宗實錄』 卷43, 世宗 11年 1月 癸丑(6).

88 최득비는 본래 수원부의 吏屬이었는데 그의 딸이 명으로 들어간[入朝] 까닭에 少卿에 제배된 인물이다[『世宗實錄』 卷42, 世宗 10年 12月 癸卯(26)].

89 『世宗實錄』 卷42, 世宗 10年 12月 癸卯(26). 후대의 기록인 『연려실기술』에는 황제가 김만을 보내어 최득비에게 사제한 시점이 1429년(세종 11) 2월이라고 기록되어 있다[『燃藜室記述』(別集) 卷5, 事大典故 「詔使」(本國使臣回賫付詔勅幷附○朝野記聞不載內官) "十一年己酉【(註) 宣德四年】二月 帝遣少監金滿賜祭于崔氏父得霏"].

90 『世宗實錄』 卷43, 世宗 11年 1月 丁卯(20).

91 『世宗實錄』 卷43, 世宗 11年 2月 丁丑(1).

92 태평관/사신관 개조를 둘러싼 맹사성, 세종, 혹자 등의 의견을 다룬 세 단락은 『世宗實錄』 卷43, 世宗 11年 1月 癸丑(6) 참조.

93 태평관 공사에 대한 최윤덕과 세종의 입장을 다룬 두 단락은 『世宗實錄』 卷43, 世宗 11年 1月 丁卯(20) 참조.

94 『世宗實錄』 卷43, 世宗 11年 1月 丁卯(20).

95 『世宗實錄』 卷41, 世宗 10年 8月 丙戌(7).

96 국사편찬위원회에서 제공하는 웹 사이트 중 『조선왕조실록』에 溫斟宴으로 검색하면 한글 번역에서 '온짐연'이라고 표기되어 있다. 그런데 한국고전번역원에서 운영하는 웹 서비스인 한국고전종합DB 속 '조선왕조실록'에는 '온짐연'으로 쓰여 있으나 '신역 조선왕조실록'에는 '온침연'이라고 표기되어 있다. 새롭게 번역하면서 '짐'을 '침'으로 수정한 것 같다. 두 웹사이트에서 검색한 날짜는 2024년 4월 1일이다.

97 『世宗實錄』 卷41, 世宗 10年 8月 癸卯(24).

98 명 사신에게 경회루에서 첫 온짐연을 설행한 때는 1423년 4월이다[『世宗實錄』 卷20, 世宗 5年 4月 己巳(19)]. 이때의 명 사신은 내관 劉景과 예부낭중 楊善이다.

99 『太宗實錄』 卷23, 太宗 12年 5月 己亥(16).

100 『世宗實錄』 卷43, 世宗 11年 3月 戊辰(22). 1438년(세종 20)에 세종이 '과거에 태평관을 改構하면서 여러 대신과 의논하여 役僧 수천 명에게 임시로 도첩을 발급했다.'는 내용에서[『世宗實錄』 卷81, 世宗 20年 4月 癸酉(20)] 태평관의 영건 후 승도들에게 도첩을 지급했음을 알 수 있다.

101 8월 8일자 개창을 위한 태평관의 공역을 다룬 세 단락은 『世宗實錄』 卷45, 世宗 11年 8月 壬午(8) 참조.

102 『世宗實錄』 卷45, 世宗 11年 9月 庚申(17).

103 『世宗實錄』 卷44, 世宗 11年 4月 戊寅(3) ; 『世宗實錄』 卷44, 世宗 11年 4月 辛

丑(26) ;『世宗實錄』 卷44, 世宗 11年 5月 丁未(2) ;『燃藜室記述』(別集) 卷5, 事大典故 「詔使」(本國使臣回賫付詔勅幷附○朝野記聞不載內官) "十一年己酉【(註) 宣德四年】五月 遣內官昌盛尹鳳 選火者及會做茶飯的婦女學樂的小妮子鷹狗等物 仍降勅賜白金彩幣【(註) 詳下貢獻】". 창성과 윤봉, 이상 세 사신 중 이상은 두 사람에 비하여 직품이 낮아 칙서에 그의 이름만 쓰여 있지 않고, 『연려실기술』에도 그의 이름이 적혀 있지 않다. 이상은 중국에서 9품인 行人의 직급을 띠었지만 세종은 창성·윤봉과 함께 奉命으로 왔기 때문에 그 역시 사신의 禮로 대접한다고 했다[『世宗實錄』 卷44, 世宗 11年 4月 戊寅(3)].

104 『世宗實錄』 卷44, 世宗 11年 5月 丁未(2).

105 『世宗實錄』 卷44, 世宗 11年 4月 辛丑(26) ;『世宗實錄』 卷44, 世宗 11年 5月 丁未(2).

106 『世宗實錄』 卷45, 世宗 11年 7月 庚申(16).

107 『世宗實錄』 卷45, 世宗 11年 7月 乙丑(21).

108 『世宗實錄』 卷44, 世宗 11年 6月 庚辰(5).

109 『世宗實錄』 卷45, 世宗 11年 7月 癸亥(19).

110 어실 북쪽 계체의 잡석 사용 및 어실 용도를 다룬 이 단락은 『世宗實錄』 卷51, 世宗 13年 3月 己丑(25) 참조.

111 『世宗實錄』 卷53, 世宗 13年 7月 丁丑(15).

112 『世宗實錄』 卷53, 世宗 13年 7月 癸未(21).

113 『世宗實錄』 卷53, 世宗 13年 7月 庚辰(18).

114 『世宗實錄』 卷53, 世宗 13年 7月 丁丑(15).

115 『世宗實錄』 卷53, 世宗 13年 8月 辛亥(19).

116 『世宗實錄』 卷53, 世宗 13年 9月 癸亥(2).

117 『世宗實錄』 卷54, 世宗 13年 12月 癸巳(2).

118 두목 方取가 병으로 죽은 기사[『世宗實錄』 卷53, 世宗 13年 8月 庚申(28)], 사신 창성의 두목 薑兒가 죽은 기사[『世宗實錄』 卷53, 世宗 13年 8月 辛酉(29)], 근일에 두목이 병으로 죽은 이가 많다는 기사[『世宗實錄』 卷53, 世宗 13年 9月 癸亥(2)], 천호 裵敬의 장례 기사[『世宗實錄』 卷53, 世宗 13年 9月 甲子(3)] 등등이다.

119 『世宗實錄』 卷54, 世宗 13年 12月 癸卯(12).

120 『世宗實錄』 卷54, 世宗 13年 12月 丙午(15).

121 1625년 가가의 처리에 대한 논의를 다룬 두 단락은 『承政院日記』 仁祖 3年 6月 23日(己亥) 참조.

122 『承政院日記』 仁祖 14年 2月 15日(庚寅).

123 가가의 조성이 아닌 태평관을 활용하고자 한 사례도 보인다. 1634년(인조 12) 소현세자의 왕세자 책봉을 위하여 사례감태감 盧維寧이 6월에 오는데 그에 앞서 한 논의이다. 노유령이 거느리고 오는 두목을 168명으로 계산할 때 外下處는 태평관에만 설치하고 부득이하면 各處를 수리하여 활용한다는 방안이다[『承政院日記』仁祖 12年 4月 13日(戊辰) ;『承政院日記』仁祖 12年 4月 14日(己巳)]. 노유령은 6월 20일 입경하여 7월 6일 회정했다.

124 『承政院日記』仁祖 15年 12月 14日(戊申). 남별궁은 객관의 목적으로 건립된 곳이 아니었기에 태평관에서 두목이 묵는 좌·우행랑[동·서랑]과 같은 공간이 따로 마련되어 있지 않다. 그런 까닭에 사신이나 장수를 따라온 사람들은 남별궁 혹은 남별궁이 아닌 다른 곳에 거처하게 했다. 이들은 문헌에서 '從胡'라고 표현한 사람들, '家丁'이나 '頭目' 등을 가리킨다. 물론 이들의 숫자가 본문에서 예시한 것처럼 너무 많을 경우에는 좌·우행랑[동·서랑]과 같은 공간이 있더라도 세종대 초옥이나 인조대 가가를 지어서 대처하는 수밖에 없었을 것이다.

125 『日省錄』正祖 8年 12月 8日(己丑) ;『承政院日記』正祖 8年 12月 8日(己丑). 이때 조선에 온 칙사는 내대신공 西明과 한림원시독학사 阿肅이다.

126 『世宗實錄』卷56, 世宗 14年 5月 丙戌(29).

127 엄밀하게 말하면 윤봉은 12월 2일에 떠났고[『世宗實錄』卷58, 世宗 14年 12月 丁亥(2)], 창성과 장정안은 12월 6일 떠났다[『世宗實錄』卷58, 世宗 14年 12月 辛卯(6)].

128 『世宗實錄』卷58, 世宗 14年 11月 丁卯(12).

129 『世宗實錄』卷59, 世宗 15年 2月 己亥(15).

130 태평관 공역을 담당한 提調는 盧閈과 李蕆, 沈道源, 洪理 등이다[『世宗實錄』卷60, 世宗 15年 6月 癸未(2)].

131 『世宗實錄』卷59, 世宗 15年 3月 戊午(5).

132 『世宗實錄』卷59, 世宗 15年 3月 戊午(5).

133 『世宗實錄』卷61, 世宗 15年 閏8月 庚申(10). 이때 온 사신은 지휘 孟捏哥來와 백호 崔眞 등이다.

134 『世宗實錄』卷60, 世宗 15年 6月 癸未(2).

135 『世宗實錄』卷61, 世宗 15年 9月 丁酉(18).

136 기존의 태평관 연구 중 '세종대에 진행된 태평관의 수리'에 대하여 '세종이 의례행위와 공간의 대응을 중시해서'라고 본 연구(김버들·조정식, 2016 「실록에 나타나는 15세기 태평관·모화관 건축과 관련 인물연구」『건축역사연구』제25권 4호 통권107호, 27쪽) 및 '본격적인 의례의 확대 실행과 여기에 부합하지 않던 현실의 여러 조건을 맞추어 가는 과정'이라고 본 연구가 있다(장지연, 2020

「15세기 漢城의 使臣 客館 형성과 그 의미」『서울과 역사』 104, 24쪽).

137 『世宗實錄』 卷103, 世宗 26年 1月 丁丑(27) "予思之 會試如成均館昌德宮太平館等廣闊處 分所試取 則擧子數少 試取稍精矣".

138 『中宗實錄』 卷74, 中宗 28年 4月 戊子(16).

139 『太祖實錄』 卷11, 太祖 6年 2月 壬寅(19). 원문에 '興天寺'라고 되어 있다.

140 『世宗實錄地理志』 卷148, 京都漢城府 「興天寺」 "興天寺【(註) 在皇華坊 屬禪宗】" ; 『新增東國輿地勝覽』 卷3, 漢城府 佛宇 「興天寺」 "興天寺【(註) 在西部皇華坊 洪武丁丑 我太祖命葬神德王后于貞陵 建寺其東 是爲禪宗】".

141 『世宗實錄地理志』 卷148, 京都漢城府 「太平館」 "太平館【(註) 在崇禮門內皇華坊】".

142 李祥은 앞서 사신으로 온 李相과 다른 인물이다. 서로 구별하기 위해 한자를 병기했다. 이하 동일하다.

143 『世宗實錄』 卷62, 世宗 15年 11月 己丑(10).

144 『世宗實錄』 卷61, 世宗 15年 閏8月 庚申(10).

145 『世宗實錄』 卷62, 世宗 15年 10月 壬戌(13).

146 『世宗實錄』 卷62, 世宗 15年 11月 丙戌(7).

147 『世宗實錄』 卷62, 世宗 15年 11月 乙未(16).

148 『世宗實錄』 卷62, 世宗 15年 11月 乙未(16).

149 『世宗實錄』 卷62, 世宗 15年 12月 丙辰(7).

150 『世宗實錄』 卷62, 世宗 15年 12月 辛酉(12). 원문에 '孟捏可來'로 되어 있다.

151 『太宗實錄』 卷13, 太宗 7年 4月 壬辰(8).

152 『文宗實錄』 卷3, 文宗 卽位年 8月 庚寅(19).

153 『端宗實錄』 卷2, 端宗 卽位年 8月 壬午(22).

154 『端宗實錄』 卷2, 端宗 卽位年 8月 甲申(24).

155 『端宗實錄』 卷2, 端宗 卽位年 8月 壬午(22).

156 『端宗實錄』 卷12, 端宗 2年 10月 辛巳(3).

157 『世祖實錄』 卷7, 世祖 3年 4月 壬戌(29).

158 『宗廟儀軌』(奎 14220) 宗廟全圖 ; 『宗廟儀軌續錄』(奎 14221) 宗廟全圖.

159 『光海君日記』(중초본) 卷69, 光海君 5年 8月 甲寅(29) ; 『光海君日記』(정초본) 卷69, 光海君 5年 8月 甲寅(29).

160 『世祖實錄』 卷19, 世祖 6年 3月 辛巳(4) "有頃 寧冠帶出後廳 待上至". 장영과 무충이 3월 2일 입경하여 익일연은 3월 3일에 설행해야 하지만 장영 등이 그날의 연향을 중지해 줄 것을 요청하여, 마침내 3월 4일에 익일연을 설행하게 되었고 이날 세조가 태평관으로 행행한 것이었다.

161 『文宗實錄』 卷2, 文宗 卽位年 7月 癸亥(21) "禮曹啓王世子與使臣相接儀 前一日 忠扈衛設王世子幕次於太平館大門內西庭東向 其日 迎接都監設使臣拜位於館後廳東壁西向【(註) 設席】設王世子拜位於西壁東向【(註) 設席】".

162 국사편찬위원회에서 제공하는 웹 사이트 중 『조선왕조실록』에 태평관의 후청에 관한 기사는 2건으로, 본문에서 언급한 문종대와 세조대 각 1건이 그것이다.

163 『世祖實錄』 卷46, 世祖 14年 4月 庚子(11). 강옥과 김보가 4월 9일에 입경하여 익일연은 4월 10일에 설행해야 하지만 4월 11일에 설행하고 있다.

164 월대의 개념 및 〈동궐도〉와 〈서궐도안〉 속 월대의 양상, 월대에서 거행된 왕실의례 등 조선후기 월대의 전반에 대해서는 이현진·손신영, 2017 「조선후기 궁궐의 殿閣 月臺와 의례 -〈동궐도〉와 〈서궐도안〉을 대상으로-」 『東洋古典研究』 67 참조.

165 『睿宗實錄』 卷4, 睿宗 1年 閏2月 乙亥(20).

166 『中宗實錄』 卷84, 中宗 32年 3月 辛卯(12).

167 『中宗實錄』 卷90, 中宗 34年 4月 丁未(10).

168 『成宗實錄』 卷4, 成宗 1年 4月 壬子(4).

169 『成宗實錄』 卷5, 成宗 1年 5月 戊寅(1).

170 『成宗實錄』 卷6, 成宗 1年 7月 壬辰(16).

171 『成宗實錄』 卷266, 成宗 23年 6月 丙寅(27).

172 『成宗實錄』 卷266, 成宗 23年 6月 丙寅(27).

173 『成宗實錄』 卷64, 成宗 7年 2月 甲午(20).

174 『成宗實錄』 卷66, 成宗 7年 4月 戊寅(5).

175 『經國大典』(奎 1298) 卷1, 吏典 京官職 從四品衙門 「典涓司」 "(註) 掌涓治宮闕之任". 『경국대전』은 국사편찬위원회에서 제공하는 웹 사이트 중 〈조선시대 법령자료〉를 참조했으며, 원문은 서울대학교 규장각한국학연구원 웹사이트와 연계되어 있어 그것을 참조했다. 규장각한국학연구원 웹사이트에서 제공하는 『경국대전』은 〈奎 1298〉본이다. 이하 『경국대전』은 이러한 방식으로 참고했다.

176 『成宗實錄』 卷112, 成宗 10年 12月 壬申(21).

177 동월 지음·김영국 옮김, 2013 『(국역) 조선부』 심미안.

178 朱琦抄本 『조선부』 : 『朝鮮賦』 "太平有館【(註) 在崇禮門中 內爲殿 前爲重門 後有樓 東西有廊廡 所以待天使者】".

179 四庫全書 『조선부』 : 『朝鮮賦』 "太平有館【(註) 在崇禮門內 中爲殿 前爲重門 後有樓 東西有廊廡 所以待天使者】".

180 『新增東國輿地勝覽』 卷1, 京都上 新增 國都 "太平有館【(註) 在崇禮門內 中爲殿 前爲殿門 後有樓 東西有廊廡 所以待天使者】".

181 『燕山君日記』 卷45, 燕山君 8年 8月 戊申(9).
182 『燕山君日記』 卷50, 燕山君 9年 8月 丁未(13).
183 『燕山君日記』 卷42, 燕山君 8年 1月 癸卯(30).
184 『新增東國輿地勝覽』 卷53, 平安道 義州牧 「樓亭」 "聚勝亭【(註) … 新增 … 是年 皇帝遣金太監輔李太監珍王行人獻臣 來錫我成宗諡及上誥命】".
185 『燕山君日記』 卷10, 燕山君 1年 11月 乙酉(6) ; 『燕山君日記』 卷14, 燕山君 2年 4月 乙酉(8) ; 『燕山君日記』 卷27, 燕山君 3年 9月 戊申(10) ; 『燕山君日記』 卷29, 燕山君 4年 3月 辛酉(25) ; 『燕山君日記』 卷31, 燕山君 4年 9月 戊戌(3) ; 『燕山君日記』 卷40, 燕山君 7年 4月 己卯(2) ; 『燕山君日記』 卷43, 燕山君 8年 3月 戊寅(6).
186 『燕山君日記』 卷21, 燕山君 3年 2月 庚寅(18).
187 『燕山君日記』 卷27, 燕山君 3年 9月 壬寅(4).
188 『燕山君日記』 卷28, 燕山君 3年 12月 己巳(2) ; 『燕山君日記』 卷35, 燕山君 5年 11月 戊午(2).
189 『燕山君日記』 卷29, 燕山君 4年 3月 癸丑(17) ; 『燕山君日記』 卷35, 燕山君 5年 12月 辛丑(17).
190 『燕山君日記』 卷31, 燕山君 4年 閏11月 丁丑(16).
191 『燕山君日記』 卷37, 燕山君 6年 4月 丙戌(3).
192 『燕山君日記』 卷39, 燕山君 6年 11月 丙寅(16) ; 『燕山君日記』 卷43, 燕山君 8年 3月 丁酉(25).
193 『燕山君日記』 卷40, 燕山君 7年 1月 辛未(22).
194 『燕山君日記』 卷49, 燕山君 9年 4月 癸丑(17).
195 『燕山君日記』 卷42, 燕山君 8年 1月 辛丑(28).
196 『燕山君日記』 卷42, 燕山君 8年 1月 甲午(21).
197 『燕山君日記』 卷46, 燕山君 8年 9月 丙戌(17).
198 『燕山君日記』 卷49, 燕山君 9年 4月 癸丑(17). 태감 金輔와 李珍이 왕세자 책봉 칙서를 가지고 왔다.
199 『中宗實錄』 卷27, 中宗 12年 4月 甲寅(9).
200 『中宗實錄』 卷48, 中宗 18年 7月 戊子(20).
201 『中宗實錄』 卷48, 中宗 18年 7月 癸巳(25).
202 『中宗實錄』 卷84, 中宗 32年 3月 癸巳(14).
203 『中宗實錄』 卷98, 中宗 37年 6月 丁未(28) ; 『中宗實錄』 卷98, 中宗 37年 6月 戊申(29).
204 『中宗實錄』 卷98, 中宗 37年 6月 丁未(28).

205 『世宗實錄』 卷127, 世宗 32年 閏1月 癸丑(8).

206 『中宗實錄』 卷43, 中宗 17年 1月 戊辰(20).

207 『中宗實錄』 卷49, 中宗 18年 8月 己亥(2).

208 『中宗實錄』 卷83, 中宗 31年 12月 壬午(1).

209 『中宗實錄』 卷83, 中宗 31年 12月 癸巳(12).

210 『中宗實錄』 卷84, 中宗 32年 3月 庚寅(11).

211 『仁宗實錄』 卷2, 仁宗 1年 4月 庚申(28).

212 『光海君日記』(중초본) 卷69, 光海君 5年 8月 甲寅(29).

213 『光海君日記』(정초본) 卷69, 光海君 5年 8月 甲寅(29).

214 『世宗實錄』 卷22, 世宗 5年 10月 庚戌(3).

215 예겸이 도중에 글을 지어 읊은 여러 수십 편은 예겸·장영 지음/은몽하·우호 엮음/김한규 옮김, 2012 『사조선록 역주 2 : 明使의 朝鮮 使行錄 1』 소명출판, 『遼海編』 제1권(104~175쪽) 참조.

216 『世宗實錄』 卷127, 世宗 32年 閏1月 甲子(19). '등루부'를 지은 날짜가 윤1월 8일이라는 사실은 예겸·장영 지음/은몽하·우호 엮음/김한규 옮김, 2012 『사조선록 역주 2 : 明使의 朝鮮 使行錄 1』 소명출판, 84쪽 참조.

217 『朝鮮賦』 "太平有館 … 臥榻則環以八面幃屛【(註) 國俗少掛畫 凡公館四壁 皆列以幃屛 上畫山水竹石或草書 高二三尺 臥榻亦然】 疏簾則加以半捲香鉤". 朱琦抄本 『조선부』에는 '國俗少掛畫'에서 '少'字가 아닌 '以'字로 쓰여 있다.

218 『宣祖實錄』 卷145, 宣祖 35年 1月 甲寅(21) '迎接都監啓曰 平時 天使宴享處所 乃是勤政殿及大平館南大廳 率皆棟宇宏敞 間架廣闊 雖設饌卓與大小饌床 恢恢有餘地 故自上與天使行禮時 周旋折旋 左右俱宜 如捧持果盤及各差備進止之官御前通事舞童等 出入通行 無所拘碍 賓筵禮貌 有足觀者 今則大平館御室及南別宮西廳 爲設宴處 其視勤政殿近處 則闊狹相懸 臣等試以常用床卓之廣 尺量宴廳地勢 則密密窄窄 餘地甚少 雖設補階 亦甚窘迫 不成貌㨾". 태평관은 원문에 모두 '大平館'으로 쓰여 있다.

219 서청은 남별궁만이 아니라 서울에 거주하는 지배층들의 저택에도 있었다. 서울 지역 지배층 저택의 서청 용례와 남별궁의 서청에 관해서는 이종서, 2023 「조선 전기 서울 지역 지배층 저택의 규범적 건물 유형과 배치」 『건축역사연구』 제32권 5호 통권150호, 72~73쪽 참조. 남별궁의 전경과 서청의 모습은 이 논문 75쪽 그림 1 참조.

220 『宣祖實錄』 卷145, 宣祖 35年 1月 甲寅(21).

221 『宣祖實錄』 卷149, 宣祖 35年 4月 庚申(29).

222 『선조실록』에는 친영할 때를 대비하여 除道를 한 것으로 기록되어 있고[『宣祖

實錄』 卷152, 宣祖 35年 7月 辛未(12)], 『선조수정실록』에는 '친영할 때'라는 언급 대신 冊妃禮를 행할 당시 都民들이 제도를 한 것으로 기술되어 있다[『宣祖修正實錄』 卷36, 宣祖 35年 7月 壬戌(3)]. 『선조수정실록』에는 기록이 없지만 『선조실록』에는 책비와 친영이 7월 13일에 거행되었다[『宣祖實錄』 卷152, 宣祖 35年 7月 壬申(13)]. 가례를 행하는 동안 지나가는 길은 모두 정비한 것으로 보아야 할 듯하다.

223 『宣祖實錄』 卷179, 宣祖 37年 閏9月 辛巳(4).

224 『承政院日記』 仁祖 7年 2月 21日(丁未). 인조에게 보고한 주체는 호조의 입장을 대변한 尹墀(1600~1644)였다.

225 『承政院日記』 仁祖 11年 10月 12日(辛未).

226 『承政院日記』 仁祖 11年 10月 14日(癸酉).

227 『承政院日記』 仁祖 11年 10月 24日(癸未).

228 『仁祖莊烈王后嘉禮都監儀軌』(奎 13061) [啓辭] 「戊寅十月初九日」; 『仁祖實錄』 卷37, 仁祖 16年 10月 己亥(10).

229 『仁祖實錄』 卷49, 仁祖 26年 2月 己丑(24).

230 『同文彙考』(補編)(藏 K2-3474) 卷9, 詔勅錄 「順治五年」.

231 칙서에 기재된 조례의 전체는 『通文館志』 卷9, 紀年 「仁祖大王二十六年戊子」 참조. 홍제원은 원문에 '弘濟院'으로 되어 있다.

232 『承政院日記』 仁祖 26年 3月 6日(辛丑).

233 『承政院日記』 仁祖 26年 3月 7日(壬寅).

234 『承政院日記』 仁祖 26年 3月 9日(甲辰).

235 『仁祖實錄』 卷49, 仁祖 26年 3月 乙巳(10).

236 『通文館志』 卷9, 紀年 「仁祖大王二十六年戊子」 "○先是 使价宿碧蹄 直入王京 至是 額使以所設弘濟院館宇圖形 付儐使 使卽營造 撤太平館及仁慶宮餘存材木移搆"; 『燃藜室記述』(別集) 卷5, 事大典故 「詔使」(本國使臣回賫付詔勅幷附○朝野記聞不載內官) "仁祖朝 使价宿碧蹄 直入王京 戊子 勅諭 今後止在弘濟院住宿 次日淸晨 進王京 使臣額哈 以所設弘濟院館圖形 付賓使 使卽營造 於是 撤太平館及仁慶宮餘存材木移搆".

237 『大東地志』(古4790-37) 卷1, 京都 漢城府 宮室 "太平館【(註) 在崇禮門內 爲華使留館 文定王后尹氏仁穆王后金氏 俱行嘉禮于是 仁祖朝撤之 搆弘濟院】".

238 『承政院日記』 孝宗 8年 5月 14日(丙辰).

239 『顯宗改修實錄』 卷23, 顯宗 12年 2月 癸卯(21).

240 『承政院日記』 顯宗 12年 5月 5日(乙卯); 『承政院日記』 顯宗 12年 5月 6日(丙

辰) ;『承政院日記』顯宗 12年 5月 11日(辛酉).

241 『萬機要覽』財用編6, 諸倉 宣惠廳各倉庫「新倉庫」“本以設賑之所”.

242 태평관과 선혜신창의 위치는 〈서울地圖〉(1902)가 참조된다(李燦·楊普景, 1995 『서울의 옛 地圖』서울시립대학교 부설 서울학연구소, 70쪽).

243 경신대기근에 대해서는 김성우, 1997「17세기의 위기와 숙종대 사회상」『역사와 현실』25, 1장 2절 참조.

244 『承政院日記』肅宗 2年 2月 19日(辛未).

245 『承政院日記』肅宗 3年 1月 23日(庚子) ;『承政院日記』肅宗 3年 5月 6日(辛巳).

246 『承政院日記』肅宗 3年 5月 6日(辛巳).

247 『承政院日記』肅宗 3年 5月 6日(辛巳).

248 『承政院日記』肅宗 5年 9月 13日(乙巳).

249 『承政院日記』肅宗 15年 閏3月 13日(庚戌).

250 『承政院日記』肅宗 20年 閏5月 29日(乙未).

251 『承政院日記』肅宗 30年 10月 9日(丙子).

252 『承政院日記』肅宗 45年 2月 23日(丙寅).

253 『承政院日記』肅宗 4年 5月 5日(甲辰).

254 『承政院日記』肅宗 30年 10月 12日(己卯).

255 『承政院日記』景宗 2年 3月 10日(乙未).

256 『承政院日記』景宗 3年 7月 22日(己亥).

257 제3장 제2절 4항 ‘경종·정조대 주요 객관 : 태평관인가 남별궁인가’ 참조.

258 『承政院日記』英祖 5年 7月 2日(乙巳).

259 『承政院日記』英祖 23年 12月 10日(丙寅).

260 『國朝續五禮儀』(奎 1479) 國朝五禮儀考異 卷1, 嘉禮考異「迎詔書儀」“○太平館 今爲南別宮【(註) 後倣此】”. 동일한 내용이 1788년(정조 12)에 편찬된『국조오례통편』에도 실려 있다[『國朝五禮通編』(이화여자대학교 도서관, 청구번호 고 181.214 이89) 國朝五禮通編序例考異 嘉禮考異「迎詔書儀」].

261 제3장 제2절 4항 ‘경종·정조대 주요 객관 : 태평관인가 남별궁인가’ 참조.

262 『承政院日記』正祖 8年 10月 6日(戊子).

263 『承政院日記』正祖 8年 10月 8日(庚寅) :『日省錄』正祖 8年 10月 8日(庚寅).

264 『承政院日記』高宗 16年 11月 15日(甲申).

265 『宮闕志』(奎 3950) 京城「太平館」“太平館在崇禮門內 接待中朝使臣之所 今則只作勅使時 儺禮備待之所 而無於此接待天使之規【(註) 文獻備考】” ;『東國輿地備攷』(古 4790-10)·(가람古 915.1-D717) 卷2, 漢城府 宮室「太平館」

"太平館【(註) 在崇禮門內養生坊 接待中朝使臣之所 館後有樓 倪謙祈順 俱有登樓賦 今則只作迎勅時 儺禮備行之所 而無於此接待勅使之規】".

266 李燦·楊普景, 1995 『서울의 옛 地圖』 서울시립대학교 부설 서울학연구소, 70쪽.

267 『동국여지지』는 1656년(효종 7) 柳馨遠(1622~1673)이 편찬한 지리지이다.

268 ＊『東國輿地志』 卷1, 漢城府 宮室 「太平館」 "太平館【(註) 在崇禮門內 待中朝使臣之所 … 】".

＊『燃藜室記述』(別集) 卷5, 事大典故 「詔使」(本國使臣回賫付詔勅幷附○朝野記聞不載內官) "太平館 在崇禮門內 待中朝使臣".

＊『漢京識畧』(가람古 915.11 Y9h) 卷1, 宮室 「太平館」 "太平館 在崇禮門內 接待中朝使臣之所也".

＊『宮闕志』(奎 3950) 京城 「太平館」 "太平館在崇禮門內 接待中朝使臣之所 今則只作勅使時 儺禮備待之所 而無於此接待天使之規【(註) 文獻備考】".

＊『大東地志』(古4790-37) 卷1, 京都 漢城府 宮室 "太平館【(註) 在崇禮門內 爲華使留館 … 】".

＊『東國輿地備攷』(古 4790-10)·(가람古 915.1-D717) 卷2, 漢城府 宮室 「太平館」 "太平館【(註) 在崇禮門內養生坊 接待中朝使臣之所 … 】".

제 5 장

1 『太宗實錄』 卷11, 太宗 6年 3月 己酉(19).

2 『太宗實錄』 卷11, 太宗 6年 3月 庚戌(20).

3 배절은 의례에 해당하여 본서 제6장 제1절 2항 '배절 : 태종대(개성)·세종대(한양)'에서 별도로 검토하려 한다.

4 『太宗實錄』 卷12, 太宗 6年 閏7月 庚午(13). 수령한 제사 악기는 編鍾 16箇, 編磬 16片, 琴 4張, 瑟 2床, 笙 2攢, 簫 4管 등이다.

5 『太宗實錄』 卷15, 太宗 8年 4月 乙未(17) ; 『太宗實錄』 卷15, 太宗 8年 6月 己亥(22) ; 『太宗實錄』 卷34, 太宗 17年 7月 丙寅(13).

6 『太宗實錄』 卷15, 太宗 8年 5月 丁卯(19). 사신 황엄 등이 금강산에 갔다가 태평관으로 돌아오자 태종이 황희에게 문위하게 했다.

7 『太宗實錄』 卷16, 太宗 8年 9月 己未(14) ; 『太宗實錄』 卷16, 太宗 8年 9月 辛酉(16) ; 『太宗實錄』 卷16, 太宗 8年 9月 丙寅(21). 술에 취해 낙상한 사신 황엄의 병을 물은 것이다.

8 『世宗實錄』 卷3, 世宗 1年 1月 甲子(19).

9 본서 제5장 각주 3에서 언급한 것처럼 배절은 의례에 해당하여 본서 제6장 제1절 2항 '배절 : 태종대(개성)·세종대(한양)'에서 본격적으로 짚어보려 한다.

10 태평관에서 '작별하다'는 뜻으로 '別' 이외에도 '辭', '辭別', '送別', 奉別, 告別 등 다양한 단어들이 문헌에 구사되어 있다. 본서에는 문헌에 자주 등장하는 전별하다의 '餞'과 구별했다.

11 천추절을 경하하는 箋文에 배례한 뒤 전문을 태평관에 봉안했다[『世宗實錄』 卷3, 世宗 1年 4月 甲午(20)].

12 『世宗實錄』 卷5, 世宗 1年 8月 丙戌(14).

13 餞宴은 상왕 태종과 세종이 태평관에서 각각 베풀었으나[『世宗實錄』 卷5, 世宗 1年 9月 丙辰(14) ; 『世宗實錄』 卷5, 世宗 1年 9月 己未(17)] 전별[餞]은 모화루에서 태종과 세종이 함께했다[『世宗實錄』 卷5, 世宗 1年 9月 庚申(18)]. 이후에도 태평관에서 전연을 베푼 기사가 종종 나온다.

14 『世宗實錄』 卷13, 世宗 3年 9月 壬午(22).

15 * 병조당상과 여섯 대언이 각각 輪日로 문안[『世宗實錄』 卷5, 世宗 1年 8月 庚寅(18)].
  * 태상왕 태종은 병조당상, 세종은 대언을 각각 보내 날마다 문안[『世宗實錄』 卷13, 世宗 3年 9月 壬午(22)].

16 조말생은 태상왕이, 김익정은 세종이 각각 태평관으로 보내어 사신을 위안했다[『世宗實錄』 卷13, 世宗 3年 9月 甲申(24)].

17 『世宗實錄』 卷19, 世宗 5年 3月 壬寅(21). 원문에 '使臣館貿易', '依前例買賣'로 되어 있다. 이 기사 이외에도 '潛賣於使臣館' 및 '使臣館貿易'[『世宗實錄』 卷62, 世宗 15年 11月 庚辰(1)], '使臣館貿易'[『世宗實錄』 卷95, 世宗 24年 1月 戊辰(6) ; 『世宗實錄』 卷95, 世宗 24年 1月 庚午(8) ; 『世宗實錄』 卷95, 世宗 24年 1月 癸未(21)], '使臣館買賣'[『世宗實錄』 卷27, 世宗 7年 2月 丙辰(16)], '買賣使臣館'[『世宗實錄』 卷58, 世宗 14年 12月 辛亥(26)] 등의 기록이 나온다. 이처럼 '사신관'이 태평관이라는 기사가 간간이 등장한다. 또 '太平館買賣'라고 한 기사도 있다[『世宗實錄』 卷59, 世宗 15年 1月 壬申(18)]. 객관에서의 무역이나 매매가 태평관에 한정되지 않지만 이 당시 사신관은 문맥으로 볼 때 대부분 태평관을 가리킨다. 따라서 여기서 제시한 '사신관무역', '잠매어사신관', '사신관매매', '매매사신관', '태평관매매' 등은 모두 같은 사안으로 보았다.

18 '행례'라고 했으나 사신이 入京한 뒤 모화루 혹은 모화관에서 경복궁이나 창덕궁으로 가지 않고 곧장 태평관으로 이동해서 행하는 의례와 모화루 혹은 모화관에서 경복궁이나 창덕궁으로 갔다가 태평관으로 이동해서 행하는 의례로 나뉜다. 전자는 대개 국장에 조문 사신이 왔을 때, 후자는 그 이외의 목적으로 사

신들이 왔을 때 그와 같이 했다. 여기에 대해서는 본서 제6장 제2절 '영사시제급조부의(迎賜諡祭及弔賻儀)'에서 구체적으로 다루고자 한다.

19 『世宗實錄』 卷20, 世宗 5年 4月 丙辰(6). 태종 국장에 조문 사신인 내관 劉景과 예부낭중 楊善이 입경하여 태평관으로 이동했고, 그곳에서 세종은 두 사신과 읍례와 다례를 순서대로 행한 뒤 그들을 위하여 하마연을 베풀고, 세자는 사신에게 재배례를 행한 사실이 기록되어 있다.

20 『世宗實錄』 卷20, 世宗 5年 4月 丁巳(7). 태종 국장에 조문 사신이 가지고 온 고명을 안치한 誥命案 앞에서 길복 차림을 한 세종이 고두례를 행하고 이후 세종은 素服으로 갈아입고 대청에 올라 익일연을 행했다.

21 『世宗實錄』 卷20, 世宗 5年 4月 甲子(14). 태종 국장에 조문 온 사신이 창덕궁 인정전에서 賜賻禮를 거행, 賻物을 하사한 것에 대한 감사로 우의정 정탁과 이조판서 허조 등을 태평관에 보내 치사하도록 명했다.

22 『世宗實錄』 卷21, 世宗 5年 8月 丙寅(18). 문종의 왕세자 책봉을 위해 명 사신인 내관 海壽와 낭중 陳敬이 조선에 왔고, 창덕궁 인정전에서 세종이 황제의 命을 받는 예[受命禮]를 행하고 태평관으로 이동한 뒤 해수가 선유성지를 세종에게 전달했다.

23 세종대 慰宴 관련 기사는 상왕 태종이 '태평관'에서 위연을 베푼 기사[『世宗實錄』 卷3, 世宗 1年 1月 丙寅(21)], 의정부 주관으로 '사신관'에서 위연을 베푼 기사[『世宗實錄』 卷21, 世宗 5年 8月 甲戌(26)], 종친과 부마가 '사신관'에서 위연을 베푼 기사[『世宗實錄』 卷27, 世宗 7年 2月 己未(19)], 종친이 '태평관'에서 위연을 베푼 기사[『世宗實錄』 卷38, 世宗 9年 10月 壬午(28)], 왕세자가 '태평관'에서 위연을 베푼 기사[『世宗實錄』 卷41, 世宗 10年 7月 壬申(22) ; 『世宗實錄』 卷53, 世宗 13年 8月 丙辰(24) ; 『世宗實錄』 卷61, 世宗 15年 閏8月 癸亥(13)], 세종이 '태평관'에서 위연을 베푼 기사[『世宗實錄』 卷49, 世宗 12年 9月 丙寅(28)], 俗節에 사신에게 위연을 베푸는 규정 마련[『世宗實錄』 卷53, 世宗 13年 9月 癸酉(12)] 등등이 있다. 위연을 설행한 곳은 사신관 혹은 태평관으로 나오지만 이때의 사신관은 곧 태평관이다.

24 소경 한확의 모친에게 賜祭하러 온 흠차내사 王賢에게[『世宗實錄』 卷24, 世宗 6年 5月 辛丑(27) ; 『世宗實錄』 卷24, 世宗 6年 5月 壬寅(28)] 태평관에서 한확은 五拜叩頭를 하고, 세종은 再拜·다례·하마연을 차례로 행했다[『世宗實錄』 卷24, 世宗 6年 6月 己巳(26)].

25 『世宗實錄』 卷25, 世宗 6年 7月 戊寅(5).

26 『世宗實錄』 卷26, 世宗 6年 10月 丙辰(15). 등극사신 李琦와 彭璟 중 정사 이기가 하마연을 베푸는 자리에 병으로 나오지 못하자 세종이 문병한 것이다.

27 『世宗實錄』 卷29, 世宗 7年 閏7月 戊午(21). 별선을 대접한 공간이 기록되어 있지 않지만 당시 조선에 온 명사가 다른 곳에 간 기록이 없고, 또 '내관 金淳을 보내어' 사신을 대접했다는 기록에서 태평관이라고 보았다. 별선을 대접받은 사신은 遺詔使 내관 齊賢과 행인 劉浩이다[『世宗實錄』 卷29, 世宗 7年 閏7月 丙辰(19)]. 이후에도 별선·내온·별찬·식물과 관련한 동일한 유형의 기록이 적지 않게 발견된다. 별선과 함께 黃鷹·大狗를 선사한 기사도 있다[『世宗實錄』 卷53, 世宗 13年 8月 癸丑(21)]. 매와 큰 개는 사냥용으로 준 것 같다. '大狗' 관련 기사는 이 기사 전후에도 나온다.

28 『世宗實錄』 卷32, 世宗 8年 5月 辛酉(28). 세종이 郭存中과 元閔生을 태평관으로 보내 사신을 위로하게 하니 사신 윤봉이 곽존중 등을 이끌고 누에 올라 술자리를 베풀어 그들을 대접한 내용이다.

29 세종대 연향으로 사신을 위로한다는 '宴慰'는 세종의 연위[『世宗實錄』 卷3, 世宗 1年 1月 甲子(19) ; 『世宗實錄』 卷53, 世宗 13年 9月 己丑(28) ; 『世宗實錄』 卷54, 世宗 13年 11月 丁亥(26) ; 『世宗實錄』 卷54, 世宗 13年 12月 甲午(3) ; 『世宗實錄』 卷58, 世宗 14年 11月 壬申(17)], 종친의 연위[『世宗實錄』 卷40, 世宗 10年 4月 丙寅(14) ; 『世宗實錄』 卷66, 世宗 16年 10月 丙寅(23)], 왕세자의 연위[『世宗實錄』 卷43, 世宗 11年 1月 辛亥(4) ; 『世宗實錄』 卷45, 世宗 11年 7月 乙巳(1) ; 『世宗實錄』 卷56, 世宗 14年 6月 辛卯(4) ; 『世宗實錄』 卷66, 世宗 16年 10月 庚申(17)], 육조·대언의 연위[『世宗實錄』 卷44, 世宗 11年 6月 庚辰(5)], 좌의정 黃喜·형조판서 金自知·좌대언 李孟畇의 연위[『世宗實錄』 卷49, 世宗 12年 9月 乙丑(27)], 의정부·육조의 연위[『世宗實錄』 卷66, 世宗 16年 10月 己巳(26)], 수양대군의 연위(하마연을 가리킴)[『世宗實錄』 卷127, 世宗 32年 閏1月 丙午(1) ; 『世宗實錄』 卷127, 世宗 32年 閏1月 丁未(2)] 등등이 확인된다. 이러한 연위가 나중에 『세종실록오례』와 『국조오례의』 등 국가전례서 '賓禮'조에 성문화된 것으로 보인다(본서 제6장 제1절 1항 '연향 : 태조~선조대 임진왜란 이전' 참조).

30 문안할 때 선사한 물품은 물품만이 아니라 동식물을 포함한다.

31 사신 昌盛이 연향 중에 병을 핑계대고 나가므로 동부대언과 의관에게 문병하게 했다[『世宗實錄』 卷49, 世宗 12年 7月 庚申(22)].

32 『世宗實錄』 卷50, 世宗 12年 11月 庚戌(13).

33 『世宗實錄』 卷53, 世宗 13年 8月 戊戌(6).

34 『世宗實錄』 卷53, 世宗 13年 8月 乙巳(13).

35 『世宗實錄』 卷53, 世宗 13年 8月 戊午(26). 사신 昌盛이 흥천사 불상을 태평관으로 맞이하여 齋를 베풀어 승도들은 經을 읽게 하고 자신은 물품을 시주했으

며, 사신 張定安은 焚香 禮佛하고 역시 물품을 시주했다.

36 『世宗實錄』 卷53, 世宗 13年 9月 庚午(9) ; 『世宗實錄』 卷53, 世宗 13年 9月 壬申(11) ; 『世宗實錄』 卷53, 世宗 13年 9月 甲戌(13). 사신 창성이 9월 9일부터 9월 13일까지 중을 모아 念經·供佛하여, 태평관에서 술과 고기 및 薰菜의 사용을 금했다.

37 『世宗實錄』 卷66, 世宗 16年 10月 己巳(26).

38 『世宗實錄』 卷94, 世宗 23年 12月 庚申(28). 동지중추원사 李思儉에게 사신관에 가서 주봉배를 설행하도록 명하고, 이후부터는 2품 이상에게 輪日로 설행하도록 명했다.

39 『世宗實錄』 卷126, 世宗 31年 11月 乙巳(29).

40 『世宗實錄』 卷127, 世宗 32年 閏1月 丙辰(11).

41 온짐연에 대해서는 본서 제6장 제1절 1항 '연향 : 태조~선조대 임진왜란 이전'에서 다시 한 번 더 다루고자 한다.

42 『世宗實錄』 卷15, 世宗 4年 1月 癸酉(15).

43 1450년(세종 32) 2월 17일 세종이 훙하자 왕세자였던 문종이 2월 22일에 즉위했으나 2년 3개월이 되지 않은 1452년(문종 2) 5월 14일에 훙했다.

44 『文宗實錄』 卷3, 文宗 卽位年 8月 甲戌(3).

45 『文宗實錄』 卷12, 文宗 2年 3月 戊午(25). 사신이 '동녕위 천호 김보'라는 정보는 『文宗實錄』 卷13, 文宗 2年 4月 癸未(19) 참조.

46 『文宗實錄』 卷3, 文宗 卽位年 8月 甲戌(3). '왕세자가 사신에게 행례'는 왕세자가 '세종 국장 조문과 문종 국왕 책봉'의 임무를 띠고 온 사신이 머무는 태평관으로 나아가 白衣·烏紗帽·黑角帶 차림으로 사신에게 행례한 것을 가리킨다. 이때의 행례는 '相會禮'를 행한 것으로 보아야 할 것 같다.

47 『文宗實錄』 卷3, 文宗 卽位年 8月 甲戌(3). 문종과 백관의 '拜誥命'은 문종은 冕服 차림으로, 백관은 朝服 차림으로 태평관에 안치되어 있는 고명에 절하는 의례이다. 여기서의 고명은 황제가 내린 시호를 기록한 '諡誥'이다.

48 문안례를 행한 장소는 '사신관'으로 표기되어 있다[『文宗實錄』 卷3, 文宗 卽位年 8月 丙子(5)]. 사신관은 태평관을 가리킨다.

49 『文宗實錄』 卷3, 文宗 卽位年 8月 己卯(8). 眼疾을 앓고 있는 태감 윤봉에게 도승지 李季甸을 보내 병을 물었다.

50 『文宗實錄』 卷3, 文宗 卽位年 8月 戊子(17). 사신이 세종과 소헌왕후의 혼전인 輝德殿에 나아가 사사로이 進香하자 문종이 李季甸·金何에게 명하여 태평관에 가서 문위하게 했다.

51 『文宗實錄』 卷3, 文宗 卽位年 8月 己丑(18). 인정전에서 賜諡禮를 마친 뒤 태

평관에 행행하여 사신 위로[勞]와 다례 설행, 환궁 후 이계전·김하에게 명하여 두 사신에게 물품을 하사하게 했다.

52 사신관에서 무역할 때 영접도감에서 舊例를 살펴 細布를 금지시키자 사신이 노했고, 이에 문종이 명하여 麤布·세포를 헤아리지 말고 모두 무역을 허락하게 했다[『文宗實錄』 卷3, 文宗 卽位年 8月 己亥(28)]. 이보다 앞서 문종은 이번에 오는 사신이 가져오는 樻子의 수가 2백 개에 이르니 무역할 물건이 반드시 많을 것이라고 예상하며 미리 조치하도록 승정원에 전지했고, 호조에서 진달한 계책 중 사신관에서의 무역에 마포도 포함되었다[『文宗實錄』 卷2, 文宗 卽位年 6月 己丑(17)].

53 의정부에서 사신을 위해 연향을 설행했으나 장소는 나오지 않는다[『文宗實錄』 卷3, 文宗 卽位年 9月 癸卯(2)]. 사신이 다른 곳으로 간 기록이 없는 것으로 보아 의정부 소속 사람들이 태평관에 가서 연향을 베푼 것으로 이해했다.

54 사신 윤봉과 정선에게 집을 하사한다는 글을 주었다[『文宗實錄』 卷4, 文宗 卽位年 11月 辛丑(1)]. 10월 2일 두 사신에게 각각 私第를 지어주기로 했는데, 두 사신이 11월 2일 京師로 돌아가기 하루 전에 賜第書를 주면서 집을 하사한 사실을 분명하게 한 것 같다.

55 동녕위천호 金寶가 왔을 때 왕세자가 사신관에 나아가 행례했다[『文宗實錄』 卷12, 文宗 2年 3月 戊午(25)]. 사신관은 태평관이다. 이날 사신이 왔기에 왕세자가 사신관에 가서 사신과 '상회례'를 행한 것 같다.

56 사신이 도착한 다음 날[3월 26일]에 좌찬성 鄭苯의 문안을 시작으로 승지·의정부·육조에서 輪日로 사신에게 문안했다[『文宗實錄』 卷12, 文宗 2年 3月 己未(26)].

57 『端宗實錄』 卷2, 端宗 卽位年 8月 壬午(22).

58 『端宗實錄』 卷3, 端宗 卽位年 閏9月 丙子(17).

59 『端宗實錄』 卷14, 端宗 3年 4月 丁酉(22) ; 『端宗實錄』 卷14, 端宗 3年 5月 乙巳(1). 4월 22일자에는 칙서와 고명, 관복이 나오고, 채폐는 5월 1일자에 나온다.

60 고보와 정통에 관한 정보이다. 2월 22일과 2월 26일자에는 '내사' 고보·정통으로[『端宗實錄』 卷13, 端宗 3年 2月 戊戌(22) ; 『端宗實錄』 卷13, 端宗 3年 2月 壬寅(26)], 4월 3일자에는 '소감' 고보와 '내사' 정통으로[『端宗實錄』 卷14, 端宗 3年 4月 戊寅(3)], 4월 22일자에는 '내관' 고보와 '내사' 정통으로 기록되어 있다[『端宗實錄』 卷14, 端宗 3年 4月 丁酉(22)].

61 『端宗實錄』 卷2, 端宗 卽位年 8月 壬午(22). 단종은 翼善冠·白圓領·白靴·烏犀帶 차림으로 사신과 태평관의 대청에서 읍례를 행했다. 상견례는 태평관으로 오기 전 경복궁에서 행했다. 이때 조선에 온 사신은 이부낭중 陳鈍과 행인사사

정 李寬으로, 황제의 태자 책봉을 알리는 조서를 가지고 왔다.

62 『端宗實錄』 卷2, 端宗 卽位年 8月 壬午(22). 단종은 1452년 5월 18일 즉위하여 1455년 윤6월 11일 세조에게 선위했다. 따라서 1452년 8월 22일은 단종이 재위한 때이다. 그렇다면 단종은 殿下 혹은 上으로 기록해야 함에도 '魯山'으로 기록되어 있고, 하마연을 대신 설행하는 숙부에 대한 칭호 역시 주의가 필요하다. 단종은 문종의 국상 중이므로 사신에게 자신이 직접 酒饌을 받들지 못한다면서 '숙부 首陽君'이 대신 행례할 것이라고 하여 '수양군'으로 지칭했다. 그런데 단종이 환궁한 뒤 '세조가 諸君을 거느리고 하마연을 대행했다.'라고 하여 '세조'라고 표기되어 있다. 단종이 숙부인 수양대군에게 선위한 뒤 노산군으로 강등·사사되고, 그 이후에 『노산군일기』를 편찬하면서 칭호를 신분이나 상황에 맞춰 적기하지 않고 혼용한 것 같다. 기존 연구에서 『노산군일기』의 편찬 시기는 예종대와 성종 초년으로 추정하며, 『노산군일기』에는 당시 정국을 주도했던 세조대 훈신들의 역사 인식이 반영된 것으로 보고 있다(김영두, 2013 「실록 편찬에 나타난 세조 정권의 정당성 추구」『韓國史學史學報』 27, 76·79쪽). 단종의 선위와 세조의 즉위, 노산군으로의 강등·사사 등 굵직한 정치적 상황의 발생과 세조대 훈신들 중심의 역사 인식 반영으로 칭호의 혼용이 초래되었고 『노산군일기』에도 반영된 것으로 보인다.

참고로 '수양군'에 대한 표기이다. 그는 세종과 소헌왕후 사이에 태어난 둘째 아들로 '수양군'이 아닌 '수양대군'으로 표기해야 한다. 『조선왕조실록』에는 대부분 '수양대군'으로 기록되어 있으나 세종대부터 중종대까지 '수양군'이라고 쓴 곳도 간간이 발견된다(국사편찬위원회에서 제공하는 웹 사이트 중 『조선왕조실록』 참조).

63 이부낭중 진둔과 행인사사정 이관이 도착한 다음 날인 8월 23일 도승지의 사신 문안을 시작으로 매일 승지를 보내 문안했다[『端宗實錄』 卷2, 端宗 卽位年 8月 癸未(23)]. 이들은 8월 27일 도성을 떠났다.

64 대명 사신의 두목이 사부궤와 향통을 가지고 사신보다 먼저 태평관에 도착했다[『端宗實錄』 卷3, 端宗 卽位年 閏9月 壬申(13)]. 사부궤와 향통은 문종 국장 조문을 위하여 사용될 예정이다.

65 윤9월 17일 '문종 국장 조문과 단종 국왕 책봉'의 임무를 띠고 온 사신이 도착한 다음 날[윤9월 18일]에 황보인·閔騫의 사신 문안을 시작으로 날마다 승지 및 재상을 보내 문안했다[『端宗實錄』 卷3, 端宗 卽位年 閏9月 丁丑(18)]. 당시 明使는 상선감좌감승 金宥와 우감승 金興이다[『端宗實錄』 卷2, 端宗 卽位年 8月 乙酉(25) ; 『文宗實錄』 卷13, 文宗 2年 9月 庚寅(1)].

66 사신이 도착한 지 2일이 지난 윤9월 19일부터 5일마다 환관을 보내 물품을 선사

하고, 그 물품은 脯鱐·海菜·松子이다[『端宗實錄』卷3, 端宗 卽位年 閏9月 戊寅(19)].

67 사신 金宥가 '입조한 환관 高原奉이 진상한 물품'을 통사 李舍을 시켜 진헌했다[『端宗實錄』卷3, 端宗 卽位年 閏9月 癸未(24)].

68 『端宗實錄』卷4, 端宗 卽位年 11月 庚申(2). 궐에서 연향이 파한 후 김유 등이 태평관으로 돌아오자 단종이 閔騫·李邊을 보내 문위했다.

69 고보와 정통이 '단종비의 왕비 책봉 칙서와 고명'을 가지고 조선에 왔고 도착한 날에 이들을 위하여 단종이 태평관에서 하마연을 설행했다[『端宗實錄』卷14, 端宗 3年 4月 丁酉(22)]. 그런데 이보다 앞서 이들 사신을 맞이하기 위하여 작성한 '迎詔儀'에는 '使者가 태평관으로 나아가면 종친 및 문무백관이 分司하여 館으로 나아가 차례로 頓首再拜禮를 행한다.'고 되어 있다. 실제 사신이 온 날에 종친 및 문무백관이 분사하여 태평관에서 차례로 돈수재배례를 행한 기록은 없으나 '영조의'를 따라 하마연을 시작하기 전 시행했을 것으로 추정된다. '영조의' 역시 『端宗實錄』卷14, 端宗 3年 4月 丁酉(22) 참조.

70 『端宗實錄』卷14, 端宗 3年 4月 戊戌(23). 도승지 신숙주는 단종이 사신에게 문안하기 위해 보냈고, 세조는 단종이 보낸 것 같지는 않아 보인다. 다례를 행할 때에는 관반 朴仲孫·權蹲도 참석했다. 4월 23일자 기사에는 본서 제5장 각주 62에서 지적한 것처럼 '세조'와 '首陽君'이 모두 쓰여 있다. 사신이 그를 지칭할 때에는 '首陽君'으로 썼지만 그렇지 않은 경우에는 '세조'라고 기록되어 있다.

71 『端宗實錄』卷14, 端宗 3年 4月 戊戌(23). 고보와 정통이 도착한 다음 날인 4월 23일 익일연을 설행하고 이때부터 매일 승지·재추를 보내 문안했다.

72 『端宗實錄』卷14, 端宗 3年 4月 己亥(24). 고보와 정통이 도착한 지 2일이 지난 4월 24일부터 5일마다 사신에게 식물을 보내 주었다.

73 『世祖實錄』卷1, 世祖 1年 閏6月 乙卯(11).

74 『世祖實錄』卷3, 世祖 2年 4月 己未(20).

75 『世祖實錄』卷1, 世祖 1年 閏6月 乙丑(21) ; 『世祖實錄』卷1, 世祖 1年 7月 庚辰(7).

76 『世祖實錄』卷1, 世祖 1年 7月 辛巳(8).

77 『世祖實錄』卷1, 世祖 1年 閏6月 癸酉(29).

78 『世祖實錄』卷1, 世祖 1年 7月 丁丑(4)

79 『世祖實錄』卷3, 世祖 2年 4月 己未(20). 윤봉과 김흥의 구체적인 관직명은 윤봉은 태감, 김흥은 우감승이다[『世祖實錄』卷3, 世祖 2年 4月 丁卯(28)].

80 윤봉과 김흥이 도착한 지 2일이 지난 1456년 4월 22일부터 재상과 승지가 매일 문안하고 5일마다 下程을 위한 雜物을 보냈다[『世祖實錄』卷3, 世祖 2年 4月

辛酉(22)].

81 좌부승지 成三問에게 명하여 환동을 윤봉 등에게 보였다는 내용이다. 구체적인 장소는 나오지 않지만 성삼문이 환동을 거느리고 태평관으로 가서 사신에게 보인 것으로 추정했다[『世祖實錄』 卷3, 世祖 2年 4月 癸亥(24)].

82 혹은 5일, 혹은 10일 간격으로 재상 혹은 환관, 혹은 승지에게 특명으로 선온을 가지고 가서 사신을 먹이도록 했다[『世祖實錄』 卷4, 世祖 2年 5月 庚午(2)].

83 『世祖實錄』 卷4, 世祖 2年 5月 甲戌(6).

84 『世祖實錄』 卷8, 世祖 3年 6月 乙未(3). 英宗 복위 조서 및 建儲 조칙을 가지고 한림원수찬 陳鑑과 태상시박사 高閏이 도착한 당일인 1457년(세조 3) 6월 3일, 도승지 韓明澮와 예조판서 洪允成에게 명하여 사신에게 문안하게 하고, 또 세조가 태평관으로 행차하여 하마연을 설행했다.

85 진감과 고윤이 도착한 다음 날인 6월 4일 도승지 韓明澮와 우의정 鄭昌孫이 사신에게 문안한 이후부터 날마다 승지·재추를 보내 사신에게 문안하게 했다[『世祖實錄』 卷8, 世祖 3年 6月 丙申(4)].

86 『世祖實錄』 卷8, 世祖 3年 6月 丁酉(5). 진감과 고윤에게 물품을 선사하고 이후부터 5일마다 규례대로 食物을 선사했다.

87 진감과 고윤이 하루 전에 성균관에서 유생들에게 의제를 내어 제술하게 했고[『世祖實錄』 卷8, 世祖 3年 6月 丁酉(5)], 다음 날 유생들이 시문을 가지고 태평관에 오자 사신이 각각 붓을 잡고 科次했다[『世祖實錄』 卷8, 世祖 3年 6月 戊戌(6)].

88 진감이 병이 나서 도승지 한명회를 보내 문안하게 했다[『世祖實錄』 卷8, 世祖 3年 6月 丙午(14)]. 이때의 문안은 일상적인 문안이 아닌 병문안으로 보았다.

89 1459년(세조 5) 4월 '建奏 三衛 도독이 오더라도 거절하라는 칙서'를 가지고 사신이 조선에 왔다[『世祖實錄』 卷16, 世祖 5年 4月 己未(8)]. 이때 온 명사는 형과급사중 陳嘉猷와 서반 王軏이다[『世祖實錄』 卷15, 世祖 5年 3月 甲午(12) ; 『世祖實錄』 卷15, 世祖 5年 3月 乙未(13)].

90 진가유와 왕월이 도착한 다음 날인 4월 9일 좌의정 姜孟卿과 우승지 金礩이 문안한 이후부터 날마다 승지·재상 각1인을 보내 사신에게 문안하게 했다[『世祖實錄』 卷16, 世祖 5年 4月 庚申(9)].

91 1460년(세조 6) 3월 '사람을 보내어 모련위 도독첨사 浪孛兒罕 등 16인을 誘引하여 간 적이 없다면서 저들 16인을 살해한 이유 및 사실을 드러내어 저들로 하여금 心服하게 하라.'는 내용의 칙서를 가지고 온 사신에게 백관은 참알례를 행하고 세조는 그들을 위해 하마연을 베풀고 물품을 선사했다[『世祖實錄』 卷19, 世祖 6年 3月 己卯(2)]. 사신은 예과급사중 張寧과 금의위도지휘 武忠이다.

92 장영과 무충이 도착한 다음 날인 3월 3일 영의정 姜孟卿과 도승지 尹子雲을 보내 명사를 문안하게 한 이후부터 날마다 승지·재추 각 1인을 보내 문안하게 했다[『世祖實錄』 卷19, 世祖 6年 3月 庚辰(3)].

93 『世祖實錄』 卷19, 世祖 6年 3月 庚辰(3). 장영과 무충이 투호를 하고자 한다면서 병과 화살을 요구했고 이를 들어주었다. 명사가 실제로 투호를 했는지, 그리고 그것을 한 장소가 태평관인지가 드러나지 않지만 그들이 다른 곳에 간 기록이 없는 것으로 보아 태평관에서 투호를 한 것으로 추정했고, 추정했다는 의미로 [ ]을 표시했다.

94 『世祖實錄』 卷33, 世祖 10年 5月 庚午(18). '영종 죽음과 헌종 즉위를 알리는 조서'와 '조선의 왕과 왕비에게 幣帛·文錦 하사 칙서'를 가지고 정사 태복시승 金湜과 중서사인 張珹이 왔다. 모화관에서 조칙과 사신을 맞이한 뒤 경복궁 근정전으로 이동하여 이곳에서 일정한 의례를 마친 뒤 태평관으로 와서 왕세자가 사신과 상회례, 홍윤성·노사신의 사신 문안, 세조의 하마연 설행 등을 차례로 거행했다. 그리고 세조가 환궁한 후에는 도승지에게 명하여 사신에게 물품을 선사하게 했다.

95 『世祖實錄』 卷43, 世祖 13年 9月 丙子(14). '建州三衛의 童山 등을 칠 때 조선도 토벌을 도와라.'는 칙서와 자문을 가지고 온 요동백호 白顒에게 세조가 하마연을 설행한 뒤 여러 물품을 선사했으나 彩囊에 담긴 약만 받고 모두 사양했다.

96 『世祖實錄』 卷44, 世祖 13年 10月 甲午(2). 칙서·표리 및 요동도사의 자문을 가지고 온 大明의 광녕백호 任興과 요동사인 黃哲이 모화관과 경복궁 근정전을 경유하면서 각각 일정한 의례를 행한 뒤 태평관으로 이동하자, 세조가 도승지 권맹희를 보내 사신에게 문안하게 하고 세자가 가서 사신과 상회례를 행하고 백관이 분반하여 참알했다. 이어서 세조가 태평관으로 거둥하여 하마연을 설행하고 환궁한 뒤 도승지 권맹희를 보내 사신에게 문안 및 물품을 선사하게 했다.

97 『世祖實錄』 卷44, 世祖 13年 10月 乙未(3). 임흥과 황철이 도착한 다음 날인 10월 3일 좌승지 韓致亨과 고령군 申叔舟를 보내 임흥 등을 문안하게 한 이후부터 아침마다 승지·재추 각 1인을 보내 문안하게 하고, 환관에게 5일마다 한 번 蓏果·魚肉을 보내게 하고, 하동군 鄭麟趾 등 여러 신하들에게 輪日마다 태평관에 나아가 연향을 베풀도록 명했다.

98 임흥과 황철이 도착한 다음 날인 10월 3일이 아닌 10월 4일에 익일연을 베풀었다.

99 『世祖實錄』 卷44, 世祖 13年 10月 庚子(8). 어효첨의 주연은 앞서 여러 신하들에게 윤일마다 연향을 베풀게 한 命의 일환으로 여겨진다. 본서 제5장 각주 97 참조.

100 『世祖實錄』 卷46, 世祖 14年 4月 戊戌(9). '건주에서 적을 토벌한 공로에 대한 치하 칙서'를 가지고 온 태감 姜玉과 金輔가 입경하여 모화관과 경복궁을 경유하면서 각각 일정한 의례를 행한 뒤 태평관으로 이동하자 세조가 도승지 權瑊을 보내 사신에게 문안하게 하고, 이어서 세조가 태평관으로 거둥하여 하마연을 베풀고 환궁한 뒤 도승지 권감에게 명하여 사신에게 문안 및 물품을 선사하게 했다.

101 『世祖實錄』 卷46, 世祖 14年 4月 己亥(10). 강옥과 김보가 도착한 다음 날인 1468년(세조 14) 4월 10일 도승지 권감과 봉원군 鄭昌孫 등을 보내 명사를 문안하게 한 이후부터 아침마다 승지·재추 각1인을 보내 문안하게 하고, 환관을 보내 5일마다 각종 식물을 선사하며, 이날부터 날마다 재추 1인을 보내 주봉배를 행하게 했다.

102 강옥과 김보가 도착한 다음 날인 4월 10일이 아닌 4월 11일에 익일연을 베풀었다.

103 강옥과 김보가 태평관에서 머무는 동안 사신관에서 어떤 무역을 한 것인지에 대한 언급은 없다. 다만, '사신관의 무역'에 공조의 匠人 2인을 分定한 것을 두고 공조참판 鄭自英이 고쳐주기를 청한 것에서[『世祖實錄』 卷46, 世祖 14年 4月 甲辰(15)] 사신관, 곧 태평관에서 무역이 진행되고 있음을 유추할 뿐이다.

104 사은사 金良璥이 태평관에 나아가 강옥을 알현했다[『世祖實錄』 卷46, 世祖 14年 4月 己酉(20)]. 사신이 날마다 求請하면서 回還할 뜻이 없자 사은사가 가서 알현하면 반드시 회정할 日期를 말할 것이라는 논의를 하루 전날에 조선 조정에서 했기에 이를 실행한 것이었다[『世祖實錄』 卷46, 世祖 14年 4月 戊申(19)].

105 강옥과 김보가 두목 30인을 거느리고 금강산으로 떠나자[『世祖實錄』 卷46, 世祖 14年 4月 乙卯(26)] 금강산에 가지 않고 태평관에 머물고 있는 두목에게 5일마다 한 차례 주봉배를 설행하거나 때로는 食物을 보내기로 했다[『世祖實錄』 卷46, 世祖 14年 4月 丙辰(27)]. 6월 13일에 이르러 5일에 한 번 설행하는 주봉배를 중지했다[『世祖實錄』 卷46, 世祖 14年 6月 辛丑(13)].

106 6월 28일 표류한 당인 쇄경 등 43명이 와서 북평관에 머물렀고[『世祖實錄』 卷46, 世祖 14年 6月 丙辰(28)], 이들이 태평관에 가서 명사[강옥·김보]를 알현했다[『世祖實錄』 卷47, 世祖 14年 7月 己未(2)].

107 명사[강옥·김보]의 요청에 따라 승진한 예빈시 정 정침 등이 명사에게 나아가 치사했다[『世祖實錄』 卷47, 世祖 14年 7月 己未(2) ; 『世祖實錄』 卷47, 世祖 14年 7月 庚申(3)].

108 원문에는 '錢慰'라고 되어 있으나[『世祖實錄』 卷47, 世祖 14年 7月 戊辰(11)] 사

신 강옥·김보가 떠나기 2일 전이므로 '餞慰'의 오기로 여겨진다.

109 『世祖實錄』 卷4, 世祖 2年 5月 甲戌(6).

110 『世祖實錄』 卷34, 世祖 10年 11月 辛未(22).

111 『世祖實錄』 卷44, 世祖 13年 11月 戊子(26).

112 『世祖實錄』 卷44, 世祖 13年 11月 庚寅(28) ; 『世祖實錄』 卷44, 世祖 13年 12月 丁酉(5) ; 『世祖實錄』 卷44, 世祖 13年 12月 丙辰(24).

113 * 예종의 즉위 : 『世祖實錄』 卷47, 世祖 14年 9月 癸亥(7).
* 세조의 죽음 : 『世祖實錄』 卷47, 世祖 14年 9月 甲子(8).

114 『睿宗實錄』 卷4, 睿宗 1年 閏2月 己未(4). 심회는 '沈澮'로 쓴 곳도 있고 '沈繪'로 쓴 곳도 있다.

115 『睿宗實錄』 卷4, 睿宗 1年 閏2月 己未(4).

116 『睿宗實錄』 卷4, 睿宗 1年 閏2月 庚申(5). 최안·정동·심회가 도착한 다음 날인 윤2월 5일 봉원군 정창손과 도승지 권감을 보내 명사를 문안하게 한 이후부터 날마다 승지·재추를 보내 기거를 묻게 했다.

117 『睿宗實錄』 卷4, 睿宗 1年 閏2月 甲子(9). 공간이 제시되어 있지 않지만 태평관에서 행하는 주다례를 정지한 것으로 보았다.

118 윤2월 19일에 명사가 경복궁 사정전으로 가서 私祭를 행한 후 태평관으로 돌아가자 예종이 좌승지 李克增에게 명하여 선온을 가지고 가서 위로하게 하고, 또 환관 申雲에게 명하여 별하정을 가지고 명사에게 선사하게 했다[『睿宗實錄』 卷4, 睿宗 1年 閏2月 甲戌(19)]. 경복궁 사정전은 당시 명사가 賜祭와 賜諡 의례를 행하기 위하여 임시로 세조의 혼전으로 사용한 전각이고, 원래 세조의 혼전은 경복궁 옛 景禧殿이다[『睿宗實錄』 卷1, 睿宗 卽位年 9月 丙子(20) ; 『睿宗實錄』 卷1, 睿宗 卽位年 9月 戊寅(22)]. 명사가 賜祭·賜諡禮를 거행한 날은 윤2월 16일이다[『睿宗實錄』 卷4, 睿宗 1年 閏2月 辛未(16)].

119 『睿宗實錄』 卷4, 睿宗 1年 閏2月 庚辰(25). 정동과 심회가 다른 곳에 가 있는 동안 병으로 태평관에 남아 있는 최안에게 좌부승지 한계순에게 명하여 문안하게 했다.

120 최안의 두목 陳善이 스스로 목을 매었으나 죽지는 않았다[『睿宗實錄』 卷4, 睿宗 1年 3月 丙戌(2)]. 이틀 뒤 최안·정동·심회 등이 금강산에 갈 때[『睿宗實錄』 卷4, 睿宗 1年 3月 戊子(4)] 같이 갔다가 獅子庵 아래 내[川] 가운데에 빠져 죽었다[『睿宗實錄』 卷4, 睿宗 1年 3月 丙申(12)].

121 『睿宗實錄』 卷4, 睿宗 1年 3月 壬寅(18). 봉원군 정창손과 영의정 한명회, 도승지 권감 등이 陰城과 信川을 가려는 최안과 정동을 위하여 위연을 설행하고 정동에게 옷과 갓[衣笠] 등의 물품을 선사했다.

122 『睿宗實錄』 卷5, 睿宗 1年 4月 辛未(18). 최안·정동·심회 등이 배를 타고 강을 따라 내려와 노량에 이르러 돌아오자, 우부승지 정효상을 보내 문안하게 하고 환관 金潔을 보내 별하정을 가지고 가서 최안에게 선사하게 했다. '노량에 이르러 돌아오다.'라고 할 때 돌아온 곳의 종착지를 태평관이라고 보았다.

123 『成宗實錄』 卷5, 成宗 1年 5月 戊寅(1).

124 모화관에서 조칙과 명사의 맞이부터 태평관에서 물품의 선사까지 이 한 단락은 『成宗實錄』 卷5, 成宗 1年 5月 戊寅(1) 참조.

125 김흥과 강호가 도착한 다음 날인 5월 2일 고령부원군 申叔舟와 도승지 李克增을 보내 이들을 문안하게 한 이후부터 이른 아침마다 재상·승지를 보내 문안하게 하는 것이 例가 되었다[『成宗實錄』 卷5, 成宗 1年 5月 己卯(2) ; 『成宗實錄』 卷64, 成宗 7年 2月 乙未(21) ; 『成宗實錄』 卷117, 成宗 11年 5月 辛巳(2)]. 이후 성종대에 다른 목적을 가지고 온 명 사신들에게도 재상·승지를 보내 문안하게 했다. 上使의 말 중에 '문안'이 아닌 '問病'이라고 표현한 곳도 있다[『成宗實錄』 卷131, 成宗 12年 7月 壬午(9)]. 단, 성종대에 6번째로 온 사신[정동·김흥]에게는 '승지'만 문안하는 기사가 나온다[『成宗實錄』 卷156, 成宗 14年 7月 己亥(9) ; 『成宗實錄』 卷156, 成宗 14年 7月 乙巳(15) ; 『成宗實錄』 卷156, 成宗 14年 7月 丁未(17) ; 『成宗實錄』 卷157, 成宗 14年 8月 辛酉(1) ; 『成宗實錄』 卷157, 成宗 14年 8月 辛未(11) ; 『成宗實錄』 卷157, 成宗 14年 8月 己卯(19) ; 『成宗實錄』 卷157, 成宗 14年 8月 壬午(22) ; 『成宗實錄』 卷158, 成宗 14年 9月 戊申(18) ; 『成宗實錄』 卷158, 成宗 14年 9月 壬子(22) ; 『成宗實錄』 卷158, 成宗 14年 9月 甲寅(24)]. '승지'만 문안하는 기사는 8번째로 온 사신[애박·고윤선]에게도 발견된다[『成宗實錄』 卷265, 成宗 23年 5月 戊戌(29)]. 7번째 온 사신[동월·왕창]에게는 『성종실록』에 문안 관련 기사가 발견되지 않는다.

126 『成宗實錄』 卷5, 成宗 1年 5月 壬辰(15). 성종이 관반에게 중국 武成王廟의 제도에 대해 天使에게 묻게 했고, 이에 관반이 묻고 副天使가 대답하는 내용이 담겨 있다. 이 기사에서 장소에 대한 기록이 없지만 '관반이 묻고 부천사가 대답'하는 곳을 태평관이라고 판단했다.

127 『成宗實錄』 卷5, 成宗 1年 5月 癸巳(16). 다음 날 사신이 혼전에 가서 賜祭禮를 행하기에 사신과 두목에게 착용할 물품을 선사했다.

128 『成宗實錄』 卷5, 成宗 1年 5月 癸巳(16). 부사와 통사가 대구로 시를 짓는 장소에 대한 기록이 없으나 태평관이라고 추정했다.

129 『成宗實錄』 卷64, 成宗 7年 2月 甲午(20). 1476년(성종 7) '명 황태자 책봉 조서'와 '명 황태자 책봉으로 인하여 조선의 국왕·왕비에게 綵幣·文錦 하사 칙서'를 가지고 온 호부낭중 祈順과 행인사좌사부 張瑾이 입경한 날인 2월 20일 태평관

에서 '設宴'했다고 되어 있다. 이때 설행한 연향의 명칭이 드러나 있지 않지만 사신이 도착한 날에 설행했으므로 '하마연'으로 판단했다.

130 『成宗實錄』 卷110, 成宗 10年 閏10月 癸亥(11). 1479년(성종 10) '건주 여진 토벌에 군사를 보내어 도와달라는 칙서'를 가지고 온 요동지휘 高淸이 도착한 날인 윤10월 11일 태평관의 正廳에서 다례와 하마연, 인정물 선사를 차례로 행했다.

131 『成宗實錄』 卷117, 成宗 11年 5月 庚辰(1). 1480년(성종 11) '건주위 도적 토벌에 성종이 도와 준 것에 대해 고마움을 표하는 칙서'를 가지고 온 내관 鄭同과 姜玉이 도착한 날인 5월 1일 태평관의 대청에서 이들을 위하여 연향을 베풀고 인정을 선사했다. 이때 설행한 연향의 명칭이 드러나 있지 않지만 사신이 도착한 날에 행했으므로 '하마연'으로 보았다.

132 『成宗實錄』 卷129, 成宗 12年 5月 庚寅(16). 1481년(성종 12) '성종 계비 왕비 책봉 고명과 칙서'를 가지고 온 鄭同과 金興이 도착한 날인 5월 16일 태평관에서 다례와 行酒, 두목의 고두가 차례로 진행된 뒤 마지막으로 두 사신에게 인정을 선사했다. 하마연을 행한 것으로 보아야 할 것 같다.

133 『成宗實錄』 卷156, 成宗 14年 7月 乙未(5). 1483년(성종 14) '왕세자 책봉 칙서'를 가지고 온 태감 鄭同과 金興이 7월 2일 도착한 지 3일이 지난 7월 5일에 이르러 '익일'이라는 말이 무색하게 익일연을 설행했다.

134 상사 정동에게 씨를 뿌릴 30석 지기의 수전을 하사한 곳은 경기 광주 定金院이다[『成宗實錄』 卷158, 成宗 14年 9月 己亥(9)].

135 『成宗實錄』 卷158, 成宗 14年 9月 辛亥(21). 상사 정동이 병이 심하자, 정동은 자신이 조선에 사신으로 6번이나 왔는데 그동안 자신으로 인하여 원망을 품은 자가 있을 것이라며 중외에 반사하여 인심을 쾌하게 해 주기를 청했다.

136 『成宗實錄』 卷158, 成宗 14年 9月 壬子(22). 조선 정부에서 반사를 거부하자, 정동은 반사하여 免罪者가 자신의 덕이라고 여긴다면 자신의 병이 나을 것이라며 거듭 반사를 요구했다.

137 『成宗實錄』 卷158, 成宗 14年 9月 甲寅(24).

138 『成宗實錄』 卷214, 成宗 19年 3月 丁丑(13). 1488년(성종 19) '황제 즉위 조서'를 가지고 온 우춘방우세자겸한림원시강 董越과 공과우급사중 王敞이 도착한 당일인 3월 13일 태평관에서 하마연을 설행, 마치고 성종이 환궁한 뒤 도승지 宋瑛에게 인정물을 선사하게 했으나 두 사신이 모두 사양했다.

139 『成宗實錄』 卷214, 成宗 19年 3月 辛巳(17). '정청'에서 전연을 행한 것으로 기록되어 있으나 어느 곳의 정청인지가 드러나 있지 않다. 다만, 3월 17일자 기사 전체를 보면, 성종이 태평관으로 행행하여 명 사신으로부터 조서를 받은 다음에 전연을 행한 점, 또 '정청'에서 전연을 행한 점, 그리고 마지막으로 전연을

행한 뒤 '환궁'했다는 점 등을 통해 '태평관'의 정청에서 전연을 행했음이 분명하다. 그렇다면 정청은 곧 대청을 가리킨다.

140 『成宗實錄』 卷216, 成宗 19年 5月 癸未(20). 1488년 5월 水口門 밖 왕십리에 버려진 여자 시체와 관련하여 추문을 태평관에서 한다는 내용이다. 당시 성종은 금부·형조·한성부에서 승지 3원과 더불어 分司하여 추국하는 것이 좋겠다고 전교했으나 의금부 당상 李鐵堅 등이 '세 곳으로 나눈다면 推問할 때 아마도 阻礙됨이 있을 것이므로 태평관에서 三廳을 나누어 추문하기를 청한' 의견에 성종이 동의하면서 추문 장소로 태평관이 결정되었다. 논의하던 시점에는 조선에 온 명 사신이 없어 태평관이 비어 있었기에 추문 공간으로 활용한 것 같다.

141 1489년(성종 20) 파적위 金方이 不軌를 보고했다[『成宗實錄』 卷224, 成宗 20年 1月 辛酉(2)]. 이 사건과 관련하여 논의하는 중 '김방만 홀로 禁府에 머물러 두고 피고인의 子弟는 典獄으로 옮기며 피고인은 태평관에 가두기를 청한' 의견에 성종이 동의하면서 피고인을 가두는 곳으로 태평관이 결정되었다[『成宗實錄』 卷224, 成宗 20年 1月 己卯(20)]. 논의하던 시점에 조선에 온 명 사신이 없어 태평관이 비어 있었기에 이러한 논의가 가능했던 것 같다.

142 1492년(성종 23) 1월, 元日에 비가 내려 會禮宴을 정지했기에 6일 뒤 百官宴을 태평관에 하사했다[『成宗實錄』 卷261, 成宗 23年 1月 丁丑(6)]. 당시 조선에 온 명 사신이 없어 태평관이 비어 있었기에 백관을 위한 연향의 설행이 가능할 수 있었다.

143 『成宗實錄』 卷265, 成宗 23年 5月 丁酉(28). 1492년 '황태자 책립 조서'를 가지고 온 병부낭중 艾璞과 행인사행인 高胤先이 도착한 당일인 5월 28일, 경복궁 근정전에서 성종의 受詔·受勅 및 사신과의 다례를 마친 뒤 두 사신이 태평관으로 이동했다. 태평관으로 따라온 왕세자와 사신이 상회례와 다례를 차례로 행하고 이어서 성종이 태평관으로 거둥하여 사신과 상회례를 행한 뒤 성종이 사신으로부터 조서를 받고 연향을 설행했다. 여기서 두 가지를 짚고 넘어가야 할 필요가 있다. 하나는 근정전과 태평관에서 성종이 '조서를 받는다.'는 것의 성격이다. 이에 대해서는 본서 제6장 제3절 1항 '성종대 유조의 : 태평관'에서 다시 구체적으로 다루고자 한다. 다른 하나는 이날 태평관에서 설행한 연향이다. 두 사신이 도착한 날이므로 하마연일 가능성이 크다. 그런데 다음 날 바로 두 사신이 도성을 떠나므로 상마연이나 전연으로 볼 수도 있다. 전연은 다음 날에 태평관에서 행하고자 했으나 못하고 결국 모화관에서 행했다[『成宗實錄』 卷265, 成宗 23年 5月 戊戌(29)]. 따라서 5월 28일에 행한 연향은 도착한 날에 행하는 하마연으로 보는 것이 무난하다.

144 『成宗實錄』 卷118, 成宗 11年 6月 庚戌(1) ; 『成宗實錄』 卷157, 成宗 14年 8月庚辰(20) ; 『成宗實錄』 卷157, 成宗 14年 8月 壬午(22).

145 1488년(성종 19)에 있었던 조서와 칙서를 각각 맞이하는 '詔勅分迎'에 대해서는 최종석, 2019 「가마를 탈 것인가 말을 탈 것인가? 조서와 칙서를 함께 맞이할 것인가 별도로 맞이할 것인가? −성종 19년 조선과 명 사신의 迎詔勅禮를 둘러싼 갈등과 그 성격−」 『한국문화』 87 참조. 1492년(성종 23)에 있었던 조서와 칙서를 각각 맞이하는 '조칙분영'에 대해서는 최종석, 2023 「非禮와 尊王의 사이에서 − 조선 성종~명종 대 詔勅合迎과 迎勅 시 乘輦의 성취와 그 의미−」 『한국문화』 102, 2장 참조.

146 1488년(성종 19)에는 경복궁에서 '頒詔'한 것으로[『成宗實錄』 卷214, 成宗 19年 3月 丁丑(13)], 1492년(성종 23)에는 경복궁에서 '受詔'한 것으로 기록되어 있다[『成宗實錄』 卷265, 成宗 23年 5月 丁酉(28)].

147 1488년(성종 19) 조선 방문의 목적은 황제 즉위를 알리기 위함이었고[『成宗實錄』 卷214, 成宗 19年 3月 丁丑(13)], 1492년(성종 23) 조선 방문의 목적은 황태자 책립을 알리기 위함이었다[『成宗實錄』 卷265, 成宗 23年 5月 丁酉(28)].

148 『成宗實錄』 卷214, 成宗 19年 3月 丁丑(13).

149 『成宗實錄』 卷214, 成宗 19年 3月 辛巳(17).

150 『成宗實錄』 卷265, 成宗 23年 5月 丁酉(28).

151 강천사는 1470년(성종 1)에 온 姜浩와 1480년(성종 11)에 온 姜玉을 가리킬 때 쓰였다.

152 정태감은 1480년(성종 11)과 1481년(성종 12), 1483년(성종 14)에 온 태감 鄭同을 가리킨다.

153 상태감은 1480년(성종 11)에 온 상사 태감 정동을 가리킨다.

154 강태감은 1480년(성종 11)에 온 태감 강옥이다.

155 정천사는 1481년(성종 12)에 온 태감 정동이다.

156 김태감은 1481년(성종 12)에 온 태감 金興이다.

157 정대인은 1481년(성종 12)에 온 태감 정동이다.

158 『成宗實錄』 卷157, 成宗 14年 8月 辛酉(1)의 기사를 보면, '상사 정동'이라고 하면서도 그를 직책인 '태감'이라 지칭했다.

159 노정은 1483년(성종 14)에 온 태감 정동을 가리킨다.

160 이현진, 2017 『조선 왕실의 상장례』 신구문화사 41~44쪽. 『국조오례의』가 제후국에 걸맞는 예서로 재편되었다고 하지만 황제·황후의 무덤에만 쓸 수 있는 陵號, 종묘에 봉안된 신주에 祖·宗을 사용한 廟號를 통해 제후국의 分義를 벗어난 천자국에서만 사용하는 용어를 완전히 배제하지 않은 한계는 있다.

161 『新增東國輿地勝覽』 卷53, 平安道 義州牧 「樓亭」 "聚勝亭【(註) … 新增 … 是

年 皇帝遣金太監輔李太監珍王行人獻臣來 錫我成宗謚及上誥命 盧公公弼 宋公軼金公諶 迎慰于江上 … 』". 『열성지장통기』에는 왕헌신의 이름이 없이 '사신 태감 金輔·李珍 등'이라고 적혀 있다[『列聖誌狀通紀』 卷11, 成宗康靖仁文憲武欽聖恭孝大王 「孝宗皇帝賜祭文」(燕山主元年乙卯六月初九日庚申 使臣太監金輔李珍等 行賜祭賜謚禮 ○謚誥不傳), 한국정신문화연구원 영인본(이하 같음), 2003, 698쪽]. 성종 국장으로 인하여 책봉·조문을 위해 온 명의 세 사신은 이들의 직책과 이름이 『연산군일기』에서는 찾아지지 않는다. 다만, '王天使', '上副兩使'라는 두 단어를 통하여 태감 김보가 '상사', 태감 이진이 '부사'라는 사실은 대략 짐작되며[『燕山君日記』 卷6, 燕山君 1年 6月 辛酉(10)], 이로써 이들이 맡은 임무 역시 분명해진다. 왕헌신은 '천사 왕헌신'[『燕山君日記』 卷6, 燕山君 1年 6月 乙丑(14)], '進士 출신'[『燕山君日記』 卷6, 燕山君 1年 6月 甲寅(3)] 등이 확인될 뿐 그가 띠고 온 임무는 불분명하다.

162 『燕山君日記』 卷6, 燕山君 1年 6月 甲寅(3). 세 천사 중 태감 김보와 이진은 인정물건을 받았으나 행인 왕헌신은 거절했다.

163 『燕山君日記』 卷6, 燕山君 1年 6月 壬戌(11). 이 기사의 원문에 안양군의 이름이 '珩'으로 되어 있으나 다른 여러 기사에는 '恂'으로 되어 있다.

164 『燕山君日記』 卷6, 燕山君 1年 6月 庚午(19).

165 『燕山君日記』 卷8, 燕山君 1年 8月 己未(9). 천사에게 경회루에서 請見한다고 전했으나 결국 그곳에서 請宴을 하기로 했다.

166 '모든 經費와 貢案을 일체 상정하여 고친다.'는 기사는 『연산군일기』가 아닌 『중종실록』에 나온다. 연산군대의 내용이므로 연산군대 있었던 태평관에서의 제반사에 넣었다. 신유년(1501, 연산군 7)에 三公이 각사의 貢物을 議定할 때 혹은 여유가 있고 혹은 부족한 것도 있었는데 그때 정승 및 事知朝官이 태평관에 局을 설치하여 모든 經費와 貢案을 일체 詳定하여 고쳤다[『中宗實錄』 卷65, 中宗 24年 5月 己未(25)].

167 1503년 '왕세자 책봉 칙서'를 가지고 온 태감 金輔와 李珍이 도착한 당일인 4월 17일 하마연을, 이튿날 익일연을 설행하고, 5월 2일 연산군이 두 사신을 위하여 연향을 베풀어 위로했다[『燕山君日記』 卷49, 燕山君 9年 5月 丁卯(2)].

168 공자의 '神位'라 한 곳도 있고[『燕山君日記』 卷54, 燕山君 10年 7月 戊戌(10)], 공자의 '位版'이라 한 곳도 있다[『燕山君日記』 卷54, 燕山君 10年 7月 己亥(11)].

169 1506년 '황제 등극 조서와 칙서'를 가지고 온 한림시독 徐穆과 이과급사중 吉時가 도착한 당일인 3월 10일 하마연을 설행하고, 이튿날 3월 11일 연산군이 두 사신을 위하여 위연을 행했다[『燕山君日記』 卷61, 燕山君 12年 3月 辛卯(11)]. 두

사신이 3월 12일 도성을 떠나므로 이때 행한 '위연'을 '익일연' 혹은 '상마연'으로 명명하기가 애매하다

170 '조회 습례'는 『연산군일기』가 아닌 『중종실록』에 나온다[『中宗實錄』 卷75, 中宗 28年 8月 己丑(19)]. 병인년(1506, 연산군 12)에 있었던 일을 거론하므로 연산군대 태평관에서의 제반사에 넣었다.

171 李賢珍, 2023「조선후기 국왕 국장에 弔問 온 청 사신의 설행 의례와 의례 공간」『震檀學報』140, 104쪽.

172 『世宗實錄五禮』 卷134, 凶禮儀式 「嗣位」; 『國朝五禮儀』 卷7, 凶禮 「嗣位」.

173 『燕山君日記』 卷1, 燕山君 卽位年 12月 甲申(29).

174 『中宗實錄』 卷9, 中宗 4年 9月 辛丑(12).

175 조선의 제2대 국왕인 '定宗'의 묘호를 정하는 과정은 이현진, 2008『조선후기 종묘 전례 연구』 일지사, 제3장 제2절 참조.

176 '연산군일기'를 가리켜 '燕山日記'라고 표기한 곳도 있으나[『宣祖實錄』 卷212, 宣祖 40年 6月 庚申(29); 『仁祖實錄』 卷45, 仁祖 22年 8月 壬午(27); 『正祖實錄』 卷41, 正祖 18年 9月 甲寅(30)] 실제 '연산군일기'의 원문에는 모두 '연산군일기'라고 되어 있다. 이는 '광해군일기'에도 동일하게 적용된다. '광해군일기'를 가리켜 '光海日記'라고 기록한 곳이 있으나 '광해군일기'의 원문에는 모두 '광해군일기'라고 쓰여 있다. 곧, 공식 명칭은 '연산군일기', '광해군일기'인 것이다.

177 본서 제5장 각주 125 참조.

178 『燕山君日記』 卷49, 燕山君 9年 4月 癸丑(17).

179 『燕山君日記』 卷50, 燕山君 9年 7月 庚午(6).

180 『燕山君日記』 卷50, 燕山君 9年 7月 辛未(7).

181 『燕山君日記』 卷50, 燕山君 9年 7月 庚午(6).

182 『燕山君日記』 卷50, 燕山君 9年 7月 癸酉(9).

183 『燕山君日記』 卷50, 燕山君 9年 7月 壬午(18).

184 김범, 2010『연산군 : 그 인간과 시대의 내면』 글항아리, 262쪽.

185 『燕山君日記』 卷54, 燕山君 10年 7月 戊戌(10).

186 『燕山君日記』 卷54, 燕山君 10年 7月 己亥(11).

187 『燕山君日記』 卷57, 燕山君 11年 1月 辛亥(25).

188 『燕山君日記』 卷58, 燕山君 11年 6月 庚申(7).

189 『燕山君日記』 卷58, 燕山君 11年 7月 甲午(11).

190 『燕山君日記』 卷59, 燕山君 11年 9月 甲午(13).

191 『中宗實錄』 卷1, 中宗 1年 9月 戊寅(2).

192 『中宗實錄』卷75, 中宗 28年 8月 己丑(19).

193 『燕山君日記』卷62, 燕山君 12年 4月 庚戌(1).

194 『燕山君日記』卷62, 燕山君 12年 4月 甲子(15).

195 만세산 위에 지은 5개의 궁은 蓬萊宮, 日宮, 月宮, 蘂珠宮, 碧雲宮 등이다.

196 『燕山君日記』卷62, 燕山君 12年 4月 丁巳(8).

197 『中宗實錄』卷9, 中宗 4年 9月 辛丑(12).

198 『中宗實錄』卷1, 中宗 1年 9月 戊寅(2).

199 본서 제5장 각주 244 참조.

200 『中宗實錄』卷99, 中宗 37年 8月 丙申(19).

201 『中宗實錄』卷99, 中宗 37年 8月 壬寅(25).

202 『中宗實錄』卷99, 中宗 37年 10月 庚寅(14).

203 『中宗實錄』卷99, 中宗 37年 10月 庚寅(14).

204 『中宗實錄』卷101, 中宗 38年 8月 乙酉(13).

205 이진과 진호의 직책은『中宗實錄』卷5, 中宗 3年 1月 癸卯(5) 참조.

206 중종이 명으로부터 책봉을 받는 과정은 이현진, 2008『조선후기 종묘 전례 연구』 일지사, 338~339쪽 ; 구도영, 2010「中宗代 對明외교의 추이와 정치적 의도」『朝鮮時代史學報』54, 97~100쪽 참조.

207 『中宗實錄』卷5, 中宗 3年 4月 己卯(12).

208 『中宗實錄』卷5, 中宗 3年 2月 丙戌(18).

209 『中宗實錄』卷6, 中宗 3年 6月 戊辰(2). 좌승지 黃孟獻이 두 천사에게 문안했더니 부사 진호가 지금 천자가 연소하여 貢獻의 폐단을 열게 될 것을 염려하여 상사 이진이 해동청을 구한다면 주지 말라고 했다.

210 『中宗實錄』卷6, 中宗 3年 7月 丁未(11). 상사는 태감 김보의 조카 金獻章이 武才가 있다고 하며 司僕의 제수를 청했고, 부사는 통사 전명순의 품계[階]를 올려주기를 청했다. 두 요청 모두 수용되었다.

211 친영은 혼례의 六禮 중 하나이기에 본서 제6장 제1절 4항 '친영례 : 중종~인조대'에서 본격적으로 다루고자 한다.

212 『中宗實錄』卷37, 中宗 14年 11月 己亥(9). 태평관에서 행한 일이 구체적으로 드러나지 않지만 전후의 문맥을 통해 '정국공신의 책정'으로 추정했고 추정했다는 의미로 [ ]을 표시했다. 이에 대해서는 따로 부연설명을 하고자 한다.

213 1521년(중종 16) 4월 '왕세자 책봉 칙서', '물품 하사 칙서', '조선의 어린 火者와 膳事 여자 및 幼女를 보내라는 칙서' 등을 가지고 온 '정사 태감 金義'와 '부사 陳浩'가 명 황제의 죽음으로 칙서를 반포한 뒤 27일 안에 연향을 받지 않겠다고 했다. 이로 인하여 두 사신에게 설행하는 하마연 절차가 없게 되었다. 『中宗實

錄』卷41, 中宗 16年 4月 庚戌(29) 참조.

214 김의·진호가 가지고 온 칙서 3道 중 하나가 '조선의 어린 화자와 선사 여자 및 유녀를 보내라는 칙서'였다(본서 제5장 각주 213). 그런 까닭에 採女에 대해 도감 낭관과 천사가 논의했다[『中宗實錄』卷42, 中宗 16年 5月 甲戌(23)].

215 『中宗實錄』卷42, 中宗 16年 5月 乙亥(24).

216 김의·진호가 1521년 4월 29일 입경했으나 황제의 喪으로 인하여 칙서 반포 후 27일 안에 연향을 받지 않겠다고 했고(본서 제5장 각주 213) 그런 까닭에 도착한 날에 하마연을 설행하지 못했다. 그러다가 27일이 지난 5월 26일에 이르러서야 비로소 하마연을 설행했다[『中宗實錄』卷42, 中宗 16年 5月 丁丑(26)].

217 1521년 5월 26일 하마연을 설행했기에 익일연은 그다음 날인 5월 27일에 설행했다.

218 하마연부터 상마연까지는 한림원수찬 唐皐와 병과급사중 史道가 왔을 때의 일이다.

219 본서 제3장 제1절 3항 '명 사신 외 태평관에 머문 사례'에서 다루었기에 여기서는 구체적인 언급을 생략하고자 한다.

220 본서 제4장 제1절 3항 '문종~선조대 임진왜란 이전 태평관의 상황'에서 다루었다.

221 1537년(중종 32) 3월에 오는 한림원수찬 龔用卿과 호과급사중 吳希孟의 접대를 준비하기 위해 제술과 講書에 능한 인원을 선발하여 천사가 서울에 도착한 뒤 태평관에 常仕시켜 천사가 遊觀과 謁聖할 때 따르게 했다[『中宗實錄』卷83, 中宗 31年 12月 丙戌(5)]. 이는 사신의 접대를 위한 준비 과정 중 하나이다. 중종이 1521년(중종 16) 12월 마지막으로 명 사신[唐皐·史道]을 맞이한 뒤 한참 시간이 흘러 사신을 맞게 되어 그동안 그들을 접대하는 일을 잊어버렸기 때문에[『中宗實錄』卷83, 中宗 31年 12月 乙酉(4)] 다시 구체적으로 준비하는 여러 일 중 하나로 취해진 조치이다.

222 『中宗實錄』卷84, 中宗 32年 3月 庚寅(11). 단자는 원문에 '單字'로 기록되어 있으나 '單子'의 오기이다. 단자의 내용이 '大使가 지은 詩文'이기 때문이다. '대사'는 '兩使'[공용경·오희맹]이다. 사실 두 사신이 지은 詩文 單子에 稱謝하고 두목에게 饋酒한 곳은 태평관의 어실이다. 어실은 태평관의 영역에 속하므로 칭사와 궤주 역시 태평관에서 있었던 일이라고 판단했다.

223 1539년(중종 34) '태조·고황후·성조·예종의 존호 추상 조서'와 '황태자 책립과 둘째·세째 아들 封王 조서', '황태자 책립과 둘째·세째 아들 봉왕 칙서'를 가지고 온 한림원시독 華察과 공과좌급사중 薛廷寵이 도착한 당일인 4월 10일 중종이 태평관으로 가서 다례와 하마연을 설행하고 물품과 단자를 증정했다[『中宗

實錄』 卷90, 中宗 34年 4月 丁未(10)].

224 『中宗實錄』 卷90, 中宗 34年 4月 庚戌(13). 화찰과 설정총이 4월 16일에 떠나기로 결정했기에[『中宗實錄』 卷90, 中宗 34年 4月 戊申(11)] 그에 하루 앞서 설행하는 상마연은 4월 15일에 설행되어야 한다. 하지만 4월 15일은 國忌이기에 앞당겨서 4월 13일에 상마연을 설행하게 되었다[『中宗實錄』 卷90, 中宗 34年 4月 壬子(15)]. 4월 15일에 세상을 떠난 이는 성종비 恭惠王后이다.

225 종계의 오자는 李仁任의 '任'자를 '仁'이나 '人'자로 쓴 것을 가리킨다[『中宗實錄』 卷90, 中宗 34年 4月 壬子(15)]. 중종대에 논의된 종계변무에 대해서는 구도영, 2010 「中宗代 對明외교의 추이와 정치적 의도」 『朝鮮時代史學報』 54, 3장 3절 참조.

226 『中宗實錄』 卷90, 中宗 34年 4月 壬子(15). 4월 13일에 상마연을 설행하여 이날 경회루에서 拜辭했다. 전연은 4월 16일 모화관에서 설행되었다.

227 『中宗實錄』 卷96, 中宗 36年 10月 庚午(18). 태평관에서 기르고 있는 희생 중 분명한 것은 돼지 75마리라는 사실이다[『中宗實錄』 卷96, 中宗 36年 11月 丁亥(5)].

228 『中宗實錄』 卷103, 中宗 39年 5月 己亥(2).

229 하우봉, 2010 「조선 전기 부산과 대마도의 관계」 『역사와 경계』 74, 5장 3절 ; 구자원, 2019 「16세기 전반 조선의 대일통교정책 변화와 約條」 『사림』 68, 204~205쪽.

230 『中宗實錄』 卷16, 中宗 7年 閏5月 甲戌(1).

231 『中宗實錄』 卷16, 中宗 7年 8月 辛酉(20) ; 『中宗實錄』 卷16, 中宗 7年 8月 壬戌(21).

232 『中宗實錄』 卷16, 中宗 7年 8月 乙丑(24).

233 『中宗實錄』 卷16, 中宗 7年 8月 乙丑(24).

234 『中宗實錄』 卷16, 中宗 7年 8月 戊辰(27).

235 『中宗實錄』 卷37, 中宗 14年 11月 己亥(9).

236 『中宗實錄』 卷1, 中宗 1年 9月 乙酉(9). 1등 우두머리 3인은 '秉忠奮義決策翊運靖國'으로, 그다음 5인은 '秉忠奮義協策翊運靖國'으로, 2등은 '秉忠奮義翊運靖國'으로, 3등은 '秉忠奮義靖國'으로, 4등은 '奮義靖國'으로 각각 정했다.

237 『中宗實錄』 卷1, 中宗 1年 10月 庚戌(5). 세조대 '정난공신'은 원문에 '靖亂功臣'으로 표기되어 있으나 '靖難功臣'의 오기이다.

238 『中宗實錄』 卷41, 中宗 16年 4月 庚戌(29).

239 『中宗實錄』 卷42, 中宗 16年 7月 庚戌(1).

240 『中宗實錄』 卷42, 中宗 16年 7月 乙卯(6) ; 『中宗實錄』 卷42, 中宗 16年 7月 丙辰(7).

241 『中宗實錄』卷42, 中宗 16年 7月 甲子(15).

242 『中宗實錄』卷42, 中宗 16年 7月 乙丑(16).

243 『中宗實錄』卷42, 中宗 16年 5月 癸酉(22). 명 세종의 등극 조서가 조선에 도착한 시기는 이해 12월 7일이다.

244 홍은과 동탁이 왕도에 도착한 시점은 7월 17일 즈음이다. 평안도 관찰사 柳聃年이 홍은과 동탁이 7월 11일 의주를 출발하여 上京한다고 치계했고[『中宗實錄』卷42, 中宗 16年 7月 辛酉(12)], 7월 17일 동부승지 徐厚가 자신이 홍은 등을 접대한 사실을 중종에게 보고한 것에서 유추했다[『中宗實錄』卷42, 中宗 16年 7月 丙寅(17)].

245 『中宗實錄』卷42, 中宗 16年 7月 甲子(15) ; 『中宗實錄』卷42, 中宗 16年 7月 乙丑(16).

246 『中宗實錄』卷42, 中宗 16年 7月 甲子(15).

247 『中宗實錄』卷49, 中宗 18年 8月 己亥(2).

248 『中宗實錄』卷69, 中宗 25年 10月 辛酉(5).

249 『中宗實錄』卷104, 中宗 39年 7月 丁巳(20).

250 『中宗實錄』卷104, 中宗 39年 7月 丁巳(20) ; 『中宗實錄』卷104, 中宗 39年 7月 己未(22).

251 『中宗實錄』卷83, 中宗 31年 12月 壬午(1).

252 『中宗實錄』卷83, 中宗 31年 12月 癸巳(12).

253 『中宗實錄』卷83, 中宗 31年 12月 癸巳(12) ; 『中宗實錄』卷83, 中宗 31年 閏12月 甲子(13).

254 『中宗實錄』卷83, 中宗 31年 12月 癸巳(12).

255 『中宗實錄』卷83, 中宗 31年 閏12月 丙子(25).

256 『中宗實錄』卷83, 中宗 32年 2月 丁卯(18). 이 기사에서 경회루 아래에서 '습의' 할 때의 '습의'가 원문에 '習議'로 기재되어 있다. '習儀'의 오기이다.

257 『中宗實錄』卷83, 中宗 32年 2月 戊辰(19).

258 『中宗實錄』卷104, 中宗 39年 9月 壬寅(6). 9월 6일자 기사의 원문에 '형조참판 李麟壽'라고 기록되어 있다. 그러나 『중종실록』에 '이인수'라는 인명은 9월 6일자 기사 이외에는 발견되지 않을뿐더러 9월 11일자 기사에 冬至使로 차출된 이들은 鄭士龍과 宋麟壽라고 명시되어 있다[『中宗實錄』卷104, 中宗 39年 9月 丁未(11)]. 따라서 본문에는 '송인수'라고 표기했다.

259 『經國大典』(奎 1298) 卷3, 禮典 「事大」 "表箋 則本曹移文藝文館製述 … 拜表日 議政府六曹承文院提調使副使 更查對".

260 『國朝五禮儀』(奎 1880) 卷3, 嘉禮 「拜表儀」.

261 『燕山君日記』 卷46, 燕山君 8年 10月 丁卯(28).

262 『中宗實錄』 卷54, 中宗 20年 5月 丙寅(8) ; 『中宗實錄』 卷89, 中宗 34年 3月 戊子(20).

263 『中宗實錄』 卷104, 中宗 39年 9月 戊戌(2).

264 『中宗實錄』 卷104, 中宗 39年 9月 戊申(12).

265 중종이 훙한 그날 중전(문정왕후)의 명으로 창경궁 통명전을 빈전으로 정했다[『中宗實錄』 卷105, 中宗 39年 11月 庚戌(15)].

266 『中宗實錄』 卷105, 中宗 39年 11月 乙卯(20).

267 '조문 사신'과 '책봉 사신'이 나뉘어서 온 국장은 '중종 국장'을 시작으로 광해군대 '선조 국장'까지 이어졌다. 조문과 책봉을 겸한 사신이 온 국장은 본서 제6장 제2절 2항 '세종~성종 국장의 조문 사신 : 영사시제급조부의 미이행', '조문 사신'과 '책봉 사신'이 나뉘어서 온 국장은 본서 제6장 제2절 3항 '중종~선조 국장의 조문 사신 : 영사시제급조부의 이행' 참조.

268 곽방과 장승헌이 가지고 온 조서의 내용은 『인종실록』과 『열성지장통기』에 전하지 않는다. 다만, 이들이 조문 사신의 자격으로 왔으므로 명 황제의 중종에 대한 애도가 주된 내용이었을 것으로 예측한다. 조서의 성격을 추정했다는 의미로 [ ]을 표시했다.

269 고부청시사 閔齊仁과 李浚慶이 올린 장계에는 '弔祭使'로 차출된 이는 태감 王燾와 행인 장승헌이라고 되어 있다[『仁宗實錄』 卷1, 仁宗 1年 2月 戊午(25)]. 그러나 정작 조선에 온 사람은 '왕도'가 아닌 '곽방'과 장승헌이었다. '왕도'라고 한 『인종실록』의 기사 이외의 『인종실록』이나 『열성지장통기』, 『연려실기술』에는 모두 '왕도'가 아닌 '곽방'이 온 것으로 기록되어 있다[『列聖誌狀通紀』 卷12, 中宗恭僖徽文昭武欽仁誠孝大王 「世宗皇帝賜諡賜祭誥」(仁宗元年乙巳五月初二日癸亥 奉移虞主于思政殿行禮), 21쪽 "皇帝遣司禮監太監郭玻行人司行人張承憲 諭祭朝鮮國王李【(註) 中宗御諱】曰 …" ; 『燃藜室記述』(別集) 卷5, 事大典故 「詔使」(本國使臣回賫付詔勅幷附 ○朝野記聞不載內官) "仁宗元年乙巳【(註) 嘉靖二十四年】 太監郭玻行人張承憲 賜祭諡及賻 又遣太監張奉吳猷 賜誥命 仍降勅賜彩幣"]. 따라서 본문에는 여러 문헌을 따라 곽방과 장승헌으로 표기했다.

곽방과 장승헌의 소속과 직위가 모두 들어간 문헌은 『仁宗實錄』 卷2, 仁宗 1年 5月 癸亥(2) ; 『列聖誌狀通紀』 卷12, 中宗恭僖徽文昭武欽仁誠孝大王 「世宗皇帝賜諡賜祭誥」(仁宗元年乙巳五月初二日癸亥 奉移虞主于思政殿行禮), 21쪽 참조.

270 장봉과 오유가 가지고 온 조서의 내용은『仁宗實錄』卷2, 仁宗 1年 5月 壬申(11) ;『列聖誌狀通紀』卷13, 仁宗榮靖獻文懿武章肅欽孝大王「世宗皇帝降封典詔」(仁宗元年乙巳五月十一日壬申 天使太監張奉吳猷賫來 ○誥命不傳), 130~131쪽 ;『明宗實錄』卷1, 明宗 卽位年 7月 丁亥(27) 참조. 장봉과 오유의 소속과 직위가 모두 들어간 문헌은『仁宗實錄』卷2, 仁宗 1年 5月 庚午(9) ;『仁宗實錄』卷2, 仁宗 1年 5月 壬申(11) 참조.

271『仁宗實錄』卷1, 仁宗 1年 2月 戊午(25).

272『仁宗實錄』卷2, 仁宗 1年 4月 己未(27).

273『仁宗實錄』卷2, 仁宗 1年 4月 庚申(28).

274『明宗實錄』卷24, 明宗 13年 2月 乙巳(27).

275『明宗實錄』卷3, 明宗 1年 1月 己卯(21).

276『明宗實錄』卷3, 明宗 1年 1月 己卯(21).

277 1546년 2월 '명종 국왕 책봉과 명종비 왕비 책봉'을 위해 온 내궁감태감 聶寶와 태감 郭鑾은 2월 6일 입경하여 2월 25일 왕경을 떠났다. 머무는 기간이 그렇게 짧지 않음에도 조선 조정에서 원종공신 건으로 계속 논란이 있어서인지 태평관에서의 일에 대한 기록이『명종실록』에 하마연·익일연·상마연의 설행 이외에는 찾아지지 않는다.

278『明宗實錄』卷3, 明宗 1年 2月 丁巳(30).

279『明宗實錄』卷19, 明宗 10年 8月 癸酉(11).

280 1558년 2월 '순회세자 왕세자 책봉'을 위해 온 태감 王本과 趙芬이 도성에 도착한 당일인 2월 24일 명종이 태평관에서 이들을 위하여 하마연을 설행했다. 이들은 3월 16일 도성을 떠났다.

281『明宗實錄』卷24, 明宗 13年 2月 戊申(30). 大功親의 喪과 忌日 등으로 인하여 이날 2월 30일에 있을 명 사신과의 相會를 연기하여 3월 3일로 정했다.

282 唐·龔兩使는 唐皐·龔用卿 두 사신을 가리킨다.

283『明宗實錄』卷24, 明宗 13年 2月 壬午(4).

284『明宗實錄』卷3, 明宗 1年 1月 乙酉(27).

285『明宗實錄』卷3, 明宗 1年 2月 辛亥(24).

286 섭보와 곽난에 대한 정보는『明宗實錄』卷3, 明宗 1年 2月 癸巳(6) 참조.

287『明宗實錄』卷24, 明宗 13年 2月 甲辰(26) ;『明宗實錄』卷24, 明宗 13年 2月 乙巳(27). 2월 26일에는 좌승지 朴忠元이, 2월 27일에는 좌부승지 鄭宗榮이 각각 천사에게 문안했다.

288『明宗實錄』卷24, 明宗 13年 3月 辛亥(3).

289『明宗實錄』卷24, 明宗 13年 3月 癸丑(5).

290 『宣祖修正實錄』 卷1, 宣祖 卽位年 7月 丙辰(3). 『선조실록』에는 선조가 즉위한 기사가 없다. 이후부터 '동일한 기사' 혹은 '동일한 내용을 다른 시각에서 다룬 기사'가 『선조실록』과 『선조수정실록』에 수록되어 있으면 각주에 두 실록을 모두 기록하고, 각주에 『선조실록』이나 『선조수정실록』 중 하나의 실록만을 참고했다면 자연스레 나머지 하나의 실록에는 동일하거나 다른 시각을 다룬 기사가 없는 것으로 간주한다.

291 『宣祖修正實錄』 卷1, 宣祖 卽位年 7月 庚午(17) ; 『大東野乘』 卷14, 石潭日記(卷上) 隆慶元年丁卯 「七月庚午」 ; 『國朝寶鑑』 卷24, 宣祖朝1 「[丁卯]七月庚午」 ; 『燃藜室記述』 卷12, 宣祖朝故事本末 「宣祖入承大統」. 이들 문헌에는 '新皇帝의 登極詔'라고 되어 있다. 그런데 『연려실기술』의 다른 곳에는 '登極改元詔'를 비롯하여 칙서·채폐도 가져왔다고 되어 있다[『燃藜室記述』(別集) 卷5, 事大典故 「詔使」(本國使臣回賫付詔勅幷附○朝野記聞不載內官) "明宗二十二年丁卯【(註) 穆宗隆慶元年】 翰林院檢討許國兵科給事中魏時亮來 頒登極改元詔 仍降勅賜彩幣 …【(註) 詳宣祖入承】"].

292 『임하필기』에는 '白綃團領' 차림으로 吊禮를 행한 것으로 되어 있다(『林下筆記』 卷17, 文獻指掌編 「華使之賢」).

293 『宣祖修正實錄』 卷1, 宣祖 卽位年 7月 庚午(17).

294 『大東野乘』 卷14, 石潭日記(卷上) 隆慶元年丁卯 「七月庚午」.

295 『燃藜室記述』 卷12, 宣祖朝故事本末 「宣祖入承大統」.

296 『선조실록』에 '甌希稷'이라고 기록되어 있는 한 건의 기사[『宣祖實錄』 卷2, 宣祖 1年 2月 癸未(3)]를 제외한 나머지 『조선왕조실록』 기사, 그리고 『연려실기술』을 비롯한 각종 문헌에는 '歐希稷'으로 되어 있다. 본문은 후자를 따라 기록했다. '歐希稷'으로 기록한 각종 문헌은 한국고전번역원에서 운영하는 웹 서비스인 한국고전종합DB를 참조했다.

297 『眉巖集』 卷5, 日記 戊辰(皇明隆慶二年 我宣廟二年) 「二月初三日」 ; 『宣祖實錄』 卷2, 宣祖 1年 2月 癸未(3).

298 『眉巖集』 卷5, 日記 戊辰(皇明隆慶二年 我宣廟二年) 「二月初三日」 ; 『宣祖實錄』 卷2, 宣祖 1年 2月 癸未(3).

299 『眉巖集』 卷5, 日記 戊辰(皇明隆慶二年 我宣廟二年) 「二月初六日」 ; 『宣祖實錄』 卷2, 宣祖 1年 2月 丙戌(6). 『선조실록』에는 '주상이 (천사와) 상견하기 위하여 태평관으로 나아갔다.'고 한 내용이 끝이다. 그에 비해 『미암집』에는 여기에 더해 '상이 이날 哭泣한 나머지 대신으로 하여금 두 사신을 위한 위연을 대행하도록 했다.'는 내용이 더 있다.

300 『眉巖集』 卷5, 日記 戊辰(皇明隆慶二年 我宣廟二年) 「二月初七日」 ; 『宣祖實

錄』卷2, 宣祖 1年 2月 丁亥(7). 이날 모화관에서 부사 구희직을 전별한 뒤 태평관으로 가서 상사 장조를 위하여 위연을 설행했다.

301 선조의 조선국왕 책봉을 위해 온 사신이 도착한 1568년 2월 27일, 『선조실록』에는 '상이 연향을 위해 태평관으로 나아갔다.'고 되어 있고 연향은 원문에 '宴' 한 글자만 쓰여 있다[『宣祖實錄』卷2, 宣祖 1年 2月 丁未(27)]. 『미암집』에는 '상이 하마연을 위해 태평관으로 나아갔다.'고 적혀 있다[『眉巖集』卷5, 日記 戊辰(皇明隆慶二年 我宣廟二年)「二月二十七日」]. 2월 28일 익일연의 설행은 이와 반대이다. 『선조실록』에는 '익일연'으로[『宣祖實錄』卷2, 宣祖 1年 2月 戊申(28)], 『미암집』에는 '연' 한 글자로 표기되어 있다[『眉巖集』卷5, 日記 戊辰(皇明隆慶二年 我宣廟二年)「二月二十八日」].

『선조실록』과 『미암집』에는 '冊封天使 상사 태감 姚臣 혹은 祧臣', '부사 李慶 혹은 李度'가 2월 27일에 도성에 도착한 것으로 기록되어 있는 반면, 『선조수정실록』에는 4월 1일자로 기록되어 있다[『宣祖修正實錄』卷2, 宣祖 1年 4月 丁卯(1)]. 두 사신이 떠난 날짜는 아직 문헌에서 발견되지 않는다. 참고로 姚臣 혹은 祧臣으로 기록된 문헌은 본서 제5장 각주 311, 李慶 혹은 李度로 기록된 문헌은 본서 제5장 각주 312 참조.

302 1568년 7월 '황태자 책봉'을 알리기 위하여 한림원검토 成憲과 병과급사중 혹은 예과급사중 王璽가 왕경에 도착한 날인 7월 2일 선조가 태평관에서 두 사신과 상견례를 행한 뒤 하마연을 설행했다. 두 사신이 도성을 떠나기 하루 전인 7월 5일 선조가 이들을 위하여 상마연을 설행했다. 여기까지는 『선조실록』의 내용이다. 『선조수정실록』에는 7월 1일자 기사에 '성헌·왕새가 와서 황태자 책립 조서를 반포'한 정도만 기록되어 있을 뿐[『宣祖修正實錄』卷2, 宣祖 1年 7月 戊申(1)], 이들이 어디서 머물렀고, 머무는 동안 어떤 일을 했으며, 또 언제 떠났는지에 대한 기록은 없다.

303 1572년(선조 5) 11월 '명 신종의 등극'을 알리기 위하여 정사 한림원편수 韓世能과 부사 이과급사중 陳三謨가 입경한 날인 11월 1일 하마연을[『眉巖集』卷9, 日記 壬申(隆慶六年 我宣廟六年)「十一月初一日」; 『宣祖實錄』卷6, 宣祖 5年 11月 癸未(1)], 이튿날 익일연을 설행했다[『宣祖實錄』卷6, 宣祖 5年 11月 甲申(2)]. 두 사신은 11월 9일 회정했다. 두 사신에 관한 정보는 본서 제5장 각주 323 참조. 참고로 『미암집』에 '隆慶六年 我宣廟六年'이라고 기록되어 있는데 '융경 6년'은 '선조 5년'이다(이하 동일).

304 『宣祖實錄』卷6, 宣祖 5年 11月 戊子(6). 주붕배를 설행한 재상이 5인이라고 했으나 병판 金貴榮, 대사헌 李陽元, 원접사 鄭惟吉, 관반 盧守愼 등 4인의 이름만 나열되어 있다.

305 『宣祖實錄』 卷11, 宣祖 10年 4月 丁丑(20). 4월 20일자 가묘 관련 두 기사 중 하나의 기사에는 '上親祭于家廟'라 하여 '親祭'라고 썼고, 다른 기사에는 '予今親拜家廟'라 하여 '親拜'라 썼다.

306 1582년(선조 15) 11월 '황태자 탄생'을 알리기 위하여 한림원편수 黃洪憲과 공과급사중 王敬民이 입경한 당일인 11월 7일 하마연을 설행한 기사 외에는 태평관 관련 기사가 없다. 이틀 뒤 11월 9일 성균관에 가서 謁聖하고 11월 16일 도성을 떠난 기사가 전부이다[『宣祖實錄』 卷16, 宣祖 15年 11月 庚午(16)]. 여기까지는 『선조실록』의 내용이다. 『선조수정실록』에는 11월 1일자 기사에 '조사가 입경하여 조서를 반포하고 돌아갔다.', '문묘 배알' 등의 행적에 대해 기록되어 있고 [『宣祖修正實錄』 卷16, 宣祖 15年 11月 乙卯(1)], 이들이 어디서 머물렀고, 또 언제 떠났는지에 대한 기록은 없다. 참고로 두 사신에 관한 정보는 본서 제5장 각주 324 참조.

307 『宣祖實錄』 卷6, 宣祖 5年 11月 戊子(6).

308 다섯 재상이 주봉배를 설행한 명 사신은 1572년(선조 5) 11월에 온 韓世能과 陳三謨이다.

309 『宣祖實錄』 卷2, 宣祖 1年 2月 甲申(4).

310 『眉巖集』 卷5, 日記 戊辰(皇明隆慶二年 我宣廟二年) 「二月初四日」.

311 * 姚臣 : 『宣祖實錄』 卷1, [總序] ; 『宣祖實錄』 卷221, 誌文 ; 『宣祖修正實錄』 卷2, 宣祖 1年 4月 丁卯(1) ; 『光海君日記』(정초본) 卷1, 光海君 卽位年 2月 戊寅(21) ; 『退溪集』(攷證) 卷3, 第七卷箚經筵講義啓議 「戊辰 經筵啓箚一」 ; 『眉巖集』 卷5, 日記 戊辰(皇明隆慶二年 我宣廟二年) 「[正月]初三日」 ; 『愚伏集』 卷19, 墓誌 「有明朝鮮國宣祖昭敬正倫立極盛德洪烈至誠大義格天熙運顯文毅武聖敬達孝大王穆陵誌」 ; 『月沙集』 卷50, 行狀(上) 「昭敬大王行狀」 ; 『列聖誌狀通紀』 卷15, 宣祖昭敬正倫立極盛德洪烈至誠大義格天熙運顯文毅武聖睿達孝大王 「行狀」(光海主卽位初年戊申 遣告訃使延陵府院君李好閔上護軍吳億齡 賫行狀請謚天朝), 177쪽 ; 『列聖誌狀通紀』 卷15, 宣祖昭敬正倫立極盛德洪烈至誠大義格天熙運顯文毅武聖睿達孝大王 「穆陵誌文」(戊申), 215쪽 ; 『列聖誌狀通紀』 卷15, 宣祖昭敬正倫立極盛德洪烈至誠大義格天熙運顯文毅武聖睿達孝大王 「遷陵誌文」(仁祖八年庚午), 235쪽 ; 『列聖誌狀通紀』 卷15, 宣祖昭敬正倫立極盛德洪烈至誠大義格天熙運顯文毅武聖睿達孝大王 「神宗皇帝封王補賜誥」(宣祖元年戊辰正月 穆宗皇帝使太監姚臣李慶 欽賜誥命冕服 而淪失於兵火 三十四年辛丑 遣趙挺奏請補賜 帝準許付 挺賫回 初誥竝其文不傳), 260쪽 ; 『燃藜室記述』(別集) 卷5, 事大典故 「詔使」(本國使臣回賫付詔勅幷附○朝野記聞

不載內官) ;『海東繹史』 卷38, 交聘志6「上國使2」.

* 祧臣 :『宣祖實錄』 卷2, 宣祖 1年 2月 丁未(27).

312 * 李慶 : 본서 제5장 각주 311의 '姚臣' 및 '祧臣' 기사와 동일.

* 李度 :『燃藜室記述』(別集) 卷5, 事大典故 「詔使」(本國使臣回賫付詔勅幷附○朝野記聞不載內官).

313 『宣祖實錄』 卷2, 宣祖 1年 2月 戊申(28).

314 『眉巖集』 卷5, 日記 戊辰(皇明隆慶二年 我宣廟二年) 「二月二十八日」.

315 『宣祖實錄』 卷11, 宣祖 10年 4月 丁丑(20).

316 『宣祖實錄』 卷11, 宣祖 10年 5月 戊戌(11) ;『宣祖修正實錄』 卷12, 宣祖 11年 5月 辛亥(1). 같은 내용을 다루고 있음에도 『선조실록』은 '10년 5월 11일', 『선조수정실록』은 '11년 5월 1일'이라 하여, 어느 한쪽 실록에서 실수한 것이 아닌가 의심할 정도로 차이가 난다.

317 『宣祖實錄』 卷3, 宣祖 2年 8月 丁巳(16).

318 『宣祖修正實錄』 卷3, 宣祖 2年 11月 庚午(1). 덕흥군을 덕흥대원군으로 추숭할 때 부인 정씨는 河東府夫人으로 봉했다[『仁祖實錄』 卷13, 仁祖 4年 7月 丁酉(27)]. 『영조실록』에는 '덕흥군은 대원군으로, 郡夫人은 府大夫人으로 높였다.' 고 되어 있다[『英祖實錄』 卷1, 英祖 卽位年 9月 辛酉(21)].

319 『孝宗實錄』 卷11, 孝宗 4年 12月 丁亥(25).

320 『宣祖實錄』 卷11, 宣祖 10年 3月 辛亥(24).

321 『宣祖實錄』 卷11, 宣祖 10年 5月 戊申(21).

322 『仁宗實錄』 卷1, 仁宗 1年 1月 戊午(24).

323 한세능과 진삼모에 대한 정보는 『宣祖實錄』 卷6, 宣祖 5年 10月 己未(6) ;『宣祖修正實錄』 卷6, 宣祖 5年 11月 癸未(1) ;『光海君日記』(정초본) 卷1, 光海君 卽位年 2月 戊寅(21) ;『燃藜室記述』(別集) 卷5, 事大典故 「詔使」(本國使臣回賫付詔勅幷附○朝野記聞不載內官) 참조. 『선조실록』에는 '한세능이 정사, 진삼모가 부사'라는 사실을 제공한다. 『선조수정실록』에는 '한림원검토 한세능, 급사중 진삼모', 『광해군일기』에는 '한림원편수 한세능, 이과급사중 진삼모', 『연려실기술』에는 '한림원편수 한세능, 이과도급사중 진삼모' 등으로 각각 기록되어 있다. 본문에는 이 기록들을 종합해서 정리했다.

324 황홍헌과 왕경민에 대한 정보는 『宣祖實錄』 卷16, 宣祖 15年 9月 壬戌(7) ;『宣祖修正實錄』 卷16, 宣祖 15年 10月 乙酉(1) ;『宣祖修正實錄』 卷16, 宣祖 15年 11月 乙卯(1) ;『沙溪遺稿』 卷7, 行狀 「崇政大夫議政府右贊成兼弘文館大提學藝文館大提學知經筵春秋館成均館事栗谷李先生家狀」 ;『燃藜室記述』(別集) 卷5, 事大典故 「詔使」(本國使臣回賫付詔勅幷附○朝野記聞不載內官) 참조.

『선조실록』에는 '한림편수 황홍헌, 공과급사중 왕경민'으로, 『선조수정실록』에는 '한림원편수 황홍헌, 병과우급사중 왕경민'[10월 1일] 및 '부사 왕경민'[11월 1일]으로, 『사계유고』에는 '국사편수 황홍헌, 공과급사중 왕경민'으로, 『연려실기술』에는 '한림원편수 황홍헌, 공과우급사중 왕경민'으로 기록되어 있다. 본문에는 이 기록들을 종합해서 서술했다.

325 * 한세능·진삼모 : 1572년 11월 1일 모화관에 도착하여 11월 9일 회정했다(『선조실록』 참조).

* 황홍헌·왕경민 : 1582년 11월 7일 입경하여 11월 16일 돌아갔다. 이는 『선조실록』의 기록을 따른 일정이고, 『선조수정실록』에는 11월 1일자 기사에 '입경하여 조서를 반포하고 돌아갔다.'는 정도로 간략하게 기록되어 있다[『宣祖修正實錄』 卷16, 宣祖 15年 11月 乙卯(1)].

326 『宣祖實錄』 卷22, 宣祖 21年 5月 丁酉(15) ; 『燃藜室記述』 卷17, 宣祖朝故事本末 「宗系辨誣」.

327 '祖訓條章'은 『태종실록』부터 나오고, '皇明祖訓'은 『연산군일기』에 처음 등장한다(국사편찬위원회에서 제공하는 웹 사이트 중 『조선왕조실록』 참고).

328 『太宗實錄』 卷7, 太宗 4年 3月 戊辰(27).

329 조선 초 종계변무를 다룬 이 단락은 김윤주, 2021 「조선 초기 '조선 건국'에 대한 역사 인식의 형성과 추이」 『사학연구』 142, 13~15쪽 참조.

330 『中宗實錄』 卷32, 中宗 13年 4月 甲午(26).

331 주청사는 좌참찬 李繼孟과 형조참판 李思鈞이고, 정조사는 동지중추부사 李之芳이다[『中宗實錄』 卷30, 中宗 12年 10月 己未(17)].

332 정조사 이지방은 1518년(중종 13) 4월 4일[『中宗實錄』 卷32, 中宗 13年 4月 壬申(4)], 주청사 이계맹·이사균은 이해 4월 21일 각각 경사로부터 돌아왔다[『中宗實錄』 卷32, 中宗 13年 4月 己丑(21)].

333 『中宗實錄』 卷32, 中宗 13年 4月 甲午(26).

334 『燃藜室記述』 卷17, 宣祖朝故事本末 「宗系辨誣」.

335 『中宗實錄』 卷90, 中宗 34年 4月 壬子(15).

336 『燃藜室記述』 卷17, 宣祖朝故事本末 「宗系辨誣」 "中宗三十四年【(註) 嘉靖十八年】己亥 … 祖訓會典 兩無相妨 傳疑傳信 各有所據 奉聖旨 是皇祖大訓 不敢別議 該國奏詞 幷奉列聖明旨 此後纂修 宜付錄之【(註) 稗官雜記】 ○庚子 權橃等 回自京師 … 但我高皇帝祖訓 萬世不刊 會典所載 他日續纂 宜詳錄爾詞 其欽承之".

337 『대명회전』이 편찬되는 과정은 김문식, 2009 「조선시대 國家典禮書의 편찬 양상」 『藏書閣』 21, 2장 3절 ; 서인범, 2017 「조선의 宗系와 倭事를 典筆한 중국 文

獻 – 명·청시대에 간행된 문헌을 중심으로 –」『東國史學』62, 9쪽 참조.

338 1584년(선조 17) 이전까지 선조대에 '종계변무'와 관련하여 조선 정부에서 한 노력은『燃藜室記述』卷17, 宣祖朝故事本末「宗系辨誣」참조.

339『宣祖修正實錄』卷18, 宣祖 17年 8月 甲辰(1).

340 서인범, 2017「조선의 宗系와 倭事를 典筆한 중국 文獻 – 명·청시대에 간행된 문헌을 중심으로 –」『東國史學』62, 9쪽.

341『宣祖修正實錄』卷21, 宣祖 20年 9月 丁亥(1). 정작 兪泓은 한 달여 뒤인 10월 10일에 길을 떠났다. 함께 간 서장관은 尹暹이다[『宣祖實錄』卷21, 宣祖 20年 10月 乙丑(10)].

342『宣祖修正實錄』卷22, 宣祖 21年 2月 甲寅(1);『宣祖實錄』卷22, 宣祖 21年 4月 丁丑(24). 이때 유홍이 가져온『대명회전』은 일부이고 전부는 이듬해에 성절사 尹根壽가 가져왔다[『宣祖實錄』卷23, 宣祖 22年 11月 丙寅(22)].

343 태조대부터 선조대까지 종계변무에 관한 전반적인 흐름은『燃藜室記述』卷17, 宣祖朝故事本末「宗系辨誣」; 서인범, 2017「조선의 宗系와 倭事를 典筆한 중국 文獻 – 명·청시대에 간행된 문헌을 중심으로 –」『東國史學』62, 8~10쪽 참조.

344『宣祖實錄』卷22, 宣祖 21年 10月 己酉(29).

345『宣祖修正實錄』卷19, 宣祖 18年 1月 癸酉(1).

346『太宗實錄』卷25, 太宗 13年 1月 壬辰(12).

347『世宗實錄』卷51, 世宗 13年 1月 乙酉(20).

348『中宗實錄』卷69, 中宗 25年 10月 癸亥(7).

349『中宗實錄』卷69, 中宗 25年 10月 辛酉(5).

350『大典後續錄』(奎 977) 卷6, 工典 院宇 "天使所經京城館舍院宇 令兵曹軍士別定守直 … 太平館 則別坐二員看護 有汚毁處 則殿最憑考".

351『典錄通考』卷14, 工典「院宇」.『대전후속록』의 내용을 그대로 수록했다.

352『中宗實錄』卷102, 中宗 39年 4月 乙未(27).

353『承政院日記』仁祖 3年 6月 23日(己亥).

354『承政院日記』仁祖 12年 3月 24日(庚戌).

355『承政院日記』仁祖 17年 7月 6日(辛酉) "只委於太平館別提別坐 旣無下人 只有庫直二人 名曰請臺出入 而別坐循例直宿而已 頑許下人 任意擅用 以致如此也".

356『承政院日記』仁祖 24年 8月 12日(乙酉).

357『通文館志』卷4, 事大(下)「都監堂上以下各務差備官」"太平館【(註) 掌館中物件守護及各色郎廳有故則代察事】".

358 『承政院日記』 英祖 11年 9月 29日(乙丑).

359 『承政院日記』 英祖 45年 9月 14日(癸巳). 원문에는 '癸巳' 두 글자가 없다.

360 『經國大典』(奎 1298) 卷1, 吏典 京官職 正三品衙門「禮賓寺」"掌賓客燕享宗宰供饋等事".

361 李鉉淙, 1961「明使接待考」『鄕土서울』12, 一覽表(74~88쪽) ; 정은주, 2012『조선시대 사행기록화』 사회평론, 부록 2 明使 朝鮮出來表(582~589쪽). 전자는 태조 2년 5월부터 인조 12년 9월까지, 후자는 태조 2년 5월부터 인조 13년 6월까지 정리되어 있다.

제 6 장

1 『太宗實錄』卷12, 太宗 6年 閏7月 丙寅(9).

2 『世宗實錄』卷5, 世宗 1年 8月 己丑(17).

3 『世宗實錄』卷5, 世宗 1年 8月 庚寅(18).

4 『經國大典』(奎 1298) 卷3, 禮典「待使客」"朝廷使臣 … 到京 設下馬宴翌日宴 及還 設餞宴".

5 『朝鮮賦』"蓋三燕太平也 禮皆同而文不殺 一燕仁政也 誠益至而力益勞【(註) 太平館初燕爲下馬燕 再燕爲正燕 三燕爲上馬燕 仁政殿之燕 則名私燕也" ; 『新增東國輿地勝覽』卷1, 京都上 新增 國都.

6 『端宗實錄』卷2, 端宗 卽位年 8月 壬午(22).

7 『端宗實錄』卷2, 端宗 卽位年 8月 丙戌(26). 당시 세조가 '수양대군'의 신분이었으나 이 기사에는 '世祖代行上馬宴'이라 하여 '세조'라고 적혀 있다.

8 『成宗實錄』卷214, 成宗 19年 3月 辛巳(17).

9 『成宗實錄』卷214, 成宗 19年 3月 壬午(18).

10 온짐연의 시행에 대해 국사편찬위원회에서 제공하는 웹 사이트 중 『조선왕조실록』과 『승정원일기』에서 검색한 결과이다.

11 조선후기에 편찬된 『통문관지』와 『동문휘고』도 확인했다. 『통문관지』에는 사신이 입경한 날부터 그들이 떠날 때까지 7차례의 연향에 관하여 규정되어 있는데 온짐연은 그 안에 포함되어 있지 않고[『通文館志』卷4, 事大(下)「入京宴享儀」], 『동문휘고』 역시 온짐연에 관한 기록은 재록되어 있지 않다[『同文彙考』(藏K2-3474)(補編) 卷10, 迎勅儀節].

12 온짐연은 설행한 장소가 구체적으로 드러나지 않는 경우 혹은 內殿, 그리고 창덕궁 仁政殿으로 추정되는 곳을 제외하고는 대부분 경복궁에서 설행되었다. 많이 설행된 순서로 제시하면 思政殿, 慶會樓, 勤政殿 순이다.

13 * 하마연 : 『世宗實錄』 卷127, 世宗 32年 閏1月 丙午(1).
* 익일연 : 『世宗實錄』 卷127, 世宗 32年 閏1月 丁未(2).
* 온짐연 : 『世宗實錄』 卷127, 世宗 32年 閏1月 丙辰(11).

14 『世宗實錄』 卷127, 世宗 32年 閏1月 丁未(2).

15 『世宗實錄五禮』 卷133, 賓禮儀式 「宴朝廷使儀」 ; 『國朝五禮儀』 卷5, 賓禮 「宴朝廷使儀」.

16 * 위연 사례 : 본서 제5장 각주 23 참조.
* 연위 사례 : 본서 제5장 각주 29 참조.

17 『世宗實錄五禮』 卷133, 賓禮儀式 「宴朝廷使儀」·「王世子宴朝廷使儀」·「宗親宴朝廷使儀」(議政府六曹宴附) ; 『國朝五禮儀』 卷5, 賓禮 「宴朝廷使儀」·「王世子宴朝廷使儀」·「宗親宴朝廷使儀」(議政府六曹宴同 唯執事者 以錄事爲之).

18 이현진, 2024 「영조대 『國朝續五禮儀補』의 편찬과 성격」 『韓國史學史學報』 49, 46쪽.

19 * 국조오례통편 : 『國朝五禮通編』(이화여자대학교 도서관, 고 181.214 이89) 卷13, 賓禮 「宴朝廷使儀」(原)·「王世子宴朝廷使儀」(原)·「宗親宴朝廷使儀」(議政府六曹宴同 惟執事以錄事爲之 原).
* 춘관통고 : 『春官通考』(성균관대학교 대동문화연구원 영인본) 卷73, 賓禮 「宴朝廷使儀」(原儀仍舊)·「王世子宴朝廷使儀」(原儀仍舊)·「宗親宴朝廷使儀」(議政府六曹宴同 惟執事者 以錄事爲之 ○原儀仍舊).

20 『通文館志』 卷4, 事大(下) 「入京宴享儀」 "凡宴享 使未入京時 自都監 習儀於西宴廳 而入京翌日 設下馬宴 又翌日 設翌日宴 又翌日 設仁政殿請宴【(註) 自政院馳送待令 郎廳請來 使若不往 則館所設行 以上親臨】 又翌日 設回禮宴 又翌日 設別宴 回程 臨時設上馬宴【(註) 以上宰臣代行】 回程日 設餞宴【(註) 郊外親臨 上候未寧時 王世子親臨】 凡七度 而其間有空日 則供別茶啖".

21 『통문관지』의 연향 습의 및 7차례의 연향 규정은 『춘관통고』의 '嘉禮'조에도 실려 있다[『春官通考』 卷46, 嘉禮 「宴享」].

22 『同文彙考』(藏 K2-3474)(補編) 卷10, 迎勅儀節 「館所下馬宴儀」·「正殿請宴儀」·「宰臣宴儀」·「郊餞儀」.

23 漢語大詞典編輯委員會, 1990 『漢語大詞典』 漢語大詞典出版社.

24 고명의 내용은 『太宗實錄』 卷1, 太宗 1年 6月 己巳(12) ; 『列聖誌狀通紀』 卷4, 太宗恭定聖德神功文武睿哲成烈光孝大王 「惠宗皇帝封王誥」(太宗元年辛巳六月十二日己巳 使臣通政寺丞章謹文淵閣待詔端木禮 來錫命 上紗帽團領迎至無逸殿 宣誥 ○按三年癸未四月 成祖皇帝 遣都指揮高得等 更賜誥印 而

誥文不傳), 289~290쪽 참조.

25 『太宗實錄』 卷1, 太宗 1年 6月 己巳(12).

26 『太宗實錄』 卷1, 太宗 1年 6月 庚午(13).

27 『太宗實錄』 卷1, 太宗 1年 6月 辛未(14) ; 『太宗實錄』 卷1, 太宗 1年 6月 壬申(15) ; 『太宗實錄』 卷1, 太宗 1年 6月 癸酉(16).

28 『太宗實錄』 卷5, 太宗 3年 4月 甲寅(8). 『열성지장통기』에는 명 成祖가 다시 誥·印을 하사했으나 誥文은 전하지 않는다고 되어 있다. 본서 제6장 각주 24 참조.

29 『世宗實錄』 卷3, 世宗 1年 1月 甲子(19). 『세종실록』에는 '칙서'를 가지고 온 내용이 기록되어 있지 않다. 그러나 『열성지장통기』에 「封王勅」이라고 하여 칙서 또한 가지고 왔음을 보여준다. 책봉 고명과 칙서의 내용은 『列聖誌狀通紀』 卷5, 世宗莊憲英文睿武仁聖明孝大王 「成祖皇帝封王誥」(世宗元年己亥正月十九日甲子 鴻臚丞劉泉等奉來), 371~372쪽 ; 『列聖誌狀通紀』 卷5, 世宗莊憲英文睿武仁聖明孝大王 「封王勅」(月日同上), 373~374쪽 참조.

30 『太宗實錄』 卷17, 太宗 9年 4月 乙酉(13) "新作太平館北樓".

31 장지연, 2020 「15세기 漢城의 使臣 客館 형성과 그 의미」 『서울과 역사』 104, 21쪽.

32 『世宗實錄』 卷3, 世宗 1年 1月 甲子(19).

33 『世宗實錄』 卷3, 世宗 1年 1月 辛未(26).

34 『高宗大禮儀軌』(奎 13488) 圖說 「金節」 ; 『明成皇后國葬都監儀軌』(奎 13879) 卷3, 二房儀軌 造作 吉儀仗 「金節」.

35 배절 관련 기사는 국사편찬위원회에서 제공하는 웹 사이트 중 『조선왕조실록』을 참조했으며, 원문 역시 마찬가지이다.

36 『世宗實錄』 卷3, 世宗 1年 1月 丙寅(21).

37 2월 4일 황엄과 유천은 京師로 돌아가고 한확은 聖旨에 따라 그대로 머물렀다[『世宗實錄』 卷3, 世宗 1年 2月 己卯(4)].

38 『世宗實錄』 卷3, 世宗 1年 1月 乙丑(20) ; 『世宗實錄』 卷3, 世宗 1年 1月 丙寅(21) ; 『世宗實錄』 卷3, 世宗 1年 1月 丁卯(22) ; 『世宗實錄』 卷3, 世宗 1年 1月 壬申(27) ; 『世宗實錄』 卷3, 世宗 1年 2月 丁丑(2). 1월 20일부터 상왕 태종이 병조당상을 輪日로 사신에게 문안하게 했고[『世宗實錄』 卷3, 世宗 1年 1月 乙丑(20)], 1월 21일부터 세종이 대언들을 윤일로 사신에게 문안하게 했다[『世宗實錄』 卷3, 世宗 1年 1月 丙寅(21)].

39 『世宗實錄』 卷3, 世宗 1年 1月 乙丑(20) ; 『世宗實錄』 卷3, 世宗 1年 1月 戊辰(23) ; 『世宗實錄』 卷3, 世宗 1年 1月 庚午(25) ; 『世宗實錄』 卷3, 世宗 1年 1月

辛未(26);『世宗實錄』卷3, 世宗 1年 1月 壬申(27). 연향 설행 장소가 태평관이라고 명명되어 있지 않은 기사도 있지만 사신이 다른 곳으로 간 기록이 없기에 태평관에서 행례한 것으로 여겼다.

40 『世宗實錄』卷3, 世宗 1年 1月 壬申(27).

41 『中宗實錄』卷84, 中宗 32年 3月 庚寅(11).

42 『中宗實錄』卷84, 中宗 32年 3月 庚寅(11) "上於御室之北壁 坐于交倚 令通事李應星 引頭目以入 正使所送頭目 乃馬隆也 副使所送頭目 乃天祿也 引陞階上 拱手而立 上亦起立 頭目等再拜 呈兩使所製單字 上執單字 擧袖稱謝 頭目等曰 請殿下坐 俺等當退 上命饋酒 司饔院官員 分執果盤于兩頭目之傍而立 都提調進玉杯于殿下 殿下擧杯而授承旨 承旨捧饋頭目各一杯 頭目等再拜而出". 단자는 원문에 '單字'로 기록되어 있으나 '單子'의 오기이다.

43 단경왕후의 廢黜과 그의 복위를 거론하는 두 단락은 이현진, 2008『조선후기 종묘 전례 연구』일지사, 5장 2절 1)항 ; 강문식·이현진, 2011『종묘와 사직 -조선을 떠받친 두 기둥-』책과함께, 141~143쪽 참조.

44 『中宗實錄』卷27, 中宗 12年 4月 甲寅(9).

45 『中宗實錄』卷28, 中宗 12年 7月 癸巳(19). 중종이 문정왕후를 왕비로 맞이할 때 친영을 둘러싼 논의는 한만영, 2000「中宗代의 親迎論爭과 朝鮮中期 婚禮制度의 變化」『外大史學』12, 3장 2절 ; 장병인, 2008「조선 전기 국왕의 혼례형태 -'假館親迎禮'의 시행을 중심으로-」『韓國史研究』140, 4장 참조.

46 『宣祖修正實錄』卷3, 宣祖 2年 11月 庚午(1). 『선조실록』에는 12월 29일자에 '가례를 행했다.'라 하여 간략하게 기록되어 있다[『宣祖實錄』卷3, 宣祖 2年 12月 丁卯(29)].

47 『宣祖實錄』卷126, 宣祖 33年 6月 戊戌(27);『宣祖修正實錄』卷34, 宣祖 33年 6月 戊戌(27).

48 『宣祖實錄』卷146, 宣祖 35年 2月 丙寅(3);『宣祖修正實錄』卷36, 宣祖 35年 閏2月 丁巳(24).

49 『춘관지』에는 7월 13일 왕비 봉영, 관소인 태평관 도착, 면복 차림의 선조가 관소에서 왕비 친영, 동뢰연 등을 차례로 행한 것만 기재되어 있을 뿐 그 이전에 행한 육례 중 다른 의례의 기록은 기재되어 있지 않다[『春官志』(奎貴 963) 卷1, 婚禮].

50 『宣祖實錄』卷152, 宣祖 35年 7月 壬申(13).

51 『宣祖修正實錄』卷36, 宣祖 35年 7月 壬申[壬戌](3). 7월 3일이 '壬戌'일인데 원문에 '壬申'일이라고 되어 있어 '壬戌'일로 바로잡고 수정한 내용을 [ ]으로 표시했다.

52 세자가 친영하는 곳으로 이현본궁을 정하는 과정은 『光海君日記』(중초본) 卷36, 光海君 2年 12月 己亥(28) ; 『光海君日記』(정초본) 卷36, 光海君 2年 12月 己亥(28) 참조.

53 『東國輿地備攷』(古 4790-10)·(가람古 915.1-D717) 卷1, 京都 宮闕 「梨峴宮」 "在東部蓮花坊".

54 『光海君日記』(중초본) 卷36, 光海君 2年 12月 己亥(28) ; 『光海君日記』(정초본) 卷36, 光海君 2年 12月 己亥(28).

55 『光海君日記』(중초본) 卷26, 光海君 2年 3月 乙巳(29) ; 『光海君日記』(정초본) 卷26, 光海君 2年 3月 乙巳(29). 공빈 김씨를 추존할 때 '慈淑端仁恭聖王后'라고 했는데 '慈淑端仁'은 휘호이고, '恭聖'은 시호이다.

56 인조대 이후 이현궁의 연혁은 『동국여지비고』 '궁궐'조를 참조했다[『東國輿地備攷』(古 4790-10)·(가람古 915.1-D717) 卷1, 京都 宮闕 「梨峴宮」 "在東部蓮花坊 世傳 光海君舊宮 仁祖以綾原大君 經亂無宅 使居此宮 孝宗行嘉禮于此 正宗朝 設壯勇營于此 後廢 分爲訓局東別營宣惠廳東倉"]. 『동국여지비고』의 내용 중 正宗은 正祖를 가리킨다. 正宗을 正祖로 존호를 올린 때는 1899년(고종 36) 11월 5일(양력 12월 7일)이다.

57 『光海君日記』(중초본) 卷37, 光海君 3年 1月 壬子(11) ; 『光海君日記』(정초본) 卷37, 光海君 3年 1月 壬子(11).

58 『光海君日記』(중초본) 卷46, 光海君 3年 10月 庚寅(24) ; 『光海君日記』(중초본) 卷46, 光海君 3年 10月 辛卯(25) ; 『光海君日記』(정초본) 卷46, 光海君 3年 10月 辛卯(25). 친영례는 10월 24일에 거행되었다.

59 『仁祖實錄』 卷16, 仁祖 5年 7月 甲戌(10) ; 『承政院日記』 仁祖 5年 7月 11日(乙亥).

60 『承政院日記』 仁祖 5年 9月 29日(壬辰) ; 『仁祖實錄』 卷17, 仁祖 5年 9月 壬辰(29) ; 『仁祖實錄』 卷17, 仁祖 5年 12月 庚申(27).

61 『肅宗實錄』 卷61, 肅宗 44年 4月 乙未(17).

62 『昭顯世子嘉禮都監儀軌』(奎 13197) 天啓七年十月十二日. 천계 7년은 1627년(인조 5)이다.

63 『仁祖實錄』 卷17, 仁祖 5年 12月 庚申(27). 친영례를 행한 시각은 '巳時'였다[『承政院日記』 仁祖 5年 10月 8日(辛丑)].

64 『仁祖實錄』 卷31, 仁祖 13年 12月 乙酉(9). 인열왕후는 이날 申時에 産室廳에서 훙했다.

65 『仁祖實錄』 卷37, 仁祖 16年 10月 乙卯(26) ; 『仁祖實錄』 卷37, 仁祖 16年 11月 己未(1).

66 『仁祖實錄』 卷37, 仁祖 16年 10月 甲午(5).

67 『承政院日記』 仁祖 16年 10月 7日(丙申).

68 『仁祖莊烈王后嘉禮都監儀軌』(奎 13061) [啓辭] 「戊寅十月初八日」·「戊寅十月初九日」; 『仁祖實錄』 卷37, 仁祖 16年 10月 己亥(10) ; 『承政院日記』 仁祖 16年 10月 10日(己亥). '태평관에서 거행한 것은 그 예를 중하게 여긴 뜻에서 나왔다.'라고 한 문장에서 『인조장렬왕후가례도감의궤』에는 '그 예를 중하게 여긴 뜻에서 나왔다[出於重其禮之意]'라고 되어 있는 반면, 『인조실록』에는 '그 일을 중하게 여긴 뜻에서 나왔다[出於重其事之意]'라고 되어 있다. 본문에는 친영례를 거행하는 곳을 논의하는 자리이므로 '事'보다 '禮'가 더 적절하며, 또 참고한 세 문헌 중 가장 상세하게 당시의 논의를 기록한 문헌이 『인조장렬왕후가례도감의궤』이기에 본문에 '일'이 아닌 '예'라고 썼다.

69 『仁祖莊烈王后嘉禮都監儀軌』(奎 13061) [啓辭] 「戊寅十月初九日」; 『仁祖實錄』 卷37, 仁祖 16年 10月 己亥(10).

70 「인평대군방전도」에 대한 좀 더 구체적인 설명은 李賢珍, 2018 「조선시대 장생전(長生殿)의 설치와 운영」 『震檀學報』 131, 140~142쪽 참조.

71 『承政院日記』 仁祖 16年 10月 26日(乙卯).

72 『東國輿地備攷』(古 4790-10)·(가람古 915.1-D717) 卷1, 京都 宮闕 「於義宮」 "在中部慶幸坊 俗稱上於義宮 仁祖潛邸 有潛龍池".

73 『東國輿地備攷』(古 4790-10)·(가람古 915.1-D717) 卷1, 京都 宮闕 「龍興宮」 "在東部崇敎坊 俗稱下於義宮 孝宗潛邸 有朝陽樓 今稱本宮 列朝嘉禮 行于此宮".

74 인조와 장렬왕후의 가례를 위한 六禮의 시행을 날짜별로 제시하면 다음과 같다.

- * 납채례 : 1638년 11월 4일 [『仁祖實錄』 卷37, 仁祖 16年 11月 壬戌(4)]. 『승정원일기』에는 11월 4일자 기사에는 납채례 관련 기록이 실려 있지 않지만 하루 전 11월 3일에 '明日納采'라고 되어 있어[『承政院日記』 仁祖 16年 11月 3日(辛酉)], 11월 4일에 납채례를 거행한 것이 분명하다.
- * 납징례 : 1638년 11월 16일 [『仁祖實錄』 卷37, 仁祖 16年 11月 甲戌(16) ; 『承政院日記』 仁祖 16年 11月 16日(甲戌)].
- * 고기례 : 1638년 11월 30일 [『仁祖實錄』 卷37, 仁祖 16年 11月 戊子(30) ; 『承政院日記』 仁祖 16年 11月 30日(戊子)].
- * 책비례 : 1638년 12월 2일 [『仁祖實錄』 卷37, 仁祖 16年 12月 庚寅(2) ; 『承政院日記』 仁祖 16年 12月 2日(庚寅)].
- * 친영례·同牢宴 : 1638년 12월 3일 별궁에서 친영례를 행한 뒤 창경궁으로 돌

아와서 동뢰연 설행[『承政院日記』 仁祖 16年 12月 3日(辛卯) ; 『仁祖實錄』 卷37, 仁祖 16年 12月 辛卯(3)].

75 『仁祖實錄』 卷37, 仁祖 16年 12月 辛卯(3) ; 『承政院日記』 仁祖 16年 12月 3日(辛卯).

76 『東國輿地備攷』(古 4790-10)·(가람古 915.1-D717) 卷1, 京都 宮闕 「龍興宮」 "在東部崇敎坊 俗稱下於義宮 孝宗潛邸 有朝陽樓 今稱本宮 列朝嘉禮 行于此宮".

77 『肅宗仁顯王后嘉禮都監儀軌』(奎 13084) [啓辭秩] 「辛酉三月十一日」.

78 현종과 명성왕후의 가례 과정은 『顯宗明聖王后嘉禮都監儀軌』(奎 13071) 참조.

79 숙종과 인경왕후의 가례 과정은 『肅宗仁敬王后嘉禮都監儀軌』(奎 13078) 참조.

80 『肅宗仁顯王后嘉禮都監儀軌』(奎 13084) [啓辭秩] 「辛酉三月十一日」.

81 『肅宗實錄』 卷11, 肅宗 7年 3月 甲子(11).

82 慶德宮은 1760년(영조 36) 闕號가 章陵의 시호와 音이 같다는 이유로 慶熙宮으로 고쳤다[『英祖實錄』 卷95, 英祖 36年 2月 癸卯(28)]. 장릉은 인조의 생부인 원종의 능호이다. 원종의 시호는 '敬德仁憲靖穆章孝'이다[『仁祖實錄』 卷26, 仁祖 10年 3月 戊申(11) ; 『仁祖實錄』 卷26, 仁祖 10年 5月 己亥(2)].

83 『仁敬王后國葬都監儀軌』(奎 13553) 都廳儀軌 [卷首] "庚申十月二十六日亥時昇遐于慶德宮會祥殿" ; 『肅宗實錄』 卷10, 肅宗 6年 10月 辛亥(16).

84 숙종과 인현왕후의 가례 과정은 『肅宗仁顯王后嘉禮都監儀軌』(奎 13084) 참조.

85 『肅宗仁顯王后嘉禮都監儀軌』(奎 13084) [啓辭秩] 「辛酉三月十一日」 ; 『肅宗實錄』 卷11, 肅宗 7年 3月 甲子(11).

86 『肅宗實錄』 卷11, 肅宗 7年 5月 乙丑(13).

87 『世宗實錄』 卷66, 世宗 16年 10月 乙卯(12). 이는 대표적으로 든 사례이다.

88 『世宗實錄』 卷67, 世宗 17年 3月 庚寅(18). 이 역시 대표적으로 든 사례이다.

89 『世宗實錄』 卷68, 世宗 17年 4月 丁卯(26). 이때 온 사신은 조선에서 入朝한 宦者 李忠·金復·金角 등이다[『世宗實錄』 卷67, 世宗 17年 3月 己亥(27)].

90 『世宗實錄』 卷127, 世宗 32年 1月 甲辰(28).

91 『世宗實錄』 卷62, 世宗 15年 10月 壬戌(13).

92 『世宗實錄五禮』 卷132, 嘉禮儀式 「迎詔書儀」 ; 『國朝五禮儀』 卷3, 嘉禮 「迎詔書儀」 ; 『世宗實錄五禮』 卷132, 嘉禮儀式 「迎勅書儀」 ; 『國朝五禮儀』 卷3, 嘉禮 「迎勅書儀」.

93 『世宗實錄五禮』 卷135, 凶禮儀式 「迎賜諡祭及弔賻儀」 ; 『國朝五禮儀』 卷8, 凶禮 「迎賜諡祭及弔賻儀」.

94 모화루는 1430년(세종 12) 모화관으로 개칭되므로 태조 국장과 정종 국장, 그리

고 태종 국장까지는 모화루가 된다.

95 『世宗實錄五禮』 卷135, 凶禮儀式 「迎賜諡祭及弔賻儀」 "使者將至 殿下具冕服【(註) 未受誥命 則雅靑團領袍翼善冠靑鞓素玉帶】 宗親及百官 各具朝服" ; 『國朝五禮儀』 卷8, 凶禮 「迎賜諡祭及弔賻儀」 "使者將至 左通禮啓請中嚴 殿下具冕服【(註) 未受誥命 則鴉靑圓領袍翼善冠靑鞓素玉帶】 宗親及文武百官具朝服". 『세종실록오례』에는 雅靑'團'領袍로, 『국조오례의』에는 鴉靑'圓'領袍라고 기록되어 있다.

96 태조 국장 때 태종이, 정종·태종 국장 때 세종이 조문 사신을 맞이할 때의 차림은 다음과 같다.

* 태조 국장 : 태종은 면복 차림, 뭇 신하들은 조복 차림으로 조문 사신 도지감 좌소감 祈保와 예부낭중 林觀을 모화루에서 맞이하고, 태평관에 이르러 행례한 뒤 태종은 素服 차림으로 사신과 행례하고 조선의 뭇 신하들 역시 소복 차림으로 사신과 私禮를 행했다[『太宗實錄』 卷16, 太宗 8年 9月 己巳(24)].
* 정종 국장 : 세종이 면복 차림으로 조문 사신 예부원외랑 趙亮과 행인 易節 등을 모화루에서 맞이하고 태평관에서 행례했다[『世宗實錄』 卷8, 世宗 2年 4月 丙午(8)].
* 태종 국장 : 세종이 조문 사신인 내관 劉景과 예부낭중 楊善을 모화루에서 맞이했다. 태평관에 이를 때까지 세종의 차림은 『세종실록』에 기록되어 있지 않고 태평관에 이르러 행례한 뒤 세종이 白衣·烏帽 차림으로 사신과 揖禮를 행한 것으로 되어 있다[『世宗實錄』 卷20, 世宗 5年 4月 丙辰(6)]. 세종이 면복 차림을 한 정황이 『문종실록』에 나오지만[『文宗實錄』 卷1, 文宗 卽位年 5月 丙寅(23)], 『문종실록』에는 정종 국장인지 태종 국장인지가 명시되어 있지 않다. 정종 국장에 세종이 면복 차림을 했으므로 태종 국장에서도 자연스레 면복 차림을 했을 것으로 예상된다.

97 본서 제6장 각주 96 참조.

98 좀 더 구체적인 졸곡의 정의는 이현진, 2015 『왕의 죽음, 정조의 국장』 글항아리, 248~249쪽 참조.

99 태조·정종·태종 국장에서 다례의 시행 여부에 관하여 참고한 문헌은 본서 제6장 각주 96 참조.

100 『太祖實錄』 卷16, 太宗 8年 9月 丙寅(21).

101 『太宗實錄』 卷16, 太宗 8年 9月 己巳(24).

102 『世宗實錄』 卷7, 世宗 2年 1月 甲寅(15). 정종의 혼전이 仁德宮이라는 사실은 『世宗實錄』 卷7, 世宗 2年 1月 甲辰(5) 참조.

103 『世宗實錄』 卷8, 世宗 2年 4月 丙午(8).

104 『世宗實錄』 卷16, 世宗 4年 5月 丙寅(10).

105 『世宗實錄』 卷17, 世宗 4年 9月 壬申(18).

106 『世宗實錄』 卷20, 世宗 5年 4月 丙辰(6).

107 이종서, 2020 「조선시대 남별궁(南別宮)의 평면 구조와 변화」 『건축역사연구』 제29권 1호 통권128호, 59쪽 각주 38.

108 궐정은 조문 사신이 도착하기 전 태평관 대청에 설치하고, 다례를 행하기 전 세의물을 거두어들일 때 궐정도 함께 거두었다.

109 『文宗實錄』 卷1, 文宗 卽位年 2月 丁酉(22).

110 본서 제6장 각주 95 참조.

111 『文宗實錄』 卷1, 文宗 卽位年 5月 丙寅(23) ; 『文宗實錄』 卷1, 文宗 卽位年 5月 丁卯(24).

112 권서국사자(문종)가 영명할 때 입는 복색을 둘러싼 조정에서의 구체적인 논의는 윤승희, 2015 「문종의 조선국왕 책봉의례 복식에 대한 논의와 그 의미」 『역사와 현실』 98, 2장 참조. 다만, 이 논문에서는 최종 결정을 제시하지 않고 또 실제로 어떤 차림을 한 것인가에 대해서도 언급되어 있지 않다.

113 『文宗實錄』 卷1, 文宗 卽位年 5月 丙寅(23).

114 『文宗實錄』 卷1, 文宗 卽位年 5月 丁卯(24).

115 『文宗實錄』 卷2, 文宗 卽位年 6月 壬午(10).

116 『文宗實錄』 卷2, 文宗 卽位年 6月 己亥(27).

117 * 諡誥 : 『조선왕조실록』에 기사가 그렇게 적지 않게 발견된다.
* 賜諡誥 : 『太宗實錄』 卷16, 太宗 8年 9月 甲戌(29).
* 賜諡誥命 : 『文宗實錄』 卷4, 文宗 卽位年 11月 辛丑(1) ; 『光海君日記』(중초본) 卷15, 光海君 1年 4月 丙子(25) ; 『光海君日記』(정초본) 卷15, 光海君 1年 4月 丙子(25).

118 『文宗實錄』 卷2, 文宗 卽位年 6月 丁丑(5) "領議政河演右贊成金宗瑞曰 迎命衣帶 用吉凶之間".

119 『文宗實錄』 卷2, 文宗 卽位年 6月 壬午(10) "政府啓曰 今來使臣 兼弔慰誥命吉凶相半".

120 『文宗實錄』 卷2, 文宗 卽位年 6月 庚寅(18) "禮曹啓 今使臣賫誥命冠服諡號賜祭致賻而來 吉凶相間".

121 『文宗實錄』 卷3, 文宗 卽位年 8月 甲戌(3).

122 『文宗實錄』 卷2, 文宗 卽位年 6月 丙申(24).

123 『文宗實錄』 卷3, 文宗 卽位年 8月 甲戌(3).

124 『文宗實錄』 卷2, 文宗 卽位年 6月 庚寅(18).

125 『文宗實錄』 卷2, 文宗 卽位年 6月 己亥(27).

126 『文宗實錄』 卷3, 文宗 卽位年 8月 甲戌(3).

127 하나의 조서와 네 개의 칙서는 '세종 죽음과 문종 국왕 책봉 조서', '문종 국왕 책봉 칙서', '왕 면복과 왕비 冠服 하사 칙서', '왕과 왕비에게 綵幣 하사 칙서', '女直頭目 李滿住 등의 침범에 대비하라는 칙서' 등이다.

128 원문에는 '行茶禮 使臣出'이라고 쓰여 있다. 다례를 설행한 뒤 사신이 나간 것으로 풀이되며, 이때 사신이 나간 것은 태평관으로의 이동을 뜻한다. 국왕이나 왕세자가 뒤이어 태평관으로 나아가기 때문이다.

129 『世宗實錄五禮』 卷132, 嘉禮儀式 「迎詔書儀」·「迎勅書儀」; 『國朝五禮儀』 卷3, 嘉禮 「迎詔書儀」·「迎勅書儀」.

130 단종이 모화관에서 조칙과 사신을 맞이한 뒤부터 태평관에서 다례·연향 설행 이후 환궁까지 다룬 두 단락은 『端宗實錄』 卷3, 端宗 卽位年 閏9月 丙子(17) 참조. 조칙과 고명은 '단종 국왕 책봉 조서', '단종 국왕 책봉과 冠服·禮物 하사 칙서', '단종 국왕 책봉 고명' 등이다.

131 『端宗實錄』 卷3, 端宗 卽位年 閏9月 壬申(13).

132 『燕山君日記』 卷6, 燕山君 1年 6月 甲寅(3).

133 세조가 죽기 하루 전인 9월 7일 예종이 즉위하면서 부왕을 태상왕, 母妃를 王太妃로 높였다[『世祖實錄』 卷47, 世祖 14年 9月 癸亥(7); 『睿宗實錄』 卷1, 睿宗 卽位年 9月 癸亥(7)]. 『세조실록』의 원문에 태상왕은 '大上王'으로 적혀 있다.

134 '고부청시청승습사'에 대한 기록이 『세조실록』과 『예종실록』 두 책에서 차이를 보여 모두 제시하면 다음과 같다.

* 『세조실록』 : 중추부지사 이석형을 보내 대명에 가서 計告請諡하게 했다[『世祖實錄』 卷47, 世祖 14年 9月 壬申(16)].
* 『예종실록』 : 중추부지사 이석형과 한성부 좌윤 이파를 보내 표문을 받들고 대명에 가서 고부청시하고 또 청승습하게 했다[『睿宗實錄』 卷1, 睿宗 卽位年 9月 壬申(16)].
* 『예종실록』 : 고부청시사 이석형과 청승습사 이파가 대명으로부터 돌아왔다[『睿宗實錄』 卷3, 睿宗 1年 1月 己巳(14)].

『세조실록』에 따르면, 이석형 한 사람을 파견하여 '부고청시'를 맡게 하고 '청승습'에 관한 임무는 담당자가 없거나 승습을 청하지 않은 것처럼 서술되어 있다. 그에 비해 『예종실록』에는 고부청시는 이석형, 청승습은 이파가 담당한 것으로 기록되어 있다.

135 『睿宗實錄』 卷4, 睿宗 1年 閏2月 己未(4).

136 모화관으로 갈 때의 복식부터 하마연의 설행까지 두 단락은 『睿宗實錄』 卷4, 睿

宗 1年 閏2月 己未(4) 참조.

137 세조비 정희왕후가 '태비'가 된 것은 본서 제6장 각주 133 참조. 『성종실록』의 1469년(성종 즉위) 11월 28일자 기사에는 원문에 太妃와 大妃 둘 다 쓰였다[『成宗實錄』 卷1, 成宗 卽位年 11月 戊申(28)].

138 『睿宗實錄』 卷8, 睿宗 1年 11月 戊申(28) ; 『成宗實錄』 卷1, 成宗 卽位年 11月 戊申(28).

139 『成宗實錄』 卷1, 成宗 卽位年 11月 戊申(28).

140 『成宗實錄』 卷1, 成宗 卽位年 11月 己酉(29).

141 『睿宗實錄』 卷8, 睿宗 1年 12月 庚申(11) ; 『成宗實錄』 卷1, 成宗 卽位年 12月 庚申(11). 참고로 '고부청시청승습사'에 대한 기록이 『예종실록』과 『성종실록』 두 책에서 차이를 보여 모두 제시하면 다음과 같다.

* 『예종실록』 : 호조참판 송문림을 보내 대명에 가서 '告訃請諡'하게 했다[『睿宗實錄』 卷8, 睿宗 1年 12月 庚申(11)].
* 『성종실록』 : 도승지 권감을 '청승습사', 송문림을 '고부청시사'로 삼았다[『成宗實錄』 卷1, 成宗 卽位年 11月 己酉(29)].
* 『성종실록』 : 청승습사 권감과 고부청시사 송문림 등이 京師로 갔다[『成宗實錄』 卷1, 成宗 卽位年 12月 庚申(11)].
* 『성종실록』 : 청승습사 권감과 고부사 송문림이 와서 복명했다[『成宗實錄』 卷4, 成宗 1年 3月 己亥(20)].
* 『성종실록』 : 청승습사 권감과 고부사 송문림의 논상을 논의했다[『成宗實錄』 卷4, 成宗 1年 3月 癸卯(24)].

『예종실록』에 따르면, 송문림 한 사람을 파견하여 '고부청시'를 맡게 하고 '청승습'에 관한 임무는 담당자가 없거나 승습을 청하지 않은 것처럼 서술되어 있다. 그에 비해 『성종실록』에는 청승습사는 권감, 고부청시사는 송문림이 담당한 것으로 기록되어 있다.

142 조문 온 명 사신이 누구인지의 정보는 『成宗實錄』 卷4, 成宗 1年 3月 庚辰(1) ; 『成宗實錄』 卷4, 成宗 1年 4月 壬子(4) 참조.

143 『成宗實錄』 卷5, 成宗 1年 5月 戊寅(1).

144 제물과 부물은 祭文一道, 祭物一壇, 澗生絹五百匹, 麻布五百匹, 戔香五斤, 檀香二炷 등이다.

145 조서와 칙서의 내용 소개부터 하마연의 설행까지 두 단락은 『成宗實錄』 卷5, 成宗 1年 5月 戊寅(1) 참조.

146 『成宗實錄』 卷297, 成宗 25年 12月 己卯(24).

147 『燕山君日記』 卷2, 燕山君 1年 1月 丁酉(13).

148 『燕山君日記』 卷2, 燕山君 1年 1月 丁酉(13).

149 『燕山君日記』 卷2, 燕山君 1年 1月 庚寅(6).

150 『燕山君日記』 卷4, 燕山君 1年 4月 壬午(29).

151 『成宗實錄』 卷297, 成宗 25年 12月 己卯(24).

152 『燕山君日記』 卷2, 燕山君 1年 1月 乙酉(1).

153 『燕山君日記』 卷2, 燕山君 1年 1月 丁酉(13).

154 태감 김보·태감 이진·행인 왕헌신 등에 관한 정보는 본서 제5장 각주 161 참조.

155 『燕山君日記』 卷6, 燕山君 1年 6月 甲寅(3).

156 본서 제5장 각주 145 참조.

157 '조서·칙서의 맞이'와 '봉배·사제의 순서'에 대한 내용은 『燕山君日記』 卷5, 燕山君 1年 5月 辛亥(29) 참조. 두 안건의 구체적인 논의는 최종석, 2023 「非禮와 尊王의 사이에서 —조선 성종~명종 대 詔勅合迎과 迎勅 시 乘輦의 성취와 그 의미—」 『한국문화』 102, 165~168쪽 참조.

158 『연산군일기』에는 '칙서'가 왕궁으로 간다는 '勅歸王宮'으로 기록되어 있으나 천사가 한 말의 전체를 보면 '조서와 칙서'가 왕궁으로 간다는 '詔勅歸王宮'이 되어야 한다. 따라서 본문에는 '조서와 칙서'가 왕궁으로 가는 것으로 썼다.

159 조서·칙서·제문·부물의 이동에 관한 천사와 김수동의 견해를 다룬 두 단락의 내용은 『燕山君日記』 卷5, 燕山君 1年 5月 辛亥(29) 참조.

160 『燕山君日記』 卷6, 燕山君 1年 6月 甲寅(3).

161 『燕山君日記』 卷6, 燕山君 1年 6月 甲寅(3). 이 기사에서 사신이 경복궁에서 행하는 의례가 끝나자 태평관으로 간 내용은 없다. 천사가 경복궁의 광화문을 나갔고 연산군이 도승지를 보내 세 천사에게 문안하게 한 뒤 연산군이 태평관에 거둥하여 하마연을 베풀었다는 내용에서 천사가 광화문을 나간 뒤 곧장 태평관으로 간 것으로 해석했다. 일반적으로 명 사신이 경복궁에서 행하는 의례가 끝나면 바로 태평관으로 가기 때문이기도 하다.

162 『光海君日記』(중초본) 卷15, 光海君 1年 4月 丙子(25) ; 『光海君日記』(정초본) 卷15, 光海君 1年 4月 丙子(25). 정초본의 원문에 '慕華館'의 '慕'字가 누락되어 '王幸華館'으로 기록되어 있다.

163 『光海君日記』(중초본) 卷15, 光海君 1年 4月 甲戌(23) ; 『光海君日記』(정초본) 卷15, 光海君 1年 4月 甲戌(23). 단, 중초본에는 '所館 今則南別宮 而在前則卽太平館也'로, 정초본에는 '所館 今則南別宮 而在外則卽太平館也'로 기록되어 한 글자의 차이가 확인된다. '今'字에 대응하는 글자는 정초본의 '外'字보다 중초본의 '前'字가 더 적합하다.

164 『通文館志』 卷9, 紀年 「仁祖大王二十七年己丑」 ; 『燃藜室記述』(別集) 卷5, 事

大典故「詔使」(本國使臣回賫付詔勅幷附○朝野記聞不載內官);『同文彙考』(補編)(藏 K2-3474) 卷9, 詔勅錄「順治六年」. 이 중에서 예부시랑의 이름이『통문관지』와『연려실기술』에는 '於許'로,『동문휘고』에는 '烏許'라고 하여 다르게 기록되어 있다. 또『통문관지』와『연려실기술』에는 '보대락고'와 '어허/오허'의 임무를 구별하여 서술한 반면『동문휘고』에는 그렇지 않다.

165 『孝宗實錄』卷2, 孝宗 卽位年 10月 壬辰(7):『承政院日記』孝宗 卽位年 10月 7日(壬辰).『효종실록』에는 인정전에서 접견한 내용만 나오고,『승정원일기』에 '금일 책봉은 황제의 명'이라고 되어 있어 인정전에서 책봉례를 거행한 것을 알 수 있다. 모화관과 인정전에서의 청 칙사 맞이, 인정전에서의 접견, 국왕 책봉 등의 절차는『통문관지』에 의주로 잘 정리되어 있다[『通文館志』卷4, 事大(下)「郊迎儀」(宣勅儀附);『通文館志』卷4, 事大(下)「仁政殿接見儀」(茶禮儀附);『通文館志』卷4, 事大(下)「冊封儀」(禮物附)].

166 『孝宗實錄』卷2, 孝宗 卽位年 10月 甲午(9);『承政院日記』孝宗 卽位年 10月 9日(甲午). 조제 절차는『通文館志』卷4, 事大(下)「弔祭儀」(祭幣附) 참조.

167 『仁祖殯殿魂殿都監儀軌』(奎 14855) [魂殿都監儀軌] 啓辭秩「己丑五月十四日」"都監郎廳以摠護使意啓曰 魂殿啓禀 則文政殿爲之事 命下矣".

168 인조 국장에서부터 철종 국장에 이르기까지 조선에 온 조문·책봉 사신은 李賢珍, 2023「조선후기 국왕 국장에 弔問 온 청 사신의 설행 의례와 의례 공간」『震檀學報』140, 〈표 3〉(108쪽) 참조.

169 필자가 예전에 작성한「조선후기 국왕 국장에 弔問 온 청 사신의 설행 의례와 의례 공간」(『震檀學報』140, 2023)이라는 논문에서 청 조정에서 조선의 국왕 국장을 위해 파견한 사신, 그들이 행한 의례와 의례 공간 등에 대하여 간략하게 살핀 바 있다. 그러나 논문이기에 분량이 제한되어 많은 내용을 담지 못했으며 중요 문헌인『同文彙考』도 제외시켰다. 본서 제4장 각주 42에서도 언급했듯이 향후 저서를 작성할 때 수정과 보완을 진행하고자 한다.

170 『國朝喪禮補編』(奎 1339) 卷3,「迎賜諡祭及弔賻儀」·「賜賻儀」·「賜諡儀」·「焚黃儀」·「賜祭儀」"(註) 已上五儀 並見原書". 이때 '원서'는『국조오례의』를 가리킨다[『國朝喪禮補編』(奎 1339) 凡例 "一 此編擧五禮儀本文處 皆曰原書"].

171 『國朝喪禮補編』(奎 3940) 卷3,「迎賜諡祭及弔賻儀」.

172 1758년본『국조상례보편』에 수록된「영사시제급조부의」가『국조오례통편』과『춘관통고』'흉례'조에 그대로 재록되었다(이현진, 2017『조선 왕실의 상장례』신구문화사, 52쪽).

173 『中宗實錄』卷105, 中宗 39年 12月 辛未(7).

174 『仁宗實錄』卷2, 仁宗 1年 5月 癸酉(12).

175 『仁宗實錄』 卷2, 仁宗 1年 4月 庚申(28).
176 『仁宗實錄』 卷2, 仁宗 1年 4月 庚申(28).
177 『仁宗實錄』 卷2, 仁宗 1年 5月 癸亥(2).
178 『仁宗實錄』 卷1, 仁宗 1年 閏1月 戊子(25).
179 『仁宗實錄』 卷1, 仁宗 1年 1月 戊戌(4).
180 『仁宗實錄』 卷2, 仁宗 1年 5月 癸亥(2).
181 『仁宗實錄』 卷2, 仁宗 1年 5月 甲子(3). 명 황제가 부물을 보낸 것으로 기록되어 있다.
182 『仁宗實錄』 卷2, 仁宗 1年 5月 癸亥(2) ; 『列聖誌狀通紀』 卷12, 中宗恭僖徽文昭武欽仁誠孝大王 「世宗皇帝賜諡賜祭誥」(仁宗元年乙巳五月初二日癸亥 奉移虞主于思政殿行禮), 21쪽.
183 『仁宗實錄』 卷2, 仁宗 1年 5月 癸亥(2).
184 『燕山君日記』 卷6, 燕山君 1年 6月 庚申(9).
185 『仁宗實錄』 卷2, 仁宗 1年 5月 癸亥(2).
186 『明宗實錄』 卷3, 明宗 1年 1月 壬午(24).
187 『仁宗實錄』 卷2, 仁宗 1年 5月 癸亥(2).
188 송염은 원문에 '宋璟' 혹은 '宋濂'이라고 쓴 곳이 발견된다. 고부청시청승습의 임무를 띠었을 때의 '송염'을 기록한 기사에 한하여 정리하면 다음과 같다.
   * 宋璟 : 『明宗實錄』 卷1, 明宗 卽位年 7月 己卯(19) ; 『明宗實錄』 卷2, 明宗 卽位年 11月 癸酉(14) ; 『明宗實錄』 卷2, 明宗 卽位年 12月 乙卯(26).
   * 宋濂 : 『明宗實錄』 卷2, 明宗 卽位年 12月 壬寅(13) ; 『明宗實錄』 卷2, 明宗 卽位年 12月 庚戌(21) ; 『明宗實錄』 卷2, 明宗 卽位年 12月 甲寅(25).

   송염의 직위는 7월 19일자 기사에는 '동지중추부사 송염'이라고 기재되어 있고, 11월 14일자에는 '陪臣 이조판서 송염'이라고 쓰여 있다.
189 『明宗實錄』 卷1, 明宗 卽位年 7月 己卯(19).
190 『明宗實錄』 卷2, 明宗 卽位年 12月 壬寅(13). 고부청시사가 肅拜한 날이 12월 13일이다.
191 『明宗實錄』 卷2, 明宗 卽位年 12月 庚戌(21).
192 『明宗實錄』 卷2, 明宗 卽位年 12月 甲寅(25).
193 『明宗實錄』 卷2, 明宗 卽位年 11月 壬申(13) ; 『明宗實錄』 卷2, 明宗 卽位年 12月 癸卯(14) ; 『明宗實錄』 卷3, 明宗 1年 1月 己卯(21) ; 『列聖誌狀通紀』 卷13, 仁宗榮靖獻文懿武章肅欽孝大王 「世宗皇帝賜祭文」(明宗元年丙午正月天使太監劉遠行人王鶴來 賜祭諡及賻 二十四日壬午 虞主至自永慕殿 行禮于思政殿 ○諡誥不傳), 137쪽.

194 권서국사자인 명종의 돈의문 경유부터 하마연 설행까지 두 단락은 『明宗實錄』 卷3, 明宗 1年 1月 己卯(21) 참조.

195 『明宗實錄』 卷1, 明宗 卽位年 7月 壬申(12).

196 『明宗實錄』 卷1, 明宗 卽位年 7月 戊寅(18).

197 『明宗實錄』 卷3, 明宗 1年 1月 壬午(24).

198 『明宗實錄』 卷2, 明宗 卽位年 11月 戊寅(19).

199 『明宗實錄』 卷3, 明宗 1年 1月 壬午(24) ; 『列聖誌狀通紀』 卷13, 仁宗榮靖獻文懿武章肅欽孝大王 「世宗皇帝賜祭文」(明宗元年丙午正月 天使太監劉遠行人王鶴 來賜祭謚及賻 二十四日壬午 虞主至自永慕殿 行禮于思政殿 ○謚誥不傳), 137~138쪽.

200 두 사신이 태평관에서 경복궁으로 온 내용부터 분황제의 섭행까지 다룬 두 단락은 『明宗實錄』 卷3, 明宗 1年 1月 壬午(24) 참조.

201 본서 제6장 각주 199에서 『열성지장통기』 참조.

202 『明宗實錄』 卷29, 明宗 18年 9月 乙未(20). 순회세자의 이름은 暊, 자는 重明이다.

203 덕흥군의 셋째 아들 하성군 이균이 명종의 후사로 지목된 것은 을축년(1565, 명종 20)이었다[『明宗實錄』 卷31, 明宗 20年 12月 乙丑(2)]. 이 해에 명종이 未寧하여 이균을 후사로 삼았다가 1567년(명종 22) 6월 28일 명종의 병이 위독해지자 마침내 중전의 전교에 의해 그가 명종의 嗣子로 확정되었다[『明宗實錄』 卷34, 明宗 22年 6月 辛亥(28)].

204 『明宗實錄』 卷34, 明宗 22年 6月 辛亥(28).

205 『宣祖修正實錄』 卷1, 宣祖 卽位年 7月 丙辰(3). 『선조실록』에는 선조의 즉위 기사가 기록되어 있지 않다.

206 『宣祖修正實錄』 卷1, 宣祖 卽位年 7月 庚午(17).

207 『宣祖實錄』 卷1, 宣祖 卽位年 7月 丁巳(4).

208 『宣祖修正實錄』 卷1, 宣祖 卽位年 7月 庚午(17).

209 『世宗實錄五禮』 卷134, 凶禮儀式 「告訃請謚請承襲」 "前期 承文院撰進告訃請謚表箋及議政府請承襲申呈" ; 『國朝五禮儀』 卷7, 凶禮 「告訃請謚請承襲」 "前期 告訃請謚表箋及議政府請承襲申呈撰進【(註) 議政府啓稟 嗣王令藝文館承文院 製述書寫】".

210 『宣祖實錄』 卷1, [總序] ; 『月沙集』 卷50, 行狀(上) 「昭敬大王行狀」 ; 『列聖誌狀通紀』 卷15, 宣祖昭敬正倫立極盛德洪烈至誠大義格天熙運顯文毅武聖睿達孝大王 「行狀」(光海主卽位初年戊申 遣告訃使延陵府院君李好閔上護軍吳億齡 賫行狀請謚天朝), 177쪽 ; 『列聖誌狀通紀』 卷15, 宣祖昭敬正倫立極盛德

洪烈至誠大義格天熙運顯文毅武聖睿達孝大王「穆陵誌文」(戊申), 215쪽. 『우복집』과 『열성지장통기』에는 '사신을 파견하여 고부하고 승습을 청했다[遣使告訃 請承襲]'라고 기록된 곳도 있다[『愚伏集』 卷19, 墓誌「有明朝鮮國宣祖昭敬正倫立極盛德洪烈至誠大義格天熙運顯文毅武聖敬達孝大王穆陵誌」; 『列聖誌狀通紀』 卷15, 宣祖昭敬正倫立極盛德洪烈至誠大義格天熙運顯文毅武聖睿達孝大王「遷陵誌文」(仁祖八年庚午), 235쪽].

211 『眉巖集』 卷5, 日記 戊辰(皇明隆慶二年 我宣廟二年)「二月初三日」; 『宣祖實錄』 卷2, 宣祖 1年 2月 癸未(3).

212 『宣祖修正實錄』 卷2, 宣祖 1年 2月 辛巳(1).

213 『列聖誌狀通紀』 卷14, 明宗恭憲獻毅昭文光肅敬孝大王「行狀」(宣祖卽位初年丁卯 遣使齎往京師 告訃請謚 ○按 明年戊辰 穆宗皇帝 遣太監張朝行人歐希稷 賜謚恭憲 兼賜祭賻 而謚誥祭文不傳 ○誌文謚哀冊 竝不傳), 143쪽.

214 『燃藜室記述』(別集) 卷5, 事大典故「詔使」(本國使臣回賫付詔勅幷附○朝野記聞不載內官) "宣祖元年戊辰【(註) 隆慶二年】太監張朝行人歐希稷來 賜祭謚及賻".

215 『宣祖實錄』 卷2, 宣祖 1年 2月 丙戌(6).

216 『眉巖集』 卷5, 日記 戊辰(皇明隆慶二年 我宣廟二年)「二月初六日」.

217 『退溪集』(年譜 2) 穆宗隆慶二年【(註) 今上元年】戊辰【(註) 先生六十八歲】"十月朔 陪祭慕義殿【(註) 明宗魂殿】".

218 『宣祖實錄』 卷3, 宣祖 2年 8月 乙卯(14).

219 『宣祖實錄』 卷3, 宣祖 2年 8月 丙辰(15).

220 『眉巖集』 卷6, 日記 戊辰(下)「五月二十九日」"二十九日 陪大駕詣慕義殿 卽昌德宮之宣政殿也".

221 * 『世宗實錄五禮儀』 卷135, 凶禮儀式「迎賜謚祭及吊賻儀」·「賜賻儀」·「賜謚儀」(賜賻後擇吉行)·「焚黃儀」(贈謚日待使者還館乃行)·「賜祭儀」(賜謚後擇吉行).

* 『國朝五禮儀』 卷8, 凶禮「迎賜謚祭及吊賻儀」·「賜賻儀」·「賜謚儀」(賜賻後擇吉行)·「焚黃儀(贈謚日待使者還館乃行)·「賜祭儀」(賜謚後擇吉行).

222 『선조실록』에는 '正寢'으로, 『선조수정실록』에는 '正殿'으로 기록되어 있다.

223 『光海君日記』(중초본) 卷1, 光海君 卽位年 2月 癸亥(6); 『光海君日記』(정초본) 卷1, 光海君 卽位年 2月 癸亥(6).

224 『光海君日記』(중초본) 卷1, 光海君 卽位年 2月 戊寅(21); 『光海君日記』(정초본) 卷1, 光海君 卽位年 2月 戊寅(21). 중초본에는 告訃表, 告訃箋, 請謚表, 方物表, 謚箋, 方物箋, 請承襲奏, 禮部申 등의 문서를 준비한 것으로 되어

있다.

225 『迎接都監賜祭廳儀軌』(奎 14556) 「天使班次」.

226 『光海君日記』(중초본) 卷15, 光海君 1年 4月 丙子(25) ; 『光海君日記』(정초본) 卷15, 光海君 1年 4月 丙子(25). 정초본의 원문에 '慕華館'의 '慕'字가 누락되어 '王幸華館'으로 기록되어 있다.

227 『光海君日記』(중초본) 卷15, 光海君 1年 4月 丙子(25).

228 『迎接都監賜祭廳儀軌』(奎 14556) 「己酉四月二十七日」 "一 禮曹儀註 賜祭儀【(註) 賜諡後擇吉日 賜賻附】".

229 『迎接都監賜祭廳儀軌』(奎 14556) 「己酉四月二十七日」 "同日 到付 一 禮曹呈內 觀象監牒呈內 … 向前賜祭天使時各項習儀 依牒呈施行 迎誥勅習儀 各日早朝 百官以烏紗帽黑團領角帶 自慕華館至南別宮行禮 賜賻習儀 自南別宮至仁政殿 賜諡賜祭習儀 自南別宮至仁政殿 爲等如 各日早朝 百官分司 一半以白帽白衣布裹角帶 先詣昌德宮 一半 詣南別宮 以烏紗帽黑團領角帶前導至昌德宮門外 易服白帽白衣布裹角帶行禮爲白乎矣 … ".

230 『宣祖實錄』 卷221, 宣祖 41年 2月 戊午(1). 국사편찬위원회에서 제공하는 웹사이트 중 『조선왕조실록』에는 '선조 41년 2월 1일'이 아닌 '부록'으로 분류되어 있다.

231 『燃藜室記述』(別集) 卷5, 事大典故 「詔使」(本國使臣回賫付詔勅幷附○朝野記聞不載內官) "光海元年己酉【(註) 萬曆三十七年】 行人司行人熊化來 賜祭及賻".

232 『光海君日記』(중초본) 卷15, 光海君 1年 4月 己卯(28) ; 『光海君日記』(정초본) 卷15, 光海君 1年 4月 己卯(28).

233 『光海君日記』(중초본) 卷15권, 光海君 1年 4月 己卯(28) ; 『光海君日記』(정초본) 卷15, 光海君 1年 4月 己卯(28).

234 『宣祖實錄』 卷221, 宣祖 41年 2月 戊午(1) ; 『宣祖修正實錄』 卷42, 宣祖 41年 2月 戊午(1).

235 『光海君日記』(중초본) 卷1, 光海君 卽位年 2月 壬午(25) ; 『光海君日記』(정초본) 卷1, 光海君 卽位年 2月 壬午(25).

236 『增補文獻備考』 卷60, 禮考7 補魂殿 「永慕殿」 "永慕殿在慶運宮【(註) 時離宮】 宣祖大王魂殿 光海二年 祔太廟". 광해군은 경복궁을 중건하기 전에는 경운궁이 하나의 이궁이 되어야 한다고 전교했다[『光海君日記』(중초본) 卷47, 光海君 3年 11月 丙辰(21) ; 『光海君日記』(정초본) 卷47, 光海君 3年 11月 丙辰(21)].

237 『光海君日記』(중초본) 卷46, 光海君 3年 10月 丁丑(11) ; 光海君日記』(정초본) 卷46, 光海君 3年 10月 丁丑(11). 중초본에 따르면, 처음에 궁호를 興慶宮으로

정하려고 했는데 광해군이 '이 궁호는 전대의 궁호이니 타당하지 않다.'고 정원에 전교하여 마침내 경운궁으로 고쳤다고 한다.

238 『光海君日記』(중초본) 卷5, 光海君 卽位年 6月 丁卯(12) ; 『光海君日記』(정초본) 卷5, 光海君 卽位年 6月 丁卯(12).

239 『光海君日記』(중초본) 卷7, 光海君 卽位年 8月 辛未(17) ; 『光海君日記』(정초본) 卷7, 光海君 卽位年 8月 辛未(17) : 본서 제3장 각주 197 참조.

240 중종의 혼전인 景思殿은 창경궁 문정전에, 인종의 혼전인 永慕殿은 창덕궁 선정전에, 명종의 혼전인 慕義殿은 창덕궁 선정전에 각각 마련되었다.

241 『迎接都監賜祭廳儀軌』(奎 14556) [卷首] "己酉五月初三日丑時 行宣宗昭敬大王賜祭 設行仁政殿【(註) 私祭 同日行】".

242 본서 제3장 각주 206 참조.

243 * 『世宗實錄五禮儀』 卷135, 凶禮儀式 「賜賻儀」 ; 『國朝五禮儀』 卷8, 凶禮 「賜賻儀」. 두 문헌 모두 경복궁 근정전에서 행례한다고 되어 있다.

* 『世宗實錄五禮儀』 卷135, 凶禮儀式 「賜祭儀」(賜諡後擇吉行) ; 『國朝五禮儀』 卷8, 凶禮 「賜祭儀」(賜諡後擇吉行). 두 문헌 모두 혼전에서 행례한다고 되어 있다.

244 『光海君日記』(중초본) 卷15, 光海君 1年 4月 甲戌(23) ; 『光海君日記』(정초본) 卷15, 光海君 1年 4月 甲戌(23) ; 본서 제6장 각주 163 참조.

245 『光海君日記』(중초본) 卷15, 光海君 1年 4月 乙亥(24) ; 『光海君日記』(정초본) 卷15, 光海君 1年 4月 乙亥(24).

246 『光海君日記』(중초본) 卷15, 光海君 1年 4月 丙子(25).

247 『國朝五禮儀』 卷8, 凶禮 「迎賜諡祭及弔賻儀」.

248 『迎接都監賜祭廳儀軌』(奎 14556) 「己酉五月初二日」 ; 『光海君日記』(중초본) 卷16, 光海君 1年 5月 壬午(2) ; 『光海君日記』(정초본) 卷16, 光海君 1年 5月 壬午(2).

249 『迎接都監賜祭廳儀軌』(奎 14556) 「己酉五月初二日」 ; 『光海君日記』(중초본) 卷16, 光海君 1年 5月 壬午(2) ; 『光海君日記』(정초본) 卷16, 光海君 1年 5月 壬午(2) "俺則北向四拜 上香奠爵 復位又行四拜 嗣王在西壁 東向酬禮爲當". 이외에도 『영접도감사제청의궤』에 私祭 절차가 기록된 곳이 있는데 여기에는 좀 더 구체적으로 기록되어 있다[『迎接都監賜祭廳儀軌』(奎 14556) 「己酉四月二十七日」 "一 禮曹儀註 賜祭儀【(註) 賜諡後擇吉日 賜賻附】 … 賜祭禮畢 靈座設魂殿正中南向 天使出就次 殿下就小次 天使私祭時至 … "].

250 『迎接都監賜祭廳儀軌』(奎 14556) 「己酉五月初二日」 ; 『光海君日記』(중초본) 卷16, 光海君 1年 5月 壬午(2) ; 『光海君日記』(정초본) 卷16, 光海君 1年 5月

壬午(2).

251 『迎接都監賜祭廳儀軌』(奎 14556)「己酉五月初二日」"祭文書黃紙一張 承文院次知 同黃紙四隅 泥金畵龍". 이 내용 위에는 祝文板과 祝文機가 그려져 있고 두 그림의 규모에 대한 설명도 제시되어 있다. 賜祭祭文의 내용은 『영접도감사제청의궤』 5월 2일자에 실려 있다.

252 『迎接都監賜祭廳儀軌』(奎 14556)「己酉五月初二日」; 『光海君日記』(중초본) 卷16, 光海君 1年 5月 壬午(2); 『光海君日記』(정초본) 卷16, 光海君 1年 5月 壬午(2). 私祭祭文의 내용은 『영접도감사제청의궤』 5월 2일자에 실려 있다. 또 '白色紙에 쓴 謄本'이라고 했는데 『영접도감사제청의궤』 5월 2일자에는 '제문은 表紙 1장에 쓰되 승문원이 담당한다.'고 되어 있다[『迎接都監賜祭廳儀軌』(奎 14556)「己酉五月初二日」"一 私祭文【(註) 祭文書表紙一張 承文院次知】"].

253 조선의 왕후 국상에 대한 세 단락은 이현진, 2021「조선후기 왕후 국상과 後金·淸의 弔問」『東洋古典硏究』 84, 176쪽 각주 8)을 수정 및 보완했다.

254 1452년 조서를 처리하는 방식을 다룬 두 단락은 『端宗實錄』 卷2, 端宗 卽位年 8月 壬午(22) 참조.

255 『文宗實錄』 卷3, 文宗 卽位年 8月 甲戌(3). 실제 문종이 받은 조칙은 하나의 조서와 네 개의 칙서였다. '세종 죽음과 문종 국왕 책봉 조서', '문종 국왕 책봉 칙서', '왕 면복과 왕비 冠服 하사 칙서', '왕과 왕비에게 綵幣 하사 칙서', '女直頭目 李滿住 등의 침범에 대비하라는 칙서' 등이다.

256 『端宗實錄』 卷3, 端宗 卽位年 閏9月 丙子(17). 두 사신이 가지고 온 것은 조서와 칙서, 그리고 고명이었다. '단종 국왕 책봉 조서', '단종 국왕 책봉과 冠服·禮物 하사 칙서', '단종 국왕 책봉 고명' 등이다.

257 『成宗實錄』 卷214, 成宗 19年 3月 甲戌(10) "遠接使許琮馳啓曰 天使語臣曰 朝廷以本國至誠事大 故寫詔龍牋用十品 非賜他國之比 吾等拜辭日 題奏曰 賫去詔書 何以處置 皇帝命曰 朝鮮臣民若請留之 則可留與而來 眞殊恩也 今次謝恩表文內 當幷載此意 但不可言吾等任意留與 當言本國請留而與之".

258 『成宗實錄』 卷214, 成宗 19年 3月 甲戌(10).

259 성종과 신하들간에 조서를 남겨두기를 청할지의 여부를 논의한 두 단락은 『成宗實錄』 卷214, 成宗 19年 3月 庚辰(16) 참조.

260 『成宗實錄』 卷214, 成宗 19年 3月 辛巳(17) "設案於正廳北壁當中 設殿下拜位於案南 殿下由西偏階而陞 立南簷下 天使以詔書出置案上 殿下入就拜位叩頭 天使捧詔書授殿下 殿下擎捧叩頭授承旨 由西偏階還出".

261 『成宗實錄』 卷214, 成宗 19年 3月 辛巳(17).

262 『國朝五禮序例』 卷2, 嘉禮「執事官」"○迎詔書 … 宣詔官【(註) 三品堂上官】".

263 『國朝五禮儀』 卷3, 嘉禮 「迎詔書儀」.

264 '請留詔'에 대한 성종과 정사 애박의 대화를 다룬 두 단락은 『成宗實錄』 卷265, 成宗 23年 5月 丁酉(28) 참조.

265 『成宗實錄』 卷265, 成宗 23年 5月 丁酉(28) "正使趨入後 大廳捧詔書 置于案上 上奉詔書 授領議政尹弼商等 送于承文院".

266 『成宗實錄』 卷265, 成宗 23年 5月 戊戌(29).

267 『經國大典』(奎 1298) 卷1, 吏典 京官職 正三品衙門 「承文院」 "掌事大交獜文書". 원문에 '교린'의 '린'자가 '獜'으로 적혀 있다. 1785년(정조 9)에 편찬된 『대전통편』에는 '交隣'으로 수정되어 있다[『大典通編』(奎 202) 卷1, 吏典 京官職 正三品衙門 「承文院」 "[原] 掌事大交隣文書"]. 『대전통편』에서 '原'은 『경국대전』을 가리킨다.

268 『中宗實錄』 卷84, 中宗 32年 3月 甲申(5).

269 원문에 '洪濟院'으로 쓰여 있다.

270 『中宗實錄』 卷84, 中宗 32年 3月 己丑(10).

271 『中宗實錄』 卷84, 中宗 32年 3月 己丑(10).

272 『中宗實錄』 卷84, 中宗 32年 3月 己丑(10) "又私謂臣曰 俺執詔書 授之國王 國王跪受開見 退二三步許 授之三公 三公跪受 奉安於殿後 領相則老矣【(註) 金謹思以迎慰使歸碧蹄 故天使見之】 左右相中 奉之似當云".

273 공용경과 오희맹이 영조문에서 이동한 것을 시작으로 중종이 천사가 명한대로 하겠다고 한 부분까지 세 단락은 『中宗實錄』 卷84, 中宗 32年 3月 己丑(10) 참조.

274 『中宗實錄』 卷84, 中宗 32年 3月 己丑(10) "正使奉詔書 而上跪受展訖 上叩頭覽訖又叩頭 右議政尹殷輔 捧詔書前行 上隨至後廳【(註) 卽經筵廳】 安于龍亭 上行再拜禮【(註) 此皆天使所指也】".

275 경복궁에 있는 경연청의 위치에 대한 정보가 문헌에서 잘 드러나지 않는다. 한참 후대의 문헌이지만 『동국여지비고』의 〈古 4790-10〉본에는 경연청에 대해 '有官無司'라 하여 관직만 있고 관사가 없는 것으로 기록되어 있다[『東國輿地備攷』(古 4790-10) 卷1, 京都 文職公署 「經筵廳」 "有官無司 掌講讀論思之任"]. 『동국여지비고』의 다른 본인 〈가람古 915.1-D717〉본에는 '有宮無無'라 하여 기록하면서 실수가 있었던 듯하다[『東國輿地備攷』(가람古 915.1-D717) 卷1, 京都 文職公署 「經筵廳」 "有宮無無 掌講讀論思之任"]. 참고로 창덕궁에 있는 경연청은 敦禮門의 남쪽에 있었다[『眉巖集』 卷6, 日記 戊辰(下) 「五月二十九日」 "敦禮門南 卽此宮之經筵廳也 舊跡依然"]. 돈례문은 창덕궁 선정전의 御門이다[『明宗實錄』 卷27, 明宗 16年 4月 丁酉(8)]. 창덕궁에 있는 경연

청 역시 후대의 기록이지만『한경지략』에 館宇가 없다고 되어 있다[『漢京識畧』(가람古 915.11 Y9h) 卷1, 昌德宮內各司「經筵廳」"春秋館 掌時政記 … 輿地勝覽云 館在尙瑞院西【(註) 止此】今無館宇 只有官啣 以他官兼之 又有經筵廳 掌論思之任 無館宇 亦以他官兼之"].

276 『中宗實錄』卷90, 中宗 34年 4月 戊戌(1) "使朝鮮錄 只載勤政殿私禮後 受詔令大臣置後殿之言 而碧蹄預請之事 不之錄也".

277 『中宗實錄』卷84, 中宗 32年 3月 己丑(10).

278 『使朝鮮錄』(古159-51) 一曰出使之禮 一開讀儀 "… 撤闕庭及案【(註) 是日 國王屢遣議政等官 請留詔 余等令其國王 自來請留 方許之 及開讀畢 國王懇請 余等諾之 令國王跪受 余等立授之 國王受詔 三叩頭 閱畢 又俯伏三叩頭 請曰 送至後殿 焚香行拜禮 感朝廷天地之恩 當盡敬也 余喜之 遂許留 出就余等 各二拜 謝留詔】".

279 『중종실록』에는 後廳,『사조선록』에는 '後殿'으로 기록되어 있다.

280 『中宗實錄』卷90, 中宗 34年 4月 丁未(10). 2개의 조서 이외에 '황태자 책립과 둘째·세째 아들 封王 칙서'도 가져왔다.

281 『中宗實錄』卷89, 中宗 34年 3月 丙子(8).

282 『中宗實錄』卷89, 中宗 34年 3月 丙子(8) "正使奉詔 以授殿下 殿下或俯伏興或叩頭 但襲吳時 則請留後 天使以爲 以龍亭奉安於後殿【(註) 經筵廳】而當行再拜禮 故從其言 行再拜禮 臣意後殿 乃出入處 而非正殿也 頒詔時已行禮矣 於後殿更爲再拜禮 實爲未便 與大臣更議以定 何如 傳曰 後日三公詣闕時議之".

283 『成宗實錄』卷214, 成宗 19年 3月 庚辰(16).

284 삼공의 견해와 중종의 대응을 다룬 두 단락은『中宗實錄』卷90, 中宗 34年 4月 戊戌(1) 참조.

285 『中宗實錄』卷83, 中宗 31年 12月 戊戌(17).

286 『中宗實錄』卷84, 中宗 32年 3月 己丑(10).

287 『中宗實錄』卷90, 中宗 34年 4月 庚子(3).

288 『中宗實錄』卷90, 中宗 34年 4月 癸卯(6);『中宗實錄』卷90, 中宗 34年 4月 甲辰(7).

289 『中宗實錄』卷90, 中宗 34年 4月 丙午(9).

290 『中宗實錄』卷90, 中宗 34年 4月 丙午(9).

291 『中宗實錄』卷90, 中宗 34年 4月 戊戌(1).

292 『中宗實錄』卷90, 中宗 34年 4月 丙午(9).

293 『中宗實錄』卷90, 中宗 34年 4月 丁未(10).

294 『中宗實錄』卷90, 中宗 34年 4月 丁未(10).

295 『中宗實錄』卷90, 中宗 34年 4月 丁未(10) "上令通事告曰 特許留詔 旣感皇恩 但頒詔之時 寡人耳聽而已 目不得覩 願欲一見 兩使曰 俺等亦知東國有賢王 必請留之 故奏准而來 卽當依命".

296 『中宗實錄』卷90, 中宗 34年 4月 丁未(10) "承旨二人 捧詔書跪展 上跪而覽訖 叩頭 又受賜物 上謝留詔 行再拜禮 兩使答拜".

297 『中宗實錄』卷90, 中宗 34年 4月 丁未(10).

298 1558년 조선에 온 명 사신이 '왕본'과 '조분'이라는 사실은 『宣祖實錄』卷2, 宣祖 1年 2月 庚寅(10) ; 『光海君日記』(정초본) 卷15, 光海君 1年 4月 乙亥(24) ; 『退溪集』卷48, 行狀 「明宗大王行狀」; 『列聖誌狀通紀』卷14, 明宗恭憲獻毅昭文光肅敬孝大王 「行狀」(宣祖卽位初年丁卯 遣使齎往京師 告訃請謚 ○按明年戊辰 穆宗皇帝 遣太監張朝行人歐希稷 賜謚恭憲 兼賜祭賻 而謚誥祭文不傳 ○誌文謚哀冊 竝不傳), 152~153쪽 ; 『退溪集』(攷證) 卷5, 要存錄 「八板」; 『眉巖集』卷5, 日記 戊辰(皇明隆慶二年 我宣廟二年) 「二月初十日」; 『大東野乘』歷代要覽 嘉靖 「三十七年」; 『燃藜室記述』(別集) 卷5, 事大典故 「詔使」(本國使臣回賫付詔勅幷附○朝野記聞不載內官) "明宗十三年戊午【(註) 嘉靖三十七年】遣太監王本趙芬 齎勅封世子" 참조. 『명종실록』에는 두 사신의 이름이 발견되지 않고, 『선조실록』에는 '趙芬'의 '芬'자가 '賁'으로 기재되어 있으며, 『광해군일기』에는 '왕본'의 이름만 있을 뿐 '조분'의 이름은 쓰여 있지 않으며, 『미암집』에는 '王本趙賁'이라 하여 '조분'의 '분'자가 또 다르게 기재되어 있다. 본문에는 문헌에서 가장 많이 쓰인 '王本'과 '趙芬'으로 썼다. 참고로 왕본이 '정사', 조분이 '부사'라는 사실을 알려주는 문헌은 『退溪集』卷48, 行狀 「明宗大王行狀」과 『列聖誌狀通紀』卷14, 明宗恭憲獻毅昭文光肅敬孝大王 「行狀」이다.

299 『明宗實錄』卷24, 明宗 13年 2月 庚寅(12).

300 『明宗實錄』卷24, 明宗 13年 2月 辛卯(13). 김귀영이 義順館에서 천사에게 儀註를 進呈했으나 의주와 관련한 대화는 다음 날 늦게 所串館에 이르러서야 이루어졌다.

301 『明宗實錄』卷24, 明宗 13年 2月 辛卯(13) "上使曰 此儀註中 何不錄留勅節次乎 臣對曰 留置勅書 例也 故不錄請留之事矣 天使又曰 嘗見弘治正德間儀註 奉安龍亭 置于太平館 則政府郞廳請留受去云 此雖非大關之禮 前路尙遠 可先往參考 回報中道 臣唯而退".

302 『明宗實錄』卷24, 明宗 13年 2月 辛卯(13).

303 『國朝五禮儀』卷3, 嘉禮 「迎勅書儀」"使者稱有制 左通禮跪啓請跪 殿下跪 王世子及宗親文武白官同【(註) 贊儀亦唱】使者捧勅書 西向授殿下 殿下受勅書 覽訖 授近侍 還置於案 俯伏興退".

304 『宣祖實錄』 卷148, 宣祖 35年 3月 戊辰(6).

305 칙서는 특정 인물을 수신자로 하는 문서이고, 조서는 특정 개인이 아닌 '일정 지역의 모든 사람'을 수신자로 하는 문서라고 한 것은 丘凡眞, 2019 「崇德年間 淸朝의 朝鮮 王室 冊封과 冊封文書」『明淸史硏究』 52, 79~81쪽 참조.

306 『成宗實錄』 卷265, 成宗 23年 5月 丁酉(28).

307 『明宗實錄』 卷24, 明宗 13年 2月 丁酉(19).

308 『明宗實錄』 卷24, 明宗 13年 2月 己亥(21).

309 『梧陰遺稿』 卷3, 雜說 ; 『大東野乘』 梧陰雜說 ; 『林下筆記』 卷17, 文獻指掌編 「詔使到境變禮」.

310 『梧陰遺稿』 卷3, 雜說 ; 『大東野乘』 梧陰雜說 "常時 詔書之來也 本國例有留詔節次 殿下親於天使前懇留矣". 『임하필기』에도 동일한 내용이 실려 있으나 '詔書'가 아닌 '詔使'라고 한 차이가 있다[『林下筆記』 卷17, 文獻指掌編 「詔使到境變禮」].

311 1568년(선조 1) 7월 1일 혹은 7월 2일에 한림원검토 成憲과 병과급사중 王璽가 조서 혹은 조칙을 들고 조선에 왔다. 『선조수정실록』에는 7월 1일 '立皇太子詔'를 반포한 것으로[『宣祖修正實錄』 卷2, 宣祖 1年 7月 戊申(1)], 『퇴계집』과 『연려실기술』에는 날짜는 기록되어 있지 않지만 역시 '立皇太子詔'를 반포한 것으로 기록되어 있다[『退溪集』(攷證) 卷3, 第七卷箚經筵講義啓議 「戊辰 經筵啓箚一」 ; 『燃藜室記述』(別集) 卷5, 事大典故 「詔使」(本國使臣回賫付詔勅幷附○朝野記聞不載內官)]. 그에 비해 『선조실록』에는 7월 2일 두 사신이 '詔勅'을 가져온 것으로[『宣祖實錄』 卷2, 宣祖 1年 7月 己酉(2)], 『광해군일기』와 『월사집』에는 날짜는 기록되어 있지 않지만 역시 '조칙'을 頒降한 것으로 기재되어 있다[『光海君日記』(정초본) 卷1, 光海君 卽位年 2月 戊寅(21) ; 『月沙集』 卷50, 行狀(上) 「昭敬大王行狀」]. 참고로 『광해군일기』와 『월사집』에 왕새의 직책이 '예과급사중'으로 되어 있고, 그 밖의 대부분의 문헌에는 '병과급사중'으로 기재되어 있다(한국고전번역원 한국고전종합DB 사이트).

312 『선조실록』에는 '조칙'을 가져온 것으로[『宣祖實錄』 卷6, 宣祖 5年 11月 癸未(1)], 『선조수정실록』과 『광해군일기』에는 '登極詔'라 하여 '조서'를 가져온 것으로 기록되어 있다[『宣祖修正實錄』 卷6, 宣祖 5年 11月 癸未(1) ; 『光海君日記』(정초본) 卷1, 光海君 卽位年 2月 戊寅(21)].

313 '요신'인지 '조신'인지, '이경'인지 '이도'인지 각각 기록한 문헌은 본서 제5장 각주 311·312 참조. 두 사신이 가지고 온 책봉 문서도 문헌에 따라 다르게 기록되

어 있는데 이는 본서 제5장 각주 311 참조.

314 선조의 답변 내용에서 띄어쓰기 혹은 바로잡을 글자가 있다. 『선조실록』에는 "答曰 留詔使已議大臣"으로 기록되어 있다[『宣祖實錄』 卷6, 宣祖 5年 10月 丁丑(24)]. '留詔使 已議大臣'으로 본다면 '조사를 머무르게 하는 것은 대신들과 벌써 의논했다.'라고 번역되고, '留詔 使已議大臣'으로 본다면 '조서를 머무르게 하는 것은 대신들에게 벌써 의논하게 했다.'라고 풀이된다. 그에 비해 『미암집』에는 동일한 내용을 수록하면서도 하나의 글자가 다르게 쓰여 있다[『眉巖集』 卷9, 日記 壬申(隆慶六年 我宣廟六年) 「十月二十四日」]. "答曰 留詔事 已議大臣"이다. '使' 대신 '事'를 써서 번역하면 '조서를 머무르게 하는 일은 대신들과 벌써 의논했다.'가 된다. 헌부의 말을 본다면 선조의 답변은 '留詔 使已議大臣' 혹은 '留詔事 已議大臣'으로 보는 것이 합리적이며, 그중 본문에는 『미암집』의 내용을 따랐다.

315 헌부에서 선조에게 제시한 留詔禮의 두 절차 및 헌부의 요청과 선조의 불쾌한 심경을 드러낸 대답까지 세 단락은 『眉巖集』 卷9, 日記 壬申(隆慶六年 我宣廟六年) 「十月二十四日」; 『宣祖實錄』 卷6, 宣祖 5年 10月 丁丑(24) 참조.

316 『眉巖集』 卷9, 日記 壬申(隆慶六年 我宣廟六年) 「十月二十四日」 "大司憲朴謹元大司諫許曄 相繼來臨 一初曰 留詔之請 本不與迎詔相攙亂 自祖宗朝 必於迎詔禮畢後茶禮時言之 或於太平館下馬宴言之 隆慶元年 許魏之所定 蓋以上未受冊封 故降九章而服七章 又令立庭以請 此乃其時之變禮 非可行於今日也 希春及許大諫 皆以爲明日當啓請力爭云". 一初는 朴謹元의 字이다.

317 『宣祖實錄』 卷6, 宣祖 5年 10月 己卯(26).

318 『宣祖實錄』 卷6, 宣祖 5年 10月 丁卯(14).

319 『宣祖實錄』 卷6, 宣祖 5年 10月 己卯(26).

320 병인년은 1566년(명종 21)으로 아직 명종이 생존해 있는 시기이다. 명종이 세상을 떠나고 선조가 즉위했으나 아직 명 황제로부터 책봉을 받지 못한 해는 그 이듬해인 정묘년(1567, 선조 즉위)이다. 따라서 병인년은 정묘년의 오기이다.

321 『眉巖集』 卷9, 日記 壬申(隆慶六年 我宣廟六年) 「十月二十七日」.

322 『眉巖集』 卷9, 日記 壬申(隆慶六年 我宣廟六年) 「十月二十八日」.

323 『眉巖集』 卷9, 日記 壬申(隆慶六年 我宣廟六年) 「十月二十八日」.

324 『宣祖實錄』 卷6, 宣祖 5年 10月 壬午(29).

325 『眉巖集』 卷9, 日記 壬申(隆慶六年 我宣廟六年) 「十一月初一日」; 『宣祖實錄』 卷6, 宣祖 5年 11月 癸未(1). 『선조수정실록』에는 '한림원검토 한세능과 급사중 진삼모가 왔는데 등극 조서를 반포하기 위해서였다.'라고 간략하게 기록되어 있다[『宣祖修正實錄』 卷6, 宣祖 5年 11月 癸未(1)].

326 『梧陰遺稿』 卷3, 雜說 "及萬曆元年 韓王天使之來也 本國初不詳權署時禮變之由 一以丁卯年留詔儀節 爲儀註送之 韓王亦不知源委 因襲變禮而行之 極爲未安 此事 後日禮官 不可不知 唐陵君洪純彦生時 每爲余言之".

327 『大東野乘』 梧陰雜說. 『임하필기』에도 한 두 글자를 제외하고는 『대동야승』 속 「오음잡설」과 같은 내용이 기재되어 있으나 '唐陵君洪純彦生時 每爲余言之'라고 한 부분이 없다[『林下筆記』 卷17, 文獻指掌編 「詔使到境變禮」].

328 『宣祖實錄』 卷148, 宣祖 35年 3月 丁卯(5).

329 『宣祖實錄』 卷148, 宣祖 35年 3月 戊辰(6).

330 『宣祖修正實錄』 卷36, 宣祖 35年 3月 辛未(9) ; 『宣祖實錄』 卷148, 宣祖 35年 3月 辛未(9).

331 『宣祖實錄』 卷148, 宣祖 35年 3月 丁卯(5) ; 『宣祖實錄』 卷148, 宣祖 35年 3月 戊辰(6).

332 『宣祖實錄』 卷198, 宣祖 39年 4月 己酉(11).

333 『宣祖實錄』 卷196, 宣祖 39年 2月 辛亥(12) ; 『宣祖實錄』 卷196, 宣祖 39年 2月 癸丑(14).

334 『宣祖實錄』 卷198, 宣祖 39年 4月 癸卯(5).

335 『宣祖實錄』 卷198, 宣祖 39年 4月 己酉(11).

336 『成宗實錄』 卷214, 成宗 19年 3月 丁丑(13).

337 『成宗實錄』 卷214, 成宗 19年 3月 辛巳(17).

338 『宣祖實錄』 卷198, 宣祖 39年 4月 己酉(11).

339 『宣祖修正實錄』 卷40, 宣祖 39年 4月 己亥(1).

340 천사에게 '청유조'하는 과정은 『光海君日記』(중초본) 卷17, 光海君 1年 6月 辛亥(2) 참조.

341 『光海君日記』(중초본) 卷17, 光海君 1年 6月 辛亥(2) "上上殿 北向跪 三叩頭 天使奉詔 以授殿下 左右承旨跪展 上覽畢 承旨奉安于卓上 上行三叩頭訖 起立 朴震元奉詔 以進于殿下 殿下傳授柳公亮 公亮奉置于函 承文院官員奉函以出 奉安于龍亭 誥命勅亦如之 上出次于西階上幕次".

342 오항녕, 2018 「조선 숙종대 실록(일기)의 수정 시도와 누설 –기억투쟁과 좌절, 그리고 원칙–」 『韓國史硏究』 183, 299~300쪽에 "『광해군일기』가 간인되지 못하고 중초본과 정초본으로 남았다는 사실은 결과적으로 반정 이후의 사론과는 별개로 광해군대 작성된 시정기(사초)를 풍부하게 살펴볼 수 있다는 장점"이라고 한 내용을 참조했다.

343 『광해군일기』의 편찬 과정은 한명기, 2000 『광해군 –탁월한 외교정책을 펼친 군주–』 역사비평사(2020년 2판 4쇄 발행본), 20~27쪽 참조.

344 『仁祖實錄』 卷9, 仁祖 3年 6月 己卯(3). 왕민정과 호양보에 관한 정보가 『인조실록』에는 '감문서태감 왕민정'과 '충용군제독태감 호양보'라고 기록되어 있다. 『열성지장통기』의 封王勅에는 '司禮監管文書內官監太監王敏政'과 '忠勇營副提督御馬監太監胡良輔'로[『列聖誌狀通紀』 卷17, 仁祖憲文烈武明肅純孝大王 「封王勅」(月日同上), 485쪽], 『명희종실록』에는 '內監 司禮監管文書內官監太監王敏政'과 '忠勇營副提督御馬監太監胡良輔'라 하여 좀 더 구체적인 관명이 적혀 있다[『明熹宗實錄』 卷56, 天啟 5年 2月 27日].

345 『仁祖實錄』 卷9, 仁祖 3年 6月 己卯(3).

346 『仁祖實錄』 卷9, 仁祖 3年 6月 己卯(3). 『열성지장통기』에도 조서와 칙서, 왕봉고문과 봉왕비 고문이 실려 있다[『列聖誌狀通紀』 卷17, 仁祖憲文烈武明肅純孝大王 「光宗皇帝降封典詔」(仁祖三年乙丑六月初三日己卯 來宣 ○按 封典實降於甲子 而以建酋未靖 勅令索賦策應 竣事平完封 乙丑 又遣李德泂等申請 蒙準), 484~485쪽 ; 『列聖誌狀通紀』 卷17, 仁祖憲文烈武明肅純孝大王 「封王勅」(月日同上), 485~486쪽 ; 『列聖誌狀通紀』 卷17, 仁祖憲文烈武明肅純孝大王 「封王誥」(月日同上), 486쪽 ; 『列聖誌狀通紀』 卷17, 明德貞順仁烈王后韓氏 「光宗皇帝封王妃誥」(仁祖三年乙丑六月初三日己卯 使臣太監王敏政等奉來), 507~508쪽].

347 『承政院日記』 仁祖 3年 6月 3日(己卯).

348 임진왜란으로 경복궁과 창덕궁, 창경궁이 소실된 이후 정릉동 행궁(경운궁)을 시작으로 창덕궁, 창경궁, 인경궁, 경덕궁 등이 조성되었다. 이 궁들이 조성되는 과정은 홍순민, 1999 『우리 궁궐 이야기』 청년사(2002년 초판8쇄 발행본), 제1부 3장 중 '두번째 양궐체제'(73~79쪽) 참조.

349 『仁祖實錄』 卷4, 仁祖 2年 1月 壬申(17).

350 『仁祖實錄』 卷4, 仁祖 2年 2月 壬辰(8).

351 1624년 2월 8일 궁궐[창경궁]을 떠나서 2월 22일 경덕궁으로 임어했다.

352 1624년 2월 22일 경덕궁에 임어한 뒤부터 1632년(인조 10) 11월 9일 창덕궁으로 이어하기 전까지, 그 사이인 1627년(인조 5) 정묘호란으로 이해 1월 26일부터 4월 12일까지 강화로 피난을 간 시기를 제외하더라도 상당히 오랫동안 경덕궁에 거처했다[홍순민, 1999 『우리 궁궐 이야기』 청년사(2002년 초판8쇄 발행본), 78~79쪽].

353 『仁祖實錄』 卷9, 仁祖 3年 5月 壬申(25). 『승정원일기』에는 5월 24일자 기사에 '내일 친림하여 習儀를 한다.'는 내용이 있지만 정작 25일자 기사에는 습의에 관한 내용이 기재되어 있지 않다[『承政院日記』 仁祖 3年 5月 24日(辛未) ; 『承政院日記』 仁祖 3年 5月 25日(壬申)].

354 습의에서의 '연향'이 구체적으로 어떤 연향인지가 관찬 자료에 드러나지 않는다. 하지만 습의를 행한 다섯 의례 중 네 의례가 두 사신이 도착한 당일에 행하므로 이때의 연향 역시 당일에 행하는 객관에서의 연향, 곧 하마연으로 예상된다. 일반적으로 두 사신이 도착한 당일에 설행하는 하마연이 6월 3일자『인조실록』과『승정원일기』에 기록이 없고, 이튿날인 6월 4일 인조가 남별궁에 행행하여 두 詔使를 만나 하마연을 설행한 것으로 기록되어 있다[『仁祖實錄』卷9, 仁祖 3年 6月 庚辰(4)]. 따라서 습의에서의 '연향'을 일단은 남별궁에서의 하마연으로 보았다.

355 한명기, 1999『임진왜란과 한중관계』 역사비평사(2018년 초판 3쇄 인쇄본), 187~195쪽.

356 한명기, 1999『임진왜란과 한중관계』 역사비평사(2018년 초판 3쇄 인쇄본), 제3부 제2장 참조.

357 1626년(인조 4) 6월 한림원편수 姜曰廣과 공과급사중 王夢尹이 왔을 때 인조가 숭정전에서 '조칙'을 받았는데[『仁祖實錄』卷13, 仁祖 4年 6月 甲申(13)] 인조가 이들에게 '청유조'를 한 기록이 없기에 본서에는 포함시키지 않았다. 조서와 칙서의 내용은『인조실록』4년 6월 13일자에 전한다.

358 허국과 위시량이 왔을 때 '유조'를 행한 날짜가 분명하지 않다. 그러나 선조가 세자의 칠장복 차림으로 근정전 뜰에 서서 청류했다는 사실을 통하여 두 사신이 도착한 당일인 7월 17일에 행례했을 것으로 추정했다. 단, 추정했다는 의미로 [ ]을 표시했다.

359 성헌과 왕새가 왔을 때 '청유조의' 혹은 '청류'는 이를 행했다는 사실만 알 수 있다. 그러나 '청류'를 행했다면 자연스레 '유조'도 행했을 것으로 짐작된다. 다만, 두 절차를 거행한 날짜가 문헌에 드러나지 않을 뿐 아니라 두 사신이 도착한 당일에 거행했다고 하더라도『선조실록』과『선조수정실록』의 기록이 상이하다.『선조수정실록』에는 7월 1일자,『선조실록』에는 7월 2일자로 되어 있기 때문이다. 두 문헌 중에서 두 사신이 입경한 날짜와 회정한 날짜가 분명한 것은『선조실록』이기에 7월 2일 입경한 날에 행례했을 것으로 추정하고 추정했다는 의미로 [ ]을 표시했다.

360 한세능과 진삼모가 입경한 당일인 11월 1일에 '청유조의'와 '유조'가 순차적으로 이루어졌을 것으로 추정했다. 추정했다는 의미로 [ ]을 표시했다.

361 고천준과 최정건이 왔을 때 '청류'와 '유조'를 거행했다는 기사는 있지 않다. 다만, 이들이 도성에 들어오기 전 조선 조정에서 '유조'에 관하여 논의가 있었기에 행례했을 것으로 추정했다. 따라서 행례 날짜와 장소 역시 불분명하다. 두 사신이 왕경에 머문 시기는『선조수정실록』에는 3월 9일 입경이고 회정한 날짜

는 기록되어 있지 않고, 『선조실록』에는 3월 9일 입경하여 3월 20일 회정한 것으로 되어 있다. 입경한 날에 행례했다면 3월 9일이 될 것이다. 행례 장소는 임진왜란으로 궁궐이 소실된 이후이자 아직 중건이 되지 않은 시기이므로 궁궐이 아니라는 사실만 명확하다.

362 주지번·양유년과 관련한 기사가 『선조수정실록』에 4월 1일자 1건이 유일하며 '청류'와 '유조'를 행한 기록이 있지 않다. 그에 비해 『선조실록』에는 두 사신이 입경·회정한 날짜가 분명하고, '청류'와 '유조'를 행한 사실까지 알려주기에 『선조실록』의 기록을 따라 작성했다.

363 왕민정과 호양보가 입경한 당일인 6월 3일 '청류'와 '유조' 두 절차의 거행이 『인조실록』과 『승정원일기』에 기록되어 있지 않다. 그러나 두 사신이 도착하기 전 5월 25일 숭정전에서 습의한 사실을 근거로 6월 3일 행례한 것으로 판단했다. 행례 장소는 당시 인조가 경덕궁에 거처하고 있었으므로 경덕궁의 정전인 숭정전이라고 보았다.

364 『中宗實錄』 卷98, 中宗 37年 6月 壬辰(13) ; 『中宗實錄』 卷98, 中宗 37年 6月 癸巳(14).

365 『中宗實錄』 卷98, 中宗 37年 6月 丁酉(18).

366 『中宗實錄』 卷98, 中宗 37年 6月 丁未(28) "狀云 當日早朝 更爲開諭 則拜於東庭 當從之 設案於東階上 不可從也 當中設案 乃禮之當然 今若國王出坐殿上 而使俺親呈咨文 則呈於坐右乎? 當呈於坐前乎 因此而亦可明矣云".

367 『中宗實錄』 卷98, 中宗 37年 6月 丁未(28) "傳于政院曰 當中設置案 置咨文 御路上行禮 節次有之矣 但國王不親奉 使禮曹郎官奉之 呈于承政院云".

368 『中宗實錄』 卷98, 中宗 37年 6月 丁未(28) "常時勅書 自上親奉見後 承文院官員 奉而處置 此其例也".

369 『中宗實錄』 卷98, 中宗 37年 6月 丁未(28).

370 『中宗實錄』 卷99, 中宗 37年 8月 丙申(19) ; 『中宗實錄』 卷99, 中宗 37年 8月 庚子(23) ; 『中宗實錄』 卷99, 中宗 37年 8月 辛丑(24).

371 『中宗實錄』 卷101, 中宗 38年 8月 乙酉(13).

372 『中宗實錄』 卷99, 中宗 37年 8月 壬寅(25).

373 『中宗實錄』 卷101, 中宗 38年 8月 乙酉(13) ; 『中宗實錄』 卷101, 中宗 38年 8月 丁亥(15).

374 『中宗實錄』 卷90, 中宗 34年 4月 丙午(9).

375 『新增東國輿地勝覽』 卷2, 京都下 文職公署 「承文院」 "○李淑瑊題名記 院爲事大設也 而欽降詔勅之是藏". 『연려실기술』에는 동일한 내용이 수록되어 있으나 '李淑瑊'이 '李淑城'으로 되어 있다[『燃藜室記述』(別集) 卷7, 官職典故

「承文院」"院爲事大設也 而欽降詔勅之是藏【(註) 李淑瑊題名記】"].

376 본서 제6장 각주 303 참조.

377 『國朝五禮序例』 卷2, 嘉禮 「執事官」 "○迎勅書 典儀【(註) 通禮院官】 協律郎【(註) 掌樂院官】 引禮【(註) 司譯院四品以上官】 司香二【(註) 忠贊衛】".

378 『春官通考』 卷46, 嘉禮 「迎勅書儀」(原儀仍舊). '원의잉구'는 국가전례서 중 『춘관통고』에만 등장하는 용어로, 『국조오례의』에 있는 의주의 全文을 그대로 수록했다는 뜻이다. '원의잉구'에 대해서는 이현진, 2014 「정조대 국가전례서의 편찬과 그 성격 -『국조오례통편』과 『춘관통고』의 「흉례」를 중심으로-」 『영·정조대 문예중흥기의 학술과 사상』 한국학중앙연구원 출판부, 202쪽 참조.

379 『春官通考』 卷46, 嘉禮 「迎勅書儀」(王世子隨駕之節 禮曹啓稟擧行 ○今儀).

380 『明宗實錄』 卷24, 明宗 13年 2月 丁酉(19).

381 『明宗實錄』 卷24, 明宗 13年 2月 丁酉(19).

382 『明宗實錄』 卷24, 明宗 13年 2月 己亥(21).

383 『明宗實錄』 卷24, 明宗 13年 2月 己亥(21).

384 『明宗實錄』 卷24, 明宗 13年 2月 庚子(22).

385 『明宗實錄』 卷24, 明宗 13年 2月 壬寅(24) "上幸慕華館 迎勅 上先行到景福宮 上使奉安勅書于勤政殿 兩使分東西而立 上行禮畢 入殿內跪 上使奉勅南向稱有制 授之於上 承旨在左右 展勅後 奉安于案上".

386 『正祖實錄』 卷53, 正祖 24年 1月 己卯(26). 원문에 '詣仁政殿 行宣勅儀 奉天承運皇帝詔曰 … 勅曰 奉天承運皇帝勅諭朝鮮國王 …'으로 쓰여 있다. 조서 선포 다음에 칙서 선포가 이어지는 것은 문제가 없으나 '行宣勅儀' 다음에 '奉天承運皇帝詔曰'이 나오는 것은 오류이다. '行宣勅儀'는 '行宣詔儀'로 수정해야 한다.

387 『承政院日記』 正祖 24年 1月 26日(己卯).

388 『日省錄』 正祖 24年 1月 26日(己卯).

389 『日省錄』 正祖 24年 1月 26日(己卯).

390 『承政院日記』 正祖 24年 1月 27日(庚辰).

391 『通文館志』 卷4, 事大(下) 「請留節次」.

392 김문식, 2004 「조선후기 敬奉閣에 대하여」 『書誌學報』 28, 175쪽.

393 『春官志』(奎貴 963) 卷3, 書契 "書契者 卽歲遣船及差倭所持來者也 皆馬島太守主之 … 凡答書 皆令承文院撰出 故倭書至 則輒下承文院因藏焉".

394 명·청에서 보낸 조칙의 보관처로 경봉각, 흠봉각, 봉안각을 설치하는 과정은 김문식, 2004 「조선후기 敬奉閣에 대하여」 『書誌學報』 28, 175~177쪽 참조.

395 丘凡眞, 2019 「崇德年間 淸朝의 朝鮮 王室 冊封과 冊封文書」 『明淸史硏究』 52.

결론

1 '조선-명' 사이의 관계 파악을 다룬 두 단락은 제5장을 작성하면서 알게 된 것은 물론, 기존 연구 중 '명 사신이 입경한 시기, 명 사신의 이름, 명 사신이 온 목적' 등을 일목요연하게 정리한 정은주, 2012『조선시대 사행기록화』 사회평론, 부록 2 明使 朝鮮出來表(582~589쪽)를 참조했다.

2 『成宗實錄』 卷130, 成宗 12年 6月 戊辰(25) ; 『成宗實錄』 卷265, 成宗 23年 5月 丁酉(28) ; 『燕山君日記』 卷5, 燕山君 1年 5月 丁未(25) ; 『燕山君日記』 卷5, 燕山君 1年 5月 辛亥(29) ; 『中宗實錄』 卷7, 中宗 4年 2月 己巳(7) ; 『中宗實錄』 卷42, 中宗 16年 5月 庚午(19).

3 『太宗實錄』 卷34, 太宗 17年 8月 丙戌(3) ; 본서 제5장 각주 17 참조.

4 『成宗實錄』 卷6, 成宗 1年 7月 壬辰(16) ; 『成宗實錄』 卷131, 成宗 12年 7月 壬午(9) ; 『成宗實錄』 卷156, 成宗 14年 7月 壬辰(2) ; 『成宗實錄』 卷159, 成宗 14年 10月 庚申(1) ; 『成宗實錄』 卷265, 成宗 23年 5月 丁酉(28) ; 『燕山君日記』 卷5, 燕山君 1年 5月 丁未(25).

5 『太宗實錄』 卷13, 太宗 7年 4月 壬辰(8) 『成宗實錄』 卷265, 成宗 23年 5月 丁酉(28) ; 『中宗實錄』 卷42, 中宗 16年 7月 丙寅(17) ; 『承政院日記』 仁祖 25年 10月 3日(庚午) ; 『承政院日記』 仁祖 26年 3月 7日(壬寅).

6 『仁宗實錄』 卷2, 仁宗 1年 5月 壬申(11).

7 『文宗實錄』 卷13, 文宗 2年 4月 戊寅(14).

8 『太宗實錄』 卷12, 太宗 6年 7月 癸卯(16) ; 『太宗實錄』 卷13, 太宗 7年 5月 辛未(18) ; 『太宗實錄』 卷22, 太宗 11年 8月 甲辰(15) ; 『世宗實錄』 卷3, 世宗 1年 1月 甲子(19) ; 『世宗實錄』 卷20, 世宗 5年 4月 癸丑(3) ; 『世宗實錄』 卷29, 世宗 7年 閏7月 己未(22) ; 『世宗實錄』 卷44, 世宗 11年 6月 庚辰(5) ; 『世宗實錄』 卷49, 世宗 12年 9月 乙丑(27) ; 『世宗實錄』 卷50, 世宗 12年 11月 辛亥(14) ; 『世宗實錄』 卷51, 世宗 13年 1月 乙酉(20) ; 『世宗實錄』 卷53, 世宗 13年 9月 庚午(9) ; 『世宗實錄』 卷68, 世宗 17年 4月 壬寅(1) ; 『世宗實錄』 卷127, 世宗 32年 1月 甲辰(28) ; 『世宗實錄五禮』 卷132, 嘉禮儀式 「迎詔書儀」 ; 『世宗實錄五禮』 卷132, 嘉禮儀式 「迎勅書儀」 ; 『世宗實錄五禮』 卷133, 賓禮儀式 「宴朝廷使儀」 ; 『世宗實錄五禮』 卷133, 賓禮儀式 「王世子宴朝廷使儀」 ; 『世宗實錄五禮』 卷133, 賓禮儀式 「宗親宴朝廷使儀」(議政府六曹宴附) ; 『文宗實錄』 卷2, 文宗 卽位年 6月 己亥(27) ; 『文宗實錄』 卷3, 文宗 卽位年 8月 丙戌(15) ; 『文宗實錄』 卷3, 文宗 卽位年 8月 丁亥(16) ; 『文宗實錄』 卷3, 文宗 卽位年 8月 戊子(17) ; 『文宗實錄』 卷3, 文宗 卽位年 8月 庚寅(19) ; 『文宗實錄』 卷4, 文宗 卽位年 10月 甲午(24) ; 『文宗

實錄』卷4, 文宗 卽位年 10月 己亥(29);『端宗實錄』卷2, 端宗 卽位年 8月 壬午(22);『端宗實錄』卷2, 端宗 卽位年 8月 癸未(23);『端宗實錄』卷2, 端宗 卽位年 8月 乙酉(25);『端宗實錄』卷4, 端宗 卽位年 10月 甲寅(26);『端宗實錄』卷4, 端宗 卽位年 11月 庚申(2);『端宗實錄』卷14, 端宗 3年 4月 丁酉(22);『世祖實錄』卷3, 世祖 2年 4月 己未(20);『世祖實錄』卷4, 世祖 2年 5月 己丑(21);『世祖實錄』卷19, 世祖 6年 3月 己卯(2);『世祖實錄』卷19, 世祖 6年 3月 壬午(5);『世祖實錄』卷19, 世祖 6年 3月 甲申(7);『世祖實錄』卷34, 世祖 10年 11月 辛未(22);『世祖實錄』卷43, 世祖 13年 9月 壬午(20);『世祖實錄』卷46, 世祖 14年 4月 甲辰(15);『世祖實錄』卷46, 世祖 14年 4月 辛亥(22);『世祖實錄』卷46, 世祖 14年 4月 丙辰(27);『世祖實錄』卷46, 世祖 14年 5月 辛未(12);『世祖實錄』卷46, 世祖 14年 5月 甲戌(15);『世祖實錄』卷46, 世祖 14年 6月 癸巳(5);『世祖實錄』卷46, 世祖 14年 6月 乙未(7);『世祖實錄』卷46, 世祖 14年 6月 戊申(20);『睿宗實錄』卷4, 睿宗 1年 閏2月 甲戌(19);『睿宗實錄』卷4, 睿宗 1年 閏2月 庚辰(25);『睿宗實錄』卷5, 睿宗 1年 4月 己卯(26);『成宗實錄』卷5, 成宗 1年 5月 戊寅(1);『成宗實錄』卷5, 成宗 1年 5月 丁酉(20);『成宗實錄』卷64, 成宗 7年 2月 甲午(20);『成宗實錄』卷64, 成宗 7年 2月 戊戌(24);『成宗實錄』卷110, 成宗 10年 閏10月 癸亥(11);『成宗實錄』卷131, 成宗 12年 7月 壬午(9);『成宗實錄』卷132, 成宗 12年 8月 庚戌(8);『成宗實錄』卷157, 成宗 14年 8月 丁亥(27);『成宗實錄』卷265, 成宗 23年 5月 戊戌(29);『燕山君日記』卷5, 燕山君 1年 5月 辛亥(29);『中宗實錄』卷5, 中宗 3年 4月 甲申(17);『中宗實錄』卷6, 中宗 3年 7月 戊申(12);『中宗實錄』卷42, 中宗 16年 5月 辛未(20);『中宗實錄』卷42, 中宗 16年 5月 乙亥(24);『中宗實錄』卷42, 中宗 16年 5月 丙子(25);『中宗實錄』卷42, 中宗 16年 5月 丁丑(26);『中宗實錄』卷42, 中宗 16年 6月 乙酉(5);『中宗實錄』卷84, 中宗 32年 3月 己丑(10);『中宗實錄』卷84, 中宗 32年 3月 庚寅(11);『中宗實錄』卷84, 中宗 32年 3月 壬辰(13);『中宗實錄』卷90, 中宗 34年 4月 丁未(10);『中宗實錄』卷90, 中宗 34年 4月 戊申(11);『中宗實錄』卷90, 中宗 34年 4月 庚戌(13);『中宗實錄』卷98, 中宗 37年 6月 戊申(29);『仁宗實錄』卷2, 仁宗 1年 4月 庚申(28);『明宗實錄』卷24, 明宗 13年 3月 癸丑(5);『眉巖集』卷5, 日記 戊辰(皇明隆慶二年 我宣廟二年)「二月初七日」;『宣祖實錄』卷93, 宣祖 30年 10月 辛巳(24);『光海君日記』(중초본) 卷19, 光海君 4年 8月 丙寅(5);『承政院日記』仁祖 7年 2月 21日(丁未);『承政院日記』仁祖 14年 8月 6日(丁丑);『承政院日記』仁祖 14年 8月 16日(丁亥);『承政院日記』仁祖 24年 8月 12日(乙酉);『承政院日記』英祖 5年 7月 2日(乙巳);『承政院日記』高宗 16年 11月 15日(甲申);『國朝五禮儀』卷3, 嘉禮「迎詔書儀」;『國朝五禮儀』卷3, 嘉禮「迎勅書儀」;『國朝

五禮儀』 卷5, 賓禮「宴朝廷使儀」·「王世子宴朝廷使儀」·「宗親宴朝廷使儀」(議政府六曹宴同 唯執事者 以錄事爲之) ; 『通文館志』 卷4, 事大(下)「都監堂上以下各務差備官」.

9 『宣祖實錄』 卷149, 宣祖 35年 4月 庚申(29) ; 『宣祖實錄』 卷152, 宣祖 35年 7月 壬申(13) ; 『春官志』(奎貴 963) 卷1, 婚禮 ; 『東國文獻備考』(藏 K2-2075) 卷33, 禮考 11「婚禮」. 참고로 태평관처럼 동평관도 객관이므로 동평관을 '관소'로 쓰기도 했고 [『中宗實錄』 卷7, 中宗 4年 2月 庚午(8)] 남별궁은 물론이다.

10 『光海君日記』(중초본) 卷6, 光海君 1年 4月 甲戌(23) ; 『光海君日記』(정초본) 卷15, 光海君 1年 4月 甲戌(23). 이 기사에는 '所館處'로도 썼다.

11 『光海君日記』(중초본) 卷19, 光海君 4年 8月 丙寅(5) ; 『承政院日記』 仁祖 13年 3月 15日(乙丑).

12 『成宗實錄』 卷64, 成宗 7年 2月 乙未(21) ; 『中宗實錄』 卷84, 中宗 32年 3月 甲申(5).

13 『中宗實錄』 卷84, 中宗 32年 3月 庚寅(11).

14 『宣祖實錄』 卷103, 宣祖 31年 8月 癸亥(10).

15 이현진, 2022 『조선과 대한제국 의례의 경계』 신구문화사, 316~318쪽.

부록

1 李鉉淙, 1961 「明使接待考」 『鄕土서울』 12, 74쪽 ; 정은주, 2012 『조선시대 사행기록화』 사회평론, 부록 2 明使 朝鮮出來表(582쪽) ; 朴善肅, 2016 「조선초기 明使 迎接과 宴享」 慶尙大學校 史學科 석사학위논문, 표 1(4쪽)을 참조하되 『태조실록』을 통해 일일이 수정·보완했다. 【부표 1】에서 '기간'란은 개성에 들어온 날부터 귀국하기 위해 개성에서 출발한 날까지이다.

2 6월 6일에 '예부의 자문을 가지고 왔다.', 6월 10일에 '돌아갔다.'라는 2건의 기사 이외에 그들에 대한 조선 정부 차원의 '맞이[迎]', '접대[宴]', '전송[送]'과 관련한 기록이 없다.

3 李鉉淙, 1961 「明使接待考」 『鄕土서울』 12, 75~77쪽 ; 정은주, 2012 『조선시대 사행기록화』 사회평론, 부록 2 明使 朝鮮出來表(582~583쪽) ; 朴善肅, 2016 「조선초기 明使 迎接과 宴享」 慶尙大學校 史學科 석사학위논문, 표 1(4~5쪽)을 참조하되 『태종실록』을 통해 일일이 수정·보완했다. 【부표 2】에서의 '기간'란 또한 개성에 들어온 날부터 귀국하기 위해 개성에서 출발한 날까지이다. 그리고 접대는 했으나 장소가 분명하지 않은 것은 '공간 불분명'으로 표기했으며, 그 이외에 정확하지 않다고 판단한 내용이 나올 때에는 그때마다 별도로 각주로 제시

했다.

4 의정부가 행례 공간이 된 이유는 당시 수창궁이 불탔고 時坐殿이 좁았기 때문이다[『太宗實錄』 卷1, 太宗 1年 2月 乙未(6)].

5 2월 30일자 『태종실록』에 따르면, 태종이 영빈관에서 전별하고 태상왕의 명에 따라 판승녕부사 오사충이 사신들을 전별한 것으로 되어 있다. 그럴 경우 오사충의 전별은 영빈관이 아닌 다른 곳에서 행한 것으로 판단되며, 그 다른 곳을 불분명으로 처리했다.

6 '태상왕이 태평관에 가서 사신을 청했기에 사신이 이에 태상전에 이르렀다.'라고만 되어 있을 뿐이다. 태상전에서 어떤 접대가 이루어졌는지 알 수 없기에 '불분명'이라고 했다.

7 청화정에서 사신에게 연향을 베푼 주체가 제시되어 있지 않아 태종으로 추정했고 추정한 것을 드러내기 위해 [ ]으로 표시했다.

8 무일전에서 사신과 감생에게 연향을 베푼 주체가 제시되어 있지 않아 태종으로 추정했고 추정한 것을 드러내기 위해 [ ]으로 표시했다.

9 국자감생 宋鎬, 相安, 王威/王咸, 劉敬 등 4인이 개성에 들어온 날은 9월 15일 한 날이지만 귀국한 날은 각자 다르다. 왕위/왕함은 10월 5일, 유경은 10월 16일, 송호는 10월 28일, 상안은 11월 11일이다. 개성에 입경한 날부터 귀국길에 오른 날까지 그들이 머문 기간은 상안에 맞춰 '1401년 9월 15일~11월 11일'로 했다.

10 * 王威 : 『太宗實錄』 卷2, 太宗 1年 9月 辛丑(15).
* 王咸 : 『太宗實錄』 卷2, 太宗 1年 10月 庚申(5).

11 11월 9일이 '至日'이었기 때문에 태종이 백관들 및 축맹헌 등과 함께 '殿庭'에서 賀禮를 행하고 이어서 사신들에게 연향을 베풀었다. 이틀 뒤 11월 11일에 감생 相安이 四運馬 1천 필을 압령하여 귀국했다. 감생 상안을 위한 전별연을 별도로 행한 기록은 없지만 이틀 전 '전정'에서의 연향이 그의 전별연을 겸한 것이 아닌가 추정했다. 그리고 추정한 것을 드러내기 위해 [ ]으로 표시했다.

12 태조대부터 '선의문 밖'에서 맞이한 사례가 제법 있기에 '선의문 밖'으로 추정되지만 정확하지는 않다.

13 본서 부록 각주 8 참조.

14 본서 부록 각주 8 참조.

15 축맹헌과 감생 동섬·유영이 개성에 들어온 날은 2월 19일 한 날이지만 개성을 떠난 날은 각자 다르다. 유영은 2월 29일에 五運馬 1천 필을 압령하여 돌아갔고, 축맹헌은 3월 20일에 요동으로 돌아갔으며, 동섬은 3월 23일에 六運馬 1천 필을 압령하여 돌아갔다. 개성에 입경한 날부터 귀국길에 오른 날까지 그들이

머문 기간은 동섬에 맞춰 '1402년 2월 19일~3월 23일'로 했다. 참고로 축맹헌이 길이 막혀 요동에 이르지 못하고 4월 10일에 되돌아 왔는데 이날부터 그가 京師로 돌아간 5월 20일까지 행한 그의 영접에 대해서는【부표 2】에서 제외했다.

16 『태종실록』에 사신·반인에게 옷감을 하사한 기록만 있다. 국왕이 사신·반인에게 하사한 것으로 보아, 장소는 그들이 머물고 있는 '태평관', 하사하는 주체는 '태종'으로 보았다. 그 대신 추정한 두 단어에 [ ]으로 표시했다.

17 1403년 11월 6일자 기사에 사냥에 참여한 이를 '黃儼等'이라고 표현하여 여기에 한첩목아·주윤단도 포함되어 있는지는 분명하지 않다. 그러나 '等'이라는 글자로 인해 이들도 포함시켰으며 그 대신 불분명함을 드러내기 위해 [ ]로 표시했다.

18 1403년 윤11월 3일자 기사에 연향에 참여한 이를 '太監黃儼等'이라고 표현하여 여기에 한첩목아·주윤단도 포함되어 있는지는 분명하지 않다. 그러나 이번에도 '等'이라는 글자로 인해 이들도 포함시켰으며 그 대신 불분명함을 드러내기 위해 [ ]로 표시했다.

19 『태종실록』의 원문에 모두 '鄖修'라고 쓰여 있는데 '鄖修'의 오기가 아닌가 한다.【부표 2】에는 원문에 따라 '교수'라고 표기했다. 참고로 국사편찬위원회에서 제공하는 웹 서비스 중 명실록·청실록에는 鄖修와 鄖修 둘 다 검색되지 않는다.

20 金甫가 언제 귀국했는지에 대한 기사는『태종실록』에 나오지 않는다.

21 정은주, 2012『조선시대 사행기록화』사회평론, 부록 2 明使 朝鮮出來表(582~589쪽) 및 부록 4 淸使 朝鮮出來表(609~616쪽)을 참조하여 작성하되 수정과 보완 과정을 거쳤다. '사신'란은 '태평관에 머문 이들', '태평관에 머물지 않더라도 태평관과 관련된 이들', '본서의 작성을 위해 참고한 이들'을 모두 포함시켰다. 따라서 명 사신만이 아니라 청 사신이 포함되는 것은 물론이다. '머문 기간'란은 기본적으로 이들이 입경한 날부터 회정한 날까지이다.

22 왕현은 이름 두 글자 앞에 관직명 없이 '欽差官' 세 글자만 있다.

23 대부분 '范榮'으로 기록되어 있으나 하나의 기사에 '范滎'으로 쓰여 있다[『世宗實錄』卷38, 世宗 9年 10月 己卯(25)].

24 사인 위형은 조서나 칙서, 자문 등이 아닌 曆日을 가지고 왔기에 세종이 모화관까지 나가지 않고 근정전에서 그를 맞이하고 그를 위하여 연향을 설행했다. 이날이 1월 17일이다. 이후 그가 어디에서 묵었는지는『세종실록』에 나오지 않는다. 1월 24일 궐에서 하직한 기사를 끝으로 그에 관한 기사가 나오지 않는 것으로 보아 이날 도성을 떠난 것으로 판단했다. 물론 그가 왔을 때처럼 떠날 때에도 모화관에서의 전별은 없었다. 따라서 위형이 한양에 머문 기간을 1월 17일부

터 1월 24일까지로 보았다. 『世宗實錄』 卷71, 世宗 18年 1月 丁卯(1) ; 『世宗實錄』 卷71, 世宗 18年 1月 癸未(17) ; 『世宗實錄』 卷71, 世宗 18年 1月 庚寅(24) 참조.

25 1월 24일 '사인 위형이 궐에 나아가 하직하니 세종이 근정전에 어거하여 다례를 행했다.'라 한 것을 통해 '궐'은 경복궁이다.

26 * 正使 左春防右庶子兼翰林侍講 董越, 副使 工科右給事中 王敞 : 『成宗實錄』 卷213, 成宗 19年 2月 壬戌(28). 원접사 許琮의 치계.

* 正使 右春坊右世子兼翰林院侍講 董越, 副使 工科右給事中 王敞 : 『成宗實錄』 卷214, 成宗 19年 3月 丁丑(13). 동월과 왕창이 가지고 온 칙서. 【부표 3】에는 칙서 속 기록을 따랐다.

27 『燕山君日記』 卷50, 燕山君 9年 7月 庚午(6).

28 『燕山君日記』 卷50, 燕山君 9年 7月 壬午(18).

29 『선조수정실록』에는 한림원편수 황홍헌과 공과급사중 왕경민이 11월 1일에 '입경하여 조서를 반포하고 돌아갔다.'는 정도로 간략하게 기록되어 있을 뿐[『宣祖修正實錄』 卷16, 宣祖 15年 11月 乙卯(1)] 선조와 전별한 기사는 실려 있지 않다.

30 선조가 용만관에서 행인사행인 설번을 맞이하고 전송했다. 설번이 머문 곳 역시 용만관이었다.

* 맞이 : 『宣祖實錄』 卷30, 宣祖 25年 9月 己未(2).
* 객관 : 『宣祖實錄』 卷30, 宣祖 25年 9月 戊午(1) ; 『宣祖實錄』 卷30, 宣祖 25年 9月 庚申(3).
* 전송 : 『宣祖實錄』 卷30, 宣祖 25年 9月 辛酉(4).

31 도사 장삼외가 宣諭 1帖을 가지고 왔고 선조가 그것에 부복과 고두, 사배례를 차례로 거행한 것을 가리킨다. 대개 궁궐의 정전에서 행해야 할 이러한 의례를 남별궁에서 행한 것이었다.

32 『선조수정실록』에는 사헌이 윤11월 1일 입경해서 경성에 7일을 머물고 돌아갔다고 기록되어 있어[『宣祖修正實錄』 卷27, 宣祖 26年 閏11月 辛巳(1)], 그가 경성을 떠난 날은 윤11월 8일이 된다.

33 '칙서를 선포하고 館으로 나아갔다.'고 한 정보만 있어, 칙서를 선포한 곳과 머문 곳이 어디인지 밝혀져 있지 않다.

34 『宣祖實錄』 卷45, 宣祖 26年 閏11月 甲午(14).

35 『宣祖實錄』 卷90, 宣祖 30年 7月 辛丑(12).

36 『宣祖實錄』 卷90, 宣祖 30年 7月 戊申(19).

37 『宣祖實錄』 卷90, 宣祖 30年 7月 己酉(20).

38 방시신은 原任守備였기에 그를 가리켜 差官 이외에 '守備'라고도 일컬었다[『宣祖實錄』 卷93, 宣祖 30年 10月 辛巳(24)]. 방시신이 돌아간 날이 언제인지 『선조실록』과 『선조수정실록』에서 발견되지 않는다.

39 두양신이 어디에 머물렀으며 언제 떠났지에 대해서는 『선조실록』에 기재되어 있지 않다[『宣祖實錄』 卷136, 宣祖 34年 4月 壬辰(25)]. 다만, 그가 머문 곳은 태평관에서 영조례를 행했기 때문에 그곳에서의 일정이 끝난 뒤 그대로 그곳에 머물렀을 것으로 예상하여 추정의 의미로 [ ]을 표시했다.

40 『선조수정실록』에는 한림원시강 고천준과 행인사행인 최정건이 3월 9일 입경한 날만 기록되어 있을 뿐[『宣祖修正實錄』 卷36, 宣祖 35年 3月 辛未(9)] 모화관에서 선조와 전별한 기사는 실려 있지 않다.

41 고천준·최정건이 머문 곳이 남별궁이라는 사실은 4년 뒤에 밝혀졌다[『宣祖實錄』 卷198, 宣祖 39年 4月 甲辰(6)].

42 『선조수정실록』에는 한림원수찬 주지번과 예과좌급사중 양유년이 4월 1일에 입경하여 객관은 태평관, 이날 조서 반포와 칙서 선포, 칙서의 내용 등을 알려주는 정도가 수록되어 있을 뿐[『宣祖修正實錄』 卷40, 宣祖 39年 4月 己亥(1)], 이후 이들이 한양을 떠난 기사는 기재되어 있지 않다.

43 한림원수찬 주지번과 예과좌급사중 양유년이 4월 1일에 입경하여 '태평관에 머물렀다.'는 바로 다음에 '이날 조서 반포와 칙서 선포'가 이어져 조서 반포와 칙서 선포가 태평관에서 행해지지 않았을까 조심스레 추정된다. 그런 까닭에 추정의 의미로 태평관에 [ ]을 표시했다.

44 『宣祖實錄』 卷198, 宣祖 39年 4月 丁未(9) ; 『宣祖實錄』 卷198, 宣祖 39年 4月 己酉(11) ; 『宣祖實錄』 卷198, 宣祖 39年 4月 庚戌(12). 4월 11일에는 1차로 '영조칙례'를 거행했고, 4월 12일에는 2차로 '영칙례'를 거행했다.

45 태감 염등이 왕세자의 책봉 '칙서'를 가지고 온 기록도 있고 '조서'를 가지고 온 기록도 있다. 그에 따라 宣勅 혹은 讀詔라고 했다.

* 칙서 : 『光海君日記』(중초본) 卷31, 光海君 2年 7月 庚戌(7) ; 『燃藜室記述』 卷19, 廢主光海君故事本末 「奏請明朝」(附嚴萬二查使之來) ; 『燃藜室記述』(別集) 卷5, 事大典故 「詔使」(本國使臣回賫付詔勅幷附○朝野記聞不載內官).
* 조서 : 『光海君日記』(정초본) 卷31, 光海君 2年 7月 庚戌(7).

46 '袁見龍'은 『조선왕조실록』에 한글로 표기할 때 '원현룡'이라고 한 곳도 있고 '원견룡'이라고 한 곳도 있다.

47 『광해군일기』의 '중초본'과 '정초본'에는 칙서의 내용이 수록되어 있어 칙서만 선포한 것으로 볼 수 있다. 그러나 칙서의 내용 중 '今特遣正使劉鴻訓副使楊

道寅 齎詔勅諭'라는 부분이 있어 조서와 칙서를 모두 가져온 것으로 보아야 하지 않을까 한다[『光海君日記』(중초본) 卷164, 光海君 13年 4月 癸未(12) ; 『光海君日記』(정초본) 卷164, 光海君 13年 4月 癸未(12)]. 더구나 『연려실기술』에는 '등극 조서'를 반포한 것으로 기록되어 있다[『燃藜室記述』(別集) 卷5, 事大典故 「詔使」(本國使臣回賚付詔勅幷附○朝野記聞不載內官) "光海十三年辛酉 光宗卽位【(註) 天啓元年】翰林院編修劉鴻訓禮科給事中楊道寅 頒登極詔 奴陷遼陽 朝天旱路絶 詔使由海路歸"]. 따라서 조서 반포와 칙서 선포를 모두 행한 것으로 판단된다.

48 반조·유조·다례를 숭정전에서 거행한 기록은 『인조실록』이나 『승정원일기』에 있지 않다. 다만, 인조가 세 절차를 습의한 곳이 숭정전이고[『仁祖實錄』 卷9, 仁祖 3年 5月 壬申(25)], 또 당시 인조가 경덕궁에 머물고 있었기 때문에 그 정전인 숭정전에서 행례한 것으로 보았다.

49 객관이 남별궁이라는 사실은 두 사신이 도착한 이튿날에 인조가 남별궁으로 행행하여 두 사신을 위해 하마연을 설행한 것에서 알 수 있다[『仁祖實錄』 卷9, 仁祖 3年 6月 庚辰(4)]. 『승정원일기』에는 동일한 날에 하마연을 설행한 기사가 실려 있지 않다.

50 1634년 6월 당시 인조가 창경궁에 거처하고 있어[『承政院日記』 仁祖 12年 6月 20日(甲戌)], 노유령이 가지고 온 칙서를 맞이하고 선포한 곳을 창경궁의 정전인 명정전으로 추정했다. 추정의 의미로 명정전에 [ ]을 표시했다.

51 『同文彙考』(補編)(藏 K2-3474) 卷9, 詔勅錄 「順治五年」. 上使는 內翰林 額, 副使는 蝦 哈, 三使는 戶部主事 谷, 四使는 蝦 布 등으로 기록되어 있다.

52 액과 합이 도착한 당일에 왕세자가 모화관에서 이들을 맞이했고, 이날 인조가 이들을 접견한 곳이 창덕궁 희정당이었다. 희정당에서의 접견은 관찬 자료 중 『인조실록』에 기재되어 있다[『仁祖實錄』 卷49, 仁祖 26年 3月 己亥(4)].

53 액과 합이 가지고 온 칙서의 선포는 창덕궁의 정전인 인정전으로 추정된다. 왕세자가 모화관에서 청사 맞이, 청사와 인조의 희정당에서의 접견 등은 나중에 「便殿受勅儀」로 정비되어 『통문관지』에 수록되었고 「편전수칙의」의 마지막에 인정전에서 칙서를 선포하는 것으로 기록되어 있어서이다. 곧, 「편전수칙의」는 왕세자가 모화관에서 칙서 맞이, 국왕이 희정당에서 칙서를 받음, 희정당에서 청 사신과 국왕이 다례 거행, 인정전에서 칙서 선포 등의 절차로 구성되어 있다[『通文館志』 卷4, 事大(下) 「便殿受勅儀」(接見茶禮儀附)]. 다만, 액과 합이 가지고 온 칙서를 '인정전'에서 선포했다는 명확한 기록이 없어 추정의 뜻으로 인정전에 [ ]을 표시했다.

54 액과 합이 머문 곳을 『인조실록』에는 '館所'[『仁祖實錄』 卷49, 仁祖 26年 3月 癸

卯(8)], 『승정원일기』에는 '館' 혹은 '관소'라고 기재되어 있다. 당시 주된 객관이 남별궁이었으므로 '관'이나 '관소' 역시 남별궁임에 틀림없다. 다만, '남별궁' 세 글자를 명시하지 않았기에 추정의 뜻으로 남별궁에 [ ]을 표기했다.

55 경종대 1건과 이하 정조대 6건의 객관을 '태평관·남별궁 불분명'이라고 했다. 그에 대한 설명은 본서 제3장 제2절 4항 '경종·정조대 주요 객관 : 태평관인가 남별궁인가' 참조.

56 『경종실록』에는 '宣詔'[『景宗實錄』 卷14, 景宗 4年 3月 辛卯(17)], 『승정원일기』에는 '宣勅'한 것으로 기록되어 있어[『承政院日記』 景宗 4年 3月 17日(辛卯)], 두 관찬 자료만 보면 액이덕과 액인신이 조서만 혹은 칙서만 가지고 온 것처럼 생각할 수 있다. 『동문휘고』 역시 '황후 책립 조서' 1道만 가지고 온 것으로 되어 있다[『同文彙考』(補編)(藏 K2-3474) 卷9, 詔勅錄「雍正元年」]. 그와는 달리 『통문관지』와 『연려실기술』에는 '那拉氏를 황후로 책립하는 조서·칙서·채단'을 가지고 온 것으로 기록되어 있어[『通文館志』 卷10, 紀年續編「景宗大王四年甲辰」; 『燃藜室記述』(別集) 卷5, 事大典故「詔使」(本國使臣回賚付詔勅幷附○朝野記聞不載內官)], '선조'와 '선칙' 둘 다 거행한 것으로 판단된다.

57 『경종실록』에 館 혹은 館所라고 되어 있고[『景宗實錄』 卷14, 景宗 4年 3月 辛卯(17) ; 『景宗實錄』 卷14, 景宗 4年 3月 乙未(21)], 『승정원일기』 역시 마찬가지이다[『承政院日記』 景宗 4年 3月 17日(辛卯) ; 『承政院日記』 景宗 4年 3月 19日(癸巳)].

58 정조와 두 칙사(서명·아숙)가 인정전, 좀 더 정확하게 말하면 '인정전 뜰'에서 행한 의례가 관찬 자료마다 조금씩 다르게 기재되어 있어서 모두 제시하면 다음과 같다.

* 『일성록』 : 受勅·宣勅, 受詔·宣詔 [『日省錄』 正祖 8年 12月 3日(甲申)].
* 『승정원일기』 : 受詔勅誥命禮, 宣勅 [『承政院日記』 正祖 8年 12月 3日(甲申)].
* 『정조실록』 : 受詔勅禮 [『正祖實錄』 卷18, 正祖 8年 12月 甲申(3)].

59 『同文彙考』(補編)(藏 K2-3474) 卷9, 詔勅錄「乾隆五十一年」.

참고문헌

1. 자료

『高麗史』(奎貴 3539).

『高麗史節要』(서울대학교 규장각한국학연구원 소장, 〈古貴4240-3〉·〈奎 15658〉)·(한국 고전번역원 한국고전종합DB 사이트).

『朝鮮王朝實錄』, 『承政院日記』, 『日省錄』.

『迎接都監賜祭廳儀軌』(서울大學校 奎章閣 영인본, 1998. 〈奎 14556〉본 영인).

『昭顯世子嘉禮都監儀軌』(奎 13197).

『迎接都監都廳儀軌』(奎 14560).

『仁祖莊烈王后嘉禮都監儀軌』(奎 13061).

『仁祖殯殿魂殿都監儀軌』(奎 14855).

『顯宗明聖王后嘉禮都監儀軌』(奎 13071).

『肅宗仁敬王后嘉禮都監儀軌』(奎 13078).

『仁敬王后國葬都監儀軌』(奎 13553).

『肅宗仁顯王后嘉禮都監儀軌』(奎 13084).

『文孝世子冊禮都監儀軌』(奎 13200).

『高宗大禮儀軌』(奎 13488).

『明成皇后國葬都監儀軌』(奎 13879).

『宗廟儀軌』(奎 14220).

『宗廟儀軌續錄』(奎 14221).

『松都誌』(서울대학교 규장각한국학연구원 소장, 〈一簑古915.12-So58j〉).

『松都誌』(서울대학교 규장각한국학연구원 소장, 〈奎 4983〉).

『松都續誌』(서울대학교 규장각한국학연구원 소장, 〈古4790-15〉).

『松京誌』(한국학중앙연구원 장서각 소장, 〈藏 K2-4249〉).

『松京廣攷』(서울대학교 규장각한국학연구원 소장, 〈古4790-14〉).
『中京誌』(서울대학교 규장각한국학연구원 소장, 〈奎 4462〉).
『中京誌』(서울대학교 규장각한국학연구원 소장, 〈古4790-3〉).
『中京誌』(서울대학교 규장각한국학연구원 소장, 〈想白古915.17-G42j〉).
『拜陵謄錄』(서울대학교 규장각한국학연구원 소장, 〈奎 12868〉).
『宣和奉使高麗圖經』(한국사데이터베이스 https://db.history.go.kr).
『新增東國輿地勝覽』(한국고전번역원 한국고전종합DB 사이트).
『東國輿地志』(서울대학교 규장각한국학연구원 소장, 〈古4790-51〉)·(한국고전번역원 한국고전종합DB 사이트).
『東國文獻備考』(한국학중앙연구원 장서각 소장, 〈藏 K2-2075〉).
『宮闕志』(서울대학교 규장각한국학연구원 소장, 〈奎 3950〉).
『漢京識略』(서울대학교 규장각한국학연구원 소장, 가람古 915.11 Y9h).
『輿圖備志』(국립중앙도서관 소장, 〈古貴0233-3〉·〈古貴2770-1〉)·(한국고전번역원 한국고전종합DB 사이트).
『大東地志』(서울대학교 규장각한국학연구원 소장, 〈古4790-37〉)·(한국고전번역원 한국고전종합DB 사이트).
『東國輿地備攷』(서울대학교 규장각한국학연구원 소장, 〈古 4790-10〉·〈가람古 915.1-D717〉).

『國朝五禮儀』(奎 1880)·(민창문화사 영인본, 1994).
『國朝續五禮儀』(奎 1479)·(민창문화사 영인본, 1994).
『國朝喪禮補編』(奎 1339).
『國朝喪禮補編』(奎 3940).
『國朝五禮通編』(이화여자대학교 도서관 소장, 〈고 181.214 이89〉).
『國朝五禮通編』(한국학중앙연구원 장서각 소장, 〈藏 K2-2122〉).
『國朝五禮通編』(奎 4773).
『春官志』(서울대학교 규장각한국학연구원 영인본, 2013. 〈奎貴 963〉본 영인)·(국사편찬위원회 조선시대법령자료 사이트).
『春官通考』(성균관대학교 대동문화연구원 영인본, 1975~1977).

『春官通考』(奎 12272).
『列聖誌狀通紀』(한국정신문화연구원 영인본, 2003).
『儐禮總覽』(奎 1344).
『宋史』(中華書局).
『經國大典』(서울大學校 奎章閣 영인본, 1997. 〈奎 1298〉본 영인).
『大典後續錄』(奎 977).
『典錄通考』(서울大學校 奎章閣 영인본, 1997. 〈古 5120-174〉본 영인).
『大典通編』(서울大學校 奎章閣 영인본, 1998. 〈奎 202〉본 영인).
『度支志』(奎貴 811).
『莊陵史補』(奎貴 3684).
『使朝鮮錄』(국립중앙도서관 소장, 〈古159-51〉).
『通文館志』(서울대학교 규장각한국학연구원 영인본, 2006).
『同文彙考』(한국학중앙연구원 장서각 소장, 〈藏 K2-3474〉) · (國史編纂委員會 영인본, 1978).
『燃藜室記述』(민족문화추진회 영인본, 1985 ; 한국고전번역원 한국고전종합DB 사이트).
『增補文獻備考』(세종대왕기념사업회 영인본, 1980. 〈奎 6954〉본 영인).
『退溪集』(한국고전번역원 한국고전종합DB 사이트).
『眉巖集』(한국고전번역원 한국고전종합DB 사이트).
『梧陰遺稿』(한국고전번역원 한국고전종합DB 사이트).
『沙溪遺稿』(한국고전번역원 한국고전종합DB 사이트).
『愚伏集』(한국고전번역원 한국고전종합DB 사이트).
『月沙集』(한국고전번역원 한국고전종합DB 사이트).
『湛軒書』(한국고전번역원 한국고전종합DB 사이트).
『大東野乘』(한국고전번역원 한국고전종합DB 사이트).
『萬機要覽』(한국고전번역원 한국고전종합DB 사이트).
『海東繹史』(한국고전번역원 한국고전종합DB 사이트).
『冠巖全書』(서울대학교 규장각한국학연구원 영인본, 2010).
『林下筆記』(한국고전번역원 한국고전종합DB 사이트).
『朝鮮古蹟圖譜』(朝鮮總督府藏版, 大塚巧藝社, 昭和 6, 1931).

〈회화와 지도, 사진〉

「四狀元松都同僚契會畵」(국립중앙박물관 소장, 소장품번호 〈본관 4996〉)

「松都四壯元契會圖六幅屛風」(국립중앙박물관 소장, 소장품번호 〈남산 1841〉).

「松都龍頭會圖」(고려대학교 박물관 소장).

『1872년지방지도』(서울대학교 규장각한국학연구원 소장, 〈기타99999〉).

『海東地圖』(서울대학교 규장각한국학연구원 소장, 〈古大4709-41〉).

「개성 태평관」(국립중앙박물관 소장 조선총독부박물관 유리건판, 소장품번호 〈건판 70〉 · 〈건판 71〉 · 〈건판 72〉).

『越中圖』(한국학중앙연구원 장서각 소장, 〈藏 K2-4458〉).

「都城大地圖」(서울역사박물관 소장).

「義順館迎詔圖」(서울대학교 규장각한국학연구원 소장, 〈古貴 4250-108〉).

「都城圖」(서울대학교 규장각한국학연구원 소장, 〈古軸 4709-3〉).

『東輿圖』(奎 10340).

『八道郡縣地圖』(서울대학교 규장각한국학연구원 소장, 〈古大 4709-111〉)

「麟坪大君坊全圖」(서울대학교 규장각한국학연구원 소장, 〈古軸 4655-6〉).

『完山府地圖十曲屛風』(국립전주박물관 소장, 소장품번호 〈전주 71〉).

2. 저서

강문식 · 이현진, 2011『종묘와 사직 -조선을 떠받친 두 기둥-』 책과함께.

구범진, 2019『병자호란, 홍타이지의 전쟁』 까치.

김문식, 2017『조선왕실의 외교의례』 세창출판사.

김　범, 2010『연산군 : 그 인간과 시대의 내면』 글항아리.

김우진, 2022『숙종의 대청인식과 수도권 방어정책』 민속원.

박정민, 2015『조선시대 여진인 내조 연구』 景仁文化社.

서긍 지음/조동원 등 공역, 2005『고려도경』 황소자리(2013년 첫판 2쇄 발행본).

동월 · 공용경 지음/은몽하 · 우호 엮음/김한규 옮김, 2012『사조선록 역주 3 : 明使의 朝鮮 使行錄 2』 소명출판.

동월 지음 · 김영국 옮김, 2013『(국역) 조선부』 심미안.

예겸 · 장영 지음/은몽하 · 우호 엮음/김한규 옮김, 2012『사조선록 역주 2 : 明使의 朝鮮

使行錄 1』 소명출판.
유본예 저 | 장지연 역해, 2020『한경지략 : 19세기 서울의 풍경과 풍속』 아카넷.
尹漢宅 · 金己用 · 金允濟 譯, 1996『궁궐지Ⅱ – 창경궁 · 경희궁 · 도성지』 서울시립대학교 부설 서울학연구소.
이민성 지음/이영춘 · 정진석 · 강한규 · 원재연 · 이미선 옮김, 2014『1623년의 북경 외교 –인조 책봉주청사 이민성의 조천록(朝天錄)–』 대원사.
이현진, 2008『조선후기 종묘 전례 연구』 일지사.
이현진, 2015『왕의 죽음, 정조의 국장』 글항아리.
이현진, 2017『조선 왕실의 상장례』 신구문화사.
이현진, 2022『조선과 대한제국 의례의 경계』 신구문화사.
李燦 · 楊普景, 1995『서울의 옛 地圖』 서울시립대학교 부설 서울학연구소.
장지연, 2018『경복궁, 시대를 세우다 –새 권력은 왜 새 수도를 요구하였나–』 너머북스.
정은주, 2012『조선시대 사행기록화』 사회평론.
주지번 · 강왈광 지음/은몽하 · 우호 엮음/김한규 옮김, 2012『사조선록 역주 4 : 明使의 朝鮮 使行錄 3』 소명출판.
한명기, 1999『임진왜란과 한중관계』 역사비평사(2018년 초판 3쇄 인쇄본).
한명기, 2000『광해군 –탁월한 외교정책을 펼친 군주–』 역사비평사(2020년 2판 4쇄 발행본).
漢語大詞典編輯委員會, 1990『漢語大詞典』 漢語大詞典出版社.
허태구, 2019『병자호란과 예禮, 그리고 중화中華』 소명출판.
홍순민, 1999『우리 궁궐 이야기』 청년사(2002년 초판8쇄 발행본).
후마 스스무 지음 · 신로사 외 옮김, 2019『조선연행사와 조선통신사』 성균관대학교 출판부.

〈보고서〉

『사적 제534호 영월부 관아 종합정비계획』(2020, 영월군).

3. 논문

구자원, 2019「16세기 전반 조선의 대일통교정책 변화와 約條」『사림』 68.
구도영, 2010「中宗代 對明외교의 추이와 정치적 의도」『朝鮮時代史學報』 54.
具都暎, 2013「조선 전기 對明 陸路使行의 형태와 실상」『震檀學報』 117.

丘凡眞, 2008「淸의 朝鮮使行 人選과 '大淸帝國體制'」『인문논총』 59.

丘凡眞, 2019「崇德年間 淸朝의 朝鮮 王室 冊封과 冊封文書」『明淸史硏究』 52.

김경록, 2004「朝鮮時代 使臣接待와 迎接都監」『韓國學報』 117.

김경록, 2008「조선시대 서울의 외교활동 공간」『서울학연구』 31.

김경록, 2018「조선시대 벽제관의 군사, 외교적 의미」『軍史』 106.

김경태, 2024「일본군 기록으로 본 울산성 전투와 전투 직후 일본군의 동향」『韓日關係史硏究』 85.

김문식, 2004「조선후기 敬奉閣에 대하여」『書誌學報』 28.

김문식, 2009「조선시대 國家典禮書의 편찬 양상」『藏書閣』 21.

김문식, 2010「1740년 국왕 영조의 개성 행차」『朝鮮時代史學報』 52.

김문식, 2015「明使 龔用卿이 경험한 외교의례」『朝鮮時代史學報』 73.

김버들 · 조정식, 2016「실록에 나타나는 15세기 태평관 · 모화관 건축과 관련 인물연구」『건축역사연구』 제25권 4호 통권107호.

김성우, 1997「17세기의 위기와 숙종대 사회상」『역사와 현실』 25.

金聖七, 1960「燕行小攷 −朝中交涉史의 一齣−」『歷史學報』 12.

김소희, 2015「『朝鮮賦』의 한중일 간행과 유통」『藏書閣』 33.

김영두, 2013「실록 편찬에 나타난 세조 정권의 정당성 추구」『韓國史學史學報』 27.

金龍國, 1964「壬辰倭亂 中 서울收復戰과 防衛計劃(下)」『鄕土서울』(현『서울과 역사』) 23.

金宇基, 2001「朝鮮 成宗代 貞熹王后의 垂簾聽政」『朝鮮史硏究』 10.

김우진, 2019「1693년 숙종의 개성 행차와 의미」『한국문화』 88.

김윤주, 2021「조선 초기 '조선 건국'에 대한 역사 인식의 형성과 추이」『사학연구』 142.

김정신, 2014「선조대 덕흥대원군(德興大院君) 전례(典禮) 논쟁과 종법(宗法) 인식」『다산과 현대』 7.

김종수, 2014「조선시대 使臣宴 의례의 변천 −중국 사신에게 베푼 연향을 중심으로−」『溫知論叢』 38.

김종필, 2022『조선시대 국왕권력 이양 사례 연구 −禪位와 代理聽政을 중심으로−』 건국대학교 사학과 박사학위논문.

노경희 2020,「17세기 송도 기록에 나타난 개성 이미지의 형성 −고려의 수도에서 조선의 경기로−」『韓國漢文學硏究』 77.

박정민, 2023「조선전기 북평관의 설치와 기능」『서울과 역사』115.

朴善肅, 2016「조선초기 明使 迎接과 宴享」慶尙大學校 史學科 석사학위논문.

서동천 · 한동수, 2007「조선시대 太平館과 東平館의 특징 -文獻史料의 분석을 중심으로-」『대한건축학회 학술발표대회 논문집』제27권 제1호(통권 제51집).

서인범, 2017「조선의 宗系와 倭事를 典筆한 중국 文獻 - 명 · 청시대에 간행된 문헌을 중심으로 -」『東國史學』62.

스즈키 카이, 2015「劉興治와 朝鮮과의 관계에 대하여」『만주연구』19.

양흥숙, 2016「地域史의 관점에서 보는 倭館」『지역과 역사』39.

오항녕, 2018「조선 숙종대 실록(일기)의 수정 시도와 누설 -기억투쟁과 좌절, 그리고 원칙-」『韓國史硏究』183.

윤승희, 2015「문종의 조선국왕 책봉의례 복식에 대한 논의와 그 의미」『역사와 현실』98.

이규철, 2018「조선시대 공민왕 인식의 변화 과정」『역사와 현실』109.

이상배, 2004「조선전기 外國使臣 접대와 明使의 遊觀 연구」『國史館論叢』104.

이종묵, 2022「황화수창의 공간」『藏書閣』47.

이종서, 2020「조선시대 남별궁(南別宮)의 평면 구조와 변화」『건축역사연구』제29권 1호 통권128호.

이종서, 2023「조선 전기 서울 지역 지배층 저택의 규범적 건물 유형과 배치」『건축역사연구』제32권 5호 통권150호.

이현진, 2012「대한제국의 선포와 종묘 제도의 변화 -七廟의 구성과 황제 추존, 신주 改題를 중심으로-」『韓國思想史學』40.

이현진, 2014「정조대 국가전례서의 편찬과 그 성격 -『국조오례통편』과『춘관통고』의「흉례」를 중심으로-」『영 · 정조대 문예중흥기의 학술과 사상』한국학중앙연구원 출판부.

이현진, 2018「조선전기 국왕 국장(國葬)에서 명(明) 사신의 의례설행과 그 공간」『朝鮮時代史學報』85.

李賢珍, 2018「조선시대 장생전(長生殿)의 설치와 운영」『震檀學報』131.

이현진, 2021「조선후기 왕후 국상과 後金 · 淸의 弔問」『東洋古典硏究』84.

이현진, 2023「조선시대 개성 太平館의 역할과 위상」『奎章閣』62.

李賢珍, 2023「조선후기 국왕 국장에 弔問 온 청 사신의 설행 의례와 의례 공간」『震檀學報』140.

이현진, 2024 「영조대 『國朝續五禮儀補』의 편찬과 성격」 『韓國史學史學報』 49.

이현진 · 손신영, 2017 「조선후기 궁궐의 殿閣 月臺와 의례 -〈동궐도〉와 〈서궐도안〉을 대상으로-」 『東洋古典硏究』 67.

李鉉淙, 1961 「明使接待考」 『鄕土서울』 12.

이 훈, 2016 「왜관 연구의 회고와 전망 -1990년대 이후 한국측 연구를 중심으로-」 『韓日關係史硏究』 54.

장병인, 2008 「조선 전기 국왕의 혼례형태 -'假館親迎禮'의 시행을 중심으로-」 『韓國史硏究』 140.

장병인, 2010 「조선 중기 이후 국왕의 혼례형태의 변화 -별궁의 운영과 '別宮親迎禮'의 성립-」 『朝鮮時代史學報』 55.

장을연, 2010 「淸代 조선왕실 冊封誥命과 조선 敎命의 형태 비교연구」 『藏書閣』 24.

張志連, 1997 「光海君代 宮闕營建 -仁慶宮과 慶德宮(慶熙宮)의 창건을 중심으로- 」 『韓國學報』 86.

장지연, 2002 「17세기 慶德宮(慶熙宮)의 수리와 그 정치적 의미 -『慶德宮修理所儀軌』 분석을 바탕으로」 『韓國學報』 107.

장지연, 2007 「태종대 후반 수도 정비와 의미」 『조선시대 문화사』(상) 일지사.

장지연, 2014 「고지도에 투영된 역사도시 開城의 발견」 『韓國古地圖硏究』 제6권 제1호.

장지연, 2020 「15세기 漢城의 使臣 客館 형성과 그 의미」 『서울과 역사』 104.

정상호, 2021 「광해군의 세자책봉요청을 둘러싼 조선과 명의 외교 교섭 -『事大文軌』 속 외교문서를 중심으로-」 『史叢』 104.

정유진, 2012 「창건 경복궁의 耳房형 건물과 行廊의 평면구성에 관한 연구」 경기대학교 건축공학과 석사학위논문.

정은주, 2022 「임진전쟁기 明 將官에 대한 接待都監 운영 양상」 『明淸史硏究』 57.

정은주, 2022 「임진전쟁기 명사(明使)에 대한 외교의례 전개 양상」 『한국학』 제45권 제3호 통권 168호.

정정남, 2009 「壬辰倭亂 이후 南別宮의 公廨的 역할과 그 공간 활용 -장서각 소장 『소공동홍고양가도형』 · 『사대부가배치도형』의 분석을 통하여-」 『건축역사연구』 제18권 4호 통권65호.

최종석, 2019 「가마를 탈 것인가 말을 탈 것인가? 조서와 칙서를 함께 맞이할 것인가 별도로 맞이할 것인가? -성종 19년 조선과 명 사신의 迎詔勅禮를 둘러싼 갈등과 그 성격-」『한국문화』 87.

최종석, 2023「非禮와 尊王의 사이에서 -조선 성종~명종 대 詔勅合迎과 迎勅 시 乘輦의 성취와 그 의미-」『한국문화』 102.

하우봉, 2010「조선 전기 부산과 대마도의 관계」『역사와 경계』 74.

한만영, 2000「中宗代의 親迎論爭과 朝鮮中期 婚禮制度의 變化」『外大史學』 12.

한명기, 2017「임진왜란 시기 明軍 逃亡兵 문제에 대한 一考」『한국학연구』 44.

한정수, 2015「고려 전기 '迎契丹使臣儀'의 내용과 의미」『사학연구』 118.

홍석주, 2010「17세기 인경궁 건축에 관한 연구」『地域社會論文集』 제35집 2호(통권 74호).

홍성구, 2016「국립중앙도서관 소장「청태종조유」에 대하여」『대구사학』 123.

洪順敏, 1996『朝鮮王朝 宮闕 經營과 "兩闕體制"의 변천』 서울대학교 국사학과 박사학위논문.

홍순민, 2011「조선후기 동궐 궐내각사 배치 체제의 변동 -『어제 궁궐지』 및『궁궐지』의 분석을 중심으로-」『서울학연구』 44.

홍영의, 2011「조선후기 회화와 지도에 기록된 개성의 유적과 경관」『역사와 현실』 79.

4. 웹사이트

고려사 : http://www.krpia.co.kr

조선왕조실록 : http://sillok.history.go.kr

승정원일기 : http://sjw.history.go.kr

일성록 : http://kyudb.snu.ac.kr, https://db.itkc.or.kr

명실록 · 청실록 : https://sillok.history.go.kr/mc/main.do

한국고전종합DB : https://db.itkc.or.kr

국사편찬위원회 : https://www.history.go.kr

국사편찬위원회 한국사데이터베이스 : https://db.history.go.kr

규장각한국학연구원 : https://kyu.snu.ac.kr/

장서각 : https://jsg.aks.ac.kr

국립중앙도서관 : https://www.nl.go.kr

국립중앙박물관 외규장각의궤 : http://uigwe.museum.go.kr/

찾아보기

ㄴ

ㄷ

ㅇ

ㅈ

ㅎ